西觀漢記

西方漢學出土文獻研究概要

夏含夷 著
Edward L. Shaughnessy

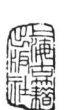

CHINESE ANNALS IN THE WESTERN OBSERVATORY: AN OUTLINE OF WESTERN SINOLOGY'S CONTRIBUTIONS TO THE STUDY OF CHINESE UNEARTHED TEXTS

上海古籍出版社

圖書在版編目(CIP)數據

西觀漢記：西方漢學出土文獻研究概要／（美）夏含夷著．—上海：上海古籍出版社，2018.4（2023.4重印）
ISBN 978-7-5325-8676-9

Ⅰ.①西… Ⅱ.①夏… Ⅲ.①漢學—文獻—研究—西方國家 Ⅳ.①K207.8

中國版本圖書館 CIP 數據核字(2017)第 292572 號

西 觀 漢 記
—— 西方漢學出土文獻研究概要

［美］夏含夷　著

上海古籍出版社出版發行

（上海市閔行區號景路159弄1-5號A座5F　郵政編碼201101）
　(1) 網址：www.guji.com.cn
　(2) E-mail：guji1@guji.com.cn
　(3) 易文網網址：www.ewen.co
上海展强印刷有限公司印刷

開本 700×970　1/16　印張 41.75　插頁 5　字數 601,000
2018 年 4 月第 1 版　2023 年 4 月第 3 次印刷
印數 3,151—3,950
ISBN 978-7-5325-8676-9
K・2411　定價：148.00 元

如有質量問題，請與承印公司聯繫
電話：021-66366565

目　錄

凡例　　001
序言　　001

古文字與出土文獻學

第一章　西方漢學中國古文字與出土文獻研究概要　　009
　　一、中國文字學和出土文獻學總論　　010
　　二、中國文字的起源及其原始社會作用　　016
　　三、中國文字的性質　　022
　　四、古文字學方法論　　031
　　五、西方漢學家所編纂的古文字學相關工具書　　037
　　六、小結　　040
第二章　西方漢學中國古文字與出土文獻研究小傳　　042
　　一、沙畹（Émmanuel-Édouard CHAVANNES，1865—1918）　　042
　　二、金璋（Lionel Charles HOPKINS，1854—1952）　　045
　　三、高本漢（Bernhard KARLGREN，1889—1978）　　048
　　四、錢存訓（Tsuen-hsuin TSIEN，1909—2015）　　051
第三章　西方漢學中國古文字與出土文獻研究書目　　054

契　於　甲　骨

第一章　西方漢學甲骨文研究概要　　085
　　一、從方法斂到吉德煒　　086
　　二、七八十年代編輯和出版甲骨藏品的工作　　105

	三、八十年代的研究成果	108
	四、九十年代法國的研究成果	115
	五、2000年以後的研究成果	119
第二章	西方漢學甲骨文研究小傳	121
	一、明義士（James Mellon MENZIES，1885—1957）	121
	二、司禮義（Paul L-M SERRUYS, C.I.C.M.，1912—1999）	125
	三、吉德煒（David N. KEIGHTLEY，1932—2017）	128
	四、高島謙一（Ken-ichi TAKASHIMA）	131
第三章	西方漢學甲骨文研究書目	135

鏤於金石

第一章	西方漢學金石研究概要	201
	一、銅器銘文研究	201
	二、石刻研究	234
	三、2000年以來的銅器銘文研究	240
第二章	西方漢學金石研究小傳	247
	一、顧立雅（Herrlee Glessner CREEL，1905—1994）	247
	二、巴納（Noel BARNARD，1922—2016）	249
	三、翁有理（Ulrich UNGER，1930—2006）	252
	四、倪德衛（David S. NIVISON，1923—2014）	257
第三章	西方漢學金石研究書目	259

書於竹帛

第一章	西方漢學簡帛研究概要	323
	一、1900年至1970年西方漢學簡帛學術成果	325
	二、汲冢竹書	337

	三、1970年代以後西方漢學簡帛學術成果	344
	四、綜合研究	430
第二章	西方漢學簡帛研究小傳	459
	一、馬伯樂(Henri MASPERO，1882—1945)	459
	二、何四維(A.F.P. HULSEWÉ，1910—1995)	462
	三、魯惟一(Michael A.N. LOEWE)	464
	四、艾蘭(Sarah ALLAN)	467
第三章	西方漢學簡帛研究書目	470
附錄一	西方漢學出土文獻研究中文譯文	581
附錄二	西文期刊刊名和中文譯文	601
索引一	作者西文姓名索引	610
索引二	作者中文姓名索引	634
後記		658

凡　例

"西方漢學"以研究成果的語言爲主要限定條件,與作者的國際和血統無關。本書書目包括由英文、法文、德文、意大利文、西班牙文、葡萄牙文等寫成的研究成果,但是不包括俄文和其他東歐語言。中國、日本、韓國學者如果利用西文發表研究成果,也包括在内。爲求齊備,本書書目還包括原來以中文發表、後翻譯成西文的成果,但是一般不在學術史叙述中做特別介紹。

"出土文獻"以先秦兩漢甲骨文、金文、石刻和簡帛文獻爲主,還包括古文字學和出土文獻學概論,不包括魏晉南北朝以後的金石學和各種寫本,諸如敦煌卷子。

"研究"以正式發表品爲主,也包括博士論文,都收録在書目中。但是,書目不包括碩士論文,也不包括會議論文和私人發表品。

"概要"是説每一部分所叙述的學術史無法涵蓋書目中的每一個發表品,僅選擇較有代表性的研究成果做討論。

本書除序言外,分爲四部分,分別是:古文字與出土文獻學、契於甲骨、鏤於金石和書於竹帛。每一部分又都分爲三章,即:學術史的叙述、著名學者的小傳和書目。

學術史的叙述主要以時代早晚和歷史演變爲序,但是偶爾以各種專題爲綫索展開。

在每一部分學術史的叙述中,第一次提到某一位學者時,先給出中文姓名(如果有的話),然後在括號裏給出西文姓名,已經去世的學者也提供生卒年代(中國學者亦然)。第一次提到之後一律只用中文姓名。

在每一部分學術史的叙述中,凡提到本書書目收録的研究成果,稱引均按照書目中給出的中文譯名和編號,偶爾也注明發表年代。叙述中如果提到本書書目以外的發表品,均以脚注的形式説明發表信息。

每一部分都設有四位著名學者的小傳,主要選擇標準是學術影響,一律不包括現在仍然任教的學者。

每一部分都設有書目,按照年代早晚和作者的西文姓名排列。一個年份之下如果有兩個以上研究成果,按照作者姓名的字母順序排列。每一個發表品,無論是學術刊物上的文章還是單行本書,皆按照如下格式記録:

1881
100010　　HOPKINS, Lionel C.(金璋). *The Six Scripts or the Principles of Chinese Writing*(六書:中國文字的原理). Cambridge: Cambridge University Press, 1881.

1934
100280*　　KARLGREN, Bernhard(高本漢). "Word Families in Chinese"(漢語裏的詞族). *Bulletin of the Museum of Far Eastern Antiquity* 5 (1934): 9-120.

"1881"、"1934"爲發表年代。如果某一年有兩個以上發表品,年代只列一次。

每一個研究成果都設有一個六位數字的號碼,如"100010"。第一位數字有1、2、3、4四種,表明該研究成果屬於四部分中的哪一部分;也就是説,"1"指該研究成果屬於第一部分《古文字與出土文獻學》的書目部分,以此類推。除個别例外,最後一個數字爲0,中間四位數字從0001排至0656,爲研究成果的次序。編號只是爲了尋找方便,没有特别意義。有的研究成果的内容牽涉兩部分以上的學術史，但是書目只記録一次，通常列入其主要内容所屬的那一部分的書目。有的編號後頭有"＊"號，如上舉第二例。"＊"表明此文有中文譯文，對應譯文見本書所載《西方漢學出土文獻研究中文譯文》。本書各部分書目的中文標題是直接翻譯原文，《西方漢學出土文獻研究中文譯文》是發表品上的譯文，與本書各部分書目不一定一樣，請讀者注意。另外，《西方漢學出土文獻研究中文譯文》不包括原來以中文發表，後翻譯成西文的作品。

書目按照作者西文姓名排列，在括號裏括注作者的中文姓名（如果有的話）。姓名之後是研究成果的標題，一律使用原語言，其後括注中文翻譯，中文翻譯多半按照字面意思直譯，偶爾采用研究成果在發表時本身所附的中文譯名。

單行本書列出出版地點、出版社和出版年代，地點和出版社都不譯作中文。

學術刊物上的論文提供學術刊物的名稱、輯號、發表年代和頁號。爲了方便讀者尋找學術刊物，均使用原文，爲了節省篇幅不譯作中文。不過，爲了讀者方便，本書還附加了《西文期刊刊名和中文譯文》。

本書另附有兩種索引，即《作者西文姓名索引》和《作者中文姓名索引》。兩個索引都列出每一個作者的每一個發表品的號碼，讀者可以據此去各部分書目中查找。

序　言

　　西方傳教士進入中國之後不久，就開始了對中國出土文獻的研究。明末熹宗天啓五年（1625年），西安西郊（也許是周至縣）的農民在挖土時發現了一塊古代石碑。石碑上部刻有"大秦景教流行中國碑"九個大字，下部刻有長達1780個漢字的銘文。除了漢字以外，碑脚及左右碑側另交錯刻有古叙利亞文及漢文。碑銘刻於唐建中二年（781年），叙述了景教在唐代146年的歷史和基本教義。可以很清楚地看出，景教是天主教的分支教派。會昌五年（845年），唐武宗掀起滅佛運動，景教受到牽連，《大秦景教流行中國碑》被埋於地下。七百多年後，此碑才又重新面世。明末和盛唐的情況大不一樣，當時天主教已進入了中國。《大秦景教流行中國碑》出土之後，立即引起了國内天主教教徒的興趣，將碑銘拓本送給了杭州李之藻（1571—1630）。李之藻又把碑銘内容介紹給了天主教耶穌會葡萄牙籍傳教士謝務禄（Alvaro SEMEDO，1585—1658，又名曾德昭）。據謝務禄記載，他在崇禎元年（1628年）前往西安親自考察了《大秦景教流行中國碑》，之後把銘文譯爲了葡萄牙文，運回了葡萄牙的里斯本。

　　在1631年之前，葡萄牙文的譯文就已經抵達了駐羅馬耶穌會的總會。在羅馬，碑銘又被譯成了拉丁文。1636年，碑銘被著名的耶穌會信徒基爾施（Athanasius KIRCHER，1602—1680，又名阿塔納斯·珂雪）得知，在其所著的《埃及的科普特文概要》（*Prodromus Coptus sive Aegyptiacus*）裏被首次提到。此後，他的名著《中國之圖表》（*China Illustrata*，1678出版）裏也載有兩種不同的翻譯。由此，歐洲各國的讀書人得知了《大秦景教流行中

《大秦景教流行中國碑》照片，約 1892 年；Henri HAVRET（夏鳴雷），*La stèle chrétienne de Singan-fou*（西安府的天主教石碑）(Chang-hai: Mission catholique, 1895—1902)，圖版

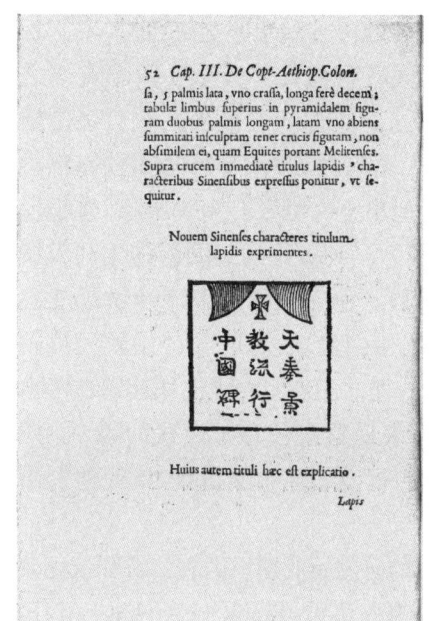 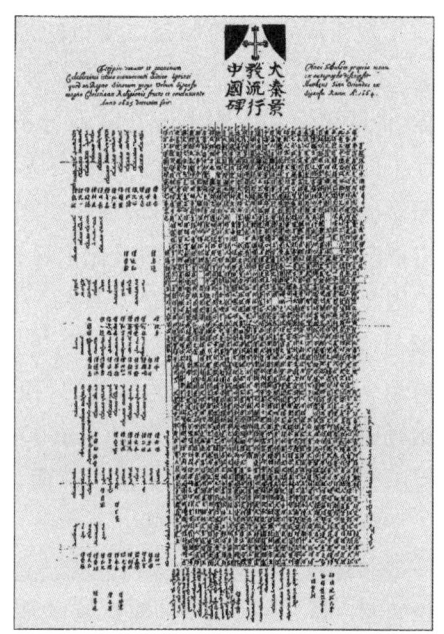

左：Athanasius KIRCHER（基爾施），*Prodromus Coptus sive Aegyptiacus*（埃及的科普特文概要）（Rome，1636），《大秦景教流行中國碑》在西方首次提及；右：Athanasius KIRCHER（基爾施），*China Illustrata*（中國之圖表）（Amsterdam，1667），《大秦景教流行中國碑》銘文在西方首次出版

國碑》。之後，許多駐華天主教教徒、基督教教徒以及漢學家都對之做了翻譯和研究，包括偉烈亞力（Alexander WYLIE，1815—1887）、李雅各（James LEGGE，1815—1897）、伯希和（Paul PELLIOT，1878—1945）等[①]。

---

① Alexander WYLIE（偉烈亞力），"On the Nestorian Tablet at Se-gan Foo"（關於西安府的景教石碑），*Journal of the American Oriental Society* 5（1855—1856）：275 - 336；James LEGGE（李雅各），*The Nestorian Monument of Hsi-an Fu*（西安府的景教紀念碑）（London：Trübner，1888）；Paul PELLIOT（伯希和），*L'inscription nestorienne de Si-Ngan-Fou*（西安府的景教銘文），ed. Antonino FORTE（Kyoto：Scuola di Studi sull'Asia Orientale；Paris：College de France, Institut des Hautes Études Chinoises，1996）。最近另外一個唐代的景教石碑又在洛陽出土；見張乃翥，《一件唐代景教石刻》，《中國文物報》2006 年 10 月 11 日，第 7 頁；張乃翥，《跋河南洛陽新出土的一件唐代景教石刻》，《西域研究》2007 年第 1 期，第 65—73 頁；羅炤，《洛陽新出土〈大秦景教宣元至本經及（轉下頁）

眾所周知，伯希和是二十世紀最著名的西方漢學家之一（也許不必加上"之一"）。自從他於 1906 年在敦煌莫高窟購買了上千卷敦煌寫本之後，他的名字和中國出土文獻就分不開了。誰都知道他坐在石窟裏借蠟燭來閱讀卷子的照片。然而，除了對《大秦景教流行中國碑》和敦煌寫本所做的研究工作以外，伯希和對中國其他出土文獻沒有多少興趣，幾乎沒有貢獻。中國讀者也都知道比伯希和稍微早到敦煌的英國籍匈牙利人斯坦因（Marc Aurel STEIN，1862—1943）。他在中國西部流沙做了三次調查，除了購買了大量敦煌卷子，還將之帶回倫敦，現收藏於倫敦大英圖書館。此外，斯坦因在他所著的《和田沙埋的廢墟：中國土耳其斯坦考古旅行與地理探索的私人叙述》（400060）裏還首次公布了漢代簡牘①。斯坦因對中國簡牘學不無貢獻。然而，他自己看不懂中文書籍，這使他對出土文獻的研究受到了局限。

　　非常巧合的是，真正對中國出土文獻的研究始於斯坦因和伯希和抵達敦煌的那一年。1906 年，長期駐華的傳教士方法斂（Frank H. CHALFANT，1862—1914）回到了他的老家美國匹兹堡，在匹兹堡卡内基圖書館做了一次學術演講，給西方學術界打開了一個新的路子。在其所著《中國早期書寫》（100050）裏，方法斂對《説文解字》的六書做了相當詳盡的説明，還引用了兩種出土文獻作爲例證。一個是青銅器銘文的《散氏盤》，這是西方學術界第一次引用銅器銘文作爲歷史語言證據。另一個且更引起大衆注意的是，方法斂在這次演講裏首次提到了清朝末年剛剛發現的甲骨卜辭。在《中國早期書寫》裏，他還引用了十幾張圖畫來介紹自己收集的甲骨。

（接上頁）幢記）石幢的幾個問題》，《文物》2007 年第 6 期，第 30—48 頁；葛承雍編，《景教遺珍：洛陽新出土唐代景教經幢研究》（北京：文物出版社，2009）；Michael KEEVAK, *The Story of a Stele: China's Nestorian Monument and Its Reception in the West*, 1625 - 1916（香港：香港大學出版社，2008）；Matteo NICOLINI-ZANI（馬明哲），"The Tang Christian Pillar from Luoyang and Its *Jingjiao* Inscription: A Preliminary Study"（洛陽出土的唐代天主教石幢及其景教刻本：初步研究），*Monumenta Serica* 57（2009）：99 - 140。

① Marc Aurel STEIN（斯坦因），*Sand-Buried Ruins of Khotan: Personal Narrative of a Journey of Archaeological and Geographical Exploration in Chinese Turkestan*（和田沙埋的廢墟：中國土耳其斯坦考古旅行與地理探索的私人叙述）（London: T.F. Unwin, 1903）。

序　言　005

左：伯希和（Paul PELLIOT，1878—1945）在敦煌莫高窟閱讀敦煌卷子；右：斯坦因（Marc Aurel STEIN，1862—1943）第二次流沙調查

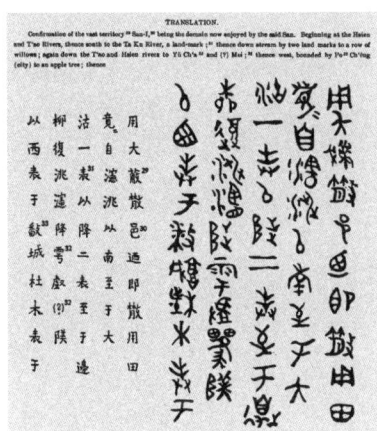 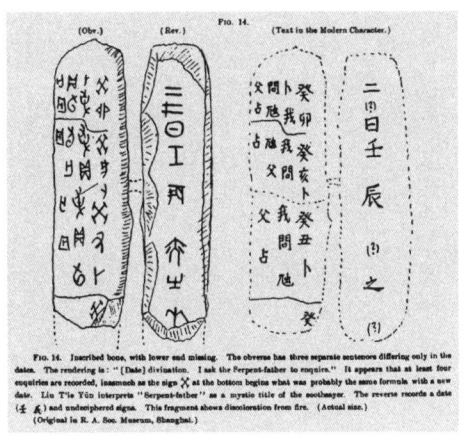

左：方法斂對《散氏盤》銘文開頭一段所作的摹本、釋文和翻譯；右：方法斂對自己收藏的甲骨所作的摹本、釋文和説明，見 Frank H. CHALFANT（方法斂），*Early Chinese Writing*（中國早期書寫）（Pittsburgh: The Carnegie Museum of Natural History, 1906），第 22 頁（左）、第 33 頁（右）

　　從一百多年以後的角度來看方法斂對《散氏盤》銘文和甲骨卜辭的理解，可以發現錯誤實在很多。然而，在給西方漢學家開闢一個新的學科方面，他的貢獻不可否認。本書即對方法斂以後一百多年的西方漢學家有關中國出土文獻的研究做一個綜覽。遺憾的是，本書未包括《大秦景教流

行中國碑》碑文研究，也未包括敦煌寫本研究。由於各種原因，這兩種文獻引起了西方學者的廣泛興趣與研究，眾多研究成果遠遠超過了作者的學術知識。然而，書中除了方法斂介紹的甲骨卜辭和青銅器銘文以外，還會對斯坦因介紹的古代簡牘和帛書寫本做一個綜覽，另外對石刻也將做出介紹，希望中國讀者會發現一些其從來未知的研究成果。

古文字與出土文獻學

第一章　西方漢學中國古文字與出土文獻研究概要

　　本書旨在對西方漢學家在中國先秦兩漢出土文獻領域的研究做一個比較全面詳細的綜述。所謂"出土文獻"包括甲骨文、金文、簡帛以及先秦兩漢石刻。囿於學力，在本書裏"出土文獻"不包括諸如敦煌帛書、紙卷等，也不包括魏晉南北朝以來的墓志等石刻文獻，自然更不涵蓋中文以外的寫本如在甘肅和新疆發現的吐火羅語文書等。甲骨文、金石文字和簡帛都設有專門一部分，每一部分都分成三章：學術史的叙述、著名學者的小傳和書目。除了甲骨文、金石文和簡帛文獻學這樣的專門領域以外，西方漢學家還對中國文字學的理論和各個具體問題諸如文字起源、文字社會作用以及古文字釋讀等等都做了研究工作，本部分乃對這些工作略做闡述。

　　本部分與本書餘下各部分的性質有兩點基本不同。第一，本部分所附目錄不如其餘諸部分齊全。儘管我不能保證甲骨文、金石文和簡帛學各部分的目錄絕無遺漏，但總體來説應該算相當齊備；而本部分目錄僅收録最具代表性、影響最大的研究成果。第二，綜述部分在撰寫形式上不一樣。甲骨文、金石文字和簡帛學三部分的綜述按照年代早晚來介紹研究成果，至少可以對各學科的發展得出一個基本的印象。本部分則無法對所有西方漢學家的中國古文字學或文字學成果做介紹，綜述也只能針對以下幾個專題展開討論：中國文字學和出土文獻學總論、中國文字的起源及其原始社會作用、中國文字的性質、古文字學方法論、工具書。特別需要指出的是,與文字學有密切關係的上古漢語語法研究和漢語音韵學,本部分都無法做介紹①。

一、中國文字學和出土文獻學總論

如本書《序言》所述,西方傳教士到了中國以後,通過報告等形式向西方介紹中國傳統文化,引起西方學者們的廣泛興趣,其中以中國文字的性質問題最爲人關注。當時西方學者們正好也在開展埃及象形文字的研究,他們很自然會將中國文字和埃及文字聯繫起來。天主教耶穌會傳教士離開中國以後,歐洲學者繼續研究中國傳統文學與歷史,但在語言學和文字學方面却長期没有多少進步。十九世紀初基督教傳教士進入了中國,已不像耶穌會傳教士那樣獵奇,而比較傾向於實用的知識。這個時候的文字學當然主要針對《康熙字典》和《説文解字》。十九世紀末二十世紀初,該學術領域開始發生轉向。1881年,金璋(Lionel C. HOPKINS,

---

① 關於中國古代語法研究,可以參見 Georg von der GABELENTZ(甲柏連孜,1840—1893), *Chinesische Grammatik, mit Ausschluß des niederen Stils und der heutigen Umgangssprache*(中國語法: 除了土語和現代通行語言以外)(Leipzig: T.O. Weigel, 1881;再版: Halle: Max Niemeyer, 1960); W.A.C.H. DOBSON(杜百勝, 1913—1982), *Early Archaic Chinese: A Descriptive Grammar*(上古漢語: 形容的語法)(Toronto: University of Toronto Press, 1962); Ulrich UNGER(翁有理, 1930—2006), *Einführung in das klassische Chinesisch*(文言文導讀)(Wiesbaden: Otto Harrassowitz, 1985); Edwin G. PULLEYBLANK(蒲立本, 1922—2013), *Outline of Classical Chinese Grammar*(文言語法概略)(Vancouver: University of British Columbia Press, 1995); Redouane DJAMOURI(羅端). *Collected Essays in Ancient Chinese Grammar*(中國古代語法論文集). Collection des Cahiers de linguistique: Asie orientale 6 (Paris: Centre de Recherches Linguistiques sur l'Asie Orientale, 2001),對中國古代語法研究都相當有學術價值,但是只有杜百勝《上古漢語: 形容的語法》(1962)與出土文獻資料有比較多的關係。該文對西周時代的語法的闡述一方面根據《尚書》中比較可靠的幾章,另外一方面根據十四篇西周銅器銘文。這一著作語法分析雖然已經相當過時,但是對銅器銘文研究仍然有一定影響。
西方學者從高本漢(Bernhard KARLGREN, 1889—1978)開始,一直非常關心中國音韵學研究,於此實在無法做介紹。可以參見 Zev J. HANDEL, "A Concise Introduction to Old Chinese Phonology"(上古漢語音韵學簡介),載於 James A. MATISOFF 編, *Handbook of Proto-Tibeto-Burman: System and Philosophy of Sino-Tibetan Reconstruction*(原始藏緬語系手册: 漢藏構擬的系統和理論), University of California Publications in Linguistics 135 (Berkeley, 2003), pp. 543-574.

1854—1952；見本部分所附小傳）翻譯了宋代戴侗的《六書故》，發表時題爲《六書：中國文字的原理》（100010）。金璋後來成了著名的甲骨文專家。此時連甲骨卜辭都尚未發現，他就已經開始關注文字的"六書"分析及其歷史演變。如下一部分所述，甲骨卜辭發現以後，他傾注幾十年的心血潛心研究甲骨文和中國文字，發表將近五十篇文章，包括從1917年到1928年發表的《象形之回顧：中國古文字的發現、復原及推測》等篇（100110、100120、100130、100140、100150、100180、100190、100210、100220）。1906年以後，金璋讀到方法斂（Frank H. CHALFANT, 1862—1914）所著《中國早期書寫》（100050），二人自此結爲好友。方法斂此文首次向西方學術界介紹了殷墟卜辭，特別强調甲骨文字的原始象形構造。雖然金璋和方法斂只是業餘學者，但他們對古文字學却有相當的貢獻，可以説創立了此領域的西方學術基礎。

在金璋開始發表《象形之回顧：中國古文字的發現、復原及推測》前一年，長期住在河北省河間的天主教耶穌會法國傳教士戴遂量（Léon WIEGER, S.J., 1856—1933）在中國出版了《中國文字：字源、字形和意義》（100100，1916年），得到沙畹（Édouard CHAVANNES, 1865—1918；見本部分所附小傳）非常高的評價，獲儒蓮獎（Prix Julien），即法國最重要的學術獎項。除了《中國文字》以外，戴遂量還著有十多本書，包括《中國佛教》（1910）、《道教》（1911）、《中國宗教信仰和哲學觀點史》（1917）、《中國通史》（1924）等①，對中國文明的各個方面都做了詳細介紹。在《中國文字》這本書裏，除了傳統的"六書"分析外，戴遂量還涉及金石學材料。他有關碑文的講解没有問題，但是對古代銅器銘文的翻譯往往會犯一些常識性的錯誤，恐怕只能説是反映了當時西方學者對中國出土文獻的研究水平。

在戴遂量寫作《中國文字》的同時，法國有一個學生剛剛完成其博士

---

① Léon WIEGER, S.J.(戴遂量), *Bouddhisme chinois. Extraits du Tripitaka, des commentaires, tracts, etc.* (Sienhsien [Hokienfu]: Impr. De la Mission catholique, 1910); *Taoïsme* (同上),1911; *Histoire des croyances religieuses et des opinions philosophiques en Chine*(同上),1917; *La Chine à travers les age* (同上),1924.

論文,這就是高本漢(Bernhard KARLGREN,1889—1978;見本部分所附小傳)的《中國音韵學研究》(*Études sur la phonologie chinoise*)。完成博士論文以後,高本漢立即成爲西方漢學界最權威的學者之一,他幾乎建立了中國現代音韵學。他在音韵學、文獻學、青銅器學等各個方向用力六十多年,取得了杰出的研究成果。高本漢的博士論文由著名語言學家趙元任(1892—1982)、羅常培(1899—1958)和李方桂(1902—1987)翻譯,不少其他著作也已有中文譯本,因此於此没有必要對他的音韵學研究做過多介紹。除了音韵學方面的成就以外,高本漢最重要的研究成果大概是1923年出版的《漢語和漢日語言的分析詞典》(100160)和1957年修改的《新編中國文字》(100460*)兩部字典,特別是《新編中國文字》創立了字族分析的體例,將於下面"工具書"部分介紹。同樣的,他對青銅器學和銅器銘文的研究將在第三部分介紹。除了這些專門研究以外,高本漢關於中國語言文字還有幾本代表性的著作,即《漢語的音與象》(100170*,1923年)、《文字學與中國古代》(100200*,1926年)以及《漢語:它的性質與歷史》(100430*,1949年),都對古文字資料略有涉獵。

  針對古文字學與出土文獻的研究著作還有好幾本值得介紹。其中最早的是陳夢家(1911—1966)的《中國文字學》(101380),此係陳先生於1944年至1947年間在芝加哥大學作訪問教授時的古文字學課程講稿。可惜的是此講稿遲至2006年才得以出版①,此前也未能流傳,大多數的學者甚至都不知道陳先生此書。這本書代表了戰後四十年代的最高學術水平。如果當時能及時出版的話,一定會產生很大的影響,然而以現在的學術標準衡量,恐怕在2006年出版就只能起到學術史上的作用了。

  另外還有同樣在芝加哥大學工作的錢存訓(Tsuen-hsuin TSIEN;見本部分所附小傳)。錢先生於1947年到芝加哥大學做圖書館東亞部館長。之後,他一邊管理圖書館,一邊讀研究生,師從顧立雅(Herrlee Glessner CREEL,1905—1994;見第三部分所附小傳)。錢先生於1957

---

① CHEN Mengjia(陳夢家),"An Introduction to Chinese Palaeography"(中國文字學),載於《陳夢家著作集》(北京:中華書局,2006),第259—395頁。

第一章　西方漢學中國古文字與出土文獻研究概要　013

年獲得博士學位,博士論文題目是《中國印刷發明前的記録:中國早期銘文和書的發展史》①。後經修改,由芝加哥大學出版社於 1962 年正式出版,題爲《書於竹帛:中國書籍和銘文的起源》(100490*)②。全書共分九章:"緒論"、"甲骨文"、"金文和陶文"、"玉石刻辭"、"竹簡和木牘"、"帛書"、"紙卷"、"書寫工具"和"結論",可算是對當時已有的出土文字資料的一次全面總結,在西方學術界産生了極大影響。這本書後來重印了兩次,但是 1969 年第三次重印後,因爲中國考古學的不斷發展、中國境内陸續出土了大量文字資料,無法把新資料都收録進去,所以只好停止重印,後來學生只能利用六十年代初的原稿。2000 年,錢先生以九十多歲高齡,和芝加哥大學教授夏含夷(Edward L. SHAUGHNESSY)一起開始重新修改。雖然無法改變原文的組織結構,但是至少補充介紹了七十至九十年代的衆多新發現。夏氏另加了一個"後序"(101270*),對西方漢學家在這個領域所取得的研究成果做了一個綜覽③,2004 年這個修訂本由芝加哥大學出版社出版(101280*)。

夏含夷還編有 1997 年出版的《早期中國歷史的新史料:銘文與寫本的導讀》(100970*)④,組織了一批當時西方古文字與出土文獻學界較爲權威的學者對中國出土文字資料進行介紹,包括夏含夷所撰寫的"前言"(100960*)、吉德煒(David N. KEIGHTLEY,1932—2017;見第二部分所附小傳)的《商代甲骨卜辭》(202980*)、夏氏自己的《西周銅器銘文》(302140*)、馬幾道(Gilbert MATTOS;1939—2002)的《東周青銅器銘文》(302120*)、羅鳳鳴(Susan WELD)的《侯馬和温縣的盟書》(302160*)、魯惟一(Michael LOEWE;見第四部分所附小傳)的《漢代木簡和竹簡行政文書》

---

①　Tsuen-hsuin TSIEN(錢存訓),"The Pre-Printing Records of China: A Study of the Development of Early Chinese Inscriptions and Books"(芝加哥大學博士論文,1957)。

②　此書有多種中文譯本,儘管書題不同,但是内容大同小異:《中國古代書史》(香港:香港中文大學出版社,1975);《印刷發明前的中國書和文字記録》(北京:印刷工業出版社,1987);《書於竹帛》(臺北:漢美圖書公司,1996;上海:上海書店出版社,2002)。

③　夏含夷的後序爲錢存訓的學生王正義譯爲《1960 年以來中國古文字學的發展》,《"中華民國"圖書館學會會報》74(2005):51—68;也發表於《文獻》2005.4 和 2006.1。

④　此書有中文譯文:夏含夷主編,本書翻譯組譯,李學勤審定,《中國古文字學導論》(上海:中西書局,2013)。

（402400*）、何四維（A.F.P. HULSEWÉ, 1910—1993；見第四部分所附小傳）的《秦漢法律寫本》（402380*）、夏德安（Donald HARPER）的《與自然科學和神秘技術有關的戰國秦漢寫本》（402370*）以及鮑則岳（William G. BOLTZ）的《有傳世對應本的寫本》（402350*）。鮑則岳這本書的編撰初衷是作爲這個學術領域的導讀指南，因此每一章都包括許多原始出土文字資料的翻譯，所以讀者也可以利用這些資料進行自己的學術研究。

《早期中國歷史的新史料：銘文與寫本的導讀》的作者之一鮑則岳，於1994年撰寫完成一本專著，題爲《中國書寫系統的起源及演變》（100780）。全書分爲"緒論"、"商代建立時代"以及"秦漢重新建立"三部分。鮑氏對中國文字起源和中國文字性質兩個問題都有自己的獨特觀點，下文將有詳論，於此毋庸贅述。

《早期中國歷史的新史料：銘文與寫本的導讀》的另一作者馬幾道此時也有重要的貢獻。馬氏和羅杰瑞（Jerry NORMAN, 1936—2012）合譯了裘錫圭先生的《文字學概要》（101130*）。中國讀者都知道裘先生這部非常重要的著作，於此無需多做介紹。不過值得指出的是此書英文版在很多方面比中文原版更爲便利。第一，譯文所據底本綜合了《文字學概要》1988年北京商務印書館原版、1994年臺北萬卷樓修訂版以及裘先生先後所做調整。臺版在原版的基礎上做了不少修訂和調整，雖然質量較原版爲高，但由於是在臺灣出版，原版中所討論的簡體字字形一律被刪去，因此原版亦須參考。此外，馬幾道和羅杰瑞都是裘先生的好朋友，翻譯過程中一直都向裘先生請教，裘先生又於此過程中做了最後調整，此係兩版中文本所無。第二，因爲《文字學概要》含有上千古文字字形，所以中文版是手寫的，但是譯文版重新進行了排版，顯得比較清晰。最後，可能也是最重要的，英文版附有兩種索引：一個是針對裘先生所使用的專業術語（諸如"半記號半表意字"、"族名金文"等等），兼有中文原文和英文翻譯；另一個索引是針對裘先生所討論的每一個單字，利用這個索引可以快速查找《文字學概要》裏面所有的內容。這個譯本不僅對西方漢學界而言是一個極大的貢獻，也可視爲西方各種古代語言文字學的一個典範。

與裘錫圭《文字學概要》性質相同的西方著作有高奕睿（Imre GALAMBOS）的《中國早期文字的正字法：新出土寫本的證據》（101400，2006年）。高奕睿原籍匈牙利，於美國加州大學伯克利分校獲博士學位（2002），博士論文題目是侯馬盟書裏的異體字。高氏畢業以後，先於英國大英圖書館工作，整理該館所藏敦煌寫本，現聘任爲劍橋大學東亞學院教授。《中國早期文字的正字法：新出土寫本的證據》針對戰國時代的出土文獻，特別是侯馬盟書和郭店寫本，以此探討文字的正體和異體，論證了在兩漢以前（實際上是在東漢以前），文字大多沒有固定的正體，不但在不同時代和不同地域都會有不同的構形，并且在相同時代和相同地域，甚至在同一個抄手筆下，也會出現不同構形。此書第一章介紹了前輩學者對正體和異體字的看法，特別是巴納（Noel BARNARD；見第三部分所附小傳）、鄭德坤（1907—2001）、鮑則岳、松丸道雄以及裘錫圭等諸家觀點。高奕睿采取了折中的態度，指出舊有説法各有短長。他的基本觀點是文字只是語言的載體，某一詞彙會用不同的文字來記録，在中國古代條件之下，利用"正字"和"錯字"的判斷不如利用統計學方法來指明各種異體字的實用性和普遍性。

在古文字與出土文獻領域，西方漢學界最新的研究成果可見哥倫比亞大學教授李峰（LI Feng）和林德威（David Prager BRANNER）2011年合編的《早期中國的書寫與讀寫能力：哥倫比亞古代中國論壇的文章》（303380）。這本書是哥倫比亞大學召開的"古代中國論壇"的論文集，一共收録十一篇論文，都圍繞中國早期書寫與閱讀功能這一主題，與古文字學也都多少有一點關係：

班大爲（David W. PANKENIER），《作爲天之"右"和中國書寫的起源》（101540）

鮑則岳（William G. BOLTZ），《識字能力和中國書寫的興起》（101510）

林德威（David Prager BRANNER），《中國文字的音韵學及其對中國早期閱讀的功能》

高島謙一（Ken-ichi TAKASHIMA），《中國商代安陽以南和以東的

識字能力：鄭州和大辛莊》(203770)

亞當・史密斯(Adam Daniel SMITH),《在安陽的抄手訓練之證據》
　　　(203750)

李孟濤(Matthias RICHTER),《中國早期文學作品傳播中的文本
　　　特性與讀寫能力的作用》(405740)

羅　泰(Lothar von FALKENHAUSEN),《王之接見及其在西周銅
　　　器銘文中的反映》(303390)

李　峰(LI Feng),《西周時代的閱讀能力及其社會環境》(303400)

柯鶴立(Constance A. COOK),《教育與先王之道》(303380)

葉　山(Robin D.S. YATES),《士兵、書吏和婦女：早期中國社會下
　　　層的讀寫能力》(405790)

李安敦(Anthony J. BARBIERI-LOW),《工之讀寫能力：中國秦漢
　　　的男女工匠對書寫的運用》(405520)

　　以上作者都是當代西方漢學界古文字學與出土文獻學方面的權威學者,論文都經過反复討論和修改,儘管觀點有所分歧,但是在一定程度上反映現在西方的學術進展。下面介紹中國文字起源問題時會談到鮑則岳的觀點,餘後諸部分還會介紹其他與甲骨文、金文和簡帛學相關的文章。

二、中國文字的起源及其原始社會作用

　　長久以來,中國文字的起源問題一直爲西方學者所矚目。我們現在大概可以不管早年傳教士的泛巴比倫說,甚至有的以爲中國人原來是猶太人遺忘的部落,諸如拉克伯里(A. TERRIEN de LACOUPERIE, 1845—1894)所著《中國人之前中國的語言：有關中國人占領中國大陸之前先華種族所說的語言之研究》(100020,1887 年)和《古代巴比倫文字及其漢語派生詞》(100030,1888 年)。此説在西方普通大衆中或許仍不乏信從者,但是在學術界已經幾乎完全喪失影響力。唯一的例外是蒲立本

(Edwin G. PULLEYBLANK，1922—2013)1979年所著《作爲音符的中國干支符號》(100540)、1991年的《作爲音符的干支及其曆法運用》(100730)和1995年的《漢語的歷史與史前的關係》(100820)幾篇文章，他提出中國二十二個干支是原始音符，可能與古代腓尼基(Phoenicia)語言的原始文字有直接或間接關係。這個説法也没有得到多少學者的贊同，應該和蒲立本其他一些研究區别看待，即他對中國語法和中國周邊語言接觸的研究，如《史前和早期歷史時代的中國人及其鄰居》(100570，1983年)和《印歐人與中國人的早期接觸》(100910，1996年)。蒲立本是非常謹慎的學者，原先偏重歷史研究，但後來學術重心逐漸轉向語言學，特别是對音韵學有不少獨到的創見。他所提出的中國語言與外地語言的接觸一説至少從個别單詞來看非常有説服力，説明中國本土人和周邊居民有一定來往。

儘管現在大多數西方學者已擯棄中國文字西來説，并且大都同意文字書寫系統有四個獨立的起源(即美索不達米亞、埃及、中國和中美洲)，但這并不意味着西方漢學家就中國文字起源問題已有共識。正如在中國國内一樣，在文字起源的問題上大致可以分爲兩派：一派主張文字起源有一個相當漫長的發展過程；一派提倡文字是突然産生的。1983年出版的《中國文明的起源》(201930)一書裏，張光裕(CHEUNG Kwong-yue)發表了《有關中國文字起源的新考古證據》(100550)一文，對新石器時代陶器上的符號做了全面研究，他認爲這些符號反映出它們之中有不少和商代甲骨卜辭有關，應該算作中國文字的起源。其説没有得到多少西方學者的支持，大多數文字學家仍然堅持單獨的符號不可算作文字，只有等到書寫有了固定的字、音、義，并且應用於句中，才可以視爲真正的文字。對他們來説，中國最早文字的證據仍然是商代甲骨卜辭。不過這并不是説商代甲骨卜辭就是中國最早的文字，而只是迄今已發現的最早的古漢字資料。譬如説，最近主張一個漫長發展過程説最重要的代表是普林斯頓大學藝術學教授貝格立(Robert W. BAGLEY)，他於2004年發表的《安陽書寫與中國書寫系統的起源》(101230)一文中指出，商代甲骨卜辭已經是成熟的書寫系統，應該是長期發展的結果。貝格立的這篇文章後被收入《第一種書寫：作爲歷史與過程的文字發明》一書中①，這本書對世界各地的文字起源都做了綜述，貝格立本人也大量利用了古代中東的文字材料來説明書寫的發展過程。西方學者，包括漢學家在内，都比較注重古代中東的書寫材料，也就是美索不達米亞的楔形文字和埃及的象形文字。現在有相當清楚的證據表明美索不達米亞的楔形文字的發明和發展經歷了幾個階段：早在公元前3400年前後，在烏魯克（Uruk）第三、四期宫殿中，出土了載有"先楔形文字"的陶片，記載了各種商品名稱諸如糧食、油、酒、家畜等，以及表示數量的數字和某些表示所屬關係的專有名詞。表示商品的都是象形文字，表示專有名詞的也是某種圖形文字，但比代表商品的文字抽象一些，有一點像中國商周時代的族氏名號。數字則更抽象，利用一、二、三多少個圓點來表示産品的數量。後來象形文字和圖形文字逐漸規範固定，又利用假借的方法來表示更多的字。有證據表明這個過程延續了六七百年，楔形文字才達到了成熟階段。貝格立推測中國書寫過程應該與之相似。商代末年甲骨卜辭和銅器銘文上的文字已經比較成熟，在此之前應該也有比較漫長的發展過程，但是因爲那時的文字是寫在某種容易腐敗的材質上，所以現在見不到那個階段文字的證據。與此相關的還有書寫的作用。在美索不達米亞，很顯然文字最早用於行政，即宫殿記賬員所做的賬目記録。埃及和美洲的最早文字記録情況雖不如楔形文字清楚，但似乎也用於賬目記録。因此，貝格立推測這是全世界的普遍現象，中國最早文字作用也不應該是例外，只是會計記録往往書寫在最不值錢的載體上，而這些載體往往是最容易腐敗的物質，因此没有保留下來。不過正如貝格立所言：没有證據證明存在并不證明一定不存在，將來很可能會發現某種比商代甲骨卜辭更早的文字記録。

　　與貝格立觀點相左的有華盛頓大學亞洲語文系教授鮑則岳，他於最近二十年來發表了一系列著作，諸如1994年出版的《中國書寫系統的起源及演變》（100780）、《早期中國書寫》（100870）、《中國文字的發明》

---

① Stephen D. HOUSTON 編, *The First Writing: Script Invention as History and Process*（第一書寫：作爲歷史與過程的文字發明）（Cambridge：Cambridge University Press, 2004）.

(101040，1996 年）以及《識字能力和中國書寫的興起》(101510，2011 年），都論證書寫很可能就起源於安陽；如若不然，也不會比這個時代提早太多。鮑則岳也參考了古代美索不達米亞和埃及的材料，可是他是一個語言學家，不太注重考古資料。他通常根據語言學規則做論證，認爲文字必須要有固定的形、音和義才可以叫作文字，而其中最重要應該是音。根據他的説法，像 ▇ 這樣的符號不可算是文字，因爲不同的讀者會采用不同的讀音來讀，諸如"不允許使用手機電話"、"請關閉手機電話"或者"禁止使用手機電話"等等。只有當某一特定範圍内的讀者都使用同一個讀音來讀某個字時，這個字才是真正的文字。譬如，説普通話的中國人看見"人"這樣的字，都會讀作"ren"，意思是人類的"人"，這就是一個文字。如鮑則岳所説，最原始的文字往往會出現一個現象，就是多音字。他指出這在商代甲骨卜辭中也偶有反映，譬如説"卜"通常讀作"bu"，意思是貞卜的"卜"，可是同一個"卜"字偶爾也讀作"wai"，意思是外頭的"外"。同樣，甲骨卜辭的"禾"通常讀作"he"，意思是糧食的"禾"，但是偶爾這個字也可讀作"nian"，意思是年歲的"年"。這個現象表明商代文字的使用還處於相當幼稚的階段，距離文字發明的時間不會太遠。因此，鮑則岳推測商代甲骨卜辭很可能就是中國最早的文字，既非如此，至少也非常接近文字的發明時代。

鮑則岳另有《識字能力和中國書寫的興起》(101510)一文，2011 年發表於《早期中國的書寫與讀寫能力：哥倫比亞古代中國論壇的文章》。該論集還收入亞當·史密斯（Adam SMITH)《在安陽的抄手訓練之證據》(203750)一文，也牽涉這個問題。在這篇文章的開頭，史密斯推測了兩種極端的書寫和閱讀情況：一種是假設商代社會有一千以上的人能夠識字。他們不但住在安陽，也住在安陽以外，書寫是出於管理原料的需要，記錄的内容包括：首都工業材料、民衆的糧食、畿内外的人口登記、軍用兵器和其他資料等等。史密斯還設想了另外一種不同的情況，即全安陽可能只有不到十二個人能夠識字，他們都給商王及其家族管理貞卜的事項。史密斯認爲貝格立所推測的發展過程比較接近於第一種極端情況，説貝格立是根據美索不達米亞烏魯克第二期的教育類材料主張當時的人有比較普遍的識字和閱讀能力。史密斯的看法與此不同，他在其 2008 年的博士論文《安陽書寫：貞卜記錄在中國識字能力的興起中所起之作用》(203660)已論證了安陽并沒有發現多少證據可以用以説明貞人和刻字的人是如何學習識字的。他指出貝格立將美索不達米亞和安陽進行對比是不允當的。美索不達米亞烏魯克第二期已距離文字發明時代一千多年，當時必然有不少人能識字。依此標準，史密斯認爲更適合拿來同烏魯克做對比的是中國的漢代。史密斯提出甲骨卜辭偶爾出現"學"或"教"，有時候用爲名詞，有時候用爲動詞，可是都不一定用來表示學習寫字的地方和行爲。譬如《甲骨文合集》3250"多子其延學疫，不遘大雨"，儘管"疫"字的意思不十分清楚，可是我們知道"疫"應該是"學"的賓語，因此這裏的"學"和識字大概没有關係。同樣花園莊東地甲骨有幾片卜辭涉及"多子學商"，據宋鎮豪考訂"商"是舞商之意，"多子"所學的應該是跳舞，而與識字閱讀没有關係①。史密斯還詳細考察了安陽"習刻"卜辭，論證了刻手們在練習契刻技能的同時還要學習文字，商代占卜機構通過培養新的刻手，比較獨立地傳授了當時的文字體系。因此，史密斯推測安陽的書寫傳統基本僅限於貞卜，較之美索不達米亞用於賬目記錄很不一樣。

　　上述幾位學者都各自舉出不少證據以證其説，同時也都承認囿於目前有限材料，兩個説法都只能是推測。更多西方漢學家傾向於主張此問題的討論有待更多材料的發現。

　　文字的原始社會功用，亦與文字的發明密切相關。不少西方學者對這個問題提出過意見，基本上可以分爲行政和宗教兩派看法。貝格立和他的學生王海城（Haicheng WANG）通過觀察古代中東文字的原始作用及其演變，推測中國的情況應與之類似。很顯然美索不達米亞的楔形文字最早應用於記錄賬目，起了王朝和城市的行政作用。而在中國此類的

---

① 宋鎮豪，《從甲骨文考述商代的學校教育》，載於王宇信、宋鎮豪和孟憲武編，《2004 年安陽殷商文明國際學術研討會論文集》（北京：中國社會科學出版社，2004），第 224—225 頁。

材料付之闕如。但是他們師徒二人仍然相信安陽王朝的軍事和手工業不可能沒有文字記錄，只是因爲大概是寫在很難保存的竹簡或木牘上，今人不得而見。他們認爲商代甲骨文和金文不可能是當時書寫的唯一載體，只因其不易腐朽，得以留存後世，所以雖然甲骨金文之於近現代學術研究極爲重要，但是在當時的社會生活中或許并不占有如此重要的地位。汪濤(Tao WANG)亦持相同觀點。1995 年，他和其他兩位考古學家（即 Nicholas POSTGATE 和 Toby WILKINSON）在考古學的權威刊物《古代》(Antiquity)上發表了一篇題爲《早期書寫的證據：實用性的還是禮儀性的？》(100810)的文章，對四種文明的材料進行了綜合研究，指出在各個文明裏，禮儀性的記載都鎸刻在珍貴的材質上，而實用性的記載都記錄在常見易得的材質上。因爲珍貴的材質往往也很堅固，所以禮儀性的記載被較多地保存了下來，而常見的材質通常容易腐敗，因此實用性的記錄很少幸存。美索不達米亞使用陶片作爲所有書寫的載體，唯此，實用性的記錄才得以保存。汪濤他們推測中國如同美索不達米亞一樣也有多種文字記錄，說中國這些年來發現的文字資料應該只是"冰山的一角，下面的冰山應該多數是實用性的記錄"。

然而許多西方學者的觀點與之相反，他們根據甲骨文和金文提出中國文字的發明及其早期作用都和宗教禮儀有密切關係，認爲古人發明文字的基本目標、使用文字的最大用處是爲了和先祖通靈。美國斯坦福大學陸威儀(Mark Edward LEWIS)教授可能是他們之中最爲權威的當代學者。他在 1999 年所著《早期中國的書寫與權力》(101020)的開頭，對文字的發明提出這樣的看法：

> 有一些學者推測最早的文字之衍變是應用於日常活動，可是因爲這些文字寫於容易腐敗的材質上，所以相關證據現在無法得見。其實，早期文字的字形在形式和意義上都和占卜有顯著的關係；早期卜辭的簡短格式是一種非常簡化的自然語言，文字的發展可以直接追溯到其在宗教儀式中所扮演的角色。在商代，書寫可能還起到其他作用，可是文字的絕對意義都在於銘記君長的宗教活動。文字所

以處於中國文明的中心是由於兩個作用：一是和神仙的溝通，一是王朝勢力的標志①。

還有其他學者也強調在商代書寫幾乎只限於王朝的宗教禮儀，特別是和祖先通靈。最近，著名法國漢學家汪德邁（Léon VANDERMEERSCH）發表了題做《中國思想的兩個理論：占卜與文字》的專著（101640，2013 年），係其四十多年以來研究的總結，他主張文字的發明和早期使用完全與占卜有關。汪德邁的研究方法雖然與陸威儀很不一樣，但他也提出中國文字是一種自然語言，因此二者至少在理論上是一致的。

因爲在安陽時代的甲骨卜辭裏，中國文字已臻成熟，在此之前文獻不足徵，因此我們似乎仍然缺乏足夠的證據判定這場論戰中誰是誰非，但恐怕上述兩說都失之偏頗過於極端。希望將來能發現安陽之前的文字，以供學者繼續討論。

三、中國文字的性質

一百多年以來西方漢學家一直很熱烈地討論中國文字的性質。簡單地說，辯論的雙方分別是文字學家和語言學家。文字學家經常強調中國文字的"形"，而語言學家強調它的"聲"。我們都知道現代漢字大多數都是形聲字，語言學家指出聲旁是不可或缺的。然而，文字學家，特別是古文字學家，則多着眼於文字起源時代，亦即殷墟卜辭階段，以爲這之後文字系統曾歷經演變，不能利用兩漢以後成熟的漢字體系來說明文字萌芽時代的文字性質。

西方學者當中最早注意到甲骨卜辭的是方法斂，他在 1906 年發表了《中國早期書寫》（100050），首次向西方學術界介紹和公布了甲骨文的摹本。在這篇文章裏，方法斂對中國文字做了比較全面的論述，介紹了《說文解字》的"六書"說，因爲他本人對新見的甲骨文特別感興趣，所以非常

---

① Mark Edward LEWIS（陸威儀），*Writing and Authority in Early China*（早期中國的書寫與權威）（Albany: State University of New York Press, 1999），第 15 頁。

強調六書之中的象形。他文章相當一部分的篇幅是一個列表，列了 403 個文字的現代字形、偏旁、篆文字形、更古老的字形，以及它的"可能起源"。這些例子當中，多數爲動物和大自然的現象，象形成分頗易見，但也有某些例子按照現在的文字學標準來看，只能説是望文生義。其説有的是受《説文》影響，譬如説"志"是"心所發出的"會意字；有的説法則更勉強，如他根據古文字形 ᛞ 説"凶"的造字本義是象"鬼的怪形"。但是總的來説，方法斂這篇文章反映出了一定的文字學水平。雖然如此，這篇文章發表不久之後，當時年紀尚輕的馬伯樂（Henri MASPERO，1882—1945；見第四部分所附小傳）發表了書評（100070，1908 年），提出了激烈的批評，他説方法斂完全忽略文字的聲音屬性和作用。馬伯樂根據語言學理論指出語言就是人所説的話，所説的話必須有聲音、有意義，但是不一定要有文字。因此，書寫只能算是次要的，文字只是記録語言的符號。方法斂没有做出回應，也没有再發表相關文章（他於 1912 年在天津被汽車撞傷，於 1914 年逝世，享年只有 52 歲），而馬伯樂後來成了著名漢學家，對中國語言學做出了卓越的貢獻。

方法斂發表了甲骨卜辭的摹本以後，引起了金璋的注意。金璋是英國外交部的官員，長期住在中國，對中國文字有特别濃厚的興趣，早在 1881 年就已經翻譯了宋戴侗（1241 年進士）的《六書故》。金璋和方法斂互相認識以後，金璋從方法斂那裏購買了不少甲骨，兩個人經常通信，就甲骨文的釋讀問題交换彼此的意見。方法斂英年早逝，金璋則一直活到 98 歲，92 歲的時候還在發表有關甲骨文的文章，僅在《皇家亞洲學會學報》（*Journal of the Royal Asiatic Society*）上就發表 43 篇，多與甲骨文和文字學有關，除此之外還有的發表在其他刊物上。這些文章中最有名的大概是 1917 年到 1928 年間所發表的《象形之回顧：中國古文字的發現、復原及推測》（100110、100120、100130、100140、100150、100180、100190、100210、100220）系列文章，一共九篇，針對 240 個文字做了詳細討論，像篇題所示，他多強調文字的象形性。但應該指出的是，金璋的文字學一點也不幼稚，也不能一概而論地説是望文生義。其實，在 1917 年發表的《象形之回顧》系列第一篇裏，他已經指出甲骨文和早期金文"天"

字&、&形上頭的圓釘就是"丁"字,一方面象人頭,一方面作"天"字的聲旁,此説非常有見地。金璋自 1908 年從英國外交部退休以後,離開中國回到英國,住在鄉下,很少與外界接觸,是地地道道的英國業餘學者。他的文筆也一點没有專業學者的八股味道,因此,有不少人以爲他的學問水平不高。比方説,當時最著名的法國漢學家伯希和(Paul PELLIOT,1878—1945)經常在他編的《通報》(*T'oung Pao*)上對別人的文章做評價。1922 年《泰東》(*Asia Major*)出版創刊號之後,伯希和在《通報》上全文評價了《泰東》創刊號。而關於金璋發表的《河南文物上的王朝家譜和商代的歷史》(200150)一文,伯希和説"説到這篇文章我感到非常不好意思,我已經説過我不相信作者所引用的某些文獻,即使某些内容肯定没有問題"①。

西方漢學最有名的論争之一也是圍繞着中國文字的性質。1936 年,剛剛獲聘爲芝加哥大學教授的顧立雅(Herrlee Glessner CREEL,1905—1994;見第三部分所附小傳)在《通報》上發表了長篇文章《關於中國表意文字學的性質》(100290)。正好在當年也出版了他的名著《中國的誕生:對中國文明形成時代的總覽》(200420),向西方讀者介紹了安陽發現的商代文明,特別包括了甲骨卜辭。在《關於中國表意文字學的性質》一文中,顧氏利用甲骨文材料提出中國文字中很多字形和字義有直接聯繫。他還説不但在甲骨文階段是如此,在漫長的歷史演變中,文字的性質没有發生改變。因此無論是説中國任何方言的人,一看見漢字就知道它的意義。其實這對於韓國和日本人也一樣。中、韓、日三種語言中的漢字,字的發音都很不一樣,但是讀者仍然可以知道它的意義。顧立雅很熱烈地贊美了這種中國文字的早期象徵性質,并把這些文字稱作"表意文字"(ideograph)。顧氏説在文字的演變過程中,雖然創造出了不同文字來表示不同的詞彙,但是它的表意核心還是可以識別出來。譬如,他指出"韋"字原寫作"&",中間的方塊表示一個城市,外面有兩個"止"包圍它,

---

① Paul PELLIOT(伯希和),"Un nouveau périodique oriental: Asia Major"(一個新的漢學刊物:《泰東》),*T'oung Pao* 22.5 (1923): 354-376.

表明它的本義。有一個詞族跟這個意義有關係,因而衍生出其他字,這些字的寫法是通過添加偏旁來指定它的確切意義。顧氏提出"圍"字加"囗"旁表"包圍"之意、"衛"字加"行"旁表"營衛"之意、"闈"字加"門"旁表包圍的門、"幃"字加"巾"旁表包圍的幕布,這些意義之間的關聯性都是顯而易見的。另外還有"違背"的"違"所加的"辶"旁可能也有相關的意義,上下兩個"止"朝着不同的方向,絲綢之橫綫用"緯"字來表示也許也反映了相同的道理,只是這些聯繫不如"囗"旁、"門"旁等來得那樣密切。

顧立雅文章發表次年,在新創刊的《哈佛亞洲學學報》(Harvard Journal of Asiatic Studies)上,美國加州大學伯克利分校的教授卜弼德(Peter A. BOODBERG,1903—1972)發表了篇幅不亞於顧文的《簡論古代漢語的演變》(100320),對顧氏提出激烈批評,説他一點也不明白文字的性質。卜弼德文章開頭説甲骨文的發現對理解中國語言没有提供什麽有價值的信息,甚至反而可以説是一個障礙,古文字學家一直强調字形,而忽略文字最基本的屬性,即字音。他的英文表達非常尖鋭,這篇文章第二小段落就説:

> 中國文字學的基石問題就是文字和詞音的關係。新的發現(即甲骨文)没有促進這個問題的調查,反而對之是一個障礙。學者多注意到"文字的語意"(graphic semantics)這一富有異國情調的問題,只見其表,而幾乎完全忽視了詞彙活着的神經。關於後代(即周代)文字的性質,他們繼續利用當地字典所創造的理論,而一律忽略反映文字"聲音"方面的不正統的證據①。

卜弼德采取了語言學的定義,以爲語言是口語,書寫只是次要的。漢字發展大概像原始美索不達米亞文字一樣是從象形字開始的,但是没有表示字音的象形字不可以算是文字。卜氏舉"二"字爲例來説明這一點:不僅在中國,甚至在其他文明的文字裏這個字也被用來表示一、二、三的"二"。然而,這個字如果没有字音(他構擬的"二"字的古音爲 *nyi),我們如何

---

① Peter A. BOODBERG(卜弼德),"Some Proleptical Remarks on the Evolution of Archaic Chinese"(簡論古代漢語的演變),*Harvard Journal of Asiatic Studies* 2 (1937):329.

得知這不是一個表示"并行"抑或"上下"的符號？我們現在閱讀"二"的時候，一定要把它讀作"er"才可以理解爲一、二、三的"二"。在商代也一樣，不然的話就不算是"閱讀"。因爲有很多詞彙都不能用象形字來表示，所以只有象形字的階段不能算是真正的文字形成。不久之後，同美索不達米亞以及其他擁有文字的古文明一樣，中國的先民也發現了創造文字的基本原則，即采用表音的方法來記錄詞彙，也就是說借用某個象形字作爲表音符號來記錄跟這個字同音或音近的另一詞。這種記錄語言的方法，在中國傳統文字學上稱爲假借。發現了假借原則以後，人們很快又發明了更爲先進的造字方法，用表音的符號和指示字義的符號共同組成文字，這樣的文字在中國傳統文字學上被稱爲形聲字，表音部件即聲旁，表意部件即形旁。有了假借字和形聲字以後才可以表示詞彙的聲音，才可以把語言（也就是口語）書寫下來，這樣書寫才可以算是真正的文字。

再次年（1938），顧立雅又在《通報》上發表了一篇文章題爲《關於中國上古文字的表意成分》（100330），承認中國字典裏大多數的文字都是形聲字，但是他仍然堅持象形字是中國文字的核心。顧氏利用了統計學理論分析了中國傳統文獻裏的用字情況，認爲象形文字占有很大比例。顧氏又指出除了象形字以外，中國文字還有會意字，也就是把兩個意符加在一起創造一個新的字，這個字也沒有音符。顧立雅邀請芝加哥大學"東方學院"（Oriental Institute）的蘇美爾文字學專家 Arno POEBEL（1881—1958）來提供古代中東的類似證據，以說明古代中東的不少文字不能反映詞彙的語音，也不能直接記錄當時的口語。兩年以後卜弼德在《通報》上發表了題作《表意主義還是偶像崇拜？》（100340）的文章，諷刺顧立雅的語言學知識淺薄，說不僅漢字不存在會意字，顧立雅所提出的美索不達米亞的會意字現象也根本不存在，很多中國傳統文字學中以爲的會意字也都表示詞音。歷經長達四年之久的激烈辯論（特別是卜弼德批評了顧立雅）之後，當時《通報》的編者伯希和在卜弼德的文章後面加了一個編按，表明辯論已經超出了《通報》的學術範圍，因此不再繼續刊登類似的文章，這場辯論就此結束。

伯希和并沒有在編按裏表明他自己的看法，但因他使得這場論爭以卜弼德的文章而結束，很多人據此認爲這暗示了他支持卜氏的觀點。伯希和自己的研究也確實一直在強調中國語言的聲音演變，對顧立雅的文章自然會持保留態度，但是這并不表明他完全同意卜弼德的看法。在一篇附加於顧立雅第一篇文章後頭而題作《簡論中國文字裏聲音性質》（100310）的短文中，伯希和說他之所以在《通報》上發表顧立雅的文章是因爲它有"真正的科學價值"。伯氏還說，因爲顧氏利用了最新出土的證據，所以他的結論不但可以代替基於《説文解字》的傳統説法，如戴遂量的《中國文字》（100100），并且也可以糾正高本漢《漢語和漢日語言的分析詞典》（100160）中的某些疏漏。不過他仍然覺得顧立雅的論述不夠全面，尚有不少值得補充。顧立雅批評了高本漢所說 90％ 的中國文字是形聲字，根據他自己對文本所含文字的統計，實際使用中形聲字的比例不會超過 44％。伯希和指出二者所基於的資料不一樣。高本漢分析的是字典，顧立雅統計的是文本。事實上，如果將所有文字納入分析，形聲字的比例應該較 90％ 爲高。但是伯希和還指出，問題在於形聲字到底是什麼字。他說"很顯然，到現在爲止，'形聲字'這個名稱包括兩個很不一樣的類型"。一類是音符僅表音不表意，比方說在"癩"和"籟"字裏，"賴"只表示聲音。伯希和說這類形聲字的特點是音符和詞毫無意義上的聯繫，表意完全由意符承擔。然而，中國傳統文字學理論裏還有另外一類形聲字，它們也有意符和音符，但是音符兼有表基本意義的作用，而加注意符是爲了明確字義。伯希和以顧立雅所引"韋"一系爲例，指出顧立雅否認"闈"字中"韋"表音，這顯然是有問題的。可惜的是，伯希和這篇文章篇幅甚短，後來對這個看法也沒有做更深入的論述，沒有引起學界應有的關注。

自伯希和宣布《通報》不再繼續刊登這方面的文章，似乎表明這場辯論已經結束了。以語言學爲本位的學者都以爲卜弼德得勝了，特別是卜弼德的學生最爲極端。顧立雅却幾乎沒有學生傳承他的觀點。這場辯論幾十年之後才又被人提及，著名中國語言學家德範克（John DeFRANCIS, 1911—2009）於 1980 年代先後出版了兩本綜合介紹中國語言與文字的著作。第一本叫作《漢語：事實與幻想》（100580，1984 年），開宗明義地説：

> 考慮一下"語言"這個詞。語言學家——不是指那些會説多種語言的人，而是指研究語言學（也就是研究語言的科學）的學者——通常將"語言"定義爲口語。口語是第一，書寫是次要的。……語言學家之所以要把"語言"限制爲口語，是爲了與廣義的語言即人們溝通交流的媒介區分開來。①

在1989年出版的《可見的口語：書寫系統的多元統一》（100680）一書中，德範克宣揚了如下觀點：

> 口語的先決地位以及文字的口語根據必須得到一切關心書寫與語言科學發展的學者的全面支持。②

對德範克以及多數語言學家來説，這場辯論已經有了定論，没有必要再討論。然而，德範克的語言學宣揚似乎叫醒了那些將中國文字理解爲"表意文字"的學者。又過了幾年，這場辯論突然又爆發在了美國的《亞洲學學報》（Journal of Asian Studies）上。1993年，中國思想史家陳漢生（Chad HANSEN）發表了題作《中國表意文字與西方概念》（100750）的文章，説五十年以來語言學家拒絶任何人使用"表意文字"這樣的概念，但是從他作爲哲學家的立場來看，中國傳統文字理論同西方哲學不無關係。陳漢生指出根據某些科學試驗，有證據表明日本讀者對象形或表意文字的讀法和對拼音文字的讀法會使用大腦的不同部分，如此可證字形和字音是分開的。這篇文章發表以後，立刻受到美國俄亥俄州立大學語言學教授安戈（J. Marshall UNGER）的"給編者的信"，責備《亞洲學學報》的編者刊登這樣"嘩衆取寵"式的文章，説中國文字的性質已有定論，文字是表示語言的媒介，而語言是口語。此後，陳漢生又做出回應，説語言學家和哲學家有根本不同的方法，似乎没有一種通用的學術語言。他提到《莊

---

① John DeFRANCIS（德範克），The Chinese Language: Fact and Fantasy（漢語：事實與幻想）（Honolulu: University of Hawaii Press, 1984），p. 37.

② John DeFRANCIS（德範克），Visible Speech: The Diverse Oneness of Writing Systems（可見的口語：書寫系統的多種統一）（Honolulu: University of Hawaii Press, 1989），pp. 217-218.

子·齊物論》說兩個人在辯論,很難有公認的標準:

> 既使我與若辯矣,若勝我,我不若勝,若果是也,我果非也邪?我勝若,若不吾勝,我果是也,而果非也邪?其或是也,其或非也邪?其俱是也,其俱非也邪?我與若不能相知也,則人固受其黮闇。吾誰使正之?使同乎若者正之?既與若同矣,惡能正之!使同乎我者正之?既同乎我矣,惡能正之!使異乎我與若者正之?既異乎我與若矣,惡能正之!使同乎我與若者正之?既同乎我與若矣,惡能正之!然則我與若與人俱不能相知也,而待彼也邪?

看起來似乎是如果有兩個人持有不同的觀點就沒有標準能夠決定辯論的結果,然而,思想史家陳漢生并沒有引完《莊子》的話。《莊子》常用卮言,此段也不例外。這段卮言很難明白,但是至少可以說不是消極的,只要我們"寓諸無竟",或許還是會得到一個合適的結論:

> 何謂和之以天倪?曰:是不是,然不然。是若果是也,則是之異乎不是也亦無辯;然若果然也,則然之異乎不然也亦無辯。化聲之相待,若其不相待。和之以天倪,因之以曼衍,所以窮年也。忘年忘義,振於無竟,故寓諸無竟。

這場論爭的集大成者,是繼陳漢生和安戈之後出版的兩本書,即鮑則岳1994年出版的《中國書寫系統的起源及演變》和裘錫圭的《文字學概要》(英譯本在2000年出版)。鮑則岳也參加了關於中國文字起源問題的討論,上面已經做了簡單的介紹。鮑則岳是卜弼德最後的學生,完全接受了卜弼德的文字學理論。他在許多文章裏提到這些理論,但最成熟、也是最極端的論述,見於《中國書寫系統的起源及演變》一書裏。

在此書的序言裏,鮑則岳說他將要寫一種"內在語言學史",也就是不去管文字怎樣代表口頭語言以外的問題,諸如文字的媒介和社會環境。在該書前半部,鮑氏論及文字的起源,說書寫的發明應該是非常快的一個過程。像其他學者一樣,鮑則岳認為書寫起源於象形符號,但是他說這些符號仍然不能算是文字。等到這些象形符號被用來表音之後就很快達到真正文字——即形聲字的成熟作用。鮑則岳還根據馬王堆寫本裏常用假借字的習慣推測，漢代時中國文字的發展差不多到了一個關鍵時代，即放棄表意而完全用文字記錄聲音。然而，漢代書寫者沒有放棄傳統的文字，這大概和他們保守的宇宙觀有關。

鮑則岳對文字的分析發揚了卜弼德的一個基本觀點，就是中國文字沒有會意字，合體字一定有一個部件是音符。他指出《説文》説"信"爲會意字很難理解(《説文》："誠也。从人从言。會意。")，"人"和"言"加在一起可以表"誠"，但是也會令人想起很多其他的意義，諸如"演講"、"批評"、"語言學家"等等，所以"从人从言"不必然會意表"誠"。鮑氏又指出"信"應該是一個形聲字，"言"不但有元部的音，《集韻》中還保存了文部的讀音，并與真部有諧聲關係，而"信"是真部字，所以"言"就是它的音符。

其他合體字并不容易做此分析，鮑氏就發揮了卜弼德的文字雙音理論。譬如"名"字，《説文》説"自命也。从口从夕。夕者，冥也。冥不相見，故以口自名"，沒有説明是會意字，但是一般人都會這樣分析。而鮑則岳説"口"是一字雙音，除了 kou 音以外，還有另外一個音，即 ming。因此，在"鳴"和"命"字中，"口"都可以作音符。

與鮑則岳不同，裘錫圭在其著《文字學概要》裏支持傳統會意字的説法。他分析了一百多個會意字，如他指出有三個从刀的字應該都是會意字：从刀从鼻會意的"劓"字(甲骨文字形作)、从刀从册會意的"删"(甲骨文字形作)和从刀从魚的"劍"(甲骨文字形作)。裘氏或許還應該加上从刀从大的"刖"字，此字雖然現在是一個形聲字，但是原來是會意字無疑，甲骨文字形作 。這四個字的讀音至少在造字之初好像與所从的偏旁都沒有關係，dao "刀"當然不可作四個不同字的音符，而 zi "自"和 yi "劓"、ce "册"和 shan "删"、yu "魚"和 jie "劍"以及 da "大"和 yue "刖"在讀音上也不大可能有任何關係。根據裘先生的論述，中國文字雖然在創造時候多爲象形字(或包含象形方法)，但是文字系統成熟以後，象形方法幾乎不再使用，新造的字就幾乎都是形聲字了。

現在又過去了二十多年，西方學者對中國文字的性質這個議題似乎還沒有定論。語言學家強調漢字的語音,文字學家強調書寫的某些特點。在我看來,最中肯的討論可能見於日本文字學與文獻學家 David B. LURIE 2006 年發表的《對"表意字神話"批評中的語言、書寫和學科性:初步討論》一文(101420)。LURIE 氏指出各家的專業背景對其學說有非常大的影響。他采取了不偏不倚的態度,既承認語言的口語關係,同時也指出書寫的獨特性。舉現代漢語中最簡單的例子,誰也不能否認"他"和"她"是一個詞(更不用說"牠"、"祂"等),口語中無別,但是從文字看區別就一目了然。中國古文字中類似的例子很多,譬如說,甲骨文"⿱宀牛"和"⿱宀羊"常見,據現有的資料來看,這兩個字沒有口語上的分別,兩個字都是後來的"牢"字的古文,甲骨文中其用法是表示一種特養的牲畜,但是"⿱宀牛"顯然是用牛,"⿱宀羊"顯然用羊,書寫上的不同提供了重要信息。語言學家和文字學家如果將來能夠合作,想必會在這個問題上取得重要進展。

四、古文字學方法論

西方學者對古代中東考古學與古文字學有漫長的研究歷史,已經總結出某些公認的研究方法。由於這些研究開展較早,無法利用現代科技來複製古文字資料(特別是埃及宮殿上的銘刻),所以古文字學家非常講究摹寫的功力,試圖對每一個文字做完全寫真式的記錄,不增減一筆一畫。西方學者開始研究中國古文字資料時大概多多少少受到古代中東這個方法的影響,從一開始就重視摹寫的用處。

西方學者自甲骨卜辭發現之初就開始着手收集,除了上面已經提到方法斂和金璋以外,還有明義士(James Mellon MENZIES,1885—1957;見第二部分所附小傳)也對這個新興學科做出了重要貢獻。西方學者和中國學者發表甲骨卜辭時采取了不同的方式。當時中國學者們對銅器銘文已經有幾百年的研究歷史,做銘文拓片的傳統也已經延續了一百多年。因此當他們碰到甲骨文的時候,自然而然地也會利用同一技術。而沒有掌握這個技術的西方學者們則采取西方古文字學所習用的摹寫手段,也达到了与之相当的效果。隨着甲骨學的發展，拓片逐漸成爲公認的、標準的材料發表方式。然而，學者們也承認最理想的方式是既有拓片、又有摹本，就像中國社會科學院考古研究所編《殷墟花園莊東地甲骨》所采用的著錄法那樣①。如本書第二部分所述，收集甲骨的洋人多半都是業餘學者，沒有很系統明晰地表述自己的學術方法。西方專家學者對業餘學者的研究方法持保留態度，一直到第二次世界大戰結束以後才有西方學者提出很明確的古文字學方法論。

　　第一位强調方法論的西方學者是巴納（Noel BARNARD；見第三部分所附小傳）。他對金石學所發表的第一篇文章就題爲《金石學的新做法與研究方法》（300620，1959 年）。巴納先指出金石學最大的問題是資料分散，出版水平參差不齊，因此需要進行綜合著錄整理。他説自己正在收集這類資料，而這篇文章就是此項研究的初步報告。他還强調説每一篇銘文不但要有拓本或摹本，并且一定要附有非常嚴格的釋文，他文中以《宜侯夨簋》銘文爲例。下面是巴納的釋文（右邊是釋文，左邊乃是銘文拓片）：

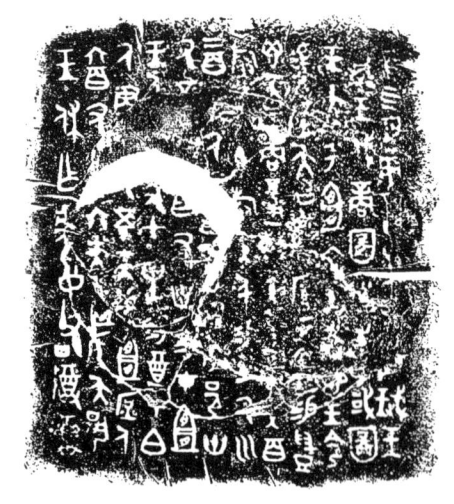

1. 隹三月辰才丁未；□□珷王，
2. 成王伐啇圖□眚東或圖.
3. 王立于𠭯宗土，南鄉王令
4. 虞侯夨曰：□侯于𠭯易鬯
5. 㘙一卣，啇鬯一，□彤弓一，彤矢百；
6. 旅弓十，旅矢千，易土氒川
7. 言；□氒□百又□，氒邑卅
8. 又五；□百又□易才𠭯
9. 王人□又七生易奠□白
10. 氒□□又平夫易宜庶人
11. 六又□六夫𠭯侯夨敭
12. 王休，乍虞公父隉奠.

————
① 中國社會科學院考古研究所編，《殷墟花園莊東地甲骨》（昆明：雲南人民出版社，2003）。

第一章　西方漢學中國古文字與出土文獻研究概要　033

在巴納的論述中,他主張 ![字] 不應該像大多數中國古文字學家那樣被讀爲"揚",而應該直接隸定爲"![字]",否則就太脱離銘文原來書寫的環境。然而令人難以理解的是,巴納又強調要將標點符號放進釋文,説"學者們不應該用不標點來掩蓋自己的無知"①,這同他自己訂立的嚴格釋文的原則相左,亦和一般西方古文字學家的做法不同。

在《金石學的新做法與研究方法》這篇文章裏,巴納還提出了著名的"文字結構恒常性理論"(principle of constancy of character structure),他根據這個理論論證《毛公鼎》和很多其他傳世銘文是僞造的。根據他自己的摹寫,巴氏説《毛公鼎》的"隹"字有下列不同的寫法:

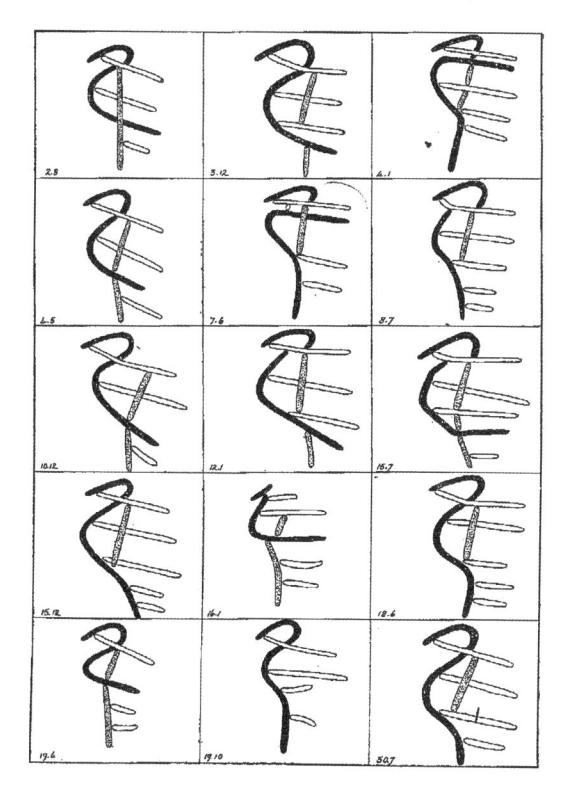

---

① Noel BARNARD (巴納), "New Approaches and Research Methods in Chin-Shih-Hsüeh" (金石學的新路徑與研究方法),《東西文化研究所紀要》(東京) 19 (1959): 15 - 16.

巴納説在科學發掘的銘文上幾乎看不見如此不同的寫法。因此，他判斷《毛公鼎》是偽造的。在下面第三部分叙述西方學者對金石學的研究成果時，我會再詳細論述巴納對銅器真偽問題的考證，於此只能簡單地提出，以説明他很重視摹寫的作用。

與此同時，巴納還對楚帛書做了深入研究，成果見於《楚帛書的初步考察：文獻的新重構》（400310，1958年）一文。在這篇文章裏，他批評了當時楚帛書最權威的摹本，即蔣玄怡（1903—1977）《長沙：楚民族及其藝術》一書中所附①。下表是對巴、蔣兩位學者的摹本做的比較，每段文字的右列是巴納的摹本，左列是蔣玄怡的摹本。據巴納看來，蔣玄怡草率地將楚帛書原文字和後代規範文字聯繫起來，因此往往在原字形上添加某些筆畫。

該篇文章發表十五年以後，巴納又根據此對照摹本對楚帛書進行了綜合研究，做了翻譯和釋讀，即《楚帛書：翻譯和注釋》（400570，1973年）。他的方法頗爲科學，在西方學術界影響相當大，但問題是就他的釋文和翻譯來看，楚帛書的内容紛雜、意義不明，無法讀通。1986年李零《長沙子彈庫戰國楚帛書研究》出版以後，讀者才發現這篇文獻完全可以讀通，内容也不算過於玄妙②。

除巴納以外，西方學者中對古文字學釋讀方法最有貢獻的應該算是鮑則岳。在其一系列文章裏，他和巴納一樣，提出釋文應嚴格對應於原始文本，明確論述見於2000年出版的《郭店〈老子〉：1998年5月達慕思學院國際研討會論文集》（402760）所載《中國古代寫本的研究：初步方法論》（402780）：

> 寫本的釋文應該確實無疑地反映所寫的文字，而不應該添上做釋文者的任何主觀更改或者其他寫本以外的信息。換句話説，釋文應該百分之百地反映寫本所寫的内容，且僅此而已③。

---

① 蔣玄怡，《長沙：楚民族及其藝術》（上海：美術考古學社，1949）。
② 李零，《長沙子彈庫戰國楚帛書研究》（北京：中華書局，1986）。
③ William G. BOLTZ（鮑則岳），"The Study of Early Chinese Manuscripts: Methodological Preliminaries"（中國古代寫本的研究：初步方法論），載於 Sarah ALLAN（艾蘭）和 Crispin WILLIAMS（魏克彬）編，*The Guodian* Laozi: *Proceedings of the International Conference, Dartmouth College, May 1998*（郭店〈老子〉：1998年5月達慕思學院國際研討會論文集），Early China Special Monograph Series 5（Berkeley，2000），第39—40頁。

第一章　西方漢學中國古文字與出土文獻研究概要　035

巴納、蔣玄佁楚帛書的摹本之對照；見 Noel BARNARD（巴納），"A Preliminary Study of the Ch'u Silk Manuscript — A New Reconstruction of the Text"（楚帛書的初步考察：文獻的新重構）. *Monumenta Serica* 17 (1958)：第 8 頁後

而與此不同的是，北京大學中文系教授李零提出所謂中國人的"閱讀習慣"，説中國學者的傳統做法是破讀，而不要局限於所寫的文字。他説：

> 我們讀的古書是來源於漢代特别是東漢。東漢經本是糅合今古文的本子，但無論今古，寫定還是用今文，即來自秦系文字的漢代隸書。那時的古本（戰國文本）和整理者的習慣也有差距，但他們没有我們這種"括號法"，無論原本如何，也不論合并了幾種本子，傳留到今天，都是直接合并和直接改定。①

凡是發表過明確意見的西方學者大概都不同意李零的觀點，他們以爲所謂款式的、經過破讀的釋文，不僅不能反映原文的具體面目，而且往往還摻雜了某些主觀成分。特别關於簡帛的寫本，他們認爲李零所説的"閱讀習慣"也基於一個大前提，就是漢代以來的傳統讀法是正確的，戰國時代的寫本如果跟傳世文獻有不同，則應該利用傳世文獻來校正。而大多數的西方學者的出發點恐怕與之截然相反，即寫本和傳世文獻如果出現文字上的不同，則時代更早的寫本應該更爲可靠、更有説服力。除了上引《中國古代寫本的研究：初步方法論》一文以外，這個觀點還在鮑則岳其他文章裏有所表現，特别是關於《老子》的寫本，諸如 1984 年發表的《文獻批評與馬王堆〈老子〉》(401240) 和 1999 年發表的《公元前四世紀的郭店楚簡寫本與〈老子〉的編纂》(402600)。其他學者如羅浩（Harold D. ROTH）、李孟濤（Matthias RICHTER）和邢文（XING Wen）也都發表過類似的看法，參見羅浩《郭店〈老子〉異文研究的幾點方法論問題》(402980，2000 年)、李孟濤《閲讀中國古代寫本的抄寫問題》(404120，2005 年) 和《異文的概況：關於馬王堆〈老子〉寫本裏異文的分布》(404130，2005 年) 以及邢文《向着一個明了的釋文》(404200，2005 年)。

---

① 李零，《郭店楚簡研究中的兩個問題：美國達慕思學院郭店楚簡老子國際學術討論會感想》，載於武漢大學中國文化研究院編，《郭店楚簡國際學術研討會論文集》（武漢：湖北人民出版社，2000），第 50 頁。

五、西方漢學家所編纂的古文字學相關工具書

中國學術界一直很重視工具書，古文字學與出土文獻學的各個領域亦非例外。無論是各種字典、詞典、文字編，還是索引、書目等等，中國學者都耗費了大量時間，爲學術界提供了便利。現在的研究進展很大程度上正是基於前輩學者們在這些方面所做的貢獻。西方漢學同中國國内的學術研究條件很不一樣，因爲古文字資料多半都在中國境内，國外學者没有編寫工具書的責任，國外學術界也没有此類工具書的市場，因此很少有學者進行這方面的編纂工作。雖然如此，幾十年來并不是完全没有成果，西方漢學家編纂了幾部專門字典，其中最重要的大概是高本漢所編《漢語和漢日語言的分析詞典》（100160，1923年）、《中國文字》（100360*，1940年）和《新編中國文字》（100460*，1957年）。特别是《新編中國文字》，至今仍然廣爲使用。這個字典的編纂體例和其他字典、詞典很不一樣，不是按照單字而是根據三十八個韻部排列，在每一個韻部之中又細分爲不同字族。如下圖表所示，這些字族多半都包括甲骨文和金文字形，字都是高本漢自己手寫的。

如圖表所示，"古"的字族還包括"固"、"姑"、"故"、"沽"、"罟"、"蛄"、"辜"等等一系字，都見於先秦文獻。每一個文字都以"a"、"b"、"c"標明，下面高氏按照同樣"a"、"b"、"c"的形式將古音與古代用法和意義列出來，有時某些特别的意義還會説明出處（"Shi"指《詩（經）》、"Li"指《禮（記）》、"Shu"指《書（經）》等等）。《新編中國文字》和1940年發表的《中國文字》結構一樣，但是高氏所列的義項很不一樣。因他編了《中國文字》以後，對《詩經》和《尚書》進行了多年的研究，不但翻譯成英文，并且還發表了他自己的注解，對清代考據學家的注解做了總結①。據高本漢自己所説，這些注解都已寫進《新編中國文字》，因此較之《中國文字》有了很大進步。

---

① 見高本漢著，《詩經國風注解》（100380*，1942年）、《詩經小雅注解》（100400*，1944年）、《詩經大雅和頌注解》（100410*，1946年）、《書經注解》（100420*，1948年）等。

BERNHARD KARLGREN: GRAMMATA SERICA RECENSA

49 古 屮 屮 古 古 固 姑 峀 故 𫯠 沽 㳙 罟 罛 蛄
    a   b   c   d   e   f   g   h   i   j   k   l   m   n   o

辜 盬 盬 匷 枯 苦 岵 怙 祜 牯 胡 酤 居 㞐 鋦 箘
  p   q   r   s   t   u   v   x   y   z   a'   b'   c'   d'   e'   f'

椐 楛 瑚 湖 葫 餬 鶘 倨 据 琚 踞 𨄅 鋸 腒 腒 50
  g'   h'   i'   j'   k'   l'   m'   n'   o'   p'   q'   r'   s'   t'   u'

鼓 鼓 戲 𣪊 鼖 鼛 瞽 51 股 殺 52 蠱 𧌑
 a   b   c   d   e   f   g   a   b   a   b

v'—y'. *id.* Shuowen says: take (no text) x. is Yin bone (A 5: 37,5, name); y' is Chou I (inscr. 54, sense of particle).

47 a. *$z_i\hat{a}$ / $i̯a$* / y e place name (Meng); loan for *id.* interrogative particle (Yi); loan for *$dz_i\hat{a}$ / z_ia* / s i e awry, crooked (Sün); deflected, depraved (Shï); loan for 82 p. *dz_io / z_io* / s ü slow (Shï). Gl. 114. The Seal has 'tooth' and 'city'. — **b.** vulgar form of the preceding (Tso). — **c.** *id.* oblique, perverse (Chouli), s. w. as a. above; phonetic abbreviated.

48 a—b. *$s_i\hat{a}$ / $s̯ia$-* / s h ê lodging-house (Chouli); to rest in, stop (Shï); to halt, resting-place, encampment (Tso), a day's stage (Tso); to put down, deposit (Shï); loan for *$s_i\hat{a}$ / $s̯ia$:* / s h ê put away, set aside, leave (Shï); let off (Shï); give, bestow (Tso); b. is Chou I (inscr. 148). The graph is a drawing. Gls. 223, 563.
c. *$s_i\hat{a}$ / $s̯ia$:* / s h ê give up, let go (Kuoyü), cf. the preceding.

49 a—e. *ko / kuo*: / k u ancient (Shï). b. is Yin bone (A 5: 7,7, sense here uncertain), c. is Chou I (inscr. 56), d. is Chou I (inscr. 65, sense of i. below), e. is Chou III/IV (inscr. 329, sense of i.). The graph has 'ten' and 'mouth'.
f. *ko / kuo-* / k u fortified, secure (Li); securely, make sure (Shï); strong, firm (Shu); obstinate (Lunyü); mean (Lunyü); rude (Tso); old-established (Meng); certainly (Lunyü). Gl. 1800.
g—h. *ko / kuo* / k u father's sister (Shï); mother-in-law (Tso); loan for *id.* now, temporarily, for the present (Shï). h. is Chou I (inscr. 92).
i—j. *ko / kuo-* / k u fact, phenomenon, matter (Meng); cause, reason (Shï); because of (Shï); old intercourse (Shï); old (as opp. to new) (Yi). j. is Chou II/III (inscr. 255).
k—l. *ko / kuo* / k u name of a river (inscr. 147); loan for *id.* to buy, sell (Lunyü); for *ko / kuo:* / k u summarily, careless (Li). l. is Chou II (inscr. 147).
m—n. *ko / kuo:* / k u net (Yi); loan for p. (Shï). Gl. 651. n. is Chou III/IV (inscr. 328).
o. *ko / kuo* / k u cricket (Chuang). — **p.** *id.* guilt, crime (Shï).
q. *ko / kuo:* / k u salt (Chouli); salty marsh (Tso); loan for *id.* slack, remiss, defective (Shï). Gl. 301. — **r—s.** *id.* a kind of vessel (inscr. 165). s. is Chou II (inscr. 165, rad. 22 instead of 108 and 121; many scholars read this archaic char. as f u, which is not admissible because of the initial in the phonetic).

《新編中國文字》雖然爲學界普遍使用，但是檢索起來很不方便。它既不像中國傳統字典那樣，是按照部首和筆畫排列的，也不像西方字典那樣按照拼音排列，如上面所說《新編中國文字》是按照傳統韵部排列的。另外，字典後面雖然附有索引，但是很不全，基本上只有每一字族的根字，如要找"橭"字，必須知道這個字是從"古"引申出來的。此外，六十年以來，中國古代音韵學取得了長足進步，高本漢儘管是這一領域的奠基者之一，可是後輩學者們已經指出他的構擬存在某些問題，導致此書不適於當代學者使用。因此，2006年許思萊（Axel SCHUESSLER）編寫的《ABC古代漢語詞根字典》（101440）和2009年編寫的《上古漢語與漢代晚期漢語簡明手册：〈新編中國文字〉姊妹篇》（101490）兩本字典受到學者們的熱烈歡迎。許思萊早在1987年就編有《周代早期中文詞典》（100630），利用了甲骨文、金文和古代傳世文獻（特別是《詩經》和《尚書》）的材料編纂了這部古漢語詞典。這一詞典在當時已經算是一個突破，然而，限於當時的研究條件（這個詞典的資料全都是他一個人收集的）和出版技術（書由許思萊自己逐字録入，漢字也是他自己手寫的），今天看來這部詞典只能算是一個嘗試。《ABC古代漢語詞根字典》所收資料遠較高本漢《新編中國文字》齊備，吸收了五十多年以來的研究進展。《ABC古代漢語詞根字典》也比《新編中國文字》便於檢索，不但基本體例是按照拼音編排，并且還附有一個"英文索引"，把每一個單字的英文意義都編入檢索項，也可以當作一種英漢詞典來使用。除此以外，字典正文前面還附有長達一百多頁的語言學説明，分成下列幾章："上古漢語與詞根"、"形態學與詞來源"、"中古漢語聲調及其對應的上古漢語表達"、"詞首輔音"、"詞尾輔音"以及另外四章談古代漢語和臨近語言之接觸，這部分雖然使用了音韵學的專業術語，可是論述都相當清楚，讀者很容易理解。《上古漢語與漢代晚期漢語簡明手册：〈新編中國文字〉姊妹篇》同時又是《ABC古代漢語詞根字典》的姐妹篇。此書同高本漢《新編中國文字》一樣按照三十八個韵部排列，但只有字的現代讀音、中古讀音、漢代讀音和上古讀音，没有列出單字的意義，所以想要知道某一個字的音和意義，就要一邊查這本書，一邊查《ABC古代漢語詞根字典》。不過，此書後面還附有兩種索引，一種是本書所用號碼和《新編中國文字》號碼之對照表，另一種是拼音索引，將所涉及字全部都列了出來，檢索起來非常方便。

六、小結

　　西方學者對古代中東的古文字與出土文獻，特別是埃及象形文字及埃及宮殿紀念碑上的文獻，有着悠久的學術傳統，尤其是在古文字學方法論上取得了令人矚目的成就。西方漢學家對中國語言學也有創新貢獻，直至現在仍然占據這個學科的主流。他們對中國古文字學與出土文獻學的興趣亦由來已久，至今有百年以上的歷史，成果屢出。儘管這些成果無法與中國國內古文字學界的研究成果相比，但是也不容忽視。如下面幾部分還要論述的那樣，在甲骨學、金石學及簡帛學諸學科上，西方學者都有獨到的見解，促進了中國學者重新思考某些傳統説法。至於西方學者對中國古文字學研究的整體貢獻，最重要的是他們所強調的方法論問題。與慣於接受中國傳統"閲讀習慣"的中國古文字學家不同，西方古文字學家重視直接的釋文做法。中國學者往往以爲中國後代的文字就是"標準"的漢字，而古文字字形只能算是這樣"標準"文字的萌芽。也許是因爲西方學者對漢字沒有接受與中國學者同樣的訓練，所以他們從來沒有很確切的標準概念，以爲某一時代有某一時代的標準（坦白地説，中國兩漢時代以前不一定有任何"標準"文字，每一個地方、每一個社會階層都會使用不同的寫法，也許一個抄手在兩個不同的時間或情況之下也會將同一個字寫成不同的字形）。這種觀點上的根本差異就導致了對古文字本身有不同的理解，不過最重要的還是對出土文獻的理解。出土文獻如果與傳世文獻有不同之處，中國學者往往傾向於想辦法將兩種文獻融合起來，看作同一文獻的兩個版本。中國學者以爲兩漢以來的傳統讀法肯定淵源有自，有據可依，因此先秦出土文獻和傳世文獻如果有不同之處，傳世文獻應該被視作標準，應該按照傳世文獻"改正"出土文獻。而沒有接受這樣前提的西方學者就強調古文字與出土文獻本身的價值。當然這個分別不應該劃得太絕對，中國古文字學家與出土文獻學家也經常利用出土文獻來改正傳世文獻的問題，西方學者也常常借助傳世文獻文本來閱讀出土文獻。不過，總的來説，他們在各自的學術背景和理論上恐怕還是有所差異，各自爲營。兩種做法當然各有長短，中國學者的貢獻不可否認，而西方學者也不乏創見，西方式的學術作風也值得借鑒。下面就來看看西方學者在甲骨文、金石學和簡帛學幾個領域取得的具體研究成果。

第二章 西方漢學中國古文字與出土文獻研究小傳

一、沙畹(Émmanuel-Édouard CHAVANNES, 1865—1918)

沙畹(Émmanuel-Édouard CHAVANNES)1865年10月5日生於法國里昂。他在里昂接受了小學和中學教育,學習希臘和拉丁古典文學,并於1885年考進巴黎高等師範學校,以哲學爲專業。沙畹在1888年畢業以後,開始學習漢語。1889年他前往北京的法國駐華大使館工作,在中國駐留四年。1893年他回到法國受聘爲法國大學漢學教授。在法國大學任教以後,沙畹培養了法國最著名的漢學家,諸如伯希和(Paul PELLIOT, 1878—1945)、馬伯樂(Henri MASPERO, 1883—1945)和葛蘭言(Marcel GRANET, 1884—1940)。沙畹以法國學術界最權威漢學家的身份從1895年到1910年擔任法國東洋學會(Société Asiatique)的秘

書,從1910年起又擔任該學會的副會長,從1904年到1916年擔任著名漢學刊物《通報》的合編者,在1915年被選爲法國銘文和文藝學院(Academie des Inscriptions et Belles-Lettres)的院長。他在法國以外也很出名,譬如從1906年起擔任上海東洋學會名譽會員。不幸的是,1914年第一次世界大戰爆發,對法國學術工作有嚴重影響,沙畹也不能避免。最終他於1918年元月29日病死,年僅52歲。

在十九世紀末,法國已經有了悠久的漢學傳統,可是當時所謂漢學家多半都只能算是愛好者,沒有經過專門的學術訓練。沙畹原來想要學習中國思想史,可是當時因爲蘇格蘭傳教士李雅格(James LEGGE,1815—1897)已經翻譯了四書五經,所以沙畹改變了興趣。法國著名漢學家考狄(Henri CORDIER,1849—1925)建議他以中國歷史爲專業,勸他翻譯中國二十四史中的一部正史。沙畹選了最早的正史,也可能是最難的,即司馬遷的《史記》。沙畹在1889年抵達中國以後,立刻開始這項翻譯工作,1890年他發表了《史記·封禪書》的譯文①。他對《史記》的翻譯工作持續了十五年,一共出版了五册(1895、1897、1899、1901、1905)②,包括《史記》的四十七章。這一譯文雖然沒有完成,可是一直到今天仍然得到最高的評價。

《史記》翻譯還没有出版第一册以前,沙畹還發表了其他研究。他最早兩個著作也代表他以後的研究方向。第一本是《中國兩漢時代石刻》③,書中詳細描寫了山東石刻,特別是武梁祠。第二本翻譯了唐代高僧義净(635—713)所撰的《大唐西域求法高僧傳》④,包括對西域的深入

---

① Édouard CHAVANNES(沙畹),"La Traité sur les sacrifices Fong et Chan de Se ma Ts'ien traduit en français"(司馬遷《封禪書》法文譯文),*Journal of the Peking Oriental Society*(1890),第xxxi‐95頁。
② Édouard CHAVANNES(沙畹),*Les Mémoires historiques de Se-ma Ts'ien*(司馬遷的《史記》)(Paris: Ernst Leroux,1895,1897,1899,1901,1905)。
③ Édouard CHAVANNES(沙畹),*La Sculpture sur pierre en Chine au temps des deux dynasties Han*(《中國兩漢時代石雕》)(Paris: Ernst Leroux,1893)。
④ Édouard CHAVANNES(沙畹),*Voyages des pèlerins bouddhistes: Les Religieux éminents qui allèrent chercher la loi dans les Pays d'Occident, mémoire composé à l'époque de la grande dynastie T'ang par I-tsing, traduit en francais*(佛教朝聖之游:唐代義净撰《大唐西域求法高僧傳》)(Paris: Ernst Leroux,1894)。

研究。第二本書在 1894 年出版以後沙畹首次贏得了儒蓮獎（Prix Stanislas Julien），這是西方漢學最重要的獎項。除了翻譯以外，考古學和宗教朝聖研究一直都是沙畹最關心的。1907—1908 年，他再次訪問中國，在中國北方做廣泛考古調查，特別關注山東泰山的宗教意義。回到巴黎以後，他出版了著名的《泰山：中國朝聖研究》①，對泰山的 252 個廟和祠做綜合研究，并翻譯了所有相關歷史文獻。這本書仍然是西方漢學的代表著作，也可以説是中國歷史考古學第一個研究成果。沙畹一輩子都在研究中國名山的宗教意義。他的遺著中有一篇文章題爲《投龍》，研究中國古代和中古時代的"投龍簡"——即將禱告寫在石頭和金板上投在山洞的習俗，并翻譯了唐杜光庭（850—933）所撰的《太上靈寶玉匱明真大齋言功儀》，是西方學術界第一次利用《道藏》作爲研究資料②。

沙畹不但對名山做研究，還對中國各個地方、各個時代的碑銘也做記録和研究③，其中當然也包括西方漢學家和傳教士特別關心的《大秦景教流行中國碑》④。《大秦景教流行中國碑》是在唐德宗建中二年（781）建立的。因爲沙畹考察的其他碑銘多爲唐宋甚至清代的文物，不屬於本書討論的先秦兩漢的時代範圍，所以於此只能提到他在 1893 年發表的《秦的銘刻》（300020）以代表他金石學的研究成果。這一長篇文章對秦始皇統一天下以後的十個銘刻都做了翻譯和討論。雖然沙畹發表這篇文章的時候才 28 歲，學習中文不到五年，可是翻譯水平却達到西方漢學的最高水平。

---

① Édouard CHAVANNES（沙畹），*Le T'ai chan: essai de monographie d'un culte chinois*（泰山：中國朝聖研究）(Paris: Ernst Leroux, 1910).

② Édouard CHAVANNES（沙畹），"Le Jet des dragons"（投龍），*Mémoires concernant l'Asie Orientale* 3 (1919)，第 53—220 頁。

③ 考狄作的《訃告》後面附有沙畹發表作品的不完整記録，包括七十五種研究著作，以及上百篇書評；見 Henri Cordier（考狄），"Necrologie"（訃告），*T'oung Pao* 18 (1917): 114 - 147; 另見 H. Cordier（考狄），"Édouard Chavannes"（沙畹），*Journal Asiatique* 11.11 (1918): 197 - 248.

④ Édouard CHAVANNES（沙畹）和 P. Pelliot（伯希和），"Un traité manichéen retrouvé en Chine"（中國發現的景教文獻），*Journal Asiatique* 10.18 (1911): 499 - 617; 10.20 (1913): 99 - 199、261 - 392.

沙畹對出土文獻研究的貢獻不限於碑銘研究，他對簡帛學也有創造性的貢獻。早在 1905 年，他就發表了 70 頁長的《紙發明之前的中國書籍》(100040)。此文載有附錄，介紹斯坦因(Marc Aurel STEIN，1862—1943)當時剛剛在新疆第一次發現的漢代木牘。斯坦因於 1907 年出版正式報告(400080)的時候，請沙畹寫附錄爲木牘提供譯注(400090)。斯坦因於 1906—1907 年在新疆第二次考古調查發現了更多木牘以後，大英圖書館正式邀請沙畹發表報告，即 1913 年出版的《斯坦因在土耳其斯坦東部所發現中國文獻》(400120)。不但如此，沙畹早在 1911 年就已經介紹了甲骨文的發現，即在《亞洲學報》(*Journal Asiatique*)上發表的《中國上古時代的龜卜：以羅振玉的著作爲根據》(200010)。

在西方學術界，很少有學者能涉獵中國古代出土文獻研究的全部主要領域，即本書四部分所討論的古文字學、甲骨學、金石學和簡帛學。本書每一部分都列有沙畹的研究成果。就在甲骨學和簡帛學的草創時期，沙畹已經注意了這種文獻的重要性，不但在西方漢學界建立了堅實的學術基礎，并且對中國古文字學也有一定影響。不幸沙畹英年早逝，未得見中國考古學發達以後的重大考古發現。

二、金璋(Lionel Charles HOPKINS，1854—1952)

金璋(Lionel Charles HOPKINS)在 1854 年 3 月 20 日生於英國 Hampstead(現在倫敦的郊區)，父親 Manley HOPKINS 是商人和詩人，哥哥 Gerard Manley HOPKINS (1844—1889)是著名詩人，其餘七個兄

弟姐妹的生活也都圍繞着詩歌與語言展開。父親除了管理自己保險公司以外，還擔任夏威夷駐倫敦的領使，對兒子的職業也許有影響。金璋在1871年進入英國外交部，1874年抵達北京，擔任英國大使館的實習翻譯。從此年起，他在中國首都和各個通商口岸工作了三十四年：1895年在上海任副領事，1897年在曲阜任總領事，1901年在天津任總領事，直至1908年才由於身體不健康而退休。在1886年，他家裏人從Hampstead搬到英國東南部小村子Haslemere, Surrey。金璋回國以後，與兩個妹妹就住在這裏。據說，此後他極少離開小村子。當地人說他的時間全花在他自己的圖書館和花園裏。唯一必要的旅行是每年到倫敦去一次參加皇家亞洲學會的年會。他長期擔任學會的副會長，幾乎每年都在學會的學報上發表至少一篇文章。金璋非常長壽，身體健康、頭腦清楚，一直喜歡語言游戲，經常說雙關語，自己做五行打油詩。1952年逝世，享年98歲。

　　金璋從開始學習中文以後就對漢字特別感興趣。早在1881年，他翻譯了宋戴侗(1241年進士)所著《六書故》，并加了序言，論證了六書的理論。1889年，他又翻譯了一本截然不同的書，即《官話指南》。《官話指南》是爲日本人在北京工作生活所用的漢語教材，由日駐北京公使館翻譯吳啓太、鄭永邦於1881年合編。此書由金璋翻譯成英文，爲其他國家外交官員常用。在1895年的《皇家亞洲學會學刊》上，他還發表了《有關中國通寶的來源和早期歷史》，暗示了他以後對古文字和古器物的興趣，然而將近二十年他都沒有其他研究工作。在1906年，金璋得知方法斂(Frank H. CHALFANT, 1862—1914)剛剛發表了《中國早期書寫》(100050)，於是給他寫信。因爲方法斂對中國古代通寶也特別感興趣，所以信中基本上在討論兩人這一共同興趣。此後，方法斂應該將《中國早期書寫》寄給了金璋。1908年，金璋快要回國的時候，他訪問了天津的英華大學。當時王懿榮(1845—1900)的兒子王崇烈(1918年卒)住在天津，將父親收藏的文物捐給英華大學，包括25片甲骨。學校邀請金璋寫一篇文章給校友介紹這些文物，他的文章載於學校當年的雜志《大學的回聲》。面對這種從來沒有見過的文字類型，金璋在文章裏往往引用方法斂《中國早期書寫》的意見。金璋和方法斂兩人此後一直保持通信的交流。金璋還向方法斂購買了一批甲骨，先後收藏了大約 900 片，後來捐給了英國劍橋大學①。

金璋回國以後，就開始專心地研究中國文字。1910 年在倫敦的"中華學會"（China Society）上，他宣讀了題作《中國文字的發展》的演講，以後發表爲小型的單行本。1911 年，他在《皇家亞洲學會學刊》上發表第一篇文章，題作《從最近的發現看周代的中國文字》（100090）。在這篇文章裏，他介紹了自己收藏的甲骨。儘管孫詒讓（1848—1908）和方法斂都已經指出這些甲骨是商代的文物，羅振玉（1866—1940）前年也追尋其來源爲河南省的安陽，亦即商代最後的首都，但是金璋仍然以爲應該是周代的文物。在次年學刊上，他發表了《所謂卜氏簋的中國銅器及其銘文》（300090），研究了倫敦維多利亞和阿爾伯特博物館收藏的所謂《卜氏簋》（Bushell Bowl）和它長達 538 字的銘文。從現在的知識來看，這件簋和銘文顯然是僞造的。雖然金璋前兩篇文章如此不利，但是之後他繼續做研究，又在《皇家亞洲學會學刊》上發表了 43 篇文章，最後一篇是 1947 年發表的《一條隱晦的信息及其新解》（200780）。此時金璋 93 歲。

金璋的文章不一定都對，但是都非常有趣。他的學術風格不易介紹。《一條隱晦的信息及其新解》末尾載有如下一段文字：

> De minimis non curat lex. Does this dictum hold good elsewhere than in Courts of Law? Is my hypothetical battle between the Pro-batrachians and the Pro-arachnids perhaps one of such minims? Will the contest be adjudged as of Lilliputian dimensions and as an inadequate criterion inadequate criterion of archaeological or even epigraphic values? However the verdict may go, there will remain the old proverb counseling the cobbler to stick to his last, and that counsel I may claim to have observed to the last.

---

① 見李學勤、齊文心和艾蘭編，《英國所藏甲骨集》（北京：中華書局，1985—1991）。

　　　　法律不計較瑣事。這種成語是不是在法院以外也有效？我所推測的這個親蛙類和親蜘蛛類的比賽是不是這樣"瑣事"的戰爭？抑或這種比賽只會被判斷爲小人國式的，不符合考古與古文字的條件？無論判決如何，古老的諺語提出鞋匠堅持他的製鞋工具，而這個忠告我是遵守到最後的。

這段俏皮的文字幾乎無法翻譯，一邊用拉丁文，一邊用雙關語（譬如"last"通常意味着"最後"，但是也有古代用法爲"製鞋工具"），非常奇特，一點也不像專業學者的寫法。因爲這是金璋最後一篇文章，真正可以說他是遵守這個忠告到最後的。

三、高本漢（Bernhard KARLGREN，1889—1978）

Bernhard Karlgren
1889 - 1978

　　高本漢（Klas Bernhard Johannes KARLGREN）1889 年 10 月 15 日生於瑞典延雪平（Jönköping）。高本漢是著名漢學家、文字學家和音韻學家，特別以構擬中古與上古漢語語音系統著名。高本漢十八歲進入烏普薩拉（Uppsala）大學，以俄文爲專業，但是讀大學時候接受了著名比較音韻學教授 J.A. Lundell（1851—1940）的建議轉到漢語專業。因爲當時瑞典缺乏教漢語的教師，所以高本漢畢業以後先到聖彼得堡去向伊鳳閣（A. I. IVANOV, 1878—1937）學習漢語。1910 年，他前往中國，先在太原居留,辛亥革命爆發時去了北京。在中國期間,高本漢一邊學習現代漢語,一邊研究中國方言,并且收集了相關的材料(譬如訪問西安的時候得到全套唐代碑林經典拓本)。據說,他的獎學金用完了以後,他先當法文講師賺錢,後來又當英文老師,說明他現代語言能力很強。1912年,他回到歐洲做博士學位研究,先在倫敦向翟理斯(Lionel GILES,1875—1958)學習,然後在巴黎師從著名漢學家沙畹(Édouard CHAVANNES,1865—1918)和伯希和(Paul PELLIOT,1878—1945),以及著名印度學家Sylvain LÉVI(1863—1935),1915年寫完了四大冊的法文博士論文,題作《中國音韵學研究》(Études sur la phonologie chinoise),根據在中國收集的資料構擬了中國中古音韵系統。次年高本漢獲得儒蓮獎(Prix Julien),他的博士論文被選爲此年西方漢學最優秀的學術著作。1918年高本漢被聘任爲哥德堡(Gothenburg)大學教授。1939年轉到斯德哥爾摩遠東文物博物館擔任館長。1959年到70歲退休年齡以後從博物館退休,之後仍然做學術研究。1978年10月20日卒於瑞典斯德哥爾摩,享年89歲。

　　高本漢的名聲原先以中國音韵學爲主,這方面的研究貢獻已經是中國學術界熟知的。高氏博士論文早在1930年就被中國語言學最爲優秀的年輕學者趙元任(1892—1982)、羅常培(1899—1958)和李方桂(1902—1987)譯成中文,題作《中國音韵學研究》①,此後其他著作也都翻譯成中文,諸如《中國語言與中國文字》(1933)②、《中國語言學研究》③。後來編輯的《中國文字》(Grammata Serica,亦譯爲《漢文典》)建立了中國詞族研究的基礎,此書也被翻譯成中文④。在編輯《中國文字》的時候,高本漢首次涉及古文字材料,包括甲骨文和銅器銘文字形。他在古文字方面一直沒有做深入研究,但是在1936年他在《遠東文物博物館館刊》上發表了

---

① 高本漢著,趙元任、羅常培和李方桂合譯,《中國音韵學研究》(上海:商務印書館,1930;北京:商務印書館,1994;北京:清華大學出版社,2007)。
② 高本漢著,張世祿譯,《中國語與中國文》(上海:商務印書館,1933)。
③ 高本漢著,賀昌群譯,《中國語言學研究》(上海:商務印書館,1934)。
④ 高本漢著,潘悟雲等編譯,《漢文典》(上海:上海辭書出版社,1997)。

篇幅較短的《周代的文字》(300310)。從 1930 年代中到 1950 年代末，高氏陸續地發表了不少與中國古代銅器有關的圖錄和研究，諸如《早期中國銅鏡銘文》(300240，1934 年)、《虢鐘的年代》(300250，1934 年)、《中國銅器中的殷與周》(300300，1936 年)、《淮和漢》(300390，1941 年)、《Hellström 收藏的銅器》(300490，1948 年)、《遠東古文物博物館收藏的幾件銅器》(300510，1949 年)、《遠東古文物博物館收藏的幾件新銅器》(300560，1952 年)、《Wessén 收藏的銅器》(300610，1958 年)，多半都在《遠東文物博物館館刊》上發表，但是篇幅多爲一百頁以上，他變成西方漢學界中的銅器學專家。同時，高氏對中國上古文獻做了深入研究，特別是對《尚書》和《詩經》都做了英文翻譯和詳細注解。這些著作也都翻譯成中文①。

　　高本漢去世之前得見馬王堆《老子》，并做了《老子》翻譯，但是沒有來得及引用這個出土資料做更深入的研究。在二十世紀三十年代，瑞典考古學者赫定(Sven HEDIN，1865—1952)邀請高本漢編輯中瑞聯合考古發掘所發現的居延漢簡。赫定給高本漢寫的長篇信被羅泰(Lothar von FALKENHAUSEN)翻譯成英文，非常有意思，高本漢的答覆也被一并譯出。高氏拒絕此次邀請，一邊是因爲他學校的任務太重，一邊是因爲他自己身體不便，但是最重要的是因爲他覺得他在文字學方面沒有資格做這樣的基本編輯工作。高氏寫道：

　　　　我有自信我和其他歐洲漢學家有同等水平(除了伯希和以及可能還有馬伯樂[Henri MASPERO，1883—1945]以外)，但是要解讀草書，我一點也做不到一個相當水準的中國學者的樣子。沙畹在編輯斯坦因(Aurel STEIN，1862—1943)前兩種文件時沒有良好的助手，那一本書是他最不好的學術著作。因此，羅振玉(1866—1940)有必要全部修改。孔好古(也叫作康拉德，August CONRADY，1864—1925)對赫定所收藏的第一批資料的釋讀很不錯，但是沒有蔡

---

　　①　高本漢著，董同龢譯，《高本漢詩經注釋》(臺北：中華叢書編審委員會，1960)；高本漢著，陳舜政譯，《高本漢書經注釋》(臺北：中華叢書編審委員會，1970)。

元培(1868—1940)做他的助手,他不可能做出這樣的成果。
能够這樣承認自己的局限,高本漢可以給其他學者樹立一個學術典範①。

四、錢存訓(Tsuen-hsuin TSIEN,1909—2015)

　　錢存訓(Tsuen-hsuin TSIEN)1909年生於中國江蘇泰縣,進入大學之前投身北伐軍。1928年進入南京金陵大學(今南京大學),師從劉國鈞(1887—1978),學習劉氏的《中國書史》和《圖書館分類法》課程。1932年畢業以後先後在上海交通大學圖書館和南京工程參考部(即當時北平圖書館南京分館)工作,此後在這個機構當主任。此時正好是抗日戰爭期間,國家圖書館計劃將三萬册善本書運到美國保護,錢存訓承擔了這個重要任務。1941年12月初,深夜的時候,他在上海碼頭親自監督所有書籍裝上美國海軍的驅逐艦。没過幾天,日本軍隊攻擊了珍珠港,但是當時運書的驅逐艦既不在上海,又不在珍珠港,書籍安全抵達華盛頓,此後一直保護完整。錢存訓説日本軍隊如果發現了他這個工作,他一定會被槍斃。所幸錢先生非常長壽,過了100歲仍然從事學術工作,2011年出版了他

---

① 高本漢的傳記可見 Göran MALMQVIST(馬悦然),*Bernhard Karlgren: Ett Forskarporträtt*(高本漢:一個學者的肖像),Svenska Akademiens Minnesteckningar; Svenska Akademiens Handlingar, vol. 21 (Stockholm: Norstedts, 1995)(瑞典語);馬悦然自己翻譯成英文,即 *Bernhard Karlgren*, *Portrait of a Scholar* (Bethlehem, Penn.: Lehigh University Press, 2011)。

最後一部著作，即《中國文化論集》①。2015年4月9日逝世於芝加哥，享年106歲。

錢存訓於1947年到美國去監管中國善本書的歸國事宜。不幸的是，在當時中國內戰情況之下，美國和中華民國政府決定這批書應該暫時留在美國，錢存訓自己也無法回國。芝加哥大學教授顧立雅（Herrlee G. CREEL，1905—1994）知道錢存訓的功勞，邀請他到芝加哥大學整理顧氏在中國給學校購買的大量書籍。錢先生一邊擔任芝加哥大學東亞圖書館館長，一邊做研究生，在1952年以《西文翻譯對中國所起之影響》爲題的論文獲得碩士學位，後在1957年獲得博士學位，博士論文題目是《中國印刷之前的記錄：中國早期銘文和書籍的演變》。再過五年，1962年他的博士論文由芝加哥大學出版社出版，即著名的《書於竹帛：中國書籍和銘文的起源》（100490*）。這本書對中國印刷之前的種種書寫方式都做了既廣博又深刻的綜覽：從甲骨文到紙的發明，幾乎所有與中國早期書籍有關的問題都有所討論。按照1960年代的考古知識，這本書達到了非常高的學術水準。不但如此，原來以爲是過於專門而不願意接受的芝加哥大學出版社，出版了以後發現是暢銷書，重印了好幾次。最後，2004年，錢先生九十多歲的時候又修改出版了第二版，將1960年代到2000年中國宏大的考古發現收入，能夠給新一代西方漢學家提供一個古文字與出土文獻的基礎②。此書陸續被翻譯成中文（繁體和簡體本都有）、韓文和日文，第二版出版以後也立刻被翻譯成中文③。

錢存訓對中國書籍史并不止於這一本書。在1978年，錢先生到七十歲退休年齡以後，接受了李約瑟（Joseph NEEDHAM，1990—1995）的邀請爲李氏著名的《中國科學技術史》系列寫作紙和印刷發明的分册。他用

---

① Tsuen-hsuin Tsien（錢存訓），*Collected Writings on Chinese Culture*（中國文化論集）（Hong Kong: The Chinese University Press, 2011）.

② Tsuen-hsuin TSIEN（錢存訓），*Written on Bamboo and Silk: The Beginnings of Chinese Books and Inscriptions*（書於竹帛：中國書籍和銘文的起源）（Chicago: University of Chicago Press, 1962）；第二輯（載有夏含夷著《後序》）（Chicago: University of Chicago Press, 2004）.

③ 錢存訓，《書於竹帛：中國古代的文字記錄》（上海：上海書店出版社，2004）.

了六年時間將書寫好,《卷5.1:紙和印刷》是《中國科學技術史》首次沒有冠以李約瑟的大名的分冊,而僅以錢存訓的名義出版①。正如《書於竹帛》那樣,《中國科學技術史》此册不但得到讀者的廣泛贊揚,并且也是暢銷書。

---

① Tsuen-hsuin TSIEN（錢存訓）, *Science and civilisation in China*, Vol. 5.1: *Paper and Printing*（中國科學技術史:卷5.1:紙和印刷）(Cambridge: Cambridge University Press, 1984).

第三章　西方漢學中國古文字與出土文獻研究書目

1881

100010　　HOPKINS, Lionel C.（金璋）. *The Six Scripts or the Principles of Chinese Writing*（六書：中國文字的原理）. Cambridge：Cambridge University Press，1881.

1887

100020　　TERRIEN de LACOUPERIE，A.（拉克伯里）. *The Languages of China before the Chinese: Researches on the Languages Spoken by the Pre-Chinese Races of China Proper Previously to the Chinese Occupation*（中國人之前中國的語言：有關中國人占領中國大陸之前先華種族所說的語言之研究）. London：David Nutt，1887.

1888

100030　　TERRIEN de LACOUPERIE，A.（拉克伯里）. *The Old Babylonian Characters and Their Chinese Derivates*（古代巴比倫文字及其漢語派生詞）. London：Babylonian and Oriental Record，1888.

1905

100040　　CHAVANNES，Édouard（沙畹）. "Les livres chinois avant

l'invention du papier"（紙發明之前的中國書籍）. *Journal Asiatique* 5 (1905): 5-75.

1906

100050* CHALFANT, F.H.（方法斂）. *Early Chinese Writing*（中國早期書寫）. *Memoirs of the Carnegie Museum* 6. Pittsburgh, 1906.

1907

100060 PEARSON, G.W. "[Review of] F. Chalfant, 'Early Chinese Writing'"（對《中國早期書寫》的書評）. *Journal of the North China Branch of the Royal Asiatic Society* 38 (1907): 255-257.

1908

100070 MASPERO Henri（馬伯樂）. "[Review of] Frank H. Chalfant: Early Chinese Writing"（方法斂《中國早期書寫》書評）. *Bulletin de l'École Francaise d'Extreme-Orient* 8 (1908): 264-267.

1911

100080 CHALMERS, John（湛約翰）. *An Account of the Structure of Chinese Characters Under 300 Primary Forms: After the Shwoh-Wan, 100, A.D., and the Phonetic Shwoh-Wan, 1833*（利用300基本偏旁描述中國文字的結構：根據公元100年的《說文》與1833年標音的《說文》）. Shanghai: Kelly & Walsh, 1911.

100090 HOPKINS, Lionel C.（金璋）. "Chinese Writing in the Chou Dynasty in the Light of Recent Discoveries"（從最近的發現看周代的中國文字）. *Journal of the Royal Asiatic Society of Great Britain & Ireland* 43.4 (1911): 1011-1038.

1916

100100   WIEGER, Léon S.J. (戴遂量). *Caractères chinois: etymologie, graphies, lexiques* (中國文字：字源、字形和意義). Sien-hsien, imprimerie de la mission catholique, 3ᵉ éditions, 1916. L. DAVROUT, S.J 譯. *Chinese Characters: Their Origin, Etymology, History, Classification and Signification* (中國文字：起源、詞源、歷史、類型和意義). Hsien-hsien: Catholic Mission Press, 1927. 再版：New York: Paragon Book Reprint Corp. & Dover Publications, Inc. 1965.

1917

100110   HOPKINS, Lionel C. (金璋). "Pictographic Reconnaissances: Being Discoveries, Recoveries, and Conjectural Raids in Archaic Chinese Writing" (象形之回顧：中國古文字的發現、復原及推測). *Journal of the Royal Asiatic Society of Great Britain and Ireland* 49.4 (1917): 775–813.

1918

100120   HOPKINS, Lionel C. (金璋). "Pictographic Reconnaissances, Part II" (象形之回顧, 2). *Journal of the Royal Asiatic Society of Great Britain and Ireland* 50.3 (1918): 388–431.

1919

100130   HOPKINS, Lionel C. (金璋). "Pictographic Reconnaissances, Part III" (象形之回顧, 3). *Journal of the Royal Asiatic Society of Great Britain and Ireland* 51.2 (1919): 369–388.

1922

100140   HOPKINS, Lionel C. (金璋). "Pictographic Reconnaissances, Part IV" (象形之回顧, 4). *Journal of the Royal Asiatic Society of Great Britain and Ireland* 54.1 (1922): 49–75.

1923

100150　　HOPKINS, Lionel C.（金璋）. "Pictographic Reconnaissances, Part V"（象形之回顧,5）. *Journal of the Royal Asiatic Society of Great Britain and Ireland* 55.3 (1923): 383–391.

100160　　KARLGREN Bernhard（高本漢）. *Analytic Dictionary of Chinese and Sino-Japanese*（漢語和漢日語言的分析詞典）. Paris: P. Geuthner, 1923.

100170*　　KARLGREN, Bernhard（高本漢）. *Sound and Symbol in Chinese*（漢語的音與象）. Oxford: Oxford University Press, 1923.

1924

100180　　HOPKINS, Lionel C.（金璋）. "Pictographic Reconnaissances, Part VI"（象形之回顧,6）. *Journal of the Royal Asiatic Society of Great Britain and Ireland* 56.3 (1924): 407–434.

1926

100190　　HOPKINS, Lionel C.（金璋）. "Pictographic Reconnaissances, Part VII"（象形之回顧,7）. *Journal of the Royal Asiatic Society of Great Britain and Ireland* 58.3 (1926): 461–486.

100200*　　KARLGREN, Bernhard（高本漢）. *Philology and Ancient China*（文字學與中國古代）. Instituttet for Sammenlignende Kulturforskning Serie A.8. Oslo: H. Aschehoug & Co., 1926.

1927

100210　　HOPKINS, Lionel C.（金璋）. "Pictographic Reconnaissances, Part VIII"（象形之回顧,8）. *Journal of the Royal Asiatic Society of Great Britain and Ireland* 59.4 (1927): 769–789.

1928

100220　　HOPKINS, Lionel C.（金璋）. "Pictographic Reconnaissances, Part IX"（象形之回顧,9）. *Journal of the Royal Asiatic Society of Great Britain and Ireland* 60.2（1928）：327 - 337.

1929

100230*   KARLGREN, Bernhard（高本漢）. *Sound and Symbol in Chinese*（漢語的音與象）. Oxford：Oxford University Press，1929.

1930

100240   KARLGREN, Bernhard（高本漢）. "Some Fecundity Symbols in Ancient China"（中國古代的某些繁殖力象徵符號）. *Bulletin of the Museum of Far Eastern Antiquity* 2（1930）：1 - 65.

1933

100250   MASPERO, Henri（馬伯樂）. "La langue chinoise"（中國語言）. *Conférences de l'Institut de Linguistique de l'Université de Paris*（1933）：33 - 70.

100260*   MASPERO Henri（馬伯樂）. "[Review of] Kuou Mo-jo 郭沫若, *Tchong-kuou kou-tai che-houei yen-kiouo* 中國古代社會研究 [*Recherches sur la societe de l'antiquite chinoise*]（郭沫若著《中國古代社會研究》書評）. Chang-hai，1930". *Journal Asiatique* 222（1933）：Appendix 11 - 18.

100270   MASPERO Henri（馬伯樂）. "[Review of] Bernhard Karlgren, *Some Fecundity Symbols in Ancient China* (*Bulletin of the Museum of Far Eastern Antiquities*, n. 2). Stockholm，1930"（高本漢著《中國古代的某些繁殖力象徵符號》,《遠東古物博物館館刊》）. *Journal Asiatique* 222（1933）：Appendix 18 - 21.

1934

100280*   KARLGREN, Bernhard（高本漢）. "Word Families in Chinese"（漢語裏的詞族）. *Bulletin of the Museum of Far Eastern Antiquity* 5（1934）：9 - 120.

1936

100290   CREEL, Herrlee Glessner（顧立雅）. "On the Nature of Chinese

Ideography"（關於中國表意文字學的性質）. *T'oung Pao* 32 (1936)：85－161.

100300　　KARLGREN, Bernhard（高本漢）. "On the Script of the Chou Dynasty"（有關周代的文字）. *Bulletin of the Museum of Far Eastern Antiquity* 8 (1936)：157－178.

100310　　PELLIOT, Paul（伯希和）. "Brèves remarques sur le phonétisme dans l'écriture chinoise"（簡論中國文字裏聲音性質）. *T'oung Pao* 32.2/3 (1936)：162－166.

1937

100320　　BOODBERG, Peter A.（卜弼德）. "Some Proleptical Remarks on the Evolution of Archaic Chinese"（簡論古代漢語的演變）. *Harvard Journal of Asiatic Studies* 2 (1937)：329－372.

1938

100330　　CREEL, Herrlee Glessner（顧立雅）. "On the Ideographic Element in Ancient Chinese"（關於中國上古文字的表意成分）. *T'oung Pao* 34 (1938)：265－294.

1940

100340　　BOODBERG, Peter A.（卜弼德）. "'Ideography' or Iconolatry?"（表意主義還是偶像崇拜?）. *T'oung Pao* 35 (1940)：266－288.

100350　　CHAO, Y.R.（趙元任）. "A Note on an Early Logographic Theory of Chinese Writing"（有關中國文字的一種早期語標理論的一個注解）. *Harvard Journal of Asiatic Studies* 5.2 (1940)：189－191.

100360*　　KARLGREN, Bernhard（高本漢）. "Grammata Serica"（中國文字）. *Bulletin of the Museum of Far Eastern Antiquity* 12 (1940).

100370　　FEIFEL, Eugen. "Specimen of Early Brush Writing"（早期毛筆書寫的例子）. *Monumenta Serica* VI (1940)：390.

1942

100380*   KARLGREN, Bernhard（高本漢）. "Glosses on the Kuo feng Odes"（詩經國風注解）. *Bulletin of the Museum of Far Eastern Antiquity* 14 (1942): 71–247.

1943

100390   SERRUYS, Paul L-M.（司禮義）. "Philologie et linguistique dans les études sinologiques"（漢學研究中的文字學和語言學）. *Monumenta Serica* 8 (1943): 167–219.

1944

100400*   KARLGREN, Bernhard（高本漢）. "Glosses on the Siao ya Odes"（詩經小雅注解）. *Bulletin of the Museum of Far Eastern Antiquity* 16 (1944): 25–169.

1946

100410*   KARLGREN, Bernhard（高本漢）. "Glosses on the Da ya and Sung Odes"（詩經大雅和頌注解）. *Bulletin of the Museum of Far Eastern Antiquity* 18 (1946): 1–198.

1948

100420*   KARLGREN, Bernhard（高本漢）. "Glosses on the Book of Documents"（書經注解）. *Bulletin of the Museum of Far Eastern Antiquity* 20 (1948): 39–315.

1949

100430*   KARLGREN, Bernhard（高本漢）. *The Chinese Language: An Essay on Its Nature and History*（漢語：它的性質與歷史）. New York: Ronald Press, 1949.

100440   KARLGREN, Bernhard（高本漢）. "Glosses on the Book of Documents II"（書經注解：二）. *Bulletin of the Museum of Far Eastern Antiquity* 21 (1949): 63–206.

1957

100450   BOODBERG, Peter A. (卜弼德). "The Chinese Script: An Essay on Nomenclature (The First Hecaton)" (中國文字：關於術語的短論[頭一百]).《中研院歷史語言研究所集刊》29.1 (1957)：113-120.

100460*   KARLGREN, Bernhard (高本漢). "Grammata Serica Recensa" (新編中國文字). *Bulletin of the Museum of Far Eastern Antiquity* 29 (1957)：1-332.

100470   SERRUYS, Paul L-M. (司禮義). "The Study of the *Chuan Chu* in *Shuo wen*" (《説文》轉注研究).《中研院歷史語言研究所集刊》29.1 (1957)：131-195.

1959

100480   SERRUYS, Paul L-M. (司禮義). *The Chinese Dialects of Han Time According to Fang Yen* (根據《方言》説漢代方言). University of California Publications in East Asiatic Philology 2. Berkeley, 1959.

1962

100490*   TSIEN Tsuen-hsuin (錢存訓). *Written on Bamboo and Silk: The Beginnings of Chinese Books and Inscriptions* (書於竹帛：中國書籍和銘文的起源). Chicago: University of Chicago Press, 1962.

1972

100500   PULLEYBLANK, Edwin G. (蒲立本). "Word Families in Chinese: A Reconsideration" (漢語的詞族：一種重新思考). *Unicorn* 9 (1972)：1-19.

1973

100510   PULLEYBLANK, Edwin G. (蒲立本). "Some New

Hypotheses Concerning Word Families in Chinese"（有關漢語詞族的一些新推測）. *Journal of Chinese Linguistics* 1 (1973): 111-125.

1978

100520　　BARNARD, Noel（巴納）. "The Nature of the Ch'in 'Reform of the Script' as Reflected in Archaeological Documents Excavated under Conditions of Control"（科學出土的文字資料所反映的秦"文字改革"的性質）. 載於 David T. ROY（芮效衛）和 Tsuen-hsuin TSIEN（錢存訓）合編. *Ancient China: Studies in Early Chinese Civilization*（古代中國：中國早期文明研究）. Hong Kong: Chinese University Press, 1978. Pp. 181-213.

1979

100530　　BOODBERG, Peter A.（卜弼德）. *Selected Works of Peter A. Boodberg*（卜弼德選集）. Alvin P. COHEN（柯恩）編. Berkeley: University of California Press, 1979.

100540　　PULLEYBLANK, Edwin G.（蒲立本）. "The Chinese Cyclical Signs as Phonograms"（作爲音符的中國干支符號）. *Journal of the American Oriental Society* 99.1 (1979): 24-38.

1983

100550*　　CHEUNG Kwong-yue（張光裕）. "Recent Archaeological Evidence Relating to the Origin of Chinese Characters"（有關中國文字起源的新考古證據）. Noel BARNARD（巴納）譯. 載於 David N. KEIGHTLEY（吉德煒）編. *The Origins of Chinese Civilization*（中國文明的起源）. Berkeley, Cal.: University of California Press, 1983. Pp. 323-391.

100560　　LI, Fang Kuei（李方桂）. "Archaic Chinese"（古代漢語）.

載於 David N. KEIGHTLEY（吉德煒）編. *The Origins of Chinese Civilization*（中國文明的起源）. Berkeley, Cal.: University of California Press, 1983. Pp. 393–408.

100570* PULLEYBLANK, Edwin G.（蒲立本）. "The Chinese and their Neighbors in Prehistoric and Early Historic Times"（史前和早期歷史時代的中國人及其鄰居）. 載於 David N. KEIGHTLEY（吉德煒）編. *The Origins of Chinese Civilization*（中國文明的起源）. Berkeley, Cal.: University of California Press, 1983. Pp. 411–466.

1984

100580 DeFRANCIS, John（德範克）. *The Chinese Language: Fact and Fantasy*（漢語：事實與幻想）. Honolulu: University of Hawaii Press, 1984.

100590 SERRUYS, Paul L-M.（司禮義）. "On the System of the Pu Shou（部首）in the *Shuo-wen chieh-tzu*（說文解字）"（《說文解字》裏的部首系統）.《中研院歷史語言研究所集刊》55.4（1984）：651–754.

1985

100600* QIU Xigui（裘錫圭）. "On the Methods of Studying Ancient Chinese Script"（學習中國古文字的方法）. Gilbert L. MATTOS（馬幾道）譯. *Early China* 11–12（1985–1987）：301–316.

100610 SAMPSON, Geoffrey（散復生）. *Writing Systems: A Linguistic Introduction*（書寫系統：一個語言學的導論）. Stanford, Cal.: Stanford University Press, 1985.

1986

100620 BOLTZ, William G.（鮑則岳）. "Early Chinese Writing"（早期中國文字）. *World Archaeology* 17（1986）：420–436.

1987

100630　　SCHUESSLER, Axel（許思萊）. *A Dictionary of Early Zhou Chinese*（周代早期中文詞典）. Honolulu：University of Hawaii Press, 1987.

100640　　WOON, Wee Lee（雲惟利）. *Chinese Writing: Its Origin and Evolution*（中國文字：它的起源和演變）. Macau：University of East Asia, 1987.

1988

100650　　LUNDBAEK, Knud（龍伯格）. *The Traditional History of the Chinese Script*（中國文字的傳統歷史）. Aarhus：Aarhus University Press, 1988.

100660　　KOLB, Raimund Theodor（科爾博）. "Anmerkungen zu *A Dictionary of Early Zhou Chinese* von Axel Schuessler"（許思萊《周代早期中文詞典》書評）. *Monumenta Serica* 38 (1988-1989)：249-261.

100670　　NORMAN, Jerry（羅杰瑞）. *Chinese*（漢語）. Cambridge：Cambridge University Press, 1988.

1989

100680　　DeFRANCIS, John（德範克）. *Visible Speech: The Diverse Oneness of Writing Systems*（可見的口語：書寫系統的多元統一）. Honolulu：University of Hawaii Press, 1989.

100690　　KEIGHTLEY, David N.（吉德煒）. "The Origins of Writing in China：Scripts and Cultural Contexts"（中國書寫的起源：文字與文化環境）. 載於 Wayne M. SENNER 編. *The Origins of Writing*（書寫的起源）. Lincoln：University of Nebraska Press, 1989. Pp. 171-202.

100691　　DRÈGE, Jean-Pierre（戴仁）. "Du rouleau manuscrit au livre imprimé"（從手抄卷帙到印刷書籍）. 載於 Paul Bady 和 Roger

Laufer 編. *Le texte et son inscription*（文本與刻辭）. Paris，CNRS, 1989. Pp. 43‑48.

1991

100700　　BAXTER, William H., III（白一平）. "Zhōu and Hàn Phonology in the *Shījīng*"（《詩經》中的周漢音韵）. 載於 William G. BOLTZ（鮑則岳）和 Michael C. SHAPIRO 合編. *Studies in the Historical Phonology of Asian Languages*（有關亞洲語言的歷史音韵學研究）. Current Issues in Linguistic Theory 77. Amsterdam：John Benjamins, 1991. Pp. 1‑34.

100710　　DRÈGE, Jean-Pierre（戴仁）. *Les bibliothèques en Chine au temps des manuscrits（jusqu'au Xe siècle）*（寫本時代的中國圖書館［以公元第十世紀爲止］）. Paris：École Française d'Extrême-Orient, 1991.

100720　　JAO Tsung-I（饒宗頤）. "Questions on the Origin of Writing Raised by the 'Silk Road'"（絲綢之路所提出的關於書寫起源的問題）. *Sino-Platonic Papers* 26（1991），10 pages.

100730　　PULLEYBLANK, Edwin G.（蒲立本）. "The *Ganzhi* as Phonograms and Their Application to the Calendar"（作爲音符的干支及其曆法運用）. *Early China* 16（1991）：39‑80.

1992

100740　　BAXTER, William H., III（白一平）. *A Handbook of Old Chinese Phonology*（古代漢語音韵學手冊）. Trends in Linguistics 64. Berlin and New York：Mouton de Gruyter, 1992.

1993

100750　　HANSEN, Chad（陳漢生）. "Chinese Ideographs and Western Ideas"（中國表意文字與西方概念）. *Journal of Asian Studies* 52.2（1993）：373‑412.

100760　　HANSEN, Chad（陳漢生）. "A Reply to Unger"（回答安

戈). *Journal of Asian Studies* 52.4 (1993): 954–957.

100770　　UNGER, J. Marshall (安戈). "Communication to the Editors"（給編者的信）. *Journal of Asian Studies* 52.4 (1993): 949–954.

1994

100780　　BOLTZ, William G.（鮑則岳）. *The Origin and Development of the Chinese Writing System*（中國書寫系統的起源及演變）. New Haven, Conn.: American Oriental Society, 1994.

100790　　DEMATTÈ, Paola. "The Origins of Chinese Writing: Archaeological and Textual Analysis of the Predynastic Evidence"（中國書寫的起源：對前代證據的考古與文本分析）. 博士論文, UCLA, 1994.

1995

100800　　NORMAN, Jerry（羅杰瑞）和 W. South COBLIN（柯蔚南）. "A New Approach to Chinese Historical Linguistics"（中國歷史語言學的新方法）. *Journal of the American Oriental Society* 115.4 (1995): 576–584.

100810　　POSTGATE, Nicholas, Tao WANG（汪濤）, and Toby WILKINSON. "The Evidence for Early Writing: Utilitarian or Ceremonial?"（早期書寫的證據：實用性的還是禮儀性的？）. *Antiquity* 69 (1995): 459–480.

100820*　　PULLEYBLANK, E[dwin] G.（蒲立本）. "The Historical and Prehistorical Relationships of Chinese"（漢語的歷史與史前的關係）. 載於 William S-Y. WANG（王士元）編. *The Ancestry of the Chinese Language*（中國語言的譜系）. Journal of Chinese Linguistics Monograph Series 8. N.p., 1995. Pp. 145–194.

100830* SAGART，Laurent（沙加爾）. "Some Remarks on the Ancestry of Chinese"（有關漢語譜系的幾點意見）. 載於 William S-Y. WANG（王士元）編. *The Ancestry of the Chinese Language*（中國語言的譜系）. Journal of Chinese Linguistics Monograph Series 8. N.p.，1995. Pp. 195 – 223.

100840* STAROSTIN，Sergei（斯塔羅斯金）. "Old Chinese Vocabulary：A Historical Perspective"（古代漢語詞彙：一種歷史的視角）. 載於 William S-Y. WANG（王士元）編. *The Ancestry of the Chinese Language*（中國語言的譜系）. Journal of Chinese Linguistics Monograph Series 8. N.p.，1995. Pp. 225 – 251.

100850* WANG，William S-Y.（王士元）編. *The Ancestry of the Chinese Language*（中國語言的譜系）. Journal of Chinese Linguistics Monograph Series 8. N.p.，1995.

100860 WONG，Ching-chih Yi-ling. "Chinese Script in the Warring States Period：Comments on Ch'in's Standardization"（戰國時代的中國文字：對秦的文字統一的評論）. 博士論文：University of California，Los Angeles，1995.

1996

100870 BOLTZ，William G.（鮑則岳）. "Early Chinese Writing"（早期中國書寫）. 載於 Peter T. DANIELS 和 William BRIGHT 合編. *The World's Writing Systems*（世界的書寫系統）. Oxford：Oxford University Press，1996. Pp. 191 – 199.

100880 BOTTÉRO，Françoise（蒲芳莎）. *Sémantisme et Classification dans l'Écriture Chinoise: Les Systèmes de Classement des Charactères par Clés du* Shuowen jiezi *au* Kangxi zidian（中國文字的字義和類型：《說文解字》和《康熙字典》裏的部首系統）. Paris：Collège de France，Institut des

Hautes Études Chinoises, 1996.

100890* CHANG Kuang-yüan（張光遠）. "A New Study of Ancient Chinese Calligraphy: Shang Dynasty Bronze Inscriptions as Standard Script and Oracle Bone Inscriptions as Simplified Script"（中國古代書法的新研究：商代銅器銘文乃正體，甲骨卜辭乃簡體）. 載於 Maxwell K. Hearn 和 Judith G. Smith 合編. *Arts of the Sung and Yüan: Papers Prepared for an International Symposium Organized by the Metropolitan Museum of Art in Conjunction with the Exhibition Splendors of Imperial China: Treasures from the National Palace Museum, Taipei*（宋元藝術：大都會博物館組織的配合中國皇朝精華展覽的國際研討會論文集：臺北故宮博物院所藏珍寶）. New York: Department of Asian Art, Metropolitan Museum of Art, 1996. Pp. 15–21.

100900 KEIGHTLEY, David N.（吉德煒）. "Art, Ancestors, and the Origin of Writing in China"（中國的藝術、祖先和書寫的起源）. *Representations* 56 (1996): 68–95.

100910 PULLEYBLANK, Edwin G.（蒲立本）. "Early Contacts between Indo-Europeans and Chinese"（印歐人與中國人的早期接觸）. *International Review of Chinese Linguistics* 1.1 (1996): 1–24.

100920 SAGART, Laurent（沙加爾）. "Chinese, Austronesian, Indo-European"（漢語、南島語、印歐語）. *International Review of Chinese Linguistics* 1.1 (1996): 41–44.

100930 VOIRET, Jean-Pierre. "Contribution à l'origine de l'écriture en Chine: Sur la genèse astronomique de certains pictogrammes"（對中國書寫起源的貢獻：某些文字的天文來源）. *Asiatische Studien/Études Asiatiques* 50.4 (1996): 971–1004.

100940 WANG, William S-Y.（王士元）. "Genes, Dates, and the

Writing System"（基因、日期與書寫系統）. *International Review of Chinese Linguistics* 1.1 (1996): 45-46.

1997

100950　　DRÈGE, Jean-Pierre（戴仁）. "La matérialité du texte: Préliminaires à une étude de la mise en page du livre chinois"（文本的物質性：中國書籍設計的初步研究）. 載於 Viviane ALLETON 編. *Paroles à dire, paroles à écrire: Inde, Chine, Japon*（可説之言、可寫之言：印度、中國、日本）. Paris: École des Hautes Études en Sciences Sociales, 1997. Pp. 241-252.

100960*　　SHAUGHNESSY, Edward L.（夏含夷）. "Introduction"（序言）. 載於 Edward L. Shaughnessy（夏含夷）編. *New Sources of Early Chinese History: An Introduction to the Reading of Inscriptions and Manuscripts*（中國早期歷史的新史料：銘文和寫本導讀）. Early China Special Monograph Series 3. Berkeley, Cal. Society for the Study of Early China and the Institute of East Asian Studies, University of California, Berkeley, 1997. Pp. 1-14.

100970*　　SHAUGHNESSY, Edward L.（夏含夷）編. *New Sources of Early Chinese History: An Introduction to the Reading of Inscriptions and Manuscripts*（早期中國歷史的新史料：銘文與寫本的導讀）. Early China Special Monograph Series 3. Berkeley, Cal. Society for the Study of Early China and the Institute of East Asian Studies, University of California, Berkeley, 1997.

100980　　LORD, Christopher. "On the Chinese Language and Its System of Writing"（關於漢語及其書寫系統）. *Archiv Orientální* 65.4 (1997): 353-364.

1998

100990 BOTTÉRO, Françoise（蒲芳莎）. "La vision de l'écriture de Xu Shen à partir de sa presentation des *liushu*"（從六書的叙述來看許慎對文字的觀點）. *Cahiers de linguistique: Asie orientale* 27.2（1998）：161–191.

1999

101000 BOLTZ, William G.（鮑則岳）. "Language and Writing"（語言與書寫）. 載於 Michael LOEWE（魯惟一）和 Edward L. SHAUGHNESSY（夏含夷）編. *The Cambridge History of Ancient China: From the Origins of Civilization to 221 B.C.*（劍橋中國古代史：從文明起源到公元前 221 年）. New York：Cambridge University Press，1999. Pp. 74–123.

101010 DRIEM, George van. "A New Theory on the Origin of Chinese"（漢語起源的新理論）. 載於 Peter BELLWOOD 等編. *Indo-Pacific Prehistory: The Melaka Papers*（印度太平洋史前史：*Melaka* 論文）. Canberra：Indo-Pacific Prehistory Association；Australian National University，1999. II, Pp. 43–58.

101020 LEWIS, Mark Edward（陸威儀）. *Writing and Authority in Early China*（早期中國的書寫與權力）. Albany：State University of New York Press，1999.

101030* SAGART, Laurent（沙加爾）. *The Roots of Old Chinese*（古代漢語的詞根）. Amsterdam：John Benjamins，1999.

2000

101040 BOLTZ, William G.（鮑則岳）. "The Invention of Writing in China"（中國文字的發明）. *Oriens Extremus* 42（2000–2001）：1–17.

101050 BOTTÉRO, Françoise（蒲芳莎）. "Du découpage du monde à l'analyse des graphies. Comment classe-t-on les caractères dans les dictionnaires chinois"（從世界的解剖到文字分析：中國字典的文字系統）. *Equinoxe: Revue Internationale des Etudes Françaises* 17（2000）：110‑118.

101060　　BOTTÉRO, Françoise（蒲芳莎）. "L'écriture chinoise"（中國文字）. *Sciences de l'homme et de la société*, *Lettre du department* 60（2000）：pp. 8‑13.

101070　　GU Baotong（顧寶桐）. "From the Oracle Bones to the Computer: A Rhetorical Perspective on Writing Technology Development in China"（從甲骨文到電腦：關於中國書寫技術演變的修辭學視角）. 博士論文：Purdue University, 2000.

101080　　HUNG, Yueh-nu（洪月女）. "What is Writing and What is Chinese Writing: A Historical, Linguistic, and Social Literacies Perspective"（什麼是書寫，什麼是中國書寫：一個歷史、語言與社會文化素養的視角）. 博士論文：University of Arizona, 2000.

101090　　KERN, Martin（柯馬丁）. "*Mark Edward Lewis*, Writing and Authority in Early China"（陸威儀《早期中國的寫作與權力》書評）. *China Review International* 7.2（2000）：336‑376.

101100　　MOORE, Oliver. *Chinese*（漢語）. Berkeley：University of California Press, 2000.

101110　　NYLAN, Michael（戴梅可）. "Textual Authority in Pre-Han and Han"（先秦兩漢的文本權威）. *Early China* 25（2000）：205‑258.

101120　　PULLEYBLANK, Edwin G.（蒲立本）. "Morphology in Old Chinese"（古代漢語的構詞法）. *Journal of Chinese Linguistics* 28.1（2000）：26‑51.

101130*　　QIU Xigui（裘錫圭）. *Chinese Writing*（文字學概要）. Gilbert L. Mattos（馬幾道）和Jerry Norman（羅杰瑞）譯. Early China Special Monograph Series 4. Berkeley, Calif., 2000.

2001

101140*   BOTTÉRO, Françoise（蒲芳莎）. "Lo studio della lingua: l'unificazione della scritura e i dizionari"（語言研究：有關文字統一和字典）. 載於 S. PETRUCCIOLI 主編. *Storia della scienza (della Treccani) volume II, La scienza in Cina*（科學的歷史[*Treccani* 出版社]，第二卷：在中國的科學）. *Enciclopedia Italiana*, 2001. Pp. 107‑116.

101150   PULLEYBLANK, Edwin G.（蒲立本）. "Syllable Structure and Morphology in Old Chinese"（古漢語的音節構造與構詞法）. 載於 Redouane DJAMOURI（羅瑞）編. *Collected Essays in Ancient Chinese Grammar*（古代漢語語法論文集）. Collection des Cahiers de linguistique: Asie orientale 6. Paris: Centre de Recherches Linguistiques sur l'Asie Orientale, 2001. Pp. 25‑61.

101160   SCARPARI, Maurizio（司馬儒）. "Sulle origine della scrittura cinese: Teorie e metodi"（有關中國書寫的起源：理論與方法）. *Asiatica Venetiana* 6‑7 (2001‑2002): 201‑221.

2002

101170   BOTTÉRO, Françoise（蒲芳莎）. "Revisiting the *Wen* 文 and the *Zi* 字: The Great Chinese Characters Hoax"（再談文與字：中國文字的大騙局）. *Bulletin of the Museum of Far Eastern Antiquities* 74(2002): 14‑33.

101180   ERBAUGH, Mary（艾瑪麗）編. *Difficult Characters: Interdisciplinary Studies of Chinese and Japanese Writing*（難認的文字：有關中文和日文的跨學科研究）. Columbus, Ohio: National East Asian Language Resource Center, The Ohio State University, Columbus, 2002.

101190   GALAMBOS, Imre（高奕睿）. "The Evolution of Chinese

Writing: Evidence from Newly Excavated Texts (490 – 221 B. C.)"（中國文字的演變：新出土的公元前 490—前 221 年的文獻證據）. 博士論文：University of California, Berkeley, 2002.

101200　　VENTURE, Olivier（風儀誠）."L'écriture et la communication avec les esprits en Chine ancienne"（中國古代寫作與神仙的交通）. *Bulletin of the Museum of Far Eastern Antiquities* 74 (2002): 34 – 65.

2003

101210　　BOTTÉRO, Françoise（蒲芳莎）. "Les variantes graphiques dans l'écriture chinoise"（中國書寫裏的異體字）. *Faits de Langue* 22 (2003): 205 – 214.

101220　　HANDEL, Zev J.（韓哲夫）. "A Concise Introduction to Old Chinese Phonology"（古漢語音韵學入門）. 載於 James A. MATISOFF. *Handbook of Proto-Tibeto-Burman: System and Philosophy of Sino-Tibetan Reconstruction*（原始藏緬語言手冊：漢藏語重構的系統與理論）. University of California Publications in Linguistics 135. Berkeley, 2003. Pp. 543 – 574.

2004

101230　　BAGLEY, Robert W.（貝格立）. "Anyang Writing and the Origin of the Chinese Writing System"（安陽書寫與中國書寫系統的起源）. 載於 Stephen D. Houston 編. *The First Writing: Script Invention as History and Process*（第一種書寫：作爲歷史與過程的文字發明）. Cambridge: Cambridge University Press, 2004. Pp.190 – 249.

101240　　BOTTÉRO, Françoise（蒲芳莎）. "Chinese Characters Versus Other Writing Systems: The Song Origins of the Distinction Between 'Non-Compound Characters' (*wen* 文) and 'Compound Characters' (*zi* 字)"（中國文字與其他書寫

系统：“文”与“字”之别的宋代起源）. 载於 Ken-ichi TAKASHIMA（高島謙一）和 JIANG Shaoyu（蔣紹愚）編. *Meaning and Form: Essays in Pre-Modern Chinese Grammar*（意義與形式：古代漢語語法論文集）. (Lincom Studies in Asian Linguistics 55). München：Lincom，2004. Pp. 1–17.

101250　　GALAMBOS，Imre（高奕睿）. "The Myth of the Qin Unification of Writing in Han Sources"（漢代文獻裏所見秦統一文字的傳說）. *Acta Orientalia* 57.2（2004）：181–203.

101260　　PEYRAUBE，Alain（貝羅貝）. "Ancient Chinese"（古代漢語）. 載於 Roger D. WOODARD 編. *The Cambridge Encyclopedia of the World's Ancient Languages*（劍橋世界古代語言百科全書）. Cambridge：Cambridge University Press，2004. Pp. 988–1014.

101270*　　SHAUGHNESSY，Edward L.（夏含夷）. "Afterword"（後序）. 載於 T.H. TSIEN（錢存訓）著. *Written on Bamboo and Silk*（書於竹帛：中國古代的文字記錄）. 第二版：Chicago：The University of Chicago Press，2004. Pp. 207–232.

101280*　　TSIEN Tsuen-hsuin（錢存訓）. *Written on Bamboo and Silk: The Beginnings of Chinese Books and Inscriptions*（書於竹帛：中國書籍和銘文的起源）. 第二輯：Chicago：University of Chicago Press，2004.

101290　　UNGER，Jonathan M. *Ideogram: Chinese Characters and the Myth of Disembodied Meaning*（象義文字：中國文字與無實體意義的神話）. Honolulu：University of Hawaii Press，2004.

2005

101300　　DRIEM，George van. "Tibeto-Burman vs Indo-Chinese: Implications for Populations Geneticists, Archaeologists and

Prehistorians"（藏緬與印中：對人口遺傳學家、考古學家和史前史家的啓示）. 載於 Laurent SAGART 等編. *The Peopling of East Asia: Putting Together Archaeology, Linguistics and Genetics*（東亞的人口增加：考古學、語言學與遺傳學的融合）. London：Routledge Curzon, 2005. Pp. 81–106.

101310*   KERN, Martin（柯馬丁）編. *Text and Ritual in Early China*（中國古代文獻與禮儀）. Seattle：University of Washington Press, 2005.

101320*   MARÉCHAL, Chrystelle（麥里筱）. "L'écriture chinoise：un record de longévité?"（中國文字系統的外、内穩定因素）. *Le Bulletin de l'Institut National des Langues et Civilisations Orientales*（2005）：5–20.

2006

101330   BOLTZ, William G.（鮑則岳）. "Phonographic Motivation in the Formation of Compound Chinese Characters：The Case of *wu* 武"（漢語複合文字構造中的表音動機：以武字爲例）. 載於 Françoise BOTTÉRO（蒲芳莎）和 Redouane DJAMOURI（羅端）合編. *Écriture chinoise: Données, usages et representations*（中國文字：資料、用法和象徵）. Cahiers de Linguistique Asie Orientale 9. Paris：École des Hautes Études en Sciences Sociales, Centre de Recherches Linguistiques sur l'Asie Orientale, 2006. Pp. 55–73.

101340   BOLTZ, William G.（鮑則岳）. "Pictographic Myths"（象形文字的神話）. *Bochumer Jahrbuch zur Ostasienforschung* 30（2006）：39–54.

101350   BOTTÉRO, Françoise（蒲芳莎）. "Cāng Jié and the Invention of Writing：Reflections on the Elaboration of a Legend"（倉頡和文字的發明：對一個傳說的詳盡闡述的思考）. 載於 Christoph Anderl（安東平）和 Halvor Eifring（艾皓德）合編. *Studies in*

Chinese Language and Culture: Festschrift in Honour of Christoph Harbsmeier on the Occasion of His 60th Birthday（中國語言和文化研究：慶祝何莫邪六十歲論文集）. Oslo：Hermes Academic Publishing，2006. Pp. 135－155.

101360 　　BOTTÉRO, Françoise（蒲芳莎）. "Ecriture, parole et lecture du monde: la mise en place d'une théorie de l'écriture à l'époque des Han (IIe s. av. J.-C. - IIe s.)"（書寫，文字與世界的閱讀：書寫理論的漢代起源）. 載於 Françoise BOTTÉRO（蒲芳莎）和 Redouane DJAMOURI（羅瑞）合編. *Écriture chinoise: Données, usages et representations*（中國書寫：事實、用法和象徵）. Cahiers de Linguistique Asie Orientale 9. Paris：École des Hautes Études en Sciences Sociales，Centre de Recherches Linguistiques sur l'Asie Orientale，2006. Pp. 115－135.

101370 　　BOTTÉRO, Françoise（蒲芳莎）和 Redouane Djamouri（羅瑞）合編. *Écriture chinoise: Données, usages et representations*（中國書寫：事實、用法和象徵）. *Cahiers de Linguistique Asie Orientale* 9. Paris：École des Hautes Études en Sciences Sociales，Centre de Recherches Linguistiques sur l'Asie Orientale，2006.

101380 　　CHEN Mengjia（陳夢家）. "An Introduction to Chinese Palaeography"（中國文字學）. 載於《陳夢家著作集》. 北京：中華書局，2006. Pp. 259－395.

101390 　　DJAMOURI, Redouane（羅瑞）. "The Development of the Writing System in Early China: Between Phonographic Necessity and Semiographic Efficiency"（早期中國書寫系統的演變：在標音需要和表義效率之間）. 載於 Françoise BOTTÉRO（蒲芳莎）和 Redouane DJAMOURI（羅瑞）合編. *Écriture chinoise: Données, usages et representations*（中國書寫：事實、用法和象徵）. Cahiers de Linguistique Asie Orientale 9. Paris：École des Hautes Études en Sciences Sociales，Centre de Recherches Linguistiques sur l'Asie Orientale, 2006. Pp. 7-34.

101400　　GALAMBOS, Imre（高奕睿）. *The Orthography of Early Chinese Writing: Evidence from Newly Excavated Manuscripts*（中國早期文字的正字法：新出土寫本的證據）. Budapest Monographs in East Asian Studies 1. Budapest: Department of East Asian Studies, Eötvös Loránd University, 2006.

101410　　KEIGHTLEY, David N.（吉德煒）. "Marks and Labels: Early Writing in Neolithic and Shang China"（刻辭和標記：中國新石器和商代的早期書寫）. 載於 Miriam Stark 編. *Archaeology of Asia*（亞洲的考古學）. Maiden MA: Blackwell, 2006. Pp. 177-201.

101420　　LURIE, David B. "Language, Writing, and Disciplinarity in the Critique of the 'Ideographic Myth': Some Proleptical Remarks"（對"表意字神話"批評中的語言、書寫和學科性：初步討論）. *Language and Communication* 26.3-26.4 (2006): 250-269.

101430*　　MARÉCHAL, Chrystelle（麥里筱）. "Graphic Modulation in the Ancient Chinese Writing System"（古代漢語文字體系的形態變換）. *Journal of Chinese Linguistics* 2006 (34.1): 25-43.

101440　　SCHUESSLER, Axel（許思萊）. *ABC Etymological Dictionary of Old Chinese*（ABC 古代漢語詞根字典）. Honolulu: University of Hawaii Press, 2006.

2007

101450　　RICHTER, Matthias（李孟濤）. "The Fickle Brush: Chinese Orthography in the Age of Manuscripts: A Review of Imre Galambos's *Orthography of Early Chinese Writing: Evidence from Newly Excavated Manuscripts*"（易變之筆——寫本時代的漢語正字法：評高奕睿的《中國早期文字的正字法：新出土寫本的證據》）. *Early China* 31 (2007): 171-192.

101460　　WANG, Haicheng（王海城）. "Writing and the State in Early China in Comparative Perspective"（比較觀點裏的早期中國的書寫和國家）. 博士論文：Princeton University, 2007.

2008

101470*　　BOTTÉRO, Françoise（蒲芳莎）和 Christoph HARBSMEIER（何莫邪）. "The *Shuowen jiezi* Dictionary and the Human Sciences in China"（《說文解字》字典與中國的人文科學）. *Asia Major* (third series) 21.1 (2008): 249–271.

2009

101480　　BOLTZ, William G.（鮑則岳）. "Orthographic Variation In Early Chinese Manuscripts"（中國古代寫本所見異體文字）. *Acta Orientalia* (Budapest) 62.1 (2009): 89–113.

101490　　SCHUESSLER, Axel（許思萊）. *Minimal Old Chinese and Later Han Chinese: A Companion to* Grammata Serica Recensa（上古漢語與漢代晚期漢語簡明手冊：《新編中國文字》姊妹篇）. Honolulu: University of Hawaii Press, 2008.

2010

101500　　SHAUGHNESSY, Edward L.（夏含夷）. "The Beginnings of Writing in China"（中國書寫的起源）. 載於 *Visible Language: Inventions of Writing in the Ancient Middle East and Beyond*（可見之語言：古代中東與其他地方之書寫發明）. Chicago: The Oriental Institute, 2010. Pp. 215–224.

2011

101510　　BOLTZ, William G.（鮑則岳）. "Literacy and the Emergence of Writing in China"（識字能力和中國書寫的興起）. 載於 LI Feng（李峰）和 David Prager BRANNER（林德威）合編. *Writing & Literacy in Early China: Studies from the Columbia Early China Seminar*（早期中國的書寫與讀寫

能力：哥倫比亞古代中國論壇的文章). Seattle：University of Washington Press, 2011. Pp. 51-84.

101520　　BOTTÉRO, Françoise（蒲芳莎）. *Écriture et linguistique autochtone en chine*（在中國的書寫和本地的語言學）. 博士論文，2011.

101530　　LI Feng（李峰）和 David Prager BRANNER（林德威）合編. *Writing & Literacy in Early China: Studies from the Columbia Early China Seminar*（早期中國的書寫與讀寫能力：哥倫比亞古代中國論壇的文章）. Seattle：University of Washington Press, 2011.

101540　　PANKENIER, David W.（班大為）. "Getting 'Right' with Heaven and the Origins of Writing in China"（作為天之"右"和中國書寫的起源）. 載於 Li Feng（李峰）和 David Prager Branner（林德威）合編. *Writing & Literacy in Early China: Studies from the Columbia Early China Seminar*（早期中國的書寫與讀寫能力：哥倫比亞古代中國論壇的文章）. Seattle：University of Washington Press, 2011. Pp. 19-50.

101550*　SHAUGHNESSY, Edward L.（夏含夷）. "History and Inscriptions, China"（歷史與銘文：中國）. 載於 Andrew Feldherr 和 Grant Hardy（侯格睿）合編. *The Oxford History of Historical Writing*, Volume 1: *Beginnings to A.D. 600*（牛津史學文獻史，第一卷：從起源到公元 600 年）. Oxford：Oxford University Press, 2011. Pp. 371-393.

101560　　VENTURE, Olivier（風儀誠）. "Cités et inscriptions en Chine du XIIIe au IIIe siècle avant notre ère"（中國公元前十三世紀至三世紀的城市與銘文）. 載於 *Les premières cités et la naissance de l'écriture*（最早的城市與書寫的誕辰）. Arles：Actes Sud, 2011. Pp. 129-148.

101570　　VOGELSANG, Kai（馮凱）. "Sinologie：Chinesische

Manuskriptkultur"（漢學：中國寫本文化）. *Manuscript cultures* 4 (2011)：157 – 161.

2012

101580　STEINKE，Kyle（史可安）. "Script Change in Bronze Age China"（中國青銅時代的文字改變）. 載於 Stephen Houston 編. *The Shape of Script: How and Why Writing Systems Change*（文字的形狀：書寫系統怎樣改變、爲什麼改變）. Santa Fe：School for Advanced Research. Pp. 135 – 158.

101590*　TAKASHIMA，Ken-ichi（高島謙一）. "Etymology and Palaeography of the Yellow River *hé* 河"（黃河的詞源和文字學）. *Journal of Chinese Linguistics* 40.2 (2012)：269 – 306.

2013

101600　BAXTER，William H. III（白一平）和 Laurent SAGART（沙加爾）. *Old Chinese: A New Reconstruction*（古代漢語：新的構擬）. Oxford：Oxford University Press，2013.

101610*　MARÉCHAL，Chrystelle（麥里筱）. "La marque du redoublement graphique en chinois archaique"（上古漢語中的重文符號）. 載於 Guangshun CAO 曹廣順，Hilary CHAPPELL（曹茜蕾），Redouane DJAMOURI（羅端）and Thekla WIEBUSCH（魏婷蘭）合編. *Breaking Down the Barriers: Interdisciplinary Studies in Chinese Linguistics and Beyond*（綜古述今：鈎深取極）. Language and Linguistics Monograph Series 50. Taibei：Academia Sinica，2013. Pp. 1011 – 1030.

101620　MARÉCHAL，Chrystelle（麥里筱）. "Trois mille ans de simplification des characters chinois：du processus spontané aux mesures normatives"（中國文字三千年的簡化：從自然過程到官方制定）. *Études chinoises* 32.2 (2013)：41 – 65.

101630　TAKASHIMA，Ken-ichi（高島謙一）. "Graphic Designs：A

New Approach to Palaeographic Analysis"（文字的設計：古文字學分析的新方法）. 載於 Guangshun Cao 曹廣順, Hilary Chappell（曹茜蕾）, Redouane Djamouri（羅端）and Thekla Wiebush（魏婷蘭）合編. *Breaking Down the Barriers: Interdisciplinary Studies in Chinese Linguistics and Beyond*（綜古述今：鈎深取極）. Language and Linguistics Monograph Series 50. Taibei：Academia Sinica, 2013. Pp. 1059 – 1078.

101640 　　VANDERMEERSCH, Léon（汪德邁）. *Les deux raisons de la pensée chinoise: Divination et idéographie*（中國思想的兩個理論：占卜與文字）. Paris：Éditions Gallimard, 2013.

2014

101650 　　PHAM, Lee-moi（范麗梅）和 Kuan-yun HUANG（黃冠雲）. "Newly Excavated Texts in the Digital Age: Reflections on New resources"（數字時代的出土文獻：關於幾種新工具的反思）. *Early China* 37（2014）：551 – 566.

101660 　　WANG Haicheng（王海城）. *Writing and the Ancient State: Early China in Comparative Perspective*（書寫和古代國家：從比較的視角看古代中國）. New York：Cambridge University Press, 2014.

2015

101670 　　LIU, Zhiji（劉志基）. "The Review and Preview of Digitalized Research of Paleography: A Postscript of *The History of Chinese Characters: Shang and Zhou Volume*"（古文字數字化研究之得失與展望）. *The International Journal of Chinese Character Studies* 1.1（2015）：85 – 101.

契於甲骨

第一章 西方漢學甲骨文研究概要

西方甲骨學從開始時候就與中國甲骨學并行發展，但還有某些特點值得介紹。甲骨一經發現，駐華北地區的幾位西方傳教士及外交官員就開始收集和發表它們，諸如方法斂（Frank H. CHALFANT, 1862—1914）、庫壽齡（Samuel COULING, 1859—1922）、明義士（James Mellon MENZIES, 1885—1957；見本部分所附小傳）、金璋（Lionel Charles HOPKINS, 1854—1952；見第一部分所附小傳）和吉卜生（Harry E. GIBSON）。這些業餘知識分子非常熱心，一直到第二次世界大戰結束以後都是西方甲骨學的主流。從附錄的目錄來看，此時的 70 篇發表作品（大多數都是文章，單行本多爲甲骨文著錄）多半來自他們。當時的著名專業學者諸如法國大學教授沙畹（Édouard CHAVANNES, 1865—1918；見第一部分所附小傳）、伯希和（Paul PELLIOT, 1878—1945）、葛蘭言（Marcel GRANET, 1884—1940）、馬伯樂（Henri MASPERO, 1882—1945；見第四部分所附小傳）和高本漢（Bernhard KARLGREN, 1889—1978；見第一部分所附小傳）等儘管對甲骨文有所注意，可是都沒有做深入研究，其實有的還持懷疑態度。二戰結束以後，第一批業餘學者的時代也過去了。當時中國國內政治情況不穩定，學術界不大活躍，西方甲骨學也經過一段沉寂的時期。從 1946 年至 1969 年將近二十五年當中只有 20 篇文章發表，其中除了牛津大學教授德效騫（Homer H. DUBS, 1892—1969）對天文學和年代學有所貢獻以外，幾乎沒有創造性的研究。然而，進入七十年代以後，西方甲骨學有大進展，接下來三十年可以算是西方甲骨學的黃金時代,諸如司禮義(Paul L-M SERRUYS, 1912—1999;見本部分所附小傳)、吉德煒(David N. KEIGHTLEY;見本部分所附小傳)和高島謙一(Ken-ichi TAKASHIMA;見本部分所附小傳)等甲骨學大師最重要的工作都在此期間完成。此時發表的將近 200 篇作品涉及甲骨學的所有領域,從語言學到神學,從政治學到年代學,特別是司禮義著《商代卜辭語言研究》(201210,1974 年)和吉德煒著《商代史料:中國青銅時代的甲骨卜辭》(201490,1978 年)兩部著作,迄今仍是西方甲骨學最重要的研究成果。2000 年以後,西方甲骨學又進入了一個比較安靜的時期。這一方面是因爲老一代教授們退休以後沒有學生來繼業,另一方面也是因爲在中國"簡帛熱"的影響下西方學術研究多集中於戰國秦漢時代。這個現象和中國國内的學術工作也是并行發展的。下面我將概述西方甲骨學一百多年來的發展史,對於附加目録所含的 350 多篇作品,只能選出最重要、最有代表性的研究成果做討論。另外我也將介紹甲骨學誕生時代的方法斂、明義士和金璋等重要人物以及黃金時代的司禮義、吉德煒和高島謙一等大師①。

一、從方法斂到吉德煒

1. 方法斂

當劉鶚(1857—1909)在光緒二十九年(1903)出版《鐵雲藏龜》僅僅三年後,西方學術界對中國古代甲骨卜辭已經有初步的認識,即方法斂所著《中國早期書寫》(100050)。方法斂是美國長老會傳教士,當時住在山東濰縣,該書是他給自己家鄉的匹兹堡卡内基博物館做的報告。據方氏此次報告,安陽農民在十九世紀末發現有字甲骨的時候,原來想要將其帶往北京出售,可是當時北京適逢義和團起義,推銷甲骨的人進不去首都,只

---

① 本文是根據我自己對西方甲骨學的不成熟認識而寫的。在寫作過程,參考了汪濤(Tao WANG)《甲骨與西方漢學》(203350),獲益匪淺。初稿寫完了以後,又參考了朱彦民著《殷墟考古發掘與甲骨文研究(下)》,《古典文獻研究輯刊》十五編,第二十册(新北:花木蘭文化出版社,2012,特別是"歐美學者的甲骨文研究"一節(第 374—430 頁),論述非常詳細,在某些問題上與本文重複,中國讀者可以參考。

好改道抵達當時著名的古董市場濰縣，在那裏將甲骨賣給方法斂以及同樣住在濰縣的英國浸禮會傳教士庫壽齡。在《中國早期書寫》一文裏，方法斂的主要目的是給西方讀者介紹中國文字的六書，順便提供他自藏的十幾片甲骨的自製摹本，對所載刻辭也做了初步釋文和翻譯。可惜由於當時對甲骨文的認識不足，方氏的理解往往有問題。譬如，他所列的插圖（見本書"序言"第5頁）載有我們現在非常熟悉的"癸卯卜爭貞旬亡禍"之類的卜辭。方氏的釋文爲"癸卯卜我問虺父占"，翻譯爲"在癸卯日我請蛇父占卜"。雖然如此，方法斂對中國文字的理解基本上值得贊同，儘管該書引起了當時還默默無聞但隨後聲名顯赫的西方學者馬伯樂的激烈批評，説方法斂忽略了語言與文字的關係。在西方漢學裏，語言學家和古文字學家就語言與文字的關係經常採取對立的立場，如上面第一部分所指出，這種辯論一直持續到今天。

根據董作賓《甲骨學五十年》（200950）所述，方法斂在1904年開始收集甲骨，至1908年他和庫壽齡已經收集了1678片甲骨，但是其中相當一部分是僞刻的。庫、方二氏對所收集的甲骨做了不少研究工作。不幸的是，1912年方法斂在青島被車撞了，自己受傷癱瘓，只好回國，後於1914年逝世。除了《中國早期書寫》以外，方法斂沒有發表其他文章。但他的朋友庫壽齡當時在中國比較有名，不僅是《新華評論》（*New China Review*）的主編，還是《中華百科全書》（*Encyclopaedia Sinica*）這一巨著的作者①。庫壽齡只發表了一篇關於甲骨文的文章，即《河南的甲骨》（200080），是他1914年在上海做的一次演講。這篇文章對庫壽齡和方法斂對甲骨所做的收集和研究工作做了回顧。

方法斂和庫壽齡雖然死前沒有發表他們自己收藏的甲骨，但是到了三十年代，美國學者白瑞華（Roswell S. BRITTON, 1897—1951）在上海商務印書館出版了一系列的甲骨集：《庫方二氏藏甲骨卜辭》（200310，1935年）、《甲骨卜辭七集》（200600，1938年）、《金璋所藏甲骨卜辭》（200630，1939年）。方法斂

---

① Samuel Couling（庫壽齡），*Encyclopaedia Sinica*（中華百科全書），1917年；再版：Oxford: Oxford University Press, 1983.

雖然此時已經逝世二十多年,可是白瑞華仍然很客氣地將他列爲合著者(不但如此,還將方法斂的名字放到自己前面)。白瑞華花了大量功夫確認了這三本書裏甲骨的真實性,西方學者早期收集和研究工作至此告一階段。

2. 明義士

略遲於庫、方二氏,但是對甲骨卜辭收集和研究工作貢獻更突出的是加拿大傳教士明義士。明義士於 1910 年抵達中國,稍後被派往當時的彰德府,即現在的安陽。1914 年他在安陽附近的小屯村騎着馬,見到農民在挖所謂的"龍骨",從此便開始收集甲骨。其於 1917 年出版的《殷虛卜辭》共載有 2 369 片①。此時加拿大進入第一次世界大戰,明義士應招入伍,在法國給中國的勞動隊當翻譯,因此收集工作便中斷了。然而,明義士 1920 年回到安陽以後,在 1924 年、1926 年、1927 年從安陽私家手中購買了大量的甲骨,多收在《殷虛卜辭後編》(1928)②。明義士到底收集了多少片甲骨并不清楚。根據胡厚宣先生統計,一共有 31 516 片之多,但是恐怕總數還要多③。1928 年,中研院歷史語言研究所在安陽開始田野考古工作,明氏經常到發掘工地參觀,認識了史語所的諸位考古學家,特別是和董作賓(1895—1963)先生交了朋友,之後兩人一直保持書信往來。1932 年明義士受聘成爲山東齊魯大學的教授,直至 1937 年都在該校任教。在 1933 年發表的《甲骨研究初編》裏,他對甲骨文的發現和收集都做了詳細記錄,并且對甲骨卜辭與殷商文化做了深入研究④。在 1937 年秋天他回到加拿大打算休假一年。然而此時日軍占領了華北地區,使得明義士無法再回中國,只好進入加拿大的多倫多大學研究所,作爲該校懷履

---

① 明義士(James Mellon MENZIES),《殷虛卜辭》(*Oracle Records from the Waste of Yin*)(原版,上海:Kelly & Walsh,1917;再版,臺北:藝文印書館,1972)。

② 明義士在 1928 年編輯了《殷虛卜辭後編》,但是此時收集的甲骨至 1972 年才正式出版;見明義士著,許進雄編,《殷虛卜辭後編》(臺北:藝文印書館,1972)。

③ 胡厚宣,《關於劉體智、羅振玉、明義士三家舊藏甲骨現狀的説明》,《殷都學刊》1 (1985):1—8。據許進雄所言,明義士離開齊魯大學時埋藏了五萬多片甲骨,在 1952 年被挖出來的時候只存有一萬片,不知道其餘的到哪裏去了;見許進雄編,《殷虛卜辭後編》(臺北:藝文印書館,1972),"編者的話",第 3 頁。

④ 明義士,《甲骨研究初編》(濟南:齊魯大學講義石印本,1933;濟南:齊魯書社影印本,1996)。

光(William Charles WHITE，1874—1960)教授的助手學習中國古代文化史,同時也在多倫多皇家安大略博物館工作。明義士在1942年獲得博士學位,博士論文題目是《中國青銅器時代的文化與商戈》(*The Bronze Age Culture of China and "Shang Ko"*)。由於戰後政治條件不佳,所以明義士一直回不到中國,他原來收集的甲骨大多數都留在中國三座主要的博物館(南京博物院藏有2 390片、山東省博物館藏有8 168片、故宫博物院藏有20 364片)。還有一部分甲骨(5 170片)在加拿大,明義士無法帶回中國,只好存放在多倫多皇家安大略博物館。這批甲骨在七十年代終於由許進雄編輯出版。

3. 金璋

金璋是英國外交官員,1874年作爲英國駐華大使館的翻譯抵達北京,在中國各個通商口岸工作了三十五年,最終於1908年退休回國。金璋雖説是由於身體不便而退休,但是回國以後又非常長壽,他在1947年發表了最後一篇文章,并於1952年逝世,享年98歲。金璋對中國文字特別感興趣,在1881年翻譯了宋戴侗(1241年進士)的《六書故》(100010)。1908年即將回國之前,他訪問了天津的英華大學,在那裏見到了王懿榮(1845—1900)的兒子王崇烈(1918年卒),捐給該校的25片甲骨。金璋此後一直專心於甲骨文的研究。金璋是業餘學者,住在英國鄉下,很少與社會接觸,但是仍然和中國學界保持郵件往來。他一邊和方法斂交換了很多信件,一邊購買中國國内出版的古文字學書籍。從1911年發表的《從最近的發現看周代的中國書寫》(300060)到1947年發表的《一條隱晦的信息及其新解》(200780),他在《大英皇家亞洲學會學報》上發表了43篇學術論文,内容非常分散,包括《龍與鱷》(200060,1913年)、商代諸王年譜(200090、200150,1917年、1922年)、《龍與辰》(200210、200230,1931年、1932年)、蘇格蘭和中國古代的原始犁的對比(200370、200440,1935年、1936年)、商王所獵的麋鹿(200650,1939年)、巫的跳舞(200730,1945年)等等,對古文字學和銅器銘文(300090)也有研究。最有名的可能是他從1917年到1928年發表的九輯《象形之回顧:中國古文字的發現、復原及推測》(100110、100120、100130、100140、100150、100180、100190、

100210、100220），對甲骨文所見160個字做深入的文字學分析。從文章的題目看，他的分析好像偏重於中國文字的象形成分，但是金璋一點也不天真，他有很強的文字學基礎，從甲骨卜辭到康熙字典皆無遺漏。實際上，他的論文雖然有很濃厚的游戲風格（他的哥哥 Gerard Manley HOPKINS［1844—1889］是著名英國詩人），但是他都會引用中國國內最新的研究成果。1917年的《象形之回顧》已經充分引用了羅振玉（1866—1940）的《殷虛書契前編》（1913）、《殷虛書契菁華》（1914）和《殷虛書契後編》（1916），三十年代發表的論文裏也多利用了郭沫若（1892—1978）的研究成果。

　　由於方法斂在1914年已經逝世，而明義士儘管在中國很活躍但離開中國後幾乎沒有發表論著，西方的專業漢學家也不太看重甲骨文。所以一直到二戰結束以後，西方學術界的甲骨學幾乎只有金璋一個人做代表。從現在學術眼光看，他的成果也許相當幼稚，但是按照當時的標準，他的很多見解都有見地，特別是他的學術精神非常值得佩服。此時除了金璋以外，最活躍的西方甲骨學家似乎是美國人吉卜生，1930年代在中國發行的《中國科藝學報》（*The China Journal of Sciences & Arts*）和《皇家亞洲學會華北分會學報》（*Journal of the North China Branch of the Royal Asiatic Society*）發表了十幾篇文章，題目與金璋的題目都很相似，有《商代的象形文字》（200290，1934年）、《商周朝代的貞卜與禮儀》（200350，1935年）、《從商代甲骨刻辭看商代的農業》（200550，1937年）、《商代的田獵》（200570，1937年）、《商代的音樂與樂器》（200580，1937年）、《商代馴化的動物及其祭祀》（200610，1938年）等等，然而吉卜生的學問與金璋的學問很不一樣，論文的篇幅都很短，也更加大衆化。吉卜生雖然住在上海，在皇家亞洲學會的上海博物館擔任考古部主管，特別關心該館收藏的古代通寶，但他在論文裏幾乎不引用中國學術界的研究成果，在一定程度上也是望文生義的。雖然如此，他的文章對駐中國的傳教士和商業界起了一定普及化的作用。

　　4. 沙畹和馬伯樂
　　在甲骨文發現後的頭三十多年裏，西方甲骨學的貢獻幾乎全部來自诸如方法敛、库寿龄和明义士等传教士以及诸如金璋和吉卜生之类长期在中国工作的人，而非汉学教授们。没有错，1911年，当时西方汉学界最权威的教授沙畹发表了一篇简短的论文，即《中国上古时代的龟卜：以罗振玉的著作为根据》(200010)。这篇文章的正题和副题都重要：前半部分对中国上古时代的龟卜习惯做了一个简单总结，但是仅限于古书上的记载；后半部分介绍罗振玉1910年出版的《殷商贞卜文字考》。然而，当时无论是中国国内还是国外，甲骨文只得到初步认识，因此沙畹的论述非常简单，几乎没有提到卜辞的内容。比沙畹这篇小文更早几年提到甲骨文的是沙畹的学生马伯乐，他在1908年写了方法敛《中国早期书写》的书评(100070)。马伯乐的主要论点是批评方法敛的文字学方法，说他犯了一个基本错误，即混淆语言与文字。在书评的最后一段，因为方法敛的原文提供了十几片甲骨卜辞的摹本和解释，所以马伯乐也提及甲骨文的史学用处，但抱有相当的怀疑态度。二十年后，马伯乐在另一篇书评里又谈及甲骨文的史学价值。评论的对象是张凤所著的《河南甲骨研究以及古代书写的文字》(200180，1925年)(即他在巴黎大学的博士论文)，书评发表在权威学术刊物《亚洲学报》(*Journal Asiatique*)上(200190，1927年)。马伯乐强调甲骨卜辞所记商王名谱和《史记》所载殷商王谱含有相当差别。据马氏说，卜辞里只有《史记》三十一名殷王的十八名，并且其中两名，即"小丁"和"祖戊"与《史记》所载不同。马氏说这种差别对熟悉公元前三世纪埃及史学家马尼头(Manetho)和巴比伦史学家贝罗斯(Berose)的西方学者一点也不奇怪，当时出土文字资料已经证明了两位史学家的王谱都含有大量的错误和遗漏。马伯乐认为中国史学情况也不例外，史学家应该严格地分别出土文字资料与传世文献的证据。这与当时某些中国学者(特别是刚刚提出"二重证据法"的王国维[1877—1927])的看法迥然不同。

在1933年的《亚洲学报》上，马伯乐又发表了三篇书评谈甲骨学的进展。这三篇书评的对象是董作宾(1895—1963)的《新获卜辞写本》(200250)以及郭沫若(1892—1978)的《甲骨文字研究》和《中国古代社会研究》(100260)。马氏对董作宾的书评篇幅很短，只说董氏所发表的"新獲卜辭"對已知甲骨學没有多少信息。對郭沫若兩本書的兩篇書評篇幅稍長一點,批評也比較尖鋭。馬伯樂一面贊成郭氏利用各種現代理論,諸如社會學、人類學等研究中國古代歷史,但是另一方面説他的創造性太强,兩本書裏的許多結論都缺乏足夠的證據支持。三年以後,這兩個書評被譯成中文,在《文學年報》上發表爲《評郭沫若近著兩種》,同一期《文學年報》也載有郭沫若的答覆,即《答馬伯樂先生》①。

5. 德效騫

德效騫(Homer H. DUBS, 1892—1969)

第二次世界大戰以後的甲骨文研究經歷了很大改變。像金璋和吉卜生這樣的業餘學者退出了學術舞臺,吉卜生最後一篇文章是 1939 年發表的《中國文字的演變:從商代象形文字起》;金璋最後一篇是 1947 年發表的《一條隱晦的信息及其新解》(200780)(他於 1953 年逝世)。代替他們的一邊是專業的學者如德效騫(Homer H. DUBS, 1892—1969),一邊是中國學者,諸如董作賓、吴世昌(1908—1986)、李濟(1896—1979)和鄭德坤(1907—2001),他們要麽是自己用英文寫作,要麽是别人給他們翻譯(諸如楊聯陞[1914—1990]翻譯了董作賓的文章)。德效騫像不少當時漢學家一樣,是傳教士的後代。他在美國出生,但是在中國湖南長大。他回到美國讀大學,又作爲傳教士回到中國。然而,這一次在中國逗留的時間不長即又回到美國,進入芝加哥大學研究所,并於 1925 年獲得博士學位。德效騫在美國許多大學任教,後於 1947 年受聘爲英國牛津大學的中國語文教授,在該校任教直至 1959 年,以六十七歲高齡退休,之後一直住在牛津。像大多數專業史學家一樣,德效騫非常重視年代學問題,對商代甲骨文年代做了幾次探討。德效騫受到董作賓剛剛發表的《殷曆譜》的啓發,注意月食的重要性。然而,德氏指出董氏所利用的月食譜含有錯誤(這一

---

① 馬伯樂,《評郭沫若近著兩種》,《文學年報》2(1936):61—71;郭沫若,《答馬伯樂先生》2(1936):1—4。

點董氏自己也承認),因此他先在《哈佛亞洲學學報》上發表了《公元前1400至前1000年中國和安陽的月食會典》(200770,1947年)這一工具書,然後在《通報》上發表了兩篇論文,即《商代的年代》(200800,1951年)和《商代的年代:後記》(200810,1953年)。董氏在《殷曆譜》指出商王武丁時代的賓組卜辭裏含有五條月食記錄,如下:

1.[癸未]卜爭貞:翌甲申易日。之夕月又食。(《合集》11483)

2.己丑卜賓貞:翌乙未秦登于祖乙。王占曰:又祟[不]其雨。六日[甲]午夕月又食。(《合集》11484)

3.七日己未🈚庚申月又食。(《英藏》886b)

4.……旬壬申夕月又食。(《合集》11482)

5.癸未卜爭貞:旬亡禍。三日乙酉夕月又食。聞。八月。(《合集》11485)

董作賓推算這五次月食記錄應該相當於公元前1282、1278、1279、1373或1325和1311年,也就是說武丁在位年代應該在公元前十四世紀末至公元前十三世紀初的時候。與此不同的是,德效騫提出迥然不同的年代,即公元前1189(月食1)、1227(月食3)、1229(月食4)和1192(月食5)年(他沒有推出第二個月食記錄)。這些年代一方面基於他前幾年發表的"月食會典",另一方面基於另外兩個大前提:1)商日是從中夜開始的;2)"己未🈚庚申"的"🈚"字應該指兩日之間的中夜時間。德效騫不是甲骨文專家,但他對"🈚"的解釋是現在衆多甲骨學專家所承認的,應該是對的。他也不是天文學專家,但是他的商日始於中夜這個大前提也是衆多天文史學家所同意的。并且,他對五次月食的推算與《夏商周斷代工程》所得出的年代也大同小異(《夏商周斷代工程》年代爲1189、1201、1181、1198和1192年)。德效騫對甲骨文研究沒有其他貢獻,但是僅僅這三篇文章已經是商代年代學這一重大問題上的一大進步。

6. 張聰東

西方學術界在五六十年代沒有出現其他進展,其實幾乎沒有任何研究工作。然而,一進入七十年代就突然有改變。1970年,德籍華裔漢學家張聰東(CHANG Tsung-tung,1931—2000)出版了《甲骨卜辭所反映的商朝禮儀:有關中國古代宗教的古文字研究》(201050)(這是德文書題的直接翻譯,張先生自己將書題翻譯爲《甲骨文所見商朝的祭祀:中國上古宗教之古文字學的研究》)。張先生自己也翻譯了此書的目録,如下:

序言
緒論:研究甲骨文的方法問題
　　一、字形的辨認
　　二、同音假借及由平行句求義
　　三、由上下文推求字義
　　四、由字形推測字義
　　五、甲骨文資料之分期及利用
　　六、辨僞
第一章　鬼及祖先
　　(一)死人作祟爲疾病的原因
　　(二)夢
　　(三)禳疾
　　(四)疾品的種類
　　(五)先祖先聖的作祟
　　(六)求祭
　　(七)告祭
　　(八)報祭
　　(九)供養祭
　　(十)慰鬼祭
　　(十一)商代祖先崇拜的特色
第二章　自然神
　　(十二)河及其他水神
　　(十三)岳及其他山神

(十四）土神及其他地方神自然神
第三章　最高神、帝
（十五）帝的威權
（十六）帝的祭祀
（十七）帝及周人的天神
第四章　巫術
（十八）求雨及藉禮
（十九）禳解
總結
附表：
　　一、干支表
　　二、商朝世系表
　　三、諸王的配偶
書目：
　　A. 著錄的甲骨文
　　B. 中國古籍
　　C. 專著及論文
檢字表：
　　由字素號碼查甲骨文字
由楷書查甲骨文字
甲骨文中的虛詞
事類索引

張聰東是臺灣大學經濟系畢業的（1953），1970年至2000年任法蘭克福大學漢學系主任教授。《甲骨卜辭所反映的商朝禮儀》（抑或按照他自己翻譯的《甲骨文所見商朝的祭祀》）這一標題很好，完全反映了書的內容。此書不僅詳細討論了商代宗教的各種問題（諸如"鬼及祖先"、"自然神"、"上帝"和"巫術"等），其"緒論"部分還簡單論述了甲骨文的釋讀問題。除此之外，這本書還有幾個特點：第一，引用的卜辭都直接摹寫甲骨文字形,没有楷書釋文,這對一般閱讀比較困難,可是對學習甲骨文字形來説比較方便。第二,每一字都提供《説文解字》的定義,也試圖按照《説文》來解釋甲骨文的字形。第三,書的附録設計了兩個"檢字表",一個按照他自己定的"字素號碼",一個按照楷書字體,兩者都爲讀者提供了一定的便利。

7. 司禮義

張聰東發表《甲骨卜辭所反映的商朝禮儀》這一大作以後,基本上放棄了甲骨文研究,以後唯一一篇與甲骨文有關的學術作品是1986年發表的《對武丁的新看法》(202170)。雖然如此,這本書在西方甲骨學界非常有影響。之所以這樣説,是因爲該書出版以後,美國華盛頓大學教授司禮義(Paul L-M SERRUYS, 1912—1999;見本部分附加的小傳)先後爲它寫了兩次書評。第一篇書評在1972年《亞洲學學報》上發表(201130)。司禮義神父後來開玩笑説全美國唯有他一個人懂德文,因此《亞洲學學報》才邀請他來寫。這一書評很簡單,除了總結書的内容以外,僅對張聰東論及的甲骨文釋讀方法提出了一點批評。然而兩年之後,司禮義在《通報》上又發表了一篇長達一百多頁的書評,題爲《商代卜辭語言研究》(201210)。這一書評很可能是西方漢學家對甲骨文研究最重要的貢獻。司神父提出了至少兩點突破性的看法,即卜辭本身不是問句以及"其"字有一定的情態用法。這兩個觀點不但是衆多西方甲骨文學者都采納的,而且也可以説是現在西方甲骨學的基礎知識。

《商代卜辭語言研究》的論述分成五個部分:

  斷代和分期
  卜辭的釋文
  甲骨文字的釋讀
  語法與句子構造
  單字分析

關於"斷代與分期",司禮義没有多少意見;關於"卜辭的釋文"和"甲骨文字的釋讀"兩個部分,他只是提出了一些理論而已,到了"單字分析"一部分才多花一點篇幅。但是，文章的核心肯定是"語法與句子構造"，幾乎占全文的四分之三以上。這一部分又分成五個專題：有關"卜"和"貞"字的意思、句尾"乎"和"不"字、"隹"和"惠"字、"其"字以及否定詞。司禮義的大前提是卜辭并非問句，這一前提在他對上百條卜辭的討論中都顯現出來，但是沒有論述得很清楚。他僅僅指出"卜"和"貞"本來沒有"提問"的意思（儘管《説文》對"貞"字的定義是"卜問也"），也指出句尾的"乎"和"不"字非常罕見，幾乎肯定不起句尾疑問虛詞的作用。關於"隹"和"惠"的分別，司禮義多花了一點篇幅指出兩字的否定詞不同："隹"的否定詞是"不隹"，"惠"的否定詞是"勿惠"（這一討論出現在"否定詞"那一節，第74頁），由此可知"惠"有情態用法。關於否定詞，他最重要的論點是"不"和"弗"字的用法不同："不"字是形容詞或者被動態動詞的否定詞，而"弗"是及物動詞和行爲動詞的否定詞。在這五個專題當中，對"其"字的討論又占"語法與句子構造"這部分的一半以上（第25—59頁）。司神父的這個討論非常複雜，其最具突破性的論點涉及"其"字在對貞裏的相對用法。衆所周知，賓組卜辭（司禮義幾乎完全利用張秉權編的《小屯第二本：殷虚文字丙編》作爲例證）裏常常出現對貞，一邊是肯定句，另一邊是否定句①。司禮義注意到在這些對貞裏，往往一邊用"其"字而另外一邊不用，如下幾例：

我裁冑	我弗其裁冑
我其有禍	我亡禍
雀其死	雀不死
我受黍年	我弗其受黍年
疾齒龍	不其龍
求于上甲受我又	勿求于上甲不我其受又
帝隹其冬兹邑	帝弗冬兹邑

如司禮義所言，在這些對貞卜辭裏，"其"字既可以用於肯定句也可以用於否定句。但是無論如何，"其"字都出現在商人不願意發生的那個句子裏。

---

① 張秉權編，《小屯第二本：殷虚文字丙編》（臺北：中研院，1957、1959、1962、1965、1967、1972）。

也就是説,在"我哉冑"這一命辭裏,"我"是複數的代名詞,表示商人自己,"哉"是一個動詞,意思相當於"打敗","冑"是與商人敵對的方國名稱。商人貞卜攻擊敵國,當然希望把它打敗,不願意消極的結果。與此不同,"雀"是商王武丁王朝的大臣,商人不願意他死掉,因此在肯定句裏用"其"字,即"雀其死",否定句却不用"其",即"雀不死"。

"其"字的這種情態用法與甲骨卜辭是否問句密切相關。自從殷墟卜辭發現以後,傳統讀法是將命辭讀作問句,即將"我哉冑"理解爲"我們打敗冑嗎"這一肯定問句以及將"我弗其哉冑"理解爲"我們不打敗冑嗎"這一否定問句,與中國後世的"好不好"問句語法相似。然而,這種讀法與"求于上甲受我又"、"勿求于上甲不我其受又"這類複合句的語法不合。如司禮義所言,這兩個命辭都表示商人的一種願望,也就是"希望上甲授予我們福佑"。這一觀點發表以後,在中國國内也有一定的影響①。

司禮義發表《商代卜辭語言研究》這篇大作以後没有再發表多少研究成果,僅有《有關商代甲骨卜辭隸定過程中的基本問題》(201840,1982年)、《商代甲骨文的語法建設》(201850,1982年)和《關於商代卜辭的語法》(202070,1985年)三文,其對個别句例的分析有參考價值,但未超出"商代卜辭語言研究"的範圍之外。以如此有限的作品在西方語言學與古文字學界獲得如此之大的影響,另外一個原因是他在華盛頓大學培養出好幾位權威學者,包括古漢語學家丁邦新、甲骨文專家高島謙一(Ken-ichi TAKASHIMA)、銅器銘文專家馬幾道(Gilbert MATTOS, 1939—2002)以及古漢語音韵學專家柯蔚南(W. South COBLIN)和許思萊(Axel SCHUESSLER)等。司禮義退休以後到臺灣的中研院歷史語言研究所去,打算把《小屯第二本:殷虚文字丙編》翻譯成英文。由於種種原因,他

---

① 見裘錫圭,《關於殷墟卜辭的命辭是否問句的考察》,《中國語文》1(1988):1—20。這篇文章的英文翻譯發表在《古代中國》雜志 1989 年的"古代中國論壇"上,論壇還包括倪德衛(David S. NIVISON)的《"問題"的問題》,以及范毓周、饒宗頤、吉德煒(David N. KEIGHTLEY)、雷焕章(Jean A. LEFEUVRE)、李學勤、倪德衛、夏含夷(Edward L. SHAUGHNESSY)和王宇信的討論,還有裘錫圭的答覆。

一直沒能完成這一龐大的研究課題。然而，在2010年他的學生高島謙一終於出版了兩大冊的《殷虛文字丙編研究》(203730)。儘管翻譯工作基本上都是高島教授自己做的，但是他很謙恭地將司禮義的大名寫在作者的名單上。

8. 高島謙一

高島謙一(Ken-ichi TAKASHIMA；見本部分所附小傳)博士論文題為《武丁甲骨卜辭裏的否定詞》(201160,1973年)，顯然是受到司禮義的啓發。此後，他自1977年開始發表一系列與甲骨卜辭語法和古文字學有關的文章，諸如《甲骨卜辭裏的從屬結構：以虛詞"其"為重點》(201390,1977年)、《甲骨文和上古中文 㞢/ㄓ/有字的解讀》(201530,1978年)、《商代甲骨卜辭裏的上古中文"有"字：詞族、字根、語法、語義和祭祀》(201670,1980年)、《甲骨卜辭裏的名詞短語》(201990*,1984年)、《關於甲骨卜辭語言的名詞化與名詞派生》(202100,1985年)、《定鼎：有關甲骨卜辭的"鼎"字》(202230*,1987年)、《甲骨卜辭裏的強調動詞短語》(202310*,1988年)、《甲骨卜辭裏否定詞的形態學》(202320*,1988年)、《商代語言的系動詞研究》(202500*,1990年)、《商代漢語中表達情態的虛詞"其"》(202730,1994年)、《有關商代漢語"其"字用作代詞的新推測》(202900,1996年)、《一份真本古漢語文獻裏的系動句的關注與解釋》(203020,1997年)、《關於中國文言文所謂所屬代詞"厥"》(302290*,1999年)、《邁向一種更嚴格的甲骨卜辭釋讀方法》(203180*,2000年)、《商代文本裏的幾個禮儀動詞》(203380*,2002年)、《怎樣閱讀商代甲骨卜辭：有關現代方法一點批評》(203460*,2004年)、《以卜辭在龜甲上的位置作為解讀的指南》(203490*,2005年)、《祭祀：中國古代祭禮和祀儀的重構》(203690*,2009年)、《商代合祭的復原》(203720,2010年)和《中國商代安陽以南和以東的識字能力：鄭州和大辛莊》(203770*,2011年)。

這三十多年的學問成果的結晶可以說是2010年出版的《殷虛文字丙編研究》(203730)。這是對《小屯第二本：殷虛文字丙編》的英文翻譯，原來是司禮義在1981年提出的。司神父在1983前往臺灣進行這個研究項目,但是在 1985 年因健康問題未能繼續。1986 年,高島謙一繼承了他老師的意圖,1988 年已經將初稿交給中研院。該稿在 1990 年經中研院審批後獲准出版,但審批報告提出某些地方應該修改。正好這個時候,高島先生回到日本開始編輯《甲骨文字字釋綜覽》,沒有時間修改《丙編》的翻譯。據高島先生説,到 1994 年,《甲骨文字字釋綜覽》出版以後①,他自己已經發現了更多需要修改的地方。此後他又用了十二年的時間重新修改,并且做詳細注解,直到 2010 年才由中研院正式出版。這一巨作分成兩大冊,上冊的副題是"解説、隸定、英譯",下冊的副題是"注釋、古文字語言學新探",上下兩冊一共包括 1 500 頁。上冊開頭有長達 90 頁的前言,包括下列分題:

    A. 目標
    B. 斷代與相關問題
    C. 作爲文獻資料的《丙編》
    D. "問題"的問題
    E. 古代漢語的構擬及其文字構造
    F. 書寫系統

其餘 700 多頁是《丙編》632 片甲骨的英譯。在頭 259 片,高島先生一邊保存司禮義舊有的翻譯,一邊也附加他自己的翻譯。260 片以後只有高島先生一個人的翻譯,并收録《丙編》的釋文,基本上采用張秉權先生的意見。下冊含有非常詳細的注釋,僅僅《丙編》第一片的注釋就有 46 頁。注釋後面還帶有兩個附録:第一個是"有關胄字",第二個是"有關犁字"。附録後還附加七個表:"表 1:丙編綴合表"、"表 2:《丙編》——《合集》對校表"、"表 3:《合集》——《丙編》對校表"、"表 4:《乙編》和《丙編》的登記號碼和灰坑位置(未完整)"、"表 5:《丙編》——《乙編》登記號碼"、"表 6:《丙編》以外卜辭的翻譯索引"、"表 7:所有卜辭翻譯索引"。最後是書目目録和索引。

---

① 高島謙一和松丸道雄合編,《甲骨文字字釋綜覽》(東京:東京大學出版會,1994)。

高島謙一先生四十多年來的甲骨文研究顯然深受司禮義神父的啓發,不僅《殷虛文字丙編研究》繼承了他老師的研究項目,其所發表的幾十篇文章大多圍繞着司禮義首先在《商代卜辭語言研究》裏提出的問題,特別是甲骨卜辭的否定詞、賓組卜辭"其"字的情態用法以及甲骨卜辭命辭是否問句。觀察兩個人對《丙編》的翻譯,其結果大同小異。司神父的翻譯比較簡單、直接,而高島氏的翻譯往往加上某些含蓄的意義。兩人的語法研究也反映出同樣的現象:司神父的語法分析關注動詞是行爲動詞還是被動動詞,也很注意虛詞的用法,而高島氏常常強調動詞的語態:即動詞的主語是控制者還是被控制者。高島氏的分析往往比較複雜,甚至有的時候所提出的分別不很清晰,但這也許是因爲他的研究對象是語言學,而不一定是古文字學。

9. 吉德煒

這四十年間另一位西方甲骨文大師也活躍在學術舞臺上,他就是吉德煒(David N. KEIGHTLEY, 1932—2017;見本部分所附小傳)。吉德煒在1969年獲得哥倫比亞大學博士學位,博士論文題目是《中國古代公共勞動:商和西周强迫勞動研究》(201030),關注商代和西周的政治管理制度。他畢業以後聘任加州大學柏克萊分校歷史系教授,在該校組織了不少學術活動,特別重要的是在1975年創造了"古代中國學會",并出任該學會的刊物《古代中國》的創刊編者。此時他也經常參加地方性的會議并提交篇幅甚長的論文,其中最重要的可能是1972年寫的《釋貞:有關商代貞卜性質之假設》,是在加州蒙特里召開的美國西岸的亞洲學學會會議上宣讀的。這篇論文雖然一直没有正式發表,可是它的影響非常之大。吉德煒和司禮義幾乎同時提出商代甲骨卜辭的命辭不應該讀作問句,而應該是含有一定語氣的陳述句。如上所述,司禮義針對的是卜辭本身的證據,特別是賓組卜辭裏"其"字的情態。與此不同,吉德煒對這個問題做了綜合研究,不僅是甲骨文,還包括古籍裏的證據,例如《左傳》所載的貞卜記録以及鄭玄(127—200)對禮書的注解等等。這兩位學者各有其長處:司禮義很少寫文章,所寫的文章邏輯也不明顯,基本上就是很多例證;而吉德煒的文章不但論證非常充分,文筆也特別清楚。很難説命辭是否問句這一重要問題是司禮義還是吉德煒首倡。吉德煒的會議論文是在 1972 年宣讀的,而司禮義的文章是在 1974 年發表的。然而,司禮義的學生馬幾道曾經告訴我,早在六十年代末司禮義上課的時候已經提出了這種理解,而在吉德煒 1969 年提交的博士論文裏,所有甲骨卜辭的英譯後面仍以問號結束。其實,坦白地説,雖然這是西方漢學家對甲骨學最大的貢獻——除司禮義和吉德煒的論文之外,諸如倪德衛(David S. NIVISON,1923—2014;見第三部分所附小傳)、雷焕章(Jean A. LEFEUVRE,1912—2010)和夏含夷(Edward L. SHAUGHNESSY)等其他學者也發表了重要意見——但最早指出此問題重要性的乃是饒宗頤。他在《殷代貞卜人物通考》(1959 年)裏兩次提到這個問題。在"例言"第 2 頁,他説"至於句讀方面,學者每於句末,不理是否卜問,一律加上疑問號,今則但作斷句,以求矜慎"。還有在"貞字釋義"那一段,考察了所有説法以後,他做總結説"舊説於貞字下,每施問號,多不可通"(第 71 頁)。全書引用了上千條卜辭,一律没有使用問號,首倡的功勞肯定應該歸於饒宗頤先生①。

吉德煒在 1978 年出版了他一輩子最重要的著作:《商代史料:中國青銅時代的甲骨卜辭》(201490)。這本指南性的書篇幅不很長,但是内容特别豐富,對甲骨學的學術方法做了綜合介紹。全書共分五章:"商代貞卜方法"、"卜辭"、"卜辭的釋讀"、"卜辭的斷代"、"作爲史料的甲骨卜辭",還包括五個附録、三十三個插圖和三十八個表。幾乎每一頁都有幾個注解,不僅指出本文的證據出處,并且有相當長的説明。吉氏的一個學術特點是往往將某一個辯論正反兩面的證據都列出來,才説明他自己的結論。《商代史料》是所有研究甲骨文的西方學者絶對不可或缺的一本書,并且是西方古文字學與史學的典範。

在《商代史料》的前言裏,吉德煒説他當時對很多不同的歷史問題正在進行研究,諸如貞人的地位、貞卜的神學、兆文怎樣判斷吉凶、甲骨如果

---

① 見饒宗頤,《殷代貞卜人物通考》(香港:香港大學出版社,1959),例言第 2 頁、第 71 頁。

契刻和收藏、董作賓舊派和新派的分別以及商代的絕對年代諸問題，説這些研究將收録在一本暫時題作《商代貞卜研究》的書裏。這本書到現在還没有出版。然而，吉氏對這些問題以及更多商史問題發表了幾十篇文章，諸如《宗教承諾：商代神學與中國政治文化的起源》（201470，1978 年）、《竹書紀年與商周年代》（201480，1978 年）、《甲骨文所見商國》（201580，1979 年）、《商代晚期國家：何時、何地、何物？》（201910，1983 年）、《商代晚期貞卜：魔術宗教的遺産》（201970，1984 年）、《商代貞卜與形而上學》（202260，1988 年）、《中國書寫的起源：文字及文化環境》（100690，1989 年）、《巫覡宗教、死亡和祖先：約公元前 5000—前 1000 年中國新石器時代和商代的宗教調解》（203090，1998 年）、《開端：中國新石器和商代婦女的地位》（203070，1999 年）、《神學與歷史的寫作：在武丁卜辭記録中的真實與祖先》（203110，1999 年）《貞人之筆記本：作爲二手史料的商代甲骨卜辭》（203270*，2001 年）《祖先的"科學"：中國商代晚期的貞卜、治療和青銅鑄造》（203280，2001 年）、《製造祖先：商代晚期宗教及其遺産》（203430，2004 年）、《刻辭和標記：中國新石器和商代的早期書寫》（101410，2006 年）和《神聖的垃圾：他們的抑或我們的？》（203540，2006 年）。這些文章都像《商代史料》那樣，證據豐富，文筆清晰，邏輯通順，結論精確，對商代歷史的種種問題，都是必讀的研究成果。

除了這樣多專門研究以外，吉德煒還發表了三種綜合性的研究：《商：中國的第一個歷史朝代》（203100，1999 年）、《祖先的風景：約公元前 1200—前 1045 年中國商代晚期的時間、地域和社會》（203160，2000 年）以及《爲王勞作：甲骨卜辭所見中國商代晚期（約公元前 1200—前 1045 年）勞力動員研究筆記，以手工業、農業、戰爭、田獵、建築以及商人之遺産爲重點》（203780，2012 年）。《商：中國的第一個歷史朝代》是《劍橋中國古代史：從文明起源到公元前 221 年》有關商史的一章[1]，像該書

---

[1] Michael LOEWE（魯惟一）和 Edward L SHAUGHNESSY（夏含夷）編，*The Cambridge History of Ancient China: From the Origins of Civilization to 221 B.C.*（劍橋中國古代史：從文明起源到公元前 221 年）（Cambridge: Cambridge University Press, 1999）.

其他章節一樣，篇幅很長，幾乎可以算是單行本研究。其主題包括"史料"、"年代"、"時間與曆法"、"商代王朝宗教"、"王朝國家"、"政治與軍法演變"和"商代的遺産"，副題則更多，僅僅"王朝國家"一章就包括下列副題："政治與文化環境"、"王族"、"非王宗族"、"地方多臣與方國諸侯"、"帝王譜系與政權"、"王位繼承與廟號"、"朝廷的婦女"、"政治地理"、"農業"、"賦貢與服事"、"勞役"、"徵兵與戰爭"、"奴隸社會"、"人事決策與官僚制的萌芽"等章節，某一章節下面還有更細的小標題。

《祖先的風景：約公元前 1200—前 1045 年中國商代晚期的時間、地域和社會》和《商：中國的第一個歷史朝代》幾乎同時寫就，內容部分重複，但也有不同甚至迥異的組織。《祖先的風景》包括八章：1."氣候"；2."農業"；3."時間：白天、黑夜、太陽"；4."時間：曆法構造"；5."空間：中央與邊界"；6."空間：宇宙與方向"；7."社會：土地及其人口"；8."宇宙觀和遺産：商代的'風'"。這本書篇幅不多（只有 200 頁），儘管引證全面，但是寫法比較大衆化，完全可以作爲商史入門的書籍。

《爲王勞作》可以説是吉德煒的博士論文的正式出版物。他的博士論文題作《中國古代公共勞動：商和西周强迫勞動研究》，前一部分寫商代歷史問題，後一部分寫西周。經過四十年來的研究，西周部分早已放棄，剩下來的商史部分仍然超過 500 頁，對勞動問題做了非常詳細的論述。其證據多爲甲骨卜辭，據統計共有 285 條卜辭的翻譯。但是這個數字肯定不完整，因爲許多對貞卜辭只算爲一條，完整數字可能將近 400 條。全書的正文包括十八章，題目和《商：中國的第一個歷史朝代》的"王朝國家"副題以及《祖先的風景》各個章節相同，只是更詳細。正文後還附加兩個篇幅很長的附録：第一個是"卜辭注解"，第二個是"商代名辭和短語詞典"，按照羅馬拼音，從"比"、"妣"、"賓"、"賓于"等説明卜辭的用法，對初學甲骨文的學生提供一定方便。吉德煒從 2000 年以後身體一直不太健康，在《爲王勞作》的"前言"裏，他除了對許許多多學者表示謝意以外，還特别感謝舊金山凱澤永恒醫院（Kaiser Permanente Hospital）的醫生，没有他們，恐怕他這一著作無法完成。

二、七八十年代編輯和出版甲骨藏品的工作

正像七八十年代中國學界有重要的甲骨文編輯出版工程那樣,西方學者同時也編輯、出版了西方收藏的甲骨。這個編輯出版的工作始於加拿大多倫多皇家安大略博物館。如上所述,這些甲骨是明義士 1914 至 1932 年在安陽收集的。七十年代初,臺灣學者許進雄(James Chin-hsiung HSÜ)先生到多倫多去,一邊在多倫多大學作研究生,一邊在皇家安大略博物館工作。1974 年,他獲得博士學位,博士論文題作《骨卜法和斷代分類》(201180)。在博士論文還沒有完成之前,他已經編輯了博物館收藏的甲骨,即《明義士收藏商代甲骨,上卷:目錄》(下面簡稱《目錄》)(201120,1972 年)。根據許進雄先生在《目錄》前言所說,博物館的基本藏品包括 4 700 片甲骨,綴合後他選了 3 176 片收入《目錄》。除了基本藏品以外,博物館還發現了近四百片甲骨,有的應該也是明義士收集的(因其可與基本藏品綴合),有的不知道是哪一家收集的。然而,《目錄》一共含有 4 359 片甲骨,分爲 1 554 片龜甲,2 805 片獸骨,多爲碎片,但是也有幾十片獸骨載有比較重要的完整卜辭。許進雄獲得博士學位以後,繼續在皇家安大略博物館工作,1977 年出版了《目錄》的釋文,題作《明義士收藏商代甲骨,下卷:釋文》(201320),兩年以後又編輯了博物館前館長懷履光所收集的甲骨,題作《懷特氏等所藏甲骨》(201570)。多倫多皇家安大略博物館收藏的甲骨仍然爲北美最重要的甲骨藏品。

與許進雄進入多倫多皇家安大略博物館工作同時,周鴻翔(Hung-hsiang CHOU)在美國加州大學洛杉磯分校的東西文化系開始教學。周鴻翔 1968 年在澳大利亞國立大學獲得博士學位,博士論文題目是《商代行政幾個方面:僅根據甲骨卜辭證據的綜覽》(201010),指導老師爲巴納(Noel BARNARD, 1922—1016;見第三部分所附小傳)。在 1976 年周鴻翔編輯了《美國所藏甲骨錄》(201250)。此書一共含有 700 片甲骨,是美國十五所博物館和大學藏品,包括匹兹堡卡内基博物館收藏的 413 片(即方法斂收集的甲骨)、普林斯頓大學收藏的 120 片、紐約哥倫比亞大學收藏的 67 片、哈佛大學皮博迪(Peabody)博物館收藏的 60 片等。《美國所

藏甲骨錄》載有簡單的"序言",還有"美國所藏甲骨錄"的報告,說明各所博物館或大學甲骨藏品的來源與歷史,對研究甲骨學的歷史相當有價值。然而《美國所藏甲骨錄》只有拓片,没有刻辭的釋文,對一般讀者略有不便。

法國耶穌會傳教士雷焕章(Jean Almire LEFEUVRE,1912—2010)也在 1976 年發表了一篇有關甲骨的文章,即《香港歷史博物館所藏的一片甲骨,兼論商代中心的標準》(201270)。雷焕章神父在第二次世界大戰剛剛結束之後前往中國,開始傳教工作。天主教耶穌會的神父多半是知識分子,

雷焕章(Jean A. LEFEUVRE, 1912—2010)神父

雷焕章也不例外。他在北京學習語言以後進入了北京大學哲學系,與翻譯笛卡爾和柏拉圖的王太慶(1922—1999)成了好朋友。1949 年,他從北京搬到上海,在上海學習神學,在上海駐留兩年以後與其他傳教士一起被迫離開中國。1955 年,雷神父抵達了臺灣,從該年至 1971 年他在臺中各個大學作學生牧師,并且參加編輯五種語言詞典的工作。1971 年,他搬到臺北的復旦中心,在該中心住了四十年,直至 2010 年 9 月 24 日逝世,享年 88 歲①。

雷焕章在 1975 年首次發表與甲骨文有關的文章,即《商代甲骨卜辭:其發現和初步研究的歷史學和書目學調查》(201240)。此文篇幅很長,對甲骨學早期歷史做了非常詳細的叙述。此後他又對個別字的釋讀發表了自己的看法,諸如有關"兕"字的《商代末期黄河以北的犀牛和野牛:關於兕字的幾點看法》(202490,1990 年)以及有關"賓"字的《甲骨卜辭裏的"賓"字及其在銅器銘文中的演變》(203290,2001 年)。但是,他對甲骨學最重要的貢獻是他編的兩個目録,即《法國所藏甲骨録》(202030,1985

---

① 有關雷焕章神父,有幾種傳記和訃告,可見 Thierry MEYNARD, *Jean Lefeuvre: Jésuite et Sinologue*(雷焕章:耶穌會神父和漢學家)(Paris: Éditions du Cerf, 2007); Edmund RYDEN SJ(雷敦龢),"The Thunder God, *Lei Gong* 雷公: The Story of Fr. Jean Lefeuvre SJ"(雷公:雷焕章神父的故事),*Early China* 33-34 (2010—2011): v-viii.

年)和《德瑞荷比所藏一些甲骨錄》(203000，1997年)。這兩個目錄都很方便，分成"著錄"和"釋文"兩部分，也都含有幾個附錄，其中包括"文字索引"。另外一個便利是《法國所藏甲骨錄》的内容用中、法、英三種語言寫成；《德瑞荷比所藏一些甲骨錄》只用兩個語言，即中文和英文，但是對中國讀者一樣方便，而且雷焕章將中文列在前面。《法國所藏甲骨錄》載有六所大學、博物館和私人收藏的59片甲骨。在"著錄"部分，每一片都有正面、反面的照片和摹本(反面如果没有刻辭就没有摹本)，也有中文釋文以及法文和英文翻譯。"釋文"部分先設有序言性的論文，討論貞卜的性質和甲骨卜辭的語言特徵，然後對每一片甲骨都做詳細説明，包括"藏片來源"以及每一個字的釋讀。這一著錄的另一個特點是法國所藏甲骨包括多枚大片的甲骨，特别是中國學術研究院藏13枚、吉美博物館藏8枚以及池努奇博物館藏10片都相當重要。《德瑞荷比所藏一些甲骨錄》的形式與《法國所藏甲骨錄》一致，就是没有法文的翻譯。甲骨的數量比《法國所藏甲骨錄》更爲豐富，一共有225片甲骨，可是多爲碎片。有意思的是德國庫恩東亞藝術博物館所藏140片原來是劉鶚所藏部分甲骨，《鐵雲藏龜》出版以後就分散了。另外，瑞士巴塞爾民族藝術博物館所藏70片甲骨是著名漢學家衛禮賢(Richard WILHELM，1873—1930)所收集，早在1913年已經贈送給該館。

八十年代最後出版的甲骨收藏是芝加哥大學的司馬特畫廊(現在叫作司馬特博物館)收藏的44片甲骨。這些甲骨是顧立雅(Herrlee Glessner CREEL，1905—1994；見第三部分所附小傳)自1932年至1936年住在北京時收集的。顧立雅1936年受聘爲芝加哥大學教授，利用甲骨以及其他自己在中國時收集的中國青銅時代的文物給學生授課，但是一直没有發表。他退休後，甲骨藏在該校東方學院的庫房裏，幾乎没有人知道。1986年，顧教授把所有文物捐給學校的司馬特畫廊，學術界終於得見。1989年，芝加哥大學教授夏含夷在司馬特畫廊題作《禮儀與尊嚴：芝加哥大學的中國藝術》(202420*)的目錄中發表了其中40片甲骨(另外4片顯然是僞刻的，没有收進目錄)。每一片只有正面照片，還有釋文和英文翻譯。因爲《禮儀與尊嚴》發行不廣，基本上只能在博物館裏購買，所以夏含夷另外用中文發表爲"芝加哥大學所藏商代甲骨"①,除了中文序言和釋文以外,各片甲骨還配有摹本。

　　除了加拿大多倫多皇家安大略博物館收藏的 5 000 多片甲骨以外,西方收藏的甲骨以英國所藏爲最多,這些甲骨多爲方法斂和庫壽齡所收集,分別藏於劍橋大學圖書館、英國皇家蘇格蘭博物院和英國不列顛博物院。也有一部分是金璋長期收藏的,金氏逝世以後歸於劍橋大學圖書館。在 1985 年倫敦大學亞非學院教授艾蘭(Sarah ALLAN;見第四部分所附小傳)與李學勤、齊文心一起編輯了《英國所藏甲骨集》(1985 和 1991)②,對英國收藏的 2 674 片甲骨做了綜合整理。因爲這一目錄是在中國出版的,三位編者中有兩位是中國人,關心甲骨學的中國讀者都相當熟悉,所以於此不多做介紹③。

三、八十年代的研究成果

　　整個八十年代都有比較多的甲骨文與殷商文化史研究成果。這一年代的開頭就已經開門大吉。1980 年有兩個重要單行本著作出版,一個是張光直(Kwang-chih CHANG,1931—2001)的《商代文明》(201610),一個是劉克甫(Mikhail V. KRYUKOV)《殷卜辭的語言》(201630)。張光直是著名的考古學與人類學家,中國讀者耳熟能詳④,《商代文明》像書題所示的那樣,對商代文明做了綜合性的介紹,提出這個學科有五個"門":即傳世文獻、青銅器、甲骨文、考古證據以及學術理論。張先生雖然對甲

---

　　① 夏含夷,《芝加哥大學所藏商代甲骨》,載於馬泰來編,《中國圖書文史論集》(臺北:正中書局,1991),第 197—207 頁;(北京:現代出版社,1992),第 231—242 頁。
　　② 李學勤(LI Xueqin)、齊文心(QI Wenxin)和艾蘭(Sarah ALLAN),《英國所藏甲骨集》(Oracle Bone Collections in Great Britian)(北京:中華書局,1985、1991)。
　　③ 關於歐美甲骨收藏情況的詳細考察,可見:李棪,《北美所見甲骨選粹考釋》,《中國文化研究所學報》3.2(1970):255—230;饒宗頤,《歐美亞所見甲骨錄存》(新加坡:南洋大學,1970);胡厚宣,《蘇德美日所見甲骨集》(成都:四川辭書出版社,1988)等。
　　④ 張光直的簡單介紹可見《臺灣大百科全書》:http://taiwanpedia.culture.tw/web/content?ID=1203。張先生的完整著作目錄(直至 1999 年)可見《東亞考古學學報》(Journal of East Asian Archaeology)1.1 - 1.4 (1999):1 - 42.

骨文本身與甲骨學沒有專門研究,但是吉德煒寫書評説這本書可能"不是商代文明的聖經,但是至少是它的新約全書"①。張光直先生的考古學著作非常多,特别是他的巨著《中國古代考古學》②,從 1963 年至 1986 年四次再版,每一次都對最新的考古發現做總結,但是與甲骨文有關的研究不多。最有名的大概是 1978 年發表的《天干:商代歷史的一把鑰匙》(201410)一文,論證商代社會結構包括十個宗族,每一族都以一個天干爲名,這十個族又組成兩個大組,一個以"甲"和"乙"爲名,一個以"丁"爲名,這兩個大組隔代提供商王,因此會出現"武丁"、"祖甲"、"康丁"、"武乙"、"文丁"、"帝乙"這樣的順序。這一觀點早在 1963 年就發表於臺灣《中研院民族學研究所輯刊》③,也在張先生 1976 年出版的英文書《中國古代文明:人類學觀點》中有所反映④。他的另外一個論點是商王既有政權,又有宗教特權,應該理解爲一種巫覡。這一論點在張先生所著《藝術、神話與禮儀:中國古代政權之道》(201890,1983 年)中有全面的論述,後來又有專文討論,即《商代之巫》(202640,1994 年)。

劉克甫是著名俄羅斯人類學家與漢學家。《殷卜辭的語言》的篇幅不長,一共不到 60 頁,對甲骨文的語言做了比較深入的介紹。書的參考目録包括中國大陸和臺灣的學術著作,以及俄文、日文、德文和英文著作,但是書中都没有提及他人的觀點。唯有《殷卜辭語言的研究歷史》一章簡略介紹了胡光煒、楊樹達(1885—1956)、管燮初和陳夢家(1911—1966)的研究成果。雖然他也提到了司禮義的《商代卜辭語言研究》,但是只對前蘇聯學者勇義(G.W. BOUNACOFF)的研究做過比較多的介紹。勇義在 1932 年進入了蘇聯科學院馬爾語言思想研究所(Marr Institute of Language and

---

① David N. KEIGHTLEY(吉德煒),"Shang China is Coming of Age: A Review Article"(中國商代成熟化了:一個評論), *Journal of Asian Studies* 41.3 (1982): 549-557.

② CHANG, Kwang-chih(張光直), *The Archaeology of Ancient China*(中國古代考古學)第 4 輯(New Haven: Yale University Press, 1986).

③ 張光直,《商王廟號新考》,《中研院民族學研究所輯刊》15(1963): 65—95。

④ K. C. CHANG(張光直), *Early Chinese Civilization: Anthropological Perspectives*(中國古代文明:人類學觀點), Harvard-Yenching Monograph Series 23 (Cambridge, Mass.: Harvard University Press, 1976).

Mentality),在1935年至1937年發表了幾篇文章,最有代表性的是《安陽龜甲獸骨》(1935)①,是用俄文寫的,但是也有中文和英文提要,還有用英文寫的文章(《對甲骨學的新貢獻》(200400,1936年)和《安陽發現與美國漢學:有關白瑞華著作中的甲骨卜辭發表方法》[200500,1937年]),利用馬爾語言功能進化理論針對聖彼得堡愛米塔什博物館收藏的199片甲骨做語言分析②。根據劉克甫的評價,勇義的結論頗有問題。不幸,在第二次世界大戰德國軍隊進攻聖彼得堡的時候,勇義英勇犧牲,英年早逝。

同樣是1980年,紐約大都會博物館舉行了名爲"中國偉大青銅時代"的展覽,展覽開展的時候也曾召開一個學術會議,會議代表包括了夏鼐(1910—1985)、馬承源(1927—2004)、張政烺(1912—2005)和張長壽。紐約大都會博物館的會議結束以後,中國四位代表又到舊金山灣區的加州大學柏克萊分校參加了另外一個研討會。這是在中國改革開放之後中國學者第一次在美國參加中國古代文化史方面的會議。

1980年6月張長壽(左邊)、馬承源、張政烺和夏鼐參觀舊金山金門橋風景區,最右邊是夏含夷(Edward L. SHAUGHNESSY)

① G.W. BOUNACOFF(勇義), *The Oracle Bones from Honan, China* (安陽龜甲獸骨)(莫斯科:蘇聯研究院馬爾博士語言思想研究所單刊第三,1935年)。
② 關於前蘇聯收藏的甲骨,可見胡厚宣:《蘇聯國立愛米塔什博物館所藏甲骨文字》,《甲骨文與殷商史》3(1991):1—5。

1982年9月,美國學術界又召開了一個規模更大的國際性會議,叫作"商代文明國際討論會",由張光直、吉德煒和周鴻翔組織。出席會議的中國大陸代表是夏鼐、張政烺、胡厚宣(1911—1995)、安金槐(1921—2001)、裘錫圭、林澐、殷瑋璋、高至喜、王貴民、鄭振祥、楊錫璋,臺灣代表包括高去尋(1910—1991)、張秉權(1919—1997)、嚴一萍(1912—1987)、張光遠、杜正勝、鍾柏生,來自香港的有饒宗頤,美國代表除了張光直、吉德煒和周鴻翔以外還包括司禮義和倪德衛,加拿大代表有高島謙一和許進雄,還有法國的雷煥章,當時西德的張聰東,澳大利亞的巴納,日本的赤冢忠、伊藤道治和松丸道雄,以及韓國的尹乃鉉,共計學者30餘人①。會上有31名學者宣讀了論文,討論了商代文化史的各個方面,諸如都邑建置、社會結構、政治制度、銅器斷代和甲骨學等問題。甲骨方面的論文包括下列18篇(按照姓名拼音列出):

  赤冢忠,《商代十干十二支的意義》
  張光遠,《從實驗中探索晚商甲骨材料整治與卜刻的方法》
  張秉權,《簡論婦好卜辭》(202160,1986年)
  張聰東,《周原卜辭試釋并簡論其年代與來源》
  周鴻翔與沈建華合著,《商代氣象統計分析》
  鍾柏生,《甲骨文中的農業地理》
  許進雄,《通過象形文字演繹中國古代分期》
  胡厚宣,《卜辭"日月又食"説》
  伊藤道治,《甲骨文中語詞"叀"的用法》
  饒宗頤,《殷代易卦及有關占卜諸問題》
  雷煥章,《關於甲骨文"兇"字問題》
  松丸道雄,《再論殷墟卜辭中的田獵地問題》
  倪德衛,《"問題"的問題:甲骨文中"貞"字的意義》(202380,1989年)
  裘錫圭,《甲骨卜辭中所見的田、牧、衛等職官的研究——簡論侯

---

① 會議的詳細報告可見寒峰,《商代文明國際討論會簡介》,《甲骨文與殷商史》3(1991):494—503。

甸男衛等幾種諸侯的起源》

　　司禮義,《甲骨文的語音關聯、文字鑒定及語音解釋》

　　高島謙一,《甲骨文之名詞句及名詞句化》

　　嚴一萍,《從月食定點看貞人賓的年代》

　　張政烺,《婦好略説》(202130,1986 年)

這些論文中張政烺的《婦好略説》(202130)和張秉權的《簡論婦好卜辭》(202160)兩篇經翻譯發表於張光直編的《商代考古研究：商代文明國際研討會論文選集》(1986)①,該書一共十一篇文章,包括(按照書內的次序)殷瑋璋、安金槐、楊錫璋、張光直、鄭振祥、張政烺、張秉權、巴納、夏鼐、林澐、高至喜等作者,多半和商代考古學有關係。

　　八十年代,美國學術刊物《古代中國》(*Early China*)組織了三次與甲骨文有關的"論壇",形式類似中國國内學術刊物的"筆談"。這些論壇都以一篇或兩篇文章為討論對象,除了發表文章以外還邀請幾位相關的學者刊登意見,最後還請文章的作者做一個綜合的答覆。第一次論壇載於《古代中國》9—10(1983—1985),討論對象是吉德煒的《來自商代的報告：一個確證以及某些假設》(201920),提出傳統讀作"上吉"的兆文刻辭,現在在中國大陸多讀作"二告",而吉氏贊同這個説法,并提出貞人是根據龜甲裂開兆文時發出的聲音來判斷貞卜的吉凶,而不是根據兆文的形式。他還做出一個假設,推斷有"兩個報告"("二告")的時候是表示吉祥的結果。參加討論的學者有艾蘭、倪德衛、夏含夷、高島謙一和汪德邁(L. VANDERMEERSCH),都同意這個兆文刻辭應該讀作"二告",但是都不同意貞人的判斷基本上是根據聲音,而不是根據兆文本身。吉德煒在其答覆中退了一大步,承認這種假設缺乏應有的證據,最後一句話很能反映他文筆的味道。他説:"很清楚,為了完全明白兆文'二告'的意思,我們需要更多的報告。"

---

① K.C. CHANG (張光直)編, *Studies of Shang Archaeology: Selected Papers from the International Conference on Shang Civilization*(商代考古研究：商代文明國際研討會論文選集)(New Haven: Yale University Press, 1986).

《古代中國》1980年代第二次與甲骨文有關的論壇以夏含夷的《周原甲骨文：進入研究階段嗎》（202080*）爲討論對象，發表於《古代中國》11—12（1985—1987）。夏氏這篇文章是一個篇幅較長的書評，針對王宇信當時剛剛出版的《西周甲骨探論》①。與王宇信論證周原卜辭 H11：1和 H11：82 是商人卜辭還是周人卜辭，夏含夷認爲所有周原卜辭都是周人貞卜的。H11：1 記録周人曾祭祀了商王"文武帝乙"不一定不符合《左傳》所謂"神不歆非類，民不祀非族"（僖公九年），因爲傳世文獻暗示周人和商人有某種婚姻關係。關於 H11：82"册周方伯某"，王氏將"某"字破讀爲"上齊下皿"，意思是一種祭祀，然而據夏含夷論證，這樣釋讀和周原甲骨文的語法形式不一致。這個字雖然不很清晰，很難隸定，但是夏氏推出這個字應該讀作"盩"，據傳統文獻是周人先祖太公組紺的稱號。太公組紺是古公亶父的父輩，也就是周文王的曾祖，他可以當作"册"祭的對象。這次《古代中國》論壇還包括王宇信、李學勤和范毓周的意見，還有夏含夷的答覆，夏氏答覆題作《商朝之非族祭儀：一個回應》（202090*），提出殷墟卜辭裏也有非族祭祀的證據。

《古代中國》八十年代第三次與甲骨文有關的論壇是關於西方學者們所提出的命辭不應該讀作問句這一重要觀點，前面已經介紹了司禮義和吉德煒的研究貢獻。經過西方學者們在中國國內幾次介紹這個讀法以後，特別是在 1987 年在安陽召開的"第二次商代文明國際討論會"會議上，最後裘錫圭撰長文討論這個問題，題作《有關甲骨卜辭的命辭是否問句的考察》（202390），在《中國語文》發表②。裘氏認爲在殷墟卜辭的全部命辭裏，"在承認問句可以不帶句末疑問語氣詞的前提下，大部分命辭可以看作陳述句，也可以看作是非問句"。因此，他建議做釋文的時候，句末應該一律標以句號，不標問號。當時夏含夷作爲《古代中國》的編者，翻譯了裘錫圭的文章，并配上了倪德衛 1982 年在夏威夷召開的"商代文明國際討論會"上宣讀而從來沒有正式發表的《"問題"的問題》（202380）作爲

---

① 王宇信，《西周甲骨探論》（北京：中國社會科學出版社，1984）。
② 裘錫圭，《有關甲骨卜辭的命辭是否問句的考察》，《中國語文》1（1988）：1—20。

討論對象，邀請了范毓周、饒宗頤、吉德煒、雷煥章、李學勤、夏含夷和王宇信等甲骨學者就裘錫圭和倪德衛的文章展開討論，還有裘先生的答覆。除了范毓周和王宇信兩位學者堅持"卜以決疑，不疑何卜"的傳統觀念，維護舊説，仍然將甲骨卜辭的命辭讀作問句之外，參加這個論壇其餘學者都傾向於支持命辭非問句的新説。正如朱彦民對這一論壇的總結，"因爲這個問題涉及對甲骨卜辭内涵和性質這一基本問題的正確理解，具有非常重要的學術意義。所以説這次筆談，確實將這一問題的討論推向了深入"①。

除了司禮義、高島謙一和吉德煒三位甲骨文大師在這十年内繼續發表的文章、1982 年在夏威夷召開的"商代文明國際討論會"和張光直編的《商代考古研究：商代文明國際研討會論文選集》，以及《古代中國》這三個"論壇"以外，八十年代還有不少學術成果值得一提。譬如，吉德煒的甲骨文老師趙林(Lin CHAO)在臺灣中研院三民主義研究所出版了《商朝的社會政治制度》(201780，1982 年)。趙林早在 1970 年也在臺灣發表了題爲《中國商周時代的婚姻、繼承權與宗族組織》(201060)的書，然後 1972 年完成了他在芝加哥大學的博士論文：《商代政府》(201110)。趙林是臺灣中國文化大學中國文學系的教授，在臺灣各個大學學報上也用中文發表了多方面的甲骨文研究，諸如《商代宗教信仰的對象及其崇拜體系》、《論商代的父與子》、《論商代母與女》、《商王武丁伐巴方》、《論商代的婚姻制度及其親屬結構之形態》等②，於此無法全部引用。

也在 1982 年，高島謙一的學生周國正(Kwok-ching CHOW)做了他的博士論文，題作《甲骨文第一期卜辭從屬複合句的幾方面》(201790)。然後在 1989 年，高島教授另外一個學生 Vernon K. FOWLER 也做了博士論文，題作《商代文字裏人形的不同字形用法的分析》(202340)，兩個學生顯然受他們老師的語言學影響。周國正是香港浸會大學中文系教授，

---

① 朱彦民，《殷墟考古發掘與甲骨文研究(下)》，第 401 頁。
② 趙林，《商代宗教信仰的對象及其崇拜體系》，《"國立"政治大學學報》72(上)(1996)：1—20；《論商代的父與子》，《漢學研究》21.1(2003)：1—22；《論商代母與女》，《中國文化大學中文學報》10(2005)：1—22；《商王武丁伐巴方》，《中國文化大學中文學報》16(2008)：5—17；《論商代的婚姻制度及其親屬結構之形態》，《中國文化大學中文學報》20(2010)：1—52。

發表了多篇與文言文語法有關的學術文章,但是没有繼續做甲骨文研究。FOWLER 博士在做學生時候,已經翻譯了裘錫圭所著《説卜辭的焚巫尪與作土龍》(201960)①,在《古代中國》(1983)上發表,但是畢業以後似乎没有其他研究成果。

1987 年,羅瑞(Redouane DJAMOURI)在法國社會科學高等學院提交了他的博士論文,題作《甲骨卜辭句法研究》(202200)。此後,從 1992 年到 2001 年這十年以内,羅瑞博士發表了多篇學術論著,都集中在語法研究上,諸如《古代中文"有"字的一個特殊用法》(202590,1992 年)、《商代卜辭裏指示代詞"兹"和"之"的用法》(202660,1994 年)、《商代卜辭裏數字符號的用法》(202670,1994 年)、《古代漢語的前置詞"於"和"在"》(202950,1997 年)、《古代漢語裏"之"的演變》(203040,1999 年)、《商代刻辭的語法研究:所得出的結論》(203220,2001 年)、《商代甲骨卜辭裏謂詞的標志》(203230,2001 年)、《下古漢語的指示代詞系統》(203240,2001 年),這些論文多收集在 2001 年出版的《古代漢語語法論文集》。不幸的是,此後羅瑞没有繼續做甲骨文研究。

四、九十年代法國的研究成果

九十年代,一批法國學者成為西方甲骨學的主流。如上所述,羅瑞發表了多篇與甲骨文語法研究有關的文章。除了專門的語法研究以外,他還發表了幾篇題目比較廣泛的論文,諸如《公元前十四世紀至公元前十一世紀上古漢語契文的書寫與語言》(202940,1997 年)和《商代的書寫與貞卜》(203030,1999 年)。其他語言研究成果可見貝羅貝(Alain PEYRAUBE)的《有關中文定位介詞的歷史》(202710)和《與古漢語系動詞發展史有關的問題》(202720),都在 1994 年發表。貝羅貝在 1999 年和孫朝奮(SUN Chaofen)還合編了《獻給梅祖麟的語言學論文》的論文集,裏面有關於甲骨文的文章。1995 年,游順釗(Shun-chiu YAU)編了《古

---

① 裘錫圭,《説卜辭的焚巫尪與作土龍》,《甲骨文與殷商史》1(1983):21—35。

代文字：系統與釋讀》(202840)，其中也有甲骨文研究，特別是蒲芳莎(Françoise BOTTÉRO)首次發表的學術文章，即《甲骨卜辭釋讀之頭三十年，1903—1933年》(202750)。蒲芳莎在1996年發表了題作《中國文字的字義和類型：〈說文解字〉和〈康熙字典〉裏的部首系統》(100880)的法國大學高等漢學院的博士論文，此後發表了多篇與《說文解字》和語言問題有關的研究成果(見第一部分目錄)，在2000年代還發表多篇甲骨文研究，諸如《甲骨文裏的異體字》(203210，2001年)和《中國商代甲骨文》(203400，2004年)。蒲芳莎現在任法國"科學研究國立中心"(Centre national de la recherche scientifique)的研究員。游順釗編的《古代文字：系統與釋讀》還載有風儀誠(Olivier VENTURE)第一個研究成果，即《商代甲骨刻辭的文本和形式構造》(202830)。風儀誠是巴黎大學東亞語言與文明學院博士，博士論文題作《中國古代禮儀式的寫作研究，公元前十三世紀至公元前八世紀：商和西周時代古文字資料的思考》(302540，2002年)，前半部分涉及甲骨文，後半部分涉及西周銅器銘文。他也在二十一世紀頭十年發表了幾篇與甲骨文研究有關的文章，諸如《關於甲骨卜辭在龜甲上頁面布局的幾點看法》(203340，2001年)和《中國古代寫作與神仙的交通》(101200，2002年)，但是以後他的研究工作多集中於金文和簡帛學，取得相當不錯的成績。

　　1992年和1999年，當代法國最著名的中國古代文化史的專家汪德邁(Léon VANDERMEERSCH)，發表了兩篇與甲骨文和貞卜有關的文章，即《中國歷史上的貞卜象徵》(202600)和《在貞卜與書寫之間：一份〈竹書紀年〉文本的克隆試驗》(203130)。汪德邁生於1928年，在大學學了東方語言(中文和越南文)、哲學和法律，1951年畢業以後前往前法國殖民地越南，在越南做教師和博物館館員。此時他編了第一本學術著作，即《河內博物館所藏銅鏡》[1]。1958年離開越南以後，他先後在日本京都和香港做研究。在香港他認識了饒宗頤先生，成了一輩子的好朋友，也從

---

[1] Léon VANDERMEERSCH(汪德邁), *Les miroirs de bronze du Musée de Hanoi* (河內博物館所藏銅鏡)(Hanoi: Musée Louis Finot, 1960).

饒先生那裏開始學習甲骨文。1966年汪德邁回國,在艾克斯普羅旺斯大學文學院(Faculté des lettres d'Aix-en-Provence)建立了漢語教學,1973年搬到巴黎大學高等漢學院任教授。稍後,他的博士論文正式出版爲《王道:中國古代機構精神研究,上卷:禮儀構造和家庭構造》(201400,1977年),在西方學術界各個領域都頗有影響。1993年汪德邁教授到了退休年齡,但是之後仍然在學術界非常活躍。1994年他出了一個論文集,即《漢學研究》①。1997年著名漢學家謝和耐(Jacques GERNET)和汪德邁的學生馬克(Marc KALINOWSKI)合編了一個獻給汪德邁教授的論文集,書題和汪氏1977年的巨作非常相似,即《隨從王道:獻給汪德邁論文集》(1997)②。此書也有幾篇與甲骨文有關的文章,諸如艾蘭的《作爲天空的天:概念之寓意》(202930)和雷煥章的《大地與小地》(202990)。在2013年,汪德邁自己又出版了《中國思想的兩個理論:占卜與文字》一書(101640),提出一個大膽的推論,就是占卜是中國最基本的知識,與書寫有不可或缺的關係。這是汪德邁很多年來一直強調的一個論點。早在1974年他已經發表了這方面的文章,即《從龜到蓍》(201220),此書可以算是幾十年研究的結晶。

　　法國甲骨學界在九十年代最大的研究成果是在這十年快要結束的時候。1999年12月1—3日,巴黎召開了一個大型學術會議紀念甲骨文的發現。會議的主持是游順釗。在籌備此次盛會之前,游順釗在法國古文字學界已經有了相當可觀的貢獻。在1995年他已經編輯了《古代文字:系統與釋讀》(202840),前兩年也發表了自己的理論,即《中國文字語法學一則:以古文字學爲重點》(202630)

汪德邁(Léon VANDERMEERSCH)最近照片

---

　　① Léon VANDERMEERSCH(汪德邁), *Etudes sinologiques*(漢學研究)(Paris: Presses universitaires de France, 1994).

　　② Jacques GERNET(謝和耐)和 Marc KALINOWSKI(馬克)合編, *En suivant la Voie Royale: Mélanges offerts en hommage à Léon Vandermeersch*(隨從王道:獻給汪德邁論文集), Études thématiques 7(Paris: École Francaise d'Extreme-Oreint, 1997).

和《王與我：在中國會意象形字的構造中事物所起之角色》(202740)。1999年的會議有中國大陸、臺灣、香港、日本、法國、英國、加拿大和美國的甲骨文專家參加，會議論文的語言包括中文、法文和英文。會議的論文由游教授和他的學生麥里筱(Chrystelle MARÉCHAL)合編爲《甲骨文發現一百周年國際研討會論文集》(203360，2001 年)，論文集保存了原來的語言，因此有中文、法文和英文。只看其中的西文文章，則有鮑則岳(William G. BOLTZ)的《甲骨文文字之構造》(203200)、蒲芳莎的《甲骨文裏的異體字》(203210)、羅瑞的《商代刻辭的語法研究：所得出的結論》(203220)、吉德煒的《貞人之筆記本：作爲二手史料的商代甲骨卜辭》(203270)、雷煥章的《甲骨卜辭裏的"賓"字及其在銅器銘文中的演變》(203290)、高島謙一的《商代甲骨文字的宇宙學》(203320)、汪德邁的《蓍占與龜占的關係》(203330)、風儀誠的《關於甲骨卜辭在龜甲上頁面布局的幾點看法》(203340)以及汪濤(WANG Tao)的《甲骨與西方漢學》(203350)，內容非常豐富，可作爲西方甲骨學一百周年的里程碑，不但包括前輩甲骨學者吉德煒、雷煥章、高島謙一和汪德邁，并且也介紹了青年一代的學者如風儀誠和汪濤，還包括論文集的合編者麥里筱。這幾位此後都有顯著的研究成果。

除了法國甲骨文研究的重要進展以外，九十年代在西方學術界，其他地方也有不少研究成果，上面已經提及吉德煒和高島謙一的著作。於此只能提一提其他學者當中最有影響的著作。按照年代先後排列，應該指出伊若泊(Robert ENO)的《商代宗教有上帝嗎？》(202460，1990 年)、艾蘭的《龜之形：早期中國的神話、藝術與宇宙》(202530*，1991 年)、汪濤的博士論文《商代晚期的顏色象徵》(202620，1993 年)、班大爲(David W. PANKENIER)《天命的宇宙政治背景》(202820，1995 年)、夏含夷的《微細斷代法與商代一次戰爭的時間表》(202880*，1996 年)①以及陳致(CHEN Zhi)的《〈燕燕〉的新讀法》(203050，1999 年)和《商人的鳥圖騰研

---

① 此文有中文譯文，原載於《甲骨文發現一百周年學術研討會論文集》(臺北：文史哲出版社，1999)；又載於夏含夷，《古史異觀》(上海：上海古籍出版社，2005)，第 19—39 頁。

究》(203060,1999年)。也在1999年,吉德煒發表了特別多的研究著作,包括在魯惟一(Michael LOEWE)和夏含夷合編的《劍橋中國古代史:從文明起源到公元前221年》中收錄的《商:中國的第一歷個史朝代》(203100),前面已經做了介紹。除此之外,同年還有《開端:中國新石器和商代婦女的地位》(203070)和《神學與歷史的寫作:武丁卜辭記錄中的真實與祖先》(203110),都説明吉氏的研究既深又博。

五、2000年以後的研究成果

二十一世紀頭十年對甲骨學來説非常吉祥,2000年不但有吉德煒的《祖先的風景:約公元前1200—前1045年中國商代晚期的時間、地域和社會》(203160),并且也有王愛和(Aihe WANG)的《早期中國的宇宙論和政治文化》(203190)這一大作。王氏大作範圍非常廣,從商代至兩漢的宇宙論和政治思想幾乎都有所討論,有一點二三十年代法國著名漢學家馬伯樂和葛蘭言(Marcel GRANET, 1884—1940)學問的味道,但是也牽涉近幾十年的發現和研究成果。雖然如此,除了吉德煒、高島謙一以及上面所提的年輕法國學者蒲芳莎和風儀誠的研究成果以外,甲骨學直至2007年才又進了三大步。所説的三大步是三個博士論文。在2007年,王海城(Haicheng WANG)在普林斯頓大學提交了題作《比較觀點裏的早期中國的書寫和國家》(101460)的博士論文,對獨立發明書寫的四個大文明,即美索不達米亞、埃及、中國和美洲,做了綜合的比較,提出正像在美索不達米亞那樣,在各個文明當中書寫的發明是和行政需要并行發展的。這個博士論文在2014年由劍橋大學出版社正式出版(101660)。第二個博士論文是次年,亞當·史密斯(Adam Daniel SMITH)在加州大學洛杉磯分校提交的《安陽書寫:貞卜記錄在中國識字能力的興起中所起之作用》(203660)。這個博士論文還沒有正式出版,唯有個別部分和相關研究發表爲單獨的文章,諸如2011年發表的《在安陽的抄手訓練之證據》(203750)和《中國干支循環與年曆的禮儀基礎》(203760)以及2013年發表的《書寫系統的設計是否聰明?》(203840)。史密斯博士的博士論文以花園莊東地甲骨爲材料，討論了當時貞人和刻字專家的書寫訓練過程。這個博士論文的特點是它的理論性很强，不僅僅比較了其他古代文明的文化情況，并且也根據人類身體的神經作用考察了小孩子們學習閱讀和寫作的初步過程，很有啟發性。第三個博士論文是在 2013 年剛剛提交的，比較麻煩的是作者的中文名字也叫作亞當，博士論文也是研究花園莊東地甲骨，題目是《花園莊東地 1：甲骨卜辭的研究和包含注釋的翻譯》(203820)。然而，這個亞當是芝加哥大學的畢業生，他的博士論文的形式和加州大學洛杉磯分校那個亞當的博士論文大不一樣。正如他論文副題所示那樣，他的博士論文對花園莊東地甲骨卜辭進行了翻譯，翻譯中也包含詳細注釋。亞當這些注釋引用中國國內最近的甲骨文研究，可以説是融合了中西學術界的最好成果。

第二章　西方漢學甲骨文研究小傳

一、明義士（James Mellon MENZIES, 1885—1957）

明義士（James Mellon MENZIES）在1885年元月23日生於加拿大安大略省克林頓市。從1903年至1907年他在多倫多大學學習土木工程，1907年畢業以後先作爲土地測量師工作了一陣，然而他早就決定了要做傳教士。因此，他進入了加拿大長老教會神學院，在神學院學習了希伯萊文和希臘文。1910年畢業以後，他成爲牧師，并於同年抵達中國，先住在河南北部的武安，後在1912年轉到安陽定居。在1913年他與夫人Annie Belle MENZIES結婚，一共生了四個孩子。1916年在安陽出生的次子Arthur（漢名明明德，1916—2010）成人以後進入加拿大外交部，1976—1980年出任加拿大駐中國大使。

左：明義士與夫人的結婚照片
右：明義士兒子明明德（Arthur MENZIES, 1916—2010）

明明德出生的第二年（1917），由於加拿大加入第一次世界大戰，所以明義士應徵入伍，被派到法國去當中國勞動隊的翻譯。中國勞動隊大多數的勞動者來自山東，到法國去的途中多半經過了加拿大，這又加強了明義士與中國特別是山東省的關係。1921年，明義士回到安陽又住了六年。1927年，中國正在北伐，缺少穩定條件，他無法留在河南進行傳教工作，只好到北京，受聘爲北平國學院的講師。1929年，他又回國休假一年，并到耶路撒冷去學習考古學。1930年他再次回到安陽，在那裏又住了兩年。此時，中研院歷史語言研究所在安陽小屯正在進行田野考古工作，因爲明義士的家離該村不遠，所以他經常到發掘工地去，認識了該所的考古學家，和董作賓（1895—1963）交了一輩子的朋友。明義士先後在安陽住了將近二十年，但是在1932年他搬家到山東省濟南市，受聘爲齊魯大學教授。在齊魯大學他不但教了甲骨文和考古學的課程（上課語言是中文），并且也建立了大學的博物館，博物館藏品多半是明義士自己收藏的。1937年，他又回國休假，原來計劃是要在加拿大待一年。然而，1937年，他正要回到中國的時候，日本軍隊占領了華北平原，明義士無法回去，只好留在加拿大，他進入多倫多大學研究所，師從著名傳教士和漢學家懷履光（William Charles WHITE, 1873—1960）。1941年，他提交了題作《商代青銅文化》的博士論文，但是沒有通過。次年（1942），他又抽出論文第二部分當作單獨的論文，題作《商戈》，獲得博士學位①。《商戈》針對皇家安大略博物館收藏的 177 件商代戈做了詳細的類型學研究。畢業以後,一方面因爲第二次世界大戰正好爆發,連北美洲也卷入了戰爭,另一方面因爲明義士和懷履光發生了衝突,不願意留在多倫多,所以他去了美國舊金山和華盛頓,成爲美國政府戰爭咨詢處的中國專家。戰爭結束以後,由於心臟病,明義士退休,回到多倫多。他在 1957 年 3 月 16 日逝世,當時政治條件不允許,他一直没有機會回到中國。

明義士到了安陽不久以後,有一天在安陽附近的小屯村騎着他的白馬,見到小孩子們在挖土,於是問他們在做什麼事情,小孩子們給他看挖出來的"龍骨"。明義士從這個時候就開始收集甲骨。1917 年,他首次公布了自己收藏的甲骨,即《殷虚卜辭》(200110)②。這本書載有明義士親自摹寫的 2 369 片甲骨。1920 年明義士從法國回到安陽以後又進行傳教工作,但是他的興趣有所改變,專心地從事了考古學與古文字學研究。在 1924 年、1926 年、1927 年,他從安陽私家購買了大量的甲骨,多收在 1928 年整理的《殷虚卜辭後編》③。從 1930 年他又回到安陽到 1932 年他受聘爲齊魯大學教授這兩年,正好是中研院在小屯村做了大量考古工作的時候。當時除了中研院所做的發掘工作以外,據董作賓報告我們知道也有不少私人挖掘在繼續,此時明義士勢必也在繼續收集甲骨。他在 1932 年搬到濟南以後是不是還繼續收集甲骨很難説,但是可以肯定的是他把自己的收藏品帶到濟南。他總共收集了多少片甲骨有不同的統計數字。最權威的數字大概是胡厚宣(1911—1995)先生的 31 516 片,以後主要分散在四個不同的博物館,即南京博物院(2 390 片)、山東省博物館(8 168

---

① 博士論文在明義士逝世後被編輯出版,即 *Shang Ko: A Study of the Characteristic Weapon of the Bronze Age in China in the Period 1311－1039 B.C.*(商戈:公元前 1311—前 1039 年中國青銅時代的特色武器)(Toronto: Royal Ontario Museum, 1967).

② 明義士(James Mellon Menzies),《殷虚卜辭》(*Oracle Records from the Waste of Yin*)(原版,上海: Kelly & Walsh, 1917;再版,臺北: 藝文印書館, 1972).

③ 此書直至 1972 年才正式出版,爲明義士(James M. Menzies),《殷虚卜辭後編》(臺北: 藝文印書館, 1972).

片)、故宫博物院(20 364 片)和皇家安大略博物館(5 170 片),還有加拿大維多利亞市的維多利亞藝術博物館(5 片)①。明義士自己想把所有收藏品帶回中國。1947 年給他兒子明明德的一封信裏,他説:"如果只是通過將東西采取合適的方式捐贈給齊大(即齊魯大學),使這些藏品適得其所,便意味着我完成了在齊大的使命,那我會很高興。"不幸的是,當時加拿大和中華人民共和國政府没有政治關係,明義士 1957 年逝世後,他家裏人只好把甲骨賣給皇家安大略博物館。皇家安大略博物館在 1970 年代先後出版了《明義士收藏商代甲骨,上卷:目録》(201120,1972 年)和《明義士收藏商代甲骨,下卷:釋文》(201320,1977 年)。這兩本都是在多倫多大學獲得博士學位,并在皇家安大略博物館工作的許進雄先生編輯的。除了這兩本以外,許進雄還在臺灣出版了明義士著的《殷虚卜辭後編》(1972)。

　　明義士是以他收集甲骨工作成名,但是對甲骨學也有一定貢獻。他在齊魯大學的時候,不但建立了考古學博物館,并且在《齊大季刊》上幾乎每輯都發表了文章,諸如《齊大季刊》第一輯(1932)的《商代文化》一直到第五輯(1936)的《中國古代之上帝》。在 1933 年發表的《甲骨研究初編》②裏,他對甲骨學從 1899 年發現之後到 1928 年科學發掘工作開始之前的歷史做了綜合叙述,王宇信在《甲骨學通論》説他對甲骨出土與收藏的記録"最爲準確、詳贍和具有權威性"。不但如此,在這本書裏,明義士也對商王世系進行了研究,結果與郭沫若(1892—1978)同時出版的《卜辭通纂》裏的結果幾乎完全一樣,可以説明他多麽有見地。明義士在 1936 年回到加拿大以後,雖然獲得博士學位,但是無法繼續做真正的甲骨文研究。他遺留了不少篇未完成的學術論文,諸如《殷虚卜辭後編》、《商代王妣世系考》、《殷虚卜辭類考》、《卜辭中商代之戰争》、《商代器皿形式

---

　　① 見 Chinese Art from the Rev. Dr. James M. Menzies Family Collection (明義士家藏中國藝術品)(Victoria, British Columbia: The Art Gallery of Greater Victoria, 1989)。
　　② 明義士,《甲骨研究初編》(濟南:齊魯大學講義石印本,1933;濟南:齊魯書社影印本,1996)。

考》、《齊大古器物室録簿》、《中國初時之美術》和《殷虛卜辭考考釋》。除了這些以外他還完成了《殷虛卜辭文字索引》的卡片索引,不幸一直没有公布。王宇信在《甲骨學通論》上對明義士的學術貢獻做如此總結:"明義士創造性地以考古學方法探索甲骨文分期斷代,并取得了成績。遺憾的是,他的這一重大貢獻却一直被人民遺忘了,這是十分不公正的。"

明義士從1910年首次抵達中國以後,一輩子就獻給了中國。其實,在他逝世以後,其家人對中國和漢學的支持也没有停止。1957年,他家裹人將他收藏的甲骨賣給皇家安大略博物館的時候,他們決定把所得經費用來支持學習漢學的加拿大學生。并且,1999年,明義士家的後裔將他們私家所藏圖書,包括自己的某些筆記和寫本,捐給齊魯大學的後裔即山東大學。2000年,山東大學考古系教授方輝在《明義士和他的藏品》中對明義士的生平做了詳細叙述①。

二、司禮義(Paul L-M SERRUYS, C.I.C.M., 1912—1999)

司禮義(Paul L-M SERRUYS, C.I.C.M.)1912年11月19日生於比

---

① 方輝,《明義士和他的藏品》(濟南:山東大學出版社,2000)。另外見 Linfu DONG(董林夫), *Cross Culture and Faith: The Life and Work of James Mellon Menzies* (文化交流與信仰:明義士的生活和工作) (Toronto: University of Toronto Press, 2005).

利時西佛蘭德斯的 Heule-Watermolen 村。他在 1931 年畢業於魯汶（Louvain）天主教大學以後，和哥哥司律思（Henry SERRUYS，1911—1983）進入瑪利亞純潔心臟教會神學院（Congratio Immaculati Cordi Mariae，司神父姓名後面四個字母是這個教會的簡寫），在 1936 年被正式任命爲神父。1937 年司禮義神父到中國去做傳教士，先在北京進修漢語一年，1938 年來到山西省西册田村（在大同和渾源之間）。1943 年三月他被日本軍隊逮捕，逮捕後在山東的集中營坐牢半年，1943 年八月到 1945 年八月在北京軟禁。1945 年第二次世界大戰結束以後，司禮義回到山西省張關屯村，在那裏再住兩年。從 1947 年至 1949 年他在北京輔仁大學懷仁學會進修兩年，但是到 1949 年中國解放後，比利時的傳教神父都回到比利時，司禮義也只好與之一起回國。此後，司律思和司禮義兄弟都被派到美國做研究生，司律思到紐約哥倫比亞大學學習蒙古語言與歷史，司禮義到加州大學伯克利分校做古代漢語研究，師從卜弼德（Peter BOODBERG，1903—1972）、趙元任（1892—1982）、陳世驤（1912—1971）和艾博華（Wolfram EBERHARD，1909—1989），1956 年畢業，博士論文題目是《根據〈方言〉說漢代方言》（100480），1959 年正式出版[①]。在 1962 年司禮義受聘爲喬治華盛頓大學漢語教授，1965 年遷往西雅圖的華盛頓大學，1981 年到七十歲便退休了。這之後他搬到臺北，在臺北住了四年以後搬回美國，1994 年終於搬回比利時，在魯汶郊區的 Kessel-lo 教會退休院養老。1999 年 8 月司禮義神父逝世，享年 87 歲。

　　司禮義讀高中的時候必修課包括法文、德文、希臘文和拉丁文，再加上比利時地區語言環境很複雜（司禮義住的地方屬於佛蘭德斯語地區，他自己一直宣傳佛蘭德斯語的重要性），因此他在山西傳教的時候對當地方言很感興趣，博士論文也正好是這個題目。司禮義在 1965 年遷往華盛頓大學以後才開始做出土文獻研究。他自己說他對甲骨文的興趣是個巧合。美國《亞洲學學報》（Journal of Asian Studies）找人給張聰東的《從

[①] Paul L-M Serruys, C.I.C.M., *The Chinese Dialects of Han Time According to Fang Yen* (Berkeley: University of California Press, 1959).

甲骨卜辭的鏡子看商朝的禮儀：有關中國古代宗教的古文字研究》寫書評①，在美國沒有懂德文的古文字專家，只好請司禮義。他在《亞洲學學報》登了短篇書評②，但是兩年以後又在《通報》(T'oung Pao)發表長篇文章的《商代甲骨卜辭語言研究》(201130)，可以說這篇文章是一個書評，但是基本上是公布司禮義自己的研究。這篇文章裏有至少兩個新觀點：第一，司禮義首次提出貞卜命辭應該讀作陳述句，而不應該是問句，對西方學術界非常有影響，以後也受到不少中國學者的認可；第二，他也注意到甲骨文"其"字的副詞作用，提出在對貞卜辭裏"其"表示占卜者不願意遇到的結果。這兩個看法對甲骨學是大突破，在所有西方學者的古文字研究成果當中應該算是最重要的。

司禮義神父一輩子沒有發表多少學術論文③，所發表的論文也不容易讀懂，但是對古代漢語有非常精銳的理解。他在華盛頓大學 1960—1970 年的博士班研究生後來都是美國和加拿大最權威的古代漢語學家，包括丁邦新、馬幾道(Gilbert MATTOS, 1939—2002)、高島謙一(Ken-ichi TAKASHIMA)、柯蔚南(W. South COBLIN)、許思萊(Axel SCHUESSLER)等。

---

① CHANG, Tsung-tung, *Der Kult der Shang-Dynastie im Spiegel der Orakelinschriften: Eine paläographische Studie zur Religion im archaischen China* (Wiesbaden: Otto Harrassowitz, 1970).

② Paul L-M SERRUYS, "Review of Chang Tsung-tung, *Der Kult der Shang-Dynastie im Spiegel der Orakeinscrifter*", *Journal of Asian Studies* 31 (1972): 388 - 389.

③ 除了發表與甲骨文有關的文章以外，他還做了幾篇有關古代語法的書評，諸如"[Review of] W.A.C.H. Dobson, *Late Archaic Chinese*"(評杜百勝的《後期古代漢語》)，*Monumenta Serica* 22 (1963): 256 - 296；"Remarks on the Nature, Functions and Meanings of the Grammatical particle in Literary Chinese"(有關文言文的語法虛詞的性質、作用和意義)，*Journal of the American Oriental Society* 96 (1976): 543 - 569；對《詩經》的虛詞也做了兩篇篇幅相當長的文章，諸如 "The Function and Meaning of *yün* in Shih ching: Its Cognates and Variants"(《詩經》裏的"云"字的作用和意義：它的同源字和異體字)，*Monumenta Serica* 29 (1970 - 1971): 264 - 337；"Studies in the Language of the *Shih-ching*, I: The Final Particle *Yi*"(有關《詩經》語言的研究，一：句尾虛詞"矣")，*Early China* 16 (1991): 81 - 168.

三、吉德煒(David N. KEIGHTLEY,1932—2017)

吉德煒(David Noel KEIGHTLEY)在 1932 年 10 月 25 日生於英國倫敦,父親是美國工程師,在英國工作,因此吉德煒有美國國籍。第二次世界大戰結束以後,全家回到美國,吉德煒就在芝加哥郊區的鴨芬斯頓(Evanston)讀高中,之後上艾姆赫斯特學院(Amherst College)。1955 年畢業以後,又進入紐約大學攻讀現代歐洲歷史碩士學位。從 1956 年到 1962 年吉德煒在紐約出版界工作。1962 年他決定攻讀中國歷史,進入了哥倫比亞大學東亞語文系,原來專攻中國近現代史,以後才轉到上古史以便探索中國獨特性的根源。當時西方漢學界熱烈辯論的著作是魏復古(Karl A. WITTFOGEL,1896—1988)的《東方專制主義》(Oriental Despotism)①。魏復古認爲中東諸國(埃及、美索不達米亞、波斯)、印度和中國都是水利社會,人民群衆都需在中央政府統治之下圍繞水利工程勞動。這也是吉德煒的出發點。他的博士論文題目是《中國古代公共勞動:商和西周强迫勞動研究》(201030)。1965 到 1966 年他在臺灣留學,認識了當時正在美國芝加哥大學做研究生的趙林,趙林也正在做博士論文,題目是《商代政府》(201110)。吉德煒跟從趙林學習甲骨文基礎知

---

① Karl August Wittfogel(魏復古), Oriental Despotisim: A Comparative Study of Total Power(東方專制主義:對絕對權利的比較研究)(New Haven: Yale University Press,1957).

識,回到美國以後寫了他自己的博士論文。這篇論文根據商代甲骨文與西周時代銅器銘文來反對魏復古的基本論點,提要開端謂:"應該注意,爲了農業和戰爭所需的大量勞動工程,以及原始官僚行政單位,遠在政府的水利工程之前。只是歷史原因,而不是地理決定論,才可以説明商代公共勞動的發展及其在周代的繼續。兩個朝代的存在都依靠軍力,而軍力依靠高效率的徵兵和兵器製造。在中國歷史上,商王之所以首次實現這樣管理群衆,是因爲他們首次支配不可缺少的工具,即文字。"吉德煒在 1969 年寫完了博士論文,之後在加州大學伯克利分校歷史系受聘爲教授,在該校工作了將近三十年,一直專心研究甲骨文及商代歷史。吉德煒於 2017 年 2 月 23 日在加州伯克利逝世,享年 84 歲。

吉德煒與美國一般學者不同,他沒有立刻出版他的博士論文。他説要真正地了解史學大問題,必須首先把相關史學大前提弄清楚。因此,他在伯克利教學頭十年一直在研究甲骨學基礎知識,最後在 1978 年出版了《商代史料:中國青銅時代的甲骨卜辭》(201490),對甲骨學的學術方法做了綜合性介紹。這本書仍然算是吉德煒最重要的學術成果,也是西方漢學的典範著作,西方甲骨學者幾乎都以之爲學術基礎①。吉德煒出版《商代史料》以後,幾乎每年都發表了至少一篇學術文章,討論商代史的某些具體問題,諸如商代宗教(《宗教承諾:商代神學與中國政治文化的起源》[201470,1978 年])、地理(《商代晚期國家:何時、何地、何物?》[201910,1983 年])、考古學(《考古學與精神世界:中國之創立》[202220,

---

① 關於《商代史料》有許多書評,對其評價都極高。見 J. A. LEFEUVRE(雷焕章),*The Journal of Asian Studies* 40.3 (May 1981): 588 - 590; Henry ROSEMONT Jr.(羅思文),*Philosophy East & West* 30.2 (April 1980): 277 - 278; K. C. CHANG(張光直),*Harvard Journal of Asiatic Studies* 41.2 (Dec. 1981): 633 - 640; E. G. PULLEYBLANK(蒲立本),"Review: Divination Records as Sources for the History of Bronze Age China",*History of Religions* 20.3 (Feb. 1981): 287 - 289; Lester BILSKY(畢士基),*The American Historical Review* 84.5 (Dec. 1979): 1448 - 1449; Stanley L. MICKEL II(米凱樂),*Journal of the American Oriental Society* 102.3 (1982): 572 - 573; Sarah ALLAN(艾蘭),*Bulletin of the School of Oriental and African Studies* 44.1 (1981): 195 - 196; Rémi MATHIEU(馬蒂厄),*T'oung Pao* 67.1/2 (1981): 116 - 118; William G. BOLTZ(鮑則岳),*Chinese Literature: Essays, Articles, Reviews*(CLEAR) 3.1 (1981): 159 - 163 等。

1987年])、科技(《科技與文化：早期中國行政的隱喻》[202350,1989年])等等。此時也有幾篇文章在中國學術刊物上發表了,諸如《中國正史之源流：商王占卜是否一貫正確》(《古文字研究》13[1986])、《從考古器物看中國思維世界的形成》(《中國文化與中國哲學》[202270,1988年])以及《中國古代的吉日與廟號》(《殷墟博物院院刊》1[1989]),但是吉氏的學術成果仍然是大多數中國讀者不易知道的。

吉德煒參加1984年安陽召開的"殷墟筆會",與胡厚宣(左)、張政烺(右)以及中國社會科學院歷史研究所同仁合影

從1999年到2001年,吉德煒先後發表了諸多重要學術成果,諸如《巫覡宗教、死亡和祖先：約公元前5000—前1000年中國新石器時代和商代的宗教調解》(203090,1999年)、《劍橋中國古代史》裏的《商：中國的第一個歷史朝代》(203100,1999年)、《神學與歷史的寫作：武丁卜辭記錄中的真實與祖先》(203110,1999年)、《開端：中國新石器和商代婦女的地位》(203070,1999年)、《祖先的風景：約公元前1200—前1045年中國商代晚期的時間、地域和社會》(203160,2000年)、《貞人之筆記本：作爲二手史料的商代甲骨卜辭》(203270,2001年)以及《祖先的"科學"：中國商

代晚期的貞卜、治療和青銅鑄造》(203280，2001年)。不幸，正好這個時候，吉德煒身患重病，影響了他的學術工作。雖然如此，他利用將近十年時間將博士論文和一輩子的學術成果寫成2012年出版的《爲王勞作：甲骨卜辭所見中國商代晚期(約公元前1200—前1045年)勞力動員研究筆記，以手工業、農業、戰爭、田獵、建築以及商人之遺産爲重點》(203780)，這可作爲其一生的學術結晶。

除了做自己的學術研究以外，吉德煒對學術界還有不少其他貢獻，其中最重要應該算是《古代中國》(*Early China*)這一學術期刊。他在1975年創辦了這一刊物，并且從1975年到1982年擔任其主編。《古代中國》在西方漢學界受到極高的重視，很大程度上是由於吉德煒的功勞。除了這個貢獻以外，吉德煒還寫了十幾篇書評，都反映了最高的審評水平①。

四、高島謙一(Ken-ichi TAKASHIMA)

高島謙一(Ken-ichi TAKASHIMA)在1939年生於日本東京。在東京上了小學、中學以後，進入了東京上智大學，學習了漢文訓讀、英語、德

---

① 見《島邦男〈殷墟卜辭綜類〉書評》(201040，1969年)、《何炳棣與中國文明起源》(201340，1977年)、《許進雄著〈明義士收藏甲骨釋文編〉書評》(201620，1980年)、《赤冢忠與早期中國文化：史學方法研究》(201800，1982年)、《王宇信著〈建國以來甲骨文研究〉》(201810，1982年)、《商代中國已臻成熟：論評文章》(201820，1982年)、《英國所藏甲骨集：論評文章》(202360，1989年)、《雷煥章著〈法國所藏甲骨録〉書評》(202370，1989年)、《商代史料：中華人民共和國發表的兩個重要甲骨文彙編》(202480，1990年)、《文字、詞彙、意義：商代甲骨學的三個參考書，并論"日"的宗教角色》(202970，1997年)。

語和綜合音韵學。在讀大學三年級的時候，他轉到美國華盛頓大學，在該校獲得學士(1965)、碩士(1967)和博士(1973)學位，博士論文題目是《武丁王甲骨卜辭的否定詞》。在博士論文完成之前，高島氏已經開始教學工作。1971年，他受聘爲亞利桑那大學東方學系助理教授。1973年，他搬到加拿大温哥華的大英哥倫比亞大學亞洲學系，也擔任助理教授。1979年，他升任副教授。1985年他受聘爲東京大學東方文化研究所研究員，1989年升任爲該所教授，同時也受聘爲大英哥倫比亞大學教授。2014年高島謙一退休，回到日本繼續做研究工作。

高島謙一從1977年開始，對商代甲骨卜辭的語言問題幾乎每年都發表了篇幅很長的學術研究論文，多針對1936年出土的YH127坑的甲骨，都是商王武丁時代的卜辭。1950—1960年由中研院歷史語言研究所進行大量綴合，出版爲《小屯第二本：殷虚文字丙編》①。據高島氏論證，這一批卜辭的同期性是一個非常重要的優點，進行語言研究應該利用同一時代的證據，這樣可以避免一些後世產生的改變和誤解。他的研究重點一直是卜辭的形態，特別是否定詞和"其"字的用法，他的論點多受他的老師司禮義(Paul L-M SERRUYS，1912—1999)的影響，但是又做了發揮。司禮義1981年前往臺灣，開始翻譯《小屯第二本：殷虚文字丙編》，然而由於身體健康問題，1985年只好放棄這項工作，高島謙一同意繼續完成。按照高島氏所說，他在1988年已經將初稿交給中研院，1990年中研院同意出版。然而，由於種種原因，高島氏的翻譯直到2010年才出版爲《殷虚文字丙編研究》(203730)。雖然高島謙一和司禮義的名稱并載於正式出版品上，可是明顯多爲高島氏的功勞。

高島謙一第一次訪問中國大陸是1981年，他參加了第四屆中國古文字研究會，在會議上宣讀了一篇題作《問"鼎"》的論文，以後在《古文字研究》上發表②。此後，他經常訪問中國大陸的各個大學，特別是華東師範大學和安徽大學。在2005年，他和華東師大教授張德劭合編了《漢英對

---

① 張秉權編，《小屯第二本：殷虚文字丙編》(臺北：中研院歷史語言研究所，1957、1959、1962、1965、1967、1972)。

② 高島謙一，《問"鼎"》，《古文字研究》9(1984)：75—96。

照甲骨文今譯類檢》①。然後,2013 年,安徽大學出版社出版了《安徽大學漢語言文字研究叢書:高島謙一卷》,載有高島氏十幾篇文章,分成"甲骨文研究:方法論"、"甲骨文研究:詞法與句法"、"甲骨文研究:語義與詞源"和"甲骨文研究:系動詞與其他文字和文化"②。書中的詳細內容可以視爲高島氏四十年來研究成果的一個總結:

第一編　甲骨文研究:方法論
更爲縝密的甲骨文考釋方法論
如何釋讀甲骨文——對現行方法的反思
以甲骨卜辭的布局解讀甲骨文
共時證據法之應用:商代配祀之擬構

第二編　甲骨文研究:詞法與句法
强調動詞短語
數量補語
帶"乍"(作)字和帶"史"(使)字的使役結構
否定詞的詞法

第三編　甲骨文研究:語義與詞源
商代漢語後綴*-s 之三種功能
祭祀:中國古代"祭"和"祀"新辨
"河"的詞源學及古文字學闡釋
釋比、从

第四編　甲骨文研究:系動詞與其他文字和文化
系動詞研究

---

① 高島謙一和張德劭合編,《漢英對照甲骨文今譯類檢》(貴州:廣西教育出版社,2005)。
② 黃德寬,《安徽大學漢語言文字研究叢書:高島謙一卷》(合肥:安徽大學出版社,2013)。

甲骨文中的幾個禮儀動詞
論甲骨文和金文中之"日"字
周代青銅器銘文中表示"時"的"O"字
鄭州、大辛莊卜骨：殷商時期安陽南部、東部的文字

第三章　西方漢學甲骨文
　　　　研究書目

1911

200010　　CHAVANNES, Édouard（沙畹）. "La divination par l'écaille de tortue dans la haute antiquité chinois (d'après un livre de M. Lo Tchen-yu)"（中國上古時代的龜卜：以羅振玉的著作爲根據）. *Journal Asiatique* (10th series) 17 (1911)：127–137.

1912

200020　　HOPKINS, Lionel C.（金璋）. "Royal Relic of Ancient China"（中國古代王朝的文物）. *Man* April, 1912：49–52.

200030　　HOPKINS, Lionel C.（金璋）. "A Funeral Elegy and Family Tree Inscribed on Bone"（刻在骨頭上的葬歌和家譜）. *Journal of the Royal Asiatic Society of Great Britain and Ireland* 44.4 (1912)：1021–1128.

1913

200040　　BERNHARDI, Anna（勃漢）. "Über frühgeschichtliche chinesische Orakelknochen"（關於中國早期甲骨）. *Zeitschrift für Ethnologie* 45–46 (1913)：232–238.

200050　　BERNHARDI, Anna（勃漢）. "Frühgeschichtliche

Orakelknochen aus China (Sammlung Wirtz im Museum für Völkerkunde zu Berlin)"（中國的早期甲骨［在柏林人類藝術博物館的魏爾次藏品］）. *Bessler-Archiv* 4（1913）：14－28.

200060　　HOPKINS, Lionel C.（金璋）. "Dragon and Alligator"（龍與鱷）. *Journal of the Royal Asiatic Society of Great Britain and Ireland* 45.2（1913）：545－552.

200070　　MÜELLER, H.（穆勒）. "Mitteilungen zur Kritik der frühgeschichtlichen chinesischen Orakelknochen"（對中國早期甲骨的評論）. *Zeitschrift für Ethnologie* 6（1913）：939－941.

1914

200080　　COULING, Samuel（庫壽齡）. "The Oracle Bones from Honan"（河南的甲骨）. *Journal of the North China Branch of the Royal Asiatic Society* 45（1914）：65－75.

1917

200090　　HOPKINS, Lionel C.（金璋）. "The Sovereigns of the Shang Dynasty, B.C. 1766－1154"（商代的國王）. *Journal of the Royal Asiatic Society of Great Britain and Ireland* 49.1（1917）：69－89.

200100　　HOPKINS, Lionel C.（金璋）. "The Wind, the Phoenix, and a String of Shells"（風、鳳與朋貝）. *Journal of the Royal Asiatic Society of Great Britain and Ireland* 49.2（1917）：377－383.

200110　　MENZIES, James M.（明義士）. *Oracle Records from the Waste of Yin*（殷虛卜辭）. Shanghai: Kelly and Walsh, 1917.

1919

200120　　HOPKINS, Lionel C.（金璋）. "Working the Oracle"（貞卜之用作）. *New China Review* May/July 1919.

200130　　PREISWERK-SARASIN, S.（薩拉辛）. "Die Chinesischen

Orakelknochen in der Basler Sammlung für Völkerkunde"（人類藝術博物館巴斯樂收藏的中國甲骨）. *Beiträge zur Anthropologie, Ethnologie, und Urgeschichte: Herrn Dr. Fritz Sarasin zum 60. Geburtstage*（人類學、種族學與史前史學論文：慶祝 Fritz SARASIN 六十歲生日）. Basel, 1919.

1921

200140　　HOPKINS, Lionel C.（金璋）. "The Honan Relic: A New Investigation and Some Results"（河南文物：新的調查和一些成果）. *Journal of the Royal Asiatic Society of Great Britain and Ireland* 52.1 (1921): 29-45.

1922

200150　　HOPKINS, Lionel C.（金璋）. "The Royal Genealogies on the Honan Relics and the Record of the Shang Dynasty"（河南文物上的王朝家譜和商代的歷史）. *Asia Major* (1922): 194-205.

1925

200160　　HOPKINS, Lionel C.（金璋）. "Metamorphic Stylization and the Sabotage of Significance: A Study in Ancient and Modern Chinese Writing"（變形的程式化與意義的破壞：中國古代和現代書寫研究）. *Journal of the Royal Asiatic Society of Great Britain and Ireland* 57.3 (1925): 451-478.

200170　　INGRAM, J.H. "The Civilization and Religion of the Shang Dynasty"（商代的文明和宗教）. *China Journal of Science and Arts* 3 (1925): 473-483, 536-545.

200180　　TCHANG, Fong（張鳳）. *Recherches sur les os du Ho-Nan et quelques charactères de l'écriture ancienne*（河南甲骨研究以及古代書寫的文字）. Paris: 1925.

1927

200190　　MASPERO Henri（馬伯樂）. "[Review of] Tchang Fong: *Recherches sur les os du Ho-Nan et quelques charactères de l'écriture ancienne*"（張鳳《河南甲骨研究以及古代書寫的文字》書評）. *Journal Asiatique* 210（1927）：127 – 129.

1929

200200*　　HOPKINS, Lionel C.（金璋）. "Human Figure in Archaic Writing"（古代文字中的人像）. *The Journal of the Royal Asiatic Society of Great Britain and Ireland* 61（1929）：557 – 579.

1931

200210　　HOPKINS, Lionel C.（金璋）. "The Dragon Terrestrial and the Dragon Celestial: A Study of the *Lung* 龍 and the *Ch'en* 辰"（地龍與天龍：龍與辰的研究）. *Journal of the Royal Asiatic Society of Great Britain and Ireland* 63.4（1931）：791 – 806.

200220　　MENZIES, James M.（明義士）. "The Culture of the Shang Dynasty"（商朝的文化）. *Report of Smithsonian Institution* 1931, part 1. Pp. 549 – 558.

1932

200230　　HOPKINS, Lionel C.（金璋）. "The Dragon Terrestrial and the Dragon Celestial: Part II, *Ch'en*, The Dragon Celestial"（地龍與天龍，2：辰——天龍）. *Journal of the Royal Asiatic Society of Great Britain and Ireland* 64.1（1932）：91 – 97.

1933

200240　　EBERHARD, Wolfram（艾伯華）. "Zweiter bericht über die Ausgrabungen bei Anyang, Honan"（河南安陽的第二發掘

報告). *Ostasiatische Zeitschrift* 9 (1933): 208–213.

200250　　MASPERO Henri（馬伯樂）."[Review of] Tong Tso-pin 董作賓, *Sin hou pou ts'eu sie pen* 新獲卜辭寫本（董作賓著《新獲卜辭寫本》書評）. Nan-yang, dec. 1928". *Journal Asiatique* 222 (1933): Appendix 1–2.

200260*　　MASPERO Henri（馬伯樂）."[Review of] Kuou Mo-jo 郭沫若, *Kia-kou wen-tseu yen-kieou* 甲骨文字研究 [*Recherches sur les characters des inscriptions sur ecaille de tortue et sur os des Yin*]（郭沫若著《甲骨文字研究》書評）. Chang-hai, 1930". *Journal Asiatique* 222 (1933): Appendix 2–11.

200270　　MENZIES, James M.（明義士）."Old Bones of the Shang Dynasty"（中國商代之古老骨頭）. *Bulletin of the Rotary Club of Chi-nan* 1933.

200280　　YETTS, W. Percival（葉玆）."The Shang-Yin Dynasty and the An-yang Finds"（殷商朝代和安陽發現）. *Journal of the Royal Asiatic Society of Great Britain and Ireland* 65.3 (1933): 657–685.

1934

200290　　GIBSON, Harry E.（吉卜生）."The Picture Writing of Shang"（商代的象形文字）. *The China Journal of Sciences & Arts* 21.6 (1934): 277–284.

1935

200300　　BRITTON, Roswell S.（白瑞華）. *Yin Bone Photographs*（殷墟甲骨相片）. 上海：商務印書館，1935.

200310　　CHALFANT, F.H.（方法斂）and Roswell BRITTON（白瑞華）. *The Couling-Chalfant Collection of Inscribed Oracle Bone*（庫方二氏藏甲骨卜辭）. 上海：商務印書館，1935.

200320　　CREEL, Herrlee Glessner（顧立雅）."Dragon Bones"（龍

骨). *Asia* 35 (1935)：176 - 182.

200330　　CREEL，Herrlee Glessner (顧立雅). "Les rées de l'archééen Chine" (中國古代的國王). *Revue des Arts Asiatiques* 9.2 (1935)：96 - 108.

200340　　GIBSON，Harry E. (吉卜生). "The Writing of Shang" (商代的書寫). *The China Journal of Sciences & Arts* 22.4 (1935)：162 - 169.

200350　　GIBSON，Harry E. (吉卜生). "Divination and Ritual during the Shang and Chou Dynasties" (商周朝代的貞卜與禮儀). *The China Journal of Sciences & Arts* 23.1 (1935)：22 - 25.

200360　　GIBSON，Harry E. (吉卜生). "Animals in the Writings of Shang" (商代文字中的動物). *The China Journal of Sciences & Arts* 23.6 (1935)：342 - 351.

200370　　HOPKINS，Lionel C. (金璋). "The Cas-Chrom V, the Lei-Su：A Study of the Primitive Forms of Plough in Scotland and Ancient China" (Cas-Chrom V 和耒耜：對蘇格蘭和中國古代原始犁的研究). *Journal of the Royal Asiatic Society of Great Britain and Ireland* 67.4 (1935)：707 - 716.

200380　　MENZIES，James M. (明義士). "The Paul D. Bergen Collection of Chinese Oracle Bone Characters" (柏根氏舊藏甲骨文字).《齊大季刊》6 (1935)：4 - 31，7 (1935)：20 - 77.

200390　　YETTS，W. Percival (葉茲). "Recent Finds Near Anyang" (安陽附近的最近發現). *Journal of the Royal Asiatic Society of Great Britain and Ireland* 67.3 (1935)：467 - 474.

1936

200400　　BOUNACOFF，George W. (勇義). "New Contributions to the Study of Oracle Bones" (對甲骨學的新貢獻). *T'oung Pao*

32.5（1936）：346-352.

200410　　BRITTON, Roswell S.（白瑞華）. "Russian Contribution to Oracle Bone Studies"（俄國學者對甲骨學的貢獻）. *Journal of the North China Branch of the Royal Asiatic Society* 57 (1936)：206-207.

200420　　CREEL, Herrlee Glessner（顧立雅）. *The Birth of China: A Survey of the Formative Period of Chinese Civilization*（中國的誕生：對中國文明形成時代的總覽）. New York：Frederick Ungar, 1936.

200430　　GIBSON, Harry E.（吉卜生）. "The Inscribed Bones of Shang"（商的刻骨）. *Journal of the North China Branch of the Royal Asiatic Society* 67 (1936)：15-24.

200440　　HOPKINS, Lionel C.（金璋）. "The Cas-Chrom V, the Lei-Su：A Study of the Primitive Forms of Plough in Scotland and Ancient China"（Cas-Chrom V 和耒耜：對蘇格蘭和中國古代原始犁的研究）. *Journal of the Royal Asiatic Society* 68.1 (1936)：45-54.

200450　　MENZIES, James M.（明義士）. "The Art of the Shang and Chow Dynasties"（商周朝代的藝術）. *Journal of the North China Branch of the Royal Asiatic Society* 67 (1936)：208-211.

200460　　MENZIES, James M.（明義士）. "Culture and Religious Ideas of the Shang Dynasty"（商代文化與宗教概念）. *Journal of the North China Branch of the Royal Asiatic Society* 67 (1936)：244-247.

200470　　MENZIES, James M.（明義士）. "God in Ancient China"（中國古代的上帝）. 山東濟南.

200480　　WHITEWRIGHT INSTITUTE OF CH'I-LU UNIVERSITY. *The Oracle Bones of the Shang Dynasty*（商代的甲骨）. 山東濟南, 1936.

1937

200490   BENEDETTI PICHLER，A.A.（皮其萊）. "Microchemical Analysis of Pigments Used in the Fossil of the Incisions of Chinese Oracle Bones"（中國甲骨契刻所用顏料的微化學的分析）. *Industrial and Engineering Chemistry* 9.3 (1937)：149 – 152.

200500   BOUNACOFF，George W.（勇義）. *An Yang Finds and American Sinology: On Methods of Publication of Oracle Inscriptions in Connection with the Works of Roswell S. Britton*（安陽發現與美國漢學：有關白瑞華著作中的甲骨卜辭發表方法）. Moscow，1937.

200510   BRITTON，Roswell S.（白瑞華）. "Oracle Bone Color Pigments"（甲骨的顏料）. *Harvard Journal of Asiatic Studies* 2 (1937)：1 – 3.

200520   BRITTON，Roswell S.（白瑞華）. *Yin Bone Rubbings*（殷墟甲骨拓片）. New York，1937.

200530   CREEL，Herrlee G[lessner]（顧立雅）. *Studies in Early Chinese Culture*（中國早期文化研究）. Baltimore：Waverly，1937.

200540   FERGUSON，John C.（福開森）. "Sinological Notes：'Inscribed Bones of Shang'"（漢學札記：商代的刻骨）. *Journal of the North China Branch of the Royal Asiatic Society* 68 (1937)：71 – 72.

200550   GIBSON，Harry E.（吉卜生）. "Agriculture in China During the Shang Period from Information Collected from the Inscribed Shang Bones"（從商代甲骨刻辭看商代的農業）. *The China Journal of Sciences & Arts* 26.6 (1937)：305 – 309.

200560   GIBSON，Harry E.（吉卜生）. "Communication in China During the Shang Period"（商代的交通）. *The China Journal of Sciences & Arts* 27.5 (1937)：228 – 233.

200570　　GIBSON，Harry E. (吉卜生). "Hunting During the Shang Period" (商代的田獵). *The China Journal of Sciences & Arts* 26.6 (1937)：280–288.

200580　　GIBSON，Harry E. (吉卜生). "Music and Musical Instruments of Shang" (商代的音樂與樂器). *Journal of the North China Branch of the Royal Asiatic Society* 68 (1937)：8–18.

200590　　HOPKINS，Lionel C. (金璋). "Archaic Chinese Characters: Being Some Intensive Studies in Them" (中國古代文字：現有的幾點詳細研究). *The Journal of the Royal Asiatic Society of Great Britain and Ireland* 69.1，69.2，69.3 (1937)：27–32，209–218，409–412.

1938

200600　　CHALFANT，F.H. (方法斂)和 Roswell S. BRITTON (白瑞華). *Seven Collections of Inscribed Oracle Bone* (甲骨卜辭七集). 上海：商務印書館，1938.

200610　　GIBSON，Harry E. (吉卜生). "Domesticated Animals of Shang and their Sacrifice" (商代馴化的動物及其祭祀). *Journal of the North China Branch of the Royal Asiatic Society* 69 (1938)：9–22.

200620　　HOPKINS，Lionel C. (金璋). "The Ancestral Message" (祖先的神示). *The Journal of the Royal Asiatic Society of Great Britain and Ireland* 70.3 (1938)：413–422.

1939

200630　　CHALFANT，F.H. (方法斂) and Roswell S. BRITTON (白瑞華). *The Hopkins Collection of Inscribed Oracle Bone* (金璋所藏甲骨卜辭). 上海：商務印書館，1939.

200640　　GIBSON，Harry E. (吉卜生). "The Evolution of Chinese

Characters Beginning from Shang Pictographs"（中國文字的演變：從商代象形文字開始）. *Journal of the North China Branch of the Royal Asiatic Society* 70 (1939)：37-45.

200650　　HOPKINS, Lionel C.（金璋）. "Miscellaneous Communications：Records of David's Deer as Hunted by Shang-Yin Sovereigns"（雜記：殷商國王所獵麋鹿）. *The Journal of the Royal Asiatic Society of Great Britain and Ireland* 71.3 (1939)：423-428.

1940

200660　　BRITTON, Roswell S.（白瑞華）. *Fifty Shang Inscriptions*（商代卜辭五十篇）. Princeton, N.J.：Princeton University, The Library, 1940.

200670　　HOPKINS, Lionel C.（金璋）. "Symbols of Parentage in Archaic Chinese, Part I"（中國上古語言中的血統表徵：一）. *The Journal of the Royal Asiatic Society of Great Britain and Ireland* 1940：351-362.

200680　　WITTFOGEL, Karl A.（魏復古）. "Meteorological Records from the Divination Inscriptions of Shang"（商代卜辭所見氣象記錄）. *The Geographical Review* 30 (1940)：110-133.

1942

200690　　BRITTON, Roswell S.（白瑞華）. "Frank Herring Chalfant, 1862-1914"（方法斂, 1862-1914）. *Notes on Far Eastern Studies in America* 11 (1942)：13-22.

200700　　HOPKINS, Lionel C.（金璋）. "Sunlight and Moonshine"（日光和月光）. *The Journal of Arts* 1942.

200710　　YETTS, W. Percival（葉茲）. *Anyang: A Retrospect*（安陽：一個回顧）. London：The China Society, 1942.

1943

200720　　BRITTON, Roswell S.（白瑞華）. "A Question of Early Shang"（商代早期的問題）. *Journal of the American Oriental Society* 63（1943）：272 – 278.

1945

200730　　HOPKINS, Lionel C.（金璋）. "The Shaman or Chinese Wu: His Inspired Dancing and Versatile Character"（薩滿或中國巫師：其神啓之舞與多面特性）. *The Journal of the Royal Asiatic Society of Great Britain and Ireland* 1945：3 – 16.

200740　　LOEHR, Max（羅越）. "Jung Keng: Eine Bibliographie der wichtiger Werke über die Orakeltexte der Shang-Zeit"（容庚：商代甲骨文重要著作的目錄）. *Sinologische Arbeiten* 3（1945）：114 – 151.

200750　　WHITE, William Charles（懷履光）. *Bone Culture of Ancient China: An Archaeological Study of Bone Material from Northern Honan, Dating about the Twelfth Century B.C.*（中國古代骨頭文化：對河南北部所出公元前十二世紀骨頭的考古研究）. Royal Ontario Museum, Division of Art & Archaeology: Museum Studies 4. Toronto: University of Toronto Press, 1945.

1946

200760　　CHOU, Ch'uan-ju（周傳儒）. *The Study of Inscriptions on the Oracle Bone*（甲骨文字之研究）.《書林季刊》,卷1.

1947

200770　　DUBS, Homer H.（德效騫）. "A Canon of Lunar Eclipses for Anyang and China, 1400 to 1000"（公元前1400至公元前1000年中國和安陽的月食會典）. *Harvard Journal of Asiatic Studies* 10（1947）：162 – 178.

200780　　HOPKINS, Lionel C.（金璋）. "A Cryptic Message and a New Solution"（一條隱晦的信息及其新解）. *The Journal of the Royal Asiatic Society of Great Britain and Ireland* 79.3-79.4 (1947): 191-198.

1948

200790　　TUNG Tso-pin（董作賓）. "Ten Examples of Early Tortoise-Shell Inscriptions"（早期甲骨卜辭十例）. Lien-sheng YANG（楊聯陞）譯注. *Harvard Journal of Asiatic Studies* 11.1-11.2 (1948): 119-129 + 10 plates.

1951

200800　　DUBS, Homer H.（德效騫）. "The Date of the Shang Period"（商代的年代）. *T'oung Pao* 40.4-40.5 (1951): 323-335.

1953

200810　　DUBS, Homer H.（德效騫）. "The Date of the Shang Period: A Postscript"（商代的年代：後記）. *T'oung Pao* 42.1/2 (1953): 101-105.

200820*　　YETTS, W. Percival（葉玆）. "Obituary: Hopkins"（金璋訃告）. *Journal of the Royal Asiatic Society* 85 (1953): 91-92.

1954

200830*　　WU, Shih-ch'ang（吳世昌）. "On the Marginal Notes Found in Oracle Bone Inscriptions (With Special reference to the British Museum Collection)"（甲骨卜辭的記事刻辭：特別參考大英博物館的收藏）. *T'oung Pao* 43.1-43.2 (1954): 34-74.

1955

200840　　TUNG, Tso-Pin（董作賓）. "On the Method of Recording

the 'Day' in the Yin Dynasty"（殷代的記日法）.《中研院院刊》2.1(1955)：51–58.

1956

200850　　JAO, Tsung-i（饒宗頤）. "Oracle Bones in Japanese Collections"（日本所見甲骨錄）. *Journal of Oriental Studies* 3.1 (1956)：15–33.

1957

200860　　JAO, Tsung-i（饒宗頤）. "Some Oracle Bones in Overseas Collections"（一些海外所藏甲骨）. *Journal of Oriental Studies* 4.1–4.2 (1957)：1–22.

200870*　　LI, Chi（李濟）. *The Beginnings of Chinese Civilization*（中國文明的起點）. Seattle：University of Washington Press, 1957.

200880S　　MITH, D. Howard. "Divine Kingship in Ancient China"（中國古代的神聖王權）. *Numen* 4 (1957)：171–203.

1958

200890　　DUBS, Homer H.（德效騫）. "The Beginnings of Chinese Astronomy"（中國天文學的起源）. *Journal of the American Oriental Society* 78 (1958)：295–300.

1959

200900　　BARNARD, Noel（巴納）. "[Review of] CHOU Hung-hsiang, *Shang Yin ti-wang ben-chi*"（周鴻翔《商殷帝王本紀》書評）. *Monumenta Serica* 19 (1960)：484–515.

200910　　BARNARD, Noel（巴納）. "[Review of] *Yin-tai cheng-pu jen-wu t'ung-kao* 'Oracle Bone Diviners of the Yin Dynasty' 2 vols. by Jao Tsung-yi"（饒宗頤《殷代貞卜人物通考》書評）. *Monumenta Serica* 19 (1960)：480–486.

200911　　GOODRICH, L. Carrington（傅路德）. "Chinese Oracle

Bones"（中國甲骨）. Columbia Library Columns 8.3 (1959)：11 – 14.

1960

200920　　CHENG, Te-k'un（鄭德坤）. *Archaeology in China*, Vol. 2: *Shang China*（中國考古學，第二輯：商代）. Cambridge: Heffer, 1960.

1961

200930　　SMITH, D. Howard. "Chinese Religion in the Shang Dynasty"（商代的中國宗教）. *Numen* 8 (1961)：142 – 150.

1963

200940　　CRUMP, James（柯迂儒）和 Irving CRUMP. *Dragon Bones in the Yellow Earth*（黃土中的龍骨）. New York: Dodd, Mead, and Co., 1963.

1964

200950*　　TUNG Tso-pin（董作賓）. *Fifty Years of Studies in Oracle Inscriptions*《甲骨學五十年》. 東京：東亞文化研究所, 1964.

1965

200960*　　CHOU Fa-kao（周法高）. "On the Dating of a Lunar Eclipse in the Shang Period"（商代一次月食的年代）. *Harvard Journal of Asiatic Studies* 25 (1965)：243 - 247.

200970　　P'ENG, Shu-ch'i（彭樹杞）. "An Annotated Bibliography of the Publications on the Inscribed Oracle Bones Excavated from the Yin Ruins"（殷墟所出土甲骨刻辭論文目錄）.《中國文化季刊》6.3 (1965).

1966

200980　　KRYUKOV, M.V.（劉克甫）. "Hsing and Shih: On the Problem of Clan Name and Patronymic in Ancient China"（姓

和氏：中國古代族名和姓名的問題). *Archiv Orientalni* 34 (1966)：535 – 553.

1967

200990　TING, William S. (丁驌). "Names of Animals and Related Words in Bone Inscriptions of the Chinese Shang Dynasty" (契文獸類及獸形字釋).《中國文字》23 (1967)：60 – 67.

201000　TONG, Te-kong (唐德剛). "The Tortoise Shell Which Set Off a Mighty Chain Reaction" (引起強大連鎖反應的龜甲). *Columbia Library Columns* 16.3 (1967)：11 – 18.

1968

201010　CHOU, Hung-hsiang (周鴻翔). "Some Aspects of Shang Administration: A Survey Based Solely on the Evidence Available in the Oracle Bone Texts" (商代行政的幾個方面：僅根據甲骨卜辭證據的綜覽). 博士論文：Australian National University, 1968.

201020　CHOW, Tse-tsung (周策縱). "The Early History of the Chinese Word *Shih* (Poetry)" (中文"詩"字的早期歷史). 載於 CHOW, Tse-tsung (周策縱) 編. *Wen-lin: Studies in the Chinese Humanities* (文林：中國人文學科研究). Vol. 1, Madison: University of Wisconsin Press, 1968. Pp. 151 – 209.

1969

201030　KEIGHTLEY, David N. (吉德煒). "Public Work in Ancient China: A Study of Forced Labor in Shang and Western Chou" (中國古代公共勞動：商和西周強迫勞動研究). 博士論文：New York, Columbia University, 1969.

201040　KEIGHTLEY, David N. (吉德煒). "[Review of] Shima Kunio 島邦男, *Inkyo bokuji sōrui* 殷墟卜辭綜類" (島邦男《殷墟卜辭綜類》書評). *Monumenta Serica* 28 (1969)：467 – 471.

1970

201050　CHANG, Tsung-tung（張聰東）. *Der Kult der Shang-Dynastie im Spiegel der Orakelinschriften: Eine paläographische Studie zur Religion im archaischen China*（甲骨卜辭所反映的商朝禮儀：有關中國古代宗教的古文字研究）. Wiesbaden: Otto Harrassowitz, 1970.

201060　CHAO, Lin（趙林）. *Marriage, Inheritance, and Lineage Organizations in the Shang-Chou China*（中國商周時代的婚姻、繼承權與宗族組織）. 臺北: The Yichih Press, 1970.

201070　CHOU, Hung-hsiang（周鴻翔）. "Fu-X Ladies of the Shang Dynasty"（商朝的婦某）. *Monumenta Serica* 29（1970–1971）: 346–390.

201080　RUDOLF, Richard C.（魯道夫）. "Lo Chen-yü Visits the Waste of Yin"（羅振玉訪問殷墟）. 載於 Frederic WAKEMAN, Jr.（魏斐德）編. *Nothing Concealed: Essays in Honor of Liu Yü-Yun*（無隱錄：致敬劉毓鋆論文集）. 臺北: 成文書局, 1970. Pp. 3–19.

1971

201090　MATSUMARU Michio（松丸道雄）. "Oracle Bones"（甲骨）. 載於 Donald D. LESLIE 等編. *Essays on the Sources for Chinese History*（關於中國史料的論文）. Columbia: University of South Carolina Press, 1971. Pp. 15–22.

201100　WHEATLEY, Paul（惠特勒）. *The Pivot of the Four Quarters: A Preliminary Enquiry into the Origins and Character of the Ancient Chinese City*（四方的樞紐：中國古代城市起源與性質的初步探索）. Chicago: Aldine, 1971.

1972

201110　CHAO, Lin（趙林）. "Shang Government"（商代政府）. 博

士論文：University of Chicago，1972.

201120　HSÜ, Chin-hsiung（許進雄）. *The Menzies Collection of Shang Dynasty Oracle Bones*, Volume I: *A Catalogue*（明義士收藏商代甲骨，上卷：目錄）. Toronto: Royal Ontario Museum，1972.

201130　SERRUYS, Paul L-M.（司禮義）. "[Review of] Tsung-Tung CHANG, *Der Kult der Shang-Dynastie im Spiegel der Orakelinschriften (Eine Palaographische Studie zur Religion im Archaischen China)*"（張聰東著《從甲骨卜辭的鏡子看商朝的禮儀：有關中國古代宗教的古文字研究》書評）. *Journal of Asian Studies* 31.2 (1972): 388-389.

1973

201140*　CHOU, Hung-hsiang（周鴻翔）. "Computer Matching of Oracle Bone Fragments: A Preliminary Report on a New Research Method"（利用電腦綴合甲骨殘片：一個新的研究方法的初步報告）. *Archaeology* 26.3 (1973): 176-181.

201150　KEIGHTLEY, David N.（吉德煒）. "Religion and the Rise of Urbanism"（宗教與城市生活的興起）. *Journal of the American Oriental Society* 93 (1973): 527-553.

201160　TAKASHIMA, Ken-ichi（高島謙一）. "Negatives in the King Wu-ting Bone Inscriptions"（武丁甲骨卜辭裏的否定詞）. 博士論文，University of Washington，1973.

1974

201170　DEYDIER, Christian（戴迪耶）. "Les Os Divinatoires d'Epoque Shang au Musée de Mariemont"（Mariemont 博物館收藏商代貞卜甲骨）. *Cahiers de Mariemont* 5-6 (1974-1975): 6-19.

201180*　HSÜ, Chin-hsiung（許進雄）. "Scapulimancy Techniques

and Periodic Classification"（骨卜法和斷代分類）．博士論文：University of Toronto，1974．

201190*　　MICKEL，Stanley L.（米凱樂）．"An Index to Reduplicated and Rejoined Oracle Shells and Bones in the *Ch'ien-pien* and *Hou-pien* Volumes"（《前編》和《後編》甲骨文綴合書目索引）．《中國文化季刊》15.3（1974）．

201200　　MICKEL，Stanley L.（米凱樂）．"An Index to Reduplicated and Rejoined Oracle Shells and Bones in the *Yin-hsu Shu-ch'i Hsu-pien*"（《殷虛書契續編》甲骨文綴合書目索引）．《中國文化季刊》15.4（1974）．

201210　　SERRUYS，Paul L-M.（司禮義）．"Studies in the Language of the Shang Oracle Inscriptions"（商代卜辭語言研究）．*T'oung Pao* 60.1－60.3（1974）：12－120．

201220　　VANDERMEERSCH，Léon（汪德邁）．"De la tortue à l'achillée"（從龜到蓍）．載於 J-P. VERNANT 等編．*Divination et rationalité*（貞卜與義理）．Paris：du Seuil，1974．Pp. 29－51．

1975

201230　　HO，Ping-ti（何炳棣）．*The Cradle of the East: An Inquiry into the Indigenous Origins of Techniques and Ideas of Neolithic and Early Historic China*，5000－1000 B.C.（東方的搖籃：對公元前五千年到前一千年中國新石器和早期歷史時代技術與概念之當地起源的探索）．Hong Kong and Chicago：Chinese University of Hong Kong and University of Chicago Press，1975．

201240　　LEFEUVRE，Jean A.（雷煥章）．"Les inscriptions des Shang sur carapaces de tortue et sur os: Aperçu historique et bibliographique de la découverte et des premières études"（商

代甲骨卜辭：其發現和初步研究的歷史學和書目學調查）。*T'oung Pao* 61 (1975)：1-82。

1976

201250　　CHOU，Hung-hsiang（周鴻翔）. *Oracle Bone Collections in the United States*（美國所藏甲骨錄）. University of California Publications：Occasional Papers, no. 10：Archaeology. Berkeley，1976.

201260　　DEYDIER，Christian（戴迪耶）. *Les jiaguwen: Essai bibliographique et synthèse des etudes*（甲骨文：書目學文章和研究提綱）. Publications de l'École Française d'Extrême-Orient 106. Paris，1976.

201270　　LEFEUVRE，Jean A.（雷煥章）. "An Oracle Bone in the Hong Kong Museum of History and the Shang Standard of the Center"（香港歷史博物館所藏的一片甲骨，兼論商代中心的標準）. *Journal of the Hong Kong Archaeological Society* 7 (1976-1978)：46-68.

201280　　MICKEL，Stanley L.（米凱樂）. "An Index to Reduplicated and Rejoined Oracle Bones and Shells in Six Early Collections of Oracle Materials"（六種早期甲骨集中甲骨文綴合書目索引）.《中國文化季刊》17.2 (1976.6).

201290　　MICKEL，Stanley（米凱樂）. "A Semantic Analysis of the Disaster Graphs of Period One Shang Dynasty Oracle Bones"（商代一期甲骨災禍文字的語義分析）. 博士論文：Indiana University，1976.

201300　　MICKEL，Stanley L.（米凱樂）. "Three Recently Published Oracle Bone Books"（三種新出版的甲骨集）. *Early China* 2 (1976)：8-10.

201310　　P'AN Wu-su. "Religion and Chronology in Shang China：

The Scheduled Ancestor Rituals and the Chronology of the Late Shang Period"（商代宗教與年代：定期祖先祭祀與商代晚期年代）．博士論文：University of Pennsylvania，1976．

1977

201320　HSÜ，Chin-hsiung（許進雄）．*The Menzies Collection of Shang Dynasty Oracle Bones*，*Volume II: The Text*（明義士收藏商代甲骨，下卷：釋文）．Toronto：Royal Ontario Museum，1972．

201330　LEFEUVRE，Jean A.（雷煥章）．"Two Editions of the *Qianbian*"（《前編》的兩種版本）．*Early China* 3（1977）：61–64．

201340　KEIGHTLEY，David N.（吉德煒）．"Ping-ti Ho and the Origins of Chinese Civilization"（何炳棣與中國文明起源）．*Harvard Journal of Asiatic Studies* 37（1977）：381–411．

201350　KEIGHTLEY，David N.（吉德煒）．"On the Misuse of Ancient Chinese Inscriptions: An Astronomical Fantasy"（中國古代銘文的誤用：一個天文學的幻想）．*History of Science* 15（1977）：267–272．

201360　MICKEL，Stanley L.（米凱樂）．"An Index to Reduplicated and Rejoined Oracle Bones in Seven Collections of Oracle Materials Published in 1925–1933"（1925—1933年間七種甲骨集中甲骨文綴合書目索引）．《中國文化季刊》18.2（1977.6）．

201370　MICKEL，Stanley L.（米凱樂）．"An Index to Reduplicated and Rejoined Oracle Bones in Six Collections of Oracle Materials Published in 1938–1945"（1938—1945年間六種甲骨集中甲骨文綴合書目索引）．《中國文化季刊》18.4（1977.12）．

201380　NIVISON，David［Shepherd］（倪德衛）．"The Pronominal Use of the Verb *Yu* (G[ǓG): 㞢, 又, 㝢, 有 in Early Archaic Chinese"（早期古漢語動詞 㞢, 又, 㝢, 有之代詞用

法). *Early China* 3 (1977): 1 – 17.

201390　　TAKASHIMA, Ken-ichi (高島謙一). "Subordinate Structure in Oracle-Bone Inscriptions: With Particular References to the Particle *Ch'i*"（甲骨卜辭裏的從屬結構：以虛詞"其"爲重點）. *Monumenta Serica* 33 (1977 – 1978): 36 – 61.

201400　　VANDERMEERSCH, Léon (汪德邁). *Wangdao ou la voie royale: Recherches sur l'espirit des institutions de la Chine archaique* Tome 1: *Structures cultuelles et structures familiales* (王道：中國古代機構精神研究，上卷：禮儀構造和家庭構造). Publications de l'École francaise d'extrême-orient 113. Paris: L'École francaise d'extrême-orient, 1977.

1978

201410　　CHANG, Kwang-chih (張光直). "*T'ien kan*: A Key to the History of the Shang"（天干：商代歷史的一把鑰匙）. 載於 David T. ROY (芮效衛) 和 Tsuen-hsuin TSIEN (錢存訓) 編. *Ancient China: Studies in Early Chinese Civilization* (古代中國：中國早期文明研究). Hong Kong: Chinese University Press, 1978. Pp. 13 – 42.

201420　　CHANG, Taiping (張太平). "Remarks on *The Menzies Collection of Shang Dynasty Oracle Bones, Vol. II: The Texts*"（關於《明義士收藏商代甲骨，第二卷：文字》的幾點意見）. *Early China* 4 (1978 – 1979): 66 – 74.

201430　　CHANG, Taiping (張太平). "The Role of the *T'ien-kan Ti-chih* Terms in the Naming System of the Yin"（殷命名系統中天干地支的角色）. *Early China* 4 (1978 – 1979): 45 – 48.

201440　　CHOW, Tse-tsung (周策縱). "The Childbirth Myth and Ancient Chinese Medicine: A Study of Aspects of the *wu* Tradition"（生育神話與中國古代醫學：對巫傳統各方面的研

究). 載於 David T. ROY（芮效衛）和 Tsuen-hsuin TSIEN（錢存訓）編. *Ancient China: Studies in Early Chinese Civilization*（古代中國：中國早期文明研究）. Hong Kong：Chinese University Press, 1978. Pp. 43–89.

201450　COHEN, Alvin P.（柯恩）. "Coercing the Rain Deities in Ancient China"（古代中國對雨神的強迫）. *History of Religions* 17.3–17.4 (1978): 244–265.

201460　KEIGHTLEY, David N.（吉德煒）. "Space Travel in Bronze Age China?"（中國青銅時代的太空旅行?）. *The Skeptical Inquirer* 3.2 (1978): 58–63.

201470　KEIGHTLEY, David N.（吉德煒）. "The Religious Commitment: Shang Theology and the Genesis of Chinese Political Culture"（宗教承諾：商代神學與中國政治文化的起源）. *History of Religions* 17 (1978): 211–224.

201480　KEIGHTLEY, David N.（吉德煒）. "The Bamboo Annals and Shang-Chou Chronology"（竹書紀年與商周年代）. *Harvard Journal of Asiatic Studies* 38 (1978): 423–438.

201490　KEIGHTLEY, David N.（吉德煒）. *Sources of Shang History: The Oracle-Bone Inscriptions of Bronze Age China*（商代史料：中國青銅時代的甲骨卜辭）. Berkeley：University of California Press, 1978.

201500　MICKEL, Stanley L.（米凱樂）. "An Index to Reduplicated and Rejoined Shang Oracle Materials Seen in Six Collections Published 1946–1951"（1946–1951年間六種甲骨集中甲骨文綴合書目索引）.《中國文化季刊》19.1 (1978.3).

201510　MICKEL, Stanley L.（米凱樂）. "An Index to Reduplicated and Rejoined Oracle Bone Materials in Hsiao-t'un 1：2, Yin-hsu Wen-tzu Chia-pien"（《殷虛文字甲編》甲骨文綴合書目索引）.《中國文化季刊》19.3 (1978.9).

201520　　　NIVISON, David [Shepherd]（倪德衛）. "Royal 'Virtue' in Shang Oracle Inscriptions"（甲骨文的王"德"）. *Early China* 4（1978–1979）：52–55.

201530　　　TAKASHIMA, Ken-ichi（高島謙一）. "Decipherment of the Word *Yu* 㞢/㞢/有 in the Shang Oracle-Bone Inscriptions and in Pre-Classical Chinese"（甲骨文和上古中文㞢/㞢/有字的解讀）. *Early China* 4（1978–1979）：19–29.

1979

201540*　　ALLAN, Sarah（艾蘭）. "Shang Foundations of Modern Chinese Folk Religion"（現代中國民間宗教的商代基礎）. 載於 Sarah ALLAN（艾蘭）和 Alvin P. COHEN（柯恩）合編. *Legend, Lore, and Religion in China: Essays in Honor of Wolfram Eberhard on His Seventieth Birthday*（中國傳說、神話與宗教：慶祝艾伯華七十歲論文集）. San Francisco：Chinese Materials Center, 1979. Pp. 1–21.

201550　　　BILSKY, Lester（畢士基）. "[Review of] David N. Keightley, *Sources of Shang History*"（吉德煒著《商代史料》書評）. *The American Historical Review* 84.5（Dec. 1979）：1448–1449.

201560　　　CHOU, Hung-hsiang（周鴻翔）. "Chinese Oracle Bones"（中國甲骨）. *Scientific American* 240（1979）：134–149.

201570　　　HSÜ, Chin-hsiung（許進雄）. *Oracle Bones in the White and Other Collections*（懷特氏等所藏甲骨）. Toronto：Royal Ontario Museum, 1979.

201580　　　KEIGHTLEY, David N.（吉德煒）. "The Shang State as Seen in the Oracle-Bone Inscriptions"（甲骨文所見商國）. *Early China* 5（1979–1980）：25–34.

201590　　　SERRUYS, Paul L-M.（司禮義）. "[Review of] Chou, Hung-hsiang, *Oracle Bone Collections in the United States* and Deydier, Christian, *Les Jiaguwen: Essai bibliographique et synthèse des etudes*" (周鴻翔著《美國甲骨藏集》和 Christian DEYDIER 著《甲骨文：書目學文章和研究提綱》書評). *Journal of the American Oriental Society* 99.1 (1979): 131–135.

201600　TAKASHIMA, Ken-ichi（高島謙一）. "Some Philological Notes to Sources of Shang History"（商代史料的幾點文字學注解）. *Early China* 5 (1979–1980): 48–55.

1980

201610　CHANG Kwang-chih（張光直）. *Shang Civilization*（商代文明）. New Haven, Conn.: Yale University Press, 1980.

201620　KEIGHTLEY, David N.（吉德煒）. "Review of Hsü Chin-hsiung: *Ming Yi-shih shou-tsang chia-ku shih-wen pien. The Menzies Collection of Shang Dynasty Oracle Bones*, Volume II (Toronto: The Royal Ontario Museum, 1977)"（許進雄著《明義士收藏甲骨釋文編》書評）. *Journal of the American Oriental Society* 100.1 (1980): 96–97.

201630　KRYUKOV, M.V.（劉克甫）. *The Language of Yin Inscriptions*（殷卜辭的語言）. Moscou: Nauka Publishing House, 1980.

201640　MICKEL, Stanley L.（米凱樂）. "An Index to Rejoinings and Sets in the *Hsiao-t'un Ti-erh-pen: Yin-hsu Wen-tzu Yi-pien*"（《小屯第二本：殷虛文字乙編》甲骨文綴合聯繫索引）. 《中國文化季刊》21.4 (1980.12).

201650　ROSEMONT, Henry Jr.（羅思文）. "[Review of] David N. Keightley, *Sources of Shang History*"（吉德煒著《商代史料》書評）. *Philosophy East & West* 30.2 (April 1980): 277–278.

201660　SEIWERT, Hubert（蘇爲德）. "Orakelwesen in ältesten

China: Shang und Westliche Chou-dynastie"（上古中國的卜法：商和西周時代）. *Zeitschrift fur Missionswissenschaft und religionwissenschaft* 64 (1980): 208–236.

201670　TAKASHIMA, Ken-ichi（高島謙一）. "The Early Archaic Chinese Word *yu* 有 in the Shang Oracle-Bone Inscriptions: Word-Family, Etymology, Grammar, Semantics and Sacrifice"（商代甲骨卜辭裏的上古中文"有"字：詞族、字根、語法、語義和祭祀）. *Cahiers de linguistique Asie Orientale* 8 (1980): 81–112.

201680　VANDERMEERSCH, Léon（汪德邁）. "Note sur les inscriptions oraculaires de Fengchucun"（關於鳳雛村卜辭）. 載於《池田末利博士古稀紀念東洋學論集》. 廣島：池田末利博士古稀紀念編輯會, 1980. Pp. 1–17.

1981

201690*　ALLAN, Sarah（艾蘭）. "Sons of Suns: Myth and Totemism in Early China"（日之子：早期中國的神話與圖騰崇拜）. *Bulletin of the School of Oriental and African Studies* 44.2 (1981): 290–326.

201700　ALLAN, Sarah（艾蘭）. "[Review of] David N. Keightley, *Sources of Shang History*"（吉德煒著《商代史料》書評）. *Bulletin of the School of Oriental and African Studies* 44.1 (1981): 195–196.

201710　BOLTZ, William G.（鮑則岳）. "[Review of] David N. Keightley, *Sources of Shang History: The Oracle-Bone Inscriptions of Bronze Age China*"（吉德煒著《商代史料：中國青銅時代的甲骨卜辭》書評）. *Chinese Literature: Essays, Articles and Reviews* (CLEAR) 3.1 (1981): 159–163.

201720　CHANG, Kwang-chih（張光直）. "[Review of] David N.

Keightley, *Sources of Shang History*"（吉德煒著《商代史料》書評）. *Harvard Journal of Asiatic Studies* 41.2 (Dec. 1981): 633–640.

201730　LEFEUVRE, Jean A. （雷煥章）. "[Review of] David N. Keightley, *Sources of Shang History: The Oracle-Bone Inscriptions of Bronze Age China*"（吉德煒著《商代史料：中國青銅時代的甲骨卜辭》書評）. *Journal of Asian Studies* 40.3 (May 1981): 588–590.

201740　MATHIEU, Remi （馬迪由）. "[Review of] David N. Keightley, *Sources of Shang History: The Oracle-Bone Inscriptions of Bronze Age China*"（吉德煒著《商代史料：中國青銅時代的甲骨卜辭》書評）. *T'oung Pao* 67.1–67.2 (1981): 116–118.

201750　PANKENIER, David W. （班大爲）. "Astronomical dates in Shang and Western Zhou"（商和西周的天文年代）. *Early China* 7 (1981–1982): 2–37.

201760　PULLEYBLANK, Edwin G. （蒲立本）. "Review: Divination Records as Sources for the History of Bronze Age China"（作爲中國青銅時代歷史資料的卜辭記錄：論評）. *History of Religions* 20.3 (Feb. 1981): 287–289.

201770　ZHANG, Yachu （張亞初）和 LIU Yu （劉雨）. "Some Observations about Milfoil Divination Based on Shang and Zhou Bagua Numerical Symbols"（從商周八卦數字符號談筮法的幾個問題）. Edward L. SHAUGHNESSY （夏含夷）譯. *Early China* 7 (1981–1982): 46–55.

1982

201780　CHAO, Lin （趙林）. *The Socio-Political Systems of the Shang Dynasty*（商朝的社會政治制度）. 臺北：中研院三民主

義研究所專刊 3, 1982.

201790　CHOW, Kwok-ching（周國正）. "Aspects of Subordinative Composite Sentences in the Period I Oracle Bone Inscriptions"（甲骨文第一期卜辭從屬複合句的幾方面）. 博士論文：University of British Columbia, 1982.

201800　KEIGHTLEY, David N.（吉德煒）. "Akatsuka Kiyoshi and the Culture of Early China: A Study in Historical Method"（赤冢忠與早期中國文化：史學方法研究）. *Harvard Journal of Asiatic Studies* 42 (1982): 267–320.

201810　KEIGHTLEY, David N.（吉德煒）. "[Review of] Wang Yü-hsin, *Chien-kuo yi-lai-chia-ku-wen yen-chiu*"（王宇信著《建國以來甲骨文研究》書評）*Harvard Journal of Asiatic Studies* 42.1 (1982): 331–334.

201820　KEIGHTLEY, David N.（吉德煒）. "Shang China is Coming of Age: A Review Article"（商代中國已臻成熟：評論文章）. *Journal of Asian Studies* 41 (1982): 549–557.

201830　MICKEL, Stanley（米凱樂）. "[Review of] David N. Keightley, *Sources of Shang History*"（吉德煒著《商代史料》書評）. *Journal of the American Oriental Society* 102.3 (1982): 572–573.

201840　SERRUYS, Paul L-M.（司禮義）. "Basic Problems Underlying the Process of Identification of the Chinese Graphs of the Shang Oracular Inscriptions"（有關商代甲骨卜辭隸定過程中的基本問題）. 《中研院歷史語言研究所集刊》53.3 (1982): 455–494.

201850　SERRUYS, Paul L-M.（司禮義）. "Towards a Grammar of the Language of the Shang Bone Inscriptions"（商代甲骨文的語法建設）. 載於《中研院國際漢學會議論文集》. 臺北：中研院，1982. Pp. 313–364.

201860　　　SHAUGHNESSY, Edward L.（夏含夷）. "Recent Approaches to Oracle-Bone Periodization: A Review"（甲骨文斷代的新方法：一個評論）. *Early China* 8 (1982-1983): 1-13.

201870　　　TAKASHIMA, Ken-ichi（高島謙一）. "[Review of] Hsü Chin-hsiung, *Oracle Bones from the White and Other Collections*"（許進雄著《明義士收藏甲骨釋文編》書評）. *Journal of the American Oriental Society* 102.2 (1982): 428-429.

1983

201880　　　BONNER, Joey（波娜）. "Lo Chen-yü's Research on the Shang"（羅振玉的商代研究）. *Early China* 9-10 (1983-1985): 164-168.

201890　　　CHANG, Kwang-chih（張光直）. *Art, Myth and Ritual: The Path to Political Authority in Ancient China*（藝術、神話與禮儀：中國古代政權之道）. Cambridge, Mass.: Harvard University Press, 1983.

201900*　　CHANG, Kuang-yuan（張光遠）. "Late Shang Divination: An Experimental Reconstruction of Methods of Preparation, Use and Inscription of Oracle Bone Materials"（商代晚期貞卜：甲骨資料的準備、使用與刻字方法的實驗重構）. David Kamen 譯. *National Palace Museum Bulletin* 18.1-18.2 (1983): 1-25; 18.3-18.4 (1983): 1-25.

201910　　　KEIGHTLEY, David N.（吉德煒）. "The Late Shang State: When, Where, and What?"（商代晚期國家：何時、何地、何物？）. 載於 David N. KEIGHTLEY（吉德煒）編, *The Origins of Chinese Civilization*（中國文明的起源）. Berkeley, Cal.: University of California Press, 1983. Pp. 523-564.

201920　　　KEIGHTLEY, David N.（吉德煒）. "Reports from the Shang: A Corroboration and Some Speculation"（來自商代的報告：一個確證以及某些假設）. *Early China* 9-10 (1983-1985): 20-54. 包括 Sarah ALLAN（艾蘭）, David S. NIVISON（倪德衛）, Edward SHAUGHNESSY（夏含夷）, K. TAKASHIMA（高島謙一）, L. VANDERMEERSCH（汪德邁）的討論, 以及 David KEIGHTLEY（吉德煒）的回應.

201930　　　KEIGHTLEY, David N.（吉德煒）編. *The Origins of Chinese Civilization*（中國文明的起源）. Berkeley: University of California Press, 1983.

201940　　　MICKEL, Stanley L.（米凱樂）. "An Index to Reduplicated and Rejoined Shang Oracle Inscription Materials in the *Shih-chui* i, ii, *Ching-chin*, *Hsu-ts'un* and *Wai-Pien* Collections"（《拾掇》（初、二編）、《京津》、《續存》和《外編》甲骨集中甲骨文綴合書目索引）.《中國文化季刊》24.2、24.4 (1983.6、1983.12).

201950　　　PANKENIER, David W.（班大爲）. "[Review of] David N. Keightley, *Sources of Shang History: The Oracle-Bone Inscriptions of Bronze Age China*"（吉德煒著《商代史料：中國青銅時代的甲骨卜辭》書評）. *Archiv Orientalni* 51.3 (1983): 282-283.

201960*　　QIU Xigui（裘錫圭）. "On the Burning of Human Victims and the Fashioning of Clay Dragons in Order to Seek Rain as Seen in the Shang Dynasty Oracle-Bone Inscriptions"（說卜辭的焚巫尪與作土龍）. Vernon K. FOWLER 譯. *Early China* 9-10(1983-1985): 290-306.

1984

201970　　　KEIGHTLEY, David N.（吉德煒）. "Late Shang Divination: The Magico-Religious Legacy"（商代晚期貞卜：

魔術宗教的遺產). 載於 Henry ROSEMONT, Jr.（羅思文）編, *Explorations in Early Chinese Cosmology*（早期中國宇宙論的探索）. *Journal of the American Academy of Religion Studies* 50.2 (1984): 11–34.

201980　　MICKEL, Stanley L.（米凱樂）. "An Index to Reduplicated and Rejoined Shang Oracle Bones and Shells Seen in 14 Collections Published 1956–1972"（1956–1972 年間 14 種甲骨集中甲骨文綴合書目索引）.《中國文化季刊》25.3–25.4 (1984).

201990*　　TAKASHIMA, Ken-ichi（高島謙一）. "Noun Phrases in the Oracle-Bone Inscriptions"（甲骨卜辭裏的名詞短語）. *Monumenta Serica* 36 (1984–1985): 229–302.

202000*　　TAKASHIMA, Ken-ichi（高島謙一）. "On the Quantitative Complement in Oracle-Bone Inscriptions"（關於甲骨卜辭的數量補語）. *Journal of Chinese Linguistics* 13 (1984–1985): 44–67.

202010　　YAU, Shun-chiu（游順釗）. "Temporal Order in the Composition of Archaic Chinese Ideograms"（中國古代表義文字創造中的時間次序）. *Journal of Chinese Linguistics* 11 (1984): 186–213.

1985

202020　　FAN Yuzhou（范毓周）. "Some Comments on Zhouyuan Oracle-Bone Inscriptions: A Response to Edward L. Shaughnessy"（周原甲骨文的幾點看法：回答夏含夷）. *Early China* 11–12 (1985–1987): 177–181.

202030　　LEFEUVRE, Jean A.（雷煥章）. *Collections of Oracular Inscriptions in France*《法國所藏甲骨錄》. 臺北：Ricci Institute, 1985.

202040　　LI Xueqin（李學勤）. "Are They Shang Inscriptions or Zhou

Inscriptions?"（是商卜辭還是周卜辭?）. *Early China* 11-12 (1985-1987)：173-176.

202050　　MICKEL，Stanley L.（米凱樂）. "An Index to Books of Rejoined Shang Oracle Bones and Shells"（甲骨文綴合書目索引）.《中國文化季刊》26.3（1985.9）：79-111.

202060　　MICKEL，Stanley L.（米凱樂）. "An Index to Books of Rejoined Shang Oracle Bones and Shells"（甲骨文綴合書目索引[續]）.《中國文化季刊》26.4（1985.12）：85-111.

202070　　SERRUYS，Paul L-M.（司禮義）. "Notes on the Grammar of the Oracular Inscriptions of Shang"（關於商代卜辭的語法）. 載於 John McCOY and Timothy LIGHT 合編. *Contributions to Sino-Tibetan Studies*（對漢藏語系研究的貢獻）. Leiden：E.J. Brill，1985. Pp. 203-257.

202080*　　SHAUGHNESSY，Edward L.（夏含夷）. "Western Zhou Oracle-Bone Inscriptions：Entering the Research Stage?"（周原甲骨文：進入研究階段了嗎）. *Early China* 11-12 (1985-1987)：146-163.

202090*　　SHAUGHNESSY，Edward L.（夏含夷）. "Extra-Lineage Cult in the Shang Dynasty：A Surrejoinder"（商朝之非族祭儀：一個回應）. *Early China* 11-12 (1985-1987)：182-194.

202100　　TAKASHIMA，Ken-ichi（高島謙一）. "Nominalization and Nominal Derivation with Particular Reference to the Language of the Oracle-Bone Inscriptions"（關於甲骨卜辭語言的名詞化與名詞派生）. *Papers in East Asian Languages* 2 (1985)：25-74.

202110　　TAKASHIMA，Ken-ichi（高島謙一）. *A Concordance to Fascicle Three of Inscriptions from the Yin Ruins*《殷虛文字丙編通檢》. 臺北：中研院歷史語言研究所，1985.

202120　　WANG Yuxin（王宇信）. "Once Again on the New Period of Western Zhou Oracle Bone Research"（再論西周甲骨研究

的新階段）．*Early China* 11–12（1985–1987）：164–172．

1986

202130　CHANG Cheng-lang（張政烺）．"A Brief Discussion of Fu Tzu"（簡論婦子）．載於 K.C. CHANG（張光直）編．*Studies of Shang Archaeology: Selected Papers from the International Conference on Shang Civilization*（商代考古研究：商代文明國際研討會論文選集）．New Haven, Conn.：Yale University Press, 1986. Pp. 103–119.

202140　CHANG, Kwang-chih（張光直）．"Yin-hsü Tomb Number Five and the Question of the P'an Keng/Hsiao Hsin/Hsiao Yi Period in Yin-hsü Archaeology"（殷墟五號墓和殷墟考古學中關於盤庚、小辛、小乙時期的問題）．載於 K.C. CHANG（張光直）編．*Studies of Shang Archaeology: Selected Papers from the International Conference on Shang Civilization*（商代考古研究：商代文明國際研討會論文選集）．New Haven, Conn.：Yale University Press, 1986. Pp. 65–79.

202150　CHANG, K.C.（張光直）編．*Studies of Shang Archaeology: Selected Papers from the International Conference on Shang Civilization*（商代考古研究：商代文明國際研討會論文選集）．New Haven, Conn.：Yale University Press, 1986.

202160　CHANG Ping-ch'üan（張秉權）．"A Brief Description of the Fu Hao Oracle Bone Inscriptions"（簡論婦好卜辭）．載於 K.C. CHANG（張光直）編．*Studies of Shang Archaeology: Selected Papers from the International Conference on Shang Civilization*（商代考古研究：商代文明國際研討會論文選集）．New Haven, Conn.：Yale University Press, 1986. Pp. 121–140.

202170　CHANG, Tsung-tung（張聰東）．"A New View of King Wuding"（對武丁的新看法）．*Monumenta Serica* 37（1986–

1987）：1-12.

202180　　FALKENHAUSEN, Lothar（羅泰）. *International Conference on Shang Civilization: Abstracts of the Papers Presented and a Summary of the Discussions*（商代文明國際討論會：論文提要和討論總結）. *Early China* Supplement 1. Berkeley, California, 1986.

202190　　KEIGHTLEY, David N.（吉德煒）. "Main Trends in American Studies of Chinese History: Neolithic to Imperial Times"（美國有關中國歷史研究的主流：新石器到帝制時代）. *The History Teacher* 19.4 (1986)：527-543.

1987

202200　　DJAMOURI, Redouane（羅瑞）. "Etudes des formes syntaxiques dans les écrits oraculaires graves sur os et écailles de tortue"（甲骨卜辭句法研究）. 博士論文：École des Hautes Études en Sciences Sociales, Paris, 1987.

202210　　KEIGHTLEY, David N.（吉德煒）. "Astrology and Cosmology in the Shang Oracle-Bone Inscriptions"（商代甲骨卜辭裏的占星術與宇宙論）. *Cosmos* 3 (1987)：36-40.

202220*　　KEIGHTLEY, David N.（吉德煒）. "Archaeology and Mentality: The Making of China"（考古學與精神世界：中國之創立）. *Representations* 18 (1987)：91-128.

202230*　　TAKASHIMA, Ken-ichi（高島謙一）. "Settling the Cauldron in the Right Place: A Study of 鼎 in the Bone Inscriptions"（定鼎：有關甲骨卜辭的"鼎"字）. 載於 *Wang Li Memorial Volumes: English Volume*. Hong Kong：Joint Publishing, 1987. Pp. 405-421.

1988

202240　　CAI Fangpei（蔡芳沛）, Edward L. SHAUGHNESSY（夏

含夷), and James F. SHAUGHNESSY, Jr. (夏含理). *A Concordance of the Xiaotun Nandi Oracle-Bone Inscriptions* (小屯南地甲骨文索引). Early China Special Monograph Series, Number One. Chicago, July, 1988.

202250 　FRACASSO, Riccardo (里卡爾多・弗拉卡索). *A Technical Glossary of Jiaguology* (*Oracle Bone Studies*) 甲骨學專門辭彙. *Annali* 48 (1988) Istituto Universitario Orientale Supplemento n. 56. Napoli, 1988.

202260 　KEIGHTLEY, David N. (吉德煒). "Shang Divination and Metaphysics" (商代貞卜與形而上學). *Philosophy East and West* 38.4 (1988): 367-397.

202270 　KEIGHTLEY, David N. (吉德煒). "從考古器物看中國思維世界的形成".《中國文化與中國哲學》1988: 466-500.

202280 　MICKEL, Stanley (米凱樂). "[Review of] Jean A. Lefeuvre, *Collections of Oracular Inscriptions in France*" (雷煥章著《法國所藏甲骨錄》書評). *Early China* 13 (1988): 241-242.

202290 　SAGART, Laurent (沙加爾). "Nord et Sud dans la langue et l'écriture des Shang" (商代語言和文字裏的南與北). *T'oung Pao* 74.4-74.5 (1988): 249-254.

202300* 　SHAUGHNESSY, Edward L. (夏含夷). "The Historical Significance of the Introduction of the Chariot into China" (中國馬車的起源及其歷史意義). *Harvard Journal of Asiatic Studies* 48.1 (June, 1988): 189-237. 中文稿發表於《漢學研究》7.1 (1989): 131-162.

202310* 　TAKASHIMA, Ken-ichi (高島謙一). "An Emphatic Verb Phrase in the Oracle-Bone Inscriptions" (甲骨卜辭裏的強調動詞短語).《中研院歷史語言研究所集刊》59 (1988): 653-694.

202320*　　　TAKASHIMA, Ken-ichi（高島謙一）. "Morphology of Negatives in Oracle-Bone Inscriptions"（甲骨卜辭裏否定詞的形態學）. *Computational Analyses of Asian and African Languages* 30 (1988): 113–133.

202330　　　TAKASHIMA, Ken-ichi（高島謙一）. "An Evaluation of the Theories Concerning the Shang Oracle-Bone Inscriptions"（有關商代卜辭理論的評價）. *The Journal of Intercultural Studies*（日本關西大學）15–16 (1988–1989): 11–54.

1989

202340　　　FOWLER, Vernon K. "An Analysis of the Uses of the Various Forms of the Human Figure in the Shang Script"（商代文字裏人形的不同字形用法的分析）. 博士論文: University of British Columbia, 1989.

202350　　　KEIGHTLEY, David N.（吉德煒）. "Craft and Culture: Metaphors of Governance in Early China"（科技與文化: 早期中國行政的隱喻）. *Proceedings of the 2nd International Conference on Sinology. Section on History and Archaeology.* 臺北: 中研院, 1989. Pp. 31–70.

202360*　　　KEIGHTLEY, David N.（吉德煒）. "Oracle-Bone Collections in Great Britain: A Review Article"（評《英國所藏甲骨集》）. *Early China* 14 (1989): 173–182.

202370*　　　KEIGHTLEY, David N.（吉德煒）. "[Review of] *Fa-kuo so-ts'ang jia-ku lu* 法國所藏甲骨錄, *Collections d'inscriptions oraculaires en France*; *Collections of Oracular Inscriptions in France* by Jean A. Lefeuvre"（雷煥章著《法國所藏甲骨錄》書評）. *Journal of the American Oriental Society* 109.3 (1989): 482–484.

202380　　　NIVISON, David [Shepherd]（倪德衛）. "The 'Question'

Question"("問題"的問題). *Early China* 14 (1989)：115 - 125.

202390　QIU Xigui（裘錫圭）. "An Examination of Whether the Charges in Shang Oracle-Bone Inscriptions are Questions"（有關甲骨卜辭的命辭是否問句的考察）. *Early China* 14 (1989)：77 - 114.

202400　SHAUGHNESSY，Edward L.（夏含夷）. "Historical-Geography and the Extent of the Earliest Chinese Kingdoms"（歷史地理與中國最早王朝的範圍）. *Asia Major* 3ʳᵈ ser. 2 (1989)：1 - 22.

202410　SHAUGHNESSY，Edward L.（夏含夷）. "Western Cultural Innovations in China，1200 B.C."（公元前1200年中國的西方文化創新）. *Sino-Platonic Papers* 11 (July 1989).

202420*　SHAUGHNESSY，Edward L.（夏含夷）. "Shang Oracle-Bone Inscriptions"（商代甲骨卜辭）. 載於 *Ritual and Reverence: Chinese Art at the University of Chicago*（禮儀與尊嚴：芝加哥大學的中國藝術）. Chicago：Smart Gallery of Art，1989. Pp. 68 - 90.

202430　XU Zhentao（許鎮濤）等. "Astronomical Records on the Shang Dynasty Oracle Bones"（商代甲骨卜辭裏的天文記錄）. *Archaeoastronomy* 14 (1989)：561 - 572.

1990

202440　ALLAN，Sarah（艾蘭）. "Hu Houxuan and the *Jiaguwen Heji*"（胡厚宣與《甲骨文合集》）. *East Asian Civilizations: New Attempts at Understanding Traditions* 3/4 (1990)：252 - 257.

202450　BOLTZ，William G.（鮑則岳）. "Three Footnotes on the Ting 鼎 Tripod"（有關鼎字的三個注解）. *Journal of the*

American Oriental Society 110.1 (1990): 1-8.

202460　　ENO, Robert（伊若泊）. "Was There a High-God *Ti* in Shang Religion?"（商代宗教有上帝嗎?）. *Early China* 15 (1990): 1-26.

202470*　　KEIGHTLEY, David N.（吉德煒）. "Early Civilization in China: Reflections on How It Became Chinese"（中國的早期文明：它怎樣變成中國的思考）. 載於 Paul S. ROPP（羅溥洛）編, *Heritage of China: Contemporary Perspectives on Chinese Civilization*（中國的遺產：有關中國文明的現代視角）. Berkeley, Cal.: University of California Press, 1990. Pp. 15-54.

202480　　KEIGHTLEY, David N.（吉德煒）. "Sources of Shang History: Two Major Oracle-Bone Collections Published in the People's Republic of China"（商代史料：中華人民共和國發表的兩個重要甲骨文彙編）. *Journal of the American Oriental Society* 110.1 (1990): 39-59.

202490　　LEFEUVRE, Jean A.（雷煥章）. "Rhinoceros and Wild Buffaloes North of the Yellow River at the End of the Shang Dynasty: Some Remarks on the Graph X and the Character 兕"（商代末期黃河以北的犀牛和野牛：關於兕字的幾點看法）. *Monumenta Serica* 39 (1990-1991): 131-157.

202500*　　TAKASHIMA, Ken-ichi（高島謙一）. "A Study of the Copulas in Shang Chinese"（商代語言的系動詞研究）. *The Memoirs of the Institute of Oriental Culture* (University of Tokyo) 112 (1990): 1-92.

202510　　WHITTIKER, Gordon（黃戈登）. *Calendar and Script in Protohistorical China and Mesoamerica: A Comparative Study of Day Names and their Signs*（早期中國和中美洲的曆法和文字：日名及其符號的比較研究）. Bonn: Holos, 1990.

202520　　　WHITTIKER, Gordon（黃戈登）. "Developmental Aspects of the Shang *kan-chih*"（商代干支的發展特點）. 載於 Bruno ILLIUS 和 Matthias LAUBSCHER 編, *Circumpacifica* Bd. II（太平洋邊緣）. Frankfurt: Peter Lang, 1990. Pp. 477-489.

1991

202530*　　ALLAN, Sarah（艾蘭）. *The Shape of the Turtle: Myth, Art, and Cosmos in Early China*（龜之形：早期中國的神話、藝術與宇宙）. Albany, N.Y.: SUNY Press, 1991.

202540　　　AMMASSARI, Antonio. *L'identità cinese: Note sulla preistoria della Cina secondo le iscrizioni oracolari della dinastia Shang*（中國的身份：從商代甲骨卜辭看中國的先史時代）. De fronte e attraverso 297. Milan: Jaca, 1991.

202550　　　HSÜ, James C.H.（徐進雄）. "Unwanted Children and Parents: Archaeology, Epigraphy and the Myths of Filial Piety"（多餘的孩子和父母：考古、文字學與孝的傳說）. 載於 Julia CHING（秦家懿）and R.W.L. GUISSO（桂雨時）編. *Sages and Filial Sons: Mythology and Archaeology in Ancient China*（聖人與孝子：中國古代的神話和考古）. Hong Kong: Chinese University Press, 1991. Pp. 23-41.

202560　　　KOLB, Raimund Theodor（科爾博）. *Die Infanterie im alten China: Ein Beitrag zur Militärgeschichte der Vor-Zhan-Guo-Zeit*（中國古代的步兵：戰國以前戰爭史研究）. Mainz: Philipp von Zabern, 1991.

202570　　　QI, Wenxin（齊文心）. "An Inquiry into the Original Meaning of the Chinese Character for King (*Wang*)"（漢語中國王的"王"字語意探源）. *Chinese Studies in History* 25.2 (1991): 3-16.

1992

202580* ALLAN, Sarah（艾蘭）. "On the Engraving of Oracle Bone Inscriptions"（論甲骨文的契刻）. 載於李學勤、齊文心和艾蘭編《英國所藏甲骨集》下編二册（北京：中華書局，1985 年）. Pp.169–207.

202590 DJAMOURI, Redouane（羅瑞）. "Un emploi particulier de *you*（有）en chinois archaïque"（古代中文"有"字的一個特殊用法）. *Cahiers de Linguistique: Asie Orientale* 21.2 (1992): 231–289.

202600* VANDERMEERSCH, Léon（汪德邁）. "L'imaginaire divinatoire dans l'histoire en Chine"（中國歷史上的貞卜象徵）. *Bulletin de l'Ecole Française d'Extrême-Orient* 79.1 (1992): 1–8.

1993

202610 KEIGHTLEY, David N.（吉德煒）. "Clean Hands and Shining Helmets: Heroic Action in Early Chinese and Greek Culture"（清潔的手與閃耀的盔：早期中國和希臘裏的英勇事迹）. 載於 Tobin SIEBERS, ed. *Religion and the Authority of the Past*（過去的宗教與權威）. Ann Arbor: University of Michigan Press, 1993. Pp. 13–51.

202620* WANG Tao（汪濤）. "Colour Symbolism in Late Shang China"（商代晚期的顏色象徵）. 博士論文：University of London, 1993.

202630 YAU, Shun-chiu（游順釗）. "A Linguistics for the Chinese Writing System: With Special Reference to Its Paleography"（中國文字語法學一則：以古文字學爲重點）. 載於 *Essays on the Chinese Language by Contemporary Chinese Scholars*（當代中國學者關於中國語言的文章）. Paris: 1993. Pp. 195–236.

1994

202640　　CHANG, Kwang-chih（張光直）. "Shang Shamans"（商代之巫）. 載於 Willard J. PETERSON（裴德生）, Andrew H. PLAKS（浦安迪）, and Ying-shih Yü（余英時）編. *The Power of Culture: Studies in Chinese Cultural History*（文化的力量：中國文化史研究）. 香港：香港中文大學出版社, 1994. Pp. 10–36.

202650　　CHEN, Kuang Yu（陳光宇）. "*Zhui Wang* in Oracle Bone Language: Possible Relationship to the Bird Totem of Shang Dynasty (1700–1100 B.C.)"（甲骨語言裏的佳王：可能與商代鳥圖騰存在的關係）. *Journal of Chinese Linguistics* 22 (1994): 101–113.

202660　　DJAMOURI, Redouane（羅瑞）. "Emploi des déictiques *zi*（兹）et *zhi*（之）dans les inscriptions des Shang"（商代卜辭裏指示代詞"兹"和"之"的用法）. *Cahiers de Linguistique: Asie Orientale* 23 (1994): 107–118.

202670　　DJAMOURI, Redouane（羅瑞）. "L'emploi des signes numériques dans les inscriptions Shang"（商代卜辭裏數字符號的用法）. *Extrême-Orient, Extrême-Occident* 16 (1994): 13–42.

202680　　KEIGHTLEY, David N.（吉德煒）. "Sacred Characters"（神聖的文字）. 載於 Robert E. MUROWCHICK（慕容杰）編. *China: Ancient Culture, Modern Land*（中國：古代文化, 現代國家）. Norman, OK: University of Oklahoma Press, 1994. Pp. 71–79.

202690　　KLEEMAN, Terry F.（祁泰履）. "Mountain Deities in China: The Domestication of the Mountain God and the Subjugation of the Margins"（中國的山神：山神的馴化和邊界的征服）. *Journal of the American Oriental Society* 114.2

(1994): 226-238.

202700　　KURIYAMA, Shigehisa（栗山茂久）. "The Imagination of Winds and the Development of the Chinese Conception of the Body"（風的想象和中國身體概念的演變）. 載於 Angela ZITO（司徒安）和 Tani E. BARLOW（白露）合編. *Body, Subject and Power in China*（中國的身體、主體和權力）. Chicago: University of Chicago Press, 1994. Pp. 23-41.

202710　　PEYRAUBE, Alain（貝羅貝）. "On the History of Chinese Locative Prepositions"（有關中文定位介詞的歷史）. 《中國境內語言與語言學》2 (1994): 361-387.

202720　　PEYRAUBE, Alain（貝羅貝）和 Thekla WIEBUSCH（魏婷蘭）. "Problems Relating to the History of Different Copulas in Ancient Chinese"（與古漢語系動詞發展史有關的問題）. 載於 Matthew Y. CHEN（陳淵泉）和 Ovid J.L. TZENG（曾志朗）合編. *Interdisciplinary Studies on Language and Language Change, in Honour of William S.Y. Wang*（獻給王士元的語言與語言變化的跨學科研究）. Taipei: Pyramid Press, 1994. Pp. 383-404.

202730　　TAKASHIMA, Ken-ichi（高島謙一）. "The Modal and Aspectual Particle *Qi* in Shang Chinese"（商代漢語中表達情態的虛詞"其"）. 載於 Robert H. GASSMANN（高思曼）和 HE Leshi（何樂士）合編. *Papers of the First International Congress on Pre-Qin Chinese Grammar*（第一屆先秦漢語語法國際研討會論文）. 長沙: 岳麓書社, 1994. Pp. 479-565.

202740　　YAU, Shun-chiu（游順釗）. "Le roi et moi: ou le role motivateur des objets manufactures dans la formation des idéo-pictogrammes chinois"（王與我：在中國會意象形字的構造中事物所起之角色）. *Cahiers de Linguistique Asia Orientale* 23 (1994): 349-363.

1995

202750 BOTTÉRO, Françoise (蒲芳莎). "Les trente premières années du déchiffrement des inscriptions oraculaires (1903-1933)"（甲骨卜辭的釋讀之頭三十年，1903-1933年）. 載於 YAU Shun-chiu (游順釗) 編. *Écriture archaïques, systèmes et déchiffrement*（古代文字：系統與釋讀）. Paris: Editions Langages croisés, 1995. Pp. 73-98.

202760 CHANG, Kwang-chih (張光直). "On the Meaning of *Shang* in the Shang Dynasty"（論商朝時"商"字的意義）. *Early China* 20 (1995): 69-77.

202770 CHILDS-JOHNSON, Elizabeth (江伊莉). "The Ghost Head Mask and Metaphoric Shang Imagery"（鬼頭面具與商代隱喻性的圖像）. *Early China* 20 (1995): 79-92.

202780 COOK, Richard S. (曲理查). "The Etymology of Chinese 辰 Chén"（漢語"辰"的詞源）. *Linguistics of the Tibeto-Burman Area* 18.2 (1995): 1-232.

202790 DU Jinpeng (杜金鵬). "The Social Relationships of Men and Women in the Xia-Shang Era"（夏商時代男女之社會關係）. 載於 MIN Jiayin (閔家胤) 編. *The Chalice and the Blade in Chinese Culture: Gender Relations and Social Models*（中國文化裏的瓠和刀：性別關係與社會模型）. 北京：中國社會科學出版社，1995. Pp. 127-168.

202800 KEIGHTLEY, David N. (吉德煒). "Chinese Religions—The State of the Field: Part I, Early Religious Traditions: The Neolithic Period Through the Han Dynasty (ca. 4000 B.C.E.-220 C.E.): Neolithic and Shang Periods"（中國宗教——學界狀態：第一部分，早期宗教傳統：新石器時代到漢代，約公元前4000年至公元220年）. *Journal of Asian Studies* 54.1 (1995): 128-145.

202810 　KEIGHTLEY，David N.（吉德煒）."A Measure of Man in Early China：In Search of the Neolithic Inch"（早期中國對人的度量：尋找新石器時代的"寸"）. *Chinese Science* 12（1995）：18－40.

202820 　PANKENIER，David W.（班大爲）."The Cosmo-Political Background of Heaven's Mandate"（天命的宇宙政治背景）. *Early China* 20（1995）：121－176.

202830 　VENTURE，Olivier（風儀誠）."Texte et organization graphique dans les inscriptions Shang sur os et carapaces"（商代甲骨刻辭的文本和形式構造）. 載於 YAU Shun-chiu（游順釗）編. *Écriture archaïques，systèmes et déchiffrement*（古代文字：系統與釋讀）. Paris：Editions Langages croisés，1995. Pp. 155－179.

202840 　YAU，Shun-chiu（游順釗）ed. *Écriture archaïques，systèmes et déchiffrement*（古代文字：系統與釋讀）. Paris：Editions Langages croisés，1995.

1996

202850 　ENO，Robert（伊若泊）."Deities and Ancestors in Early Oracle Inscriptions"（早期甲骨卜辭裏的神與祖先）. 載於 Donald S. LOPEZ（羅普滋），Jr. 編. *Religions of China in Practice*（實踐中的中國宗教）. Princeton Readings in Religions. Princeton，1996. Pp. 41－51.

202860 　ITŌ，Michiharu（伊藤道治）和 Ken-ichi TAKASHIMA（高島謙一）. *Studies in Early Chinese Civilization：Religion，Society，Language，and Palaeography*（中國早期文明研究：宗教、社會、語言與古文字）. Gary F. ARBUCKLE 編. 2 vols. 大阪：關西外國語大學，外交研究所，1996.

202870 　NIVISON，David［Shepherd］（倪德衛）."Response to K.

Takashima, Towards a New Pronominal Hypothesis of *qi* in Shang Chinese"（回答高島謙一：有關商代漢語"其"字用作代詞的新推測）. 載於 P.J. IVANHOE（艾文賀）編. *Chinese Language, Thought, and Culture: Nivison and His Critics*（中國語言、思想和文化：倪德衛和他的批評者）. Chicago: Open Court Press, 1996. Pp. 267‒277.

202880* SHAUGHNESSY, Edward L.（夏含夷）. "Micro-Periodization and the Calendar of a Shang Military Campaign"（微細斷代法與商代一次戰爭的時間表）. 載於 P.J. Ivanhoe（艾文賀）編. *Chinese Language, Thought, and Culture: Nivison and His Critics*（中國語言、思想和文化：倪德衛和他的批評者）. Chicago: Open Court Press, 1996. Pp. 58‒82.

202890 SHELACH, Gideon（吉迪）. "The Qiang and the Question of Human Sacrifice in the Late Shang Period"（羌與商代晚期人牲問題）. *Asian Perspectives* 35.1 (1996): 1‒26.

202900 TAKASHIMA, Ken-ichi（高島謙一）. "Toward a New Pronominal Hypothesis of *Qi* in Shang Chinese"（有關商代漢語"其"字用作代詞的新推測）. 載於 P.J. IVANHOE（艾文賀）編. *Chinese Language, Thought, and Culture: Nivison and His Critics*（中國語言、思想和文化：倪德衛和他的批評者）. Chicago: Open Court Press, 1996. Pp. 3‒38.

202910 TAKASHIMA, Ken-ichi（高島謙一）. "[Review of] SHEN Pei 沈培, *Yinxu jiagu buci yuxu yanjiu* 殷墟甲骨卜辭語序研究"（沈培著《殷墟甲骨卜辭語序研究》書評）. *International Review of Chinese Linguistics* 1.1 (1996): 113‒122.

202920* WANG, Tao（汪濤）. "Colour Terms in Shang Oracle-Bone Inscriptions"（商代甲骨卜辭裏的顏色名稱）. *Bulletin of the School of Oriental and African Studies* 59.1 (1996): 63‒101.

1997

202930   ALLAN, Sarah（艾蘭）. "Tian as Sky: The Conceptual Implications"（作爲天空的天：概念之寓意）. 載於 Jacques GERNET（謝和耐）和 Marc KALINOWSKI（馬克）合編. *En suivant la Voie Royale: Mélanges offerts en hommage à Léon Vandermeersch*（隨從王道：獻給汪德邁論文集）. Études thématiques 7. Paris: École Française d'Extrême-Orient, 1997. Pp. 225-230.

202940   DJAMOURI, Redouane（羅瑞）. "Écriture et langue dans les inscriptions chinoises archaïques (XIVe-XIe siècle avant notre ère)"（公元前十四世紀至前十一世紀上古漢語契文的書寫與語言）. 載於 Viviane ALLETON 編. *Paroles à dire, paroles à écrire: Inde, Chine, Japon*（説話之言，寫字之言：印度、中國、日本）. Paris: École des Hautes Études en Sciences Sociales, 1997. 209-240.

202950   DJAMOURI, R[edouane]（羅瑞）和 W. PAUL. "Les syntagmes prépositionnels en *yu* 於 et *zai* 在 en chinios archaïque"（古代漢語的前置詞"於"和"在"）. *Cahiers de Linguistique — Asie Orientale* 26.2 (1997): 221-248.

202960   KEIGHTLEY, David N.（吉德煒）. "The First Historical Dynasty: The Shang"（第一個歷史朝代：商）. *The New Encyclopedia Britannica: Macropaedia* 16 (1997): 68-70.

202970*   KEIGHTLEY, David N.（吉德煒）. "Graphs, Words, Meanings: Three Reference Works for Shang Oracle-Bone Studies, with an Excursus on the Religious Role of the Day or Sun"（文字、詞彙、意義：商代甲骨學的三個參考書，并論"日"的宗教角色）. *Journal of the American Oriental Society* 117.3 (1997): 507-524.

202980*   KEIGHTLEY, David N.（吉德煒）. "Shang Oracle-Bone

Inscriptions"（商代甲骨卜辭）. 載於 Edward L. SHAUGHNESSY（夏含夷）編. *New Sources of Early Chinese History: An Introduction to the Reading of Inscriptions and Manuscripts*（早期中國歷史的新史料：銘文與寫本的導讀）. Early China Special Monograph Series 3. Society for the Study of Early China and the Institute of East Asian Studies, University of California, Berkeley, 1997. Pp. 15 – 56.

202990　　LEFEUVRE, Jean A.（雷煥章）. "Grands et petits territoires"（大地與小地）. 載於 Jacques GERNET（謝和耐）和 Marc KALINOWSKI（馬克）合編. *En suivant la Voie Royale: Mélanges offerts en hommage à Léon Vandermeersch*（隨從王道：獻給汪德邁論文集）. Études thématiques 7. Paris：École Francaise d'Extreme-Oreint, 1997. Pp. 45 – 49.

203000　　LEFEUVRE, Jean A.（雷煥章）. *Several Collections of Oracular Inscriptions in Germany, Switzerland, the Netherlands, Belgium*（德瑞荷比所藏一些甲骨錄）. 臺北：Ricci Institute, 1997.

203010　　QI, Wenxin（齊文心）. "The Case for Yi Yin and Huang Yin Being Two Persons"（伊尹、黃尹爲二人之辨）. *Chinese Studies in History* 31.1 (1997)：3 – 22.

203020　　TAKASHIMA, Ken-ichi（高島謙一）. "Focus and Explanation in Copulative-Type Sentences in a Genuine Classical Chinese Text"（一份真本古漢語文獻裏的系動句的關注與解釋）. *Cahiers de linguistique Asie Orientale* 26.2 (1997)：177 – 199.

1999

203030　　DJAMOURI, Redouane（羅瑞）. "Écriture et divination sous les Shang"（商代的書寫與貞卜）. *Extrême-Orient*,

Extrême-Occident 21 (1999): 11 - 35.

203040　　DJAMOURI, Redouane (羅瑞). "Evolution of *zhi* in Archaic Chinese"（古代漢語裏"之"的演變）. 載於 Alain PEYRAUBE（貝羅貝）和 SUN Chaofen（孫朝奮）合編. *Studies on Chinese Historical Syntax and Morphology: Linguistic Essays in Honour of Mei Tsu-lin*（獻給梅祖麟的語言學論文）. Collection des Cahiers de linguistique: Asie orientale 3. Paris: Centre de Recherches Linguistiques sur l'Asie Orientale, 1999. Pp. 33 - 47.

203050　　CHEN, Zhi (陳致). "A New Reading of 'Yen-yen'"（《燕燕》的新讀法）. *T'oung Pao* 85.1 - 85.3 (1999): 1 - 28.

203060*　　CHEN, Zhi (陳致). "A Study of the Bird Cult of the Shang People"（商人的鳥圖騰研究）. *Monumenta Serica* 47 (1999): 127 - 147.

203070　　KEIGHTLEY, David N. (吉德煒). "At the Beginning: The Status of Women in Neolithic and Shang China"（開端：中國新石器和商代婦女的地位）. *Nan nü: Men, Women and Gender in Early and Imperial China* 1.1 (1999): 1 - 62.

203080　　KEIGHTLEY, David N. (吉德煒). "The Environment of Ancient China"（中國古代的自然環境）. 載於 Michael LOEWE（魯惟一）和 Edward L. SHAUGHNESSY（夏含夷）編. *The Cambridge History of Ancient China: From the Origins of Civilization to 221 B.C.*（劍橋中國古代史：從文明起源到公元前 221 年）. New York: Cambridge University Press, 1999. Pp. 30 - 36.

203090　　KEIGHTLEY, David N. (吉德煒). "Shamanism, Death, and the Ancestors: Religious Mediation in Neolithic and Shang China (ca. 5000 - 1000 B.C.)"（巫覡宗教、死亡和祖先：約公元前 5000—前 1000 年中國新石器時代和商代的宗教調

解). *Asiatische Studien/Études Asiatiques* 52.3 (1998)：763–831.

203100 KEIGHTLEY, David N. (吉德煒). "The Shang: China's First Historical Dynasty" (商：中國的第一個歷史朝代). 載於 Michael LOEWE (魯惟一) 和 Edward L. SHAUGHNESSY (夏含夷) 編. *The Cambridge History of Ancient China: From the Origins of Civilization to 221 B.C.* (劍橋中國古代史：從文明起源到公元前 221 年). New York: Cambridge University Press, 1999. Pp. 232–291.

203110 KEIGHTLEY, David N. (吉德煒). "Theology and the Writing of History: Truth and the Ancestors in the Wu Ding Divination Records" (神學與歷史的寫作：武丁占卜記錄中的真實與祖先). *Journal of East Asian Archaeology* 1.1–1.4 (1999)：207–230.

203120* LI Xueqin (李學勤), QI Wenxin (齊文心), AI Lan 艾蘭 (Sarah ALLAN). *Oracle Bone Inscriptions in the Museum of Far Eastern Antiquities, Stockholm, Sweden* (瑞典斯德哥爾摩遠東古物博物館藏甲骨文字). 北京：中華書局, 1999.

203130 VANDERMEERSCH, Léon (汪德邁). "Entre divination et écriture: Essai de clonage d'un texte des *Annales sur bamboo*" (在貞卜與書寫之間：一份《竹書紀年》文本的克隆試驗). *Études chinoises* 18.1–18.2 (1999)：125–135.

2000

203140 BARBIERI-LOW, Anthony J. (李安敦). "Wheeled Vehicles in the Chinese Bronze Age (c. 2000–771 B.C.)" (約公元前 2000—前 771 年中國青銅時代有輪子的車). *Sino-Platonic Papers* 99 (2000).

203150 CAMPBELL, Roderick (江雨德). "Numerical Expressions

in Oracle-Bone Inscriptions"（甲骨卜辭裏的數字）. *BC Asian Review* 12（2000）：128-147.

203160　　KEIGHTLEY, David N.（吉德煒）. *The Ancestral Landscape: Time, Space, and Community in Late Shang China (ca. 1200-1045 B.C.)*（祖先的風景：約公元前1200—前1045年中國商代晚期的時間、地域和社會）. Berkeley: Institute of East Asian Studies, University of California at Berkeley, 2000.

203170*　　TAKASHIMA, Ken-ichi（高島謙一）和 Anne O. YUE（余靄芹）. "Evidence of Possible Dialect Mixture in Oracle-Bone Inscriptions"（甲骨卜辭裏可能的方言融合的證據）. 載於 *Memory of Professor Li Fang-kuei: Essays of Linguistic Change and the Chinese Dialects*（紀念李方桂教授：語言變化和中國方言的論文）. Seattle: University of Washington, 2000. 1-52.

203180*　　TAKASHIMA, Ken-ichi（高島謙一）. "Toward a More Rigorous Methodology of Deciphering Oracle-Bone Inscriptions"（邁向一種更嚴格的甲骨卜辭釋讀方法）. *T'oung Pao* 86.4-86.5（2000）：363-399.

203190*　　WANG, Aihe（王愛和）. *Cosmology and Political Culture in Early China*（早期中國的宇宙論和政治文化）. Cambridge: Cambridge University Press, 2000.

2001

203200　　BOLTZ, William G.（鮑則岳）. "The Structure of OBI Characters"（甲骨文文字之構造）. 載於 YAU Shun-chiu（游順釗）和 Chrystelle MARÉCHAL（麥里筱）合編. *Actes du Colloque international commémorant le centenaire de la découverte des inscriptions sur os et carapaces*（甲骨文發現一

百周年國際研討會論文集). Cang jie, numéro spécial. Paris: Langages Croisés, 2001. Pp. 169-177.

203210   BOTTÉRO, Françoise (蒲芳莎). "Variantes graphiques dans les inscriptions sur os et écailles" (甲骨文裏的異體字). 載於 YAU Shun-chiu (游順釗) 和 Chrystelle MARÉCHAL (麥里筱) 合編. *Actes du Colloque international commémorant le centenaire de la découverte des inscriptions sur os et carapaces* (甲骨文發現一百周年國際研討會論文集). Cang jie, numéro spécial. Paris: Langages Croisés, 2001. Pp. 179-193.

203220   DJAMOURI, Redouane (羅瑞). "Études grammaticales des inscriptions Shang: Résultats acquis" (商代刻辭的語法研究: 所得出的結論). 載於 YAU Shun-chiu (游順釗) 和 Chrystelle MARÉCHAL (麥里筱) 合編. *Actes du Colloque international commémorant le centenaire de la découverte des inscriptions sur os et carapaces* (甲骨文發現一百周年國際研討會論文集). Cang jie, numéro spécial. Paris: Langages Croisés, 2001. Pp. 119-134.

203230   DJAMOURI, Redouane (羅瑞). "Markers of Predication in Shang Bone Inscriptions" (商代甲骨卜辭裏謂詞的標志). 載於 Hilary CHAPPELL (曹茜蕾) 編. *Sinitic Grammar: Synchronic and Diachronic Perspectives* (漢語語法: 共時與歷時的觀點). Oxford: Oxford University Press, 2001. Pp. 143-171.

203240   DJAMOURI, Redouane (羅瑞). "Système des pronoms démonstratifs en chinois basarchaïque" (下古漢語的指示代詞系統). 載於 Redouane DJAMOURI (羅瑞) 編. *Collected Essays in Ancient Chinese Grammar* (古代漢語語法論文集). Collection des Cahiers de linguistique: Asie orientale 6. Paris: Centre de Recherches Linguistiques sur l'Asie Orientale,

2001. Pp. 161–176.

203250　　DJAMOURI, Redouane (羅瑞) 編. *Collected Essays in Ancient Chinese Grammar* (古代漢語語法論文集). Collection des Cahiers de linguistique: Asie orientale 6. Paris: Centre de Recherches Linguistiques sur l'Asie Orientale, 2001.

203260　　FISKESJÖ, Magnus (馬思中). "Rising from Blood-Stained Fields: Royal Hunting and State Formation in Shang Dynasty China" (從沾血的田地興起：中國商代的王室田獵與國家之形成). *Bulletin of the Museum of Far Eastern Antiquity* 73 (2001): 48–191.

203270*　　KEIGHTLEY, David N. (吉德煒). "The Diviners' Notebooks: Shang Oracle-Bone Inscriptions as Secondary Sources" (貞人之筆記本：作爲二手史料的商代甲骨卜辭). 載於 YAU Shun-chiu (游順釗) 和 Chrystelle MARÉCHAL (麥里筱) 合編. *Actes du Colloque international commémorant le centenaire de la découverte des inscriptions sur os et carapaces* (甲骨文發現一百周年國際研討會論文集). Cang jie, numéro spécial. Paris: Langages Croisés, 2001. Pp. 11–25.

203280　　KEIGHTLEY, David N. (吉德煒). "The 'Science' of the Ancestors: Divination, Curing, and Bronze-Casting in Late Shang China" (祖先的"科學"：中國商代晚期的貞卜、治療和青銅鑄造). *Asia Major* 14.2 (2001): 143–187.

203290　　LEFEUVRE, Jean A. (雷煥章). "La graphie 賓 et ses variantes dans les inscriptions oraculaires et son évolution dans les inscriptions sur bronze" (甲骨卜辭裏的"賓"字及其在銅器銘文中的演變). 載於 YAU Shun-chiu (游順釗) 和 Chrystelle MARÉCHAL (麥里筱) 合編. *Actes du Colloque international commémorant le centenaire de la découverte des inscriptions sur os et carapaces*（甲骨文發現一百周年國際研討會論文集）. *Cang jie*, numéro spécial. Paris: Langages Croisés, 2001. Pp. 225–228.

203300   MARÉCHAL, Chrystelle（麥里筱）. "La désignation du terme générique pour couleur en chinois"（漢語裏"顏色"的普通詞彙）. 載於 Redouane DJAMOURI（羅瑞）編. *Collected Essays in Ancient Chinese Grammar*（古代漢語語法論文集）. Collection des Cahiers de linguistique: Asie orientale 6. Paris: Centre de Recherches Linguistiques sur l'Asie Orientale, 2001. Pp. 237–263.

203310   PULLEYBLANK, Edwin G.（蒲立本）. "Syllable Structure and Morphology in Old Chinese"（古代漢語裏的音節結構和形態學）. 載於 Redouane DJAMOURI（羅瑞）編. *Collected Essays in Ancient Chinese Grammar*（古代漢語語法論文集）. Collection des Cahiers de linguistique: Asie orientale 6. Paris: Centre de Recherches Linguistiques sur l'Asie Orientale, 2001. Pp. 25–61.

203320   TAKASHIMA, Ken-ichi（高島謙一）. "A Cosmography of Shang Oracle-Bone Graphs"（商代甲骨文字的宇宙學）. 載於 YAU Shun-chiu（游順釗）和 Chrystelle MARÉCHAL（麥里筱）合編. *Actes du Colloque international commémorant le centenaire de la découverte des inscriptions sur os et carapaces*（甲骨文發現一百周年國際研討會論文集）. *Cang jie*, numéro spécial. Paris: Langages Croisés, 2001. Pp. 37–62.

203330   VANDERMEERSCH, Léon（汪德邁）. "La filiation chéloniomantique de l'achilléomancie"（蓍占與龜占的關係）. 載於 YAU Shun-chiu（游順釗）和 Chrystelle MARÉCHAL（麥里筱）合編. *Actes du Colloque international commémorant le centenaire de la découverte des inscriptions sur os et carapaces*（甲骨文發現一百周年國際研討會論文集）. Cang jie, numéro spécial. Paris: Langages Croisés, 2001. Pp. 63–70.

203340　　VENTURE, Olivier（風儀誠）. "Quelques observations au sujet de la mise en page des textes de divination sur plastron"（關於甲骨卜辭在龜甲上頁面布局的幾點看法）. 載於 YAU Shun-chiu（游順釗）和 Chrystelle MARÉCHAL（麥里筱）合編. *Actes du Colloque international commémorant le centenaire de la découverte des inscriptions sur os et carapaces*（甲骨文發現一百周年國際研討會論文集）. Cang jie, numéro spécial. Paris: Langages Croisés, 2001. Pp. 71–90.

203350*　　WANG, Tao（汪濤）. "Oracle Bones and Western Sinology"（甲骨與西方漢學）. 載於 YAU Shun-chiu（游順釗）和 Chrystelle MARÉCHAL（麥里筱）合編. *Actes du Colloque international commémorant le centenaire de la découverte des inscriptions sur os et carapaces*（甲骨文發現一百周年國際研討會論文集）. Cang jie, numéro spécial. Paris: Langages Croisés, 2001. Pp. 91–116.

203360　　YAU, Shun-chiu（游順釗）和 Chrystelle MARÉCHAL（麥里筱）, ed. *Actes du Colloque international commémorant le centenaire de la découverte des inscriptions sur os et carapaces*（甲骨文發現一百周年國際研討會論文集）. Cang jie, numéro spécial. Paris: Langages Croisés, 2001.

2002

203370　　KEIGHTLEY, David N.（吉德煒）. "Epistemology in Cultural Context: Disguise and Deception in Early China and Early Greece"（文化環境中的認識論：早期中國和早期希臘的偽裝和欺騙）. 載

於 Steven SHANKMAN 和 Stephen DURRANT（杜潤德）合編. *Early China/Ancient Greece: Thinking Through Comparisons* （早期中國、古代希臘：對比之思考）. Albany, N.Y.: State University of New York Press, 2002. Pp. 119–153.

203380* TAKASHIMA, Ken-ichi（高島謙一）. "Some Ritual Verbs in Shang Texts"（商代文本裏的幾個禮儀動詞）. *Journal of Chinese Linguistics* 30.1 (2002): 97–141.

203390 WU, Keying（吳可穎）. "The Graph X (*Xian* 咸) in Oracle-Bone Inscriptions"（甲骨卜辭裏的咸字）. *B.C. Asian Review* 13 (2002): 92–110.

2004

203400 BOTTÉRO, Françoise（蒲芳莎）. "Writing on Shell and Bone in Shang China"（中國商代甲骨文）. 載於 Stephen D. HOUSTON 編. *The First Writing: Script Invention as History and Process*（第一種書寫：作爲歷史與過程的文字發明）. Cambridge: Cambridge University Press, 2004. Pp. 250–261.

203410 CAMPBELL, Roderick（江雨德）. "Focus, Classifiers and Quantificational Typology: A Brief Account of Cardinal Expressions in Early Inscriptional Chinese"（焦點、偏旁和定量類型學：簡論早期銘刻漢語裏的基數詞表達）. 載於 Ken-ichi TAKASHIMA（高島謙一）和 JIANG Shaoyu（蔣紹愚）編. *Meaning and Form: Essays in Pre-Modern Chinese Grammar*（意義與形式：古代漢語語法論文集）. LINCOM Studies in Asian Linguistics 55. Munich, 2004. Pp. 19–41.

203420 HANDEL, Zev [J.]（韓哲夫）. "The Use of *jin* 今, *yì* 翌, and *lái* 來 as Time Demonstratives with *ganzhi* Dates in the Oracle-Bone Inscriptions"（甲骨卜辭裏以今、翌、來加干支日期作爲時間指示詞）. 載於 Ken-ichi TAKASHIMA（高島謙一）

和 JIANG Shaoyu（蔣紹愚）編. *Meaning and Form: Essays in Pre-Modern Chinese Grammar*（意義與形式：古代漢語語法論文集）. LINCOM Studies in Asian Linguistics 55. Munich，2004. Pp. 57－75.

203430 　 KEIGHTLEY, David N.（吉德煒）. "The Making of the Ancestors: Late Shang Religion and Its Legacy"（製造祖先：商代晚期宗教及其遺產）. 載於 John LAGERWEY（勞格文）編. *Religion and Chinese Society: A Centennial Conference of the École française d'Extrême-Orient*（宗教與中國社會：法國遠東學院百年紀念會議）. Hong Kong: École Française d'Extrême-Orient and the Chinese University of Hong Kong Press，2004. Vol. 1. Pp. 3－63.

203440* 　 PANKENIER, David W.（班大爲）. "A Brief History of Beiji 北極（Northern Culmen）with an Excursus on the Origin of the Character *di* 帝"（北極簡史：附論帝字的起源）. *Journal of the American Oriental Society* 124 (2004): 211－236.

203450 　 SAGART, Laurent（沙加爾）. "The Chinese Names of the Four Directions"（四方的中文名稱）. *Journal of the American Oriental Society* 124.1 (2004): 69－76.

203460* 　 TAKASHIMA, Ken-ichi（高島謙一）. "How to Read Shang Oracle-Bone Inscriptions: A Critique of the Current Method"（怎樣閱讀商代甲骨卜辭：對現行方法的一點批評）. *Bulletin of the Museum of Far Eastern Antiquity* 76 (2004): 22－43.

2005

203470 　 DONG, Linfu（董林夫）. *Cross Culture and Faith: The Life and Work of James Mellon Menzies*（文化交流與信仰：明義士

的生活和工作). Toronto: University of Toronto Press, 2005.

203480　LIU, Xueshun (劉學順). "The First Known Chinese Calendar: A Reconstruction by the Synchronic Evidential Approach"(已知的第一件中國曆譜: 利用共時證據法的重構). 博士論文: University of British Columbia, 2005.

203490*　TAKASHIMA, Ken-ichi (高島謙一). "Placement of Inscriptions on Oracle-Bone Plastrons as a Guide to Decipherment"(以卜辭在龜腹甲上的位置作爲解讀的指南). *Asiatische Studien/Études Asiatiques* 59.1 (2005): 11-29.

203500*　TAKASHIMA, Ken-ichi (高島謙一)."A Reconstruction of Shang Joint Rituals"(商代配祀之擬構). 載於 W. South COBLIN (柯蔚南) and Anne O. YUE (余靄芹) 編. *Festschrift Dedicated to the 73rd Birthday of Professor Jerry Norman* (羅杰瑞先生七秩壽慶論文集). 香港: 香港中文大學中國文化研究所, 2005. Pp. 453-472.

2006

203510　CHIANG, William. "A Comparison of Maya and Oracle Bone Scripts"(瑪雅文字和甲骨文字的比較). *Visible Language* 40.3 (2006): 310-333.

203520　COOK, Constance A. (柯鶴立). "From Bone to Bamboo: Number Sets and Mortuary Ritual"(從骨至竹: 數字集合和喪葬禮儀). *Journal of Oriental Studies* 41.1 (2006): 1-40.

203530　HESSLER, Peter (何偉). *Oracle Bone: A Journey between China's Past and Present* (甲骨: 中國過去和現代之間的旅行). New York: Harper-Collins, 2006.

203540　KEIGHTLEY, David N. (吉德煒). "Sacred Waste: Theirs or Ours?"(神聖的垃圾: 他們的抑或我們的?). 載於 Christoph ANDERL (安東平)和 Halvor EIFRING (艾皓德)

合編. *Studies in Chinese Language and Culture: Festschrift in Honour of Christoph Harbsmeier on the Occasion of His 60th Birthday*（中國語言和文化研究：慶祝何莫邪六十歲論文集）.Oslo：Hermes Academic Publishing，2006. Pp. 3-12.

203550* TAKASHIMA，Ken-ichi（高島謙一）."The Graph ⊙ in Shang Oracle-Bone Inscriptions"（論甲骨文之"日"字）. *Bulletin of Chinese Linguistics* 1.1（2006）：61-79.

2007

203560* ALLAN，Sarah（艾蘭）."On the Identity of Shang Di 上帝 and the Origin of the Concept of a Celestial Mandate（*tian ming* 天命）"（有關上帝的身份和天命概念的起源）. *Early China* 31（2007）：1-46.

203570* CHEN，Zhi（陳致）. *The Shaping of the* Book of Songs: *From Ritualization to Secularization*（《詩經》的成形：從禮儀化到世俗化）. Monumenta Serica Monograph Series 52. Sankt Augustin，2007.

203580 SHAUGHNESSY，Edward L.（夏含夷）."The Religions of Ancient China"（中國古代的宗教）. 載於 John Hinnells 編. *A Handbook of Ancient Religions*（古代宗教手冊）. Cambridge，England：Cambridge University Press，2007. Pp. 490-536.

203590 VENTURE，Olivier（風儀誠）."La représentation visuelle dans les pratiques pryo-ostéomantiques dans la Chine archaïque"（中國古代貞卜習慣中的視覺象徵）. 載於 Francesca BRAY（白馥蘭）等編. *Graphics and Text in the Production of Technical Knowledge in China: The Warp and the Weft*（圖表和文本在創造中國科技知識中的作用：經和緯）. Sinica Leidensia 79. Leiden：Brill，2007. Pp. 83-107.

203600 WANG，Tao（汪濤）."Shang Ritual Animals：Colour and

Meaning"（商代禮儀動物：顏色與意義）. *Bulletin of the School of Oriental and African Studies* 70.2（2007）：305–372；70.3（2007）：539–567.

203610　WU, Keying（吳克穎）. "The Syntax and Semantics of Questions and Expressions of Uncertain Outcome in Old Chinese: A Case Study of Oracle-Bone Inscriptions"（古代漢語中疑問句的句法、語義及不確定結果的表達：有關甲骨卜辭的個案研究）. 博士論文：University of British Columbia, 2007.

2008

203620　CHILDS-JOHNSON, Elizabeth（江伊莉）. *The Meaning of the Graph 異 and Its Implications for Shang Belief and Art*（異字的意義及其對商代信仰和藝術的意義）. East Asia Journal Monograph No. 1. London: Saffron, 2008.

203630　FLAD, Rowan K.（傅羅文）. "Divination and Power: A Multiregional View of the Development of Oracle Bone Divination in Early China"（貞卜與權力：有關早期中國甲骨貞卜的演變之多方觀點）. *Current Anthropology* 49.3（2008）：403–437.

203640　LEFEUVRE, Jean A.（雷煥章）. *Collections of Oracular Bones Inscriptions*（甲骨文集書林）. 臺北：臺北利氏學社, 2008.

203650　LI, Min. "Conquest, Concord, and Consumption: Becoming Shang in Eastern China"（征服、和平與消費：中國東方發展爲商）. 博士論文：University of Michigan, 2008.

203660　SMITH, Adam Daniel（亞當·史密斯）. "Writing at Anyang: The Role of the Divination Record in the Emergence of Chinese Literacy"（安陽書寫：貞卜記錄在中國識字能力的興起中所起之作用）. 博士論文：UCLA, 2008.

2009

203670　　ENO, Robert（伊若泊）. "Shang State Religion and the Pantheon of the Oracle Texts"（商代國家宗教與甲骨卜辭的諸神）. 載於 John LAGERWEY（勞格文）和 Marc KALINOWSKI（馬克）合編. *Early Chinese Religion, Part One: Shang through Han*（1250 B.C.- 220 A.D.）（中國早期宗教，一：商至漢，公元前1250年至公元220年）. 2 vols. Handbuch der Orientalistik IV. 21. Leiden：Brill, 2009. Pp. 41－102.

203680*　　LIU Yuan（劉源）. "Sacrificial Rites for Ancestors during the Shāng and Zhōu Dynasties"（商周時期的祭祖禮）. Thomas Kaiser and Ma Jian 譯. 載於 Xiaobing WANG-RIESE（王霄冰）和 Thomas O. HÖLLMANN（何爾曼）編. *Time and Ritual in Early China*（早期中國的時間與禮儀）. Wiesbaden：Otto Harrassowitz, 2009. Pp. 69－92.

203690*　　TAKASHIMA, Ken-ichi（高島謙一）. "*Jisi* 祭祀：A Reconstruction of the *Ji* Sacrifice and the *Si* Ritual in Ancient China"（祭祀：中國古代祭禮和祀儀的重構）. 載於 Xiaobing WANG-RIESE（王霄冰）和 Thomas O. HÖLLMANN（何爾曼）合編. *Time and Ritual in Early China*（早期中國的時間與禮儀）. Wiesbaden：Otto Harrassowitz, 2009. Pp. 33－68.

203700　　VENTURE, Olivier（風儀誠）. "La pyro-ostéomancie sous les Shang et les Zhou occidentaux：formation et évolution d'une pratique rituelle royale"（商和西周時代的龜卜：一個王朝禮儀習慣的形成與演變）. 載於 John LAGERWEY（勞格文）編. *Religion et société en Chine ancienne et medieval*（中國上古和中古時代的宗教和社會）. Paris：Le Cerf-Institut Ricci, 2009. Pp. 77－100.

2010

203710　SMITH, Jonathan M.（趙納川）. "The *Di Zhi* 地支 as Lunar Phases and Their Coordination with the *Tian Gan* 天干 as Ecliptic Asterisms in a China Before Anyang"（中國晚商之前作爲月相的地支及其與作爲黄道星座的天干的關係）. *Early China* 33–34（2010–2011）: 199–228.

203720　TAKASHIMA, Ken-ichi（高島謙一）. "A Reconstruction of Shang Joint Rituals"（商代合祭的復原）. 載於 Anne O. Yue（余靄芹）和 Samuel H-N. Cheung（張洪年）合編. *Festschrift Dedicated to the 73rd Birthday of Professor Jerry Norman*（紀念羅杰瑞教授 73 歲生日論文集）. 香港: 香港中文大學出版社, 2010. Pp. 323–346.

203730　TAKASHIMA, Ken-ichi（高島謙一）和 Paul L-M SERRUYS（司禮義）. *Studies of Fascicle Three of Inscriptions from the Yin Ruins*《殷虚文字丙編研究》. 2 vols. 臺北: 中研院歷史語言研究所, 2010.

2011

203740　ANDERSON, Matthew（安馬修）. "An Investigation of Orthographic Variance in Shang Writing"（商代文字中異文現象的調查）. *Sino-Platonic Papers* 215 (2011).

203750　SMITH, Adam Daniel（亞當・史密斯）. "The Evidence for Scribal Training at Anyang"（在安陽的抄手訓練之證據）. 載於 LI Feng（李峰）和 David Prager BRANNER（林德威）合編. *Writing & Literacy in Early China; Studies from the Columbia Early China Seminar*（早期中國的書寫與讀寫能力: 哥倫比亞古代中國論壇的文章）. Seattle: University of Washington Press, 2011. Pp. 173–205.

203760　SMITH, Adam Daniel（亞當・史密斯）. "The Chinese

Sexagenary Cycle and the Ritual Foundations of the Calendar"（中國干支循環與年曆的禮儀基礎）. John M. Steele. *Calendars and Years II: Astronomy and Time in the Ancient and Medieval World*. Oxford：Oxbow Books，2011. Pp. 1 – 37.

203770*   TAKASHIMA, Ken-ichi（高島謙一）. "Literacy to the South and East of Anyang in Shang China：Zhengzhou and Daxinzhuang"（中國商代安陽以南和以東的識字能力：鄭州和大辛莊）. 載於 LI Feng（李峰）和 David Prager BRANNER（林德威）合編.*Writing & Literacy in Early China：Studies from the Columbia Early China Seminar*（早期中國的書寫與讀寫能力：哥倫比亞古代中國論壇的文章）. Seattle：University of Washington Press，2011. Pp. 141 – 172.

203771   YUE, Anne O.（余靄芹）. "Study of Grammar in Temporal and Spatial Perspectives：You 有 in the OBI, Ancient Documents and the Dialects"（語法的縱橫研究：甲骨文、古代文獻與方言里的"有"）. 載於紀念李方桂先生中國語言學研究學會、香港科技大學中國語言學研究中心編,《中國語言學集刊》第 4 卷第 2 期。北京：中華書局,2011 年,第 1—80 頁。

2012

203780   KEIGHTLEY, David N.（吉德煒）. *Working for His Majesty: Research Notes on Labor Mobilization in Late Shang China（ca. 1200 – 1045 B.C.）, as Seen in the Oracle-Bone Inscriptions, with Particular Attention to Handicraft Industries, Agriculture, Warfare, Hunting, Construction, and the Shang's Legacies*（爲王勞作：甲骨卜辭所見中國商代晚期[約公元前 1200 – 前 1045 年]勞力動員研究筆記,以手工業、農業、戰争、田獵、建築以及商人之遺産爲重點）. China Research Monograph 67. Berkeley, Cal.：

Institute of East Asian Studies, University of California, 2012.

203790　　KEIGHTLEY, David N. (吉德煒). "The Period V Ritual Postface: Prospective or Retrospective?" (五期祭祀卜辭的後辭：預言抑或追記?). *Early China* 35–36 (2012–2013): 57–68.

203800*　　TAKASHIMA, Ken-ichi (高島謙一). "Etymology and Palaeography of the Yellow River *hé* 河" (黃河的詞源學及古文字學闡釋). *Journal of Chinese Linguistics* 40.2 (2012): 269–306.

2013

203810　　LI, Xueqin (李學勤). "Zhou (1046 B.C.E.–256 B.C.E.) Oracle Bones Excavated from Yinxu, Ruins of Yin (1300 B.C.E.–1046 B.C.E.)" (殷墟出土的周人甲骨). XING Wen (邢文)譯. *Contemporary Chinese Thought* 44.3 (2013): 27–33.

203820　　SCHWARTZ, Adam (石亞當). "Huayuanzhuang East I: A Study And Annotated Translation Of The Oracle Bone Inscriptions" (花園莊東地 1：甲骨卜辭的研究和包含注釋的翻譯). 博士論文：University of Chicago, 2013.

203830*　　SHAUGHNESSY, Edward L. (夏含夷). "A Special Use of the Character 鄉 in Oracle-Bone Inscriptions and Its Significance for the Meaning of Early Chinese Divination: With Comments on the First Line of the *Yi Jing*". In *Institute of Chinese Studies Visiting Professor Lecture Series (III)*. Journal of Chinese Studies Special Issue. Hong Kong: Institute of Chinese Studies, Chinese University of Hong Kong, 2013. Pp. 163–177.

203840　　SMITH, Adam D. (亞當・史密斯). "Are Writing Systems Intelligently Designed?" (書寫系統的設計是否聰明?). 載於 Joshua ENGLEHARDT 編. *Agency in Ancient Writing* (古

代書寫裏的意圖). Boulder, Col.: University Press of Colorado, 2013. Pp. 71–94.

203850* TAKASHIMA, Ken-ichi（高島謙一）."A Few Morphological Functions of the Suffix *-s in Shang Chinese"（商代漢語中後綴-s 的一些形態學功能）. 載於 PENG Gang（彭剛）和 SHI Feng（石鋒）編. *Eastward Flows the Great River: Festschrift in Honor of Professor William S-Y. Wang on his 80th Birthday*（東流大河：慶祝王士元教授八十歲論文集）. 香港：香港城市大學出版社, 2013. Pp. 356–373.

203860 YUE, Anne O.（余靄芹）."Palaeography Meets Linguistics: Analysis of 出 and 入 in the Oracle-Bone Inscriptions"（古文字學遇上語言學：甲骨文中出、入之分析）. 載於 Guangshun Cao 曹廣順, Hilary Chappell（曹茜蕾）, Redouane Djamouri（羅端）and Thekla Wiebush（魏婷蘭）合編. *Breaking Down the Barriers: Interdisciplinary Studies in Chinese Linguistics and Beyond*（綜古述今：鉤深取極）. Language and Linguistics Monograph Series 50. Taibei: Academia Sinica, 2013. Pp. 1079–1115.

2014

203870 FISKESJÖ, Magnus（馬思中）. "Hail to the King: A Review of Two Books by David N. Keightley"（大王萬歲！評吉德煒先生兩本新書）. *Early China* 14 (2014): 567–574.

203880 LIU, Xueshun（劉學順）. "The Total Lunar Eclipse of June 16, 2011: A Key to Dating Yin Lunar Eclipse in *Yingcang* 885/886"（2011年6月16日的月全食：斷定《英藏》885 和 886 所記月食年代的鑰匙）. *Early China* 37 (2014): 15–38.

203890 KEIGHTLEY, David N.（吉德煒）. *These Bones Shall Rise Again: Selected Writings on Early China*（這些骨頭將會復活：古代中國選集）. Henry Rosement, Jr.（羅思文）編.

Albany, N.Y.: SUNY Press, 2014.

203900 TAKASHIMA, Ken-ichi（高島謙一）. "Review Article: Working for His Majesty"（《爲王勞作》書評論文）. *T'oung Pao* 100.1 - 100.3 (2014): 237 - 263.

203910* TAKASHIMA, Ken-ichi（高島謙一）. "Two Competing Interpretations: *Cóng* 从 or *Bì* 比 in Oracle-Bone Inscriptions"（兩種相互矛盾的解讀：甲骨文中是"比"還是"从"?）. 載於 Richard Van Ness SIMMONS（史皓元）and Newell Ann VAN AUKEN（方妮安）編. *Studies in Chinese and Sino-Tibetan Linguistics: Dialect, Phonology, Transcription and Text*（漢語和漢藏語的語言學研究：方言、音韵、釋文和文本）. 臺北：中研院歷史語言研究所, 2014. Pp. 367 - 377.

2015

203911 ANDERSON, Matthew McCuthen（安馬修）. "Change and Standardization in Anyang: Writing and Culture in Bronze Age China"（變化和統一化在安陽：中國青銅時代的書寫和文化）. 博士論文：U. of Pennsylvania, 2015.

203920 SCHWARTZ, Adam Craig（石亞當）. "China's First Prayer"（中國的第一個禱告）. *Journal of the American Oriental Society* 135.1 (2015): 93 - 113.

203930 SCHWERMANN, Christian（史克禮）and WANG Ping（王平）. "Female Human Sacrifice in Shang-Dynasty Oracle-Bone Inscriptions"（殷商甲骨文中的女性人牲）. *The International Journal of Chinese Character Studies* 1.1 (2015): 49 - 84.

203940 TAKASHIMA, Ken-ichi（高島謙一）. *A Little Primer of Chinese Oracle-Bone Inscriptions with Some Exercises*（中國甲骨文初級讀本[含練習]）. Wiesbaden: Harrassowitz, 2015.

鏤於金石

第一章　西方漢學金石研究概要

一、銅器銘文研究

　　西方金石學特別是金文學,從其發端一直到二十世紀的最後二十年,進步十分顯著。但需要説明的是,其發展歷程并非一帆風順。總體而言,可以説是在整體進步的趨勢下,往往都是前進一大步,後退一小步;再前進一大步,又後退一小步。應該説,西方金文學在其起步階段就不是十分順利。

　　第一件引發西方學術界研究興趣的有銘銅器是《晉侯盤》,該器銘文長達 538 字,由卜士禮(Stephen Wootton BUSHELL,1844—1908)於 1870 年在北京購買所得。因此,這件器物在當時通常亦被稱作《卜氏盤》。據卜氏介紹,該器原爲北京怡親王載敦(1827—1890)舊藏,由卜氏友人蒙古正黄旗族人楊立山(1843?—1900)介紹購得。

　　卜士禮於 1868 年抵達中國北京,當時的身份是英國駐華使館的醫生。卜氏在北京一住就是三十年,直到 1899 年因病退休,才返回英國老家。在北京期間,卜氏對中國文化產生了濃厚興趣,在日常工作之餘,收藏了大量中國古代文物。他還對中國古代瓷器有過較深研究,甚至對中國古代文字興趣濃厚。早在 1873 年,卜氏就在《皇家亞洲學會華北分會學報》(*Journal of the North China Branch of the Royal Asiatic Society*)上刊發了《秦石鼓》,即《周代的石鼓》(300010)的研究論文,并在此前後就已經收集到不少青銅器。1874年,卜氏曾回到英國短期休假,并將自己所收集到的三十五件銅器借給了當時剛剛建立不久的維多利亞和阿爾伯特博物館(Victoria and Albert Museum)展覽。據卜氏自己介紹,其中最重要的一件銅器就是《晉侯盤》。1898年,該館以400英鎊的價錢買下了卜氏所有銅器。

從英國外交部退休之後,卜氏專心從事中國藝術史的研究,并於1904年正式出版了《中國藝術》第一册,1906年又出版了第二册①。《中國藝術》是由維多利亞和阿爾伯特博物館出版,因此所收文物多爲該館藏品。卜氏在《中國藝術》的第二册中還專門設有《銅器》一章,對包括《晉侯盤》在内的卜氏所藏三十五件銅器做了介紹②。

晉侯盤　　　　　　　　晉侯盤銘文

據卜氏考察,《晉侯盤》是爲紀念周襄王册命晉文侯(亦即歷史上著名的晉國公子重耳)稱霸所作,年代可定在公元前632年。《中國藝術》出版不久,法國權威漢學家沙畹(Édouard CHAVANNES, 1865—1918;見第一部分所附小傳)和伯希和(Paul PELLIOT, 1878—1945)均立即發表評

---

① S.W. BUSHELL(卜士禮),*Chinese Art*(中國藝術)(London: Victoria and Albert Museum, Board of Education, 1904、1906).
② S.W. BUSHELL(卜士禮),*Chinese Art*(中國藝術)第二册,第71—107頁。

論,指出《晉侯盤》的真偽相當可疑①,理由有二:第一,中國學界似從未有人關注過這篇重要的長篇銘文,只能説明他們應當已經意識到該器係僞造。第二,"重耳"在歷史上通常是被稱作"晉文公"(公元前 636—前 628 年在位),而"晉文侯"却是西周末年到東周初年的晉國國君(公元前 780—前 746 年在位)。故此沙畹認爲,這種稱謂和年代上的牴牾很令人費解。伯希和則説他自己雖未看到原器,難以判其真偽,但和沙畹一樣,亦指出既然中國學界從未有人論及該器,因此恐怕至少其銘文是後刻的。1909 年,《中國藝術》的第二版出版印行,書中載有卜士禮對沙畹和伯希和看法的簡單回應。據卜氏介紹,他在北京購得該盤後,曾拿給當時中國著名金石學家潘祖蔭(1830—1890)鑒定,潘氏不僅没有提出任何疑義,而且次日還專門派人將該器銘文做了拓本。

與卜士禮同時代的西方金文學家還有莊延齡(Edward H. PARKER, 1849—1926)。莊氏也曾在英國駐北京大使館任職,身份是外交官。莊氏於 1895 年返回英國,之後長期在曼徹斯特(Manchester)大學任教,從事中國文明研究。1909 年,莊氏先後發表了兩篇文章,即《南肯星頓博物館所藏古代中國銅盤(一、二)》(300030、300040)。"南肯星頓博物館"就是維多利亞和阿爾伯特博物館,"古代中國銅盤"就是指《晉侯盤》。在這兩篇文章中,莊氏對春秋時代的晉國歷史做了詳細考述,并論證指出盤銘所載信息要比《史記》所載更爲合理,從而認定銘文內容當屬可信。但是,他認爲銘文中的"晉侯"既不是晉文侯,也不是晉文公,而很可能是晉國的另一個國君——晉景公(公元前 599—前 581 年在位)。另外,莊氏還在原文中對銘文內容做了英文翻譯,其中第一篇論文中還附有上海徐家匯天主教傳教士黃伯禄(Pierre HOANG,1830—1909)的拉丁文譯文。

在莊延齡的文章發表兩年之後,同樣也是英國長期駐華使館的外交官并在後來成爲西方甲骨學界最著名專家的金璋(Lionel Charles

---

① Édouard CHAVANNES(沙畹),"S.W. Bushell: *Chinese Art*, Vol. 1"(卜士禮:中國藝術,一),*T'oung Pao ser.* 2.6(1905): 118 - 122; Paul PELLIOT(伯希和),"Chine: Stephen W. Bushell: *Chinese Art*"(卜士禮:《中國藝術》),*Bulletin de l'École Français d'Extrême-Orient* 5(1905): 211 - 217.

HOPKINS,1854—1952;見第一部分所附小傳)發表了題爲《從最近的發現看周代的中國書寫》(300060)一文。文中提到其本人曾親自對《晉侯盤》(金璋一直把它稱作《卜氏盤》)進行過觀摩,指出該盤并非青銅鑄造,而由純銅所鑄。該文同時還指出該器上的銅綠并非自然生成,而是經後人加工而成。即便如此,金氏仍未對該器的真偽產生絲毫懷疑。同年(即1911年),時任劍橋大學漢學教授的翟理思(Herbert Allen GILES,1845—1935)也親赴維多利亞和阿爾伯特博物館對該器進行了實地觀摩,并發表了與金璋意見完全相左的看法。有意思的是,翟氏也是曾經長期出任英國駐華使館的外交官,原本與莊延齡交往甚密,但這兩位英國外交官却在回到英國以後,作爲英國不同大學的教授,在人際關係上發生了某些衝突,因此經常互相攻擊。和金璋一樣,翟氏也對器形和銅綠做了描述,同時指出銘文是刻製的,與大多數真器采用鑄造工藝有所不同。并且,和沙畹與伯希和一樣,翟氏也指出中國學者均從未關注過該器,這一點相當可疑。因此,他推斷《晉侯盤》是僞造的。次年,翟氏和金氏又都分別發表文章(300080、300090)堅持自己的觀點。金氏在文章中除了對翟氏看法做了相關回應之外,還提供了銘文照片和538個字的摹本以及與銘文中古文字原形對應的楷書字形,并在字形方面與諸如小篆、秦石鼓文、籀文、古文和甲骨文字形做了詳細比照。翟氏則在論文中進一步指出該器器形與花紋和真正的中國古代銅器迥然有別,進而指出該器只能看作是宋明時期的僞造品。

　　關於《晉侯盤》器銘真偽問題的爭論,最終由著名漢學家福開森(John Calvin FERGUSON,1866—1945)的參與而告終。福氏是美國人,原爲基督教傳教士,於1887年赴華傳教。但他在到達中國後放棄了傳教工作,先後在中國清朝政府和民國政府的外交部出任過重要職務。福氏漢語很好,交際能力亦很強,與許多中國知識分子以及藝術品收藏家諸如端方(1861—1911)等人交往甚厚,而他本人則在中國藝術史領域知識淵博。1915年,福氏發表了題爲《卜氏盤抑或晉侯盤》(300100)一文,對《晉侯盤》做了中懇而平實的評價,指出了該器在銘文方面所存在的諸多可疑之處,同時指出該器文辭與《散氏盤》頗爲近似,可能就是模仿後者而成。即便如此,福氏本人覺得該器本身似乎仍應是周代製造。

第一章　西方漢學金石研究概要　205

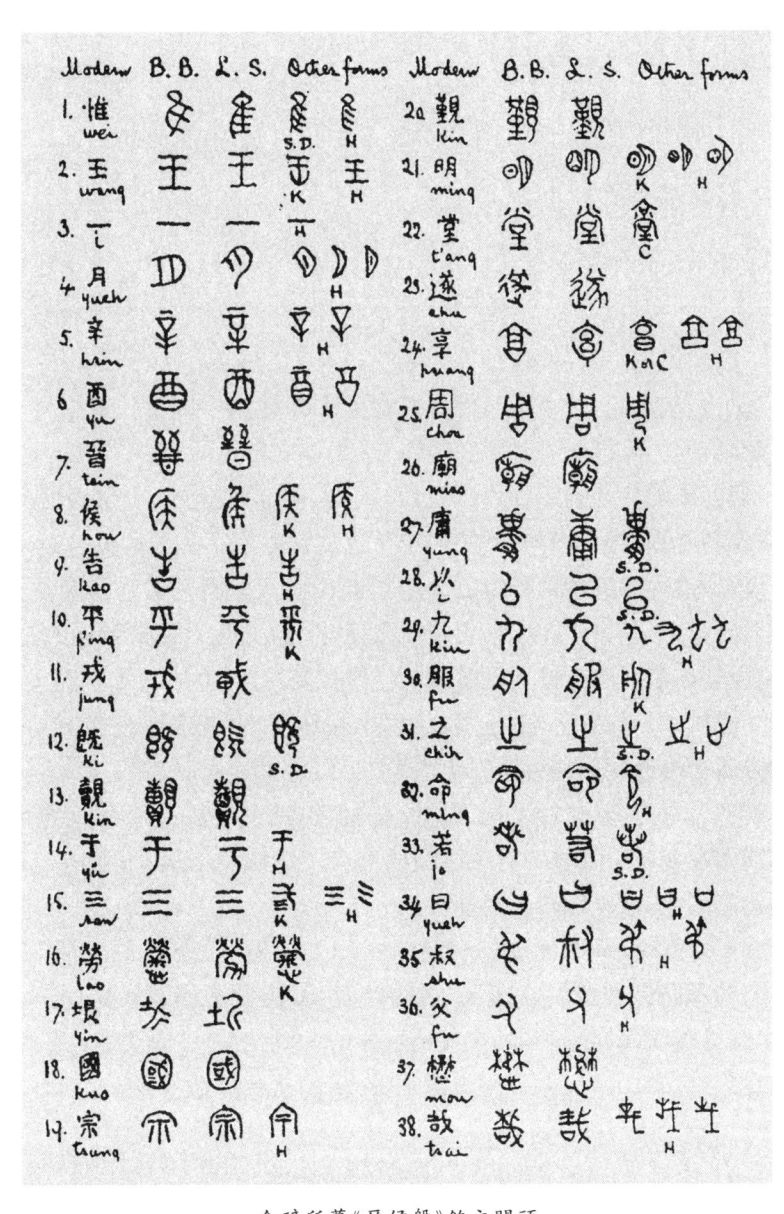

金璋所摹《晉侯盤》銘文開頭

現任格拉斯哥(Glasgow)大學藝術系教授的尼克·皮爾斯(Nicholas PEARCE)曾對《晉侯盤》的早期辯論做過詳盡考述。正如皮氏所言,中國學者其實并非從未關注過《晉侯盤》。早在清代乾隆年間,學者馮浩(1719—1801)即已指出該器器形和銘文都很可疑,并特別指出銘文句首"隹王一月"有問題。因爲在周代銅器銘文中,"一月"通常會被稱作"正月",從未見有直接寫作"一月"者。學者鈕樹玉(1760—1827)亦曾指出該器文字甚至包括了好幾種不同的字體,有些字形甚至是來源於宋代徐鉉《説文解字》"新附"字[1]。1933 年,商承祚(1902—1991)亦説《晉侯盤》"這種第一期的僞造,只好欺欺外國人吧"[2]。

到了上個世紀二十年代,西方收藏家和學者對中國古代青銅器和銘文的認識有了長足進步。1923 年,葉兹(W. Percival YETTS, 1878—1957)通過確鑿無疑的證據證明了《晉侯盤》確係僞造品。上世紀八十年代,維多利亞和阿爾伯特博物館的館員也實驗證明了該器的僞造過程[3]。時至今日,這件曾經在西方金石學界引起過巨大爭議的器物及其銘文再也無人問津,似乎只是在學術史領域還存有一席之地。需要説明的是,儘管卜士禮、莊延齡和金璋均誤將《晉侯盤》視爲真器,但他們并非對其銘文内容一無所知。事實上,卜士禮在其《中國藝術》中就曾在該器銘文内容解讀方面提出過獨到見解。

就在這場有關《晉侯盤》真僞問題的辯論結束之後不久,西方學術界已經開始在金文研究領域有了明顯的進步。1916 年,西方學術界有兩部相關論著問世,内容均屬概述性質。

戴遂量(Léon WIEGER, S.J., 1856—1933)是一位長期駐守在中國河北省河間縣耶穌教會的法國天主教神父。戴氏對中國古代文明有過研究,出版過幾部研究論著,其中最爲重要的大概就是《中國文字:字源、字形和意義》(100100)一書。在該書 1916 年的法文原版中,有近一百頁的

---

[1] 見容庚,《商周彝器通考》(北京:哈佛燕京學社,1941),第一册,第 206—208 頁。
[2] 商承祚,《古代彝器僞字研究》,《金陵學報》3.2(1933):290。
[3] Rose KERR, *Later Chinese Bronzes*(後代中國銅器)(London: Bamboo Publishing, 1990),第 73 頁。

内容是翻録阮元(1764—1849)《積古齋鐘鼎彝器款識》中的多篇銅器銘文,并爲每篇銘文都配了法文譯文。不幸的是,戴氏對銅器銘文的解釋錯誤百出,即便是按照二十世紀初的研究標準去衡量,其常識性錯誤也難以令人忍受,更不用説按照我們當前的研究水準去考量。舉例來講,他將"🧍乍且乙寶尊彝"這句十分常見的銅器銘文翻譯爲:

  Moi fils encore armé du couteau, en presence de l'ancêtre, j'offre viande crue, libation, objets précieux, vin, filasse.
  持刀的兒子,在祖先來臨下,祭獻生肉、酹酒、寶貝、酒和麻絮①。

我們可以不去管戴遂量望文生義地將"🧍"解釋爲"持刀的兒子",因爲儘管"🧍"字用作人名是顯而易見的,但該字到目前爲止尚未得到確釋。但戴氏把"乍"解釋爲"止"、"且"解釋爲"俎"、"乙"解釋爲"祭獻"、"寶"解釋爲"寶貝"、"尊"解釋爲"酹酒"以及"彝"解釋爲"麻絮",這就説明他連銅器銘文最基本的語法結構以及詞彙用法都一竅不通。幸運的是,戴氏的研究水平并不代表當時所有西方漢學家的水平。

也是在 1916 年,法國權威學術刊物《亞洲學報》(*Journal Asiatique*)上刊登了 M.R. PETRUCCI(1872—1917)的一篇長文,題目是《中國古代青銅禮器的文字》(300110)。該文也是根據阮元《積古齋鐘鼎彝器款識》所載銘文對西周銅器銘文做了概述,不僅對包括《無惠鼎》和《頌鼎》等西周重器在内的二十一篇商周秦漢銘文加以介紹,而且還對每篇銘文都做了準確的翻譯,并對銘文中幾乎每一句話甚至每一個字都進行了詳盡的注釋。

上世紀二十年代,西方金文學又往前進了一大步,但我們也得承認在進步的同時,又往後退了一小步。進步是由二十世紀前段某些重要的考古發現所引發。1923 年下半年,河南省新鄭縣農民在掘井時無意中打開了一座大型古墓,出土了幾十件大型的銅器。雖然最初的報告認爲該墓墓主爲鄭莊公(公元前 743—前 701 年在位),但隨後王國維(1877—

---

① WIEGER(戴遂量),*Caractères chinois*(中國文字),第 433 頁。

1927)論證了該墓所出銅器中包含有楚國令尹嬰齊的銅器①,因此現在公認該墓時代是公元前六世紀的前半葉。這一發現也引起了西方學術界很多學者的關注,其中就包括伯希和與後來成爲美國華盛頓史密森(Smithsonian)博物館館長的畢士博(Carl W. BISHOP,1881—1942)。

　　上面在討論《晉侯盤》時所提到過的福開森,在這一時期亦做過大量工作。福氏與晚清及民國時代的中國官員關係密切,所以能够有機會經常爲美國博物館購買到中國藝術品,其中就包括青銅器。例如早在1912年,福氏就爲紐約大都會博物館購買到了1892年在河北易縣出土的《齊侯盤》、《齊侯敦》以及同時出土的匜和鼎,這四件器物至今仍藏於大都會博物館。1924年,福氏又爲大都會博物館購買到了端方家族所藏的一套銅禁以及與其配套的二十件酒器,這些器物於1901年在陝西寶雞出土,算得上是西周早期的重器。需要説明的是,福氏在將這些銅器運送到美國之前,還爲這些銅器配備了圖版和説明,并在北京出版印行,即《陶齋舊藏古酒器考》(300130)。以上這些銅器均爲周代重器,引起了西方收藏界和學術界的關注。

　　學術研究上的退步主要體現在法國著名漢學家馬伯樂(Henri MASPERO,1882—1945,見第四部分所附小傳)的研究工作上。馬氏是法國大學教授沙畹最著名的學生,1918年沙畹去世後,馬氏就繼任了該校中國古代文化史的教學席位。馬氏在這一時期所開設的課程,都基本上是在爲其一生中最重要的學術成果做準備,這一成果即1927年出版的《古代中國》②。此書出版後,馬氏曾長期被稱爲"古代中國的人物"(l'homme de Chine antique)。雖然在該書第一章介紹殷商歷史的時候,馬氏亦引用到了當時剛剛公布不久的甲骨文材料,但在其第二、第三兩章討論西周歷史的時候,馬氏却對銅器銘文材料隻字未提。應該説,馬氏這種絶然不用金文材料的做法顯然是有意的。因爲就在其《古代中國》一書

---

　　① 王國維,《王子嬰次盧跋》,《觀堂集林》卷十八,烏程蔣氏聚珍本,1923年,第9頁。
　　② Henri MASPERO(馬伯樂),*La Chine antique* (Paris: Histoire du monde,1927). 英文譯文: Frank A. KIERMAN, Jr. 譯, *China in Antiquity* (Amherst: University of Massachusetts Press,1978).

出版的同年，馬氏還爲日本學者高田忠周（1861—1946）所著《古籀篇》、《古籀續篇補》和《學古發凡》做過長篇書評（300160）。而在那篇書評中，馬氏還對高田忠周使用銅器銘文材料進行研究的做法加以批判。在馬氏看來，銅器銘文的僞造比例很高，因此不能使用。毋庸諱言，流傳至今的銅器中確有很多僞器，傳世銘文中亦有很多僞銘，如馬氏在其書評中提到的《師旦鼎》就是典型一例。《師旦鼎》最早爲宋王厚之（1131—1204，字爲復齋）《鐘鼎款識》著録，後亦爲清阮元《積古齋鐘鼎彝器款識》和吴式芬（1796—1856）《攗古録金文》二書所收録①。據其銘文記載，該器是周公旦爲其母親太姒所作。馬氏指出該器就是僞器，而"中國學者毫無懷疑"。應該説，該器確如馬氏所言是有問題的。但需要説明的是，其實進入二十世紀以後，中國學者也很少在學術著作中稱引該器②。馬氏甚至認爲像《虢季子白盤》、《無惠鼎》以及《袁盤》等器也都可疑，最後得出結論説"在還没有仔細考察每一件銅器之前，都不能引用"③。馬氏因銅器材料中存在僞器僞銘便斷然主張將全部銅器材料棄而不用，這種做法顯然有失公允。而且，在所有銅器銘文當中，僞銘所占的比例其實也遠遠没有馬氏所想象的那麽高。但需要説明的是，馬氏是當時西方漢學界最著名的學者，因此他對銅器銘文所持的這種嚴重懷疑的態度，對整個西方漢學界的影響非常巨大。

上世紀三十年代，西方金文學同樣也至少前進了一兩步，但同時也倒退了至少一小步。現在來看，當時最重要的進步當屬 1935—1936 年在英國倫敦伯靈頓家（Burlington House）所舉辦的"中國藝術國際展覽"（International Exhibition of Chinese Art）。該展亦俗稱"伯靈頓家展覽"（Burlington Exhibition）。在這次場面宏大的展覽中，所展示的展品均是出自中國各個歷史時代的藝術珍品，從新石器時代的陶器直到明清書畫，

---

① 王厚之，《鐘鼎款識》10；阮元，《積古齋鐘鼎彝器款識》4.20；吴式芬，《攗古録金文》，三之二.12。

② 據筆者所知，唯吴其昌《金文曆朔疏證》（武漢，1936）1.1 引其爲真器，後來的學術著作均未見引用。

③ Henri MASPERO（馬伯樂），Review of Takata Tadasuke, *Kou Tcheou P'ian*（高田忠周著《古籀篇》書評），*Journal Asiatique* 210（1927）：第 139 頁。

琳瑯滿目，應有盡有。許多珍品原爲滿清皇室所有，被當時的中華民國政府借去進行展覽。在第一展室中展出的是"先史時代、商殷朝代、早（西）周時代、春秋時代、戰國時代"的珍貴文物，展品總計 376 件，多數爲銅器（新石器時代陶器 5 件、銅器約 250 件、玉器約 125 件）。所展銅器中有 100 件是從中國政府那裏借來的，另有約 150 件則來自西方各國博物館和收藏家①，因此本次展覽可謂是一次中國藝術珍品的國際匯展。本次展覽意義重大，因爲它第一次將中國最重要的藝術珍品匯聚一堂幷在西方集中展出，從而爲西方世界了解中國文化開啓了一扇窗口，在西方學界和民間均引起極大轟動。

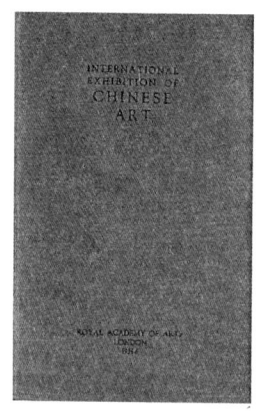

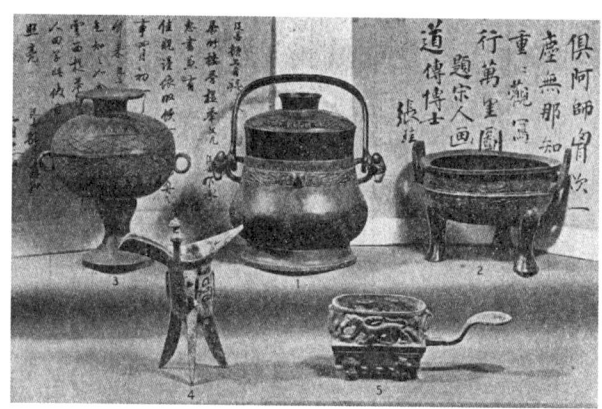

1935、1936 年在英國倫敦的伯靈頓家的"中國藝術國際展覽"
(Burlington House International Exhibition of Chinese Art)及部分青銅器

"中國藝術國際展覽"不僅向西方世界展示了上千件來自中國的文化藝術珍品，而且展會的組織者同時也組織了一系列學術交流活動，邀請了當時西方學術界最權威的學者匯聚倫敦研討相關的學術問題。學術活動的第一場爲瑞典著名漢學家高本漢（Bernhard KARLGREN, 1889—1978；見本部分所附小傳）的學術演講，題目是《中國銅器中的殷與周》

---

① 展覽的目錄爲 1935 - 1936 International Exhibition of Chinese Art (1935—1936 中國藝術國際展覽) (London: Royal Academy of Arts, 1935 - 1936)，見: http://www.racollection.org.uk/ixbin/indexplus? record=VOL6234。

(1935年12月4日)。在當時的西方漢學界,在學術聲望上比伯希和與馬伯樂還高的學者恐怕唯有高本漢。自1915年博士畢業後,高氏就已經成爲當時歐洲漢學界公認的學術權威。高氏最初是由漢語音韻學研究而成名,但自1930年開始,其學術目光開始轉移到了中國古代銅器。在赴倫敦參加學術活動的前一年(即1934年),高氏已在瑞典斯德哥爾摩的《遠東文物博物館館刊》(Bulletin of the Museum of Far Eastern Antiquities)上發表了《中國早期銅鏡銘文》(300240)一文,給257件兩漢至魏晉時代的銅鏡銘文做了翻譯,并附有詳細注解。從倫敦返回後的第二年,即1936年,高氏即在《遠東文物博物館館刊》上刊發了其《中國銅器中的殷與周》(300300)一文。此文對西方銅器學的影響非常大。該文指出,銅器研究的第一步工作是要找出證據來對殷(高氏一直強調用"殷"而不用"商"來稱呼商代)和周代早期銅器做出區分。高氏對考古學證據常深表懷疑(他說考古學證據往往不可靠),從而認定銅器銘文才是最重要的證據。高氏提出銘文中凡記載有"亞"(或亞形)、"析子孫"和"舉"的銅器肯定是商代銅器,而銘文中僅明確記載有周代人名或地名者方可斷定爲周代早期(以公元前900年爲止)銅器,除此之外就無法準確區分商周銅器。因此,高本漢將大多數的商周銅器簡單稱呼爲"殷—早周"銅器。他還對數量龐大的"殷—早周"銅器的花紋進行了統計學分析,提出了有名的"A"與"B"兩大類型(高氏還提出一個"C"類型,這是一個與"A"、"B"兩型均可交互出現的間接類型),指出"A"與"B"型的特點從來沒有共同出現過。據高氏研究,這種類型劃分本身其實并不具備斷代意義,而僅是反映了近三四百年中兩個工坊間的兩種不同的風格。

從高本漢後來發表的一系列研究論文來看,高氏是始終堅持自己的研究方法和學術觀點的①,即便在當時就已經有一些學者對高氏觀點提出了不同的看法。需要說明的是,高氏在其音韻學研究上就是利用了統

---

① 高本漢後來又連續發表了一系列的論文和銅器目錄,儘管後來在學術觀點上稍有某些變化,但其基本思路一直沒變;見《中國銅器的斷代》(300340,1937年)、《中國銅器的新研究》(300350,1937年)、《淮和漢》(300390,1941年)、《Hellström 收藏的銅器》(300490,1948年)、《遠東文物博物館收藏的幾件銅器》(300510,1949年)等。

計學方法從而得出了令人信服的結論,所以在一般學者看來,高氏再次運用相似的方法去研究中國古代銅器應該也是最科學的方法。舉例來講,張光直(K.C. CHANG,1931—2001)在上個世紀六十年代所提出的商王家族是由兩個分族構成的説法①,就是在很大程度上受到了高氏對古代銅器分析的啓發。然而,正如同張光直的社會學説并未贏得大多數學者信服一樣,高氏的"科學"藝術學方法同樣也存在很大的商討空間。

其實,就在高本漢發表上述《中國銅器中的殷與周》一文的當年,就已經有兩位年輕學者對其學術觀點提出了批評。第一位是羅越(Max LOEHR,1903—1988)。羅越當時在德國剛剛完成其博士論文,即在德國《東亞雜志》(*Ostasiatiche Zeitschrift*)上刊發了題爲《中國古代銅器年代研究的貢獻》(300320)一文。幸運的是,羅越在這篇文章中所使用的研究方法是藝術學家的方法,因此并未引起高氏本人的注意。第二位是顧立雅(Herrlee Glessner CREEL,1905—1994;見本部分所附小傳)。顧立雅曾在北京留學三年,師從當時北平國立圖書館金石部主任劉節(1901—1977),學習傳統金石學,1936 年剛從北京回到美國,即在《皇家亞洲學報》(*Journal of the Royal Asiatic Society*)上刊發了《對高本漢教授中國銅器斷代系統的注解》(300290)一文。在這篇文章中,顧氏針對高氏所使用的文字學證據提出了部分反證。如前所述,高氏認爲銅器銘文中如見有"亞"(或亞形)、"析子孫"和"舉"者即可視爲是商代銅器。但顧氏指出,在一些明顯是周代的銅器上也見鑄有"亞"(或亞形)或"析子孫"這樣的銘文。因此,不可以將之視作是商周銅器的斷代標準。顧氏同時指出,商周銅器銘文的用法和文字字形都反映了一定程度的發展演變趨勢,因此可以利用字形的演變關係來判斷銅器的年代。針對顧氏的看法,高本漢在1937 年的《皇家亞洲學報》上刊發了一篇很不客氣的回應,即《中國銅器的斷代》(300340),首先對顧立雅的文字學知識加以諷刺,并在文章的最

---

① 張光直,《商王廟號新考》,《中研院民族學研究所集刊》15 (1963):65—95;《殷禮中的二分現象》,載於《慶祝李濟先生七十歲論文集》(臺北:清華學報社,1965),第 358—378 頁;《關於"商王廟號新考"一文的補充意見》,《中研院民族學研究所集刊》19 (1965):53—70。

第一章 西方漢學金石研究概要 213

後一句如是説："没有必要再繼續,我們已經明白了顧立雅所説的話的性質與價值。"

1936 年,顧立雅還刊發了《作爲歷史文獻的西周銅器銘文》(300280)一文。顧氏在這篇文章的開頭即對高本漢予以批評,指出高氏在其所撰《漢語的音與象》(100170*,1923 年)一文中説自己的研究甚至可以撇開銅器銘文材料。顧氏所引高氏原文是"還保存了一些銅器,但是它們所載銘文——如果有的話——既短又没有内容"①。顧氏指出這種嚴重低估銅器銘文歷史價值的做法十分過分,并説自己研究周代歷史,即選用了 219 件周代有銘銅器,其中 24 件銘文字數都在百字以上。顧氏認爲銅器銘文不但本身就提供了某些重要的歷史信息,并且因其未經後人篡改,所以也可以當作考察傳世文獻語言用法的標尺。顧氏指出,或許有人以爲銅器銘文不能代表其創作時代的文學風格,但這種看法并不可取。爲了論證這一點,他説銅器銘文的内容是根據周朝史官所做的命書,原本是寫在竹簡之上,然後接受册命之人鑄造銅器以紀念這一册命,所以在銅器銘文中就引用到了命書②。今天來看,這些都是很有見地的見解。

進入四十年代,像西方許多學科一樣,西方金石學亦幾乎處於停滯狀態,給學術研究帶來了巨大損失。法國最著名的漢學家諸如葛蘭言(Marcel GRANET,1884—1940)、伯希和與馬伯樂均已去世(馬氏是被納粹德國黨衛軍[Schutzstaffel,通常簡稱 SS]逮捕,於 1945 年 3 月 17 日在布痕瓦爾德[Buchenwald]納粹集中營去世)。時當壯年的顧立雅則加入了美國軍隊,參加了世界反法西斯戰爭,直到 1947 年才重新回到芝加哥大學,繼續從事其研究工作。

唯獨高本漢因其是在中立國瑞典生活,才有幸避免了第二次世界大

---

① Herrlee G. CREEL(顧立雅),"Bronze Inscriptions of the Western Chou Dynasty as Historical Documents"(作爲歷史文獻的西周銅器銘文),第 337 頁所引 Bernhard KARLGREN(高本漢),*Sound and Symbol in Chinese*(漢語的音與象)(Oxford: Oxford University Press,1923),第 9—10 頁。

② 顧立雅并未明確注明所引銅器之器名(僅注出自《攗古録金文》,而且似有一頁之差),但應是《頌鼎》。

戰所帶來的最惡劣的影響。高氏當時主要致力於《詩經》和《尚書》的翻譯和注解工作,同時繼續爲青銅器做編目。1945年,高氏發表了《殷代的武器和工具》(300430*)一文。儘管該文從内容上來看與銅器銘文并無太多關係,但其在中國古代文明研究領域影響巨大。這有兩方面的原因:一方面是因爲高氏首次提出安陽出土的所謂"北方"銅器應該就是產自中國本土,只是在商代以後才被傳播到了到西伯利亞地區;另一方面則是因爲高氏使用了大量的篇幅對武王克商的年代加以討論,他采取了"古本"《竹書紀年》的看法,指出武王克商年應該是在公元前1027年。以上兩個觀點對後來的西方漢學界均産生了相當深遠的影響。同年,陳夢家(1911—1966)《西周年代考》一書出版①,亦就武王克商的年代問題做出研究,并得出了與高氏完全相同的結論。

陳夢家是在1944年年底從昆明出發抵達美國的,其最初的研究計劃是繼續整理完成其《海外中國銅器圖録》②。陳氏在芝加哥大學從事了近三年之久的研究工作(1947年秋天回國),在美期間發表了數篇銅器研究論文:

CH'EN Meng-chia(陳夢家),《中國銅器的風格》(300420)(1945)

CH'EN Meng-chia(陳夢家),《周之偉大(約公元前1027—前221年)》(300440)(1946)

CH'EN Meng-chia(陳夢家),《Malcolm氏的所藏康侯簋及其相關銅器》(300480)(1948)

此時,1946年陳氏還在芝加哥藝術博物館(Art Institute of Chicago)與該館館長Charles Fabens KELLEY(1885—1960)合編館裏所藏青銅器的目録,即《Buckingham收藏的中國銅器》(300460)。雖然陳氏如此發表多篇研究成果,可是他主要精力還是致力於收集整理歐美各大博物館和收藏家手中的銅器資料,并撰寫完成了其鴻篇巨著《美國收藏的中國銅器:

---

① 陳夢家,《西周年代考》(重慶:商務印書館,1945)。
② 陳夢家先生到美國去之前,已經收集了不少資料,出版了《海外中國銅器圖録,第一集》(上海:商務印書館,1946)。

對中國銅器的目錄和綜合研究》。陳氏在回國之前曾將這部巨著的稿件寄給哈佛燕京學社出版。不幸的是，由於種種原因，哈佛燕京學社不但沒能正式出版陳氏這部大著，反而連其所提供的稿件的原件也全部丟失。六十多年過去了，我們所能追索到的有關陳氏巨著唯一的蛛絲馬跡就是 1962 年出版的《美帝國主義劫掠的我國殷周青銅器集錄》一書①，而且其作者署名竟然是"中國科學院考古研究所"，并未見到陳氏姓名。直到 2005 年前後，中國社科院考古研究所在編輯《陳夢家著作集》時，終於"意外"發現了陳氏"自存"底稿。時至今日，我們在慶幸陳氏巨作畢竟并未亡佚的同時，亦不能不感覺到無盡的遺憾。因爲，儘管按照上世紀四十年代的研究水準來看，陳氏當年的"綜合研究"應當非常先進，其研究成果也應當可以代表當時最前沿的研究水準，但在今天看來，銅器學畢竟已經經歷了整整六十多年的發展和進步，因此其學術成果在今天也僅只具有歷史性意義，却并無太多實用價值。這部巨著如果在當時就能順利出版，一定會對整個東西方金石學界產生積極的促進，并形成重要的影響。不幸，在五六十年代，陳夢家回國後沒有受到歡迎，西方金石學也不但沒有進步，并且在某幾方面退了一大步。

左：陳夢家在芝加哥大學東方學院外面（約 1945 年）
右：陳夢家參加夫人趙蘿蕤獲芝加哥大學碩士學位的畢業典禮（1946 年）

---

① 中國科學院考古研究所，《美帝國主義劫掠的我國殷周青銅器集錄》（北京：科學出版社，1962）。

二十世紀四十年代的另一個損失體現在羅越身上。第二次世界大戰爆發初期，1940年，原籍屬德國的羅越即被指派到了中國，成爲德國駐北京的文化館館長。北京當時雖已被日軍占領，但德日畢竟是盟友，所以直到1945年之前，羅越一直都比較自由，但比較遺憾的是當時的北京城并未有多少文化名流留在城內。應該説，當時的羅越并未因戰亂而放棄或停滯自己對中國商周銅器的研究工作，因爲他還分別在1944年和1946年發表了兩篇長篇學術論文，題目是《周代金文：周之一（上、下）》（300410、300470）。每篇論文均是對五篇銅器銘文加以注譯。第一篇包括《臣辰盉》、《旅鼎》、《太保簋》、《飌卣》和《作册大鼎》，第二篇則是對與"伯懋父"相關銅器的注譯，即《吕行壺》、《師旅鼎》、《小臣逨簋》、《小臣宅簋》和《御正衛簋》。羅越的翻譯體現了相當高的語言文字水準，注釋亦非常細緻到位，歷史觀也很全面。總體而言，羅越這兩篇論文在風格上與日本學者白川静（1910—2006）在上個世紀六七十年代的代表作《金文通釋》比較接近①。但遺憾的是，羅越的第一篇論文是在日軍占領北京時期發表的，因此幾乎未見流傳；第二篇論文雖是在當時的權威刊物《華裔學志》（*Monumenta Serica*）上刊發，但因當時二戰剛剛結束不久，百廢待興，因此也未能引起學界關注。而且，羅越以上兩篇論文均爲德文書寫，即便是在當時的西方漢學界，熟悉德文的學者也不多，更不用説現在的西方漢學界，除了德國人以外幾乎没有人能看懂德文。因此，羅越的兩篇論文在當時西方漢學研究領域并未形成大的影響。八年以後，羅越才以其在商代銅器類型學領域的研究而成名②，但直至其去

---

① 白川静，《金文通釋》，《白鶴美術館志》（神户：白鶴美術館，1962—1984）。
② 羅越在1953年發表了"The Bronze Styles of the Anyang Period"（[安陽時代的銅器類型]，*Archives of the Chinese Art Society of America* 7 [1953]: 42-53）一文，篇幅雖短，但影響巨大。該文完全推翻了高本漢所謂的"A"與"B"類型學，并提出了極其合理的銅器演變序列。到了二十世紀六十年代，隨着中國考古工作的發展，羅越的類型系統最終被得以證實。羅越在1949年還發表了"Weapons and Tools from Anyang, and Siberian Analogies"（[安陽的武器和工具，及與西伯利亞的比較]，*American Journal of Archaeology* 53.2 [1949]: 126-144）一文，對高本漢《殷代的武器和工具》（303430*，1945年）提出批判。高氏認爲安陽出土的帶有所謂"北方"特點的銅器應該是産自中國本土，之後才傳播到了西伯利亞地區。羅越指出高氏忽略了西伯利亞地區的考古學證據，而這些證據證明了完全相反的結論。所謂的"北方"特點原本就是來自西伯利亞地區（或更往西），并在殷墟時代被傳播到了中國。後來，隨着中國和西伯利亞地區考古工作的共同進步，這一見解也最終得以證實。

世，却未再續作《周代金文：周之二》。

上世紀五十年代前段，除高本漢繼續從事銅器編目研究之外①，幾乎未見其他金石學著作問世。但 1958 年到 1959 年期間，在澳大利亞工作的新西蘭籍學者巴納（Noel BARNARD，1922—2016；見本部分所附小傳）突然發表了三篇長篇論文，即《最近出土的一件西周時代的有銘銅器》（300600）、《金石學的新做法與研究方法》（300620）和《對一件西周式有銘銅器的真偽的一些看法》（300630）。第一篇論文主要是對 1954 年出土的《宜侯夨簋》（巴納先生故意把它稱作《囷侯夨彝》，拼音寫作"Yi Hou Nieh Yi"）加以介紹，第二篇則是對《兮甲盤》的兩篇不同銘文的討論，第三篇則論證了高本漢在 1948 發表的圖錄中所公布的一篇銅器銘文是偽造的。這三篇文章其實都圍繞着一個主題，也是巴納以後五十多年都一直十分關心的問題，即銅器的真偽問題。其中，第一篇論文開頭的一段文字是：

年輕的羅越
（Max LOEHR，
1903—1988）

> 最近幾年，中國考古學已經取得了長足的進步，外國學者也得以見到重要的考古發掘報告。隨着科學發掘的銅器銘文材料的日漸增多，通過對來源可靠的文獻材料的系統研究，將會爲我們更好地理解中國古代的歷史提供幫助，而那些隱藏在傳世文獻中的偽造出來的荒誕故事將再也不會歪曲我們的思想。過去，學者們研究所利用的銅器銘文材料大多數都沒有出土記錄，即便是那些有記錄的材料，其實也并非完全可靠。材料上的局限性，使我們無法做出可靠的研究。過去從事銅器銘文研究的學者，甚至很少有人曾經考慮過，在他們所研究利用的銅器材料當中，竟然有相當比例會是近幾個世紀以來那些無良的偽造者們的作品。②

---

① 見高本漢 1949 年發表的《遠東文物博物館收藏的幾件銅器》（300510）、1952 年出版的《皮爾斯伯里收藏的中國銅器目錄》（300550）和《遠東文物博物館收藏的幾件新銅器》（300560），以及 1958 年發表的《Wessén 收藏的銅器》（300610）。

② Noel BARNARD（巴納），"A Recently Excavated Inscribed Bronze of Western Chou Date"（最近出土的西周時代的有銘銅器），*Monumenta Serica* 17(1958)：第 12 頁。

可以説,以上文字代表了巴納很多文章的觀點。1959 年,巴納還發表了兩篇書評,表面上看是有關甲骨文方面的研究,但其實也涉及了銅器銘文。第一篇則是針對周鴻翔的《商殷帝王本紀》(200900),第二篇是針對饒宗頤的《殷代貞卜人物通考》(200910)。關於周文,巴納頗費筆墨地討論了西周年代問題,認爲該問題特別複雜,當時學界所提出的各種觀點都存在不同程度的問題,因此學界最好的辦法仍是使用劉歆(公元前46—公元23年)所推算出來的公元前1122年來作爲武王克商年。關於饒文,巴納則在方法論上提出自己的看法,并以此來作爲全文的結束語:

> 饒先生經常在諸如《毛公鼎》和《散氏盤》中找出甲骨文和金文中的通用詞句。在將要進行的研究中,我會證明這些銅器銘文都只是狡猾的偽造品。這些銘文存在顯著的文字結構上的"不恒常性"。僅憑這一點,我們就可以斷定其爲偽造。當然,我們還有其他證據也可以證明這一點。①

在二十世紀六十年代,巴納發表了其曾經答應過的多篇論文。其中以1965年發表的長達150多頁的《鄭德坤〈中國考古學,第三卷〉書評》(300710)和1968年發表的長達70多頁的《中國古代銅器中造偽的發生率:初步記錄》(300770)最具代表性。《鄭德坤〈中國考古學,第三卷〉書評》是對其所提出的"文字字形結構恒常性"(constancy of character structure)理論的進一步論證。關於此問題,在本書第一部分中已做過相關介紹,此不贅述。至於《中國古代銅器中造偽的發生率:初步記錄》一文,雖説只是"初步記錄",但巴納做了很詳盡的討論。在該文中,巴納首先是對銅器編目作一概述,從而斷定至少超過一半以上的銅器銘文都是偽造的。接着,巴納在翻譯宋代趙希鵠(約1231年前後在世)所著《洞天

---

① Noel BARNARD(巴納),Review of *Yin-tai cheng-pu jen-wu t'ung-kao* "Oracle Bone Diviners of the Yin Dynasty" 2 vols. by Jao Tsung-yi(饒宗頤《殷代貞卜人物通考》書評),*Monumenta Serica* 19(1960):第486頁。

清録》所載有關古器物的辨認方法的基礎上①，對宋元明清各代的造僞風氣做了概述。巴納甚至對十九世紀最權威的金石收藏家陳介祺(1813—1884)特別懷疑，認定陳氏僞造了許多銅器，其中就包括陳氏自藏的《毛公鼎》。毫無疑問，《毛公鼎》是西周時代的重器，現藏臺灣故宫博物院。該院還藏有另外"兩寶"，即《散氏盤》和所謂《宗周鐘》(現多稱《㝬鐘》)。巴納很早就認定這"三寶"均係僞造，特別是在1965年發表的書評裏，對《毛公鼎》真僞問題做了比較詳盡的討論，提出了七點可疑之處：

1. 銘文字體反對"文字結構恒常性"。

2. 銘文所用"父厝"不可能是名字，"父"後只能接天干，也只能作爲謚號。

3. 内容和文字用法的問題(證據還没有公布)。

4. 銘文引用《文侯之命》和《師訇簋》的内容(證據也還没有公布)。

5. 鑄造品質非常差(巴氏説"在我親自檢查的大約2000件銅器中，罕見這樣差的鑄造品質")。

6. 鼎的足上有三個凸形的"文字"，即"一"、"V"和"十"，這些"文字"從未在真實的銅器上出現過。

7. 鼎外底有"Y"形的花紋，在真實的鼎下應該是"X"形花紋。

巴納對《毛公鼎》和另外"兩寶"真實性的質疑，自然引發了故宫博物院研究人員的堅決回擊，特別是張光遠《西周重器毛公鼎》一文，對巴納所提出的七個論點逐條加以批駁②。在此之後，巴納亦做出了非常詳盡的回應，即1974年出版的《毛公鼎：西周時代的重要青銅器——駁論一個駁論，并再論它真實性的更多可疑之處》(300880)。在此，筆者不擬對巴

---

① BARNARD(巴納)，"The Incidence of Forgery amongst Archaic Chinese Bronzes" (中國古代銅器中造僞的發生率：初步記録)，第100頁。該文中巴納誤將"趙希鵠"寫爲"Chao Hsi-ku 趙希鴣"，亦誤將《洞天清録》寫爲《洞天清録集》。類似這種錯誤原本不會影響讀者的閱讀與理解，但巴納本人亦經常指責別人類似的錯誤翻譯。例如他就曾批評過翟理思(Herbert A. GILES)，説他的文章有不少地方需要改正。

② 張光遠，《西周重器毛公鼎》，《故宫集刊》7.2(1972)：1—70。

納和張光遠所提出的各種證據做過多評述。巴納在出版上書以後的二十多年,似乎也未再就此問題做更多闡述,而其有關青銅器的研究更多的是就鑄造技術問題的討論。

但是,巴納與張光裕(CHEUNG Kwong-yue)在1996年合著的《善夫梁其簋及其他關係諸器研究》(301990)一書中又再次堅持其所謂的"文字字形結構恒常性"理論。不僅如此,在此書的《附錄》當中,他又再次回到銅器真偽問題的討論,依舊認定很多西周重器是偽器,其中不僅包括了《毛公鼎》、《散氏盤》和《宗周鐘》這"三寶",甚至還包括了諸如《虢季子白盤》、《師釐簋》、《冉方鼎》和《明公簋》等絕大多數銅器學家所堅信的銅器。儘管他否認自己說過有很多銅器是偽器,但在該書《附錄》的幾個表格之中就列出了至少另外四十七件銅器也都是偽器。筆者在1991年曾指出舊金山亞洲藝術博物館(Asian Art Museum of San Francisco)所藏《冉方鼎》含有墊片①,這一銅器鑄造技術特點可以證明該器銘文確爲鑄造而成,巴納因此在原書中加了一個很長的注釋,説其大概不會改變原來對《冉方鼎》真偽的看法,但在其寫於1995年12月的"後記"中則又説,因剛剛收到亞洲藝術博物館所提供的《冉方鼎》的X-射綫照片,所以"也許過去有的觀點可能要修改,但恐怕時間不够,所以來不及加以論證"②。

自1958年以來,巴納開始發表其有關銅器銘文的研究論文,對銅器學的貢獻不可否認。但就其有關銅器真偽問題以及銅器銘文其他相關諸多問題的討論而言,其對西方學術界的影響只能説是消極和負面的。

很少有人知道,在上世紀六十年代的西方金石學界,還有一位學者值得一提,即翁有理(Ulrich UNGER,1930—2006;見本部分所附小傳)。1962年翁有理完成了其大學授課資格論文(德國教育系統的第二個博士論文,規模要比一般的博士論文大),題目是《西周銅器銘文的翻譯與年

---

① Edward L. Shaughnessy (夏含夷), *Sources of Western Zhou History: Inscribed Bronze Vessels* (西周史料:銅器銘文)(Berkeley: University of California Press, 1991),第61頁。

② Noel BARNARD(巴納)和 CHEUNG Kwong-yue(張光裕),*The Shan-fu Liang Ch'i Kuei and Associated Inscribed Vessels* (善夫梁其簋以及相關有銘銅器)(臺北:成文書局,1996),第367頁,注168。

舊金山亞洲藝術博物館所提供的《冄方鼎》
X-射綫照片，顯示出銅器與銘文爲同時鑄造

代》。在這部分爲兩册的學術巨著中，翁氏體現了極高的學術水準。但遺憾的是該論文是用德文書寫的，幾乎沒有多少人能夠看懂，而且尤爲遺憾的是該文一直沒能正式出版發行，因此學術界甚至就無人知道這部研究論著的存在。翁氏亦分別在 1964 年和 1965 年刊發過與銅器銘文有關的研究論文，即《中國古文字研究》(300700)和《周王抑或篡奪者》(300720)，但在此之後其正式刊發的學術論文就只有 1976 年一篇，即《太保簋銘文》(301010)。儘管翁有理此後仍繼續從事相關研究工作，對很多問題有過深入研究，并且也寫過很多論文，但可惜的是其僅將研究論文的複印本寄給學生和朋友，并未出版發行，因此在學術界并未形成影響。

　　上個世紀六十年代末到七十年代初，又有幾部學術著作問世，其中一部公開出版，另外幾部則是博碩士論文。公開出版的是顧立雅 1970 年的《中國治道的起源，第一册：西周帝國》(300800)一書。正如書名中標明"第一册"那樣，顧氏原本是打算寫好幾册書來完成其對中國政權起源的探討。顧氏説依照其最初計劃，西周部分原本打算僅寫一章的内容，但當其回顧自己在三十年代所做的有關銅器銘文的研究工作的時候，就難以停止，到最後就變成了這個大部頭，涵蓋了西周政治史的各個方面。儘管顧氏在上世紀三十年代師從金石學家劉節學習金石學，但其本人并非古文字學家,也不是銅器學家,而是一個純粹的歷史學家。雖然如此,他的西周史研究在很大程度上還是依據銅器銘文材料來完成的,銘文材料主要來源於郭沫若(1892—1978)在1935年出版的《兩周金文辭大系圖錄考釋》,并吸收了上世紀五十年代出土的重要銅器以及當時發表的相關研究成果,特別是1954年出土的《宜侯夨簋》和陳夢家的《西周銅器斷代》。但除此之外,可以在某種程度上說,顧氏對銅器的研究水平依舊停留在上世紀三十年代。在西方金石學研究領域,顧氏僅僅針對巴納有關銅器真偽問題的討論提出過一些懷疑,但亦未做過自己的研究。顧氏說雖然其研究中所利用的金文材料可能有幾篇是偽造的,但這并不會影響到其書的基本觀點。這一看法固然無可厚非,但其書對金石學的發展也未能起到積極的作用。

1969年,哥倫比亞大學的吉德煒(David N. KEIGHTLEY;見第二部分所附小傳)完成了其題爲《中國古代公共勞動:商和西周強迫勞動研究》(201030)的博士論文。該論文引起了甲骨學界的注意,這在本書第二部分裏已經有所介紹。該論文西周部分亦利用了銅器銘文資料對相關問題進行過一定程度的探討,但其對金石學本身的影響似乎不是太大,於此不再贅述。1970年,哈佛大學羅越教授的學生Virginia C. KANE亦完成了其題爲《商和西周時代的中國銅器》(300810)的博士論文。雖然KANE氏基本上是從藝術學的角度來對商周銅器加以斷代研究,但其對銘文本身的形式演變也很重視,所以對金石學的發展有一定貢獻。客觀而言,以上兩篇博士論文都達到了很高的學術水平,但同時也都深受巴納研究方法的影響,認爲很多銅器是偽器。博士畢業後,吉德煒專門從事甲骨文領域的研究,KANE氏則在密西根大學從教將近三十年(1969年到1998年)。KANE氏後來還發表過兩篇有關銅器銘文的研究論文,即1973年的《商代銅器上紀念祖先銘文的斷代意義》(300850)和1982年的《西周賞賜銘文的問題:命書、賜品和對揚》(301210)。兩篇論文均很有見地,特別第二篇有關賞賜銘文性質和意義的研究,引起了不少西方學者的關注。

1973年,馬幾道(Gilbert L. MATTOS, 1939—2002)在華盛頓大學完成了其題爲《秦石鼓》(300860)的博士論文。馬氏是司禮義(Paul L-M

SERRUYS,1912—1999；見第二部分所附小傳）的學生，在該校打下了堅實的古文字學基礎，特別是東周時代金石學基礎。但遺憾的是，馬氏在畢業後未能及時找到學術研究的工作，不得已耗費多年去從事其他各種職業，影響了其學術成就。馬氏後來亦發表過幾篇有關銅器銘文的研究論文，如 1976 年的《關於銅器和銅器銘文的兩本重要著作》(301000)、1977 年的《對〈金文詁林〉所引銅器銘文的資料補充》(301020)和《秦石鼓文的時代：兼及周代文字的歷時性分析》(301030)等。1988 年，馬氏當年的博士論文亦得以正式出版，書名依舊是《秦石鼓》(301490，見下文對石刻的討論）。韓國學者方善柱（PANG Sunjoo）是司禮義的另外一位華盛頓大學的學生，亦在 1973 年完成了其題爲《商周銅器銘文裏的東夷民族》(300870)的碩士論文。之後，方氏又前往加拿大多倫多大學就讀博士，并於 1977 年完成了其博士論文《西周年代研究》(301050)。方氏博士論文中很多有關西周年代學的觀點都很有見地，如方氏指出周宣王元年似乎不應該是歷史學家所公認的公元前 827 年，而應定在公元前 825 年，這一觀點後來被許多新發現的銅器銘文材料如《四十二年逑鼎》和《四十三年逑鼎》等所證實。遺憾的是，該論文當時在加拿大并未公開出版，也并未在學術界交流，所以學界很少有人知道方氏此文之貢獻。1975 年，方氏在臺灣《大陸雜志》上刊發了《西周年代學上的幾個問題》一文①，其中最重要一點就是論證了發生在公元前 899 年的日食相當於《竹書紀年》周懿王"元年天再旦于鄭"的記載，這一觀點後來被"夏商周斷代工程"所確認。1977 年，方氏亦在西方權威學刊《華裔學志》上刊發了《中國古代銅器銘文裏武王和文王的配偶》(301040)一文。但方氏在回到韓國之後，似乎就未再見到其有相關學術論著問世。

總體而言，這一時期的博碩士論文似乎爲金石學的研究開闢了新的途徑，也爲這一學科在西方的發展開啓了新的局面，但是由於種種原因，到最後似乎所有學者均經歷了某種瓶頸，最終未能取得突破性進展。

在整個上世紀七十年代，可以説除巴納之外，西方學者并未刊發太多

---

① 方善柱，《西周年代學上的幾個問題》，《大陸雜志》51.1(1975)：15—23。

有關金石學的研究論文。與此相反，倒是有一些中國學者使用英文發表了數篇研究論文，如周法高（CHOU Fa-kao，1915—1994）在1971年的《香港中文大學中國文化研究所報告》上刊發了《西周的年代》（300820）一文，張光遠（CHANG Kuang-yuan）、張光裕（CHEUNG Kwong-yue）和饒宗頤（JAO Tsung-i）都在巴納1976年主編的《中國古代銅器和東南亞金屬與其他考古製品》（300950）一書中發表了論文。巴納此書是一部跨學科學術論集，至少在方法論上有很大影響。

對西方銅器學來講，1980年是標志性的一年。這一年在紐約大都會博物館（Metropolitan Museum of Art）舉辦了"偉大的中國青銅時代：來自中華人民共和國的展覽"（The Great Bronze Age of China: An Exhibition from the People's Republic of China）大型展覽，這是繼1935—1936年在英國倫敦伯靈頓家舉辦"中國藝術國際展覽"之後的又一次盛會。本次展覽，在紐約大都會博物館展出之後，又分別在芝加哥菲爾德博物館（Field Museum）和洛杉磯縣藝術博物館（Los Angeles County Museum of Art）進行了巡迴展覽，而且在展覽前後還召開了多場學術研討會，1980年出版了展品圖錄（301130）和1982年舉辦相關學術研討會。展品圖錄是由普林斯頓大學教授、大都會博物館中國繪畫部部長方聞（Wen C. FONG）和貝格立（Robert W. BAGLEY）、蘇芳淑（Jenny F. SO）以及何慕文（Maxwell K. HEARN）等人合編，不但對展出文物進行了詳細介紹，而且對中國青銅時代的各個歷史階段都進行了精彩描述。中國方面還專門安排了四位權威學者參加了紐約大都會博物館展覽的開幕式和學術研討會，這四位學者分別是夏鼐（1910—1985）、張政烺（1912—2005）、馬承源（1927—2004）和張長壽。四位學者還在返程途徑舊金山期間，參加了加州大學伯克利分校召開的學

《偉大的中國青銅時代》圖錄

術研討會，并參觀了舊金山亞洲藝術博物館（Asian Art Museum of San Francisco）館藏中國青銅器。這是自 1949 年以來，中國方面首次派出中國學者參加美國學術會議，給所有與會者都留下了深刻印象。

"偉大的中國青銅時代"展覽在洛杉磯展出期間，洛杉磯縣藝術博物館亦召開了學術研討會，并在會後將會議論文編輯出版，即《偉大的中國青銅時代：一個論壇》（301270）。該論文集收錄了當時美國和加拿大兩國在中國青銅器研究領域最權威學者的十篇研究成果：

張光直（K.C. CHANG）：《商文化起源和中國考古上的夏代問題》
胡博（Louisa G. Fitzgerald HUBER）：《有的安陽王朝銅器：商代銅
  器紋飾的特點》
倪德衛（David S. NIVISON）：《從銅器銘文重構西周歷史》
喬治・秋山（George KUWAYAMA）：《周代晚期的文化復興》
蘇芳淑（Jenny F. SO）：《新鄭的壺：為了確定楚式的風味》
杜樸（Robert L. THORP）：《驪山墓地的考古重構》
邦克（Emma C. BUNKER）：《東周文化外來因素的來源》
Ursula Martius FRANKLIN：《中國金屬技術的起源：比較方法》

張政烺（左）、馬承源、張長壽、夏含夷和 Rene Yvon Lefebvre d'Argence
（時任舊金山亞洲藝術博物館館長）參觀該館青銅器庫房

齊斯(W. T. CHASE):《中國青銅鑄造:間斷的科技歷史》

Pieter MEYERS 和 Lore L. HOLMES:《中國古代銅器的科技研究:幾點看法》

十篇論文中,除倪德衛(David S. NIVISON,1923—2014;見本部分所附小傳)的《從銅器銘文重構西周歷史》(301290)一文與銅器銘文直接相關外,其餘九篇都是關於考古學和青銅鑄造技術的研究。但由此亦可以看出,"偉大的中國青銅時代"這一展覽已經再次激發了西方學者對中國銅器的研究興趣。

倪德衛對西周史的研究,基本上是依據其在銅器年代學上的研究來進行發揮的。據倪氏自己在"晚年定論"《〈竹書紀年〉解謎》(405060*,2009年)的《序言》裏所述,在1979年11月的某個星期天的夜晚,正在家中備課的他,突然發現學界公認是僞書的今本《竹書紀年》所載年代與銅器銘文所載年代有相同者,因此今本《竹書紀年》不可能完全是僞造的,至少有相當一部分內容應該是根據可靠史料編撰而成。據其回憶,第二天的課程剛好是講授當時剛剛出土的微氏家族窖藏銅器,其中的《瘨盨》(倪氏鑒定該器屬於西周中期偏晚)載有"隹四年二月既生霸戊戌"這樣明確的年代記載,該篇銘文還有"王才周師录宮"以及"司馬共"爲右者的記錄。而除《瘨盨》之外,另外還有三件銅器(倪氏鑒定亦屬西周中期偏晚)也都記載周王賞賜典禮的地點是在"周師录宮",而且也都記載"司馬共"爲右者,亦都載有明確的年代記載。這三件器物分別是《師艅簋》(年代記載爲"隹三年三月初吉甲戌")、《師晨鼎》(年代記載亦爲"隹三年三月初吉甲戌")和《諫簋》(年代記載爲"隹五年三月初吉庚寅")。倪氏判斷,這四件銅器應在同一王世鑄造而成,最可能是在周夷王時代。倪氏認爲《師艅簋》、《師晨鼎》和《諫簋》銘文所載日期不但都符合同一王世的曆表,而且此曆表(即以公元前867年爲元年)與《竹書紀年》所載年代完全相合。但是這裏卻存在一個重大問題,即無論如何《瘨盨》所載年代與另外三件銅器所載年代無法納入同一曆表。因此,日本學者白川靜認爲銘文鑄寫有誤,而倪氏則提出了另外一個"大膽的假設",即周夷王使用了兩個"元年",一個是在公元前867年,另一個是在公元前865年。爲說明這一點,倪氏還找出很多證據以證明西周時代這種"二元曆表"已經相當普遍。總之,從那個星期天的夜晚開始,倪氏就開始了其專門從事中國古代年代問題研究的歷程。除《從銅器銘文重構西周歷史》一文外,倪氏還有《西周之年代》(301280*,1983年)和《1040 作爲武王伐紂之年》(301230*,1982年)兩部專著以及一系列相關研究論文。當然,所有的研究論文最後幾乎都收入其《〈竹書紀年〉解謎》一書之內了。

上個世紀八十年代,吉德煒、司禮義、巴納和倪德衛依舊是西方古文字學界的學術權威。但是在金石學這一領域,這十年可以說是"學生時代"。八十年代初,在倪德衛講授銅器學的課堂上,只有兩位學生,一位是班大爲(David W. PANKENIER),另一位是夏含夷(Edward L. SHAUGHNESSY)。這兩位學生給倪氏所提交的課程論文很快就得以正式發表,即夏氏《武王伐紂之"新"證據》(301150*,1980年)和班氏《商和西周的天文學年代》(301170,1981年)。事實上,兩篇論文都是從不同的角度針對倪氏所關心的商周年代學問題提出了自己的新見。夏氏此後長期致力於金石學研究,并於1983年刊發了其第一篇有關銅器銘文的研究論文《多友鼎的年代及其意義》(301300*)。而且幾乎是在同時,該文亦用中文在中國權威刊物《考古與文物》上正式刊發,即《測定多友鼎的年代》①。

1982年,杜德倫(Darrel Paul DOTY)完成了其題爲《齊國的銅器銘文:一個理解》(301200)的博士論文,對齊國銅器銘文做了細緻的文字學分析。杜氏師從司禮義,頗有乃師之風。1984年,巴納的學生楊靜剛(YEUNG Ching-kong)亦完成了其題爲《西周王朝和諸侯之間的行政關係的幾點特點:根據當時銅器銘文證據的初步調查》(301320)的博士論文,利用銅器銘文材料對西周政治史做了研究。1985年馬幾道則發表了《石鼓文的修復》(301350)和《周法高〈金文詁林補〉書評》(301360)兩篇論文。羅越的學生蘇芳淑和貝格立也都開始發表自己的研究成果,尤其是貝格立1987年所撰《賽克勒收藏的商代青銅禮器》(301430)一文,材料十

---

① 夏含夷,《測定多友鼎的年代》,《考古與文物》6(1985):58—60。

分詳盡。1988年張光直的大弟子羅泰(Lothar von FALKENHAUSEN)亦完成了其題爲《中國銅器時代禮儀音樂》(301460)的博士論文。在這篇長達1600多頁的論文中,羅泰對古代甬鐘的每一方面都進行了詳盡研討,甚至包括甬鐘上的銘文。

夏含夷(左)、裘錫圭和羅泰在江蘇太倉參加
1990年12月召開的中國古文字研究會會議合影

上個世紀九十年代,對西方金文學而言,1990年是一個良好的開端。該年司禮義的學生柯鶴立(Constance Anne COOK)完成了其題爲《吉金與南神:楚國銅器銘文的分析》(301540)的博士論文,該文從史學的角度對中國古代南方楚國的銅器做了一個概括性梳理。同年,羅森(Jessica RAWSON)大著《賽克勒收藏的西周時代青銅禮器》(301580)出版。該書分爲兩卷(第一卷爲綜論,第二卷爲圖錄),圖文并茂,對西周銅器做了十分詳盡的論述,可稱作是五六十年以來西周銅器學中的學術精品。1991年,夏含夷所著《西周史料:銅器銘文》(301670)亦得以問世。該書在形式和理論上均是繼吉德煒1978年所著《商代史料:中國青銅時代的甲骨卜辭》(201490)一書之後對西周銅器銘文所進行的系統研究。全書分爲五章,即"金文學簡史"、"有關帶銘文青銅器的鑄造,并論銅器真偽問題"、"怎樣閱讀西周銅器銘文"、"西周銅器斷代"、"有關西周銅器銘文史學問

題"。書末還附有三篇"附錄",即"《史牆盤》銘文翻譯的注解"、"《令彝》與康宫問題"和"西周朝代的絶對年代"。

羅森(Jessica RAWSON)
《賽克勒收藏的西周時代青銅禮器》

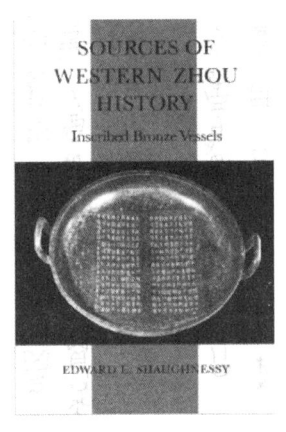

夏含夷(Edward L. SHAUGHNESSY)
《西周史料:銅器銘文》

1993年,上述羅、夏二氏的兩部著作迎來一篇長達88頁的書評,即羅泰《西周研究的課題:評論文章》(301790)。羅氏此文對學術研究的方法論方面提出了很多看法,開篇第一句話是:"半個世紀以來西方漢學家一直比較忽略中國文明的古典基礎,現在終於有學者給這一問題應有的注意。"這篇書評組織架構十分清晰,分爲兩大部分(第一部分基本上是針對夏氏所著《西周史料:銅器銘文》,第二部分則針對羅森所著《賽克勒收藏的西周時代青銅禮器》),并於每大部分下又細分爲若干小部分,很多小部分下更進一步細分爲若干更小的部分,具體細目如下:

1　　　西周銅器銘文的性質與斷代
1.1　　　《西周史料》:形狀與組織
1.2　　　西周銅器銘文的性質
1.2.1　　　儀式背景
1.2.2　　　銘文文本的構造
1.2.3　　　功績陳述形式

1.2.3.1　　　　　　記錄式
1.2.3.2　　　　　　自述式
1.2.3.3　　　　　　簡寫形式
1.2.3.4　　　　　　論述
1.2.4　　　　記錄常語
1.2.5　　　　銅器銘文的史學價值
1.3　　銘文的年代
1.3.1　　　　曆法條件
1.3.2　　　　根據人名的斷代
1.3.2.1　　　　　　王名
1.3.2.2　　　　　　家族證據
1.3.2.3　　　　　　年代可知的歷史人物
1.3.2.4　　　　　　私名網絡
1.3.3　　　　論述
1.4　　銘文的訓讀與翻譯
2　銅器類型與紋飾研究的進展
2.1　　《賽克勒收藏的西周時代青銅禮器》的特點與方向
2.1.1　　　　形狀
2.1.2　　　　工作的性質與方向
2.2　　西周銅器的描述
2.2.1　　　　西周早期華麗的形式
2.2.2　　　　西周中期的演變
2.2.3　　　　西周晚期的改革
2.2.4　　　　斷代的問題
2.3　　對風格轉變性質的思考
2.3.1　　　　銅器鑄造內在轉變
2.3.2　　　　藝術以外的影響
2.4　　西周銅器的非周因素
2.4.1　　　　更早傳統的影響

2.4.2　　　與周同時的地方性文明
2.5　　　對銅器的描述與斷代
2.5.1　　　圖錄的範圍
2.5.2　　　文字資料的使用
2.5.3　　　形式學與類型學
2.5.4　　　根據考古環境的斷代
2.6　　　對語言與組織的最後看法

如上引目錄所示，這一"書評"內容非常豐富，特別是在方法論方面提出了某些獨特的見解。但羅泰花費筆墨最多、也是最引學界關注的是該文第1.2部分，即"西周銅器銘文的性質"，特別是在其第1.2.1部分"儀式背景"中，對人類學觀點加以特別強調。羅泰認爲青銅器是禮器，其用途完全是爲了宗廟祭祀，而銅器銘文也只是爲了向祖先乞命求福。在此基礎上，羅泰進而指出銘文內容所體現出來的其實是主觀思想，原本就不屬於歷史記載。因此，羅泰對夏含夷把銅器銘文當作"史料"來加以研究利用的做法進行了批判，認爲銅器及其銘文只能當作宗教學資料來研究。同年，羅泰的博士論文亦正式出版，即《懸樂：中國青銅時代的甬鐘》(301800)，對甬鐘的文化背景與用途做了全面介紹。

除羅泰兩部大作之外，1993年還有很多金石學論著問世。巴納於該年針對羅森所著《賽克勒收藏的西周時代青銅禮器》一書也發表了書評。在這篇長達75頁的書評當中，巴納首先使用好幾頁的篇幅對該書的某些所謂"短處"（如該書採用羅馬拼音而非傳統的"威一翟[Wade-Giles]系統"）提出批評，之後圍繞鑄造技術、銘文解讀和銅器真僞這三大問題展開詳細討論。其中，篇幅最長的部分是其二十多年來所從事研究的鑄造技術，但這部分與金石學關係不是十分密切，在此無需贅述。關於銘文解讀，亦基本上是其五十年代所主張的"文字結構恆常性"理論的翻版，未見新意，亦無需贅述。至於真僞問題，雖亦爲長篇大論，但我們却從中很難看出其現有觀點與其早年看法有何不同。在該文所附長篇注釋中，巴納說其年輕時對真僞問題很感興趣，但自七十年代中國考古學家科學發掘

出土衆多銅器以後,其興趣就開始轉移到這些出土品上了。至於其過去所熱衷的真偽問題,則説:

> 不出所料,在未經考古發掘的許多傳世銅器中,有些銘文顯示出很多過去從未被關注但却可能很有意義的特點。在新的考察研究結束之後,這些特點使其在歷史文獻中可能會很有意義。當然,新的考察研究仍需依據我過去所倡導的歷史研究基本法來進行①。

這到底是對其以往觀點的認可還是否認? 百思不得其解。

羅森亦於該年發表了《中國古代青銅禮器:來自商和西周墓葬和窖藏的證據》(301830)一文。該文着重研究了窖藏出土銅器和墓葬出土銅器的不同用途及其在人類學上的不同價值。該文篇幅雖短,但如同羅森很多論著一樣,很有見地。該年還見有另外兩位年輕學者的研究成果。柯鶴立發表了《神話與真實性:楚公逆鐘銘文的解釋》(301760)和《中國古代的禮儀燕饗:初步研究一》(301770)兩篇論文。此二文均是利用銅器銘文和人類學方法對中國古代文化史加以研究,并提出了自己的新見。柯氏後來還發表過不少類似的研究成果,如 1995 年發表的《史、庖與工:打破周之傳統》(301910)、1997 年的《財富與西周》(302080)和 1999 年的《楚統治階級的意識形態:禮儀修辭學與銅器銘文》(302190)等。柯氏的研究興趣後來一直圍繞着楚國文化史,但研究重心稍稍偏向簡帛學。2009 年,柯氏還發表《東周之祖先崇拜》(303210)一文,對相關問題加以綜合研究。原籍屬東德的學者勞武利(Ulrich LAU)亦在 1993 年發表了《裘衛銘文:中國經濟法制史的文獻》(301820)一文。該文是勞氏博士論文的一部分。其博士論文《西周時代土地交換與買賣的史料(公元前 1045?—前 771 年)》(302240)於 1999 年正式出版。該書可以看作是傳統德國式史料學的研究成果,對銅器銘文的介紹占了主要篇幅。書中對《康侯簋》、《宜侯夨簋》、《史牆盤》、《多友鼎》、《五祀衛鼎》和《曶鼎》等 31

---

① Noel BARNARD(巴納),"*Western Zhou Ritual Bronzes from the Arthur M. Sackler Collections: A Review Article*"(《賽克勒收藏的西周時代青銅禮器》評論文章),*T'oung Pao* 79.4/5(1993):第 273 頁,注 15。

件西周重要銅器的銘文做了深入研究,每一篇銘文都有翻譯、注解和研討。

1995年,蘇芳淑完成了對賽克勒所藏青銅器最後一卷的整理,即《賽克勒收藏的東周青銅禮器》(301960)。與貝格立所撰商代銅器第一卷和羅森所撰西周銅器第二卷一樣,本卷也達到了學術與出版的最高水準。總的來說,以上三卷代表了二十世紀西方學術界對中國古代銅器研究的最高水平,是西方金文學界的學術精品。時至今日,仍未見有更好的研究成果可以替代。

貝格立《賽克勒收藏的商代青銅禮器》　　蘇芳淑《賽克勒收藏的東周青銅禮器》

1994年和1996年還有三篇博士論文面世。德國學生Lutz SCHUNK的《中國古代法治史的資料:西周銅器銘文的翻譯和歷史語言注解》(301880)和美國學生郭錦(Laura A. SKOSEY)的《西周的法律制度和法律傳統》(302030)都對西周法律進行了深入研究。但遺憾的是,兩篇論文都未能正式出版,兩位博士在畢業之後也未能繼續從事金石學研究。第三篇是畢鶚(Wolfgang BEHR)的《有韵銅器銘文及中國句末韵文的起源》(302000),該文是運用音韵學方法對銅器銘文中的韵文所進行的綜合研究,不僅對115件西周銅器銘文和82件東周銅器銘文做了音韵學分析,而且爲《利簋》、《何尊》、《大盂鼎》、《班簋》、《克盨》、《梁其鐘》、《趞簋》、《越王鐘》、《王孫遺者鐘》等諸多重要銘文做了翻譯。另有五篇銘文不但做了翻譯,并且也進行了詳細的注解和研討。這五篇銘文是《天亡

篋》、《叔卣》、《甫人盨》、《戀書缶》和《鬻鐘》。此文在2009年終於正式出版爲《有韵銅器銘文及中國句末韵文的起源》(303190)。

1997年,夏含夷主編《中國早期歷史的新史料:銘文和寫本導讀》(100970*)一書出版,書中有兩章内容與銅器銘文有關,即夏含夷所撰《西周銅器銘文》(302140*)和馬幾道所撰《東周銅器銘文》(302120*)。該書還收有羅鳳鳴(Susan R. WELD)所撰《侯馬和温縣的盟書》(302160*)一章。書中每章均有對相關資料的綜合介紹,便於學生學習使用。①

二、石刻研究

上文對二十一世紀之前西方學者在銅器銘文學領域的研究歷史做了簡單回顧,下面對西方學者在古代石刻學領域的研究再做一概述。本書《序言》中提到《大秦景教流行中國碑》。該碑在明末熹宗天啓五年(1625)出土之後,立刻引起當時西方傳教士的極大興趣。1628年,該碑已被翻譯成葡萄牙文。1636年,該碑的拉丁文譯文在羅馬正式發表以後,立即傳遍歐洲各地,并引起當時歐洲各國知識分子的極大關注。從此之後,歐洲各國駐華傳教士很多都對石刻十分重視,但是這些石刻多半都是隋唐以後的墓誌銘,不在本書介紹範圍之内,於此不做介紹。

古代的石刻也引起了早年漢學家的興趣。本部分開頭講過,早在1873年卜士禮就在《皇家亞洲學會華北分會學報》上刊發了其第一篇學術論文《秦石鼓》,即《周代的石鼓》(300010)。在該文當中,卜氏不但對與石鼓文相關的歷史問題進行了詳細叙述,而且將石鼓文中的《吾車》、《汧殹》、《田車》和《鑾車》四篇詩歌翻譯爲英文,譯文本身已達到了一定學術水平。但遺憾的是,該文并未引起西方學術界關注,在卜氏發表該文之後,經過了一百多年,我們才見到第二篇有關石鼓文的研究論文問世,即馬幾道1985年的《石鼓文的修復》(301350)一文。馬氏此文是據其1973

---

① 此書有中文譯文,即夏含夷主編,本書翻譯組譯,李學勤審定,《中國古文字學導論》(上海:中西書局,2013)。夏含夷所寫的一章由陳雙新翻譯、馬幾道所寫的一章由陳劍翻譯、羅鳳鳴所寫的一章由李天虹翻譯。

年華盛頓大學博士論文《秦石鼓》(300860)的部分内容修訂而成。1988年,馬氏的博士論文亦得以正式出版爲《秦石鼓》(301490)。該書是對石鼓文的綜合研究,全書分爲三大部分。第一部分有四章,即"綜合介紹"、"石鼓的發現和傳授"、"石鼓文的暫時亡佚與部分修復"和"石鼓的年代"。第二部分是對十篇石鼓文所進行的系統探討,包括學術史、復原、釋文(窄釋和寬釋)、古代音韵、韵文、注解和翻譯等内容。第三部分則對石鼓文的年代進行了詳細研討。根據與銅器銘文特别是與《秦公簋》和1978 年出土的《秦武公鐘》這兩篇銘文的對比,馬氏斷定石鼓文的製作年代當爲戰國早期偏晚,大約是在公元前 400 年前後。這一觀點與唐蘭的看法十分接近①,目前也得到了中國學術界的認可。到二十世紀末,隨着中國考古發掘工作的深入,出土文獻大量涌現,因此無論是在中國學術界還是在西方學術界,石鼓文直到今天都無法引起大家多少興趣,但馬氏《秦石鼓》一書的確已經達到了非常高的研究水準,可以看作是出土文獻的研究範例。

　　西方漢學界第二篇有關石刻的研究成果與上述卜氏第一篇學術論文有很多相似之處,這一研究成果出自沙畹。沙畹是在 1889 年到達中國并在法國駐華大使館任職。四年之後,沙畹發表了其第一篇學術論文,即《秦的銘刻》(300020)。該文是對《詛楚文》、《秦權》②、《秦王政二十八年嶧山石刻》、《秦王政二十八年泰山石刻》、《秦王政二十八年琅琊石刻》、《秦王政二十九年罘山石刻》、《秦王政三十二年碣石門石刻》和《秦王政三十七年會稽山石刻》這八篇秦石刻和銅器銘文所進行的綜合研究。該文不僅對每種材料的歷史背景都做了介紹,而且還爲每種材料做了翻譯。針對石刻材料,該文還都對其韵文加以研討。該文後半部分還有對部分出土秦陶文的介紹。如同沙畹所有其他研究成果一樣,該文是沙畹在深入研究的基礎上,對秦銘刻所進行的系統而全面的研究。

---

①　唐蘭,《關於石鼓文的時代答童書業先生》,《文史周刊》13(1948);唐蘭,《石鼓年代考》,《故宫博物院院刊》1(1958):4—34。
②　沙畹所引用《秦權》銘文是阮元《積古齋鐘鼎彝器款識》(1804)第九卷上的銘文。

沙畹對秦石刻的研究，在另一方面也與卜士禮對秦石鼓文所作的研究頗爲類似，那就是在其研究論文發表以後，同樣也是經過了一百多年，我們才見到第二篇有關秦石刻的研究論著問世，即柯馬丁（Martin KERN）2000 年的《秦始皇碑銘：中國早期皇朝象徵的文獻與禮儀》（302340）一書。在該書的《前言》中，柯氏説其在 1997 年春天和康達維（David KNECHTGES）交談的時候，康氏問他秦始皇石刻會不會是西漢初期安世房中歌和漢武帝時期郊祀歌的原型，柯氏承認自己尚不知秦始皇石刻爲何物。此後，柯氏花大力氣對這一問題加以研究，并在幾個月内完成了該書的初稿。該書前半部分是對七篇石刻的完整翻譯，每篇譯文下還附有非常詳細的注解。後半部分則先對《秦公鎛》、《秦公簋》和《秦公鐘》諸銘文以及秦公大墓出土的石磬銘刻加以介紹，對每篇銘文進行了翻譯和注解，并在翻譯的基礎上，還對銘文中的韵文和禮儀背景等問題加以研討，提出銘文韵文反映出禮儀活動與口頭文化的關係更爲密切，與文字的關係其實是次要的[1]。此書出版以後，柯氏每當討論銅器銘文或其他古代文字資料的時候，也都會對口頭文化的社會背景加以强調。

　　需要説明的是，十九世紀末的卜士禮、沙畹與二十世紀末的馬幾道、柯馬丁之間，西方學術界其實并非完全没有其他學者從事過古代石刻的研究，但總體而言，這方面的研究很不充分。據筆者所知，二十世紀前半葉唯一的一篇論文是衛德明（Hellmut WILHELM，1905—1990）1948 年發表的《有關行氣的周代銘刻》（300500）一文，該文僅對羅振玉《三代吉金文存》所收《行氣玉銘》做了簡單介紹。自此之後，我們還得再等三十年才看到有第二篇論文發表，即 Kenneth STARR（1922—2011）所撰《後漢張騫碑的"老拓本"》（301100）一文。STARR 氏於 1953 年在耶魯大學人類學系博士畢業後，即被聘任爲芝加哥菲爾德博物館（Field Museum）研究員，并在芝加哥工作了將近二十年，於 1970 年又受聘爲密爾沃基藝術博

---

[1] Martin KERN（柯馬丁），*The Stele Inscriptions of Ch'in Shih-huang: Text and Ritual in Early Chinese Imperial Representation*（秦始皇碑銘：中國早期皇朝象徵的文獻與禮儀）（New Haven, American Oriental Series 85, 2000），第 102 頁。

物館（Milwaukee Museum of Art）館長。在菲爾德博物館工作期間，STARR 氏發現該館竟然收藏了將近 4 000 片中國碑銘拓片。此後，STARR 氏一直圍繞着中國碑銘拓片從事相關研究。1981 年，STARR 氏和菲爾德博物館的前同事陳和銑（Hoshien TCHEN，1893—1988）將菲爾德博物館藏 2 014 片拓片編撰爲《拓本聚瑛：富地博物館藏》（301180）一書出版。該書第一片拓片即石鼓文的縮小本，總計包括了周代拓片（包括封泥、陶文以及石鼓文的全文拓片）14 片、秦代拓片（包括《琅琊臺碑》以及瓦當和墓磚拓片）5 片、漢代拓片（包括武梁祠三套全本拓片）213 片，可以看作是中國海外最重要的碑銘拓片集成。2008 年，STARR 還出版了《黑虎：中國拓片入門》（303170）一書。該書可以看作是其畢生研究心血的結晶，封面有哥倫比亞大學教授韓文彬（Robert E. HARRIST, Jr.）的提詞"了不起的著作"，這一評價十分中肯。

我們雖不能說 STARR 氏對碑銘內容完全不了解，但其對拓片的興趣可能更多的是來自拓片技術與形式，因爲 STARR 本人既不是古文字學家，也不是歷史學家。但在其第一篇論文刊發之後不久，就有兩篇是由歷史學家利用碑銘來研究漢代歷史問題的論文發表，即畢漢思（Hans BIELENSTEIN，1920—2015）1980 年發表的《東漢碑銘與正史列傳：一個史學的對比》（301110）和伊沛霞（Patricia EBREY）同年的《後漢碑銘》（301120）。尤其是伊氏論文，因是在《哈佛亞洲學學報》（*Harvard Journal of Asiatic Studies*）上刊發，所以引起很多關注。事實上，伊氏在刊發該文的兩年之前，還著有《早期中華帝國的貴族家庭：博陵崔氏個案研究》一書①，已經開始大量利用碑銘資料對相關問題進行研究。此後，伊氏雖繼續從事相關研究，如 1993 年發表的《地域宗派：有關三個紀念神仙神祠的碑銘》（301780），但其多數論文是針對唐宋以後歷史問題的研究，未在本書介紹範圍之內。就在伊氏發表該文稍後，另一位著名漢學家施舟人（Kristofer SCHIPPER）亦刊發了一篇利用碑銘資料來研究漢代

---

① Patricia Buckley EBREY（伊沛霞），*The Aristocratic Families of Early Imperial China: A Case Study of the Po-ling Ts'ui Family*（早期中華帝國的貴族家庭：博陵崔氏個案研究）(Cambridge: Cambridge University Press, 1978)。

宗教史的論文，即《最近發現的一個東漢道教碑銘》(302130，1997 年)。2000 年，施氏學生呂敏(Marianne BUJARD)亦刊發了相關論文，即《慶祝與提高地域宗派：六塊東漢時代的石碑》(302330)。

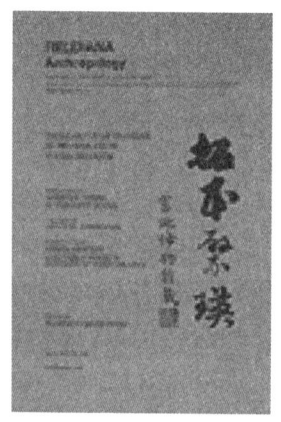

《拓本聚瑛：富地博物館藏》
（芝加哥菲爾德博物館，1981 年）

Kenneth STARR
(1922—2011)

STARR 氏著
《黑虎：中國拓片入門》

最近二十年，西方漢學界對碑銘與其他石刻資料都有較多關注，而且還有一個十分可喜的現象，即涌現出一大批博士，在他們的博士論文裏都大量將碑銘作爲歷史資料加以研究利用，并在博士畢業後亦能繼續從事相關研究工作。意大利學者李集雅(Tiziana LIPPIELLO)博士畢業於荷蘭萊登(Leiden)大學，師從著名漢學家許理和(Eric ZÜRCHER, 1928—2008)，現任威尼斯大學教授。儘管李氏研究方向主要是六朝隋唐思想史，但亦將碑銘作爲漢代史料來研究，如 2005 年發表的《石頭説話：出土文字資料作爲東漢社會學研究史料的價值》(301940)。與李氏此文在同一書中發表的，還有李氏在威尼斯大學的同事司馬儒(Maurizio SCARPARI)的《銘刻與史學：碑銘怎樣反映傳統史學所遺漏的中國古代社會各方面》一文(301950)。

前面在講述 1997 年出版的《中國早期歷史的新史料：銘文和寫本導讀》一書的時候，曾提到羅鳳鳴所撰《侯馬和溫縣的盟書》(302160)一文，該文是羅氏哈佛大學 1990 年博士論文《晉城的盟誓：侯馬和溫縣的發現》(301610)中的一部分。羅氏師從張光直，對侯馬和溫縣盟書都有過深入研究。魏克彬(Crispin WILLIAMS)也對盟書特別是溫縣盟書有過專門研究。魏氏博士畢業於倫敦大學亞非學院(SOAS)，師從艾蘭(Sarah ALLAN；見第四部分所附小傳)。2005 年，魏氏完成了其題爲《解讀溫縣盟書：方法與分析》(302880)的博士論文，并於當年在學術刊物上刊發了《溫縣盟書分析的方法論程序》(302890)一文。魏氏近年來仍對相關問題十分關注，2009 年刊發了《一萬個姓名：溫縣盟書裏的地位和族屬》(303280)、2011 年刊發了《中國出土文獻裏有關共同刑罰的早期引用：溫縣盟書詛咒的分析與討論》(303420)和 2012 年的《確定侯馬盟書的年代：來自溫縣盟書的最新發現的意義》(303490)等論文。魏氏在獲得博士學位以後，即從英國遷到美國，現任堪薩斯(Kansas)州立大學教授。

高奕睿(Imre GALAMBOS)2002 年的加州大學博士論文《中國文字的演變：新出土的公元前 490—前 221 年的文獻證據》(101190)亦對侯馬和溫縣盟書有過專門研究，該論文在方法論上對出土文獻的研究具有積極指導意義，本書第一部分已經有所介紹，於此不再贅述。有趣的是，高奕睿的職業生涯和魏克彬剛好相反。高氏是在美國加州大學獲得博士學位，之後就遷往英國工作，先是在倫敦大英圖書館管理該館所藏敦煌寫本，後又調到劍橋大學任教，現任該校東洋學系講師。

高奕睿在加州大學讀書的時候，其同學董慕達(Miranda BROWN)亦在 2002 年完成了題爲《服喪之人：(公元前 453—公元 220 年)戰國至兩漢的禮儀、人性與政治》(302470)的博士論文，基本資料也是漢代碑刻。董氏此後亦有不少類似研究成果發表，如 2003 年發表的《戰國與漢代的母親與兒子》(302570)和 2008 年《漢代碑銘：怎樣推導出它們要説的》(303080)等文以及 2007 年出版的《早期中國服喪的政治》(303010)一書。董氏現任美國密西根(Michigan)大學東亞語文系教授。

在魏克彬和高奕睿之前，已經有一位學者有過美英之間特殊經歷，即現在美國俄勒岡(Oregon)州理德學院(Reed College)任教的白瑞旭(K.E. BRASHIER)教授。白氏原籍美國，但大學畢業後赴英國劍橋大學攻讀博士學位。1997年,白氏完成了其題為《召喚祖先:東漢墓志銘的贊歌》(302070)的博士論文,基本資料亦是漢代碑銘,所探研的問題亦與董慕達一樣是漢代社會與禮義。近十多年來,白氏一直是這個學術領域非常活躍的學者,發表了《白石山神君:奉養神祇還是順從陰陽?》(302380,2001年)、《東漢紀念藝術中的象徵話語:甘棠的案例》(302810,2005年)、《中國早期碑銘的文獻與禮儀》(302820,2005年)、《東周紀念性的碑銘:建立公共記憶的基石》(303200,2009年)等文,最近還有兩本著作出版,即《早期中國的祖先記憶》(303360,2011年)和《古代中國的公共記憶》(303550,2014年)。

目前來看,儘管西方學者對中國早期碑文的研究還不算十分發達,但可以預期的是,在這些年輕學者的積極努力之下,本學科已經開始展現出巨大的發展潛力和廣闊的發展前景。

三、2000年以來的銅器銘文研究

與碑刻研究的相對滯後不同,2000年以後,西方學者對西周銅器銘文的研究已經相當發達。同五十年前相比,進步更是十分顯著。上世紀五六十年代,西方漢學界僅只有巴納一人從事金文研究。巴納雖然發表過很多論文,但其影響却相當負面。巴納一直在不遺餘力地詆毁和貶損銅器的研究價值,宣揚傳世銅器中很多都是偽器,這就給不懂銅器學的學者帶來了消極影響。學者們害怕偽器,因此很少有文字學家或者歷史學家敢於利用銅器銘文來從事相關研究。到了七十年代,隨着考古發掘工作的不斷深入,出土西周銅器不斷增多,這種狀況才有了極大改觀,金石學特別是西周金文學在當時西方學術界甚至稍微還有點"熱"。進入九十年代,在中國大陸"夏商周斷代工程"的推動下,金文學又有了長足進步。2000年後,幾乎每年都有新的考古發現,伴之而來的新成果亦層出不窮。在此,筆者難以將所有研究成果一一加以介紹,只能對其中最具影響力的成果做一簡要概述。

2000年,李峰(LI Feng)完成了其題為《西周朝代的衰微和消滅:公元前十世紀到公元前八世紀中國的歷史學、考古學和地理學考察》

(302350)的博士論文。李峰原籍中國陝西寶雞，在中國社會科學院考古研究所獲碩士學位後，赴日本東京師從著名漢學家松丸道雄研習兩年，後又移民美國，在芝加哥大學攻讀博士學位。李峰博士論文的副標題非常恰當，論文的內容就是"對公元前十世紀到公元前八世紀中國的歷史學、考古學和地理學的考察"。李峰過去接受的是考古學訓練，而其自身愛好地理學，出國以後又師從松丸道雄學習了古文字學，在美國又閱讀了很多歷史學的研究成果，可謂融會考古學、地理學、古文字學和歷史學各專業所長，使其能夠對西周時代文化史特別是銅器和銅器銘文學有十分全面的了解。李峰在獲得博士學位後，受聘紐約哥倫比亞（Columbia）大學東亞語文系教授，在該校建立了"古代中國論壇"，在加強美國東部地區對中國古代文化史的研究中起了很大促進作用。李峰就任哥倫比亞大學教授以後，幾乎每年都有長篇研究論文（有時不僅一篇）發表，如：

《銅器銘文裏的"官"和西周政治制度》(302400，2001年)

《超越文化邊界的讀寫能力：西周銅器銘文的證據》(302500，2002年)

《"封建"與西周的中國：一個批評》(302610，2003年)

《繼承和升遷：試論西周貴族階層的流動性》(302690，2004年)

《文獻批評與西周銅器銘文：以牧簋爲例》(302700，2004年)

2006年，其博士論文正式出版，題目改定爲《早期中國的地貌與權力：西周（公元前1045—前771年）的危機和滅亡》(302940*)。2008年，李峰又出版了《中國古代的官僚和國家：西周之政治》(303130*)一書。李峰不但對中國古代史有深入研究，並且對古代羅馬史也有一定了解，因此每項研究成果均十分深入，且很具歷史眼光。2010年，西方權威學術刊物《古代中國》專門組織了一個筆談來討論李峰所著《早期中國的地貌與權力：西周（公元前1045—前771年）的危機和滅亡》一書，參與討論的夏玉婷（Maria KHAYUTINA）、尤銳（Yuri PINES）、林嘉琳（Katheryn M. LINDUFF）、柯鶴立和陳致（CHEN Zhi）五位學者均對該書做了肯定性評價。這在西方學術界也是不多見的，由此可見李峰的學術地位和學術影響力。2012年,李峰的學生侯昱文(Paul Nicholas VOGT)亦完成了題爲《親戚和王之間:西周禮儀的社會諸方面》(303480)的博士論文,該文利用了大量的銅器銘文對西周時代的禮制演變進行了探討,侯昱文現任美國印第安納(Indiana)大學教授。

前文曾提到過畢鶚。畢鶚雖在1996年已完成其博士論文《有韵銅器銘文及中國句末韵文的起源》(302000),但一直到2005年才開始在相關刊物上發表其有關金石學的研究論文,先後有《先秦銘文中韵文聲調不規律性的程度》(302800)和《鏡影:晚漢時代的銅器銘文所反映的吴傳統的〈詩〉之痕迹》(302900)正式刊載。儘管其正式刊發的論文數量還不算太多,但就其提交國際學術研討會的論文情況來看,論文數量已不算少,而且都很精彩。其在academia.edu網站上傳的講稿(2016.11.18)竟有8本單行本書、22篇文章、133篇演講稿之多,且每篇都有獨到的語言學見解。畢鶚現任瑞士蘇黎世(Zurich)大學亞洲與東方學院教授,已成爲西方漢學界的重要學者,不但在歐美有影響,而且在俄國和中國也有很大影響,其博士論文《有韵銅器銘文及中國句末韵文的起源》(303190)已於2009年正式出版。

歐洲另外一位年輕權威學者是風儀誠(Olivier VENTURE),現任巴黎大學高等研究應用學院(École Pratique des Hautes Études)講師。2002年,風儀誠在該校完成了題爲《中國古代禮儀式的寫作研究,公元前十三世紀至公元前八世紀:商和西周時代古文字資料的思考》(302540)的博士論文,對商代甲骨文和商周金文進行了綜合研究。由於教學需要,風儀誠後來的研究方向轉爲戰國秦漢簡帛學(這在本書下一部分介紹),但其對銅器銘文學仍有關注,2004年發表了《善鼎:西周時代帶銘文的青銅鼎》(302760)一文。

麥里筱(Chrystelle MARÉCHAL)也是一位在巴黎工作的年輕學者,現在法國國家科學研究中心(Centre National de la Recherche Scientifique)語言學學院任職,從2002年起發表過《中國文字構造的保守性:書寫活力的根源,以"寶"字爲例》(302410*)、《彝鼎套語程式與春秋銅器銘文釋讀舉隅》(302720*,2004年)和《中國古代文字系統中的字體調整》(302950,2005年)等多篇論文,在古文字學領域頗有貢獻。

夏玉婷原籍俄國，現定居德國慕尼黑（München），對西周銅器銘文、西周史和考古學都頗有研究，也從 2002 年開始發表很多文章，如：

《從青銅禮器上的銘文研究中國古代貴族的私人領域》（302480，2002 年）

《中國前帝國時代主客的對立作爲地理政治關係的模型》（302490，2002 年）

《周代中國一個貴族家族演進中的神聖空間：嘗試提出一個解釋》（302590，2003 年）

《歡迎客人——構造共同隱私？嘗試對中國古代的祖先禮儀演變做社會人類學解釋》（302600，2003 年）

《重耳游行的歷史及其大使》（302930，2006 年）

《西周時代的西都：至司馬遷時代的歷史真實及其反映》（303110，2008 年）

《王室的殷勤與西周王朝的地理政治構造》（303310，2010 年）

《根據金文討論周代社會政治中的婚媾聯盟與姻親（甥與婚媾）》（303580，2014 年）

《文王，爭端的調解者還是法官？歷史文獻中的虞芮案例及其歷史背景》（303640，2015 年）

從這些論文的題目中，即可看出夏玉婷的人類學學術背景。

風儀誠
（Olivier VENTURE）

夏玉婷
（Maria KHAYUTINA）

還有兩位原籍德國的中年學者對中國古代文化有自己的獨特研究。前文曾經提到過張光直的大弟子羅泰。2001 年張光直去世後，羅泰繼而成爲西方在中國考古學界的權威學者。羅泰對青銅時代文化研究的各個領域均有興趣。2006 年，羅泰出版了《孔子時代（公元前 1000—前 250 年）的中國社會》(302910)一書，該書是將其多年來所發論文稍加修改後編輯而成的論文集，對西周、春秋和戰國時代的問題都有論述，西周部分也涉及銅器銘文。羅泰對微氏家族銅器有比較獨特的看法，認爲瘨器是西周晚年之器。據羅泰考察，瘨是史牆之子，所以史牆所作的《牆盤》不可早到公認的共王時代，而只能是在孝王前後。因此，羅泰認爲《牆盤》所載王譜不一定完整，可能省略了個别周王。同年，羅泰還發表了《楊家村的有銘銅器：西周晚期（約公元前 800 年）社會結構和歷史意識的新證據》(302920)一文，對新出土楊家村的單氏家族銅器亦提出了與微氏家族銅器類似的看法。在該文中，羅泰指出楊家村《逨盤》所載族譜包括了十二代周王，却只載有八代的單氏祖先。羅泰據此認爲單氏家譜相當可疑。據其統計，從周文王到周宣王有 250 年。250 年分給八代祖先，每一代平均年數爲 31.25 年，就古人的平均壽命而言這是相當不可思議的。因此，羅泰提出《逨盤》所載家譜不但不完整，并且很可能就是僞造的。需要説明的是，羅泰所説《逨盤》家譜的"僞造"與巴納所謂銅器的"僞造"并非同一概念，羅泰所説的"僞造"是指銘文内容所反映的并非真實的歷史。羅泰説"我不能不指出，《逨盤》所列整個單氏族譜基本上是亂七八糟的。這不一定是説這些祖先没有在歷史上真正存在過，而是説銘文作者很可能是將其他氏族裏大概已經記不清楚的某些有地位的人員偶然放入了其族譜，却不太考慮這些人員之間的宗族關係"①。這就是意味着，在西周末年，因單氏家族人員已經記不清楚自己家族的祖先，所以爲了與每一代周王相配，從而就捏造出自己家族的某某祖先來。羅泰在 2011 年發表的

---

① Lothar von FALKENHAUSEN(羅泰),"The Inscribed Bronzes from Yangjiacun: New Evidence on Social Structure and Historical Consciousness in Late Western Zhou China (*c.* 800BC)"(楊家村的有銘銅器：西周晚期［約公元前 800 年］社會構造和歷史概念的新證據),*Proceedings of the British Academy* 139 (2006)：第 267 頁。

《王之接見及其在西周銅器銘文中的反映》(303390)一文中,還提出另外一個與傳統金石學看法迥異的觀點。羅泰說銅器銘文所載"命書"并不一定就是周王或周王內史所作,而更可能反映的是受命者的自我評價。羅泰根據《儀禮·覲禮》復原了西周時代的册命典禮,説受命者進入朝廷以後,先做口頭報告,《逨盤》和《逨鐘》開頭謂"逨曰"就可以證明這一點。然後,銘文繼續說"王若曰"只是周王贊同受命者的報告,王乃賞賜命書。羅泰這種史學觀在西方學術界頗有市場。

經常宣揚中國古代口頭文化的學者中,還有上文曾經提到過的柯馬丁。柯氏原籍也是德國,獲得博士學位後到美國西部西雅圖(Seattle)的華盛頓大學(University of Washington)做博士後,出站後先後在哥倫比亞大學和普林斯頓(Princeton)大學任教,現任普林斯頓大學東亞系主任。近年來,柯氏針對西周銅器銘文發表了《中國西周時代書寫的表現》(303020,2007年)和《銅器銘文、〈詩經〉和〈尚書〉:西周時代祖先祭祀的演變》(303220,2009年)等文。其中,第一篇文章題目中的"書寫的表現"是強調王朝典禮是一種表演,銅器銘文僅只是表演的回聲。

在結束本部分之前,筆者對"夏商周斷代工程"再談一點自己的看法。前文講過,倪德衛在上個世紀七十年代末就開始對西周年代問題產生極大興趣,并在1983年就已經發表了很有影響的《西周之年代》(301280*)一文。倪氏學生夏含夷和班大爲二人也都在八十年代初發表過相關論文。這些論文很多也都翻譯成了中文,這是中國學術界所熟知的事情①,於此無需贅言。此後,中國國內的"夏商周斷代工程"對這個問題的研究起到了不少促進作用,也引起了西方學者的關注。《夏商周斷代工程1996—2000年階段成果報告(簡本)》在2000年出版之後②,亦在西方學術界產生了很大反響。此後《東亞考古學報》(*Journal of East Asian*

---

① 見朱鳳瀚和張榮明編,《西周諸王年代研究》(貴陽:貴州人民出版社,1998),其中所載倪德衛《克商以後西周諸王之年曆》(第380—387頁)和夏含夷《西周諸王年代》(第268—292頁)。

② 夏商周斷代工程專家組,《夏商周斷代工程1996—2000年階段成果報告(简本)》(北京:世界圖書出版公司,2000)。

Archaeology)還專門刊登了一個筆談,載有李學勤《夏商周斷代工程:方法與成果》(302510)、倪德衛《夏商周斷代工程:兩個斷代的方法》(302520)和邵東方(SHAO Dongfang)《關於今本〈竹書紀年〉的論戰及其與三代年代的關係》(302530)三篇文章,從不同角度對"斷代工程"的得失進行過討論。在"斷代工程"結束十年之後,夏含夷又發表了《古代中國的年代:對"夏商周斷代工程"的評價》(303250)一文,後來又有中文論文發表①,對"斷代工程"提出相當激烈的批評。夏氏指出,"夏商周斷代工程"的結論并非這個學術問題的最終結論。西方學者有能力且有資格參加這樣的學術辯論,應該可以說明,西方金石學目前已經相當成熟。在審慎研究的基礎上,西方學者可以發出與中國學術界不同的聲音,并在相關領域得出自己的結論。這反映西方漢學的金石學已經發達到相當成熟的水平。

---

① 夏含夷,《"夏商周斷代工程"十年後之批判:以西周諸王在位年代爲例》,載《出土材料與新視野:第四屆國際漢學會議論文集》(臺北:中研院,2013),第 341—379 頁。

第二章　西方漢學金石研究小傳

一、顧立雅（Herrlee Glessner CREEL，1905—1994）

顧立雅（Herrlee Glessner CREEL）1905年元月19日生於美國伊利諾伊州的芝加哥，1994年6月1日卒於芝加哥郊區，除了少數幾年以外，終生幾乎都在芝加哥。所受教育都在芝加哥大學：1926年得到哲學學士學位，1927年得到神學碩士學位，1929年得到博士學位，研究專題是中國哲學。畢業以後，在芝加哥附近的Lombard College教學一年，以後在哈佛大學做博士後。1932年獲得哈佛燕京學社的獎學金後遷往北京，在北京住了將近四年（1932—1936）。1936年受聘爲芝加哥大學教授而回國。1943年進入美國陸軍情報處作爲中校官員。1947年，戰爭結束以後，就回到芝加哥大學，1949年升爲正教授，1964年升爲名譽教授，1974年退休。

顧立雅從做碩士論文（題目是《〈論衡〉裏有關占卜的內容》）開始，到退休以後一直從事中國古代文化與思想史研究。其題作《華學》的博士論文立即被發表（1929）①，深受法國學者葛蘭言（Marcel GRANET, 1884—1940）的影響。然而，顧立雅後來放棄這種思路，自己低估了這本書的學術價值。在中國留學的時候，顧立雅認識了當時中國古代文化史學界的不少權威學者，特別是和董作賓（1895—1963）交了終身的朋友。顧立雅有幾次訪問安陽，參觀了當時正在進行的中研院歷史語言研究所的發掘工作。他在1936年根據自己所參觀的商代遺址和文物，并結合傳統文獻寫出了《中國的誕生：對中國文明形成時代的總覽》（200420），是相當普及的論述，擁有眾多讀者②。1937年的《中國早期文化研究》（200530）對許多專題做了更爲深入的研究，特別是中國古代文獻和書寫習慣。從1936年到1939年，顧立雅在西方權威學刊上也發表了好幾篇文章諸如1936年發表的與銅器銘文有關的《作爲歷史文獻的西周銅器銘文》（300280）和《對高本漢教授中國銅器斷代系統的注解》（300290）等。此時他也和加州大學教授卜弼德（Peter A. BOODBERG, 1903—1972）辯論了中國文字的性質，自己發表了兩篇文章：《中國文字的象義性質》（100290，1936年）和《中國上古文字的象義成分》（100330，1938年）。這次辯論的問題後來變成西方漢學有名的焦點問題。

　　世界大戰結束以後，顧立雅回到他原來的中國思想史研究領域，1949年發表了《孔子：人物與神話》③，1953年發表了《從孔子到毛澤東的中國思想》④，兩本書對西方人理解中國思想都相當有影響。到晚年的時候，顧立雅又回到出土文獻研究，根據西周銅器銘文證據對西周時代的政權做了

---

　　①　Herrlee Glessner CREEL（顧立雅），*Sinism: A Study of the Evolution of the Chinese World-view*（華學：中國宇宙論演變研究）（Chicago: Open Court Press, 1929）.
　　②　當《中國的誕生》首次出版的時候，顧立雅才30歲。在1986年，爲了紀念《中國的誕生》出版五十周年，并且爲了慶祝顧立雅先生80歲高壽，"古代中國學會"邀請顧立雅在該學會的年會上做一個回顧。這個演講後來發表爲Herrlee G. Creel（顧立雅），"On the Birth of *The Birth of China*"（有關《中國的誕生》的誕生），*Early China* 11/12 (1985 - 1987)：1 - 5.
　　③　Herrlee Glessner CREEL（顧立雅），*Confucius, the Man and the Myth*（孔子：人物與神話）(New York: John Day Co., 1949). 此書有中文譯文：《孔子與中國之道》，王正義譯，（鄭州：大象出版社，2000）、（臺北縣永和市：韋伯文化，2003）.
　　④　Herrlee Glessner CREEL（顧立雅），*Chinese Thought from Confucius to Mao Tsê-tung*（從孔子到毛澤東的中國思想）(Chicago: University of Chicago Press, 1953).

全面介紹,1970 年發表了《中國治道的起源,第一册：西周帝國》(300800),同年也發表了《何謂道家？以及中國文化史其他研究》①,1974 年接着寫了《申不害：公元前四世紀的中國政治家》②。

顧立雅讀高中的時候已經當過報紙的記者,寫作能力很强,他發表的書不僅僅在學術界,在西方知識界也都有廣泛的影響。他一輩子都在芝加哥大學任教,但是學生不多。最有名的學生是許倬雲先生,長期爲匹兹堡大學歷史系教授。在 2006 年,顧立雅教授誕生一百周年,芝加哥大學建立了"顧立雅中國古文字學中心",現在爲美國中國古代文化史的研究中心。

二、巴納(Noel BARNARD, 1922—2016)

巴納(Noel Barnard)在 1922 年 2 月 22 日生於新西蘭塔拉納基(Talanaki)省的哈衛魯(Haweru),在當地上了小學和中學。此時已經有兩件事對他的一生有影響。第一,巴納從小耳朵不靈。第二,年輕的時候他已經對漢語很有興趣,并學習了幾年的廣東話。第二次世界大戰爆發以後,巴納進入新西蘭軍隊。由於耳朵的問題,他不適合參戰。然而,軍

---

① Herrlee Glessner CREEL（顧立雅）, *What is Taoism? and Other Studies in Chinese Cultural History*（何謂道家？以及中國文化史其他研究）(Chicago: University of Chicago Press, 1970).
② Herrlee Glessner CREEL（顧立雅）, *Shen Pu-hai: A Chinese Political Philosophy of the Fourth Century B.C.*（申不害：公元前四世紀的中國政治家）(Chicago: University of Chicago Press, 1974).

隊想要利用他的語言天才（特別是使用漢語的經驗），巴納被派遣到北島羽石（Featherstone）日本的戰俘營去學習日語。從 1942 年到 1945 年，他作爲戰俘營的日語翻譯，管理了所有日語文件。戰爭結束以後，他在威靈頓（Wellington）的維多利亞（Victoria）大學學習歷史與地理，并於 1949 年畢業。畢業以後，巴納搬家到澳洲悉尼，進入悉尼大學讀碩士學位。他原來想兼讀中文和日文，但是大學剛剛把中文課程取消，因此他只好選讀日文爲專業。在 1952 年他轉到剛剛建立的澳洲國立大學，開始博士研究。1957 年巴納畢業，成爲該校第一個中國歷史專業的博士生。此後，巴納一直沒有離開澳洲國立大學。從 1957 年開始到 1988 年退休，他一直是該校的研究員。巴納先生在 2016 年 2 月 14 日於澳洲墨爾本逝世，終年 94 歲。

　　巴納一輩子的學問一直圍繞中國出土文獻研究。他在 1958 年已經發表了兩篇文章，即《最近出土的西周時代的有銘銅器》（300600）和《楚帛書的初步考察：文獻的新重構》（400310），對金石學和簡帛學都有所貢獻。此後他很多精力放在銅器銘文研究上，而特別是中國銅器的辨偽問題，在 1959 年發表的《金石學的新做法與研究方法》（300620）和《對一件西周式有銘銅器的真偽的一些看法》（300630）兩篇文章裏提出了他對傳世銅器的深入懷疑。這個懷疑的結晶是他二十世紀六七十年代幾次提出中國最有名的《毛公鼎》也是偽造的，發表爲《中國古代銅器中造偽的發生率：初步記錄》（300770，1968 年）和《毛公鼎：西周時代的重要青銅器》（300880，1974 年）。因爲《毛公鼎》是臺灣故宫博物院收藏的"三寶"之一，所以博物院的研究員和巴納進行了激烈的辯論，在中國學術界巴納先生的名聲大概從這個事件開始。

　　在這個辯論中，巴納提出了一個新的辨偽方法，即所謂的"文字恒形論"。這個理論首次發表在一篇長達 150 頁的書評裏，即《鄭德坤〈中國考古學，第三卷〉書評》（300710*，1965 年）。根據巴納的調查，在一篇文獻當中，任何一個字，甚至任何一個偏旁如果出現兩次或兩次以上，只應該有一個構造。從這一點推論，一個字如果有不同的字形，那就證明那一篇文獻是偽造的。關於這一理論，巴納也和中國學者辯論了。中國學者經常提到傳統書法的理論，而巴納一直強調學者只能利用"控制條件之下出土的文獻"爲證據。這個理論最詳細的說明是在他 1978 年發表的《科學出土的文字資料所反映的秦"文字改革"的性質》(100520)。

在二十世紀六十年代初，巴納和一批權威的中國藝術學家一起給美國的華盛頓弗利爾畫廊編輯該博物館收藏中國銅器的綜合目錄，巴納負責了銅器銘文部分，但是正好在這個時候他又開始了一個新的研究領域，即銅器的科技調查，特別注重銅器的鑄造方法。早在 1961 年，他在澳洲已經發表了這方面的專門研究，即《中國古代青銅鑄造和青銅合金》(300650)，此後一直注意中國考古和文物方面的科技調查。無論是銅器的鑄造①，還是其他金屬文物②和楚帛書③，他都做了開創性的研究。

巴納另外一個學術貢獻是收集了很多資料。對出土文獻研究最重要的應該算是他和他的長期合作者張光裕所發表的《中日歐美澳紐所見所拓所摹金文彙編》(301080*)。他這樣的收集工作一直進行到晚年時候。據說，巴納到 90 歲以後還在編輯一部三册巨作（將近 3000 頁），題作《晉、三晉、中山與燕的銘文》④，涉及七百多篇銅器銘文。巴納雖然一輩子和其他學者辯論了不少問題，特別是和中國學者辯論得很激烈，但是他以九十多歲的高齡仍然下這樣的功夫實在可以說明他

---

① 見巴納和萬家保合作的《中國銅器銘文的鑄造，着重關注有浮雕格栅綫的銘文》(300960)。還有 Noel BARNARD（巴納），"The Entry of *Cire-Perdue* Investment Casting, and Certain Other Metallurgical Techniques (Mainly Metalworking) into South China and Their Progress Northwards"（失蠟鑄造以及其他金屬冶煉方法［主要是金屬加工術］進入中國南方及其遷往北方），載於 F. David BULBECK 和 Noel BARNARD（巴納）合編，*Ancient Chinese and Southeast Asian Bronze Age Cultures*（中國和東南亞古代青銅時代的文化）（臺北：成文書局，1996—1997），第一册，第 1—94 頁；"Chinese Bronze Vessels with Copper Inlaid Décor and Pseudo-Copper Inlay of Ch'un-ch'iu and Chan-kuo Times—Part Two"（帶有紅銅鑲嵌紋飾和假銅鑲嵌的春秋戰國時代的中國青銅器），載於同書，第一册，第 176—272 頁。

② 見《中國首批碳十四年代》(300900)以及巴納和佐藤保合作的《中國古代的冶金遺迹》(300920)。

③ 除了上面提及的《楚帛書的初步考察：文獻的新重構》(400310)以外，巴納還發表了詳細的定稿，即《一個中國古代文獻的考釋、翻譯和歷史論衡之前的科學考察——楚帛書，楚帛書研究：一》(400540，1972 年)。

④ 此文還没有出版。

的學術精神之可貴。

三、翁有理(Ulrich UNGER, 1930—2006)

翁有理(Ulrich UNGER)在 1930 年 12 月 10 日生於德國萊比錫市，1948 年進入萊比錫馬克思大學，專業是古代埃及與古代中國語言，同時以蘇美爾語和梵文爲兼修學科。1952 年畢業以後繼續進入研究所學習，1956 年獲得博士學位，論文題目是《〈詩經〉的否定詞》。同年翁有理離開了東德，遷往西德的弗萊堡，受聘爲弗萊堡大學東方學院講師，建立了該大學的漢學專業。1964 年他完成了大學授課資格論文，是一個關於西周銅器銘文的翻譯與年代的七册巨作①。1966 年翁有理受聘爲明斯特大學漢學正教授，兼任系主任，在明斯特大學教學三十年，1996 年退休，退休以後他又繼續做古代漢語研究，於 2006 年 12 月 16 號逝世，終年七十六歲。

翁有理是中國學術界知道不多的優秀學者。這一方面是因爲他一輩子都没有訪問中國(其實，他唯一一次離開歐洲是在 2001 年春天去美國，自己説感到有一點不適應，寧願終身没有離開過家)；一方面是因爲他的學術著作多半是用德文寫的，但是最重要的原因可能是因爲他正式發表的作品很少，只有二十幾篇文章和四本書，都是參考書一類的：《古代漢語導讀》②、

---

① 此文一直没有發表，翁有理家收藏的原稿似乎也不全。
② Ulrich UNGER(翁有理)，*Einführung in das klassische Chinesisch*(古代漢語導讀)第 2 册 (Wiesbaden: O. Harrassowitz, 1985)。

《文言詞表》①、《文言修辭》②以及《中國古代哲學的基本詞彙：古典時期的詞典》③。雖然如此，他的學術成果實在非常多。譬如説，關於西周銅器銘文的翻譯與年代的大學授課資格論文長達三千六百頁，不幸很少有人得見。這并不是説翁有理沒有把他的學術研究公布給同行學者。從1982年到2002年，他寫了至少七十五篇題作《好古》的論文。《好古》一直沒有正式發表，翁有理自己複印了，寄給學生和友人。文章多半只有幾頁之長，但是看法都非常精闢，對許多歷來已久的問題提出了新的解釋，題目包括古代漢語、音韵學、漢藏暨漢臺比較語言學、出土文字資料與思想史的種種問題。翁有理寫完了以後就寄給朋友同仁。僅以1982年寫的部分論文爲例，即可得知翁有理的《好古》多麼豐富：《呼使之王》提出隸定爲"乎"的銅器銘文"乎"應該釋作"平"，讀作"伻"，即"使"的意思(1982.7.19)；《膳夫克其人》提出仲義父與膳夫克是一個人，"克"是他的名，"仲義父"是他的字(1982.8.20)；《某母式的婦女名稱》(1982.9.15)；《讀錯了？》提出《師𦭞父鼎》的"𦭞"應該隸定爲"湯"(1982.11.2)；《道之名稱：〈老子〉第25章》(1982.12.1)等等。題目只能暗示每一輯的詳細內容，下文載有《好古》上、中、下三本的所有題目、寫作日期和頁數。帶有内容説明的詳細目錄可見艾默力(Reinhard Emmerich)、司徒漢(Hans STUMPFELDT)、丁慕妮(Monique NAGEL-ANGERMANN)和紀安諾(Enno GIELE)合編的《今從我心所欲：慶祝翁有理七十壽辰論文集》④。

---

① Ulrich UNGER（翁有理），*Glossar des klassischen Chinesisch*（文言詞表）(Wiesbaden: O. Harrassowitz, 1989).
② Ulrich UNGER（翁有理），*Rhetorik des klassischen Chinesisch*（文言修辭）(Wiesbaden: O. Harrassowitz, 1994).
③ Ulrich UNGER（翁有理），*Grundbegriffe der altchinesischen Philosophie: ein Wörterbuch für die klassische Periode*（中國古代哲學的基本詞彙：古典時期的詞典）(Darmstadt: Wissenschaftliche Buchgesesellschaft, 2000).
④ Reinhard Emmerich（艾默力）、Hans Stumpfeldt（司徒漢）、Monique Nagel-Angermann（丁慕妮）和 Enno Giele（紀安諾）編, *Und folge nun dem, was mein Herz begehrt: Festschrift für Ulrich Unger zum 70. Geburtstag*（今從我心所欲：慶祝翁有理七十壽辰論文集）(Hamburger Sinologische Schriften 8, Hamburg: Hamburger Sinologische Gesellschaft, 2002).

幾乎所有德國漢學家都給這個長達 670 頁的論文集提交了論文,説明德國漢學界對翁有理教授多麼景仰。正如畢鶚(Wolfgang BEHR)在他的訃告中所説的那樣①,翁有理是最優秀的漢學家之一②。

《好古》上册

1.《湖北出的甗甑一則》	1982.4.7	2
2.《寰字在重臣職業上所起之角色》	1982.5.1	5
3.《王父和王母》	1982.5.15	15
4.《釋地支"巳"》	1982.6.1	26
5.《矞鼎讀後記》	1982.6.18	30
6.《補矞鼎讀後記》	1982.6.21	32
7.《呼使之王》	1982.7.19	34
8.《釋"㬎"》	1982.7.28	45
9.《膳夫克其人:1》	1982.8.10	53
10.《膳夫克其人:2》	1982.8.20	59
11.《畱徽章》	1982.8.25	62
12.《膳夫克其人:3》	1982.9.1	70
13.《某母式的婦女名稱》	1982.9.15	76
14.《原文抑或複製?師趛諸銘文》	1982.10.6	86
15.《與某結婚,膳夫克其人:4》	1982.10.18	97
16.《讀錯了?》	1982.11.2	108
17.《越姬的神秘故事》	1982.11.13	117
18.《道之名稱:〈老子〉第 25 章》	1982.12.1	136
19.《再論快樂之樂與音樂之樂》	1983.1.5	148
20.《古代漢語動詞形態考》	1983.3.28	155
21.《再論古代漢語動詞的形式:動詞與名詞》	1983.3.28	174

---

① *Early China*(古代中國)30(2005－2006):v－vi。
② 本文寫作以後通過友人畢鶚(Wolfgang Behr)校對,特別對附加的《好古》題目,畢教授提供了很多修改意見,謹在此表示感謝。

22.《Baranasi 及其他》	1983.4.30	184
23.《奧秘之解答?》	1984.2.29	195
24.《簠類銅器小記》	1984.3.20	204
25.《周平公與唐叔虞》	1984.3.30	213
26.《公布結婚："肇家"新解》	1984.4.7	222
27.《魯厚元及其家、其官》	1984.4.25	231
28.《魯厚元：有關其人，特別是其字》	1984.5.11	249
29.《百、千、萬及其人》	1984.5.25	264
30.《追尋迹象：初論古代漢語的前綴問題》	1984.7.19	270
31.《m-前綴》	1985.11.25	297
32.《曲與全：有關〈老子〉第 22 章》	1986.1.25	310

《好古》中冊

33.《漢語的 a- 前綴》	1986.2.20	1
34.《流音何在?：論"丙"聲系列》	1986.3.20	21
35.《論古代漢語的齒音韵尾問題：且 -l 且 -r》	1986.9.20	25
36.《弩與上聲》	1986.9.9	44
37.《漢字所見的梵文字母》	1986.4.2	68
38.《"己"聲系列》	1992.7.30	76
39.《有 -t 尾音的漢語詞彙》	1992.9.1	85
40.《魯歸父》	1992.9.11	101
41.《上聲要素：再論"己"聲系列》	1993.6.7	104
42.《猱猴的諧聲系列》	1994.12.26	112
43.《握苗長》	1995.1.2	117
44.《"盨"器名考》	1995.1.18	120
45.《乙未日：先王亡矣！新王萬代！》	1995.1.30	126
46.《手指》	1995.2.15	131
47.《似乎没有辭源的詞探源》	1995.2.28	138
48.《曲村銅器銘文兩則》	1995.8.31	142
49.《數字"茬"》	1995.9.21	152

50.《〈穆天子傳〉與藏文》　　　　　　　　　1995.9.27　156
51.《游牧人》　　　　　　　　　　　　　　　1995.9.30　159
52.《子到底曰何?》　　　　　　　　　　　　1995.11.20　166
53.《有關古代漢語動詞完成體的構詞法：-b前綴》1995.12.1　176
54.《"屋"、"厄"、"益"三聲系列喉音聖母後面有什麽音?》
　　　　　　　　　　　　　　　　　　　　　1995.12.8　181
55.《恕道定律與孔子》　　　　　　　　　　　1995.12.20　186
56.《夋字及其諧聲系列》　　　　　　　　　　1996.1.4　207
57.《〈孟子離婁下〉第14章》　　　　　　　　1996.9.27　214
58.《日頭與日子，月亮與月份》　　　　　　　1996.11.14　221
59.《複輔音的年代考》　　　　　　　　　　　1999.3.29　226
60.《思》　　　　　　　　　　　　　　　　　1999.5.6　233
61.《"交易"與"容易"：印中語族的一個詞對》1999.5.15　237
62.《夜》　　　　　　　　　　　　　　　　　1999.5.22　241
63.《桶》　　　　　　　　　　　　　　　　　1999.6.5　246
64.《〈老子〉第16章及其他》　　　　　　　　1999.7.8　251

　　　　　　　　　《好古》下册

65.《克己復……》　　　　　　　　　　　　　1999.9.27　1
66.《中國十二生肖年代考》　　　　　　　　　2000.1.7　10
67.《火星的位置與武王之勝》　　　　　　　　2000.7.16　25
68.《Geilich/翁有理：暹羅語所見印中語族"鼻子"
　　一詞與某些印中語言裏的複數形態》　　　2001.9.27　31
69.《從"七"到"盜"：怎樣讀"如切如磋"名句》2001.10.1　35
70.《釋宮》　　　　　　　　　　　　　　　　2001.10.22　39
71.《〈老子〉第34章》　　　　　　　　　　　2001.10.23　44
72.《"死欲速朽"何解?》　　　　　　　　　　2001.10.25　49
73.《漆》　　　　　　　　　　　　　　　　　2001.10.8　57
74.《數字"詰"》　　　　　　　　　　　　　　2001.11.1　60
75.《-r前綴》　　　　　　　　　　　　　　　2002.1.30

四、倪德衛(David S. NIVISON，1923—2014)

倪德衛(David S. NIVISON)在 1923 年元月 23 日生於美國緬因州的農林(Farmingdale)村。他在 1940 年進入哈佛大學,以古典學爲專業,但是第二次世界大戰開始以後,他轉到遠東語言學。1943 年,正值第二次世界大戰之時,他離開學校進入軍隊,職務爲日文翻譯。1946 年,他退役以後回到哈佛大學,在哈佛大學得到學士(1946)、碩士(1948)和博士(1953)學位,博士論文題目是《章學誠(1738—1801)的文學和歷史思想》,論文出版爲《章學誠的生活與思想》(1967),作爲當年最爲優秀的漢學著作得到了"儒蓮獎"[1]。倪德衛於 1948 受聘爲斯坦福大學哲學系與亞洲語言系教授,1983 年也兼任宗教系榮譽教授。他在 1988 年退休,退休以後一直從事漢學研究,尤其是以斷代與年代學爲主。1996 年,他的學生艾文賀 (P.J. IVANHOE) 編了題作《中國語言、思想和文化: 倪德衛和他的批評者》(202880)的論文集,載有十二個學生與友人的學術文章以及倪德衛對每一篇文章的回應[2]。書裏還包括倪德衛的小傳和學術目錄(截止到 1994 年)。倪德衛 2014 年 10 月 16 日在家裏逝世,享年 91 歲,

---

[1] David S. NIVISON(倪德衛), *The Life and Thought of Chang Hsüeh-ch'eng (1734 - 1801)* (章學誠的生活與思想[1738—1801]) (Stanford, Cal.: Stanford University Press, 1966).

[2] P.J. IVANHOE(艾文賀)編, *Chinese Language, Thought, and Culture: Nivison and His Critics* (中國語言、思想和文化: 倪德衛和他的批評者) (Chicago: Open Court Press, 1996).

逝世之前的兩個禮拜一直在工作。

倪德衛研究範圍特別廣泛,研究章學誠(1738—1801)的時候,他發現某些思想史問題可以追尋到王陽明(1472—1529),因此開始對宋明理學做研究,後來又從王陽明的哲學回溯到孟子研究。在閱讀《孟子》的時候,遇到某些語言學問題,他發現可以利用甲骨文證據來解決。他的甲骨文研究包括兩方面:一方面是思想史,特別是"德"的概念,即《甲骨文的王"德"》(201520,1978—1979年);一方面是語言學問題,對代名詞"其"和"又"做了深入研究,諸如《早期古漢語動詞 ![出], ![又], ![有],有之代詞用法》(201380,1977年)、《回答高島謙一:有關商代漢語"其"字作爲代詞的新推測》(202870,1996年),并與同仁吉德煒(David N. KEIGHTLEY)和高島謙一(Ken'ichi TAKASHIMA)對甲骨文"其"字的用法進行了長期辯論。他也參加西方甲骨文學者對貞卜命辭是否問句的討論,寫出一篇相當有影響的論文,即《"問題"的問題》(202380,1989年)。

倪德衛中年以後研究方向調轉,從甲骨文研究變爲西周銅器銘文研究。一開始他追尋了"德"在西周時代的延伸,特別是在《毛公鼎》銘文裏找到了證據,順便對西方學者們正在熱烈辯論的《毛公鼎》的真僞問題提出有力證據,説明銘文不可能是僞造的。1980年,他在斯坦福大學開了西周銅器銘文的課程。在備課的時候,他發現了《竹書紀年》的年代證據和西周中期的某幾個王在位年代相當一致。從這個時候起,倪德衛的研究方向發生了決定性的改變。他的研究專題就此變爲西周年代學和《竹書紀年》的真僞與性質,這方面的學術文章特別多,從 1982 年的《1040 年作爲武王伐紂之年》(301230*)和 1983 年的《西周之年代》(301280*)開始,幾乎都圍繞相關的問題展開,不少也被翻譯成中文,他的學術貢獻與態度是中國古文字學界相當熟悉的。倪德衛對西周年代學和《竹書紀年》的真僞問題已經做了三十多年的研究,這項研究的結晶是 2009 年出版的《〈竹書紀年〉解謎》(405060*),於 2013 年由上海古籍出版社出版了中譯本。對照四年前出版的英文原文,這個中譯本已經包括作者的不少調整,足以反映倪德衛的學術精神。

第三章 西方漢學金石研究書目

1873

300010　BUSHELL, S.W.（卜士禮）. "The Stone Drums of the Chou Dynasty"（周代的石鼓）. *Journal of the North China Branch of the Royal Asiatic Society* new ser., 8 (1873): 133–179.

1893

300020　CHAVANNES, Édouard（沙畹）. "Les inscriptions des Ts'in"（秦的銘刻）. *Journal Asiatique*, 9th ser., 1 (1893): 473–521.

1909

300030　PARKER, Edward H.（莊延齡）. "The Ancient Chinese Bowl in the South Kensington Museum (I)"（南肯星頓博物館所藏古代中國銅盤[一]）. *Imperial and Asiatic Quarterly Review and Oriental and Colonial Record*, 3rd ser., 28, no. 55 (1909): 127–146.

300040　PARKER, Edward H.（莊延齡）. "The Ancient Chinese Bowl in the South Kensington Museum (II)"（南肯星頓博物館所藏古代中國銅盤[二]）. *T'oung Pao* ser. 2, 10 (1909):

445-494.

1911

300050   GILES，Herbert A.（翟理思）. "Chinese Bronzes"（中國銅器）. *Adversaria Sinica* 9（1911）：283-297.

300060   HOPKINS，Lionel C.（金璋）. "Chinese Writing in the Chou Dynasty in the Light of Recent Discoveries"（從最近的發現看周代的中國書寫）. *Journal of the Royal Asiatic Society of Great Britain & Ireland* 43.4（1911）：1011-1038.

1912

300070   GILES，Herbert A.（翟理思）. "The Chinese 'Bronze Bowl' in the Victoria and Albert Museum"（維多利亞和埃爾伯特博物館所藏中國的"青銅盤"）. *Adversaria Sinica* 10（1912）：329-331.

300080   GIPPERICH，H. "The Bushell Bowl"（卜氏簋）. *Journal of the Royal Asiatic Society* 44.2（1912）：1091-1093.

300090   HOPKINS，Lionel C.（金璋）. "The Chinese Bronze Known as the 'Bushell Bowl' and Its Inscription"（所謂卜氏簋的中國銅器及其銘文）. *Journal of the Royal Asiatic Society* 44.2（1912）：439-457.

1915

300100   FERGUSON，John C.（福開森）. "The Bushell Platter or the Tsin Hou P'an"（卜氏盤抑或晉侯盤）. *Journal of the Royal Asiatic Society for Great Britain and Ireland* 32（1915）：113-118.

1916

300110   PETRUCCI，M.R. "L'épigraphie des bronzes rituels de la Chine ancienne"（中國古代青銅禮器的文字）. *Journal Asiatique*，11th ser.，7（1916）：5-76.

1923

300120　　YETTS, W. Perceval（葉兹）. "A Famous Chinese Bronze"（一件有名的中國銅器）. *Burlington Magazine for Connoisseurs* 43.246 (1923): 121.

1924

300130　　FERGUSON, John C.（福開森）. *A Bronze Table with Accompanying Vessels*（陶齋舊藏古酒器考）. 北京, 1924.

300140　　KOOP, Albert J. *Early Chinese Bronzes*（早期中國銅器）. Longdon: Ernest Benn, 1924.

300150　　PELLIOT, Paul（伯希和）. "A propos des bronzes de Sin-tcheng"（有關新鄭銅器）. *T'oung Pao* 23.4 (1924): 255–259.

1927

300160　　MASPERO, Henri（馬伯樂）. Review of Takata Tadasuke, *Kou Tcheou P'ian*（高田忠周著《古籀篇》書評）. *Journal Asiatique* 210 (1927): 121–142.

300170　　BISHOP, Carl W.（畢士博）. "The Bronzes from Hsin-cheng Hsien"（新鄭縣的銅器）. 載於 *The Smithsonian Report for 1926*（1926 年史密森尼學會報告）. Washington, D.C.: Smithsonian Institution, 1927. Pp. 457–468.

1928

300180　　BISHOP, Carl W.（畢士博）. "The Find at Hsin-cheng Hsien"（新鄭縣的發現）. *Artibus Asiae* 3 (1928/1929): 110–121.

300190　　FERGUSON, John C.（福開森）. "*The Four Bronze Vessels of the Marquis of Ch'i*"（齊侯的四件銅器）. 北京, 1928.

300200*　FERGUSON, John C.（福開森）. "The Four Bronze Vessels of the Marquis of Ch'i"（齊侯的四件銅器）. *Eastern Art* 1.1 (1928): 42–47.

1929

300210   YETTS, W. Perceval（葉兹）. *The George Eumorfopoulos Collection, Catalogue of the Chinese and Corean Bronzes, Sculpture, Jades, Jewellery and Miscellaneous Objects, Volume 1, Bronzes: Ritual and Other Vessels, Weapons, Etc.*（喬治・尤摩弗帕勒斯收藏：中國和韓國銅器、雕塑、玉器、首飾品及其他雜器的目錄，第一卷：銅器，禮器與其他容器、兵器等）. London: Ernest Benn Ltd., 1929.

1930

300220   PELLIOT, Paul（伯希和）. "Review of Les bronzes de la collection Eumorfopoulos publiés par M. W. P. Yetts (I et II)"（評論葉氏所出版的歐默福收藏的銅器[一和二]）. *T'oung Pao* 27.4/5 (1930): 359–406.

300230   KARLGREN, Bernhard（高本漢）. "Review of *The George Eumorfopoulos Collection, Catalogue of the Chinese and Corean Bronzes, Sculpture, Jades, Jewellery and Miscellaneous Objects, Volume 1, Bronzes: Ritual and Other Vessels, Weapons, Etc.* by Perceval Yetts"（評《喬治・尤摩弗帕勒斯收藏：中國和韓國銅器、雕塑、玉器、首飾品及其他雜器的目錄，第一卷：銅器，禮器與其他容器、兵器等》）. *Bulletin of the School Oriental Studies, University of London* 6.1 (1930): 241–252.

1934

300240   KARLGREN, Bernhard（高本漢）. "Early Chinese Mirror Inscriptions"（早期中國銅鏡銘文）. *Bulletin of the Museum of Far Eastern Antiquities* 6 (1934): 9–74.

300250*   KARLGREN, Bernhard（高本漢）. "On the Date of the Piao-Bells"（鑣鐘的年代）. *Bulletin of the Museum of Far*

Eastern Antiquities 6（1934）：137－149.

1935

300260　*Catalogue of the International Exhibition of Chinese Art，1935－1936*（1935－1936 年中國藝術國際展覽的目錄）. London：Royal Academy of Arts，1935.

300270　FERGUSON，John C.（福開森）. "Inscriptions on Bronzes"（銅器銘文）. *Journal of the North-China Branch of the Royal Asiatic Society* 66（1935）：65－72.

1936

300280　CREEL，Herrlee G[lessner]（顧立雅）. "Bronze Inscriptions of the Western Chou Dynasty as Historical Documents"（作爲歷史文獻的西周銅器銘文）. *Journal of the American Oriental Society* 56（1936）：335－349.

300290　CREEL，Herrlee G[lessner]（顧立雅）. "Notes on Professor Karlgren's System for Dating Chinese Bronzes"（對高本漢教授中國銅器斷代系統的注解）. *Journal of the Royal Asiatic Society* 31(1936)：463－473.

300300　KARLGREN，Bernhard（高本漢）. "Yin and Chou in Chinese Bronzes"（中國銅器中的殷與周）. *Bulletin of the Museum of Far Eastern Antiquities* 8（1936）：9－156.

300310　KARLGREN，Bernhard（高本漢）. "On the Script of the Chou Dynasty"（周代的文字）. *Bulletin of the Museum of Far Eastern Antiquities* 8（1936）：157－178.

300320　LOEHR，Max（羅越）. "Beiträge zur Chronologie der älteren chinesischen Bronzen"（中國古代銅器年代研究的貢獻）. *Ostasiatiche Zeitschrift* 22（1936）：3－41.

300330　YETTS，W. Perceval（葉兹）. "The Exhibition of Chinese Art. II. The Bronzes"（中國藝術展覽，二：銅器）. *Burlington*

Magazine 68 (1936): 14 – 21.

1937

300340　　KARLGREN, Bernhard (高本漢). "The Dating of Chinese Bronzes" (中國銅器的斷代). *Journal of the Royal Asiatic Society* 1(1937): 33 – 39.

300350　　KARLGREN, Bernhard (高本漢). "New Studies on Chinese Bronzes" (中國銅器的新研究). *Bulletin of the Museum of Far Eastern Antiquities* 9 (1937): 9 – 117.

300360　　YETTS, W. Perceval (葉茲). "An Early Chou Bronze" (周代早期的一件銅器). *Burlington Magazine* 1(1937): 47 – 77.

1939

300370　　YETTS, W. Perceval (葉茲). *The Cull Chinese Bronzes* (Cull 氏的中國銅器). London: Courtauld Institute of Art, University of London, 1939.

1940

300380　　DRAKE, F[rederick] S[equier] (林仰山). "An Inscribed Pottery Vessel of the Chow Dynasty" (一件有銘的周代陶器). *Journal of the North-China Branch of the Royal Asiatic Society* 71 (1940): 46 – 53.

1941

300390　　KARLGREN, Bernhard (高本漢). "Huai and Han" (淮和漢). *Bulletin of the Museum of Far Eastern Antiquities* 13 (1941): 1 – 126.

1942

300400　　LOEHR, Max (羅越). "Ein Sockel-Kuei aus der Zeit des K'ungtse" (孔子時代的帶座銅簋). *Monumenta Serica* 7 (1942): 227 – 234.

1944

300410　　LOEHR，Max（羅越）."Bronzentexte der Chou-Zeit，Chou I (Part 1)"（周代金文，周之一[上]）. *Sinologische Arbeiten* 2 (1944)：30－91.

1945

300420　　CH'EN Meng-chia（陳夢家）. "Style of Chinese Bronzes"（中國銅器的風格）. *Archives of the Chinese Art Society of America* 1 (1945－1946)：26－52，pls. 1－7.

300430*　　KARLGREN，Bernhard（高本漢）. "Some Weapons and Tools of the Yin Dynasty"（殷代的武器和工具）. *Bulletin of the Museum of Far Eastern Antiquities* 17 (1945)：101－144.

1946

300440　　CH'EN Meng-chia（陳夢家）. "The Greatness of Chou (*ca*. 1027－*ca*. 221 B.C.)"（周之偉大[約公元前1027－前221年]）. 載於 Harley Farnsworth MacNAIR（宓亨利）編.*China*（中國）. Berkeley，Cal.：University of California Press，1946. Pp. 54－71.

300450　　KARLGREN，Bernhard（高本漢）. "Once Again the A and B Styles in Yin Ornamentation"（再論殷代裝飾紋樣的A類和B類）. *Bulletin of the Museum of Far Eastern Antiquities* 18 (1946)：367－382.

300460*　　KELLEY，Charles Fabens 和 CH'EN Meng-chia 陳夢家. *Chinese Bronzes from the Buckingham Collection*（Buckingham 收藏的中國銅器）. Chicago：Art Institute of Chicago，1946.

300470　　LOEHR，Max（羅越）."Bronzentexte der Chou-Zeit，Chou I (Part 2)"（周代金文，周之一[下]）. *Monumenta Serica* 11 (1946)：269－325.

1948

300480　　CH'EN Meng-chia（陳夢家）. "Malcolm's K'ang Hou Kuei and Its Set"（Malcolm 氏所藏康侯簋及其相關銅器）. *Oriental Art* 1（1948）：111 – 116.

300490　　KARLGREN, Bernhard（高本漢）. "Bronzes in the Hellström Collection"（Hellström 收藏的銅器）. *Bulletin of the Museum of Far Eastern Antiquities* 20（1948）：1 – 38.

300500　　WILHELM, Hellmut（衛德明）. "Eine Chou-Inschrift über Atem-technic"（有關行氣的周代銘刻）. *Monumenta Serica* 13（1948）：385 – 388.

1949

300510　　KARLGREN, Bernhard（高本漢）. "Some Bronzes in the Museum of Far Eastern Antiquities"（遠東古物博物館收藏的幾件銅器）. *Bulletin of the Museum of Far Eastern Antiquities* 21（1949）：1 – 25.

300520　　LOEHR, Max（羅越）. "Weapons and Tools from Anyang, and Siberian Analogies"（安陽的武器和工具，及與西伯利亞的類比）. *American Journal of Archaeology* 53.2（1949）：126 – 44.

300530　　YETTS, W. Percival（葉茲）. "A Datable Shang-Yin Inscription"（年代可以推定的殷商銘文）. *Asia Major* new series., 1.1（1949）：75 – 98.

300540　　YETTS, W. Percival（葉茲）. "Letter to the Editor with regard to the article 'A Datable Shang-Yin Inscription'"（給編者的信：關於《年代可以推定的殷商銘文》）. *Asia Major* 1.2（1949）：275 – 277.

1952

300550　　KARLGREN, Bernhard（高本漢）. *A Catalogue of the*

Chinese Bronzes in the Alfred F. Pillsbury Collection（皮爾斯伯里收藏的中國銅器目錄）. Minneapolis: University of Minnesota Press, 1952.

300560　　KARLGREN, Bernhard（高本漢）. "Some New Bronzes in the Museum of Far Eastern Antiquities"（遠東古物博物館收藏的幾件新銅器）. *Bulletin of the Museum of Far Eastern Antiquities* 24 (1952): 11 - 25.

1953

300570　　YANG Lien-sheng（楊聯陞）. "An Inscribed Han Mirror Discovered in Siberia"（西伯利亞發現的一件有銘漢鏡）. *T'oung Pao* 42.3/4 (1953): 330 - 340.

300580　　HENTZE, G. Carl（和茲）. "Die Bedeutung der Inschrift Si 巤 tsĕ Sun"（析子孫銘文的意義）. *Sinologica* 4.3 (1955): 156 - 165.

1956

300590　　WHITE, William Charles（懷履光，懷特）. *Bronze Culture of Ancient China: An Archaeological Study of Bronze Objects from Northern Honan, Dating from about 1400 B.C.-771 B.C.*（中國古代青銅文化：河南北部所出約公元前1400—前771年的青銅文物的考古研究）. Royal Ontario Museum, Division of Art & Archaeology: Museum Studies 5. Toronto: University of Toronto Press, 1956.

1958

300600　　BARNARD, Noel（巴納）. "A Recently Excavated Inscribed Bronze of Western Chou Date"（最近出土的一件西周時代的有銘銅器）. *Monumenta Serica* 17 (1958): 12 - 46.

300610　　KARLGREN, Bernhard（高本漢）. "Bronzes in the Wessén Collection"（Wessén 收藏的銅器）. *Bulletin of the Museum of Far Eastern Antiquities* 30 (1958): 177–196.

1959

300620　BARNARD, Noel（巴納）. "New Approaches and Research Methods in Chin-Shih-Hsüeh"（金石學的新做法與研究方法）.《東西文化研究所紀要》(東京) 19 (1959): 1–31.

300630　BARNARD, Noel（巴納）. "Some Remarks on the Authenticity of a Western Chou Style Inscribed Bronze"（對一件西周式有銘銅器的真偽的一些看法）. *Monumenta Serica* 18 (1959): 213–244.

1960

300640　BARNARD, Noel（巴納）. "A Recently Excavated Inscribed Bronze of the Reign of King Mu of Chou"（最近出土的一件周穆王時代的有銘銅器）. *Monumenta Serica* 19 (1960): 67–113.

1961

300650　BARNARD, Noel（巴納）. *Bronze Casting and Bronze Alloys in Ancient China*（中國古代青銅鑄造和青銅合金）. Canberra: Australia National University, 1961.

1962

300660　DOBSON, W.A.C.H.（杜百勝）. *Early Archaic Chinese: A Descriptive Grammar*（上古中文：描述的語法）. Toronto: University of Toronto Press, 1962.

300670　WATSON, William. *Ancient Chinese Bronzes*（中國古代銅器）. London: Faber & Faber, 1962; 再版 1977.

300680　UNGER, Ulrich（翁有理）. "Prolegomena zur Datierung der West-Chou-Inschriften aufgrund formaler Kriterien"（按照形式條件來初論西周銅器銘文斷代）. 大學授課資格論文：Albert-Ludwigs-Universität Freiburg. Freiburg im

Breisgau, 1962.

1964

300690　　DOBSON, W.A.C.H. (杜百勝). "Linguistic Evidence and the Dating of the Book of Songs" (語言證據與詩經的斷代). *T'oung Pao* 51 (1964): 323–334.

300700　　UNGER, Ulrich (翁有理). "Chinesische epigrafische Studien" (中國古文字研究). *T'oung Pao* 51 (1964): 217–228.

1965

300710*　　BARNARD, Noel (巴納). "Chou China: A Review of the Third Volume of Cheng Te-k'un's *Archaeology in China*" (鄭德坤《中國考古學，第三卷》書評). *Monumenta Serica* 24 (1965): 307–459.

300720　　UNGER, Ulrich (翁有理). "Chou-König oder Usurpator?" (周王抑或篡奪者?). *T'oung Pao* 52 (1965–1966): 233–246.

1966

300730　　HSU, Cho-yun (許倬雲). "Some Working Notes on the Western Chou Government" (關於西周政體的一些工作筆記). 《中研院歷史語言研究所集刊》36.2 (1966): 513–524.

1967

300740　　DOBSON, W.A.C.H. (杜百勝). "Authenticating and Dating Archaic Chinese Texts" (證實中國古代文獻的真實性與斷代). *T'oung Pao* 53 (1967): 233–242.

300750　　LEE, Orient (黎東方). "Chronological Data from Western Chou Bronzes" (西周銅器的年代資料). *Chinese Culture* 8.4 (1967): 19–79.

300760　　POPE, John Alexander, Rutherford John GETTENS,

James CAHILL（高居翰）和 Noel BARNARD（巴納）. *The Freer Chinese Bronzes*, *Volume I*, *Catalogue*（弗利爾美術館收藏的中國銅器,卷一：目錄）. Washington, D.C.：The Smithsonian Institution, 1967.

1968

300770　　BARNARD, Noel（巴納）. "The Incidence of Forgery amongst Archaic Chinese Bronzes: Some Preliminary Notes"（中國古代銅器中造偽的發生率：初步記錄）. *Monumenta Serica* 27 (1968): 91–168.

300780　　LOEHR, Max（羅越）. *Ritual Vessels of Bronze Age China*（中國青銅時代的禮器）. New York：Asia House Gallery, 1968.

1969

300790　　GETTENS, Rutherford John. *The Freer Chinese Bronzes*, *Volume II*, *Technical Studies*（弗利爾美術館收藏的中國銅器,卷二：技術研究）. Washington, D.C. The Smithsonian Institution, 1969.

1970

300800　　CREEL, Herrlee G[lessner]（顧立雅）. *The Origins of Statecraft in China*, Volume One：*The Western Chou Empire*（中國治道的起源,第一冊：西周帝國）. Chicago：University of Chicago Press, 1970.

300810　　KANE, Virginia C. "Chinese Bronze Vessels of the Shang and Western Chou Periods"（商和西周時代的中國銅器）. 博士論文：Harvard University, 1970.

1971

300820　　CHOU Fa-kao（周法高）. "Chronology of the Western Chou

Dynasty"（西周的年代）.《香港中文大學中國文化研究所報告》4.1 (1971)：173－205.

1972

300830　　BARNARD, Noel（巴納）. "The Ch'en Ni Fu-Tray: Problems of Identification in the Study of Forgery"（陳逆簠：僞造研究中的鑒別問題）. *Monumenta Serica* 30 (1972－1973)：439－525.

1973

300840　　BARNARD, Noel（巴納）. "Records of Discoveries of Bronze Vessels in Literary Sources－And Some Pertinent Remarks on Aspects of Chinese Historiography"（文獻中對青銅器的發現之記錄，兼論中國史學方面的相關看法）.《香港中文大學中國文化研究所學報》6.2 (1973)：455－546.

300850　　KANE, Virginia C. "The Chronological Significance of the Inscribed Ancestor Dedication in the Periodization of Shang Dynasty Bronze Vessels"（商代銅器上紀念祖先銘文的斷代意義）. *Artibus Asiae* 35.4 (1973)：335－370.

300860　　MATTOS, Gilbert L.（馬幾道）. "The Stone Drums of Ch'in"（秦石鼓）. 博士論文：University of Washington, 1973.

300870　　PANG, Sunjoo（方善柱）. "Tung-I Peoples According to the Shang-Chou Bronze Inscriptions"（商周銅器銘文裏的東夷民族）. 碩士論文：University of Washington, 1973.

1974

300880　　BARNARD, Noel（巴納）. *Mao Kung Ting: A Major Western Chou Period Bronze Vessel－A Rebuttal of a Rebuttal and Further Evidence of the Questionable Aspects of Its Authenticity*（毛公鼎：西周時代的重要青銅器——駁論一個駁論，并論它真實性的更多可疑之處）. Canberra：私人出

版，1974.

300890　　KALTENMARK Maxime（戴密微）. "Miroirs magiques"（明鏡）. *Mélanges de sinologie offerts à Monsieur Demiéville*（獻給戴密微先生的漢學論集）. Paris：Presses universitaires de France，1974. Pp. 151–166.

1975

300900　　BARNARD，Noel（巴納）. *The First Radiocarbon Dates from China*（中國首批碳十四年代）. 2nd edition. Monographs on Far Eastern History 8. Canberra：Department of Far Eastern History，Australian National University，1975.

300910　　BARNARD，Noel（巴納）. *Archaic Chinese Bronzes in Australian and New Zealand Collections*（澳洲和新西蘭收藏的中國古代銅器）. Melbourne：National Gallery of Victoria，1975.

300920　　BARNARD，Noel（巴納）和 SATÔ Tamotsu（佐藤保）. *Metallurgical Remains of Ancient China*（中國古代的冶金遺迹）. 東京：Nichiosha，1975.

300930　　LAWTON，Thomas（羅覃）. "A Group of Early Western Chou Period Bronze Vessels"（一組西周早期的青銅器）. *Ars Orientalis* 10（1975）：111–121.

1976

300940　　BARNARD，Noel（巴納）. "Notes on Selected Bronze Artifacts in the National Palace Museum, the Historical Museum, and Academia Sinica"（故宮博物院、歷史博物館和中研院所收藏銅器的筆記）. 載於 Noel BARNARD（巴納）編. *Ancient Chinese Bronzes and Southeast Asian Metal and Other Archaeological Artifacts*（中國古代銅器和東南亞金屬與其他考古製品）. Melbourne：National Gallery of Victoria，

1976. Pp. 47 – 82.

300950　　BARNARD, Noel（巴納）編. *Ancient Chinese Bronzes and Southeast Asian Metal and Other Archaeological Artifacts* （中國古代銅器和東南亞金屬與其他考古製品）. Melbourne: National Gallery of Victoria, 1976.

300960　　BARNARD, Noel（巴納）和 WAN Jiabao（萬家保）. "The Casting of Inscriptions in Chinese Bronzes – With Particular Reference to Those with Relievo Grid-Lines"（中國銅器銘文的鑄造，着重關注有浮雕格栅綫的銘文）.《東吳大學中國藝術史輯刊》6 (1976): 43 – 129.

300970　　CHANG, Kuang-yuan（張光遠）. "Seven Long Bronze Inscriptions from Western Chou"（七篇西周銅器長銘）. 載於 Noel BARNARD（巴納）編. *Ancient Chinese Bronzes and Southeast Asian Metal and Other Archaeological Artifacts* （中國古代銅器和東南亞金屬與其他考古製品）. Melbourne: National Gallery of Victoria, 1976. Pp. 155 – 187.

300980　　CHEUNG Kwong-yue（張光裕）. "Some Aspects of Forgery in Inscribed Bronze Ritual Vessels of Pre-Ch'in Style"（先秦式有銘青銅禮器造偽的某些方面）. Noel BARNARD（巴納）譯. 載於 Noel BARNARD（巴納）編. *Ancient Chinese Bronzes and Southeast Asian Metal and Other Archaeological Artifacts* （中國古代銅器和東南亞金屬與其他考古製品）. Melbourne: National Gallery of Victoria, 1976. Pp. 189 – 216.

300990　　JAO Tsung-i（饒宗頤）. "The Character *te* in Bronze Inscriptions"（銅器銘文裏的德字）. Noel BARNARD（巴納）譯. 載於 Noel BARNARD（巴納）編. *Ancient Chinese Bronzes and Southeast Asian Metal and Other Archaeological Artifacts* （中國古代銅器和東南亞金屬與其他考古製品）.

Melbourne: National Gallery of Victoria, 1976. Pp. 145–154.

301000　MATTOS, Gilbert L.（馬幾道）. "Two Major Works on Bronze Vessels and Bronze Inscriptions"（關於銅器和銅器銘文的兩本重要著作）. *Early China* 2 (1976): 11–17.

301010　UNGER, Ulrich（翁有理）. "Die t'ai-pao-kuei-Inschrift"（太保簋銘文）. 載於 Hans Lenk 等編. *China: Kultur, Politik und Wirtschaft: Festschrift für Alfred Hoffmann zum 65. Geburtstag*（中國：文化、政治和科學：慶祝 Alfred HOFFMANN 六十五歲生日論文集）. Tübingen and Basel: Erdmann, 1976. Pp. 184–195.

1977

301020　MATTOS, Gilbert L.（馬幾道）. "Supplementary Data on the Bronze Inscriptions Cited in *Chin-wen ku-lin*"（對《金文詁林》所引銅器銘文的資料補充）. *Monumenta Serica* 33 (1977–1978): 62–123.

301030　MATTOS, Gilbert L.（馬幾道）. "The Time of the Stone Drum Inscriptions: An Excursion in the Diachronic Analysis of Chou Script"（秦石鼓文的時代：兼及周代文字的歷時性分析）. *Early China* 3 (1977): 36–45.

301040　PANG, Sunjoo（方善柱）. "The Consorts of King Wu and King Wen in the Bronze Inscriptions of Early China"（中國古代銅器銘文裏武王和文王的配偶）. *Monumenta Serica* 33 (1977–1978): 124–135.

301050　PANG, Sunjoo（方善柱）. "A Study of Western Chou Chronology"（西周年代研究）. 博士論文：University of Toronto, 1977.

1978

301060　BARNARD, Noel（巴納）. "The Nieh Ling Yi"（矢令彝）.

《香港中文大學中國文化研究所》9.2 (1978)：585–627.

301070　　BARNARD, Noel（巴納）. "Did the Swords Exist?"（劍已經存在了嗎?）. *Early China* 4 (1978–1979)：60–65.

301080*　　BARNARD, Noel（巴納）和 CHEUNG Kwong-yue（張光裕）. *Rubbings and Hand Copies of Bronze Inscriptions in Chinese, Japanese, European, American, and Australasian Collections*（中日歐美澳紐所見所拓所摹金文彙編）. 臺北：藝文印書館, 1978.

301090　　CARSON, Michael F. "Some Grammatical and Graphical Problems in the Ho Tsun Inscription"（何尊銘文裏的某些語法和文字問題）. *Early China* 4 (1978–1979)：41–44.

301100　　STARR, Kenneth. "An 'Old Rubbing' of the Later Han *Chang Ch'ien pei*"（後漢張騫碑的"老拓本"）. 載於 David T. ROY（芮效衛）和 Tsuen-hsuin TSIEN（錢存訓）編. *Ancient China: Studies in Early Chinese Civilization*（古代中國：中國早期文明研究）. Hong Kong: Chinese University Press, 1978. Pp. 283–313.

1980

301110　　BIELENSTEIN, Hans（畢漢思）. "Eastern Han Inscriptions and Dynastic Biographies: A Historiographical Comparison"（東漢碑銘與正史列傳：一個史學的對比）. 載於《中研院國際漢學會議論文集：歷史考古組》, 臺北：中研院, 1980. Pp. 571–586.

301120　　EBREY, Patricia（伊沛霞）. "Later Han Stone Inscriptions"（後漢碑銘）. *Harvard Journal of Asiatic Studies* 40.2 (1980)：325–353.

301130　　FONG, Wen [C.]（方聞）, 編. *The Great Bronze Age of China: An Exhibition from the People's Republic of China*

（偉大的中國青銅時代：來自中華人民共和國的展覽）. New York: Metropolitan Museum of Art, 1980.

301140 LI Xueqin（李學勤）. *The Wonder of Chinese Bronzes*（中國銅器的奇迹）. Beijing: Foreign Languages Press, 1980.

301150* SHAUGHNESSY, Edward L.（夏含夷）. "'New' Evidence on the Zhou Conquest"（武王伐紂之"新"證據）. *Early China* 6 (1980–1981): 57–79.

1981

301160 CHANG, Kuang-yuan（張光遠）. "A Study of the Kang Hou *Gui*"（康侯簋研究）. *Oriental Art* 27 (1981): 282–302.

301170 PANKENIER, David W.（班大爲）. "Astronomical Dates in Shang and Western Zhou"（商和西周的天文學年代）. *Early China* 7 (1981–1982): 2–37.

301180 WALRAVENS, Hartmut（德漢茂）, 編. *Catalogue of Chinese Rubbings from Field Museum*（拓本聚瑛：富地博物館藏）. *Fieldiana Anthropology*, new ser., 3 (1981).

301190 ZHANG Zhenglang（張政烺）. "An Interpretation of the Divinatory Inscriptions on Early Chou Bronzes"（試論周代早期銅器上的貞筮銘文）. Jeffrey Ching 等譯. *Early China* 6 (1981): 80–96.

1982

301200 DOTY, Darrel Paul（杜德倫）. "The Bronze Inscriptions of Ch'i: An Interpretation"（齊國的銅器銘文：一個理解）. 博士論文: University of Washington, 1982.

301210 KANE, Virginia C. "Aspects of Western Chou Appointment Inscriptions: The Charge, the Gifts, and the Response"（西周賞賜銘文的問題：命書、賜品和對揚）. *Early China* 8 (1982–1983): 14–28.

301220　　LAWTON，Thomas（羅覃）. *Chinese Art of the Warring States Period: Change and Continuity*，480 - 222 B.C.（戰國時代的中國藝術：改變與繼承）. Washington：Freer Gallery of Art，1982.

301230*　　NIVISON，David S.（倪德衛）. "1040 as the Date of the Chou Conquest"（1040 作爲武王伐紂之年）. *Early China* 8 (1982 - 1983)：76 - 78.

301240　　SO，Jenny F.（蘇芳淑）. "Early Eastern Chou Bronze Vessels from Ch'in Territory"（秦國地區的東周早期銅器）. 載於 Chan Ping-leung（陳炳良）編. *Essays in Commemoration of the Golden Jubilee of the Fung Ping Shan Library*（馮平山圖書館金禧紀念論文集）. Hong Kong：Fung Ping Shan Library and Hong Kong University Press，1982. Pp. 415 - 420.

1983

301250　　BARNARD，Noel（巴納）. "Further Evidence to Support the Hypothesis of Indigenous Origins of Metallurgy in Ancient China"（支持古代中國冶金術本地起源假設的更多證據）. 載於 David N. Keightley（吉德煒）編. *Origins of Chinese Civilization*（中國文明的起源）. Berkeley, Cal.：University of California Press，1983. Pp. 237 - 277.

301260　　BARNARD，Noel（巴納）和 CHEUNG Kwong-yue（張光裕）. *Studies in Chinese Archaeology*，1980 - 1982：*Reports on Visits to Mainland China，Taiwan，and the USA；Participation in Conferences in These Countries；and Some Notes and Impressions*（中國考古學的研究，1980 - 1982：訪問中國大陸、臺灣和美國的報告,參加這些國家的會議以及某些記錄和印象）. 香港：文學社，1983.

301270   KUWAYAMA, George（喬治・秋山）編. *The Great Bronze Age of China: A Symposium*（偉大的中國青銅時代：一個論壇）. Los Angeles：Los Angeles County Museum of Art，1983.

301280*   NIVISON, David S.（倪德衛）. "The Dates of Western Chou"（西周之年代）. *Harvard Journal of Asiatic Studies* 43.2（1983）：481–580.

301290   NIVISON, David S.（倪德衛）. "Western Chou History Reconstructed from Bronze Inscriptions"（從銅器銘文重構西周歷史）. 載於 George KUWAYAMA（喬治・秋山）編. *The Great Bronze Age of China: A Symposium*（偉大的中國青銅時代：一個論壇）. Los Angeles：Los Angeles County Museum of Art，1983. Pp. 44–55.

301300*   SHAUGHNESSY, Edward L.（夏含夷）. "The Date of the 'Duo You *Ding*' and Its Significance"（多友鼎的年代及其意義）. *Early China* 9–10（1983–1985）：55–69.

301310   SO, Jenny F.（蘇芳淑）. "*Hu* Vessels from Xinzheng: Toward a Definition of Chu Style"（新鄭的壺：指向楚式風格的定義）. 載於 George KUWAYAMA（喬治・秋山）編. *The Great Bronze Age of China: A Symposium*（偉大的中國青銅時代：一個論壇）. Los Angeles：Los Angeles County Museum of Art，1983. Pp. 64–71.

1984

301320   YEUNG, Ching-kong（楊靜剛）. "Some Aspects of Royal and Princely Administrative Interrelationship in Western Zhou: A Preliminary Investigation Based upon the Evidence as Recorded in Inscribed Bronzes of the Period"（西周王朝和諸侯之間的行政關係的幾點特點：根據當時銅器銘文證據的初

步調查). 博士論文：Australian National University, 1984.

1985

301330　LI Xueqin（李學勤）. *Eastern Zhou and Qin Civilizations*（東周與秦代文明）. K.C. CHANG（張光直）譯. New Haven and London：Yale University Press, 1985.

301340　LI Xueqin（李學勤）. "Some Problems Concerning Qin and Han Bronzes"（關於秦和漢銅器的某些問題）. *Early China* 11–12(1985–1987)：296–300.

301350　MATTOS, Gilbert L.（馬幾道）. "The Restoration of the Stone Drum Inscriptions 石鼓文"（石鼓文的修復）. "國立"中山大學學報 1 (1984)：27–86.

301360　MATTOS, Gilbert L.（馬幾道）. "[Review of] CHOU Fa-kao, *Chin-wen ku-lin-pu*"（周法高《金文詁林補》書評）. *Early China* 9–10 (1985–1987)：240–249.

301370*　RAWSON, Jessica（羅森）. "Late Western Zhou：A Break in the Shang Bronze Tradition"（西周晚期：商代青銅傳統的打破）. *Early China* 11–12 (1985–1987)：289–296.

301380　VEIT, Willibald（魏志強）. *Siegel und Siegelschrift der Chou-, Ch'in- und Han-Dynastie*（周秦和漢印章及印章銘文）. Studien zur ostasiatischen Schriftkunst 4. Stuttgart：Steiner, 1985.

1986

301390*　BARNARD, Noel（巴納）. "A New Approach to the Study of Clan-Sign Inscriptions of Shang"（商代族徽銘文研究的新方法）. 載於 K.C. CHANG（張光直）編. *Studies of Shang Archaeology: Selected Papers from the International Conference on Shang Civilization*（商代考古研究：商代文明國際研討會論文選集）. New Haven, Conn.：Yale University

Press，1986. Pp. 141‑206.

301400　　CHOU Fa-kao（周法高）. "On the Date of the Zhou Conquest of the Shang"（周克商的年代）.《"國立"中央圖書館館刊》19.2 (1986)：21‑34.

301410　　MA Chengyuan（馬承源）. *Ancient Chinese Bronzes*（中國古代青銅器）. TANG Bowen 譯. Hsio-yen SHIH 編. Oxford：Oxford University Press，1986.

301420　　CHENG Chen-hsiang（鄭振香）. "A Study of the Bronzes with the 'Ssu T'u Mu' Inscriptions Excavated from the Fu Hao Tomb"（婦好墓出土的"司兔母"銘文銅器研究）. 載於 K. C. CHANG（張光直）編. *Studies of Shang Archaeology: Selected Papers from the International Conference on Shang Civilization*（商代考古研究：商代文明國際研討會論文選集）. New Haven, Conn.：Yale University Press，1986. Pp. 81‑102.

1987

301430　　BAGLEY, Robert W.（貝格立）. *Shang Ritual Bronzes in the Arthur M. Sackler Collections*（賽克勒收藏的商代青銅禮器）. Ancient Chinese Bronzes in the Arthur M. Sackler Collections 1. Washington, D.C.：Arthur M. Sackler Foundation，1987.

301440　　LAWTON, Thomas（羅覃）. "An Imperial Legacy Revisited: Bronze Vessels from the Qing Palace Collection"（再論皇朝的遺產：清宮收藏的銅器）. *Asian Art* 1.1 (1987)：51‑79.

1988

301450　　BERGER, Patricia（白瑞霞）. "Stranger than Fiction: The *Ran* Fangding"（比杜撰更奇怪：冉方鼎）. 載於 Mary F.

LINDA 編. *The Real, the Fake, and the Masterpiece*（真品、僞假和杰作）. New York: China House, 1988. Pp. 51–54.

301460　FALKENHAUSEN, Lothar von（羅泰）. "Ritual Music in Bronze Age China"（中國銅器時代禮儀音樂）. 博士論文: Harvard University, 1988.

301470　HANKE, Martin（杭曼青）. *Gedenkinschriften von HAN bis TANG als historische Quellen – Zur Problematik einer Quellengattung*（作爲史料的從漢至唐的墓志銘：資料分類的問題）. 碩士論文: Universität Hamburg, 1988.

301480　HSU, Cho-yun（許倬雲）和 Katheryn M. LINDUFF（林嘉琳）. *Western Chou Civilization*（西周史）. New Haven: Yale University Press, 1988.

301490　MATTOS, Gilbert L.（馬幾道）. *The Stone Drums of Ch'in*（秦石鼓）. Monumenta Serica Monograph Series 19. Nettetal, Germany: Steyler, 1988.

301500　POOR, Robert（浦爾）. "The Master of the 'Metropolis'-Emblem Ku"（"都"師標志的觚）. *Archives of Asian Art* 41 (1988): 70–89.

1989

301510　FALKENHAUSEN, Lothar von（羅泰）. "*Niuzhong* Chime-Bells of Eastern Zhou China"（中國東周鈕鐘）. *Ars Asiatique* 44 (1989): 68–83.

301520　RAWSON, Jessica（羅森）. "Statesmen or Barbarians? The Western Zhou as Seen Through Their Bronzes"（政治家抑或野蠻人：從銅器看西周）. *Proceedings of the British Academy* 75 (1989): 71–95.

1990

301530　BARNARD, Noel（巴納）. "*Shang Ritual Bronzes in the*

Arthur M. Sackler Collections: A Review Article"(《賽克勒收藏商代青銅禮器》評論文章). *T'oung Pao* 76.4/5 (1990): 271–298.

301540   COOK, Constance Anne (柯鶴立). "Auspicious Metals and Southern Spirits: An Analysis of the Chu Bronze Inscriptions"(吉金與南神：楚國銅器銘文的分析). 博士論文: University of California, Berkeley, 1990.

301550   FALKENHAUSEN, Lothar von (羅泰). "Ahnenkult und Grabkult im Staat Qin"(秦國祖先禮儀與墓葬禮儀). 載於 Lothar LEDDEROSE (雷德候) 和 Adele SCHLOMBS 合編. *Jenseits der grossen mauer: Der erste Kaiser von Qin und seine Terrakotta-Armee*(萬里長城的當時：秦始皇帝及其兵馬俑). Munich: Bertelsmann, 1990. Pp. 35–48.

301560   FALKENHAUSEN, Lothar von (羅泰). "Ancilla to Hsu and Linduff, *Western Chou Civilization*"(許倬雲和林嘉琳所著《西周史》後記). *Early China* 15 (1990): 206–222.

301570   POOR, Robert (浦爾). "The Master of the 'Metropolis'-Emblem Ku: Another View"("都"師標志的觚：另一個觀點). *Archives of Asian Art* 43 (1990): 61–62.

301580   RAWSON, Jessica (羅森). *Western Zhou Ritual Bronzes from the Arthur M. Sackler Collections*(賽克勒收藏的西周時代青銅禮器). 2 vols. Washington, D.C.: Arthur M. Sackler Foundation, 1990.

301590   SHAUGHNESSY, Edward L. (夏含夷). "The Role of Grand Protector Shi in the Consolidation of the Zhou Conquest"(太保奭對鞏固西周征服所起的作用). *Ars Orientalis* 19 (1990): 51–77.

301600* SHAUGHNESSY, Edward L. (夏含夷). "Western Zhou Civilization: A Review Article"(西周文明：論評文章). *Early*

China 15 (1990): 197 - 204.

301610　　WELD, Susan（羅鳳鳴）. "Covenant in Jin's Walled Cities: The Discoveries at Houma and Wenxian"（晉城的盟誓：侯馬和溫縣的發現）. 博士論文：Harvard University, 1990.

1991

301620*　　FALKENHAUSEN, Lothar von（羅泰）. "Chu Ritual Music"（楚國禮儀音樂）. 載於 Thomas LAWTON（羅覃）編. *New Perspectives on Chu Culture During the Eastern Zhou Period*（關於東周時代楚文化的新觀點）. Washington, D.C.: Smithsonian Institution, 1991. Pp. 47 - 106.

301630　　HUBER, Maria 和 Achim MITTAG（案跋）. "Spiegel-Dichtung: Spekulationen über einen Bronzespiegel des 3. Jahrhunderts und dessen Inschrift, das *Shijing*-Lied Nr. 57 *Shi ren*"（鏡詩：關於公元三世紀的一個銅鏡及其詩經碩人銘文的推測）. 載於 Achim MITTAG（案跋）編. *Chinablätter* 18. *In memoriuam Achim Hildebrand*（中國之信 18：紀念 Achim Hildebrand）. München: Rupprecht Mayer Verlag, 1991. Pp. 73 - 110.

301640　　LAWTON, Thomas（羅覃）編. *New Perspectives on Chu Culture During the Eastern Zhou Period*（關於東周時代楚文化的新觀點）. Washington D.C.: Smithsonian Institution, 1991.

301650　　LI Ling（李零）. "On the Typology of Chu Bronzes"（楚國銅器的形式）. Lothar von Falkenhausen（羅泰）譯編. *Beiträge zur Allgemeinen und Vergleichenden Archaeologie* 11 (1991): 57 - 113.

301660　　LI Xueqin（李學勤）. "Chu Bronzes and Chu Culture"（楚銅器與楚文化）. 載於 Thomas Lawton（羅覃）編. *New*

Perspectives on Chu Culture During the Eastern Zhou Period（關於東周時代楚文化的新觀點）. Washington D.C.：Smithsonian Institution，1991. Pp. 1–22.

301670* SHAUGHNESSY, Edward L.（夏含夷）. *Sources of Western Zhou History: Inscribed Bronze Vessels*（西周史料：銅器銘文）. Berkeley：University of California Press，1991.

1992

301680 ALLAN, Sarah（艾蘭）. "Review of Edward L. Shaughnessy, *Sources of Western Zhou History: Inscribed Bronze Vessels*"（夏含夷《西周史料：銅器銘文》書評）. *Bulletin of the School of Oriental and African Studies* 55.3 (1992)：585–587.

301690 DJAMOURI, Redouane（羅瑞）. "Particules de negation dans les inscriptions sur bronze de la dynastie des Zhou"（周朝銅器銘文裏的否定虛詞）. *Cahiers de Linguistique–Asie Orientale* 20.1 (1992)：5–76.

301700* FALKENHAUSEN, Lothar von（羅泰）. "On the Early Development of Chinese Musical Theory：The Rise of Pitch-Standards"（關於中國音樂理論的早期演變：呂之起源）. *Journal of the American Oriental Society* 112.3 (1992)：433–439.

301710 LAU, Ulrich（勞武利）. "Zur Bedeutung des rituellen Schützenfestes in den Bronzeinschriften der westlichen Zhou-Zeit (1045? -771 v. Chr.)"（關於西周銅器銘文裏禮儀保護的意義）. 載於 Herbert Bräutigam 和 Ulrich Lau（勞武利）合編. *Studien zur Kulturgeschichte Chinas: Beiträge zur Tagung "Kulturgeschichte Chinas" gemeinsam veranstaltet vom Staatlichen Museum für Völkerkunde Dresden und dem*

Institut für Sinologie der Humboldt-Universität zu Berlin vom 21. bis 23. November 1989 in Dresden（中國文化史研究：德累斯頓國立民間藝術博物館和柏林洪堡大學召開的中國文化史研討會論文集）. Dresdner Tagungsberichte 3. Dresden：Staatliches Museum für Völkerkunde, 1992. Pp. 59-66.

301720　　PANKENIER, David W.（班大爲）. "Reflections of the Lunar Aspect on Western Chou Chronology"（西周年代中月相的反映）. *T'oung Pao* 78 (1992)：33-76.

301730　　YANG, Xiaoneng（楊曉能）. "The Shi Ke Xu：Reconstruction of an Inscribed Late Western Zhou Ritual Vessel"（師克盨：西周晚期帶銘文禮器的重構）. *Artibus Asiae* 52.3-52.4 (1992)：163-214.

1993

301740　　BARNARD, Noel（巴納）. "Astronomical Data from Ancient Chinese Records：The Requirements of Historical Research Methodology"（中國古代文獻中的天文資料：歷史研究方法須知）. *East Asian History* 6 (1993)：47-74.

301750　　BARNARD, Noel（巴納）. *"Western Zhou Ritual Bronzes from the Arthur M. Sackler Collections: A Review Article"* (《賽克勒收藏西周時代青銅禮器》評論文章). *T'oung Pao* 79.4/5 (1993)：249-323.

301760*　　COOK, Constance A.（柯鶴立）. "Myth and Authenticity：Deciphering the Chu Gong Ni Bell Inscription"（神話與真實性：楚公逆鐘銘文解釋）. *Journal of the American Oriental Society* 113.4 (1993)：539-550.

301770*　　COOK, Constance A.（柯鶴立）. "Ritual Feasting in Ancient China：Preliminary Study I"（中國古代的禮儀燕饗：初步研究一）.《第二屆國際中國古文字學研討會論文集》. 香

港：香港中文大學，1993. Pp. 469-487.

301780 EBREY, Patricia Buckley（伊沛霞）. "Local Cults: Three Stone Inscriptions Describing Shrines Erected to Honor Various Deities"（地域宗派：有關三個紀念神仙神祠的碑銘）. 載於 Patricia Buckley EBREY（伊沛霞）編. *Chinese Civilization: A Sourcebook*（中國文明：資料彙編）. New York：The Free Press, 1993. Pp. 80-82.

301790* FALKENHAUSEN, Lothar von（羅泰）. "Issues in Western Zhou Studies: A Review Article"（西周研究的課題：評論文章）. *Early China* 18 (1993): 139-226.

301800 FALKENHAUSEN, Lothar von（羅泰）. *Suspended Music: The Chime-Bells of the Chinese Bronze Age*（懸樂：中國青銅時代的甬鐘）. Berkeley：University of California Press, 1993.

301810 HAYASHI, Minao（林巳奈夫）. "Concerning the Inscription May Sons and Grandsons Eternally Use This [Vessel]"（有關子子孫孫永寶用的銘文）. *Artibus Asiae* 53.1-53.2 (1993): 51-58.

301820 LAU, Ulrich（勞武利）. "Die Inschriften des Qiu Wei: Dokumente zur Wirtschafts- und Rechtsgeschichte Chinas"（裘衛銘文：中國經濟法制史的文獻）. 載於 Ralf Moritz 編. *Sinologische Traditionen im Spiegel neuer Forschungen*（從新研究角度看漢學傳統）. Leipzig：Leipziger Universitätsverlag, 1993. Pp. 212-226.

301830 RAWSON, Jessica（羅森）. "Ancient Chinese Ritual Bronzes: The Evidence from Tombs and Hoards of the Shang (c. 1500-1050 B.C.) and Western Zhou (c. 1050-771 B.C.) Periods"（中國古代青銅禮器：來自商和西周墓葬和窖藏的證據）. *Antiquity* 67.257 (1993): 805-823.

301840　　　WHITFIELD, Roderick（衛陀）編. *The Problem of Meaning in Early Chinese Ritual Bronzes*（有關中國早期青銅禮器的意義之問題）. Colloquies on Art & Archaeology in Asia 15. London: School of Oriental and African Studies, University of London, 1993.

301850　　　WILSON, J. Keith（衛其志）. "Review of Edward L. Shaughnessy, *Sources of Western Zhou History: Inscribed Bronze Vessels*"（夏含夷《西周史料：銅器銘文》書評）. *The China Quarterly* 134 (1993): 362–364.

1994

301860　　　RAWSON, Jessica（羅森）. "Review of Edward L. Shaughnessy, *Sources of Western Zhou History: Inscribed Bronze Vessels*"（夏含夷《西周史料：銅器銘文》書評）. *Harvard Journal of Asiatic Studies* 54.2 (1994): 638–644.

301870　　　SCHUESSLER, Axel（許思萊）. "Review of Edward L. Shaughnessy, *Sources of Western Zhou History: Inscribed Bronze Vessels*"（夏含夷《西周史料：銅器銘文》書評）. *Journal of the American Oriental Society* 114.3 (1994): 491–492.

301880　　　SCHUNK, Lutz. "Dokumente zur Rechtsgeschichte des alten China: Übersetzung und historisch-philologische Kommentierung juristischer Bronzeinschriften der West-Zhou-Zeit (1045–771 v. Chr.)"（中國古代法治史的資料：西周銅器銘文的翻譯和歷史語言注解）. 博士論文：Westfälische Wilhelms-Universität Münster, 1994.

301890*　　SO, Jenny F.（蘇芳淑）. "An Inscribed Early Eastern Zhou *Fou* in the Arthur M. Sackler Collection"（賽克勒收藏的一件東周早期帶銘文的缶）. *Artibus Asiae* 54.3/4 (1994):

190-202.

1995

301900　BRASHIER, K.E. (白瑞旭). "Longevity Like Metal and Stone: The Role of the Mirror in Han Burials" (壽如金石：銅鏡在漢墓中所起之作用). *T'oung Pao* 81 (1995): 201-229.

301910　COOK, Constance A. (柯鶴立). "Scribes, Cooks, and Artisans: Breaking Zhou Tradition" (史、庖與工：打破周之傳統). *Early China* 20 (1995): 241-277.

301920　LAWTON, Thomas (羅覃). "Rubbings of Chinese Bronzes" (中國銅器的拓本). *Bulletin of the Museum of Far Eastern Antiquities* 67 (1995): 5-48.

301930　LI Xueqin (李學勤). *Chinese Bronzes: A General Introduction* (中國青銅器概說). Beijing: Foreign Languages Press, 1995.

301940　LIPPIELLO, Tiziana (李集雅). "Le pietre parlano: Il valore dell'epigrafia come fonte storica per lo studio della società Han orientale" (石頭說話：出土文字資料作爲東漢社會學研究史料的價值). 載於 Maurizio SCARPARI (司馬儒) 編. *Le fonti per lo Studio della Civiltà Cinese* (中國文明研究資料). Venezia: Cafoscarina, 1995. Pp. 13-26.

301950　SCARPARI, Maurizio (司馬儒). "Epigrafia e storiografia: come le iscrizioni su pietra rivelino aspetti della società cinese antica ignorati dagli storiografi di corte" (銘刻與史學：碑銘怎樣反映傳統史學所遺漏的中國古代社會各方面). 載於 Maurizio SCARPARI (司馬儒) 編. *Le fonti per lo Studio della Civiltà Cinese* (中國文明研究資料). Venezia: Cafoscarina, 1995. Pp. 27-33.

301960　　SO, Jenny F. (蘇芳淑). *Eastern Zhou Ritual Bronzes from the Arthur M. Sackler Collections* (賽克勒收藏的東周青銅禮器). Washington, D.C.: Arthur M. Sackler Foundation, 1995.

301970　　UNGER, Ulrich (翁有理). *Bronze des chinesischen Altertums* (中國古代銅器). Dritte, überarbeitete und erweiterte Auflage. Münster: Ostasiatisches Seminar, 1995.

301980　　UNGER, Ulrich (翁有理). 好古 *Hao-ku: Sinologische Rundbriefe* (好古: 漢學輪文).

1996

301990　　BARNARD, Noel (巴納)和 CHEUNG Kwong-yue (張光裕). *The Shan-fu Liang Ch'i Kuei and Associated Inscribed Vessels* (善夫梁其簋及其他關係諸器研究). 臺北: 成文書局, 1996.

302000　　BEHR, Wolfgang (畢鶚). "Reimende Bronzeinschriften und die Entstehung der chinesichen Endreimdichtung" (有韵銅器銘文及中國句末韵文的起源). 博士論文: J.W. Goethe Universität Frankfurt, 1996.

302010　　CHEUNG Kwong-yue (張光裕). "The Significance of the Recently Discovered *Hsi-Tsun* from Chang-chia-po, Ch'ang-an, Shen-hsi Province" (陝西長安張家坡新近出土的犧尊的意義). Noel BARNARD (巴納)譯. 載於 F. David BULBECK 和 Noel BARNARD (巴納) 合編. *Ancient Chinese and Southeast Asian Bronze Age Cultures* (古代中國和東南亞青銅時代的文化). 2 vols. 臺北: 成文書局, 1996–1997. Vol. I, pp. 441–468.

302020　　NIVISON, David S. (倪德衛). "The Authenticity of the Mao Kung *Ting* Inscription" (毛公鼎銘文的真實性). 載於 F.

David BULBECK 和 Noel BARNARD（巴納）合編. *Ancient Chinese and Southeast Asian Bronze Age Cultures*（古代中國和東南亞青銅時代的文化）. 2 vols. Taipei：成文書局，1996－97. Vol. I, pp. 311－344.

302030　　SKOSEY, Laura A.（郭錦）. "The Legal System and Legal Tradition of the Western Zhou (1045 B.C.E.-771 B.C.E.)"（西周的法律制度和法律傳統）. 博士論文：University of Chicago，1996.

302040　　TAKASHIMA Ken'ichi（高島謙一）. "Some Problematic Aspects of the Li *Kuei* Inscription"（利簋銘文的某些有問題的方面）. 載於 F. David BULBECK 和 Noel BARNARD（巴納）合編. *Ancient Chinese and Southeast Asian Bronze Age Cultures*（古代中國和東南亞青銅時代的文化）. 2 vols.臺北：成文書局，1996－1997. Vol. I, pp. 345－390.

302050　　XU, Jay（許杰）. "The Cemetery of the Western Zhou Lords of Jin"（西周時代晉侯墓地）. *Artibus Asiae* 56.3－56.4 (1996)：193－231.

302060　　YEUNG Ching-kong（楊靜剛）. "Did the Royal Investiture Ceremony Exist in Early Western Chou?"（西周早期有沒有周王授職儀式?）. 載於 F. David BULBECK 和 Noel BARNARD（巴納）合編. *Ancient Chinese and Southeast Asian Bronze Age Cultures*（古代中國和東南亞青銅時代的文化）. 2 vols. Taipei：SMC，1996－1997. Vol. I, pp. 469－486.

1997

302070　　BRASHIER, K.E.（白瑞旭）. "Evoking the Ancestor: The Stele Hymn of the Eastern Han Dynasty"（召喚祖先：東漢墓志銘的贊歌）. 博士論文：University of Cambridge，1997.

302080　　COOK, Constance A.（柯鶴立）. "Wealth and the Western

Zhou"（財富與西周）. *Bulletin of the School of Oriental and African Studies* 60.2（1997）：253–294.

302090 LEWIS，Mark Edward（陸威儀）. "Ritual Origins of the Warring States"（戰國時代的禮儀起源）. *Bulletin de l'Ecole Française d'Extrême-Orient* 84（1997）：73–98.

302100 LI，Feng（李峰）. "Ancient Reproductions and Calligraphic Variations：Studies of Western Zhou Bronzes with 'Identical' Inscriptions"（古代複製品與書法差異：西周銅器中"同銘"銘文研究）. *Early China* 22（1997）：1–41.

302110 LI Xueqin（李學勤）. "Jade and Stone Epigraphy from the Shang and Early Zhou Period"（商至周初的玉石器銘文）. 載於 Rosemary E. Scott 編. *Chinese Jades*（中國玉器）. Colloquies on Art & Archaeology in Asia no. 18. London：Percival David Foundation of Chinese Art，1997. Pp. 99–104.

302120* MATTOS，Gilbert L.（馬幾道）. "Eastern Zhou Bronze Inscriptions"（東周銅器銘文）. 載於 Edward L. Shaughnessy（夏含夷）編. *New Sources of Early Chinese History: An Introduction to the Reading of Inscriptions and Manuscripts*（中國早期歷史的新史料：銘文和寫本導讀）. Early China Special Monograph Series 3. Berkeley，Cal.，1997. Pp. 85–123.

302130 SCHIPPER，Kristofer（施舟人）. "Une stèle taoïste des Han Orientaux récemment découverte"（最近發現的一個東漢道教碑銘）. 載於 Jacques GERNET（謝和耐）和 Marc KALINOWSKI（馬克）合編. *En suivant la Voie Royale: Mélanges offerts en hommage à Léon Vandermeersch*（隨從王道：獻給汪德邁論文集）. Études thématiques 7. Paris：École Française d'Extrême-Orient，1997. Pp. 239–247.

302140* SHAUGHNESSY，Edward L.（夏含夷）. "Western Zhou

Bronze Inscriptions"（西周銅器銘文）. 載於 Edward L. Shaughnessy（夏含夷）編. *New Sources of Early Chinese History: An Introduction to the Reading of Inscriptions and Manuscripts*（中國早期歷史的新史料：銘文和寫本導讀）. Early China Special Monograph Series 3. Berkeley, Cal., 1997. Pp. 57 – 84.

302150　　SHIM, Jae-hoon（沈嘉熏）. "The 'Jinhou Su *Bianzhong*' Inscription and Its Significance"（晉侯蘇編鐘銘文及其意義）. *Early China* 22（1997）: 43 – 75.

302160*　　WELD, Susan R.（羅鳳鳴）. "The Covenant Texts from Houma and Wenxian"（侯馬和溫縣的盟書）. 載於 Edward L. SHAUGHNESSY（夏含夷）編. *New Sources of Early Chinese History: An Introduction to the Reading of Inscriptions and Manuscripts*（中國早期歷史的新史料：銘文和寫本導讀）. Early China Special Monograph Series 3. Berkeley, Cal., 1997. Pp. 125 – 160.

1998

302170　　LAWTON, Thomas（羅覃）. "Western Catalogues of Chinese Ritual Bronzes"（中國青銅禮器的西方目錄）. 載於《"迎接二十一世紀的中國考古學"國際學術討論會論文集》. 北京：科學出版社, 1998. Pp. 356 – 380.

302180　　SHIM, Jae-hoon（沈嘉熏）. "The Early Development of the State of Jin: From Its Enfeoffment to the Hegemony of Wen Gong（r. 636 – 628）"（晉國的早期演變：從立國到文公的霸權）. 博士論文：University of Chicago, 1998.

1999

302190　　COOK, Constance A.（柯鶴立）. "The Ideology of the Chu Ruling Class: Ritual Rhetoric and Bronze Inscriptions"（楚統

治階級的意識形態：禮儀修辭學與銅器銘文). 載於 Constance A. COOK（柯鶴立）and John S. MAJOR（梅杰）合編. *Defining Chu: Image and Reality in Ancient China*（定義楚：中國古代的意象與現實). Honolulu：University of Hawai'i Press, 1999. Pp. 67-76.

302200　　COOK, Constance A.（柯鶴立). "Review of *The Shan-fu Liang Kuei and Associated Inscribed Vessels* by Noel Barnard and Cheung Kwong-yue"（巴納和張光裕所著《善夫梁其簋及其他關係諸器研究》書評). *Journal of the American Oriental Society* 119.3 (1999)：508-510.

302210　　FALKENHAUSEN, Lothar von（羅泰). "Inconsequential Incomprehensions: Some Instances of Chinese Writing in Alien Contexts"（不重要的不理解：在外國環境當中的某些中國文字). *Res* 35 (1999)：42-69.

302220　　FALKENHAUSEN, Lothar von（羅泰). "Late Western Zhou Taste"（西周晚期的品味). *Mélanges de Sinologie offerts à Monsieur Jean-Pierre Diény*（I). *Études Chinoises* 18.1-18.2 (1999)：143-178.

302230　　FALKENHAUSEN, Lothar von（羅泰). "The Waning of the Bronze Age: Material Culture and Social Developments, 770-481 B.C."（青銅時代的末葉：公元前 770—前 481 年的物質文化與社會演變). 載於 Michael LOEWE（魯惟一）和 Edward L. SHAUGHNESSY（夏含夷）合編. *The Cambridge History of Ancient China: From the Origins of Civilization to 221 B.C.*（劍橋中國古代史：從文明起源到公元前 221 年). New York：Cambridge University Press, 1999. Pp. 450-544.

302240　　LAU, Ulrich（勞武利). *Quellenstudien zur Landvergabe und Bodenübertragung in der westlichen Zhou-Dynastie (1045? -771 v. Chr.)*（西周時代土地交換與買賣的史料[公元

前 1045?—前 771 年])．Nettetal：Steyler Verlag，1999.

302250　　NIVISON，David S.（倪德衛）．"The Key to the Chronology of the Three Dynasties: The 'Modern Text' Bamboo Annals"（三代年代的鑰匙：今本《竹書紀年》）．*Sino-Platonic Papers* 93（1999）．

302260　　RAWSON，Jessica（羅森）．"Western Zhou Archaeology"（西周考古）．載於 Michael LOEWE（魯惟一）和 Edward L. SHAUGHNESSY（夏含夷）合編．*The Cambridge History of Ancient China: From the Origins of Civilization to 221 B.C.*（劍橋中國古代史：從文明起源到公元前 221 年）．New York：Cambridge University Press，1999．Pp. 352–449.

302270　　SHAUGHNESSY，Edward L.（夏含夷）．"Western Zhou Bronze Vessels"（西周銅器）．In *The Golden Age of Archaeology: Celebrated Archaeological Finds from the People's Republic of China*（考古學的黃金時代：中華人民共和國的偉大考古發現）．Washington：National Gallery of Art，1999．Pp. 236–247.

302280*　　SHAUGHNESSY，Edward L.（夏含夷）．"Western Zhou History"（西周史）．載於 Michael LOEWE（魯惟一）和 Edward L. SHAUGHNESSY（夏含夷）合編．*The Cambridge History of Ancient China: From the Origins of Civilization to 221 B.C.*（劍橋中國古代史：從文明起源到公元前 221 年）．New York：Cambridge University Press，1999．Pp. 292–351.

302290*　　TAKASHIMA Ken'ichi（高島謙一）．"The So-Called 'Third'-Person Possessive Pronoun *Jue* 氒（=厥）in Classical Chinese"（所謂的第三人稱代名詞"氒［=厥］"）．*Journal of the American Oriental Society* 119.3（1999）：404–431.

302300　　VENTURE，Olivier（風儀誠）．"Les textes sur pierre sous les Shang"（商代的石刻）．*Etudes Françaises: Numéro*

Spécial: Sinologie（法國研究：漢學增刊）. 武漢：武漢大學出版社，1999.Pp. 109-136.

302310　　WANG, Ming-ke（王明珂）. "Western Zhou Remembering and Forgetting"（西周時期的記憶與遺忘）. *Journal of East Asian Archaeology* 1 (1999): 231-250.

302320　　THOTE, Alain（杜德蘭）. "Intercultural Relations as Seen from Chinese Pictorial Bronzes of the Fifth Century B.C.E."（從公元前五世紀中國形象化銅器看文化之間的交流）. *Res* 35 (1999): 10-41.

2000

302330　　BUJARD, Marianne（呂敏）. "Célébration et promotion des cultes locaux: Six stèles des Han Orientaux"（慶祝與提高地域宗派：六塊東漢時代的石碑）. *Bulletin de l'sÉcole française d'Extrême-Orient* 87 (2000): 247-266.

302340*　　KERN, Martin（柯馬丁）. *The Stele Inscriptions of Ch'in Shih-huang: Text and Ritual in Early Chinese Imperial Representation*（秦始皇碑銘：中國早期皇朝象徵的文獻與禮儀）. American Oriental Series 85. New Haven, 2000.

302350　　LI, Feng（李峰）. "The Decline and Fall of the Western Zhou Dynasty: A Historical, Archaeological, and Geographical Study of China from the Tenth to the Eighth Centuries B.C."（西周朝代的衰微和消滅：公元前十世紀到公元前八世紀中國的歷史學、考古學和地理學考察）. 博士論文：University of Chicago, 2000.

302360*　　NIVISON, David S.（倪德衛）和 Edward L. SHAUGHNESSY（夏含夷）. "The Jin Hou Su Bells Inscription and Its Implications for the Chronology of Early China"（晉侯蘇編鐘及其對早期中國年代的意義）. *Early*

China 25 (2000): 29-48.

302370*   YANG, Xiaoneng (楊曉能). *Reflections of Early China: Decor, Pictographs, and Pictorial Inscriptions* (早期中國的反映：紋飾、象形文字和象形銘文). Kansas City: Nelson-Atkins Museum of Art, 2000.

2001

302380   BRASHIER, K.E. (白瑞旭). "The Spirit Lord of Baishi Mountain: Feeding the Deities or Heeding the *Yinyang*?" (白石山神君：奉養神祇還是順從陰陽?). *Early China* 26-27 (2001-2002): 159-231.

302390*   FALKENHAUSEN, Lothar von (羅泰). "The Use and Significance of Ritual Bronzes in the Lingnan Region during the Eastern Zhou Period" (東周時代嶺南地區青銅禮器的使用和意義). *Journal of East Asian Archaeology* 3.1-3.2 (2001): 193-236.

302400   LI, Feng (李峰). "'Offices' in Bronze Inscriptions and Western Zhou Government Administration" (銅器銘文裏的"官"和西周政治制度). *Early China* 26-27 (2001-2002): 1-72.

302410*   MARÉCHAL, Chrystelle (麥里筱). "La conservation formationnelle des caractères chinois: Une source de vitalité de l'écriture révélée au travers de *bao* 寶 'précieux'" (中國文字構造的保守性：書寫活力的根源，以"寶"字爲例). 載於 Shun-chiu YAU (游順釗) 和 Chrystelle MARÉCHAL (麥里筱) 合編. *Actes du Colloque international commémorant le centenaire de la découverte des inscriptions sur os et carapaces* (甲骨文發現一百周年國際研討會論文集). *Cang jie*, numéro spécial. Paris: Langages Croisés, 2001. Pp.

229–247.

302420　MARÉCHAL, Chrystelle（麥里筱）. "La désignation du terme générique pour couleur en chinois"（中國顏色概念的名稱）. 載於 Redouane Djamouri（羅瑞）編. *Collected Essays in Ancient Chinese Grammar*（中國古代語法論文集）. Collection des Cahiers de linguistique: Asie orientale 6. Paris: Centre de Recherches Linguistiques sur l'Asie Orientale, 2001. Pp. 237–263.

302430　MARŠÁLEK, Jakub（馬三禮）. "The Views of History in the Western Zhou Period"（西周時期的歷史觀）. *Acta Universitatis Carolinae – Philologica 1: Orientalia Pragensia* 14（2001）: 197–218.

302440　MATTOS, Gilbert L.（馬幾道）和 YANG Hua. "The Chen Zhang Fanghu"（陳璋方壺）. *Orientations* 32.2（2001）: 57.

302450　SENA, David（孫大偉）. "Review of *The Stele Inscriptions of Ch'in Shih-huang: Text and Ritual in Early Chinese Imperial Representation* by Martin Kern"（柯馬丁著《秦始皇碑銘：中國早期皇朝象徵的文獻與禮儀》書評）. *Chinese Literature: Essays, Articles, Reviews*（CLEAR）23（2001）: 167–174.

302460　SHAUGHNESSY, Edward L.（夏含夷）. "New Sources of Western Zhou History: Recent Discoveries of Inscribed Bronze Vessels"（西周史新史料：最近發現的銅器銘文）. *Early China* 26–27（2001–2002）: 73–98.

2002

302470　BROWN, Miranda（董慕達）. "Men in Mourning: Ritual, Human Nature, and Politics in Warring States and Han China, 453 BC–AD 220"（服喪之人：［公元前 453 –公元 220

年]戰國至兩漢的禮儀、人性與政治). 博士論文：University of California, Berkeley, 2002.

302480　　KHAYUTINA, Maria（夏玉婷）. "Studying the Private Sphere of the Ancient Chinese Nobility through the Inscriptions on Bronze Ritual Vessels"（從青銅禮器上的銘文研究中國古代貴族的私人領域）. 載於 Bonnie S. McDougall（杜博妮）和 Anders Hansson（韓安德）合編.*Chinese Concepts of Privacy*（中國私之概念）. Sinica Leidensia 55. Leiden：Brill, 2002. Pp. 81–96.

302490　　KHAYUTINA, Maria（夏玉婷）. "Host-Guest Opposition as a Model of Geo-Political Relations in Pre-Imperial China"（中國前帝國時代主客的對立作爲地理政治關係的模型）. *Oriens Extremus* 43（2002）：77–100.

302500　　LI, Feng（李峰）. "Literacy Crossing Cultural Borders: Evidence from the Bronze Inscriptions of the Western Zhou Period（1045–771 B.C.）"（超越文化邊界的讀寫能力：西周銅器銘文的證據）. *Bulletin of the Museum of Far Eastern Antiquities* 74（2002）：210–242.

302510　　LI Xueqin（李學勤）. "The Xia-Shang-Zhou Chronology Project: Methodology and Results"（夏商周斷代工程：方法與成果）. *Journal of East Asian Archaeology* 4（2002）：321–333.

302520*　　NIVISON, David S.（倪德衛）. "The Xia-Shang-Zhou Chronology Project: Two Approaches to Dating"（夏商周斷代工程：兩個年代學的方法）. *Journal of East Asian Archaeology* 4（2002）：359–366.

302530　　SHAO, Dongfang（邵東方）. "Controversy over the 'Modern Text' *Bamboo Annals* and Its Relation to Three Dynasties Chronology"（關於今本《竹書紀年》的論戰及其與三

代年代的關係). *Journal of East Asian Archaeology* 4 (2002): 367-374.

302540　VENTURE, Olivier (風儀誠). "Étude d'un employ ritual de l'écrit dans la Chine archaïque (XIIIe-VIIIe sièckle avant notre ère)—Réflexion sur les matériaux épigraphiques des Shang et des Zhou occidentaux" (中國古代禮儀式的寫作研究,公元前十三世紀至公元前八世紀:商和西周時代古文字資料的思考).博士論文: Université Paris 7, 2002.

302550　VOGELSANG, Kai (馮凱). "Inscriptions and Proclamations: On the Authenticity of the 'Gao' Chapters in the *Book of Documents*" (銘文與誥:《尚書》"誥"篇的真實性). *Bulletin of the Museum of Far Eastern Antiquities* 74 (2002): 138-209.

2003

302560　BARNARD, Noel (巴納). "The Shu Nieh *Fang-ting* 叔夨方鼎: A Consideration of Calligraphic and Textual Problems - Leading Towards a Translation of the Text" (叔夨方鼎:有關書法與文本問題的思考——并進一步做文本的翻譯).載於張光裕編,《第四屆國際中國古文字學研討會論文集》。香港:香港中文大學中文系,2003. Pp. 5-23.

302570　BROWN, Miranda (董慕達). "Mothers and Sons in Warring States and Han China" (戰國與漢代的母親與兒子). *NAN NÜ: Men, Women and Gender in Early and Imperial China* 5 (2003): 137-169.

302580　COOK, Constance A. (柯鶴立). "Bin Gong *xu* and Sage-King Yu: Translation and Commentary" (豳公盨與聖王大禹:翻譯和注釋). In *The X Gong Xu: A Report and Papers from the Dartmouth Workshop* (X公盨:一個報告和達慕思工作坊

的論文). Ed. XING Wen (邢文). *International Research on Bamboo and Silk Documents Newsletter*, Special Issue. Hanover, N.H.: Dartmouth College, 2003. Pp. 23–28.

302590 KHAYUTINA, Maria (夏玉婷). "The Sacred Space of an Aristocratic Clan in Zhou China (11th-3rd Centuries B.C.) under Transformation: An Attempt at Interpretation" (周代中國一個貴族家族演進中的神聖空間: 嘗試提出一個解釋). *Göttinger Beiträge zur Asienforschung* 2–3 (2003): 113–144.

302600 KHAYUTINA, Maria (夏玉婷). "Welcoming Guests – Constructing Corporate Privacy? An Attempt at a Socio-Anthropological Interpretation of Ancestral Rituals Evolution in Ancient China (ca. XI-V cc. B.C.)" (歡迎客人——構造共同隱私? 嘗試對中國古代的祖先禮儀演變做社會人類學解釋). *Berliner China-Hefte* 24 (2003): 35–50.

302610 LI, Feng (李峰). "'Feudalism' and Western Zhou China: A Criticism" ("封建"與西周的中國: 一個批評). *Harvard Journal of Asiatic Studies* 63.1 (2003): 115–144.

302620 SHAUGHNESSY, Edward L. (夏含夷). "Toward a Social Geography of the Zhouyuan during the Western Zhou Dynasty: The Jing and Zhong Lineages of Fufeng County" (指向西周時代周原地區的社會地理: 扶風縣的中和井氏). 載於 Nicola di COSMO (狄宇宙) 和 Don J. WYATT (韋棟) 合編. *Political Frontiers, Ethnic Boundaries, and Human Geographies in Chinese History* (中國歷史上的政治邊界、宗族界限和人文地理). London: RoutledgeCurzon, 2003. Pp. 16–34.

302630 SUN, Yan (孫巖). "Bronzes, Mortuary Practice and Political Strategies of the Yan during the Early Western Zhou

Period"（西周早期燕國銅器、喪葬實踐和政治策略）. *Antiquity* 77.298（2003）：761–779.

302640　THOTE, Alain（杜德蘭）. "Du message à l'image: Le décor des bronzes Shang et Zhou (XVe-IIIe S. av. J.-C.)"（從內容到印象：商周銅器的紋飾）. *Arts Asiatiques* 58（2003）：73–85.

302650　WANG, Tao（汪濤）. "The Blueprint for the Zhongshan King's Graveyard"（中山王墓地的設計圖）. *East Asia Journal* 1（2003）：16–24.

302660　WU, Hung（巫鴻）. "On Rubbings: Their Materiality and Historicity"（有關拓本：其物質性及其歷史性）. 載於 Judith T. ZEITLIN（蔡九迪）, Lydia H. LIU（劉禾）and Ellen WIDMER（魏愛蓮）編. *Writing and Materiality in China: Essays in Honor of Patrick Hanan*（中國的寫作與物質性：致敬韓南的論文）. Cambridge, Mass.: Harvard University Asia Center, 2003. Pp. 29–71.

302670　XING Wen（邢文）編. *The X Gong Xu: A Report and Papers from the Dartmouth Workshop*（豳公盨：達慕思工作坊的報告和論文）. *International Research on Bamboo and Silk Documents Newsletter*, Special Issue. Hanover, N.H.: Dartmouth College, 2003.

302680　ZHANG, Changshou（張長壽）. "Bronze Inscription Calendar and Western Zhou Kings' Reigns"（金文曆譜和西周王年）. *Chinese Archaeology* 3.1（2003）：182–185.

2004

302690　LI, Feng（李峰）. "Succession and Promotion: Elite Mobility during the Western Zhou"（繼承和升遷：試論西周貴族階層的流動性）. *Monumenta Serica* 52（2004）：1–35.

302700　　LI, Feng（李峰）. "Textual Criticism and Western Zhou Bronze Inscriptions: The Example of the Mu *Gui*"（文獻批評與西周銅器銘文：以牧簋爲例）. 載於鄧聰和陳星燦編,《桃李成蹊集：慶祝安志敏先生八十壽辰》. 香港：香港中文大學出版社, 2004. Pp. 280‑297.

302710　　LI Xueqin（李學勤）. "Bronzes of the Chu Kingdom and the Chu Cultural Sphere"（楚國銅器與楚文化圈）. 載於 Xiaoneng YANG（楊曉能）編. *New Perspectives on China's Past: Chinese Archaeology in the Twentieth Century*（中國古代的新角度：二十世紀的中國考古學）. 2 vols. New Haven: Yale University Press, 2004. Vol. I, pp. 297‑303.

302720*　　MARÉCHAL, Chrystelle（麥里筱）. "Idiomatic Acceptability and Graphic Identification in Bronze Inscriptions of the Spring and Autumn Period"（彝鼎套語程式與春秋銅器銘文釋讀舉隅）. 載於 Ken-ichi TAKASHIMA（高島謙一）和 JIANG Shaoyu（蔣紹愚）合編. *Meaning and Form: Essays in Pre-Modern Chinese Grammar*（意義與形式——古代漢語語法論文集）. LINCOM Studies in Asian Linguistics 55. Munich, 2004. Pp. 101‑119.

302730　　PINES, Yuri（尤銳）. "The Question of Interpretation: Qin History in Light of New Epigraphic Sources"（詮釋的問題：從新出土文獻看秦史）. *Early China* 29（2004）: 1‑44.

302740　　SHAUGHNESSY, Edward L.（夏含夷）. "Hoards and Family Histories in Qishan County, the Zhouyuan, during the Western Zhou Dynasty"（西周時代周原地區的窖藏和宗族歷史：以岐山縣爲例）. 載於 Xiaoneng YANG（楊曉能）編. *New Perspectives on China's Past: Chinese Archaeology in the Twentieth Century*（中國古代的新角度：二十世紀的中國考古學）. 2 vols. New Haven: Yale University Press, with the Nelson-Atkins Museum of Art, 2004. Pp. 254-267.

302750　　TSENG, Lillian Lan-ying（曾藍瑩）. "Representation and Appropriation: Rethinking the TLV Mirror in Han China"（象徵與挪用：重新思考漢代的 TLV 鏡）. *Early China* 18 (2004): 163-215.

302760　　VENTURE, Olivier（風儀誠）. "Le Shan ding: Un vase en bronze inscrit de l'époque des Zhou occidentaux (1050-771 av. notre ère)"（善鼎：西周時代帶銘文的青銅鼎）. *Arts Asiatiques* 59 (2004): 166-172.

302770　　WONG, Dorothy（王靜芬）.*Chinese Steles: Pre-Buddhist and Buddhist Use of a Symbolic Form*（中國石碑：前佛教時代與佛教徒對象徵形式的使用）. Honolulu: University of Hawaii Press, 2004.

302780　　WU, Xiaolong（吳霄龍）. "How Inscriptions and Style Reflect Politics: The Bronzes of King Cuo"（銘文和形制怎麼反映政治：以中山王䗾的銅器為例）. *Antiquity* 78.301 (2004): 594-601.

302790　　YUE, Anne O.（余靄芹）. "Two Focus Markers in the Zhongshan Bronze Inscriptions"（中山銅器銘文裏的兩個焦點標記）. 載於 Ken-ichi TAKASHIMA（高島謙一）和 JIANG Shaoyu（蔣紹愚）合編.*Meaning and Form: Essays in Pre-Modern Chinese Grammar*（意義與形式——古代漢語語法論文集）. LINCOM Studies in Asian Linguistics 55. Munich, 2004. Pp. 241-265.

2005

302800　　BEHR, Wolfgang（畢鶚）. "The Extent of Tonal Irregularity in Pre-Qin Inscriptional Rhyming"（先秦銘文中韵文聲調不規律性的程度）. 載於 Pang-hsin TING（丁邦新）和

Anne O. YUE（余靄芹）合編. *Essays in Chinese Historical Linguistics: Festschrift in Memory of Professor Fang-kuei Li on His Centennial Birthday*（中國歷史語言學論文集：紀念李方桂教授百年誕辰）. Language and Linguistics Monograph Series W-2. Taipei：Institute of Linguistics, Academia Sinica，2005. 111–145.

302810　　BRASHIER，K.E.（白瑞旭）."Symbolic Discourse in Eastern Han Memorial Art：The Case of the Birchleaf Pear"（東漢紀念藝術中的象徵話語：甘棠的案例）. *Harvard Journal of Asiatic Studies* 65.2（2005）：281–310.

302820　　BRASHIER，K.E.（白瑞旭）."Text and Ritual in Early Chinese Stelae"（中國早期碑銘的文獻與禮儀）. 載於 Martin KERN（柯馬丁）編. *Text and Ritual in Early China*（中國古代的文獻與禮儀）. Seattle：University of Washington Press，2005. Pp. 249–284.

302830　　CSIKSZENTMIHALYI，Mark（齊思敏）."Reimagining the Yellow Emperor's Four Faces"（重新想象黃帝的四面）. 載於 Martin KERN（柯馬丁）編. *Text and Ritual in Early China*（中國古代的文獻與禮儀）. Seattle：University of Washington Press，2005. Pp. 226–248.

302840　　FALKENHAUSEN，Lothar von（羅泰）."The E Jun Qi Metal Tallies：Inscribed Texts and Ritual Contexts"（鄂君啓節：契刻文獻與禮儀環境）. 載於 Martin KERN（柯馬丁）編. *Text and Ritual in Early China*（中國古代文獻與禮儀）. Seattle：University of Washington Press，2005. Pp. 79–123.

302850　　GALAMBOS，Imre（高奕睿）."A Corpus-Based Approach to Palaeography：The Case of the Houma Covenant Texts"（基於語料庫的古文字學方法：侯馬盟書的案例）. *Asiatische Studien/Études Asiatiques* 59.1（2005）：115–130.

302860　　NYLAN, Michael（戴梅可）. "Toward an Archaeology of Writing: Text, Ritual, and the Culture of Public Display in the Classical Period (475 B.C.E.-220 C.E.)"（朝向書寫的考古：經典時代［公元前 475 年至公元前 220 年］文本、禮儀和公開展示的文化）. 載於 Martin KERN（柯馬丁）編. *Text and Ritual in Early China*（中國古代的文獻與禮儀）.Seattle and London: University of Washington Press, 2005. Pp. 3 - 49.

302870　　SENA, David M.（孫大偉）. "Reproducing Society: Lineage and Kinship in Western Zhou China"（再現社會：西周時代的宗族和親屬關係）. 博士論文：University of Chicago, 2005.

302880　　WILLIAMS, Crispin（魏克彬）. "Interpreting the Wenxian Covenant Texts: Methodological Procedure and Selected Analysis"（解讀溫縣盟書：方法與分析）. 博士論文：School of Oriental and African Studies, University of London, 2005.

302890　　WILLIAMS, Crispin（魏克彬）. "A Methodological Procedure for the Analysis of the Wenxian Covenant Texts"（溫縣盟書分析的方法論程序）. *Asiatische Studien/Études Asiatiques* 59.1 (2005): 61 - 114.

2006

302900　　BEHR, Wolfgang（畢鶚）. "Spiegelreflex: Reste einer Wu-Überlieferung der *Lieder* im Licht einer Bronzeinschrift der späten Han-Zeit"（鏡影：晚漢時代的銅器銘文所反映的吳傳統的《詩》之痕迹）. 載於 Michael FRIEDRICH（傅敏怡）等編. *Han-Zeit: Festschrift für Hans Stumpfeldt aus Anlaß seines 65. Geburtstages*（漢代：慶祝司徒漢六十五歲生日的論文集）. Wiesbaden: Harrassowitz, 2006. Pp. 333 - 358.

302910　　FALKENHAUSEN, Lothar von（羅泰）. *Chinese Society in the Age of Confucius (1000 - 250 BC): The*

Archaeological Evidence（孔子時代［公元前1000－前250年］的中國社會）. Ideas, Debates and Perspectives 2. Los Angeles: Cotsen Institute of Archaeology, UCLA, 2006.

302920　　FALKENHAUSEN, Lothar von（羅泰）. "The Inscribed Bronzes from Yangjiacun: New Evidence on Social Structure and Historical Consciousness in Late Western Zhou China (c. 800 BC)"（楊家村的有銘銅器：西周晚期［約公元前800年］社會結構和歷史意識的新證據）. *Proceedings of the British Academy* 139 (2006): 239-296.

302930　　KHAYUTINA, Maria（夏玉婷）. "Die Geschichte der Irrfahrt des Prinzen Chong'er und ihre Botschaft"（重耳游行的歷史及其大使）. 載於 Heiner ROETZ（羅哲海）編. *Kritik im alten und modernen China*（中國古代和現代的批評）. Jahrbuch der Deutschen Vereinigung für Chinastudien 2. Wiesbaden: Harrassowitz, 2006. Pp. 20-47.

302940*　　LI, Feng（李峰）. *Landscape and Power in Early China: The Crisis and Fall of the Western Zhou, 1045-771 B.C.*（早期中國的地貌與權力：西周［公元前1045－前771年］的危機和滅亡）. New York: Cambridge University Press, 2006.

302950　　MARÉCHAL, Chrystelle（麥里筱）. "Graphic Modulation in the Ancient Chinese Writing System"（中國古代文字系統中的字體調整）. *Journal of Chinese Linguistics* 34.1 (2006): 25-43.

302960　　SUN, Yan（孫巖）. "Cultural and Political Control in North China: Style and Use of the Bronzes of Yan at Liulihe during the Early Western Zhou"（中國北部的文化和政治管理：西周早期燕國琉璃河銅器的型式和用途）. 載於 Victor H. MAIR（梅維恒）編. *Contact and Exchange in the Ancient World*（古代世界的接觸和交換）. Honolulu: University of Hawai'i

Press, 2006. Pp. 215 - 237.

302970　　TAKASHIMA Ken'ichi（高島謙一）. "Some Linguistic Aspects of the Shang and Early Western Zhou Bronze Inscriptions"（商和西周早期銅器銘文的某些語言學方面）. 載於 Christoph ANDERL（安東平）和 Halvor EIFRING（艾皓德）合編. *Studies in Chinese Language and Culture: Festschrift in Honour of Christoph Harbsmeier on the Occasion of His 60th Birthday*（中國語言和文化研究：慶祝何莫邪六十歲論文集）. Oslo: Hermes Academic Publishing, 2006. Pp. 13 - 30.

302980　　WANG Ping（王平）. "Der Glaube der Westlichen Zhou-Zeit im Spiegel der Opferbezeichnungen in den Bronzeinschriften"（從銅器銘文的犧牲名稱看西周時代的信仰）. *minima sinica* 1(2006): 20 - 44.

302990　　XU, Jay（許杰）. "Shi Wang Ding"（師望鼎）. *Art Institute of Chicago Museum Studies* 32.1 (2006): 30 - 31, 95.

2007

303000　　BEHR, Wolfgang（畢鶚）. "Placed into the Right Position - Etymological Notes on Tú 圖 and Congeners"（置於正確的位置：對"圖"及相關詞語的詞源學札記）. 載於 Francesca BRAY（白馥蘭）等編. *Graphics and Text in the Production of Technical Knowledge in China: The Warp and the Weft*（圖表和文本在創造中國科技知識中的作用：經和緯）. Sinica Leidensia 79. Leiden: Brill, 2007. Pp. 109 - 134.

303010　　BROWN, Miranda（董慕達）. *The Politics of Mourning in Early China*（早期中國服喪的政治）. Albany: State University of New York Press, 2007.

303020　　KERN, Martin（柯馬丁）. "The Performance of Writing in

Western Zhou China"（中國西周時代書寫的表現）. 載於 S. LA PORTA 和 D. SHULMAN 合編. *The Poetics of Grammar and the Metaphysics of Sound and Sign*（語法的詩和聲文之玄學）. Jerusalem Studies in Religion and Culture 6. Leiden and Boston: Brill, 2007. Pp. 109–175.

303030* SHAUGHNESSY, Edward L.（夏含夷）. "The Writing of a Late Western Zhou Bronze Inscription"（一件西周晚期銅器銘文的寫作）. *Asiatische Studien/Études Asiatiques* 61.3 (2007): 845–877.

303040 SHAUGHNESSY, Edward L.（夏含夷）. "The *Bin Gong Xu* Inscription and the Beginnings of the Chinese Literary Tradition"（豳公盨銘文與中國文學傳統的起源）. 載於 Wilt Idema（伊維德）編. *Books in Numbers: Seventy-fifth Anniversary of the Harvard-Yenching Library: Conference Papers*（數裏的書：慶祝哈佛燕京圖書館七十五周年論文集）. 香港：香港中文大學出版社，2007. Pp. 1–19.

303050* TAKASHIMA, Ken-ichi（高島謙一）. "The Graph ☉ for the Word 'Time' in Zhou Bronze Inscriptions"（周代青銅器銘文中表示"時"的"☉"字）. 載於何大安編.《山高水長：丁邦新先生七秩壽慶論文集》.臺北：中研院語言學研究所，2006. Pp. 305–317.

303060 VOGELSANG, Kai（馮凱）. *Geschichte als Problem: Entstehung, Formen und Funktionen von Geschichtsschriebung im Alten China*（作爲問題的歷史：中國古代歷史寫作的演變、形式與作用）. *Lun Wen* Studien zur Geistesgeschichte und Literatur in China 9. Wiesbaden: Harrassowitz Verlag, 2007.

303070 XU, Jay（許杰）. "Captain Wang Speaks: The Re-Emergence of a Western Zhou *Ding*"（師望曰：一件西周鼎的重新出現）. *Orientations* 38.6 (2007): 56–62.

2008

303080   BROWN, Miranda（董慕達）. "Han Steles: How To Elicit What They Have to Tell Us"（漢代碑銘：怎樣推導出它們要說的）. 載於 Cary Y. Liu（劉怡瑋）編. *Re-Envisioning Culture: Ideals, Practices, and Problems of the "Han Dynasty Wu Family Shrines"*（重新展望文化："漢代武梁祠"的理想、實踐與問題）. Princeton: Princeton Art Museum, 2008. Pp. 180–195.

303090   GOLDIN, Paul R.（金鵬程）. "When *Zhong* 忠 Does Not Mean 'Loyalty'"（當"忠"不等於"忠誠"的時候）. *Dao: a Journal of Comparative Philosophy* 7.2 (2008): 165–174.

303100   KERN, Martin（柯馬丁）. "Announcements from the Mountains: The Stele Inscriptions of the Qin First Emperor"（來自山上的公告：秦始皇的碑銘）. 載於 Fritz-Heiner MUTSCHLER 和 Achim MITTAG（案跋）合編. *Conceiving the Empire: China and Rome Compared*（思考帝國：中國和羅馬之對比）. Oxford: Oxford University Press, 2008. Pp. 217–240.

303110   KHAYUTINA, Maria（夏玉婷）. "Western 'Capitals' of the Western Zhou Dynasty: Historical Reality and Its Reflections Until the Time of Sima Qian"（西周時代的西都：至司馬遷時代的歷史真實及其反映）. *Oriens Extremus* 47 (2008): 25–65.

303120   LI, Feng（李峰）. "Transmitting Antiquity: The Origin and Paradigmization of the 'Five Ranks'"（傳遞古代遺物："五等爵制"的起源和規範化）. 載於 Dieter KUHN 和 Helga STAHL 合編. *Perceptions of Antiquity in Chinese Civilization*. Heidelberg: Edition Forum, 2008. Pp. 103–134.

303130*   LI, Feng（李峰）. *Bureaucracy and the State in Early*

China: Governing the Western Zhou（中國古代的官僚和國家：西周之政治）. Cambridge：Cambridge University Press，2008.

303140　　MATSUI Yoshinori（松井嘉德）. "Western Zhou History in the Collective Memory of the People of the Western Zhou：An Interpretation of the Inscription of the 'Lai pan'"（西周人集體記憶裏的西周史：《逨盤》銘文的解釋）. *Tōyōshi kenkyū*（東洋史研究）66.4（2008）：664-712.

303150　　NELSON, Sarah（南莎娜）. "Review of LI Feng. *Landscape and Power in Early China: The Crisis and Fall of the Western Zhou, 1045-771 B.C.*"（李峰《早期中國的地貌與權力：西周[公元前1045-前771年]的危機和滅亡》書評）. *Cambridge Archaeological Journal* 18（2008）：126-127.

303160　　SHELACH, Gideon（吉迪）. "Review of LI Feng. *Landscape and Power in Early China: The Crisis and Fall of the Western Zhou, 1045-771 B.C.*"（李峰《早期中國的地貌與權力：西周[公元前1045-前771年]的危機和滅亡》書評）. *Journal of Asian Studies* 67.1（2008）：281-284.

303170　　STARR, Kenneth. *Black Tigers: A Grammar of Chinese Rubbings*（黑虎：中國拓片入門）. Seattle：University of Washington Press，2008.

303180　　VENTURE, Olivier（風儀誠）. "Review of LI Feng. *Landscape and Power in Early China: The Crisis and Fall of the Western Zhou, 1045-771 B.C.*"（李峰《早期中國的地貌與權力：西周[公元前1045-前771年]的危機和滅亡》書評）. *Etudes Chinoises* 27（2008）：241-250.

2009

303190　　BEHR, Wolfgang（畢鶚）. *Reimende Bronzeinschriften und die Entstehung der chinesischen Endreimdichtung*（有韵銅器銘文及中國句末韵文的起源）. Bochum：Projekt，2009.

303200　　BRASHIER，K.E.（白瑞旭）. "Eastern Han Commemorative Stelae：Laying the Cornerstones of Public Memory"（東周紀念性的碑銘：建立公共記憶的基石）. 載於 John LAGERWEY（勞格文）和 Marc KALINOWSKI（馬克）合編. *Early Chinese Religion*，*Part One: Shang through Han*（*1250 BC - 220 AD*）（中國早期宗教，一：商至漢，公元前 1250 年至公元 220 年）. 2 vols. Handbuch der Orientalistik IV.21. Leiden：Brill，2009. II. Pp. 1027 - 1059.

303210　　COOK，Constance A.（柯鶴立）. "Ancestor Worship during the Eastern Zhou"（東周之祖先崇拜）. 載於 John LAGERWEY（勞格文）和 Marc KALINOWSKI（馬克）編. *Early Chinese Religion*，*Part One: Shang through Han*（*1250 BC - 220 AD*）（中國早期宗教，一：商至漢，公元前 1250 年至公元 220 年）. Handbuch der Orientalistik IV.21. Leiden：Brill，2009. Vol. I，pp. 237 - 279.

303220　　KERN，Martin（柯馬丁）. "Bronze Inscriptions，the *Shijing* and the *Shangshu*：The Evolution of the Ancestral Sacrifice during the Western Zhou"（銅器銘文、《詩經》和《尚書》：西周時代祖先祭祀的演變）. 載於 John LAGERWEY（勞格文）和 Marc KALINOWSKI（馬克）編. *Early Chinese Religion*，*Part One: Shang through Han*（*1250 BC - 220 AD*）（中國早期宗教，一：商至漢，公元前 1250 年至公元 220 年）. Handbuch der Orientalistik IV.21. Leiden：Brill，2009. Vol. I，pp. 143 - 200.

303230　　KHAYUTINA，Maria（夏玉婷）. "The Royal Year-Count of the Western Zhou Dynasty and its Use(r)s：A Sociological Perspective"（從社會學角度看西周王年及其使用者）. 載於

Xiaobing WANG-RIESE（王霄冰）和 Thomas O. HÖLLMANN（何爾曼）編. *Time and Ritual in Early China*（早期中國的時間與禮儀）. Wiesbaden：Harrassowitz, 2009. Pp. 125‒151.

303240　　SANFT, Charles（陳力強）. "Review of LI Feng. *Landscape and Power in Early China: The Crisis and Fall of the Western Zhou, 1045‒771 B.C.*"（李峰《早期中國的地貌與權力：西周［公元前 1045‒前 771 年］的危機和滅亡》書評）. *Journal of Asian History* 43.1（2009）：84‒85.

303250　　SHAUGHNESSY, Edward L.（夏含夷）. "Chronologies of Ancient China: A Critique of the 'Xia-Shang-Zhou Chronology Project'"（古代中國的年代：對"夏商周斷代工程"的評價）. 載於 Clara Wing-chung HO（何劉詠聰）編. *Windows on the Chinese World: Reflections by Five Historians*（中國世界的窗户：五名史學家的思考）. Lanham, Md.：Lexington Books, 2009. Pp. 15‒28.

303260　　SHAUGHNESSY, Edward L.（夏含夷）. "Lunar-Aspect Terms and the Calendar of China's Western Zhōu Period"（月相術語與西周時代的曆法）. 載於 Xiaobing WANG-RIESE（王霄冰）和 Thomas O. HÖLLMANN（何爾曼）編. *Time and Ritual in Early China*（早期中國的時間與禮儀）. Wiesbaden：Harrassowitz, 2009. Pp. 15‒32.

303270　　WANG-RIESE, Xiaobing（王霄冰）. "Conceptions of Future in Ancient China"（古代中國的未來概念）. 載於 Xiaobing WANG-RIESE（王霄冰）和 Thomas O. HÖLLMANN（何爾曼）編. *Time and Ritual in Early China*（早期中國的時間與禮儀）. Wiesbaden：Harrassowitz, 2009. Pp. 169‒187.

303280　　WILLIAMS, Crispin（魏克彬）. "Ten Thousand Names：

Rank and Lineage Affiliation in the Wenxian Covenant Texts"（一萬個姓名：溫縣盟書裏的地位和族屬）. *Asiatische Studien/ Études Asiatiques* 63.4（2009）：959－989.

2010

303290　ASSELIN, Mark Laurent（安民輝）."A Season Writ in Stone: *De mortuis nil nisi bonum*"（刻於石頭的時期：死者只說其善）. 載於 Mark Laurent ASSELIN（安民輝）著. *A Significant Season: Cai Yong (ca. 133－192) and His Contemporaries*（一個意義重大的季節：蔡邕［約公元 133－192 年］及其同時代者）. New Haven, CT：American Oriental Society, 2010. Pp. 230－284, 398－429.

303300　FALKENHAUSEN, Lothar von（羅泰）."The Bronzes of Ying and their Inscriptions"（應國銅器及其銘文）. 載於上海博物館和香港中文大學文物館編,《中國古代青銅器國際研討會論文集》,2010 年. Pp. 89－160.

303310　KHAYUTINA, Maria（夏玉婷）."Royal Hospitality and Geopolitical Constitution of the Western Zhou Polity"（王室的殷勤與西周王朝的地理政治構造）. *T'oung Pao* 96（2010）：1－73.

303320　KHAYUTINA, Maria（夏玉婷）, Yuri PINES（尤銳）, Katheryn M. LINDUFF（林嘉琳）, Constance A. COOK（柯鶴立）, and CHEN Zhi（陳致）."Review Forum: Li Feng, *Landscape and Power in Early China: The Crisis and Fall of the Western Zhou, 1045－771 B.C.*"（論評論壇：李峰著《早期中國的地貌與權力：西周［公元前 1045－前 771 年］的危機和滅亡》）. *Early China* 33－34（2010－2011）：263－286.

303330　LI, Feng（李峰）."The Study of Western Zhou History: A Response and a Methodological Explication"（西周歷史研究：

一個回應和方法論的説明). *Early China* 33 – 34 (2010 – 2011): 287 – 306.

303340　　MATTOS, Gilbert L. (馬幾道). "Huángdì 黄帝 in Pre-Hàn Bronze Inscriptions"(漢代以前銅器銘文裏的黄帝). *Warring States Papers* 1 (2010): 231 – 233.

303350　　XU Fengxian (徐鳳先). "Using Sequential Relations of Day-Dates to Determine the Temporal Scope of Western Zhou Lunar Phase Terms"(利用干支相連的次序確定西周月相的時間範圍). David W. PANKENIER (班大爲)譯. *Early China* 33 – 34 (2010 – 2011): 171 – 198.

2011

303360　　BRASHIER, K.E. (白瑞旭). *Ancestral Memory in Early China* (早期中國的祖先記憶). Harvard East Asian Monographs. Cambridge, Mass., 2011.

303370　　BRASHIER, K.E. (白瑞旭). "Han Mirror Inscriptions as Modular Texts"(漢代銅鏡銘文作爲模塊化的文本). 載於 Lothar von Falkenhausen (羅泰) 編, *The Lloyd Cotsen Study Collection of Chinese Bronze Mirrors: Volume II: Studies* (扣岑收藏中國銅鏡,第二卷: 研究論文). Los Angeles: Cotsen Occasional Press, 2011. Pp. 100 – 129.

303380　　COOK, Constance A. (柯鶴立). "Education and the Way of the Former Kings"(教育與先王之道). 載於 LI Feng (李峰)和 David Prager BRANNER (林德威) 合編. *Writing and Literacy in Early China: Studies from the Columbia Early China Seminar* (早期中國的書寫與讀寫能力: 哥倫比亞古代中國論壇的文章). Seattle: University of Washington Press, 2011. Pp. 302 – 336.

303390　　FALKENHAUSEN, Lothar von (羅泰). "The Royal

Audience and Its Reflections in Western Zhou Bronze Inscriptions"（王之接見及其在西周銅器銘文中的反映）. 載於 LI Feng（李峰）和 David Prager BRANNER（林德威）合編. *Writing and Literacy in Early China: Studies from the Columbia Early China Seminar*（早期中國的書寫與讀寫能力：哥倫比亞古代中國論壇的文章）. Seattle：University of Washington Press，2011. Pp. 239－270.

303400　　LI, Feng（李峰）. "Literacy and the Social Contexts of Literacy in the Western Zhou"（西周時代的讀寫能力及其社會環境）. 載於 LI Feng（李峰）和 David Prager BRANNER（林德威）合編. *Writing and Literacy in Early China: Studies from the Columbia Early China Seminar*（早期中國的書寫與讀寫能力：哥倫比亞古代中國論壇的文章）. Seattle：University of Washington Press，2011. Pp. 271－301.

303410　　LI, Xiuzhen Janice（李秀珍），Marcos MARTINÓN-TORRES, Nigel D. MEEKS, Yin XIA（夏寅），Kun ZHAO（趙昆）. "Inscriptions, filing, grinding and polishing marks on the bronze weapons from the Qin Terracotta Army in China"（中國秦始皇兵馬俑青銅兵器上的銘文以及銼磨、打磨和修磨痕迹）. *Journal of Archaeological Science* 38.3（2011）：492－501.

303420　　WILLIAMS, Crispin（魏克彬）. "Early References to Collective Punishment in an Excavated Chinese Text: Analysis and Discussion of an Imprecation from the Wenxian Covenant Texts"（中國出土文獻裏有關共同刑罰的早期引用：溫縣盟書詛咒的分析與討論）. *Bulletin of the School of Oriental and African Studies* 74.3（2011）：437－462.

2012

303430　　CHEN Shu（陳舒）. "Collected Interpretations of the X Gong *Xu*"（X 公盨銘文集釋）. *Early China* 35–36 (2012–2013): 135–155.

303440　　COOK, Constance A.（柯鶴立）. "Sage King Yu 禹 and the Bin Gong *Xu* 豳公盨"（聖王大禹與豳公盨）. *Early China* 35–36 (2012–2013): 69–103.

303450　　PEARCE, Nicholas. "A Flash in the Pan: The 'Bushell Bowl' Controversy Revisited"（盤裏的閃光：重新考慮《卜氏盤》的辯論）. 載於 Nicholas PEARCE 和 Jason STEUBER 合編. *Original Intentions: Essays on Production, Reproduction, and Interpretation in the Arts of China*（原始意圖：有關創造、復原與理解中國藝術的論文）. Gainesville: University Press of Florida, 2012. Pp. 6–37.

303460　　SENA, David（孫大偉）. "Arraying the Ancestors in Ancient China: Narratives of Lineage History in the 'Scribe Qiang' and 'Qiu' Bronzes"（古代中國的排列祖先：在史墻和述的銅器中宗族史的叙述）. *Asia Major*, 3rd ser., 25.1 (2012): 63–81.

303470　　SUN, Yan（孫巖）. "Material Culture and Social Identities in Western Zhou's Frontier: Case Studies of the Yu and Peng Lineages"（西周邊疆的物質文化與社會身份：有關彊和倗族的個案研究）. *Asian Archaeology* 1 (2012): 52–72.

303480　　VOGT, Paul Nicholas（侯昱文）. "Between Kin and King: Social Aspects of Western Zhou Ritual"（親戚和王之間：西周禮儀的社會諸方面）. 博士論文: Columbia University, 2012.

303490　　WILLIAMS, Crispin（魏克彬）. "Dating the Houma Covenant Texts: The Significance of Recent Findings from the Wenxian Covenant Texts"（確定侯馬盟書的年代：來自溫

縣盟書的最新發現的意義）. *Early China* 35–36（2012–2013）：247–275.

303500　XING Wen（邢文）. "The Suigong *Xu* Calligraphy and Inscription: A Contextual Reconstruction and Translation"（遂公盨的書法與銘文：語境重建及其譯文）. *Early China* 35–36（2012–2013）：105–134.

303510　YAO, Ping（姚平）. "Women in Portraits: An Overview of Epitaphs from Early and Medieval China"（肖像裏的婦女：中國上古與中古時代墓志銘的概觀）. 載於 Clara Wing-chung Ho（何劉詠聰）編. *Overt and Covert Treasures: Essays on the Sources for Chinese Women's History*（明顯的與隱蔽的珍寶：有關中國婦女史料的論文）. 香港：香港中文大學出版社, 2012. Pp. 157–183.

303520　ZHANG Changping（張昌平）. "Some Considerations of the Bronze Inscription Techniques Used during the Shang and Zhou Dynasties"（商周時代製造銅器銘文方法的幾點看法）. 載於 Nicholas PEARCE 和 Jason STEUBER 合編. *Original Intentions: Essays on Production, Reproduction, and Interpretation in the Arts of China*（原始意圖：有關創造、復原與理解中國藝術的論文）. Gainesville：University Press of Florida, 2012. Pp. 264–280.

2013

303530　WANG, Haicheng（王海城）. "Inscriptions from Zhongshan: Chinese Texts and the Archaeology of Agency"（中山的銘文：中國文獻與意圖的考古學）. 載於 Joshua ENGLEHARDT 編. *Agency in Ancient Writing*（古代書寫裏的意圖）. Boulder, Col.：University Press of Colorado, 2013. Pp. 209–230.

2014

303540　ADAMSKI, Susanne Jenny（蘇雪楠）. "Die Darstellung des Bogenschiessens in Bronzeinscriften der West-Zhou-Zeit (1045–771 v.Chr.): Eine Philologische Quellenanalyse"（西周時代［公元前 1045–前 771 年］銅器銘文中弓矢的象徵）. 博士論文: Westfälischen Wilhelms-Universität zu Münster (Westf.), 2014.

303550　BRASHIER, K.E.（白瑞旭）. *Public Memory in Early China*（古代中國的公共記憶）. Cambridge, MA: Harvard University Asia Center, 2014.

303560　CHEUNG, Kwong-yue（張光裕）. "Terms for Wine Utensils in Drinking Ceremonies Referred to in the *Book of Etiquette and Ceremonial*, Based on Newly Discovered Materials"（《儀禮》所載酒器名稱：以新出土文字資料爲據）. Qingming Zhou 譯. *Chinese Cultural Relics* 1.1 (2014): 287–302.

303561　CRONE, Thomas（杜馬斯）. "Der Begriff min 民 in Texten der Westlichen Zhou-Dynastie (1050–771 v. Chr.)"（西周時期文獻裏"民"的意義）. *Orientierungen* 1(2014): 33–53.

303570　DONG, Shan（董珊）. "A Preliminary Study on the Su *you*-Wine Jar Unearthed from Tomb M2 at Hengshui in Jiangxian County, Shanxi Province"（山西絳縣衡水 M2 號墓出土肅卣銘文初探）. *Chinese Cultural Relics* 1.2–1.4 (2014): 286–295.

303580　KHAYUTINA, Maria（夏玉婷）. "Marital Alliances and Affinal Relatives (*Sheng* and *Hungou*) in the Society and Politics of Zhou China in the Light of Bronze Inscriptions"（根據金文討論周代社會政治中的婚媾聯盟與姻親［甥與婚媾］）. *Early China* 37 (2014): 39–99.

303590 SCHWERMANN, Christian (史克禮). "Composite Authorship in Western Zhōu Bronze Inscriptions: The Case of the Tiānwáng guǐ 天亡簋 Inscription"（西周銅器銘文的集體創作：有關《天亡簋》銘文）. 載於 Christian SCHWERMANN（史克禮）和 Raji C. Steineck 合編. *That Wonderful Composite Called Author: Authorship in East Asian Literatures from the Beginnings to the Seventeenth Century*（稱呼"作者"的顯揚復合單元：從起源到公元十七世紀的東亞文學中的作者）. Leiden: Brill, 2014. Pp. 30–57.

303600 SHAUGHNESSY, Edward L. （夏含夷）. "The *Mu tianzi zhuan* and King Mu Bronzes"（《穆天子傳》與穆王時代的銅器）. *Bulletin of the Jao Tsung-I Academy of Sinology* 1 (2014): 55–75.

303610 TANG, Wei（湯威）Jinzhong CHEN（陳盡忠）. "The Zhengzhou Museum Collections of Inscribed Bronzes of the Shang and Zhou Dynasties"（鄭州博物館藏商周有銘銅器）. *Chinese Cultural Relics* 1.1 (2014): 303–308.

303620 TOMIYA, Itaru（富谷至）. "Stone Inscriptions in Ancient China: Their Origin and Evolution from the Shang to Han Times"（中國古代碑銘：從商代到漢代的起源與演變）. 載於 Tomoyuki Nagata（永田知之）編. *Documents and Writing Materials in East Asia*（東亞的文獻與書寫材料）. 京都：京都大學人文科學研究所, 2014. Pp. 67–88.

303630 WILLIAMS, Crispin（魏克彬）. "Scribal Variation and the Meaning of the Houma and Wenxian Covenant Texts' Imprecation *Ma Yi Fei Shi* 麻夷非是"（侯馬與溫縣盟書中的詛咒語"麻夷非是"異文考）. *Early China* 37 (2014): 101–179.

2015

303631　　FALKENHAUSEN, Lothar von（羅泰）. "Review of Li Feng, *Bureaucracy and the State*"（評李峰著《中國古代的官僚和國家：西周之政治》）.《浙江大學藝術與考古研究》1 (2015): 270–309.

303640　　KHAYUTINA, Maria（夏玉婷）. "King Wen, A Settler of Disputes or Judge? The Yu-Rui Case in the *Historical Records* and Its Historical Background"（文王，爭端的調解者還是法官？歷史文獻中的虞芮案例及其歷史背景）. *Bochumer Jahrbuch zur Ostasienforschung* 38 (2015): 261–276.

書於竹帛

第一章　西方漢學簡帛研究概要

　　和中國國内簡帛學一樣,西方漢學家在二十世紀初就已經取得了簡帛學研究成果。然而到 1970 年爲止,還很少有人注意。上個世紀 70 年代,特別是馬王堆漢代帛書出土以後,簡帛文獻才開始引起廣泛注意。之後,到二十世紀末二十一世紀初,戰國楚簡陸續出土以後更引起學術界的興趣。簡單的數字統計可以説明這個趨勢:到 1969 年,西方學者發表了 48 種研究成果(無論是單行本書還是學術文章,包括 13 篇針對西晉時代發現的汲冢竹書的文章)。從 1970 年到 1999 年,這個數字增加到 223 種研究成果。從 2000 年到 2015 年就有 380 種發表品。按照每年的平均比例,這個學術領域的發展更爲顯著:第一期的七十年正好出了 0.5 種發表品(除去有關汲冢竹書的 13 篇文章)/年、第二期的三十年平均是 5.45 種發表品/年,第三期的十五年增加到 25.33 種發表品/年。換句話説,從 1900 年到 1969 年,西方學者發表了 35 種真正簡帛學的著作或文章(除去與汲冢竹書研究有關的論文以外),而在 2005 年一個年頭當中,他們就有 39 種簡帛學發表品。這當然與西方漢學的綜合發展和學術界的廣泛擴大(特別是學術刊物的數量之增加)有關係,但是這個趨勢仍然非常可觀。在第一期的七十年當中,一般的西方漢學家可以完全不管中國古代簡帛資料。到了第二期,對中國古代文化史——特別是思想史——有興趣的學者至少會承認先秦兩漢簡牘和帛書是很寶貴的資料,即使自己對文獻的形式可能没有多少注意。

現在，情況就大不一樣。漢學界普遍認識到簡帛文獻的重要性，每年也有更多年輕學者進入這個學術領域。

　　由於本部分内容的特殊情況，論述方法與本書第二部分和第三部分按照論文發表年代爲序稍微不一樣。本部分乃以出土文獻的遺址（或收藏）爲主要組織原則，再按照遺址發掘年代（或收藏發表）爲序。有關該遺址出土文獻的研究不管發表年代早晚都歸類到那個遺址的討論。一個遺址如果有多種出土文獻，就分類介紹。不過，有不少概括性的研究成果不能如此歸類。這些研究就按照下列八種綜合主題歸類：歷史、戰争、宗教、哲學、法律、醫學、科技、文獻學，在每一遺址發現介紹以後，就列在最後一分節。當然還有不少研究成果含有泛學科的意義，不容易歸爲一類。但是没有更好的辦法，只能如此敘述。本部分附加的目錄仍然按照發表年代早晚爲序，讀者可以利用目錄來窺見簡帛學的發展①。

　　有一點特殊情況應該於此指出。中國最早出土的簡帛資料應該是西漢時代孔壁所得文獻與西晉時代汲冢竹書，西方學術界似乎没有專門研究孔壁文獻，因此於此不談。然而，汲冢竹書一直都受到廣泛注意，特別是汲冢竹書的《竹書紀年》和《穆天子傳》的性質和真僞問題引起了激烈討論。原來我想這些文獻可以算是傳世文獻，毋庸在本書介紹。然而，有不少讀者建議仍然應該看作出土文獻。因此，本部分設有一分節特別介紹汲冢竹書研究，放在西域早期發現之後，在1970年代秦漢簡帛研究之前。這個位置僅只是一種組織方便而已，没有任何歷史意義，請讀者原諒。

---

　　① 風儀誠和馬克，《西文秦代簡牘研究概要》，《簡帛》6(2011)：193 - 223，對西方漢學有關秦代簡牘研究做綜述，包括睡虎地、里耶、放馬灘和王家臺各地秦簡。該文載有研究成果目錄，一共有57篇文章，每一篇都附有文章的摘要，讀者可以參考。李均明、劉光勝、劉國忠和鄔文玲，《當代中國簡帛學研究（1949—2009）：CONTEMPORARY STUDIES ON BAMBOO AND SILK MANUSCRIPTS IN CHINA》(北京：中國社會科學出版社，2011)對中國國内研究成果做了最詳細論述。然而，儘管該書副題是英文的，但是書内的論述幾乎都不提西方學者的研究成果。

一、1900年至1970年西方漢學簡帛學術成果

　　1900年年底1901年年初,英國籍匈牙利人斯坦因(Aurel STEIN, 1862—1943)在塔克拉瑪干沙漠第一次發掘了古代簡牘。那時他在玉龍喀什村的丹丹烏里克遺址進行發掘工作,發現了珍貴文物。特別引起注意的是西域各種文字資料,包括藏文、波斯語文書,還有個別漢文寫本,諸如《大曆十六年二月六城杰謝百姓思略牒》、《建中三年七月十二日健兒馬令痣舉錢契》等。此後,斯坦因又在尼雅河故道周圍發現更多文物及文字資料,包括許多魏晉之際的漢文簡牘。1901年斯坦因回到倫敦以後,第二年在德國漢堡參加了東方學家國際學術會議,介紹了他的考古工作,引起了學術界的注意。1903年,他發表了《和田沙埋的廢墟:中國土耳其斯坦考古旅行與地理探索的私人叙述》(400060)這一普及性的報告,也引起學術界以外的廣泛興趣。同樣在1901年,瑞典人斯文赫定(Sven HEDIN, 1865—1952年)在羅布泊沙漠的古代遺址進行調查時,發現了不少文物,包括120枚簡牘和36張殘紙文書。因爲文書上載有"樓蘭"字樣,所以赫定能夠確認此座遺址是消失的古樓蘭國的城址。當時西方學術界對印歐語言與語言傳播特別感興趣,因此斯坦因和赫定的發現引起了許多學科的注意。

斯坦因(Aurel STEIN, 1862—1943)在新疆調查

斯文赫定(Sven HEDIN, 1865—1952)在羅布泊沙漠調查

　　1905年,著名法國漢學家沙畹(Édouard CHAVANNES, 1865—1918;見第一部分所附小傳)發表了一篇長達七十頁的文章,題作《紙發明

之前的中國書籍》(100040),利用了中國傳統文獻證據描述中國早期書寫媒體和文書的形式。沙畹在此文最後幾頁還做了一個後記,簡單地介紹了斯坦因在中亞的發現,并且附加了簡牘的一張圖版。1907年,斯坦因自己發表了丹丹烏里克和尼雅發掘工作的正式考古報告,即著名的《古代和田:中國土耳其斯坦考古調查的詳細報告》(400080)。此書分成兩卷,第一卷載有報告以及附錄,第二卷載有圖版。對出土文獻學有特別重要貢獻的是此書的七篇附錄:其中四篇是歐洲語言學最權威的學者對各種文字資料做的介紹和釋文,而第一篇附錄由沙畹寫,即《附錄甲:丹丹烏里克、尼雅和安德悦諸遺址所出中文文件,沙畹譯注》(400090)①。

　　1907年,斯坦因進行了第二次中亞的調查,在敦煌長城烽燧遺址又發現了數百枚簡牘,同時又購買了道士王圓籙在莫高窟發現的上萬卷古代寫本。敦煌寫本的發現現在是漢學界熟知的故事,毋庸於此再贅述。學術界還知道,法國學者伯希和(Paul PELLIOT, 1879—1945)得知敦煌的消息以後,在1908年3月馬上親自去莫高窟,購買了上萬卷漢文寫本。這個故事也沒有必要在這裏再贅述。然而,有一點值得指出的是伯希和和沙畹1909年在北京給羅振玉(1866—1940)和王國維(1877—1927)介紹西域文件的照片,羅、王才得見"古人之真本"。特別是王國維受了這個啓發以後,改變了他自己的學術專業。這對中國二十世紀學術發展起了不可低估的作用。在1912年,王國維發表了著名的《簡牘檢署考校注》②,對古代文獻所載關於書籍制度的種種説法作了詳盡綜覽,偶爾也能結合出土文獻證據進行論證。其實,王氏此文很像沙畹在1905年發表的《紙發明之前的中國書籍》,只是沒有沙氏文章的討論那樣深入。

　　斯坦因因爲看不懂中文,所以邀請沙畹整理他所徵集的漢文文件。

---

① 第二附錄由巴爾奈特(L.D. BARNETT)和佛朗克(A.H. FRANCKE)合寫,介紹安德悦(Endere)出土的古藏文寫本和牆壁題記;第五附錄由托瑪斯寫(F.W. THOMAS),對藏文資料做綜合介紹;第三附錄由馬爾古里奧斯(D.S. MARGLIOUTh)寫,主要介紹丹丹烏里克(Dandān-Uiliq)的希伯來文與波斯語文書。因爲均與本部分主題沒有直接關係,所以於此就不多介紹。

② 見王國維原著,胡平生和馬月華校注,《簡牘檢署考校注》(上海:上海古籍出版社,2004)。

如上面已經介紹，在斯坦因1907年出版的《古代和田》裏，沙畹已經提供了一個附錄，介紹斯坦因第一次調查所獲部分文獻。此後，在1913年沙畹又做了《斯坦因在土耳其斯坦東部所發現中國文獻》(400120)，由牛津大學出版社出版。此書整理了斯坦因第一次和第二次調查所徵集的文件，包括簡牘和紙書。《斯坦因在土耳其斯坦東部所發現中國文獻》分成三個大類型，即"漢代文獻"、"晉代文獻"和"唐代文獻"。本書關心的漢代文獻多在敦煌附近出土，包括705枚木牘，還有3件紙件。沙畹將木牘分成24種類型，第一類型是《急就篇》，一共有8枚簡。每一類型開頭有一個綜合介紹，說明該組的歷史背景和文件的意義。然後有釋文和法文譯文。此後有非常詳細的註解。書後面還附有每一件文件的照片和形式模本。斯坦因徵集文獻的初步釋文由參加敦煌調查工作的蔣孝琬(1922年卒)臨時做。在巴黎沙畹還能與當時駐法外交官員吳勤訓和魏懷合作，但是多半的工作仍然由他自己做。沙畹做釋文的時候有不少問題要克服。第一，學術界從來沒有見過這種文件，因此有很多新的文字學和歷史學問題沙畹自己無法完全克服。第二，沙畹的工作條件并不理想，簡牘的保護狀況相當差，再加上人在巴黎，原物在倫敦，工作只能依靠照片進行。因此，釋文有錯誤很難避免。此書出版以後，沙畹送給羅振玉和王國維。這二人看到附加的照片以後，自己選了588枚簡牘和紙片進行考訂，於1914年出版爲《流沙墜簡》①。此書乃是中國簡帛學的開端。

當沙畹整理斯坦因所徵集的簡文時，著名德國漢學家孔好古(August CONRADY，1864—1925)也在整理赫定在羅布泊沙漠徵集的紙件和木牘文書。這個整理工作原來由希姆萊(Karl HIMLY，1836—1904)開始，但希氏剛開始工作就去世了，然後由萊比錫(Leipzig)大學教授孔好古繼承。在進行整理工作時，孔好古也遇到了與沙畹一樣的困難：孔好古在萊比錫，文件原件都在瑞典。但是，孔好古一個便利是在1910—1911年間，著名學者蔡元培(1868—1940)正好在萊比錫訪問，孔好古可以與蔡元培共同整理文獻。當蔡元培回國之時，初步整理工作已

---

① 羅振玉和王國維，《流沙墜簡》(1914；重印，北京：中華書局，1993)。

LES DOCUMENTS CHINOIS

DÉCOUVERTS PAR AUREL STEIN DANS LES SABLES DU TURKESTAN ORIENTAL

PUBLIÉS ET TRADUITS PAR

ÉDOUARD CHAVANNES

MEMBRE DE L'INSTITUT, PROFESSEUR AU COLLÈGE DE FRANCE

OXFORD

IMPRIMERIE DE L'UNIVERSITÉ

1913

DOCUMENTS DE L'ÉPOQUE DES *HAN*

1. Fragments littéraires / FRAGMENTS DU *Ki-tsieou p'ien*

N° 1.—T. XLIII. j. 014.

Fiche prismatique.

1ᵉ face: 第十三。承塵戶幔絛繢縱。鋸釿鐉比各有工。賁萬脂〔粉〕膏澤筩。

2ᵉ face: 沐浴踞搔寡合同。豫飭刻畫無等雙。係臂琅玕虎魄〔龍〕。

3ᵉ face: 辟碧珠璣玫瑰甕。玉玦環佩靡從容。射騎辟耶〈鯦〉除群兇。

Paragraphe 14 du *Ki tsieou p'ien* 急就篇 tout entier: les trois lignes se suivent sans lacune. Ce paragraphe est le 15ᵉ des éditions actuelles dont le paragraphe 7 est une addition postérieure aux *Han* (voir CHAVANNES, *Documents*, p. 4). La fiche est remployée: elle a été grattée pour permettre de copier le *Ki tsieou p'ien*; il reste quelques traces de l'ancien texte: à la 1ᵉ face, des traces de caractère demi-effacé sous le caractère 十 donnent à celui-ci l'apparence d'un caractère 卅; à la face 3, le caractère 鯦 est parfaitement lisible.

VARIANTES. Le texte ci-dessus présente quelques variantes par rapport au texte des éditions modernes. Face 1: 釿 actuellement 斤; 鐉 actuellement 鐯; 有 actuellement 異; 賁 actuellement 芬; 萬 actuellement 蕅; 筩 Face 2: 踞 actuellement 椐; 豫 actuellement 緣. Face 3: 辟 actuellement 璧; 騎 actuellement 魃; le caractère 鯦 que j'ai mis entre guillemets est à demi effacé et appartient en réalité au texte ancien gratté.

Cette fiche, qui est analogue à celles que Chavannes a publiées, est un fragment d'un 4ᵉ exemplaire. Grâce à ces 4 exemplaires, nous pouvons nous faire une idée exacte de l'aspect des éditions originales du *Ki tsieou p'ien* et en général de l'aspect des livres d'étude au temps des Han. Chaque paragraphe du *Ki tsieou p'ien* se compose de 9 phrases de 7 caractères, en tout 63 caractères, entière et chaque paragraphe occupant une fiche entière, l'ouvrage était une collection de 31 fiches prismatiques contenant chacune un des 31 paragraphes du livre, chaque fiche étant numérotée mais restant indépendante des autres. Comme le début de l'ouvrage même faisait l'éloge des fiches prismatiques, c'est bien cette forme que l'auteur avait voulu lui donner. Cela le rendait extrêmement incommode et encombrant, mais c'était un ouvrage d'étude pour l'enseignement des caractères et cette disposition était évidemment destinée à permettre la lecture de chaque fiche séparément.

N° 2.—T. XXII. d. 013.

Copeau de bois, brisé en haut et en bas, retaillé à droite, complet à gauche. Hauteur: 75 mm.; largeur: 12 mm.

程忠信與仲皇許 絡 〔古賈友倉〕

Fin de la section 3 du *Ki tsieou p'ien*.

ARTICLES DU CODE DES *HAN*

N° 3.—T. XLIII. h. 016

Fiche complète. Hauteur: 225 mm.; largeur: 10 mm.

律曰。諸使而傅不名取卒甲兵。 禾稼簿者皆勿敢擅之。

La loi dit: (1) Tous les messagers qui ne sont pas désignés nominativement dans la fiche sont pris parmi les miliciens et les soldats armés de cuirasses.

(2) Les grains qui sont enregistrés, que nul ne se permette d'en donner de sa propre autorité.

傅=符; les deux caractères s'échangent fréquemment au temps des *Han*. Les messagers *che-tchö* 使者 ou simplement *che* 使 étaient ceux qui étaient chargés de porter les ordres. Mais ils étaient de rang plus ou moins élevé. Il y avait d'une part des personnages chargés spécialement d'une mission par l'empereur et de l'autre les simples courriers de la poste impériale. Les uns et les autres étaient appelés simplement des messagers, *che*, ou de façon plus officielle des chargés de messages *fong-che-tchö* 奉使者. Ceux de la première classe étaient chargés de missions de toute sorte: aller demander des nouvelles d'un haut fonctionnaire malade, lui porter des remèdes impériaux, représenter l'empereur à ses funérailles, remplacer l'empereur à certains sacrifices; porter les messages de l'empereur aux feudataires; porter leur brevet à de hauts fonctionnaires, ambassadeurs, etc. C'étaient ordinairement des *ye-tchö* 謁者 qui en étaient chargés, mais on envoyait aussi d'autres fonctionnaires de la Cour, de plus ou moins haut rang suivant l'honneur qu'on voulait faire à celui à qui était adressé le message.

Un édit *ling* 令 donnait à tous les messagers 諸使, le droit de prendre la "route cavalière", *tch'e-tao* 馳道: c'était sur les routes créées par Ts'in Che-houang qui avaient cinquante pas de large, l'espace de trente pieds de large (*Ts'ien Han*

經做完。然而，正好此時第一次世界戰爭爆發了，歐洲所有學術工作幾乎都停止了。因爲德國和法國是敵對的，所以孔好古到1918年戰爭結束之後才得見沙畹在1913年出版的《斯坦因在土耳其斯坦東部所發現中國文獻》。非常可惜，戰爭結束那一年，沙畹因病逝世，享年僅五十三歲。戰爭結束以後，孔好古在1920年出版了《赫定在樓蘭發現的中國寫本和文物》（400130）。此書有篇幅很長的《序言》對西域和書籍做綜合介紹，然後《文獻與翻譯》正文分成兩個大類型，即"紙片文獻"（一共有35件）和"木牘文獻"（一共有121枚簡），像《斯坦因在土耳其斯坦東部所發現中國文獻》一樣，此書也載有釋文和德文翻譯。孔好古的注解遠不如沙畹做的注解詳細，可是翻譯後頭還附有兩個附錄，討論"樓蘭"的歷史地理和中國與西域的政治關係，對這兩個問題都做了相當深入的研究。書的後半部分是照片，按照當時科技水平應當算非常清晰。

　　第一次世界戰爭期間，已經五十多歲的斯坦因不必去當兵，因此他得以避免戰爭。從1913年到1916年斯坦因在中亞進行了第三次調查，又在五個遺址發現文件：敦煌、樓蘭、吐魯番、塔里木盆地和Kharakhoto，一共收集920件文書，包括219件漢到晉代的簡牘和711張晉代到元代的紙書。1921年，他出版了這次調查的正式考古報告《中印：中亞和中國西極探索的詳細報告》（400170），同時對漢文文件也發表了簡單的介紹，即《古代漢文文獻的注解》（400180）。因爲斯坦因不認識中國文字，對中國文獻學也是外行，所以在1920年他邀請了沙畹的學生，在法國大學繼任沙畹作爲中國古代歷史教授的馬伯樂（Henri MASPERO, 1882—1945；見本部分所附小傳）整理第三次調查所徵集的漢文文字資料。馬伯樂此年開始整理工作，一共做了十六年非常深入的研究，到1936年終於做完，將長達628頁的手寫稿寄給牛津大學出版社。馬伯樂采取了沙畹所利用的組織形式，即以遺址爲主要分組單元，對每一座遺址的考古和歷史背景都做深入的介紹，還對文件內容所涉及的某些問題，諸如漢代屯田制度、唐代養馬制度以及西域漢文和當地文字地名對照，做了特別深入的研究。這個介紹後面是中文釋文和法文譯文，譯文下面還附有詳細注解。不幸的是，這部草稿經歷了極其曲折的歷史。1936年草稿寄到出版社不久以

DIE CHINESISCHEN HANDSCHRIFTEN- UND SONSTIGEN KLEINFUNDE SVEN HEDINS IN LOU-LAN

HERAUSGEGEBEN, ÜBERSETZT UND UNTER BENUTZUNG VON KARL HIMLYS HINTERLASSENEN VORARBEITEN

BEHANDELT VON

AUGUST CONRADY, ed.

MIT 53 TAFELN

STOCKHOLM
GENERALSTABENS LITOGRAFISKA ANSTALT
1920

孔好古著《赫定在樓蘭發現的中國寫本和文物》(400130)封面

332　西觀漢記

LES DOCUMENTS CHINOIS

DE LA TROISIÈME EXPÉDITION DE
SIR AUREL STEIN EN ASIE CENTRALE

EDITED BY THE LATE
HENRI MASPERO

Published by
THE TRUSTEES OF THE BRITISH MUSEUM
LONDON · 1953

馬伯樂著《斯坦因在中亞第三次探險所獲中文文件》(400250)封面

DOCUMENTS DE L'ÉPOQUE DES *HAN*

I. Fragments littéraires / FRAGMENTS DU *Ki-tsieou p'ien*

N° 1.—T. XLIII. j. 014.   1

Fiche prismatique.

1° face : 第十三。承塵戶幬絛續縱。鏿斂速比各有工。蕡蕙脂〔粉〕膏澤筩。
2° face : 沐浴贉掝寡合同。豫仿剞畫無等雙。係臂琅玕虎魄〔龍〕。
3° face : 䴹碧珠璣玫瑰甕。玉玦環佩靡從容。射騎辟邪〈鷩〉除群兇。

Paragraphe 14 du *Ki tsieou p'ien* 急就篇 tout entier : les trois lignes se suivent sans lacune. Ce paragraphe est le 15° des éditions actuelles dont le paragraphe 7 est une addition postérieure aux *Han* (voir CHAVANNES, *Documents*, p. 4). La fiche est remployée : elle a été grattée pour permettre de copier le *Ki tsieou p'ien* ; il reste quelques traces de l'ancien texte : à la 1° face, des traces de caractère demi-effacé sous le caractère 十 donnent à celui-ci l'apparence d'un caractère 卅 ; à la face 3, le caractère 鷩 est parfaitement lisible.

VARIANTES. Le texte ci-dessus présente quelques variantes par rapport au texte des éditions modernes. Face 1 : 鏿 actuellement 籔 ; 速 actuellement 疎 ; 有 actuellement 異 ; 蕡 actuellement 芬 ; 蕙 actuellement 薰 . Face 2 : 贉 actuellement 揥 ; 豫 actuellement 豫 . Face 3 : 䴹 actuellement 璧 ; 騎 actuellement 魃 ; le caractère 鷩 que j'ai mis entre guillemets est à demi effacé et appartient en réalité au texte ancien gratté.

Cette fiche, qui est analogue à celles que Chavannes a publiées, est un fragment d'un 4° exemplaire. Grâce à ces 4 exemplaires, nous pouvons nous faire une idée exacte de l'aspect des éditions originales du *Ki tsieou p'ien* et en général de l'aspect des livres d'étude au temps des Han. Chaque paragraphe du *Ki tsieou p'ien* se compose de 9 phrases de 7 caractères, en tout 63 caractères, et chaque paragraphe occupant une fiche entière, l'ouvrage était une collection de 31 fiches prismatiques contenant chacune un des 31 paragraphes du livre, chaque fiche étant numérotée mais restant indépendante des autres. Comme le début de l'ouvrage même faisait l'éloge des fiches prismatiques, c'est bien cette forme que l'auteur avait voulu lui donner. Cela le rendait extrêmement incommode et encombrant, mais c'était un ouvrage d'étude pour l'enseignement des caractères et cette disposition était évidemment destinée à permettre la lecture de chaque fiche séparément.

N° 2.—T. XXII. d. 013.   2

Copeau de bois, brisé en haut et en bas, retaillé à droite, complet à gauche. Hauteur : 75 mm. ; largeur : 12 mm.

程忠信與仲皇許　終〔古賈友倉〕

Fin de la section 3 du *Ki tsieou p'ien*.

ARTICLES DU CODE DES *HAN*

N° 3.—T. XLIII. h. 016.   3

Fiche complète. Hauteur : 225 mm. ; largeur : 10 mm.

律曰。諸使而傅不名取本甲兵。　禾稼簿者皆勿敢擅之。

La loi dit : (1) Tous les messagers qui ne sont pas désignés nominativement dans la fiche sont pris parmi les miliciens et les soldats armés de cuirasses.
(2) Les grains qui sont enregistrés, que nul ne se permette d'en donner de sa propre autorité.

傅=符 ; les deux caractères s'échangent fréquemment au temps des *Han*. Les messagers *che-tchǒ* 使者 ou simplement *che* 使 étaient ceux qui étaient chargés de porter les ordres. Mais ils-étaient de rang plus ou moins élevé. Il y avait d'une part des personnages chargés spécialement d'une mission par l'empereur et de l'autre les simples courriers de la poste impériale. Les uns et les autres étaient appelés simplement des messagers, *che*, ou de façon plus officielle des chargés de messages *fong-che-tchǒ* 奉使者. Ceux de la première classe étaient chargés de missions de toute sorte : aller demander des nouvelles d'un haut fonctionnaire malade, lui porter des remèdes impériaux, représenter l'empereur à ses funérailles, remplacer l'empereur à certains sacrifices ; porter les messages de l'empereur aux feudataires ; porter leur brevet à de hauts fonctionnaires, ambassadeurs, etc. C'étaient ordinairement des *ye-tchǒ* 謁者 qui en étaient chargés, mais on envoyait aussi d'autres fonctionnaires de la Cour, de plus ou moins haut rang suivant l'honneur qu'on voulait faire à celui à qui était adressé le message.

Un édit *ling* 令 donnait à tous les messagers 諸使, le droit de prendre la "route cavalière", *tch'e-tao* 馳道 : c'était sur les routes créées par Ts'in Che-houang qui avaient cinquante pas de large, l'espace de trente pieds de large (*Ts'ien Han*

馬伯樂著《斯坦因在中亞第三次探險所獲中文文件》
（400250），有關漢代《急就篇》的釋文後，第二次世界大戰又爆發了，草稿被放到一邊，編輯工作根本没有進行。更不幸的是，1945 年占領法國的德國軍隊逮捕了馬伯樂，把他送到在聲名狼藉的布痕瓦爾德（Buchenwald）集中營。1945 年 3 月 17 日，亦即德國投降之前僅僅六個禮拜，馬伯樂在布痕瓦爾德集中營逝世，年僅 62 歲。戰爭結束以後，情況本應該好轉。可是，1947 年牛津大學出版社將草稿還給大英博物館，請博物館處理。博物館發現文件的出版權屬於英國印度辦公室，可是印度宣布獨立以後，英國印度辦公室消失，誰都没有文件的版權，博物館也不敢自己出版。1949 年，馬伯樂夫人委托英國朋友 Bruno SCHINDLER 要求博物館編輯馬伯樂的著作。通過不少友人的努力，草稿經過編輯工作，終於在 1953 年《斯坦因在中亞第三次探險所獲中文文件》(400250) 這部巨作終於出版。1949 年，SCHINDLER 氏在他所編輯的《泰東》（Asia Major）刊物上撰文介紹了這個過程，即《初論馬伯樂對斯坦因中亞第三次探險所發現中文木紙文獻所做的工作》(400240)。這部大作出版以後 L.C. GOODRICH 教授將敦煌出土的一部分文件翻譯成英文，發表在《中研院歷史語言研究所集刊》，即《敦煌地區流出的文件》(400290)。此後楊聯陞在《哈佛亞洲學學報》上也撰文做介紹，即《關於馬伯樂著〈斯坦因在中亞第三次探險所獲中文文件〉的注解》(400350)。馬伯樂的巨作終於得知於世。

　　楊聯陞給馬伯樂的大作做綜合介紹的同一年，即 1959 年，英國學者魯惟一（Michael LOEWE；見本部分所附小傳）發表了他第一篇學術文章，題作《居延漢簡的某些注解》(400340)。這篇文章是根據魯惟一的博士論文修改的，博士論文的來源則是 1930 年由西北科學考察團（Sino-Swedish Expedition）團員貝格曼（Folke Bergman，1902—1946）在甘肅省居延地區所發現的上萬件漢代簡牘。因爲這一次調查是和中國政府合辦的，按照合同，所得文物都得留在中國，整理工作也是由中國學者進行的。如中國出土文獻學界所知，這個整理工作是由勞榦（1907—2003）負責的，在非常辛苦的條件之下中研院歷史語言研究所於 1943 年出版了《居延漢簡考釋》，於此毋庸多做介紹。魯惟一本人於 1941 年進入了牛津大學研讀古典文學與語言，然而第一個學期還没有結束之前，日本軍隊攻擊了美國海軍珍珠港，英國作爲美國的盟國，宣布對日本開戰，魯惟一被安排到英國陸軍軍隊情報部學習日文,戰爭期間一直閱讀日本軍隊秘密交通文件。戰爭結束以後,魯惟一留在軍隊情報部,沒有回到牛津大學。雖然如此,他晚上開始上倫敦大學亞非學院的中文課程,1951 年倫敦大學認可他在戰爭中的服務發給他學士學位,以後他又進修爲研究生,博士題目是居延漢簡研究。魯惟一第一篇學術文章發表以後,幾乎每年都有新的作品發表,在附加的小傳裏頭多有所提,介紹他在這個學術領域的部分貢獻,於此沒有必要一一重複叙述。最重要的無疑是 1967 年出版的《漢代行政記録》(400470*),是兩册大作,對居延漢簡做了綜合介紹。魯惟一是純粹的歷史學家,利用了簡牘資料來考察漢代(而特別是西漢時代)歷史的種種因素,特別是漢朝官制和軍事系統。另外值得指出的,魯惟一早年的學術成果儘管多與西域簡牘有關,但是《漢代行政記録》出版以後,他對簡帛學的興趣沒有消失,甚至可以説一直在增長。他現在高壽九十五歲,還是天天都工作,注意中國考古學上的最新進展,并用於他的學術研究,諸如 2010 年發表的《公元前 186 年的律令》(405360)。

與魯惟一差不多同時開始發表簡帛學方面的學術論文還有兩位學者:何四維(A.F.P. HULSEWÉ,1910—1993;見本部分所附小傳)和巴納(Noel BARNARD,1922—2016;見第三部分所附小傳)。因爲本書載有何四維和巴納兩位先生的小傳,所以於此就不贅述他們的學歷。何四維像魯惟一一樣,是純粹歷史學家,也是研究西漢時代歷史爲主,特別是漢代法制。何四維第一篇簡帛學文章是 1957 年發表的《漢代文書:中亞所發現漢代文書研究之概述》(400300),以後發表了衆多類似的文章,諸如 1965 年發表的《墓葬文書》(400440)、1978 年發表的《漢代的契約》(400750)和《1975 年湖北出土秦代文書》(400760)、1979 年發表的《公元 28 年的訴訟》(400870)和《簡介新發現的秦代法律》(400880)、1981 年發表的《法家和秦律》(401030)、《隸臣妾拾遺》(401040)和《秦代法律中的度量衡》(401050)、1984 年發表的《關於秦漢時代的强制勞役考察》(401250)、1985 年的《雲夢縣發現的文件所反映的秦"法家"政府對經濟的影響》(401290)等等,但是他最重要的簡帛學研究成果無疑是 1985 年出版的《秦律之殘餘:1975 年湖北雲夢縣發現的公元前三世紀的秦代法律和行政規章之注譯》(401300)。這一巨著對雲夢睡虎地秦簡法律文獻做了綜合介紹和翻譯,到現在爲止仍然是西方學者研究中國法律史學的基石。

　　巴納先生的小傳載於第三部分《鏤於金石》。如該部分所叙述的那樣,他對中國古代文化史各個方面都有研究貢獻,可是他的重點一直在銅器與銅器銘文學上。雖然如此,他最早的研究成果與簡帛學有關,即1958年發表的《楚帛書的初步考察:文獻的新重構》(400310),對楚帛書提出了簡單的看法。此後,在1970年代初他還在這個學術領域上陸續地發表了幾篇文章,出版了單行本書,諸如1971年的《楚帛書的韵文和節拍》(400510)、1972年的《楚帛書和古代中國其他考古文字資料》(400530)和《一個中國古代文獻的考釋、翻譯和歷史論衡之前的科學考察——楚帛書,楚帛書研究:一》(400540),最重要的應該是1973年出版的《楚帛書:翻譯和注釋》(400570)。與巴納後來出版的很多學術成果一樣,這本書是在澳大利亞國立大學歷史系出版的,西方主要大學圖書館會有,但是對外銷售率不高,這減少了它的影響力。也像巴納先生的銅器銘文學一樣,在這本書裏巴納採取了最嚴格的考釋方法。譬如,他拒絕把許多文字隸定爲通行文字,即使反映了很普遍的演變文字也要按照原來字形摹寫。因此,很多漢學家看他提供的釋文時,以爲楚帛書用的文字和中國文字大不一樣,幾乎不可以通讀。巴納先生的英文譯文也是根據這種釋文方法,很難讀懂。楚帛書儘管原來在紐約大都會博物館臨時收藏,現在在華盛頓賽克勒(Sackler)博物館收藏,可是很少有美國學者做研究。這很可能是受巴納先生的研究影響。除了巴納以外,林巳奈夫(HAYASHI Minao, 1925—2006)撰《長沙出土的戰國時代帛書的十二個神》(400550)和饒宗頤(JAO Tsung-i)著《楚帛書所反映的楚人的曆法、占星和宗教概念的幾個方面》(400560)都載於巴納先生編的《中國早期藝術及其在太平洋盆地的可能影響》,1972年出版①。饒宗頤還發表了《楚帛書的書法》(401420),給楚帛書的書法做一個普遍性的介紹。此後,

---

① Noel BARNARD（巴納）編, *Early Chinese Art and Its Possible Influence in the Pacific Basin*（中國早期藝術及其在太平洋盆地的可能影響）(New York: Intercultural Arts Press, 1972).

柯鶴立(Constance A. COOK)和梅杰(John S. MAJOR)於1999年合編的《定義楚：中國古代的意象與現實》(402610)一本書裏的一個附錄載有李零先生的譯文(柯鶴立將李零中文譯文轉譯成英文)。除了這些研究成果以外，巴納譯文出版以後，與楚帛書有關的唯一一篇學術論文是鮑則岳(William G. BOLTZ)於2009年發表的《楚帛書是一份楚寫本嗎？》(404910)。標題比較怪，鮑則岳的主要論點是楚帛書儘管是在楚地出土的、是利用楚文字書寫的，但是它的原來著作不一定是楚國人寫的。鮑氏提出了一些詞彙證據説明這一點。譬如，鮑氏注意楚帛書旁邊的十二個月名與《爾雅》所定秦國月名相同，而與包山楚簡所利用月名不一樣。這篇文章雖然只是一種推測，但是也不無啓發性。這個觀點有一點像李學勤先生，寧願將清華竹簡稱爲"戰國竹書"，而不稱作"楚竹書"。

二、汲冢竹書

汲冢竹書是指晉武帝咸寧五年(公元279，也有太康一年[280年]和太康二年[281年]的説法)在今河南汲縣一座戰國時代古墓被盜掘時候發現的一大批古書，都是寫在竹簡上的。按照當時的報告，西晉朝廷收到這個消息以後就派令了官員徵集竹書，一共救集了"數十車"的竹簡。竹簡到了首都洛陽以後，皇帝命令當時秘書監(即相當於現在國家圖書館館長)荀勗(公元289年卒)領導一個編輯委員會，把古書整理好，并將戰國時代的古文寫成當時流行的楷書文字。泰康三年(282)，荀勗已經將這些古書中一種文獻整理好，稱作《穆天子傳》。在荀勗做的《序》裏，他對汲冢墓本做過這樣的描述："序古文穆天子傳者，太康二年，汲縣民不準盜發古冢所得書也，皆竹簡素絲編。以臣勗前所考定古尺度，其簡長二尺四寸，以墨書，一簡四十字。"荀勗的編輯委員會似乎在五六年以內完成了初步工作，到太康八年(287)荀勗遷爲尚書令，有證據暗示他初步編定的整理工作已經完成了。

此後不久荀勗即死(289)，王朝亦更迭，惠帝(291—306在位)代替了武帝。惠帝即位後立刻改組秘書監，著名的古文字學家衛恒(291年卒)受命爲秘書丞。可是衛恒做了秘書丞之後不久便去世，他的友人束皙(261—

300)旋被任命爲著作佐郎。史載,衛恒和束皙對荀勖所編定的汲冢竹書整理本很不滿意,有證據表明他們重新整理了汲冢竹書。汲冢竹書最詳細的論述載於《晉書·束皙傳》,將七十五篇的竹簡分成十幾種不同的文獻:

> 初,太康二年,汲郡人不準盗發魏襄王墓,或言安釐王冢,得竹書數十車。其《紀年》十三篇,記夏以來至周幽王爲犬戎所滅,以事接之,三家分,仍述魏事至安釐王之二十年。蓋魏國之史書,大略與《春秋》皆多相應。其中經傳大異,則云夏年多殷;益干啓位,啓殺之;太甲殺伊尹;文丁殺季歷;自周受命,至穆王百年,非穆王壽百歲也;幽王既亡,有共伯和者攝行天子事,非二相共和也。其《易經》二篇,與《周易》上下經同。《易繇陰陽卦》二篇,與《周易》略同,《繇辭》則異。《卦下易經》一篇,似《説卦》而異。《公孫段》二篇,公孫段與邵陟論《易》。《國語》三篇,言楚、晉事。《名》三篇,似《禮記》,又似《爾雅》、《論語》。《師春》一篇,書《左傳》諸卜筮,"師春"似是造書者姓名也。《瑣語》十一篇,諸國卜夢妖怪相書也。《梁丘藏》一篇,先叙魏之世數,次言丘藏金玉事。《繳書》二篇,論弋射法。《生封》一篇,帝王所封。《大曆》二篇,鄒子談天類也。《穆天子傳》五篇,言周穆王游行四海,見帝臺、西王母。《圖詩》一篇,畫贊之屬也。又雜書十九篇:《周食田法》、《周書》、《論楚事》、《周穆王美人盛姬死事》。大凡七十五篇,七篇簡書折壞,不識名題。冢中又得銅劍一枚,長二尺五寸。漆書皆科斗字。初發冢者燒策照取寶物,及官收之,多燼簡斷札,文既殘缺,不復詮次。武帝以其書付祕書校綴次第,尋考指歸,而以今文寫之。皙在著作,得觀竹書,隨疑分釋,皆有義證。遷尚書郎。

很不幸,在惠帝和懷帝(307—312 在位)的統治之下,西晉朝廷衰落,再加上兩次起義,皇家圖書被燒,恐怕汲冢竹書原件此時也難幸免。幸虧,荀勖和束皙的某種編本都并行流傳,在六朝隋唐甚至北宋時候的類書和章注裏面經常被引用。到南宋以後,汲冢許多文獻就失傳了,按照一般史學常識,唯有《穆天子傳》一本能夠完整地傳到今天(其實,《穆天子傳》的編輯和版本都有相當多的問題,這裏無法討論)。明代末年,又出現了一本《竹書紀年》。到清代，考據學家普遍使用輯佚方法恢復古書，汲冢竹書當然也包括在内，特別是《竹書紀年》。他們發現隋唐類書和章注的引文與明代傳本《竹書紀年》有所不同，然後論證明代本子，也就是現在多稱作"今本"《竹書紀年》，是僞造的。即使只保留了某些殘片，史學家還是多以輯佚本(多稱作"古本"《竹書紀年》)爲墓本真正面貌。

《穆天子傳》最早引起了西方學術界的注意。在十九世紀末二十世紀初的時候，曾經相當普遍的"泛巴比倫主義"學説，以爲兩河流域的蘇美爾文化是全世界文明的起源，所有其他文化是從該地流傳下去的，也包括中國文化在内。這些觀點可以見於歐德理(E.J. EITEL, 1838—1908)在1888年發表的《穆天子傳》(400050)。歐德理提出西王母可能就是西方神話中的薩巴王后。1904年，德國漢學家佛爾克(Alfred FORKE, 1867—1944)做了一篇篇幅很長的文章判斷這個觀點的是非，即《穆王與薩巴后》(400070)。發表在這兩篇文章之間還有一個比較怪的説法，沙畹在這個時候正在將《史記》翻譯成法文，在譯文第二册綜述部分，沙畹提出了一種完全新的説法，以爲《穆天子傳》的穆王并不是周穆王，而應該是秦穆公。據沙畹論證，《史記》從來没有提到周穆王進行了任何旅行。并且，他説《穆天子傳》所提地名多在春秋時代秦國和趙國地域之内，這些地方的人民也多是土耳其人種，與《穆天子傳》的描述一致。他還説秦國從造夫開始與馬制有密切關係，這也可以説明爲什麽《穆天子傳》應該是秦國的史書。在這個時候，沙畹已經是法國最權威的漢學家，也是全歐洲最權威的漢學家。當時最權威的漢學學刊《通報》(*T'oung Pao*)有一個習慣，刊物是由法國(巴黎)和荷蘭(萊頓)大學教授合編的。當時，沙畹當然是法國編者，而索緒兒(Leopold de SAUSSURE, 1866—1925)是荷蘭編者。在沙畹還活着的時候，索緒兒没有討論這個問題。但是，沙畹在1918年逝世以後，索緒兒就在《通報》上發表文章反駁他的觀點，這篇文章題作《穆王游行與沙畹的推測》(400150)。索緒兒還做了文章論證穆天子應該就是周穆王(《穆王游行的關聯(在公元前十世紀)》[400160])，另外也利用《穆天子傳》所載干支日期記錄來試圖恢復穆王在位的曆法，即《穆天子傳的日曆》(400140, 1920年)。這篇文章儘管篇幅很短，并且也有不少問題，但是仍然很有啓發性。沙畹逝世以後，他的學生伯希和繼任爲《通報》的編者。在 1922 年，他撰短文評價沙畹和索緒兒有關《穆天子傳》的論點，即《〈穆天子傳〉研究》(400190)，承認索緒兒的批評是合理的。然而，伯希和所寫的最後一句話是："我們仍然要指出，《穆天子傳》真正研究還沒有開始。"①在此後五十年，《穆天子傳》研究没有任何進展，直至 1978 年才有法文翻譯，即馬迪由（Rémi MATHIEU）的《〈穆天子傳〉譯注評論》(400790)。這個翻譯雖然説是"譯注評論"，但只能算是非常初步的工作，見倪豪士（William H. NIENHAUSER, Jr.）的書評(401170)。至二十世紀末二十一世紀初，有兩個學者對《穆天子傳》做了詳細研究，都提出新的説法。1993 年和 1996 年，裴碧蘭（Deborah Lynn PORTER）做了《〈穆天子傳〉裏崑崙山的文學意義》(402020)和《從洪水到論述：神話、歷史與中國小説的産生》(402300)。裴碧蘭的觀點是《穆天子傳》所載游行并不是真正的游行，而應該是天上的神話故事。這個恐怕和十九世紀的"泛巴比倫主義"不無關係。稍後，德國學者傅熼德（Manfred FRÜHAUF）發表了一系列的文章，探討與《穆天子傳》有關的許多關鍵問題，諸如文獻的年代和真偽、"八駿"和神話②。

有了傅熼德的研究成果以後，西方漢學界對《穆天子傳》的研究進入了新的階段，伯希和説的"《穆天子傳》真正研究還没有開始"的現象不再持續了。

西方學術界早已經注意了汲冢竹書的重要性，這些文獻引起西方漢學家們的激烈辯論，現將最新研究成果介紹於此。最重要的辯論之一是《竹書紀年》的性質與真偽問題。早在 1841 年，原爲法國工程師後來轉爲漢學家的畢甌（Édouard BIOT, 1803—1850）已經把《竹書紀年》翻譯成法文(400010、400020)，此後蘇格蘭駐香港傳教士理雅格（James LEGGE, 1815—1897）也把它翻譯成英文，一直到現在仍然

---

① Paul PELLIOT（伯希和），"L'Étude du *Mou t'ien tseu tchouan*"（《穆天子傳》研究），*T'oung Pao* 21 (1922): 102.
② 見 Manfred FRÜHAUF（傅熼德），《有關〈穆天子傳〉的年代和真偽問題》(402510,1998—1999 年)；《〈穆天子傳〉所見貢舉和禮品》(403710,2004 年)；《〈穆天子傳〉的穆王八駿》(404340,2006 年)；《〈穆天子傳〉裏的神話和天文》(406420,2015 年)。

爲學術界所利用①。《竹書紀年》的真僞一直是學術界關心的問題。雖然中國歷史學與文獻學界有一個比較公認的常識,以爲"今本"《竹書紀年》是明人僞造的,可是在西方學術界,《竹書紀年》的真僞仍然是一個值得研究的問題。沙畹在做《史記》翻譯時,也花了相當篇幅討論《竹書紀年》的真僞,特別是撰寫《有關〈竹書紀年〉的真僞》(400040)的章節時,基本上以爲"今本"《竹書紀年》更有歷史價值。在1950年代,波蘭學者Aleksy DEBNICKI提供了《〈竹書紀年〉作爲中國古代社會史資料》(400280)這本專著,論證"今本"《竹書紀年》不但可靠,并且有非常重要的歷史價值。此書在波蘭出版,當時東歐和西歐隔開,因此沒有引起多少讀者的注意。唯有捷克著名漢學家普實克(Jaroslav PRŮŠEK,1906—1980)寫了書評(400500),指出DEBNICKI氏沒有參考近現代中國學者對《竹書紀年》的研究,多用了當時蘇聯流行的馬克思歷史觀爲論證。按照普實克的看法,DEBNICKI氏此書沒有多少説服力。

1970年代末,當時還在中年的甲骨學者吉德煒(David N. KEIGHTLEY;見第二部分附加的小傳)在權威學刊《哈佛亞洲學學報》上發表了《〈竹書紀年〉與商周年代》(400770)的文章,論證連"古本"《竹書紀年》對商代歷史沒有價值,更不用説後人僞造的"今本"《竹書紀年》。按照吉德煒的研究,《竹書紀年》原來爲戰國時代的政治思想作品,戰國時代離商代已經有七百年以上,當時史學家也沒有可靠的歷史記載。因爲吉德煒是很謹慎的歷史學家,再加上《哈佛亞洲學學報》算是西方漢學界最權威的刊物,所以這個觀點立刻得到了大多數學者的認同。

雖然如此,在吉德煒那篇文章發表以後的第二年(1979),倪德衛(David S. NIVISON,1923—2014;見第三部分附加的小傳)在研究西周銅器銘文與西周年代問題的時候發現《竹書紀年》保留了某些寶貴信息。不但如此,他指出在某幾方面"今本"《竹書紀年》比"古本"《竹書紀年》還重要。倪德衛在1983年發表的《西周之年代》(301280*)和《從銅器銘文

---

① James LEGGE(理雅格),*The Chinese Classics*, Vol. 3: *The Shoo King, or Book of Historical Documents*(中國經典,第三輯:書經)(London: Henry Frowde, 1865),第四章"The Annals of the Bamboo Books"(竹書紀年),第105—183頁。

重構西周歷史》(301290)首次公布了這樣的看法,此後就變成他晚年的研究項目,他在一些正式作品論述了相關的觀點,并在更多的没有發表的會議講稿中詳細加以説明。倪德衛這個研究項目的結晶是他 2009 年在臺灣出版的《〈竹書紀年〉解謎》(405060*)。這本書出版以後他仍然繼續修改,他的計劃是要出版中譯本,與某些學生和朋友一起進行翻譯,到他在 2014 年秋天去世之前幾個禮拜還一直在修改,不幸的是逝世之前也没有修改完。逝世以後,《〈竹書紀年〉解謎》中譯本在 2015 年由上海古籍出版社出版,中國讀者終於可以窺見倪德衛對《竹書紀年》的研究成果。

　　倪德衛的學生夏含夷(Edward L. SHAUGHNESSY)也長期從事《竹書紀年》研究。像倪德衛一樣,夏含夷對《竹書紀年》的興趣始於西周年代研究,在 1986 年發表的《有關〈竹書紀年〉的真僞》(401370*)中,他指出在"今本"《竹書紀年》周武王紀年裏有一段十五、十六、十七年的紀年似乎是多餘的,他又指出周成王從元年到十八年,幾乎每一年都設有紀年,只有十五、十六、十七這三年没有紀年。他還指出,有不少歷史證據説明武王多餘的三年紀年是成王時代的史事。因此,他認爲這段文字的錯置應該是由錯簡發生的。他還指出,這段文字有三十七個文字,但是如果包括三個年間空格,原來就可能占有四十個文字的空間。這與荀勗在《穆天子傳序》裏描述汲冢竹書的樣子一樣:"以臣勗前所考定古尺度,其簡長二尺四寸,以墨書,一簡四十字。"按照夏含夷的結論,錯簡現象只能是編者利用竹簡時發生的,文字書於紙上以後不會再錯置,因此這段文字如果真反映錯簡證據,只能是荀勗及其編輯委員會當時弄出來的,然後一直流傳到明代傳世本。現在,這段占有四十字的文字只有在"今本"《竹書紀年》裏保存,這一段文字連一個字也没有增減,應該説明至少這一段文字不可能是明代人物僞造的,應該反映汲冢墓本的真實面貌。他還認爲"今本"《竹書紀年》如果保存一段真實文字,也許其他真實段落同樣可以保存。據夏氏論證,中國學者以爲"今本"《竹書紀年》是僞造品這樣的常識應該重新考慮。這篇文章的中文稿早已經在中國發表①,是中國學者熟知的,毋庸在此多做介紹。

---

　　① 夏含夷,《也談周武王的卒年——兼論今本竹書紀年的真僞》,《文史》29 (1988): 7—16。

夏含夷發表《有關〈竹書紀年〉的真偽》二十年以後,又對《竹書紀年》以及所有汲冢竹書做了深入研究,包括在他 2006 年出版的《重寫中國古代文獻》(404440*)一書。這本書分成兩部分。第一部分介紹了當代簡帛研究工作,特別是郭店與上海博物館收藏的楚竹書的整理工作。夏氏指出《郭店竹簡》和《上海博物館藏戰國楚竹書》出版以後,引起了學術界大量的討論,學者不但對文字的識讀發表不同的意見,還對竹簡的排序提出了不少重排的提議。此書第二部分介紹汲冢竹書的發現以及荀勖和束皙的編輯工作,考察西晉時代朝廷的學術環境。他指出荀勖和束皙的編輯工作并不是同時進行的,荀勖的工作是在公元 287 年以前完成的,束皙的工作是在 291 年以後才開始的。夏含夷還對隋唐北宋的類書和文獻注疏裏所載汲冢竹書的引文做了綜合檢索,指出這些引文普遍含有異文,不少異文反映當時編者對古文的不同識讀方法,類似現代學者對郭店簡和上博簡所提出的不同釋文。從引文的明顯差異,夏含夷還認識出汲冢竹書的兩種不同的整理本,以爲一本應該可以追溯到荀勖,另外一本應該是束皙的重新編輯本。最後,他對《竹書紀年》又做深入的考察,特別是對"今本"《竹書紀年》,找出很多證據,包括又一次錯簡證據,證明"今本"《竹書紀年》不可能是後人偽造的。儘管"今本"《竹書紀年》含有相當程度的混亂,但是這種混亂和現在所發現的竹簡情況在很大程度上相似。不同的編者會提出不同的釋文,包括不同的排序,這不但是我們現代簡帛學的經驗,同樣也應該是古代編者的經驗。因此,夏含夷又建議今天的學者根據我們現在對戰國竹書的新認識重新考慮汲冢竹書的編輯和可靠性①。

在《重寫中國古代文獻》裏,除了對《竹書紀年》做深入研究以外,夏含夷對汲冢竹書的其他文獻還做了綜合介紹,對《穆天子傳》的文本提出了一些新的看法,并且還收集汲冢竹書的《瑣語》所有引文,全部都做了英文翻譯。這是在翁有理(Ulrich UNGER,1930—2006;見第三部分附加的小傳)1979 年發表的《〈瑣語〉殘片》(400920)之後,西方學術界對這一文

---

① 這本書也有中文譯文,見夏含夷著,周伯群等譯,《重寫中國古代文獻》(上海:上海古籍出版社,2012)。

獻罕有的注意。翁有理和夏含夷都認爲《瑣語》對中國文學的發展，特別是對六朝的志怪故事，起了一定的促進作用。

三、1970年代以後西方漢學簡帛學術成果

在中國古代文化史學術史上，1970年代是一個重要里程碑。無論是考古發現，諸如秦始皇兵馬俑、馬王堆一號墓墓主的屍體抑或安陽婦好墓；還是簡帛的發現，諸如山東臨沂銀雀山漢簡、馬王堆三號墓的帛書和簡牘、湖北雲夢睡虎地的秦簡與安徽阜陽漢簡，這十年完全改變了中國古代歷史學，特別是中國出土文獻學的學術領域。此後，中國國內古文字學與古文獻學的研究都進步很快，1960年代以前的認識實在無法與此對比。在中國之外，這個領域的進步速度遠不如在中國國內快，可是也有了很客觀的進展。這個進展的最早帶頭人還是在1960年代有重大學術成果的魯惟一和何四維兩位先生。魯惟一在1977年的《通報》上對當時簡帛的新發現發表了一篇詳盡的綜覽，即《中國新近發現寫本初覽》（400720）。此後，在1978年的《通報》上，何四維發表了《1975年湖北出土秦代文書》（400760），對睡虎地秦簡做了初步介紹。這兩篇文章可能不算是研究成果，但是可以說在西方學術界上建立了以後的研究基礎。也在這個時候有另外兩位年輕的學者對馬王堆的帛書做了同樣的綜覽：夏德安（Donald J. HARPER）和王安國（Jeffrey K. RIEGEL）在新創刊的《古代中國》（*Early China*）上發表了《馬王堆三號墓：文獻》（400670，1976年）。此後，他們兩個人，特別是夏德安，發表了更多的學術成果。下面對他們和其他人對這個時代的考古發現的出土文獻研究做介紹，按照遺址的發現年代早晚叙述。

1972 山東臨沂銀雀山 1、2 號漢墓

1972年4月山東省博物館和臨沂文物組在臨沂銀雀山發掘了兩座漢代墓葬，墓葬都含有大量的簡牘殘片，1號墓出土竹簡一共有7,500多片，還出土一些木牘和木牘殘片。1號墓出土竹簡的內容主要是古書類，特別是兵書，有傳本《孫子》、《尉繚子》、《晏子》、《六韜》等，還有大量佚書，

最重要的是《孫臏兵法》。只是很遺憾，整簡數量不多。2號墓僅出土漢武帝時代的《元光元年曆譜》32枚簡，這些竹簡保存得相當完整。作爲中國中原一帶重要簡牘的首次發現，引起了廣泛的注意，特別是受清代乾嘉以來疑古學風的影響，學者對不少傳世文獻諸如《尉繚子》和《六韜》采取懷疑態度，以爲是後人僞造的。這一發現證明了這些書至少在西漢前期已經存在，對疑古學來説，這是第一次重要反攻。

銀雀山漢簡的發現立刻引起了西方學術界的注意。1974年鮑德威（David D. BUCK）在《中國先漢學通訊》（*Newsletter for the Study of Pre-Han China*）（即《古代中國》學刊的前身）上，發表了簡單的介紹：《山東臨沂所發現的先漢文獻》（400600）。三十年以後，陸威儀（Mark Edward LEWIS）對該墓出土的軍事文獻做了綜合介紹：《中國古代墓葬裏發現的戰争文獻》（404040）。就像在中國一樣，這些軍事文獻，特別是《孫子兵法》和《孫臏兵法》引起了最多的興趣。

《孫子兵法》和《孫臏兵法》

銀雀山出土了部分《孫子兵法》，出現新的英文譯文，即安樂哲（Roger T. AMES）1993年出版的《孫子兵法：第一個包含銀雀山文獻的英文翻譯》（401900）。傳世的《孫臏兵法》有兩個譯文，即蘇煬悟（Ralph D. SAWYER）1995年出版的《兵法的戰術：孫臏》（402190）和1996年安樂哲出版的《孫臏兵法：中國古典哲學與戰略經典的翻譯》（402220）。他們兩個人都做了一系列的譯文，包括傳世文獻和出土文獻：安樂哲專門針對哲學文獻①，蘇煬

---

① 除了《孫子兵法》和《孫臏兵法》以外，安樂哲還出版了下列譯文：*The Art of Rulership*（主術）（Honolulu：University of Hawai'i Press，1983），即《淮南子·主術訓》；*Yuan Dao: Tracing Dao to Its Source*（原道：追尋道源）（New York：Ballantine Books，1998），即馬王堆《原道》；*The Analects of Confucius: A Philosophical Translation*（孔子的論語：一個哲學翻譯）（New York：Ballantine Books，1998），即《論語》；*Focusing the Familiar*（中庸）（Honolulu：University of Hawai'i Press，2001），即《中庸》；*Dao De Jing: Making this Life Significant: A Philosophical Translation*（道德經，益生：一個哲學翻譯）（New York：Ballantine Books，2003），即《道德經》；*The Chinese Classic of Family Reverence: A Philosophical Translation of the* Xiaojing（中國經典的家庭禮制：孝經的哲學翻譯）（Honolulu：University of Hawai'i Press，2009），即《孝經》。

悟多針對兵書①。因爲這些譯文與出土文獻不一定有關係，所以於此不能一一介紹。

有關銀雀山兵書最重要的研究成果無疑是葉山（Robin D. S. YATES）的一系列論文：1988 年發表的《中國古代兵書的新綫索：試論其性質和演變，兼論中國戰國時代軍事專業化的發展》（401520）、2004 年發表的《銀雀山的軍事和政府文件：序論與初步翻譯》（403850）以及 2005 年發表的《兵書經典詮釋的早期模式：以〈孫子兵法〉爲例》（404220）。葉山的博士論文針對的是《墨子》的軍事篇和戰國時代戰争史②，以後他還撰寫了李約瑟（Joseph NEEDHAM，1900—1995）《中國科學與文明》

| 安樂哲 | 葉山 | 蘇煬悟 |
| (Roger T. AMES) | (Robin D.S. YATES) | (Ralph D. SAWYER) |

① 蘇煬悟出版了非常多的書，很多都有重複的內容，包括 The Seven Military Classics of Ancient China（中國古代兵書的七經）(Boulder：Westview Press，1993)，即《武經七書》；The Art of War（兵法）(Boulder：Westview Press，1994)，即《孫子兵法》；Ling Ch'i Ching: A Classic Chinese Oracle（靈棋經：中國經典的占書）(Boulder：Westview Press，1995)，即《靈棋經》；The Complete Art of War（具備的兵法）(Boulder：Westview Press，1996) 包括《孫子兵法》和《孫臏兵法》；The Six Secret Teachings on ther Way of Strategy（戰略之道的六個秘訣）(Boston：Shambhala Books，1997)，即《六韜》；The Tao of War: The Martial Tao Te Ching（戰道：軍事道德經）(Boulder：Westview Press，1999)，包括《道德經》部分內容；Strategies for the Human Realm（人間的戰略）(N. p. 2012)，即《太白陰經》。

② Robin D. S. YATES（葉山），"The City Under Siege: Technology and Organization as Seen in the Reconstructed Text of the Military Chapters of the Mo-tzu"（圍城：重建《墨子》軍事章節所見科技與組織）（博士論文：Harvard University，1980）。

的戰爭卷①。上面所提第一篇文章，即 1988 年發表的《中國古代兵書的新綫索》特別介紹了銀雀山的《孫子》、《尉繚子》和《墨子》的殘片，是爲了準備《中國科學與文明》戰争卷而寫的。以後，他一直關心軍事問題。

陰陽書

葉山對出土文獻研究并不限制於兵書，他的興趣很廣，也包括銀雀山的《陰陽書》。在 1994 年的《古代中國》刊物上，他發表了一篇篇幅特別長的文章討論銀雀山的陰陽文獻：《銀雀山的陰陽文獻：一個序論和部分重構，并論其與黄老道家的關係》(402120)。這篇文章是根據吴九龍的《銀雀山漢簡釋文》而寫，葉山在文中指出這個釋文的内容完全没有邏輯，幾乎不能讀懂。因此，葉山重新組織了内容，説銀雀山《陰陽書》原來可能有八十五種之多的不同文獻。他把它們分成三個大類型："論政論兵之類"、"陰陽時令占候之類"和"其他之類"。他還選出幾類的代表文獻做釋文和翻譯，譬如"論政論兵之類"的《地典》和《曹氏陰陽》、"陰陽時令占候之類"的《禁》和《三十時》。葉山指出銀雀山文獻與馬王堆所謂黄老文獻有密切關係，在這篇文章裏他還翻譯了不少馬王堆文獻②。此後，葉山又出版了比較普及性的單本書，對這些文獻都做了系統的翻譯：《五部遺失的經典：漢代的道、黄老和陰陽》(402440, 1997 年)。

1973 河北定縣 40 號漢墓

1973 年發掘的河北定縣八角廊村 40 號漢墓是非常不幸的考古發

---

① Joseph NEEDHAM and Robin D. S. YATES, with Krzysztof GAWLIKOWSKI, Edward MCEWEN, and WANG Ling, *Science and Civilisation in China. Volume 5, Chemistry and Chemical Technology, Part 6: Military Technology: Missiles and Sieges* (中國科學與文明，第五卷"化學與化學技術"，第六節"軍事技術"，導彈和圍城) (Cambridge: Cambridge University Press, 1994).

② 葉山這些觀點也用中文發表，見《對漢代馬王堆黄老帛書性質的幾點看法》，載於湖南省博物館編，《馬王堆漢墓研究文集：1992 年馬王堆漢墓國際學術討論會論文選》(長沙：湖南出版社，1994)，第 16—26 頁。

現。原本墓葬內隨葬品應該很豐富的,也陪葬特別多的竹簡,包括《論語》、《儒家者言》、《文子》、《太公》等文獻,并且還有《六安王朝五鳳二年正月起居記》、日書和占卜記錄等資料。但墓葬封閉不久之後就被盜掘。在盜墓過程中,墓室被燒了,裏面的文物遭到嚴重破壞,特別是陪葬的大量竹簡和木簡。更遺憾的是,它的不幸延續到了現代。墓葬發掘以後,出土竹簡在 1974 年夏天送到北京保護。結果,在 1976 年 7 月遇到唐山大地震,竹簡又受到嚴重破壞。不但如此,原來負責整理工作的人員因病不能繼續工作,簡牘經過二十多年沒有人負責整理,一直到現在還沒有做出真正的考古報告。因此定縣竹簡還沒有引起多少西方漢學家的注意。唯有葉波(Paul van ELS)在 2009 年發表的《定州:一座不幸的墓葬的故事》(404950),對墓的發掘工作和出土簡牘做了詳盡的介紹。還有一些人對墓葬的《論語》和《文子》做了研究,下面分別介紹。

《論語》

定縣《論語》包括 620 殘片,當然引起了廣泛興趣。安樂哲如他對銀雀山出土的《孫子》一樣做了一個"哲學翻譯",即他和羅思文(Henry ROSEMONT)在 1998 年出版的《孔子的論語,一個哲學翻譯:根據定州殘簡和其他考古發現的新譯文》(402460)。這個翻譯不能算是真正的研究工作。雖然說是"根據定州殘簡和其他考古發現的新譯文",可是定縣《論語》的影響并不大。并且這本著作是一種"哲學翻譯",對《論語》學史也沒有提供多少信息。其他不少西方漢學家對《論語》做研究和翻譯的時候,同樣也沒有充分利用定縣《論語》的證據。

雖然如此,與定縣《論語》非常相似的另外一個考古發現很值得介紹於此。在 2009 年,學術界可以看到在北朝鮮平壤貞柏洞區第 364 號墓出土木簡和木牘的照片。2011 年,南朝鮮學者金慶浩(KIM Kyung-ho)發表了一篇英文文章介紹這個遺址及其文件:《出土竹木簡〈論語〉研究:儒家思想和中國文字的傳播》(405690)。在西漢時代這個地區是樂浪郡,墓中一塊木牘載有"樂浪郡初元四年縣別户口多少□簿",說明是漢元帝初元四年,即公元前 45 年,年代與定縣墓的年代也非常相似。從這塊木牘可知,當時樂浪郡含有二十五縣,木牘載有人口的信息,分成"户"和"户數"記載,"少前"、"多前"或"如前"記載,還有"口"和"口數"記載,非常像同時在中國江蘇尹灣和湖南虎溪山所出土的文件。除了人口記録以外,此墓還有《論語》的《先進》(第十一章)和《顔淵》(第十二章)兩章。金慶浩的文章附有一張照片顯示《論語》的三十九枚竹簡(見下面圖表)。金慶浩指出樂浪《論語》和定縣《論語》的形式極近。根據學者復原,定縣《論語》木簡原來是 14.7 釐米長(漢代 7 寸),由三個編綫編連,每一簡中間編綫以上寫有十個字,中間編綫下面也寫有十個字。樂浪《論語》稍長,每一簡均爲 23 釐米(漢代一尺),可是像定縣《論語》一樣,每一簡寫有二十個字,即分成中間編綫上面十個字和下面十個字(見下面對貞柏洞區第 364 號墓《論語》與定縣《論語》摹本的對照)。正如金慶浩指出的那樣,無論是樂浪人口譜與尹灣和虎溪山人口譜的相似性,還是定縣《論語》和樂浪《論語》的相似性,都可以説明漢代皇朝的統一趨勢。除了金慶浩的英文文章

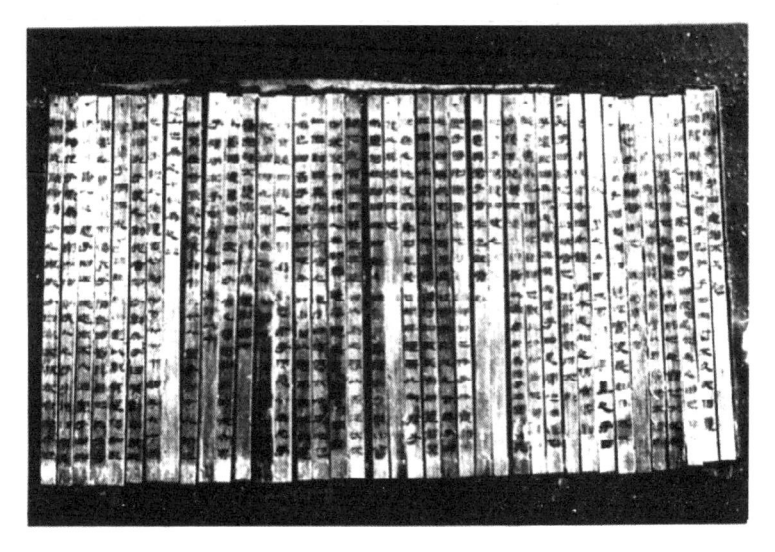

北朝鮮平壤貞柏洞區第 364 號墓出土 39 枚木簡

引自 KIM Kyung-ho(金慶浩),"A Study of Excavated Bamboo and Wooden-strip *Analects*: The Spread of Confucianism and Chinese Script"(出土竹木簡《論語》研究:儒家思想和中國文字的傳播),*Sungkyun Journal of East Asian Studies* 11.1 (2011),第 66 頁

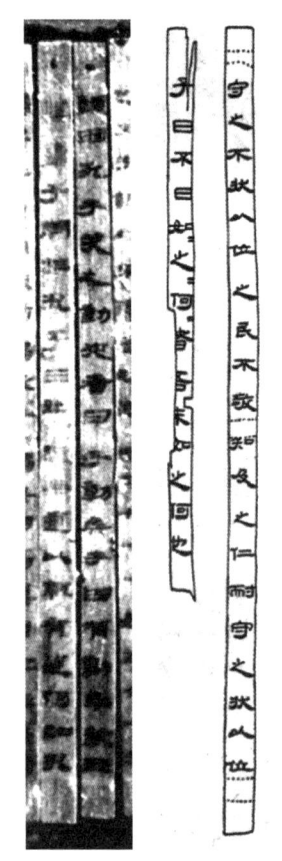

北朝鮮平壤貞柏洞區第 364 號墓《論語》照片與定縣《論語》摹本的對照
引自 KIM Kyung-ho（金慶浩），"A Study of Excavated Bamboo and Wooden-strip *Analects*：The Spread of Confucianism and Chinese Script"（出土竹木簡《論語》研究：儒家思想和中國文字的傳播），*Sungkyun Journal of East Asian Studies* 11.1（2011），第 64 頁

以外，對這一發現還有韓文和日文的介紹①。

———————

① 金秉駿,《樂浪郡初期의編户過程의"胡漢梢別"》,《木簡과文字》1(2008)：139—186；金秉駿,《樂浪郡初期の編户過程》,《古代文化》61.2（2009）：59—80；金慶浩,《韓中日東亞世亞 3 國의出土文字資料의現況과研究》,《韓國古代史研究》59（2010）：329‑363；李成市、尹龍九和金慶浩,《平壤貞柏洞 364 古墳出土竹簡論語에대하여》,《木簡과文字》4（2009）：127‑166。

《文子》

除了《論語》以外，定縣漢墓所出文獻還有《文子》的幾個段落，爲歷來一直辯論的《文子》真僞問題提供了極其重要的證據。《文子》是葉波的博士論文題目，即他於 2006 年在荷蘭萊頓大學提交的《〈文子〉：一份中國哲學文獻的創造和篡改》(404470)。按照葉波研究，定縣《文子》證明現傳《文子》是後人根據《淮南子》僞造的。同樣的結論也見於白光華(Charles LE BLANC) 2000 年著《從歷史和考古看〈文子〉》(402870)。

1973 湖南長沙馬王堆 3 號漢墓

1973 年 12 月至 1974 年年初，湖南省博物館在長沙市馬王堆發掘了 2 號和 3 號兩座漢墓，3 號墓出土了大量的簡帛資料。如上面已經指出，馬王堆 3 號墓的發現是中國古代文化史學術史上最富有意義的發現，簡帛文獻包括兩本《老子》、《周易》及與《周易》相關的文獻、《戰國縱橫家書》、《春秋事語》、天文星占、相馬佚書、多種醫書、三種《刑德》佚書、兩種關於陰陽五行的佚書、導引圖、兩種地圖、各種雜占等，都引起了學術界的廣泛注意。西方學術界正像中國學術界一樣一定會承認馬王堆的重要性，毋庸於此多贅述。

馬王堆 2 號和 3 號墓發現不久以後，《古代中國》學刊在 1975 年創刊那一年就已經刊用了一篇文章介紹這個發現，即王安國《〈文物〉和〈考古〉最近發表的關於馬王堆二號和三號墓的文章概要》(400660)。如上面已經指出的，第二年《古代中國》又刊用了王安國和夏德安對馬王堆文獻的綜合介紹：《馬王堆三號墓：文獻》(400670)。此時還有其他介紹性的文章，諸如冉雲華(JAN Yün-hua)於 1976 年發表的《帛書的簡單目錄》(400680)和吳德明(Yves HERVOUET)於 1977 年用法文發表的《中國古代寫本的新發現》(400690)。以後，西方學者對馬王堆各種文獻多做專門研究，下面分別介紹。

西方漢學家對馬王堆漢墓的歷史背景沒有給出應有的注意，學術界多半都采用中國國內的流行說法。自從 3 號墓被發掘以後，比較公認的看法是墓主是長沙王利蒼的兒子。最近，德國漢堡(Hamburg)大學"寫本文明研究中心"(Centre for the Study of Manuscript Cultures)主任傅敏怡(Michael FRIEDRICH)撰文討論馬王堆三號墓的墓主身份,即《誰是馬王堆三號墓的墓主?》(404960),對利豨和利得兩種可能都做了全面討論,最後沒有確切的結論。

《老子》

《老子》是世界上翻譯數量排名第二的文獻(《聖經》是第一名),僅以西方語言為止,已經超過兩百種翻譯。馬王堆三號墓被發現以後,世界得聞墓葬裏面陪葬的文獻中存有兩幅《老子》的寫本,當然引起了極其廣泛的興趣。據初步檢索,馬王堆《老子》本身已經有六種西方語言的翻譯,按照出版時代為序如下列出。為了區別每一本翻譯的不同,這裏還設有原文的標題和出版年代。

《老子》西文譯文

蘭喬蒂(Lionello LANCIOTTI), *Libro della Virtù e della Via. Il Te-tao-ching secondo il manoscritto di Ma-wang-tui*(《道德經》:根據馬王堆寫本)(401070,1981 年)

劉殿爵(D.C. LAU), *Chinese Classics: Tao Te Ching*(中國經典:道德經)(401150,1982 年)

韓祿伯(Robert G. HENRICKS), *Te-Tao Ching: A New Translation Based on the Recently Discovered Ma-wang-tui Texts*(道德經:根據最近發現的馬王堆文本的新翻譯)(401570,1989 年).

梅維恒(Victor MAIR), *Tao Te Ching: The Classic Book of Integrity and the Way*(道德經)(401690,1990 年)

梅　勒(Hans-Georg MÖLLER), *Laotse, Tao Te King: Die Seidentexte von Mawangdui*(《老子,道德經》:馬王堆帛書)(402180,1995 年)

安思格(Ansgar ERSTNER), "Eine Synopse und kommentierte

Übersetzung des Buches Laozi sowie eine Auswertung seiner kritischen Grundhaltung auf der Grundlage der Textausgabe Wang Bis, der beiden Mawangdui-Seidentexte und unter Berücksichtigung der drei Guodian-Bambustexte"（從王弼注、兩個馬王堆帛書和三個郭店竹簡的《老子》提要和注譯作爲基礎評估它的社會批評的主義）（403090,2001年）.

這些翻譯有不同的特點。劉殿爵（D.C. LAU，1921—2010）早在1963年已經公布了一種《老子》譯本，廣受西方讀者的注意。在1982年出版的，是重新根據馬王堆兩種寫本所做的翻譯。譯文和二十年前的譯文當然有一些不同，但是總的來說，差別不太明顯。劉文出版兩年以後，鮑則岳（William G. BOLTZ）在《哈佛亞洲學學報》上發表長篇書評，即《文獻批評與馬王堆〈老子〉》（401240），對這一新的譯文提出比較尖銳的批評，下面還會討論。除了鮑則岳以外，劉殿爵此書沒有引起大衆讀者的注意（也許因爲書是在香港出版的），一直沒有代替劉氏1963年在英國出版的譯文。

至少在美國，韓祿伯1989年出版的譯文更有影響。韓祿伯當時在達特茅斯學院（Dartmouth College）任教，學術專長是中國宗教史。他的翻譯是根據他對馬王堆帛書《老子》做的一系列研究成果。這些成果包括下列幾篇（按照發表年代早晚）：

《馬王堆帛書〈老子〉的考察：着重關注它們與王弼本之不同》（400840,1979年）

《馬王堆帛書〈老子〉和文本年代的問題》（400850,1979年）

《關於馬王堆帛書〈老子〉分章問題的筆記》（400860,1979年）

《馬王堆〈老子〉異文的完備列表》（401020,1981年）

《關於〈老子〉之分章》（401140,1982年）

《老子第50章：是"十之三"還是"十三"？》（402640,1999年）

韓祿伯的研究成果多半都承襲中國學者的工作，至少可以說他的研究方法與中國學者的研究方法沒有多大的差別。他的譯文與傳統《老子》的詮釋也比較一致，沒有提出特別新的觀點。他在前言裏對《老子》的歷史背景所做的論述也比較傳統，大多數的中國學者應該會接受。

這些翻譯當中，最特殊的無疑是梅維恒（Victor MAIR）的翻譯。梅維恒長期以來在美國賓州（Pennsylvania）大學任教。他原來研究唐代的文學史，對敦煌變文做過深入研究。梅氏以爲佛教傳教人對中國文化史有着非常廣泛的影響，不僅僅在宗教和思想方面，并且也牽涉到文學作品的内容與形式。譬如說，他說中國"小說"這個概念和形式是從印度傳到中國。梅維恒翻譯馬王堆帛書《老子》的時候，也發現相當多的印度因素，說《老子》和印度經典《博伽梵歌》（Bhagavad gita）有非常多的相同點，這些相同點不可能是偶然的，必須說明早在公元前第二千年（甚至第三千年）印度和中國之間已經有來往。梅維恒說《老子》某些基本詞彙和先印歐語有關係。譬如，他說"道"與英文的"track"和"trek"有同一個共同詞源，"德"與英文"doughty"，"得"與英文"integrity"，"經"與英文"filament"或"file"也都是同源詞。他還說《老子》裏强調的"樸"的發音可以復原爲 *phluk，與英文"block"（據他說，此詞"大概"來自印歐語 bhelk，即英文"beam"）也是同源詞①。他還說《老子》第五十二章：

> 天下有始，以爲天下母。既得其母，以知其子。既知其子，復守其母。没身不殆。塞其兑、閉其門，終身不勤。開其兑、濟其事，終身不救。見小曰明，守柔曰强。用其光，復歸其明，無遺身殃，是謂襲常。

有很濃厚的印度瑜伽味道，應該是《老子》直接引用《博伽梵歌》的文字。梅維恒以爲《老子》的"作者"手裹有一本《博伽梵歌》，然後簡單地把它翻譯成中文。據他說，兩個文獻都有同樣的演變過程，都是在口述傳統中流

---

① 梅維恒的《老子》翻譯，因爲是給大衆讀者，所以沒有提供論證。然而，他在 1990 年在他自己創辦的《華柏論文》（Sino-Platonic Papers）上發表了詳細的說明和注解。可以將這篇文章的標題翻譯成中文爲《道德經：馬王堆〈老子〉翻譯的序論和注解》（401680），然而這個翻譯會失去他的原意。原文爲"[The] File [on the Cosmic] Track [and Individual] Dough [tiness]: Introduction and Notes for a Translation of the Ma-wang-tui Manuscripts of the Lao-tzu"。

傳的。這個知識怎麼會從印度傳到中國？是口頭傳授？梅維恒還說，"只要習讀早期印度文獻，特別是古典的《奧義書》(Upanishads)，你就會發現道家的所有哲學、宗教和修身基礎都包含在内，可是沒有包括道家的社會和政治成分；這些有中國特色"①。

梅維恒的印度起源說在西方學術界非常獨特，可是他對《老子》創造和流傳的看法與很多西方學者比較一致。梅維恒認爲，在公元前六世紀（即春秋中晚期），開始有人收集一些諺語，隨後被用作口述教材。在公元前五世紀，教徒因爲反對孔子學說，然後又反對墨子學說，所以將一些反孔反墨的說法納入他們的教材。以後，在公元前300年前後，某某無名氏寫了《莊子》以後，老子教徒才受到啓發寫下《老子》一書。據梅維恒說，"到了公元前

梅維恒
(Victor MAIR)

三世紀中期，這個收集工作大體上告成了，最早的《老子》寫本大概就在這個時候出現了"②。

上面已經提到鮑則岳對劉殿爵1982年的馬王堆帛書《老子》翻譯做了長篇書評。這個書評僅僅是鮑則岳十五多年以來一系列的關於《老子》校勘和詮釋的論文，按照發表年代早晚可以列出如下：

《從馬王堆帛書看〈想爾老子〉的宗教和哲學意義》(401120，1982年)
《文獻批評與馬王堆〈老子〉》(401240，1984年)
《王弼和河上公所未見的〈老子〉》(401270，1985年)
《中國式的文獻學》(402130，1995年)
《有傳世對應本的寫本》(402350，1997年)

---

① Victor MAIR（梅維恒），"[The] File [on the Cosmic] Track [and Individual] Dough [tiness]: Introduction and Notes for a Translation of the Ma-wang-tui Manuscripts of the *Lao-tzu*"（道德經：馬王堆《老子》翻譯的序論和注解），第34頁。
② MAIR（梅維恒），"[The] File [on the Cosmic] Track [and Individual] Dough [tiness]: Introduction and Notes for a Translation of the Ma-wang-tui Manuscripts of the *Lao-tzu*"（道德經：馬王堆《老子》翻譯的序論和注解），第17頁。

鮑則岳在這些文章中一直利用非常細緻的文獻學方法去訓讀《老子》的原來意義。他的方法與中國傳統校讎學方法十分相似，可是他自己追根到十九世紀初年德國學者樂克曼（Karl LACHMANN，1793—1851）對希臘古典文學所做的研究工作。樂克曼最有名的研究方法是製作一種文本族譜（鮑則岳經常利用拉丁文的專用名詞，他把文本族譜稱作"*stemma codicum*"，即"文本樹幹"），將某一文獻的所有版本列表說明其相互關係。鮑則岳根據這種文獻族譜提出了某些幾乎是數學式的原則（"A"代表文獻族譜一支的讀法，於此也代表馬王堆帛書本《甲》；"B"代表文獻族譜的另一支的讀法，於此也代表馬王堆帛書本《乙》；"R"代表文獻的傳世文本；"X"代表文獻原來的文字）：

1. 如果 A＝B，則 X 也＝A 和 B；
2a. 如果 A♯B，而 A＝R，則 X＝A；
2b. 如果 A♯B，而 B＝R，則 X＝B；
3. 如果 A♯B，而 A 和 B 都♯R，則 X 只能通過不同證據決定，也許不能決定。

一個簡單的例子就可以見於《老子》第一章。馬王堆帛書《甲》本和《乙》本都讀作"恒名也"，而傳世本讀作"常名"。爲了決定原文，鮑則岳做下面的一種方程：

A、B：恒名也：：R：常名

按照上述第一個原則，因爲 A＝B，那麼我們可以決定原文應該是"恒名也"。他說這僅僅是邏輯和常識。然而，如果 A♯B，傳統西方文獻學還有一個普遍使用的原則，這個原則是根據拉丁文的問句："*utrum in alterum arbiturum erat*"（"哪一種異文更可能變成對方"），回答是"*difficilior lectio potior*"（"更難讀文字優先"）。這是因爲我們更容易理解一個抄手爲什麽會簡寫或改變一個難寫的文字，可是很難想象抄手會把一個比較容易寫的文字寫成一個比較難寫的文字。鮑則岳提出《老子》傳世本第八章的"居善地心善淵"來說明這個原則：

A：居善地心善瀟
B：居善地心善淵
R：居善地心善淵

鮑則岳説"A：瀟∷B：淵"是一種非常典型的例子説明"更難讀文字優先"的原則。"瀟"字不出現於先秦文獻，但是在馬王堆帛書出現了三次，并且《説文解字》有之，謂"瀟，深清也"。馬王堆《乙》本和傳世本的"淵"是"渦流"的意思，也可以引申爲"深池"的意思，普遍見於先秦文獻上。按照上述原則，我們會想馬王堆帛書《乙》本和傳世本的"淵"字應該是《老子》本字。大概因此，所以劉殿爵把他所融合的馬王堆本讀作"淵"（翻譯爲英文"depth"）。然而，鮑則岳以爲根據"更難讀文字優先"原則，我們可以指定"瀟"爲《老子》的原來文字。一個看不慣罕見的"瀟"字的抄手大概會把他寫成普遍認識的"淵"字，而不太可能把"淵"字寫成"瀟"字。鮑則岳在每一篇文章裏，都提出很尖鋭的文獻學批評。他的理論似乎過於呆板，可是他的讀法都相當有啓發性。

1990 年前後，德國學者也大量地做出與馬王堆帛書《老子》有關的研究成果。很遺憾，由於本人所搜資料和知識的限制，於此不能做詳細介紹。除去上面所列梅勒 1995 年的譯文和安思格 2001 年的博士論文以外，只能將論文的標題與年代列下來（按照發表年代早晚）：

鮑則岳
(William G. BOLTZ)

 Wolfgang OMMERBORN 等，《馬王堆帛書〈老子〉研究，以傳世本第 39 章爲例》(401510, 1988 年)

 梅　勒 (Hans-Georg MÖLLER)，《不同的〈老子〉文本：一個比較，特别注重第 19 章》(402700, 1999 年)

 傅敏怡 (Michael FRIEDRICH)，《關於兩個〈道德經〉寫本的年代》(402230, 1996 年)

 Konrad WEGMANN，《〈老子〉文本之比較：利用電腦化的表象看歷

史和内容的問題》(402740,1999 年)

Jörn JACOBS,《〈老子〉的文獻學：一種方便參考書,兼有實際工作的建議》(403150,2001 年)

李孟濤(Matthias RICHTER),《異文的概況：關於馬王堆〈老子〉寫本裏異文的分布》(404130,2005 年)

李孟濤(Matthias RICHTER),《老與水：傳世本與馬王堆寫本裏的〈老子〉第 8 章》(404420,2006 年)

在這些著作當中,李孟濤(Matthias RICHTER)提出了非常嚴肅的文字字形批評方法來對比馬王堆《老子》寫本的異文,從寫本書寫習慣提出不少獨到的看法,也頗有啓發性。

《老子》甲本卷後的《五行》

《五行》是馬王堆帛書《老子》甲本卷後非常重要的古佚書。無論是由於它的思想史背景、它的經傳形式還是以後出土的郭店楚簡《五行》篇與之對比,這篇文獻都引起了許多學者的注意和討論。有關《五行》篇做過最深入、最系統研究的學者應當是齊思敏(Mark CSIKSZENTMIHALYI)。他在 1994 年在斯坦福(Stanford)大學提交了題作《模仿黃帝：公元前 180—前 141 年黃老的理論和實踐》(402060)的博士論文,十年以後還出版了《物質道德：早期中國的道德和身體》(403660)。這本書含有郭店本和馬王堆本兩種《五行》的完整翻譯。除了齊思敏以外,還有不少其他學者討論了《五行》篇的哲學價值,諸如：

黄俊杰(HUANG Chün-chieh),《馬王堆〈五行〉：心身合一及其多種意義》(401810,1991 年)

王安國(Jeffrey K. RIEGEL),《性欲、内觀與〈詩經〉詮釋的起源》(402420,1997 年)

顧史考(Scott COOK),《至上的藝術技巧和道德修養：〈五行〉及其美學》(402800,2000 年)

成中英(CHENG Chung-ying),《關於〈五行篇〉裏道德行爲的個體

内在發生》(405270,2010年)

安樂哲(Roger T. AMES),《作爲人還是成爲人？再看〈五行篇〉》(405510,2011年)

陳　來(CHEN Lai),《帛書〈五行〉傳文部分的哲學研究：兼論帛書〈五行〉與孟子哲學》(405580,2011—2012年)

邢　文(XING Wen),《〈五行〉的標題和結構》(405780,2011—2012年)

這些文章大多數是針對中國國內的學術界而做的。最後兩篇文章原來用中文發表,後來翻譯成英文,不可算是西方漢學家的研究成果。黃俊杰(HUANG Chün-chieh)是臺灣大學教授,成中英(CHENG Chung-ying)是美籍華人,長期在夏威夷(Hawai'i)大學哲學系教書,但是基礎教育是在中國學的。安樂哲的這篇文章也是在香港發表的,原來是爲了香港中文大學的一個項目而做的。然而,有兩篇文章在西方學術界上相當有影響。下面還會專門介紹顧史考(Scott COOK)對郭店楚簡所做的宏大的研究成果。2000年發表的《至上的藝術技巧和道德修養：〈五行〉及其美學》是他第一篇發表在學術刊物上有關思想史的文章。在1995年他已經發表了他的碩士論文《〈樂記〉：導論、翻譯、注解和説明》[1],不但將中國古代美感論和道德觀聯繫起來,并且建立了他以後的治學方法,即對原來文獻做詳細閲讀。十幾年以後在他對郭店簡的研究上,他還在利用"導論、翻譯、注解和説明"的形式。第二篇有關《五行》的文章引起了更多的注意。王安國在1997年《哈佛亞洲學學報》上發表了題作《性欲、内觀與〈詩經〉詮釋的起源》,利用《五行》當中兩個段落對《詩經》的詮釋提出新的認識。《五行》裏提到《關雎》和《燕燕》兩首詩作比喻,以爲這兩首詩都是用"色"作"禮"的比喻。這篇文章發表十年以後,王安國又撰文利用上海博物館藏《孔子詩論》討論同一個題目,論證《孔子詩論》至少對《關雎》的了

---

[1] Scott Cook (顧史考), "*Yue Ji* 樂記: *Record of Music:* Introduction, Translation, Notes, and Commentary"(《樂記》：導論、翻譯、注解和説明), *Asian Music* 26.2 (1995): 1-96.

解和對《五行》的了解相同,文章題作《對聖賢的強烈愛好》(404840,2008年)。在後一篇文章裏,王安國還牽涉到《論語·學而》"賢賢易色",以爲這與《孔子詩論》和《五行》也反映同樣的美學和道德觀念,即"色"是一個基本人情,會誘發人做壞事,然而人仍然可以通過"禮"和"賢"的例子來改變行爲。無論是對《五行》和《孔子詩論》的理解,還是對《詩經》的詮釋,王安國這兩篇文章都富有啓發性。

《老子》乙本卷前的古佚書

《老子》乙本卷前載有四種古佚書,即《經法》、《十六經》、《稱》和《道原》,中國學術界習慣稱之"《黃帝四經》"。馬王堆的最早報告問世以後,馬上有兩位西方學者強調這四篇文獻的重要性:杜維明(TU Wei-ming)和冉雲華(JAN Yün-hua)。從1977年起,冉雲華發表了一系列文章討論這四篇文獻,并說明了其對黃老思想的意義。

  《道家的帛書》(400700,1977年)
  《道原還是道其原》(400970,1980年)
  《道、理和法:黃老道家的三個基本概念》(400980,1980年)
  《形象之改變:中國古代文學裏的黃帝》(401060,1981年)
  《所謂黃老〈十六經〉的政治思想》(401200,1983年)
  《人性及其在黃老道家中的宇宙根源》(401640,1990年)
  《道家帛書和早期法家思想》(401830,1991年)

1977年發表的《道家的帛書》對所謂《黃帝四經》做初步的、簡單的介紹,不可以算是深入研究,可是其中含有《道原》差不多完整的翻譯本。1980年發表的《道、理和法:黃老道家的三個基本概念》乃有《道原》完整的翻譯。

  杜維明只做了一篇文章,即1979年發表的《黃老思想:對馬王堆帛書〈老子〉和黃帝文獻的思考》(400910),然而因爲此文發表於美國漢學權威刊物《亞洲學學報》(*Journal of Asian Studies*)上,所以引起廣泛的注意,此後有許多學者一直引用。在這篇文章裏,杜維明先對馬王堆三號墓的發掘和出土文獻做綜述，然後特別介紹帛書《老子》以及其他"道家"的文獻。像許多中國學者一樣，他也把這些文獻看作是"黃老"的經典。然而，他還提出中國傳統思想史的"法家"、"道家"和"儒家"的類型是"過分的析性"。據他說，我們最好把"法家"、"道家"和"儒家"看作是三個互相影響的學說，每一文獻都融合了三家的思想成分。此後，很多西方學者會更強調這種三家合一的史學概念，甚至有不少人說在先秦西漢時代，根本不存在"道家"和"儒家"，這些名稱應該棄置不用。

在杜維明和冉雲華的基礎上，在1990年代末對這些文獻陸陸續續地出版了四種完整的翻譯和討論，即：

雷敦龢（Edmund RYDEN），《黃帝四經：馬王堆文本的文學研究與校訂本》（402430，1997年）

葉　山（Robin D.S. YATES），《五部遺失的經典：漢代的道、黃老和陰陽》（402440，1997年）

張　純（Leo S. CHANG）和馮禹（Yu FENG），《黃帝四經》（402480，1998年）

劉殿爵（D.C. LAU）和安樂哲（Roger T. AMES），《原道：追踪道至其根源》（402570，1998年）

葉山的書在上面關於銀雀山漢簡的論述中已經介紹了，於此就毋庸贅述。雷敦龢（Edmund RYDEN）是天主教神父，在臺灣利瑪竇學院（Ricci Institute）工作，他特別關心中國傳統道德觀念。此書就利用系統的文獻學方法將所謂"黃帝四經"全部翻譯。張純（Leo S. CHANG）和馮禹（Yu FENG）是夏威夷大學的教授，供職於該校著名的"東西中心"（East-West Center），像冉雲華一樣強調先秦時代黃老學說。劉殿爵和安樂哲也都在上面已經介紹了。劉殿爵是安樂哲的博士學位導師，兩個人一直持續合作。劉殿爵有高深的文獻學背景。安樂哲則希望將中國古代文獻介紹給西方哲學家，他的譯文往往帶有很濃的哲學味道，他已經翻譯了很多文獻，幾乎創造了一個學派。兩個人能如此合作應該是富有學術意義的。

還有不少學者針對《老子》乙本卷前的文獻進行思想史方面的討論，按照發表年代早晚至少可以提出下列幾種學術成果：

葛瑞漢（A.C. GRAHAM），《鶡冠子：一個被忽視的先秦哲學文本》（401560，1989 年）

葛瑞漢（A.C. GRAHAM），《〈鶡冠子〉裏的道和一》（401920，1993 年）

魯惟一（Michael LOEWE），《評黄老思想與〈淮南子〉》（402100，1994 年）

艾　帝（Attilio ANDREINI），《中國古代自身理論的演變：黄老文獻和〈呂氏春秋〉裏所見楊朱的遺産》（402340，1997 年）

賈寶蘭（Paola CARROZZA），《對馬王堆〈老子〉乙本卷前四篇文獻的主要研究的評論》（403270，2002 年）

葛瑞漢（A.C. GRAHAM，1919—1991）是西方學術界第二次世界大戰以後最優秀的中國古代思想史學家，特別對《墨子》和《孟子》做了現在仍然是必讀的研究成果。不幸的是，他逝世以前只見到馬王堆的文獻，也未能完全消化，更不用説没有見到中國近二十年以來的衆多出土文獻。他在這一學術領域唯一的貢獻是利用所謂"黄帝四經"來探討《鶡冠子》的真僞問題和思想背景。他的研究承襲了中國國内某些學者的看法，也只能算是開了一個頭，但是啓發性仍然很大。除了葛瑞漢的兩篇文章以外，魯惟一這方面的成果也值得注意。魯惟一的研究主題雖然是西漢政治制度，但是他對思想史一直有非常大的興趣，因此也注意了馬王堆的文獻。艾帝（Attilio ANDREINI）是意大利威尼斯（Venezia）大學東亞語文系教授，曾經跟從夏威夷大學安樂哲求學，與安樂哲一樣采取哲學觀點討論出土文獻，有比較多的研究成果。

這些文獻中的《經法》特别强調法律理論，引起了不少西方學者的注意，最重要的研究成果是高道藴（Karen TURNER）和裴文睿（Randall P. PEERENBOOM）的一系列論文和著作。高道藴從 1989 年到 1993 年在《古代中國》、《哈佛亞洲學學報》和《中國法律學報》（*Journal of Chinese Law*）上發表了四篇論文，對馬王堆帛書《經法》進行了深入研究：

《〈經法〉的法律理論》（401590，1989 年）

第一章　西方漢學簡帛研究概要　363

《早期中國的法治？》(401880,1992 年)
《早期中國的自然法則》(402030,1993 年)
《中國早期的理想法治？》(402040,1993 年)

在 1993 年的《哈佛亞洲學學報》上發表的《早期中國的自然法則》，高道蘊討論了戰國秦漢時代的各種文獻，包括哲學、歷史以及法律著作，怎樣確定法律與戰爭的界綫。據高道蘊看，戰國時代的戰爭，特別是在軍隊大量擴大的條件之下，促使了法律概念的發展。據她説，爲了組織老百姓打仗，國軍需要給他們一種平衡的政府。到了漢代以後，幾乎所有的思想家採取一種公認的看法，即政府需要給人民公平的對待。她還説，《經法》并不是爲了一般的讀者做的，而是直接針對國君。因此，她最後的結論還是：“中國自然法律理論是爲了指定國君與官僚的任務，而不是爲了支持人民的人權。”

高道蘊
(Karen TURNER)

裴文睿
(Randall P. PEERENBOOM)

裴文睿 1990 年在夏威夷大學提交了題作《中國古代的法律與道德：黃老帛書》(401750)的博士論文。在同一年，他發表了兩篇文章，即《儒家的法律：超出自然法律》(401740)和《黃老帛書裏的自然法》(401760)，在次一年(1991 年)又在權威學刊《古代中國》上發表了題作《〈鶡冠子〉與黃老思想》(401840)，然後在 1993 年還出版了《中國古代的法律與道德：黃老帛書》(402000)。特別值得注意的是他受葛瑞漢啓發，對所謂“黃老四經"與《鶡冠子》的關係提出先秦時代黃老思想已經發揮了一種根據"基礎自然理論"的自然法律概念。在《中國古代的法律與道德：黃老帛書》，他對《鶡冠子》每一章的思想和寫作背景都做了極其深入的考察，比葛瑞漢的研究進了一大步。

《周易》

西方學者對馬王堆帛書《周易》沒有做過應有的研究，然而在 1996 年有德文和英文譯文出版了，即：

> Dominique HERTZER,《馬王堆易經：文本與意義》(402260, 1996 年)
>
> 夏含夷(Edward L. SHAUGHNESSY),《易經：最近發現的公元前二世紀馬王堆寫本的第一個英文翻譯》(402310, 1996 年)

除了這兩個譯文以外，只有幾篇有關《周易》的研究，多半的都是由亞洲學者用西方語言發表的，諸如饒宗頤（JAO Tsung-yi）在 1999 年發表的《關於馬王堆〈易經〉"義"之注》(402680)、近藤浩之（KONDÔ Hiroyuki）在 2001 年發表的《馬王堆帛書〈周易〉和包山楚簡貞卜與禱告記錄：從包山楚簡試論〈周易〉的形成》(403160) 和邢文（XING Wen）在 2003 年發表的《卦畫與早期易學學派：據出土易學文獻再考慮〈周易〉》(403600)。《易學》仍然是西方漢學的一個弱點。

《戰國縱橫家書》

福島由美子（Yumiko Fukushima BLANFORD）1989 年在西雅圖華盛頓（Washington）大學提交了題作《帛書寫本〈戰國縱橫家書〉研究》(401530) 的博士論文。她的導師是鮑則岳，她也采取了與鮑則岳對《老子》研究相同的文獻學方法。在博士論文中，福島氏將《戰國縱橫家書》第 4、5、15、16、18—24 共十一章按照鮑則岳的方法全部翻譯了。此後，她又在 1991 年《古代中國》和 1994 年的《美國東方學會學報》(*Journal of the American Oriental Society*) 上發表了兩篇類似的文章，即《〈戰國縱橫家書〉的文獻批評：判斷異文中可能本字之方法》(401790)和《失去的修辭之發現：馬王堆〈戰國縱橫家書〉所得新看法》(402050)。不幸，發表最後這篇文章以後，她停止了做學術研究，沒有其他西方學者接着再對《戰國縱橫家書》做研究。

《春秋事語》

《春秋事語》不是馬王堆帛書當中最引起注意的一個文獻。張政烺説它是"一個沒有受好教育的老師的教科書"。也許因此，《春秋事語》也沒有引起西方學術界的多少注意，唯有兩篇學術成果，第二篇也僅僅是對《春秋事語》的某段落的一個注解而已：

尤　鋭(Yuri PINES)，《歷史作爲去陰間的向導：重新思考〈春秋事語〉》(403550，2003年)

武文和(Eric HENRY)，《〈春秋事語〉第 5 章的一個注解》(405320，2010年)

尤鋭對《春秋事語》提出了一種與大衆讀者相當不同的觀點。他以爲這篇文獻的主題并不是政治思想，而應該是爲了給死者在黄泉的死後生活作導游。尤鋭指出《春秋事語》所有的事語都關係着奸詐與政治蠢事，然而作者沒有任何一個道德觀點。據尤鋭説，《春秋事語》和馬王堆其他文獻不同，在馬王堆三號墓陪葬的原因是爲了起一個驅魔作用，提醒墓主不這樣做事。

天文星占

馬王堆帛書并不都是文獻類的文件，很多也是科技方面的文件與文獻。有幾篇文獻與天文和星占有關，一直引起了西方學者相當多的興趣。早在 1979 年，夏德安已經撰文介紹《天文氣象雜占》的内容，即《馬王堆帛書〈天文氣象雜占〉内容概要》(400830)，KU T'ien-fu 在同一年同樣對《天文氣象雜占》做介紹，即《馬王堆帛書〈天文氣象雜占〉内容概要》(400890)。此後，魯惟一根據馬王堆不同的文獻，討論漢人對彗星和風雲的觀點和占法,即《漢代對慧星的認識》(401220,1983年)和《風雲之占》(401500,1988年)。魯惟一特別關心彗星和風雲之占的宗教意義。劍橋大學李約瑟中國科技學院的前主任古克禮(Christopher CULLEN)利用了同樣的文獻探討漢人的科學知識,在2011年發表了兩篇文章,即《理解中國古代的行星:〈五星占〉裏的預言和占卜》(405610)和《五星占》(405620)。在2013年,墨子涵(Daniel MORGAN)在芝加哥大學提交了博士論文《了解昊天:中國古代天文曆法的科學聖術》(406100),論文第一章對馬王堆帛書《天文雜占》做了非常詳細的考察,論證了馬王堆寫本的文本來源和社會用處。

醫書

馬王堆醫書也引起了西方學術界不少研究。馬王堆醫書早在1985年初步發表以後,就有人撰文做綜合介紹,諸如赤堀昭(AKAHORI Akira)《馬王堆三號漢墓所發現的醫學寫本》(400810)和文樹德(Paul U. UNSCHULD)《馬王堆發現的寫本對中國醫學史和本草學的意義》(401230)。同時,文樹德和山田慶兒(YAMADA Keiji)也利用了馬王堆醫書的新認識重新思考了中國舊有的醫學問題。山田慶兒在1979年對《黃帝內經》的起源和形成過程做研究:《〈黃帝內經〉的形成》(400930)。三年以後文樹德討論了《本草綱目》的早期歷史:《馬王堆藥物學論著:早期中國藥物知識比較分析》(401190)。這些都是初步研究成果,以後有更多專題研究。

《五十二病方》

夏德安1982年在加州大學伯克利分校提交關於馬王堆醫書《五十二病方》的博士論文:《五十二病方:翻譯與序論》(401130)。正如這個論文的標題所示那樣,論文的主要部分是《五十二病方》的全文英文翻譯。此後,夏德安一直是馬王堆醫學方面最優秀的學者,發表了一系列相關的論文,諸如:

《公元前二世紀寫本所描述的中國古代房中術》(401390,1987年)
《新發現的公元前三世紀和公元前二世紀寫本所反映的中國古代醫學的疾病概念》(401600,1990年)
《漢代自然哲學的術數：馬王堆醫學寫本的證據》(401610,1990年)
《醫生和貞人：貞卜和黃帝內經醫學的關係》(402620,1999年)
《中國早期醫學中的疾病、診斷與預後》(403100,2001年)
《病占》(403470,2003年)
《中國上古和中古時代的春藥處方》(403950,2005年)

夏德安二十年以來的研究結晶是他1998年出版的《中國早期醫學文學：馬王堆醫學寫本》(402530)。這本書不但是中國醫學上非常重要的研究成果，并且也是西方學術界對馬王堆文獻學最重要的貢獻。像夏德安的博士論文一樣，此書也分成兩部分，序言和翻譯。這個序言不像一般的序言僅介紹書的內容而已，而是有長達兩百頁的內容介紹中國早期醫學的綜合歷史。不但如此，夏德安的研究範圍更為廣泛，包括中國先秦時代所有知識的創造和傳播。夏氏提出了不少獨到的看法，特別是關於社會上高級階級和低級階級的共同習慣、諸子百家和數術家的互相影響、知識的書寫等等。除了序言以外，《中國早期醫學文學：馬王堆醫學寫本》的核心當然是所載馬王堆醫學文獻的全部譯文。不像夏德安的博士論文那樣，只是針對《五十二病方》，本書包括馬王堆所有的醫學文獻。不但如此，譯文的注解對中國、日本、美國和歐洲各個學術傳統的學術貢獻都做了總結。不但如此，書還載有各種索引，特別重要的是馬王堆醫學專用名詞的索引。對很多西方讀者而言，這個索引就起到了中國早期醫學字典的作用。然而，應該指出，由於各種原因，這本書在廣泛漢學學術界上沒有得到應有的重視。即便西方醫學專家早已經給了此書最高的評價，中國和日本醫學專家也都是如此，然而，這本書不但一直沒有翻譯成中文，并且在西方也多視為專題研究課題而已。也許因為讀者以為本書僅只是醫學的專門譯文，也許因為書是英國的惠康基金會（Wellcome Trust）醫學基金會出版的，價錢也特別貴，所以沒有受到應有的注意。我們可以設想，書的序言如果出版爲單行本書，對先秦兩漢文化史和文獻學的各個學科一定會有非常大的影響。

夏德安
(Donald HARPER)

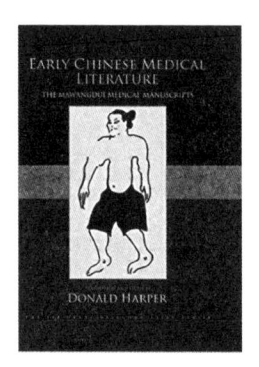

《中國早期醫學文學：
馬王堆醫學寫本》

《合陰陽》

馬王堆醫學文獻當中，最引起西方學者的興趣是房中術的文獻，特別是題作《合陰陽》的這一篇。夏德安 1987 年在《哈佛亞洲學學報》上發表了題作《公元前二世紀寫本所描述的中國古代房中術》(401390)的文章以後，引起了廣泛的注意。此後，不少其他學者也提供了類似的研究。其中，最有學術價值的應該是李零(LI Ling)和馬克夢(Keith McMAHON)在 1992 年《古代中國》上發表的《馬王堆房中術的內容和術語》(401850)。這篇文章原來是李零用中文寫的，由馬克夢譯成英文。然而，因爲這種譯文與西方學術文章的形式不大適合，所以《古代中國》的編者要求作者和譯者重新組織文章的內容，并且也加上某些討論。文章的編寫過程進行了兩年多，李零、馬克夢和《古代中國》編者都花了大量工夫修改文章。最後的發表品仍然帶有李零很濃的味道，譬如說，強調中國房中術的基本目的是爲了修身而不是爲了娛樂。然而形式與中國國內的很多類似的文章又大不一樣，馬克夢對文章的最後形式也有重要貢獻，遠超過一般譯者的工作。因此，文章發表的時候，李零就同意利用雙人的名義發表。與李零和馬克夢這一篇文章幾乎同時出版的有美國學者 Douglas

WILE的《房中術：中國性瑜伽經典，包括婦女單獨冥想文獻》（401890），由紐約大學阿爾巴尼（SUNY-Albany）分校出版社出版的。從標題上看，WILE氏的觀點和李零的基本相似，李零說中國房中術的基本目的是爲了修身，WILE氏就把房中術稱作一種瑜伽，然而仔細讀，兩個人的觀點又不一樣。據WILE氏論證，中國房中術是爲了提高性欲的娛樂，而特別是提高女人的娛樂。這一觀點當然受到比較廣泛的注意。

1997年，瑞士學者Rudolf PFISTER發表了一篇題作《馬王堆醫學寫本的房中養生技術》（402410）。這篇文章發表十年以後，PFISTER氏還發表了一系列的文章和著作，有的如《馬王堆醫學寫本的房中養生技術》是用德文寫的，有的是用英文寫的。PFISTER氏不像夏德安那樣對中國古代文化史和思想史所有演變都有興趣，他的興趣幾乎限制於某些非常專門的問題，文章都是根據詳盡的研究而做的。文章的標題都很長，大概說明主要内容和作者的觀點：

《試論兩個馬王堆醫學寫本裏的符號系統》（403370，2002年）

《天下最好道：中國古代房中技術，兩個馬王堆竹簡文獻》（403540，2003年）

《中國古代房中養生方法：向女生求精的男生，三種馬王堆寫本的導讀》（404080，2005年）

《以玉泉爲快樂與痛苦之來源：上古、中古醫學和道教文獻中的前列腺的經驗》（404380，2006年）

《房中養生技術裏的特殊精神狀態之創造：馬王堆醫學文獻所見》（404390，2006年）

《奶樹與婦女射精的生理：關於古代中國南方桑葚與無花果樹的看法》（404640，2007年）

論述PFISTER氏的研究成果同時，也應該提出在2006年德國學者林可（Gudula LINCK）發表了類似的文章，題作《馬王堆詩意的身體：公元前二世紀養生文獻》（404360）。

《刑德》、陰陽五行

馬克
(Marc KALINOWSKI)

馬王堆帛書包括兩幅《刑德》篇，在中國國內外都引起了數術學和宗教學學者的重視。上面已經提到葉山出版的《五遺經書：漢代的道、黃老和陰陽》一本書，將馬王堆黃帝四經和銀雀山的陰陽書翻譯成英文，還載有一部分《刑德》的內容。在 2005 年，葉山還發表了《中國軍事占卜史》(404230)，根據馬王堆《刑德》篇對中國中古時期的軍事占卜做了一個綜述。這篇文章的意義并不限制於軍事史，而與中國數術也有密切關係。然而，西方學術界對《刑德》最詳細的研究莫如法國高等研究應用學院（École française d'Extrême-Orient）學者馬克（Marc KALINOWSKI）。1998 年他在《古代中國》上發表了長篇文章，論述了兩篇《刑德》文獻的歷史背景、內容、相互關係以及對中國中古時期文化史的影響：《馬王堆刑德文獻》(402560*)。在本章後面專門介紹與宗教有關的研究成果，還會介紹馬克對中國古代數術與宗教的很多研究成果。馬克不少文章已經有中文譯文，中國學術界對他的研究成果有相當深入的了解，於此可以不用一一論述。

《導引圖》、《引書》、《避兵圖》、《喪服圖》

馬王堆帛書的一個重要特點是不少文獻包括圖畫。馬王堆三號墓出土以後，相當一致的認識是圖畫只能在帛書上畫出來。現在由於更多簡牘的發現，我們知道當時的圖畫并不限制於某種載體，所有的文獻都會設有圖畫和表格。雖然如此，馬王堆的圖畫還是引起了最廣泛的注意、最多學者的研究。西方學者在這方面的研究也不例外，有好幾篇文章專門討論馬王堆的各種圖畫：

魯惟一（Michael LOEWE），《漢代對彗星的認識》(400990, 1980 年)
英悟德（Ute ENGELHARDT），《〈導引圖〉和〈引書〉：漢代早期養生習慣的新知識》(403080, 2001 年)

來國龍(LAI Guolong)《馬王堆喪服圖考》(403500,2003年)

戴思博(Catherine DESPEUX),《中國古代的導引》(403700,2004年)

夏德安(Donald HARPER),《圖像之溝通:馬王堆三號墓的兩幅帛畫》(404570,2007年)

根茨博(Joachim GENTZ),《一個暫時的永久不死:馬王堆帛畫和修真圖的畫圖》(404980,2009年)

這些文章多半都是介紹性的論述。然而,來國龍(LAI Guolong)的《馬王堆喪服圖考》和夏德安的《圖像之溝通》都對閱讀習慣提出一種特別觀點。來國龍先復原了《喪服圖》的全貌,包括某些没有保存的部分,然後把它聯繫到戰國秦漢時代的喪服制度。他以爲這幅圖畫的系統與《儀禮》的喪服制度基本上一致,儘管也有某些不同。來氏提出的復原與曹學群《馬王堆漢墓喪服圖兼論》的復原有着重要差別①。曹學群以爲這幅圖只是馬王堆墓主自己用的,來國龍以爲是一種載有概論性的普通文獻。來氏一個比較特別的觀點是此幅圖畫的紅色部分應該象徵陰,黑色部分應該象徵陽,這和一般對陰陽顔色的理解迥然不同。最後,來國龍説,《喪服圖》的各種符號帶有宇宙意義,象徵喪服制度裏不同層次的時間,可以象徵"宇宙時間"的進行。

夏德安也以爲《天文氣象雜占》載有一種象徵性符號的系統。據夏氏説,馬王堆帛書《天文氣象雜占》并不是真實的天文或氣象繪圖,而應該視作一種占卜的系統。他把這幅卷文分成兩個不同的文獻,稱作《天文圖》和《卦象圖》。《卦象圖》是他的主要討論對象。他説這幅文獻收集了一百多種圖像,圖像都是借用爲"幡"和"符"的。因此,夏氏自己將《卦象圖》稱作《幡信圖》,説這是"符"重要宗教用處的最早例證。他自己的簡單結論是,"到了戰國時代,社會的上層普遍地認爲大宇宙完全可以利用一些系統的符號來記録。無論是戰國時代的書寫概念還是《周易》八卦的宇宙論都可以説明這一點"。

---

① 見曹學群,《馬王堆漢墓〈喪服圖〉簡論》,《湖南考古輯刊》6(1994)。

地圖

馬王堆帛書還包括兩幅地圖，在1973年出土的時候是中國歷史上最早的地圖，當然也引起了學者的興趣。地圖第一個報告問世以後，就有幾篇介紹性的文章：

船越昭生（AKIO Funakoshi），《有關中國地圖學的新發現》（400620，1975年）
HSU，Mei-Ling，《漢地圖與中國早期地圖學》（400740，1978年）
CHANG，Kuei-sheng，《漢代地圖：中國傳統地圖學的新證據》（400820，1979年）
Rafe de CRESPIGNY，《馬王堆的兩份地圖》（400950，1980年）

最近，徐心眉（Hsin-mei Agnes HSU）和Anne MARTIN-MONTGOMERY在2007年《皇家亞洲學會學報》（*Journal of the Royal Asiatic Society*）上發表她們合作的《中國西漢地圖製作技術的主位的角度》（404580），利用GIS和電腦製造的圖表與馬王堆的地圖對比，這樣我們更能理解地圖的原來面貌和作用。

1974年甘肅居延甲渠侯官

1972—1974年間在甘肅居延甲渠侯官、甲渠塞第四燧、肩水金關等地共出土漢簡19 700餘枚。西方學者當中唯有魯惟一和何四維撰文探討過相關的內容。魯惟一在1986年做了一篇介紹性的文章，題作《西北新近發現的漢代行政文書》（401360）。何四維先後發表了幾篇文章探討簡牘的各種內容，特別是與法律有關的：

《公元28年的訴訟》（400870，1979年）
《漢代的中國：原始福利國家嗎？中國西北地區發現的漢律之殘片》（401400，1987年）
《天網恢恢：公元前52年逮捕臣妾的搜查令》（401820，1991年）

第一篇文章針對甲渠侯官建武三年《侯粟君所責寇恩事冊》，第三篇乃針對同區的《甘露二年丞相御史律令》，都做翻譯和解釋。何四維儘管發表了有關甘肅居延甲渠侯官文件的幾篇文章,可是此後在湖北省雲夢睡虎地的另外一次重大發現引起了他和其他西方學者的注意,於是何四維的主要研究對象也隨之轉變。

1975 湖北雲夢睡虎地 11 號秦墓

1975 年 12 月湖北省博物館以及當地文物機構在湖北省雲夢睡虎地發掘了十二座戰國晚期到秦代的墓葬,其中第 11 號墓出土了大量的隨葬器物,最重要的是 1 155 枚竹簡,内容非常豐富,包括《編年記》、兩種《日書》、《爲吏之道》以及各種法律文件,都引起了西方學術界的重視。何四維的研究貢獻最爲突出,所以先介紹與法律有關的研究成果。

《秦律十八種》、《效律》、《秦律雜抄》、《法律答問》、《封診式》

睡虎地初步報告發表以後,何四維在 1978 年的《通報》上立刻發表了一篇篇幅相當長的介紹性文章,即《1975 年湖北出土秦代文書》(400760)。此後,他又陸續地發表了下列五篇文章,有的還是概括介紹性的,有的針對某一專題:

《簡介新發現的秦代法律》(400880,1979 年)

《法家和秦律》(401030,1981 年)

《隸臣妾拾遺》(401040,1981 年)

《秦代法律中的度量衡》(401050,1981 年)

《雲夢縣發現的文件所反映的秦"法家"政府對經濟的影響》(401290,1985 年)

何四維對睡虎地法律文獻最深入的、最有系統的研究是他 1985 年出版的《秦律之殘餘:1975 年湖北雲夢縣發現的公元前三世紀的秦代法律和行政規章之注譯》(401300)。這本書接着他 1955 年出版的《漢律之殘餘》[①],不但對睡虎地《秦律十八種》、《效律》、《秦律雜抄》和《法律答問》都做過完整

---

① A.F.P. HULSEWÉ(何四維),*Remnants of Han Law*(漢律之殘餘)(Leiden: Brill,1955)。

何四維,《秦律之殘餘：
　1975年湖北雲夢縣發現的公元前三世紀的秦代法律和行政規章之注譯》

的翻譯,并且也設有序言以及各種附錄與索引(附錄之一將四川青川發現的戰國《農律》做了完整的翻譯),説明睡虎地秦簡的重要性。這本書引導了不少其他西方學者從事這一學科。儘管有的學者提出了某些批評,可是西方學術界都公認這是西方學術界研究中國古代法律史的基石。以後,何四維本人還提出不少補充和修改。在1990年代,何四維準備了他最後一篇文章,即在1997年發表的《秦漢法律寫本》(402380*),發表在夏含夷編的《早期中國歷史的新史料：銘文與寫本的導讀》(100970*)。很遺憾,此書出版之前何四維已經逝世。幸虧,此書的中文譯文最近由中西書局出版①,中國讀者現在可以直接感受何四維的學術作風。

　　何四維著《秦律之殘餘》出版以後,葉山發表了長篇書評,對何四維的譯文提出詳細考察和修訂意見,見《關於秦律的幾點注解：何四維著〈秦律之殘餘〉評論文章》(401330,1985—1987年)。在《秦律之殘餘》出版之前,葉山和Katrina C.D. McLEOD在1981年《哈佛亞洲學學報》上已經發表了《封診式》的英文譯文,還帶有詳盡的注解和説明：《秦律之格式：〈封診式〉譯注》(401090)。1987年,葉山又在《哈佛亞洲學學報》上發表文章討論秦國平民的權力：《在秦代的社會地位：雲夢秦簡法律文件的證據,第一：平民》(401460)。這篇文章也主要根據睡虎地法律文獻。按照葉山的計劃,這篇文章應該是他對秦國政府綜合研究的第一篇。這個計劃没有完全實現,可是在1995年發表的《秦國對官員的管理：技術與程序》(402210)應該算是第二篇。下面介紹與《爲吏之道》有關的研究成果時還會提到。

---

① 夏含夷主編,本書翻譯組譯,李學勤審定,《中國古文字學導論》(上海：中西書局,2013),第189—215頁。

與葉山《在秦代的社會地位：雲夢秦簡法律文件的證據，第一：平民》研究相同問題的，還應該提到游順釗(YAU Shun-chiu)2012 年在《古代中國》上發表的《秦律中所見的民族政策的政治内涵》(405960)。游順釗早年的研究專業是商代甲骨卜辭語言問題，這是第一次他開始轉向簡帛學的歷史文獻。

1982 年，卜德(Derk BODDE,1909—2003)在《美國東方學會學報》上發表了《帝制時代之前中國的法醫學》(401110)，翻譯了《封診式》四種與醫學有關的段落，即《癘》、《賊死》、《經死》和《出子》。卜德還附加有關癘的論述。據他研究，癘的發源地是印度。在公元前四世紀末年的時候，馬其頓將軍亞歷山大的軍隊到了印度以後才將癘帶到地中海地區的。此時，很可能也東傳到了中國。這裏應該順便說，卜德像上面提到的葛瑞漢一樣，是二十世紀西方漢學界著名學者之一，早在 1930 年代在北京留學時候就認識了馮友蘭(1895—1990)，以後給馮友蘭著《中國哲學史》做了全譯，對西方學術界有極大的影響。其實，很多人說卜德這個翻譯比馮友蘭的原文還要重要，至少更加困難。馮氏頻繁引用了文獻的原文，没有翻譯成白話文，因此也不需要做全部詮釋。不管馮友蘭自己的理解如何，恐怕很多讀者讀不太懂原文的文言文。卜德將書全部翻譯的時候無法避免原文的難讀，只好一個字一個字翻譯過去，包括引文的原文和馮友蘭的解釋。卜德長期擔任美國賓州(Pennsylvania)大學教授。1991 年他還發表了最後一個學術著作，即《中國思想、社會與科學：中國早期科學與技術的知識和社會背景》①。但除了 1982 年關於《封診式》的文章以外，卜德對二十世紀末年的重大考古發現沒有來得及做研究。

何四維、葉山和卜德的譯文和研究以外，西方學術界對睡虎地秦簡的法律文獻還有下列研究成果：

詹納爾(W.J.F. JENNER)，《雲夢秦簡法律文獻：初讀》(400710,1977 年)

---

① Derk BODDE（卜德）, *Chinese Thought, Society, and Science: The Intellectual and Social Bakground of Science and Technology in Pre-Modern China*（中國思想、社會與科學：中國早期科學與技術的知識和社會背景）(Honolulu: University of Hawai'i Press, 1991).

Bernard Paul SYPNIEWSKI,《〈秦律之殘餘〉對異文的使用》（403820,2004 年）

董慕達(Miranda BROWN)和 Charles SANFT（陳力强），《早期中國帝國的法律理論與類型：出土文獻裏的"法"》(405540,2011 年)

康佩理(Ernest CALDWELL),《中國早期法律思想中的社會演變與成文法》(406210,2014 年)

康佩理(Perry Ernest CALDWELL IV),《寫作中國法律：秦代法制文化中律令的形式和功能》(406220,2014 年)

康佩理
(Ernest CALDWELL)

這些研究成果當中，特別值得指出的是康佩理(Ernest CALDWELL)的《寫作中國法律：秦代法制文化中律令的形式和功能》。這是他 2014 年在芝加哥大學提交的博士論文。康佩理原來受過古文字訓練，同一年在《古代中國》上發表了關於上海博物館《曹蔑之陳》文獻的研究（406200），下面介紹上博簡的時候還會提到。他讀博士學位的時候也讀了律師的學位，現在在倫敦大學亞非學院擔任中國法律教授。在博士論文裏，康佩理利用了法律史的理論論證睡虎地律令，而特別是《效令》是怎樣寫的，并且説明爲什麽是這樣寫的，相當有啓發性。

《日書》

睡虎地秦簡的法律文獻無疑引起了最廣泛的注意，但是按照簡數的比例，法律文獻并不占所有簡的多數。最多的簡還是屬於《日書》，一共有兩個文本，通常稱作《日書甲》和《日書乙》。到 1975 年爲止，還是第一次見到《日書》這種文獻（至少是第一次認定這種文獻）。此後，戰國秦漢的很多墓都出同樣的文獻，現在《日書》類已經比較常見好懂，這是通過不少學者的努力而得到的。在西方學術界，睡虎地秦簡《日書》研究主要是由三個學者做的，即馬克、魯惟一和夏德安。魯惟一發表了一篇介紹性的文章。馬克發表了兩篇長篇論文論證《日書》裏所使用的時間概念。夏德安做了兩篇專題研究，主要內容是英文譯文和詳盡的注解。除了這三個學者以外，日本學者佐藤武敏（KUDÔ Motoo）還發表了一篇英文文章討論《日書》和秦代法家的關係。最近徐誠彬（Daniel SOU）也發表了專門研究成果。按照發表年代早晚，這些學術著作可以列如下：

    夏德安（Donald HARPER），《公元前三世紀的中國鬼神譜》（401280，1985 年）

    馬　克（Marc KALINOWSKI），《睡虎地文件和戰國末期的中國日占》（401350，1986 年）

    魯惟一（Michael LOEWE），《睡虎地日書初覽》（401490，1988 年）

    佐藤武敏（KUDÔ Motoo），《秦簡〈日書〉與秦的條文主義》（401670，1990 年）

    夏德安（Donald HARPER），《符咒》（402240，1996 年）

    馬　克（Marc KALINOWSKI），《秦和漢的日書：睡虎地甲本的編輯邏輯》（404780，2008 年）

    徐誠彬（Daniel SOU），《秦國與鬼神共處：睡虎地秦簡的〈詰咎〉所載驅邪術》（406510，2015 年）

夏德安的《公元前三世紀的中國鬼神譜》是在 1985 年的《哈佛亞洲學學報》上發表的，針對睡虎地《日書甲》的《詰》段落。《詰》雖然很短，只有 37 個字，然而夏德安根據這個段落聯繫到戰國時代的鬼神信仰和六朝的道教文獻。他充分利用了《抱朴子》特別是《白澤圖》來説明《日書》的用處，這一篇文章是夏氏宗教研究方法的典型例子。徐誠彬（Daniel SOU）2013 年在賓州大學提交題作《爲政府服務：據出土文獻研究古代中國官員的角色與實踐》的博士論文（406130），針對睡虎地秦簡所見政治制度做了綜合研究。他在 2015 年對睡虎地日書做了專門研究，即《秦國與鬼神共處：睡虎地秦簡的〈詰咎〉所載驅邪術》（406510）。這篇文章不但像夏德安那樣針對睡虎地秦簡的《詰》章，并且也像夏德安那樣根據這個資料論證日書更概括的宗教意義。

除了夏德安、馬克和魯惟一對《日書》的研究成果以外,還有兩篇專題研究也利用了《日書》的部分資料:

胡司德(Roel STERCKX),《中國古代的馬儀》(402320,1996 年)

根茨博(Joachim GENTZ),《關於早期墓葬發現的意義:睡虎地的〈任子篇〉》(404350,2006 年)

胡司德(Roel STERCKX)原籍比利時,1997 年獲得英國劍橋大學博士學位,師從了當時劍橋大學講師陸威儀,博士論文對中國古代野獸的觀念做了綜合考察。胡司德畢業以後在美國教了幾年的書,然後在 2002 年回到母校擔任中國古代思想史教授。《中國古代的馬儀》在《古代中國》上發表,融合了胡司德對獸的興趣和陸威儀對禮儀的人類學方法,提出中國學者頗忽略的禮儀行動。根茨博(Joachim GENTZ)原籍是德國,現在擔任葉丁堡(Edinburgh)大學中國古代思想史教授,主要研究範圍是先秦諸子百家,然而《關於早期墓葬發現的意義:睡虎地的〈任子篇〉》這篇文章將睡虎地《任子篇》和先秦宗教習慣聯繫起來,頗有人類學味道。

《日書》方面最新的研究成果是一篇博士論文。這一篇是郝益森(Ethan HARKNESS) 2011 年在芝加哥大學提交的《宇宙論與日常事務:中國古代〈日書〉》(405660),對戰國秦漢墓葬所出《日書》做了綜合研究。郝益森是夏德安的學生,他的研究成果頗有老師的風格。

《編年記》

睡虎地秦簡中一篇非常重要的歷史文獻是《編年記》,從秦昭王元年(前 305)到"今"(即秦始皇)三十年(前 217)幾乎每一年都有記錄,多半的(而特別是在秦昭王紀年中)都和秦國國事(而特別是軍事)有關,但是也包括部分私人記錄。通過私人記錄,我們知道墓主名"喜",生於秦昭王三十四年(前 262),卒於秦始皇三十年(前 217),爲睡虎地的歷史背景提供了難得的信息。西方學術界對《編年記》沒有提供足夠的研究,只有德國學者案跋(Achim MITTAG)和夏含夷撰文對它的形式和史學意義做了

第一章　西方漢學簡帛研究概要　379

綜合討論。案跋在 2003 年發表了兩篇文章,一篇是用德文寫的:《對墓葬出土文物的歷史思考:秦〈編年記〉之例》(403520),一篇是用英文寫的:《睡虎地秦〈編年記〉:中國史學角度的隨札》(403530)。案跋認爲《編年記》所載記録應該來自秦國王朝發給全國的《軍志》。他還根據《編年記》的形式提出關於紀年的演變一種大膽的意見:他説《春秋》很可能是從《左傳》節録的,也就是説先有《左傳》後有《春秋》。夏含夷在 2015 年發表一篇文章題作《秦〈編年記〉與中國歷史書寫的起源》(406490*),認爲在中國先秦時代紀年形式的文獻相當普遍,不僅是《春秋》和《編年記》存在,並且幾乎每一國都會有。他還指出這種紀年的源頭可能早在西周時代就已經存在①。

　　無論是在中國還是在西方,睡虎地《編年記》没有引起多少專門研究。然而,有一篇文章值得詳細介紹,即貝克(B.J. MANSVELT BECK)《始皇帝的諱字和孝文王在位之三天:1975 年出土的睡虎地秦〈編年記〉所提出的兩個有爭議的問題》(401430),發表在 1987 年《通報》刊物上。貝克當時是荷蘭萊頓大學漢學教授,繼任何四維的工作,研究範圍也是秦漢史學。從《編年記》第三條簡下半簡所載"五十六年後九月昭死正月遬産"的記載,貝克指出兩點非常有意思的史實。第一,衆所周知,《編年記》在秦始皇死後埋在墓葬裏。我們也知道秦始皇名"政",有人以爲秦人對"政"和包含"政"的"正"都有避諱,以"端"來代替。從"正月"以及睡虎地秦簡不少其他用法看,當時對"政"和"正"毫無避諱。貝克還利用了傳世文獻論證秦國習慣是國君去世以後才開始對他的名字有避諱。因此,"端月"的用法應該是從二世皇帝即位以後才開始用的。貝克第二點更爲重要。接着第三條簡的下半簡所載"五十六年後九月昭死正月遬産",第四條簡下半簡乃載有"孝文王元年立即死"。因爲《編年記》對秦王的死使用"死"而不用"崩"或"薨"或"終",所以第一個記載的"昭死"只能指秦昭襄王之死,也就是公元前 251 年。按照《編年記》,在此年的次年他的兒子孝文王

―――――
　　① 這篇文章原來用中文發表爲《紀年形式與史書之起源》,載於陳致編,《簡帛·經典·古史》(上海:上海古籍出版社,2013),第 39—46 頁。

繼任秦王。《史記·秦本紀》對秦孝文王繼任之事有下列記載，説孝文王在位只有三天：

> 五十六年秋，昭襄王卒，子孝文王立。尊唐八子爲唐太后，而合其葬於先王。韓王衰絰入弔祠，諸侯皆使其將相來弔祠，視喪事。孝文王元年，赦罪人，修先王功臣，褒厚親戚，弛苑囿。孝文王除喪，十月己亥即位，三日辛丑卒，子莊襄王立。

按照一般的理解，秦國實用了建亥年曆，即以十月爲年首。如果按照這樣的年曆，秦昭王死於"後九月"，應該是九月以後的閏月，也就是該年最後一個月。然後，按照《秦本紀》秦孝文王在"十月己亥即位，三日辛丑卒"之"十月"應該是下一年的首月。如此，秦昭王在他在位第五十六年的年末死，下一個"十月"就是秦孝文王元年年首，孝文王"即位"後三天死意味着在昭王去世之後不到兩個月以後孝文王也去世。然而，如貝克論證，這樣的年曆不合當時的史實。第一，他提供很多證據説明秦昭王在位時代秦國還沒有開始使用建亥年曆，這個年曆應該是秦始皇統一天下以後才建立的。《史記·秦始皇本紀》秦始皇 26 年，即公元前 221 年，有明確記載：

> 始皇推終始五德之傳，以爲周得火德，秦代周德，從所不勝。方今水德之始，改年始，朝賀皆自十月朔。

第二，秦昭王五十六年相當於公元前 251 年，"後九月"相當於該年 10 月 17 日到 11 月 15 日。按照傳統説法，下一個月是下一年的首月，也就是按照秦國建亥年曆以"十月"爲歲首。然而，根據貝克説，這個月根本没有"己亥"和"辛丑"日。因此，秦國此時只能使用了一般的建寅年曆，也就是從"正月"至"十二月"的年曆。如此，下一年的"十月"相當於公元前 250 年 11 月 8 日到 12 月 8 日，這一月就含有"己亥"和"辛丑"，相當於該年 11 月 8 日和 10 日。第三個原因更爲重要。按照《史記·秦本紀》記載，秦昭王死後有一系列的喪事"尊唐八子爲唐太后，而合其葬於先王。韓王衰絰入弔祠，諸侯皆使其將相來弔祠。視喪事"，不但包括重新埋葬已故皇太后，并且韓王率領其他諸侯來賓弔祠。如果"後九月"是秦昭王 56 年年末，就在這一年裏實在無法舉行這些喪事。然而，"後九月"以後如果這一年還有三個月的時間，這些喪事就可以舉行在同一年。秦孝文王在次年的"正月"立，但是此時還没有正式"即位"。按照貝克推測，秦孝文王没有服喪之前不應該正式即位。然而，因爲他父親在位 56 年，他此時已經年老，也許到一年以後的"十月"他自己生病，如果没有正式"即位"就無法列在宗廟裏。因此，雖然三年之喪没有服完，可是他只好提早"即位"，即位後第三天就逝世。秦孝文王之死在秦昭王之死以後將近一年的時間，而并不是"三日"卒。貝克這樣論證如果没有錯，可以説明《編年記》爲中國古代禮制提供了寶貴信息。

《爲吏之道》、《南郡守騰文書》

睡虎地秦簡還包括兩篇文獻説明秦國官員的責任和作法：《爲吏之道》和《南郡守騰文書》。上面已經提到葉山原來計劃就秦國政治制度做綜合性研究，在 1987 年發表第一篇文章，即《在秦代的社會地位：雲夢秦簡法律文件的證據，第一：平民》(401460)。他在 1995 年在《古代中國》上還發表第二篇：《秦國對官員的管理：技術與程序》(402210)。這一篇根據睡虎地《南郡守騰文書》討論了秦國官員的各種問題：聘任的規矩、年齡及其他綫索、擔任期間、辦事保證、報告、觀察的方法、工資等。按照當時的資料，這篇文章對這些問題做了很深入的研究，也提供了《南郡守騰文書》的部分翻譯。葉山的秦國史雖然一直没有寫成，可是在 2014 年他和尤鋭、羅泰(Lothar Von FALKENHAUSEN)和吉迪(Gideon SHELACH)合編了題作《帝國之誕生：重新思考秦國》(406280)的專題論文集，對秦史各種問題做深入討論。

尤鋭(Yuri PINES)、羅泰(Lothar Von FALKE-NHAUSEN)、吉迪(Gideon SHELACH)和葉山(Robin D. S. YATES)合編《帝國之誕生：重新思考秦國》

上面已經提到，2013年徐誠彬在賓州大學提交了博士論文：《爲政府服務：據出土文獻研究古代中國官員的角色與實踐》(406130)。在同一年，他還在《華裔學報》(Monumenta Serica)上發表了題作《塑造秦代的地方官員：探索出土秦簡所反映的價值與責任系統》(406140)的長篇文章。這兩個研究成果在某種程度上實現了葉山的原來計劃。

1977 安徽阜陽雙古堆

1977年於安徽阜陽雙古堆發現的1號和2號漢墓，是在1970年代馬王堆發現以後第二個最重要的漢墓，墓裏原來藏有《周易》、《詩經》、《倉頡篇》、《年表》、《莊子》等重要文獻，還有極爲重要的式盤。不幸，墓葬封閉不久以後就被盜，裏面的文物受到嚴重破壞，竹簡出土的時候幾乎都是碎片，給整理者造成極大的困難。連保存相對好的《周易》也經過二十多年才公布，有的文獻到現在還沒有正式發表，難怪西方學者沒有給雙古堆文獻應有的注意。雖然如此，每一篇文獻都有至少一兩種學術成果，式盤引起了相當多的討論。下面就分爲文獻介紹。

《周易》

《周易》是雙古堆漢簡保存最多的文獻，有750多件碎片竹簡。雖然沒有一條完整的簡，但整理者尚能夠復原文獻的基本形式。《周易》每一卦都始於一條簡的上頭，先有卦畫和卦名，以後有卦辭和爻辭。然而，與一般的《周易》文本不一樣，在卦辭和每一條爻辭的後面都附加一條或幾條占辭，諸如"卜子産不孝"、"卜有罪者兇"、"卜病者不死乃瘉"等。這些占辭對《周易》的理解，特別是對《周易》早期編纂過程的理解，起了非常重要的作用。夏含夷從1983年在斯坦福大學提交題作《〈周易〉的編纂》的博士論文已經注意到阜陽《周易》的重要性①，以後他一直對相關出土文獻有興趣。雙古堆《周易》在2000年初次公布以後，夏含夷在次年立刻撰

---

① Edward L. SHAUGHNESSY(夏含夷)，"The Composition of the *Zhouyi*"(《周易》的編纂)(博士論文：Stanford University，1983).

文將這個文獻介紹給西方學術界:《阜陽〈周易〉和貞卜手冊的創造》(403200)。以後,在他 2014 年出版的《出土之易:最近發現的易經寫本與相關文獻》(406340)裏,夏氏特別設有兩章討論雙古堆《周易》,一章介紹了它的發掘過程及其内容對《周易》的形成之意義,另外一章是雙古堆《周易》完整的英文譯文(零碎的占辭没有全部包括在内)。夏氏此書還介紹了上海博物館藏楚竹書《周易》和王家臺秦簡《歸藏》,下面在相關的地方還會介紹。

《詩經》

雙古堆《詩經》雖然也碎得很厲害,但是基本上也可以復原它的原貌。據整理者復原,這個《詩經》文本利用不同大小的文字把每一首詩分章寫定,一章占一條竹簡。因爲每一章都占一條竹簡,而竹簡不但都是碎片,并且都很分散,所以没有辦法復原原本的次序。然而,從文字的用法看,整理者提出這個文本既不是《毛詩》,也不是《三家詩》任何一個文本,而應該是漢初獨立的《詩》文本。這對《詩經》的編寫過程相當有意義。西方學術界幾乎没有注意雙古堆《詩經》的文本。唯有柯馬丁(Martin KERN)在 2005 年發表的《出土寫本裏的〈詩〉》(404000*)稍微有一點討論,但是即便這篇文章的主題也是上海博物館《孔子詩論》,而不是雙古堆《詩經》。

《倉頡篇》

據漢代的記載,《倉頡篇》是秦相李斯發明的,是一種史官用的教科書和字書。雖然阜陽漢簡出土的文本也是碎片,但是仍然引起大家的興趣。在西方學者當中,只有一篇文章專門介紹這一文獻,即羅杰(Roger GREATREX)1994 年發表的《西漢早期的同義詞典:阜陽的〈倉頡篇〉》(402070)。

《年表》

據整理者胡平生先生報告,阜陽漢簡當中含有兩個年表,一個按年組織,一個像《史記》年表將不同國的事情集中在一起。胡平生在1988年長春召開的古文字研究會上宣讀了一篇題作《關於阜陽發現的漢簡〈紀年〉的注解》(401580),以後通過《古代中國》編者決定把英文譯文發表在該刊物上,由裴碧蘭(Deborah PORTER)翻譯。以後,這一篇原文一直沒有正式發表,所以胡平生先生英文文章仍然算是阜陽漢簡《年表》最有權威的文章。

式盤

除了文獻以外,阜陽1號漢墓還出了一個六壬式盤,即占卜用的宇宙模式,引起西方學術界的廣泛興趣。初步報告問世以後,夏德安馬上撰文介紹式盤及其歷史背景和意義,在《古代中國》1978年第4輯上發表:《漢代式盤》(400730)。夏德安在他的討論中,引用了馬伯樂在1939年發表的典範研究:《漢代的中國天文式盤》(400230)。夏德安文章發表兩年以後,《古代中國》刊用了古克禮做的討論,對夏德安的某些觀點和用語都提出尖銳批評:《再論"式"》(400940)。同輯的《古代中國》還登了夏德安的答覆:《漢代式盤:回答古克禮》(400960),對古克禮的批評提出了同樣尖銳的反評。次年的《古代中國》第7輯還登了古克禮的另一個答覆:《漢代的宇宙模型:對夏德安的回答》(401010)。兩個人的不同觀點基本上是基於他們對中國古代文化史的不同立場而來的:夏德安出於文獻學背景,對思想史和宗教史有興趣;古克禮出於科學背景,對天文學和數學有興趣。當然,兩個人的興趣不僅僅如此簡單,夏德安對中國科學史,特別是醫學,也做了深入研究,古克禮則對諸子百家和漢代思想史做過研究。然而,他們之間的差別是夏德安以為式盤僅只有象徵意義,而古克禮以為式盤是一種真實宇宙模式。兩個人都提出了合理證據。這種激烈的辯論起到了另外一個好作用。就是因為有此次辯論,引起了很多人去看漢代實物的證據。

馬克沒有參加此次辯論,可是在1983年發表了一篇長篇法文文章討論式盤和所謂"六壬"占卜法:《漢代曆法工具和六壬方法》(401210)。以後,這篇文章成為馬克巨著《中國古代宇宙論和占卜:公元六世紀的〈五行大義〉》專門討論中國中古時代占卜史的核心①。三十年後,他在一篇英文文章裏討論了同一個問題:《秦漢星曆學中"式"之概念及相關術語》(405890,2012—2013年),發表在《古代中國》上。馬克的觀點頗傾向於夏德安的立場,可是與古克禮的看法也不矛盾。

1983 湖北江陵張家山

1983年湖北江陵張家山247號漢墓出土了大批西漢初年的竹簡,包括特別多的法律文獻。這是接着1975年湖北雲夢睡虎地秦簡的發現,中國法律史上第二個最重要的發現。除了法律文獻以外,張家山的竹簡還包括相當多的數學文件。在中國考古學史上,這是第一次出土這樣多的數學文件,引起了廣泛的注意。竹簡在2001年由文物出版社正式出版爲《張家山漢墓竹簡(二四七號墓)》。

漢律文獻

在2001年,魯惟一先生即將過八十歲生日的時候,學生和朋友給魯先生編一個論文集慶祝高壽。正好這個時候張家山漢律正式發表,有一些朋友趁了這個機會介紹張家山漢簡。寫正式報告的都是亞洲人:即李學勤(LI Xueqin)和邢文(XING Wen)做的《漢代初期法律的新曙光:張家山竹簡法律文獻的重新評價》(403170),以及日本學者大庭脩(ŌBA Osamu,1927—2002)做的《張家山247號漢墓出土的津關令》(403190)。大庭脩的文章由好幾位學者共同翻譯:有日本文學教授David SPAFFORD做主要翻譯工作,然後也有葉山、紀安諾(Enno GIELE)和戴梅可(Michael NYLAN)參加校對。大庭脩是當代日本漢學家中最偉大的漢代專家,也是魯惟一的老朋友。這篇文章只針對張家山漢律的津關令,可是沒有做深入研究,而是爲了對老朋友表示友誼。有像葉山、紀安諾和戴梅可共同參加翻譯工作也表示他們對魯先生的尊敬。

---

① Marc KALINOWSKI(馬克),*Cosmologie et divination dans la Chine ancienne. Le Compendium des cinq agents* (Wuxing dayi, *VIe siècle*)(中國古代宇宙論和占卜:公元六世紀的《五行大義》)(Paris: Ecole française d'Extrême-Orient, 1991).

戴梅可後來自己利用了張家山漢簡發表《張家山所見不正當性交案例的注解：譯注》(404070，2005—2006年)，翻譯了《夫人和奸》的文件(簡180—196)，并且討論漢代婦女的人權。魯惟一自己對張家山漢律也做了研究，即《公元前186年的律令》(405360，2010年)。這篇文章發表在他和戴梅可合編的《中國早期的帝國：重新思考》(405400)。這本書的目的是接續魯惟一與杜希德(Denis TWITCHETT)合編的《劍橋中國史：秦漢帝國》第一卷，將《劍橋中國史》第一卷出版(1986年)後的考古發現介紹給大衆讀者。奇怪的是，此書的作者中只有魯惟一一個人介紹出土文獻，其餘作者只是從新的角度來討論漢代傳世文獻。

真正對張家山漢律做深入研究有兩隊研究者，一隊在德國，一隊在北美。德國那一隊是勞武利(Ulrich LAU)和吕德凱(Michael LÜDKE)合作的德文翻譯。勞武利原來的研究範圍是西周銅器銘文，特別是土地所屬銘文。因爲這些銘文牽涉到中國早期法律史，所以張家山漢律文獻出土以後，他自然而然地改變學術方向。勞武利這方面第一個研究成果是2002年發表的《從〈奏讞書〉重構漢代初期的法律制度及刑制實現的原則》(403330)。此後，他和吕德凱合作了十年，終於在2012年出版了巨作《漢代初期的理想法律方案：湖北張家山〈奏讞書〉注譯》(405920)中《奏讞書》的全文翻譯。這一翻譯基於非常深入的研究，也帶有詳盡的注解。然而，有兩點不幸。第一，這個譯文是用德文翻譯的。過去西方學術界的很多學者都會看德文，可是現在看德文的人越來越少。第二，此書出版於日本的東京外國語大學的亞非語文學院，外銷圈不大，恐怕連懂德文的人不一定能見到書。

第二個張家山漢律翻譯隊是由葉山和加州大學聖塔克魯兹(Santa Cruz)分校教授李安敦(Anthony BARBIERI-LOW)合作的。他們也在日本公布了工作的初步報告，即2009年的《張家山法律文獻的英文翻譯：方法和挑戰》(405210)。這本巨著於2015年終出版，包括兩大册：《中國早期帝國的法律、國家與社會：張家山247號墓法律文獻的校訂、翻譯和研究》(406400)。此書由荷蘭的布里爾學術出版社(Brill Academic Publishers)出版，但是用英文寫的，應該可以滿足衆多讀者的要求。這也可以説明學術界的國際化。

第一章　西方漢學簡帛研究概要　387

勞武利（Ulrich LAU）和呂德凱（Michael LÜDKE）的著作《漢代初期的理想法律方案：湖北張家山〈奏讞書〉注譯》

葉山（Robin D.S. YATES）和李安敦（Anthony BARBIERI-LOW）的著作《張家山法律文獻的英文翻譯：方法和挑戰》

《算數書》

張家山第二篇非常重要的文獻是《算數書》，是中國數學史上的極爲難得的發現，引起了數學史學者的廣泛注意。在西方學者中，這個工作基本上由兩位專家進行：古克禮和道本周（Joseph W. DAUBEN）。上面已經指出，古克禮過去是劍橋大學李約瑟中國科技研究所主任，曾對中國天文學有專門研究。他 2004 年在新創辦的"李約瑟研究院專刊"上發表了《算數書》的全譯，包括詳細注疏：《〈算數書〉：公元前二世紀的中國數學彙編的譯文，含解釋性的注疏》（403670）。此後，在 2007 年《數學史》（Historia Mathematica）學術刊物上又發表文章，目的是爲了給大衆數學史家介紹中國數學史最新的進展：《〈算數書〉：據一份出土寫本重寫早期中國數學史》（404560）。

道本周是紐約城市大學數學史家，在張家山《算數書》發現之前似乎沒有對中國數學史做過多少研究。但從 2004 年到 2008 年，他發表了四篇文章，最後一篇又是《算數書》的全譯和解釋。按照發表年代早晚，這些文章列出如下：

《算數書：初步調查》（403680，2004 年）

《已知最古老的中國數學著作〈算數書〉裏的三個多任務問題》

(403910,2005 年)

《算數書：校勘、解釋和翻譯的兩種問題》(404320,2006 年)

《算數書：一本關於數字和算法的書,英文翻譯和注解》(404680,2008 年)

據道本周自己說,他翻譯《算數書》之前,故意地没有參考古克禮在 2004 年發表的英文譯文,這樣可以保持它的獨立性。由於我自己對數學的知識不足,無法評價《算數書》兩種英文譯文的得失。然而,西方漢學界在五年以内能夠做出如此兩本譯文似乎能夠反映這一學術領域的成熟性。

古克禮
(Christopher CULLEN)

道本周
(Joseph W. DAUBEN)

《蓋廬》

米歐敏
(Olivia MILBURN)

《蓋廬》是張家山漢簡一篇兵家文獻。現任韓國首爾國立大學教授的米歐敏(Olivia MILBURN)在 2010 年《古代中國》上發表了《蓋廬：張家山 247 號墓所出陰陽兵書的譯注》(405380),做了全部翻譯,并介紹了《蓋廬》的軍事史背景。米歐敏的博士論文(2003 年,倫敦大學亞非學院)是《越絶書》的評譯,之後在 2010 年正式出版爲《越之光榮：〈越絶書〉的評譯》[1]。因爲《越絶書》裏頭最重要的人物是

---

[1] Olivia MILBURN (米歐敏), *The Glory of Yue: An Annotated Translation of the Yuejue shu*（越之光榮：《越絶書》的評譯）(Leiden: Brill, 2010).

吳王闔閭，而《蓋廬》正好是吳王闔閭的故事，所以米歐敏會有興趣。她的翻譯和解釋都達到了西方漢學的最高標準。

1986 甘肅天水放馬灘

1986 年發掘的甘肅天水放馬灘秦簡，在西方學術界沒有引起多少注意，一共只有三篇文章專門談它的文獻：

徐美苓（Mei-Ling HSU），《秦地圖：後代中國地圖學發展的綫索》（401940，1993 年）

夏德安（Donald HARPER），《戰國民間宗教裏的復活》（402080，1994 年）

馬　克（Marc KALINOWSKI），《戰國末葉的音樂理論和曆法協調：公元前 239 年放馬灘日書》（405670*，2011 年）

徐美苓也對馬王堆地圖做了深入研究。放馬灘地圖的製造年代比馬王堆兩幅地圖至少早五十多年，當然也會引起她的興趣。夏德安和馬克一直都是西方學術界中國數術思想的領頭人，幾乎每一新發現都會引起他們的注意。因此，一點也不奇怪他們都撰文討論放馬灘的文獻。夏德安給放馬灘有關"丹之復生"的志怪故事做了一個翻譯，并討論它在文學史與思想史上的意義。據夏氏說，到公元前四世紀末年，死人所在的地府已經像一個官僚的政府，與之交流都要通過官僚手續。他說，在包山占卜記錄和放馬灘這個故事之間，我們可以看出一個重要變化，并說這個變化的啓發點無疑是此時各個國家的大量擴大、官僚手續的大量增多。馬克的文章專門討論放馬灘日書。這是繼他對睡虎地《日書》研究的另一個成果。他和夏德安還有計劃對戰國秦漢所有日書都做一個綜覽和研究，大概就在 2016 年或是 2017 年公布。

1987 湖北荆門包山

1987 年發現的湖北荆門包山 2 號楚墓令中國古代文化史研究又開始了一個新的階段。1970 年代初含有簡帛文件的墓都是西漢時代埋葬的。1975 年出土的睡虎地秦墓把簡牘的上限推到公元前 217 年，在秦始皇統一天下之後，在他焚書坑儒之前，因此至少能夠暗指漢代以前的書的一些面貌。然而，學術界仍然希望能夠見到戰國時代的文獻，也就是諸子百家時代的著作。包山 2 號楚墓發掘以後，考古學家按照墓的物質特徵把它的年代定在戰國中晚期之際。然後，古文字學家和歷史學家根據墓裏所包含的竹簡之年代記載確定該墓的下葬年代是公元前 316 年，比睡虎地秦墓早一百年，也正好是戰國時代思想最開放的階段，是孟子、荀子、莊子都活躍的時候。包山 2 號墓含有大量的法律檔案、占卜記錄和遣册。雖然墓没有文學方面的文獻，但是限於當時的條件，已經滿足了大多數古文字學家的希望。因此，這一發現立刻引起了國内外廣泛的興趣。

在西方學術界上，這一發現啓發了至少兩個博士論文和兩本專著。博士論文是由來國龍（LAI Guolong）和郭珏（GUO Jue）做的，兩本書是由柯鶴立（Constance A. COOK）和來國龍寫的。來國龍的博士學位是 2002 年在美國加州大學洛杉磯分校（UCLA）取得的，論文題目是《包山墓葬：戰國時代藝術、禮儀與文獻的宗教演變》（403320）。畢業以後，他擔任佛羅里達（Florida）大學藝術系教授，在 2015 年出版了專著，題作《發掘死後生活：中國古代宗教的考古學》（406460）。來國龍的學術特點是將考古學、文字學、藝術學與人類學都融合在一起，對古代文化史提出一些與常識不同的新説法。他的博士論文和 2015 年出版的書正好顯現這種學術特點。郭珏的博士學位是在美國威斯康星（Wisconsin）大學讀的，她的博士論文在 2008 年提交了，題目是《重構公元前四世紀楚國的宗教實踐：新出土的包山寫本所見貞卜、祭祀與治療》（404710）。她比來國龍更偏向於思想史和宗教史，對包山簡的占卜記録特别感興趣。郭珏現任巴納（Barnard）學院的中國古代思想教授，對戰國秦漢考古學和思想史繼續做研究。因爲兩位教授的大學本科學業都在中國，兩位也經常在中國開會，所以中國學術界對他們已經很熟，没有必要於此多做介紹。第二本單行本書是柯鶴立在 2006 年出版的《中國古代之死：一個人的行程之故事》（404310）。柯鶴立自己的博士論文是針對楚國東周時代的銅器銘文進行了頗有人類學味道的研究。因此，她也自然而然地會轉到包山墓的研究。她的書像來國龍和郭珏的博士論文那樣也將考古學、文字學和人類學因素融合起來，做出一種綜合的觀察。

來國龍
(LAI Guolong)

郭珏
(GUO Jue)

柯鶴立
(Constance A. COOK)

占卜記錄

來國龍、郭珏和柯鶴立都對包山占卜記錄進行研究。除了他們以外，西方學術界還有不少文章針對這些記錄，按照發表年代早晚可以列如下：

  李 零(LI Ling)，《楚占卜竹簡的格式化結構》(401680，1990年)

  近藤浩之(KONDÔ Hiroyuki)，《馬王堆帛書〈周易〉和包山楚簡貞卜與禱告記錄：從包山楚簡試論〈周易〉的形成》(403160，2001年)

  瑞 麗(Lisa RAPHALS)，《對包山醫學貞卜的注解》(403800，2004年)

  瑞 麗(Lisa RAPHALS)，《中國和希臘的貞卜與醫學：對包山疾病貞卜的比較觀點》(404400，2006年)

  馬 克(Marc KALINOWSKI)，《東周(公元前770—前256年)的占卜：傳世文獻與最近考古發現》(404770，2008年)

  馬 克(Marc KALINOWSKI)，《東周時代的貞人和占星人》(405010*，2009年)

李零在1990年發表的文章是在包山楚簡的初步報告的基礎上寫的。

李零當時住在美國西雅圖(Seattle),他的中文原文由當地華盛頓大學教授鮑則岳翻譯成英文并整理,以適合西方讀者的要求。這篇文章的一個特點是能融合中國和西方的觀點。譬如,李零接受了西方學者的觀點,認爲中國占卜基本上是一種表示願望的儀式,而不是客觀尋找信息的行動。這個觀點後來被吸收於李零出版的《中國方術考》裏①。

近藤浩之(KONDÔ Hiroyuki)是日本北海道大學中國語文系教授,長期以來從事《周易》研究。在這篇文章裏,他考察了包山占卜記錄與《周易》的關係,提出了不少獨到的觀點。譬如,他以爲包山占卜記錄的六對卦畫很可能不應該視作兩兩相對的六畫卦,而應該是四個三畫卦②。他還説占卜的占辭依靠上卦和下卦的變爻。按照那個時候的證據,這樣的建議幾乎是憑空的。然而,現在從清華大學收藏的《筮發》看,很可能是對的。他還提出因爲包山占卜記錄中毫無《周易》卦爻辭的痕跡,所以《周易》卦爻辭的形成應該在包山墓以後,也就是在公元前 316 年以後。這一建議也和一般的認識迥然不同。近藤浩之這篇文章發表在 2001 年。雖然上海博物館藏《周易》當時還没有正式出版,可是上博《周易》存在的消息已經問世了。按照一般的認識,上博《周易》的埋葬時代應該和包山墓非常接近。然而,近藤浩之不以爲然。據他説,上博《周易》只能證明在戰國末年之前《周易》已經流傳。他還説《左傳》引用《周易》的段落都是後人插進去的。《左傳》和《周易》應該是差不多同時形成的,即公元前四世紀末年。

瑞麗(Lisa RAPHALS)是美國加州大學河邊(Riverside)分校東亞語文系教授,兼任國立新加坡大學哲學系教授,從事中國古代思想與希臘經典學的比較。上面提到的兩篇文章都是瑞麗爲了準備她 2013 年出版的書,《早期中國和古代希臘的占卜和預言》而寫的③。瑞麗從非常廣的眼

---

① 李零,《中國方術考(修訂本)》(北京:東方出版社,2000),第 282—283 頁,只是李氏的中文討論稍微曖昧,"貞"既解釋爲"定",又解釋爲"問",對這個問題不做决定。
② 據近藤浩之之説,平勢隆郎的《左傳の史料批判的研究》(東京:東京大學東洋文化研究所,1998)最先説《左傳》占卜記錄可能是按照這樣進行的。
③ Lisa RAPHALS(瑞麗), *Divination and Prediction in Early China and Ancient Greece* (早期中國和古代希臘的占卜和預言)(Cambridge: Cambridge University Press, 2013).

光去看待中國古代思想史。因爲希臘占卜也經常問到占卜者的健康,所以她提出很多有啓發性的例子。

馬克上面兩篇文章也采取宏觀方法,針對東周時代所有與占卜有關係的證據,包括傳世文獻諸如《左傳》、《國語》等,也包括出土文獻和出土文物。他以爲包山楚簡占卜記錄就是這樣多的證據的一個關鍵,因此對它的釋讀特別做討論。馬克對這些占卜的理解與李零的理解非常相似。

法律檔案

在《包山楚簡》一書裏,法律記錄在前,占卜記錄在後,在中國一般的論述會遵守這樣的排序。然而,因爲西方學者對包山法律記錄没有給予應有的注意,所以只好順便放在占卜記載的介紹之後。當然來國龍、郭玨和柯鶴立在他們對包山墓的歷史意義討論中都提到法律記錄和左尹它的官僚地位,但是專門討論這些記錄的法律形式和意義,唯一的一篇文章是羅鳳鳴(Susan WELD)在1999年發表的《實行中的楚國法律:包山二號墓的法律文件》(402750)。羅鳳鳴既經過法律訓練,又有過中國考古學與歷史學訓練,她的博士論文對侯馬盟書進行了詳盡的考察(見上面第三部分介紹),後來在哈佛大學法律學院和喬治敦(Georgetown)大學法律學院任教。在這篇文章裏,她站在律師的立場去看左尹它的行動,頗有啓發性。

1992 甘肅敦煌懸泉

中國西域地區的文件雖然原來引起了西方學術界的注意,但是到了第二十世紀末,早年的學者都不在了,這一領域的年輕學者還正在培養,并且,大多數學者注意力轉移到中國中部的重大考古發現,很少有人去研究西域的文件。就連魯惟一三十年以來,也沒有再回到他博士論文題目,做出這方面的研究。幸虧,至少有幾位青中年學者現在開始做相關研究。一位是德國學者紀安諾(Enno GIELE),曾在臺灣中研院歷史語言研究所留學,受到簡帛學特别是該所收藏西域木牘研究的訓練,現在任德國海德堡（Heidelburg）大學漢學教授。他已經發表多篇學術論文，與西域資料直接相關的有下列幾種：

《運用早期中國寫本作爲史料》（403450，2003 年）
《出土寫本：語境和方法》（405300，2010 年）
《漢代木簡牘文獻裏關於匈奴的證據》（405630，2011 年）

紀安諾學問的一個特點是强調掌握研究方法和資料，這應該反映出他在臺灣受的訓練。另外一位是陳力强（Charles SANFT），原籍美國，在德國受到漢學訓練，現在已經回國，擔任田納西（Tennessee）大學中國歷史教授。在 2008 年，他在《古代中國》上發表長篇文章對敦煌懸泉置發現的四季月令律做了翻譯，并討論了相關的歷史問題：《公元 5 年的五十章的四季月令詔條：懸泉置發現的壁銘的介紹及譯注》（404860）。在陳力强發表翻譯之後，2015 年楊繼東（YANG Jidong）還發表了一篇初步的綜合研究，題作《早期絲綢之路上的交通、住宿與貿易：懸泉寫本的初步考察》（406560）。

紀安諾
（Enno GIELE）

陳力强
（Charles SANFT）

1993 江蘇連雲港尹灣

在簡帛學歷史上，1993 年是偉大的年份，至少有三次極其重要的考古發現：江蘇連雲港尹灣漢簡、湖北江陵王家臺秦簡和湖北荆州郭店楚簡。還有一次非常重要的盜墓事件：即將來上海博物館收藏的一批（也許兩批）楚簡。第一個發現是尹灣漢簡。在 1993 年 2 月底，考古學家發掘了連雲港尹灣漢簡。西方學術界對這一發現也做了幾篇專論。上面說魯惟一先生最近三十年以來沒有從事他博士論文題目的西域漢簡研究，這并不是說魯先生不在做學問。他幾乎每年都有新的研究成果，只是他現在關心的問題多放在西漢時代政府的組織和行政方面。因此，尹灣漢簡的人口和賦稅記錄也會引起他熱烈的興趣。在魯惟一和戴梅可 2010 年合編的《中國早期帝國：重新思考》（405400）的書裏，他提供了一章題作《政府的運作》（405370），對尹灣漢簡證據做了綜合介紹和分析。

尹灣漢簡讓人感興趣的不僅在於人口和賦稅記錄，還有一條簡對六博有所敘述，而另一篇題作《神烏賦》的詩歌也很有意思，這些都引起了西方學術界的注意。現任紐約大學（New York University）古代世界研究學院（Institute for the Study of the Ancient World）教授曾藍瑩（Lillian Lan-ying TSENG）在 2002 年撰文討論六博的宗教意義：《六博之占：尹灣出土的漢簡之解釋》（403410）。曾藍瑩的專長是漢代壁畫，長期以來，將藝術學與宗教學融合起來，她對六博的說明便是沿着這條路。葉翰（Hans VAN ESS）是德國慕尼黑（München）大學中國傳統文化教授，對中國傳統文化各個領域都做了研究，可是重點仍然爲漢代思想史。在 2003 年的《華裔學報》上，葉翰發表了關於尹灣《神烏賦》的解釋：《尹灣六號漢墓出土〈神烏賦〉的一個解釋》（403580）。

1993 湖北江陵王家臺

1993 年第二個偉大簡帛學發現是在湖北江陵王家臺，一座秦墓出土了《歸藏》、《效律》、《日書》、《易占》等竹簡文獻。這些秦簡當中，《歸藏》無疑最重要，它對中國思想學史和文獻學史都有重大意義。這一發現在《文物》1995 年第 1 期發表簡報，簡報沒有認清簡文的性質，只謂"與《易》相似"。簡報發表以後，柯鶴立在 1998 年的《中國宗教學報》（*Journal of Chinese Religion*）上立刻發表文章做介紹：《秦代易學文獻的殘篇與神話：研究筆記和翻譯》（402490）。柯鶴立此時也沒有認出簡文就是《歸藏》，因此提出了一些不太成熟的看法。此後，她自己改正了原來的誤解，在 2004 年和 2006 年先後又發表了另外兩篇文章討論簡文與《歸藏》的關係：

《兆象與神話：對〈歸藏〉寫本的思考》(403640,2004 年)
《從骨至竹：數字集合和喪葬禮儀》(404300,2006 年)

第二篇文章是篇幅很長的綜覽，提出了一種非常獨特的觀點，說八卦最早表現爲喪禮儀具上的一組數字。利用實綫和虛綫來代表陰陽的做法大約開始於五行學說流行之際。《易經》一類衍生於八卦的文字基於這種後期系統。作者提出，數字卦的產生可以追溯到一種與祭祀音樂有關的系統。這種系統與陰陽學說沒有關係，反而與後世的詩歌形式的卜辭有關係。

在柯鶴立第一篇文章發表稍後，夏含夷撰文討論《歸藏》和《周易》的關係，即 2002 年發表的《王家臺〈歸藏〉：〈易經〉貞卜的替代物》(403400)。到那個時候，學術界已經論證了王家臺秦簡與傳世《歸藏》引文的關係，夏氏也根據這種認識對《歸藏》做了初步討論。在 2014 年，夏含夷還出版了規模相當大的專著，題作《出土之易：最近發現的易經寫本與相關文獻》(406340)。如上面討論阜陽漢簡《周易》時所介紹，這本書核心部分包括三個簡牘的發現：上海博物館藏楚竹書《周易》、王家臺秦簡《歸藏》和阜陽漢簡《周易》。《歸藏》部分像阜陽漢簡一樣，分成兩章：一章介紹簡文的發現、形式和歷史意義，另外一章是簡文的英文翻譯。夏含夷在綜述章節對王家臺《歸藏》做全面的介紹，以爲到了漢代前後《歸藏》的占卜系統已經淘汰了，文本也不一定流傳。在西晉時代，汲冢竹書出土。根據《晉書・束晳傳》所載，汲冢文獻包括《易繇陰陽卦》。夏含夷以爲這個文獻很可能就是後來引用的《歸藏》。在汲冢竹書剛剛整理好以後，張華(232—300)在其著《博物志》裏面，已經引用與王家臺《歸藏》幾乎一樣的片段，可是與張華在《博物志》裏一般習慣不同，他沒有提出片段的出處書名。到東晉初年，郭璞(272—324)在著《山海經》和《穆天子轉》注的時候，每一次引用同樣的片段都說是《歸藏》的文字。此後，六朝隋唐至南宋時候注解和類書往往引用類似的資料，一直有共同的認識是《歸藏》。夏含夷提出我們現在所認識的《歸藏》原來是從汲冢竹書流傳的。中國學者早在郭沫若(1892—1978)已經提出這個意見①。夏氏的這個說法大概不會引起多大的反對。然而,他還有一點看法與中國學術界不太一樣。他以爲汲冢竹書發現以後,不但汲冢竹書編者荀勗和束晳都不認識《歸藏》,連張華也不認識,說明當時人根本不知道《歸藏》的原貌如何。以後,郭璞把汲冢竹書與《歸藏》聯繫起來,很可能是他在中國古代書名中憑空找了一個書名。當然,汲冢竹書早已失傳,連《歸藏》的整理本也沒有完整地保存下來,所以沒有證據判斷這一問題。其實,大概也沒有關係。學術界現在已經有一個公認:王家臺秦簡與中國中古時的《歸藏》引文就是古代的《歸藏》。

1993 湖北荊州郭店

1993 年第三個重要簡帛學考古發現,不再像前兩個僅引起了一兩位西方學者做簡單的介紹和論述:在 1993 年 10 月,荊州博物館的考古學家得到消息說郭店楚國墓地有一座墓葬被盜,以後就開始了正式的發掘工作,發現墓葬是戰國中晚期之際的墓,含有 700 多條載有文字的竹簡。這些竹簡所載文件和過去所發現的戰國時代楚簡的性質很不一樣。過去發現的楚簡文件多半都是臨時造出的文字資料,就像包山的法律檔案和占卜記錄那樣。郭店簡與此不同,全都是文獻,也就是柯馬丁定名的"具有歷史的文本"(見下面"方法論"部分介紹)。初步報告說這些文件包括戰國中期的《老子》寫本,這對全世界的漢學界有了爆炸式的影響。《郭店竹簡》的整理本在 1998 年 5 月出版以後,立刻在美國達慕思學院召開一次國際學術研討會,討論郭店簡的意義。此後,在中國又舉辦了幾次國際性的學術會,每一次都有不少西方學者參加。到現在爲止,中國學者已經發表了上千種研究作品,西方學者們也做出了大量的研究成果。據不完整的統計,已經有將近八十篇發表品專門討論郭店簡的某一文獻。僅以郭店《老子》一個文獻(也許應該說"三個文獻")爲例也已經有至少二十多種發表品,比四十年以來馬王堆帛書《老子》研究還多。鮑則岳在 2013 發

---

① 郭沫若,《青銅時代》(北京:科學出版社,1957),第 2 頁。

表了一篇文章題作《爲什麼有這麼多的〈老子〉?》(405970)，標題的問題顯然與戰國時代的學術環境有關，然而我們也可以同樣地問在我們當代學術界爲什麼出現了這麼多的《老子》研究？答案恐怕需要寫成另外一本專門研究的書，於此無法詳細討論。其實，因爲西方學術界對郭店楚簡的學術成果如此多，所以於下面也無法做全面的介紹，只能提出影響最大的著作，其餘則按照文獻專題和發表年代早晚列出標題而已。以 2015 年爲止，已經有至少三本書對郭店簡做了專題介紹和討論：

> 郝樂爲(Kenneth W. HOLLOWAY)，《郭店：新發現的中國宗教與政治思想的種子》(405000，2009 年)
> 麥　迪(Dirk MEYER)，《竹簡上的哲學：中國古代文本與意義的產生》(405930，2012 年)
> 顧史考(Scott COOK)，《郭店楚簡：研究和完整翻譯》(405860，2012 年)

三本書形式很不一樣。郝樂爲(Kenneth W. HOLLOWAY)2002 年在美國賓州大學提交了題作《最近發現的儒家經典〈五行〉》(403300)的博士論文，以後又發表與郭店簡有關的幾篇文章諸如 2005 年發表的《五行：序論與翻譯》(403960)和 2008 年發表的《試論郭店楚簡與傳世文本中"仁"、"義"使用的差異性》(404720)。郝樂爲現任佛羅里達大學大西洋(Florida Atlantic)大學教授。他在 2009 年出版的《郭店：新發現的中國宗教與政治思想的種子》是西方學術界有關郭店簡的最早專著，由牛津大學出版社出版，引起了不少注意。然而，書的篇幅不多，討論的問題不超過博士論文和發表的文章範圍之外，學術界的反應相當失望，因此於此不多做介紹。

麥迪(Dirk MEYER)是牛津大學中國古代思想史教授，2011 年出版的《竹簡上的哲學》是根據他 2008 年在荷蘭萊頓大學提交的博士論文。麥迪認爲郭店簡的某幾文獻就站在中國哲學的開頭階段。他把郭店簡分成兩個大類型：一種稱作"基於論證的文本"，以《忠信之道》、《窮達以時》、《五行》、《性自命出》和《太一生水》爲例；另外一種稱作"限於環境的文本",以郭店簡《老子》和《緇衣》爲例。按照麥迪的觀點,只有在"基於論證的文本"裏,我們才可以看出一個作者的意圖,這才算是真正的哲學著作。與此不同,"限於環境的文本"意味着一種集體作品,這種作品主要是在口述環境內發展出來的,沒有一個固定的文本或作者。"限於環境的文本"不但包括郭店簡的《老子》和《緇衣》,并且還包括其他傳世文獻諸如《論語》等。據麥迪說,這些著作不應該算是哲學著作。這種觀點與西方學術界的口述文化理論有密切關係。麥迪說中國古代社會基本上是口述社會。雖然早在商代已經有文字,可是多半的交流都是通過口頭語言進行的。知識的創造和流傳也不例外,多半都由老師和學生的討論,文字記錄基本上不起作用。然而,到戰國中期偏晚時候,這種口述文化由於兩個原因發生了變化。一個原因是社會的複雜性增加,因爲有新的政治要求,所以有新的知識階級來滿足這些要求。另外一個原因是到這個時候才有大量的輕便的書寫載體,即竹簡。據麥迪說,在此之前文字記錄多是在"硬"的載體上記錄的,如甲骨文的龜甲和牛骨抑或銅器銘文的青銅,對大衆的書寫需要很不方便。竹簡開始普遍使用以後,在社會上才會出現真正的文獻。麥迪還在近幾年來發表很多文章,都提出類似的說法,下面會列出,於此沒有必要一一介紹。

　　顧史考(Scott COOK)是中國學術界,特別是古文字學與出土文獻學界熟知的學者,在耶魯(Yale)大學和新加坡國立大學合辦的新學校任中國古代思想史教授。顧史考經常在中國參加學術研討會,中文的口語和寫作都很好,發表的中文文章大概比英文文章還多①。因此,在這裏也沒有必要多做介紹。他在 2012 年出版的《郭店楚簡:研究和完整翻譯》是十多年辛苦研究的結晶。這兩冊大著一共有一千多頁,僅僅附加的文獻目錄已經長達七十頁,多半的文獻都是中文文獻,可是也包括日文和各種西文。可以說在郭店簡第一次問世以後的十四年以內,顧史考幾乎參考

---

① 顧史考早年的論文多收集在他所著的《郭店楚簡先秦儒書宏微觀》(臺北:臺灣學生書局,2006)中。此後,他的中文學術論文多集中於上海博物館所藏楚竹書問題,與郭店有關的論文只有《郭店楚簡〈語叢四〉篇韵讀新解三則》,《簡帛》1(2006),第 59—71 頁,以及《郭店楚簡〈尊德義〉篇簡序新案》,《臺大中文學報》36(2012),第 117—156 頁。

了所有學術成果。他這本書的副題直接叫作《研究和完整翻譯》,完全說明書的內容。《研究》是指他前面寫的 185 頁的《導論》部分,說明郭店簡的發現和戰國時代的思想背景。這有一點像夏德安先生的《中國早期醫學文學:馬王堆醫學寫本》一樣,書的《導論》不僅僅是一種前言而已,而是一種戰國時代思想史。《完整翻譯》不但包括翻譯,并且還有非常詳盡的注解。每一句話和幾乎每一個字都有注解,注解裏對所有發表的學問都做了綜述。顧史考的翻譯并不僅僅是匯集了他人的研究成果,他還對每一句話都做了自己的判斷和研究。無論是在中國國內還是國外,恐怕沒有第二個人做過像他這樣全面的考證。可見,這本《郭店楚簡:研究和完整翻譯》將來一定會作爲西方簡帛學的基石。

郝樂爲
(Kenneth W. HOLLOWAY)

顧史考
(Scott COOK)

麥迪
(Dirk MEYER)

《老子甲、乙、丙》

如上面已經說的那樣,郭店楚簡最早引起學術界興趣的原因是源於有報告說其中有《老子》的文本。在整個二十世紀,《老子》的性質和寫作年代一直是熱烈辯論的問題。學術界一直希望有新的證據能夠說明這些問題。《郭店楚簡》出版以後,學術界才發現所謂的《老子》文本與傳世本《老子》很不一樣。其實,郭店《老子》一共是三個文本,被稱作《甲》、《乙》和《丙》,都只載有傳世本《老子》的一部分,三本一共含有傳世本《老子》的三分之一的內容。因此,堅持《老子》早期寫作(無論是老子本人寫的還是別的著作過程的結晶)的學者以爲郭店《老子》支持了他們的觀點:郭店

《老子》應該只是完整的《老子》（無論是八十一章還是多少章）的摘要，説明在公元前四世紀末之前肯定有更完整的《老子》。與此不同，堅持《老子》晚期寫作的學者以爲郭店《老子》正好説明在公元前四世紀末還没有出現完整的《老子》，《老子》（無論是八十一章還是多少章）的寫定應該是在其後。

早在 1998 年 5 月達慕思學院召開國際研討會的時候，已經討論了郭店《老子》及相關問題。此後，2000 年艾蘭（Sarah ALLAN）和魏克彬（Crispin WILLIAMS）合編了《郭店〈老子〉：1998 年 5 月達慕思學院國際研討會論文集》（402760*），發表了會議的部分論文，還載有會上討論的紀要。當然很難按照一次會議或一本書做中西兩邊的簡單對比（更不用説，我本人并没有參加此次會議，没有聽到當時的討論）。然而，參加會議的北京大學哲學系教授王博有深刻的印象，他描述説：

> 由於參加會議的學者來自不同的國家和地區，研究背景和方法的差别是不可避免的。對很多西方學者來説，中國學者的某些結論可能會被認爲是非常大膽而缺乏懷疑精神的。相應地，中國學者對西方漢學家們的一些説法，也會覺得困惑。大約五年多以前，我到德國去參加一個"老子研討會"。在一次酒吧聊天中，來自北歐的何慕邪（Christoph Harbsmeier）先生就曾提出這樣的問題，爲什麽錢穆早已經證明了《老子》晚於《莊子》，你們還要相信《老子》在《莊子》之前呢？一開始，我還以爲這只是個别的想法，後來則知道它乃是漢學家們的普遍意見。可以看出，産生於本世紀上半葉并發生重大影響的《古史辨》仍然構成西方漢學界的一個基礎，而在當今的中國史學界，它幾乎已經成爲歷史。李學勤先生的一個集子取名爲《走出疑古時代》，是頗具象徵意味的。之所以能够走出疑古時代，很大程度上正是以大量類似於郭店竹簡的考古發現爲基礎的①。

夏含夷在 2005 年發表文章題作《郭店寫本及其在二十世紀〈老子〉學術史

---

① 王博，《美國達慕思大學郭店〈老子〉國際學術討論會紀要》，《道家文化研究》17（1999），第 10—11 頁。

的地位》(404160*),説這樣的辯論是水杯半滿半空的典型例子,見仁見智,誰也説不過誰。夏含夷還建議,按照現有的證據仍然無法做最後決定,我們只好等到更多的資料出現再繼續討論。雖然如此,學術界没有耐心,一定要利用現有的證據提出新的觀點。中國學術界也如此,西方學術界也如此。在《郭店楚簡》出版以後已經發表了衆多研究成果,包括兩個譯文,即韓禄伯(Robert G. HENRICKS)在 2000 年出版的(402850*)與安樂哲(Roger T. AMES)和郝大爲(David L. HALL)在 2003 年出版的譯文(403430),還有兩本著作專門研究郭店《老子》和傳世本《老子》的關係,即黄占竹(Paulos HUANG)1999 年出版的《郭店一號楚墓與〈老子〉和〈太一生水〉最早竹簡寫本》(402660)和艾帝(Attilio ANDREINI) 2004 年出版的《老子:〈道德經〉的根源》(403620),以及至少二十種文章,實在無法一一介紹,只能按照發表年代先後列出:

 Stephan Peter BUMBACHER,《迄今爲止發現的最早〈老子〉寫本》(402470,1998 年)

 鮑則岳(William G. BOLTZ),《公元前四世紀的郭店楚簡寫本與〈老子〉的編纂》(402600,1999 年)

 黄占竹(Paulos HUANG),《郭店楚簡文獻和〈老子〉》(402650,1999 年)

 瓦格納(Rudolf G. WAGNER),《修辭學和形式學概念對早期〈老子〉文本形成的影響:郭店、馬王堆和王弼〈老子〉的證據》(402730,1999 年)

 艾　帝(Attilio ANDREINI),《試論郭店〈老子〉》(402770,2000 年)

 羅　浩(Harold D. ROTH),《郭店〈老子〉異文研究的幾點方法論問題》(402980*,2000 年)

 雷敦龢(Edmund RYDEN),《郭店一號墓的〈老子〉甲、乙、丙本與〈太一生水〉》(402990*,2000 年)

 安思格(Ansgar ERSTNER),《從王弼注、兩個馬王堆帛書和三個郭店竹簡的〈老子〉提要和注譯作爲基礎評估它的社會批評的主義》(403090,2001 年)

艾　帝(Attilio ANDREINI),《關於一個道家的經典:以郭店〈老子〉爲例》(403230,2002 年)

劉笑敢(LIU Xiaogan),《從竹簡到傳世版本:〈老子〉變化中的共同特徵》(403510,2003 年)

ZHANG Guohua,《從郭店一號墓發現的竹簡提出老子哲學的新理解》(403610,2003 年)

艾　帝(Attilio ANDREINI),《道導也,還是什麼?〈老子〉第 25 章的隨筆》(403870,2005 年)

鮑則岳(William G. BOLTZ),《閱讀早期〈老子〉》(403900,2005 年)

司馬儒(Maurizio SCARPARI),《〈老子〉第 64 章和上下文》(404150,2005 年)

夏含夷(Edward L. SHAUGHNESSY),《郭店寫本及其在二十世紀〈老子〉學術史上的地位》(404160*,2005 年)

白牧之(E. Bruce BROOKS),《可能性和郭店道德經》(405250,2010 年)

Jennifer Lundin RITCHIE,《郭店〈老子〉和〈太一生水〉:一個認知科學的閱讀》(405940,2012 年)

鮑則岳(William G. BOLTZ),《爲什麼有這麼多的〈老子〉?》(405970,2013 年)

《太一生水》

　　《太一生水》是不是郭店楚簡裏單獨的一篇文獻還是應該和郭店《老子丙》合讀,這是一個相當麻煩的問題。《太一生水》寫於十四條竹簡上,不幸也有殘簡和遺漏,所以此文不能通讀。竹簡的形式和文字的書寫習慣與《老子丙》完全一樣,應該是同一個抄手寫的,很可能原來也編在一起。《太一生水》和《老子丙》是一篇文獻還是兩篇文獻完全依靠人對《老子》的寫定過程的觀點而決定的。因爲《太一生水》不見於傳世本《老子》,所以以爲在戰國中期以前已經有完整《老子》的學者會認爲《太一生水》是獨立的,與《老子》沒有一點關係。與此相反,以爲《老子》

到戰國後期才寫定的學者説原來可能有不少像《太一生水》那樣的資料都收集在〈老子〉(於此故意地利用單數的書名符號〈 〉以表明此時的〈老子〉還未成書)的傳統,可是後來没有編進最後的《老子》寫本。這恐怕又是水杯半滿半空的問題,到現在為止仍無法決定。無論如何,《太一生水》載有相當有意思的宇宙生成論,也引起了不少西方學者的注意。下面再按照文章的發表年代列出。有一部分文章已見於上述《老子》論述中,於此不再重複。值得指出的是,鮑則岳在1999年發表的《公元前四世紀的郭店楚簡寫本與〈老子〉的編纂》(402600)中含有《太一生水》全部翻譯,對以後的西方學者的討論相當有影響,麥迪2012年出版的《竹簡上的哲學:中國古代文本與意義的產生》(405930)也含有《太一生水》的完整翻譯和詳細討論。

  夏德安(Donald HARPER),《郭店寫本〈太一生水〉裏的太一之性質:抽象宇宙原則還是至上宇宙神》(403110,2001年)

  平勢隆郎(HIRASE Takao),《從最近對太歲的辯論看郭店楚簡〈太一生水〉》(403120,2001年)

  艾　蘭(Sarah ALLAN),《太一、水與老子:來自郭店的新曙光》(403420*,2003年)

  Albert GALVANY,《初論中國發現的道家寫本:〈太一生水〉》(403440,2003年)

  金鵬程(Paul R. GOLDIN),《"中國没有創世神話"就是一種神話》(404700,2008年)

這些研究無法一一介紹,可是至少應該對艾蘭(Sarah ALLAN)發表的《太一、水與老子》做一個簡單的論述。這篇文章2003年在權威學刊《通報》上發表,對《太一生水》的文本、宇宙論和神話背景都做了深入研究。艾蘭像一般的學者一樣,説《太一生水》提出了一種宇宙產生論。然而,她和别人不同,把這個宇宙論和《老子》聯繫起來,説《老子》裏的"式"應該就表明式盤的"式",也就是説宇宙的模式。另外一個引起大家注意的看法是艾蘭説太一是一個女神。她根據葛兆光的研究指出太一是北斗的神①，并且引用《靈樞經》謂"太一始爲天地之母"以爲太一就是女神。艾蘭還做更廣的推論，提出"道"的本義不是"道路"而應該是"水道"。因爲道和太一有密切關係，所以水道的"道"只能是天上起源於北斗的天漢。最後，艾蘭還把這個宇宙論與占卜和修身習慣聯繫起來，説式盤的利用影響了宇宙的概念，太一信仰從式盤的用處發展出來。在利用式盤進行占卜，太一站中間而不動，是天的樞紐。艾蘭還説這個概念也影響了養身習慣。

《五行》

馬王堆帛書《五行》引起了中國國内外許多學者的研究，上面已經介紹了西方學者的貢獻。馬王堆帛書《五行》一個特點是包括經和傳，分得很清楚。在馬王堆《五行》發現以後，有不少學者提出經部應該是戰國時代的文獻，可能與子思和孟子的思想有關係，這就是所謂"思孟學派"。這些推測以後得證於郭店《五行》。郭店楚簡《五行》與馬王堆經文基本相似，可是没有傳文部分。因爲郭店楚墓的年代在馬王堆漢墓之前一百三十多年，將近於孟子時代，所以説《五行》原來是戰國時代文獻肯定没有問題。郭店簡是不是全部反映思孟學派，這個問題引起了不少討論。《五行》正好是這個討論的關鍵，顧史考和郝樂爲都撰文討論，還有一個叫作《當代中國思想》(Contemporary Chinese Thought)學刊刊用了幾篇中文文章的英文譯文，特别是陳來(CHEN Lai)的四篇文章，説明這個問題的重要性。與郭店《五行》有關的文章如下：

顧史考(Scott COOK)，《至上的藝術技巧和道德修養：〈五行〉及其美學》(402800, 2000 年)

邢　文(XING Wen)，《〈孟子·萬章〉篇和竹簡〈五行〉》(403050, 2000 年)

郝樂爲(Kenneth W. HOLLOWAY)，《最近發現的儒家經典〈五行〉》(403300, 2002 年)

────────

① 葛兆光，《衆妙之門：北極與太一、道、太極》，《中國文化》3(1990)，第 46—63 頁。

郝樂爲(Kenneth W. HOLLOWAY),《五行: 序論與翻譯》(403960, 2005 年)

陳　來(CHEN Lai),《竹簡〈五行〉文本與子思思想研究》(405570, 2011—2012 年)

陳　來(CHEN Lai),《帛書〈五行〉傳文部分的哲學研究: 兼論帛書〈五行〉與孟子哲學》(405580, 2011—2012 年)

陳　來(CHEN Lai),《論證子思和孟子爲帛書〈五行〉經傳的作者,并論郭店〈五行〉發現的歷史意義》(405590, 2011—2012 年)

陳　來(CHEN Lai),《簡論竹簡〈五行〉的章句》(405600, 2011—2012 年)

顧史考有音樂背景,自己會彈鋼琴,讀大學本科生的時候也經過音樂專門訓練,進入研究所以後雖然轉到以漢學研究爲專題,可是仍然保持對音樂的興趣。他的碩士論文針對《禮記·樂記》,做了翻譯和深入討論①。然後,他 1995 年提交的博士論文題作《在中國戰國時代的音樂思想中的統一和不同》②。因此,馬王堆帛書本《五行》文本往往利用音樂象徵修身的過程當然引起顧史考的注意。他在 2000 年發表的《至上的藝術技巧和道德修養:〈五行〉及其美學》對馬王堆和郭店本《五行》的不同文本都做詳細考證,然後又牽涉到《論語》和《孟子》裏怎樣利用音樂說明人身的道德。顧史考指出過去的研究多半都根據馬王堆本的傳文部分來説明《五行》的思想;他以爲這本來是比較有問題的。他強調説,有了郭店本以後,我們才確知經和傳兩部分之間的關係。他還説《五行》經文的寫作時代不但在荀子之前,并且也在孟子之前。

《緇衣》

《緇衣》是《禮記》中一篇,據傳統説法是孔子的孫子子思做的四篇之

---

①　此文後來發表爲 Scott COOK (顧史考), "*Yue Ji* 樂記: *Record of Music:* Introduction, Translation, Notes, and Commentary", *Asian Music* 26.2 (1995): 第 1—96 頁。

②　Scott Bradley COOK (顧史考), "Unity and Diversity in the Musical Thought of Warring States China"(在中國戰國時代的音樂思想中的統一和不同)(博士論文: University of Michigan, 1995)。

一；其餘是《中庸》、《表記》和《坊記》。《中庸》是《四書》的一篇，歷來學者一直都有討論，可是《緇衣》本身沒有引起多少注意。在 1998 年，《郭店楚簡》發表以後，這種忽視態度馬上改變了。郭店楚簡含有完整的《緇衣》寫本，與傳世本基本相似，可是也有重要差別。最重要的差別是《緇衣》含有的二十三(或二十四)章的次序完全不一樣。從一個角度來看，兩個文本就是一篇文獻。但從另外一個角度看，是兩個不同的文獻。然後，《上海博物館藏楚竹書》第一輯在 2001 年出版以後，學術界得知上海博物館也藏有《緇衣》寫本，與郭店的本子基本一樣，更引起了注意。有的學者對墓本《緇衣》和傳世本《緇衣》的對讀有興趣，有的學者對兩個文本共有的形式有興趣，有的學者則根據《緇衣》思想內容重新思考子思的歷史作用和思孟學派的演變。西方學者也做了幾篇文章，都頗有參考價值：

鮑則岳(William G. BOLTZ)，《〈禮記・緇衣〉與其郭店寫本之副本》(403250，2002 年)

柯馬丁(Martin KERN)，《引據與中國古代寫本文獻中的儒家經典：〈緇衣〉的個案》(404010*，2005 年)

夏含夷(Edward L. SHAUGHNESSY)，《重寫中國古代文獻》(404440*，2006 年)

陳　慧(Shirley CHAN)，《新發現的郭店楚簡〈緇衣〉裏的君臣關係》(404940*，2009 年)

黃冠雲(HUANG Kuan-yun)，《有關〈緇衣〉文本形成的研究筆記》(405880，2012 年)

柯馬丁(Martin KERN)做的《引據與中國古代寫本文獻中的儒家經典：〈緇衣〉的個案》是他學術觀點的一個代表作品。柯馬丁原籍是德國人。在德國得到博士學位以後，在美國華盛頓大學做了博士後，以後一直留在美國，現任普林斯頓(Princeton)大學東亞系中國古代文學教授。柯馬丁是非常認真的學者，在近來十幾年內已經發表了幾十篇文章，多已經翻譯成中文。他一直有一個特別堅實的學術觀點，就是中國先秦時代雖然早已經有了文字記錄，然而基本上是一個口述文化。我們現在所能看

到的中國古代文獻當然是用文字寫的,可是據柯馬丁說,它的口述背景仍然可以看得出來。他說《緇衣》的形式正好可以說明這一點。談到出土文獻的造作背景,他說:"毋庸說,《緇衣》詩似的語言用法根本就是口述造出和接受的現象。這并不是說,像《緇衣》和《民之父母》的文獻只用了口述形式流傳,可是儘管存在了文本,背誦還是這些文獻的真正身份。不但如此,詩似的語言用法也影響了文獻的思想內容。正如這些文獻顯示,語言形式與文獻的哲學邏輯有分不開的關係。最後,即使當時有充分的寫本(有關這一點,我們應該很小心),刻於文獻形式的背誦習慣對它的流傳過程起了主要作用,造出了它的文獻傳承性和語言的固定性。"①

柯馬丁
(Martin KERN)

柯馬丁的這個口述學說,與也對《緇衣》做過研究的夏含夷的觀點完全不一樣。夏含夷在 2006 年出版的《重新中國古代文獻》一本書裏對《緇衣》做了專門研究,特別注意了幾本《緇衣》(無論是郭店本還是上博本)與《禮記》本《緇衣》的不同。據夏氏說,像《禮記》本《緇衣》的不同次序不太可能在口述流傳中顯現,而只能是在一個編者重新編輯文本條件下造出來的。他推測,幾本《緇衣》都書於竹簡上,《禮記》本《緇衣》的底本肯定也是在竹簡上寫的。這個底本如果不像郭店本和上博本《緇衣》是連續寫的,而像有的出土文獻,諸如定縣《論語》、上博《周易》等,是分章寫的(也就是說《緇衣》二十三章的每一章都始於新的一條竹簡的上頭),而如果這個底本的編綫折斷了,竹簡都分散(諸如多半的出土文獻那樣),那麼編者只能按照他自己對文獻性質的理解去重新編連。據夏含夷說,漢代編者的理解肯定會反映漢代的思想背景,與戰國時代的文本很可能有重要不同。

柯馬丁和夏含夷兩個人的不同學術觀點不僅僅從他們對《緇衣》的流

---

① 柯馬丁(Martin KERN),《引據與中國古代寫本文獻中的儒家經典:〈緇衣〉的個案》(404010˚, 2005 年),第 327—328 頁。此文有中文譯文可以參考:柯馬丁(Martin KERN),《引據與中國古代寫本文獻中的儒家經典〈緇衣〉研究》,《簡帛研究》(二〇〇五),第 7—29 頁。

傳這個問題可以看得出來，并且對他們怎樣看待許多相同的問題也都顯現出來。他們兩個人都在西方學術界相當有影響，這兩個學術觀點都有人支持。我們只能等待將來出土更多的資料來判斷其得失。

《魯穆公問子思》

除了顧史考在 2012 年出版的《郭店楚簡：研究和完整翻譯》一書裏做的完整翻譯以外，郭店簡《魯穆公問子思》沒有引起西方學術界的注意。唯一一篇西文的討論是韓國學者李承律（YI Sŭng-ryul）在 2001 年發表的《郭店楚簡〈魯穆公問子思〉裏的忠臣概念》（403220）一文。因爲李承律先生在韓國首爾國立大學工作，所以於此不多做介紹。

《窮達以時》

郭店簡《窮達以時》也沒有引起西方學者的多少討論，唯一一篇是麥笛在 2005 年發表的《從郭店一號墓寫本〈窮達以時〉的結構看它的説服方法》（404060）。這一篇的發表是在麥笛還沒有提交博士論文之前寫的，已經暗示了他的讀書習慣。因爲這一篇也收入上面已經介紹的麥笛著《竹簡上的哲學：中國古代文本與意義的產生》，所以於此也不重複論述。

《唐虞之道》

因爲《唐虞之道》提倡戰國時代非常流行的尚賢和禪讓概念，所以引起了中國國内外學者的不少研究。在西方學術界有了三位學者——戴卡琳（Carine DEFOORT）、尤鋭（Yuri PINES）和艾蘭對《唐虞之道》發表過四篇文章，艾蘭的文章後來又收入她 2015 年出版的《被埋葬的思想：早期中國竹簡寫本裏關於禪讓與理想政體的傳説》（406380）專著之内：

戴卡琳（Carine DEFOORT），《"墨子和楊朱的血液在儒家的筋肉裏"：〈唐虞之道〉的"中道觀"》（403690，2004 年）

尤　鋭（Yuri PINES），《禪讓之辯論者：戰國平等主義與君主之權威》（404090*，2005 年）

尤　銳(Yuri PINES),《出土的顛覆：新發現寫本中對世襲繼承的批評》(404100,2005—2006 年)

艾　蘭(Sarah ALLAN),《唐堯和虞舜之道：一篇戰國竹簡文獻裏所見的因功受禪作爲繼承理論》(404250*,2006 年)

艾　蘭(Sarah ALLAN),《被埋葬的思想：早期中國竹簡寫本裏關於禪讓與理想政體的傳説》(406380,2015 年)

戴卡琳是比利時魯汶(Leuven)大學中國傳統思想史教授,通常對戰國秦漢思想史做研究,可是除了這一篇文章以外没有做過出土文獻研究。在這篇文章裏,戴卡琳指出禪讓思想并不僅僅是儒家所提倡,首先應該是墨家的學説。其實,她説《唐虞之道》的作者可能就是孟子批評爲"執中"的子莫。不管這個建議對不對,她還强調説《唐虞之道》所載"利天下而弗利"的思想與楊朱的思想一致。因此,她認同顧頡剛在《禪讓傳説起於墨家考》説"墨家的血液在儒家的筋肉裏"的觀點[1]。

尤鋭是以色列耶路撒冷(Jerusalem)大學中國古代思想史教授,像戴卡琳一樣他的專長也是戰國時代思想史和政治制度,不一樣的是,尤鋭就出土文獻已經發表了多篇文章,文章都有相當篇幅,學術觀點比較客觀。上列兩篇文章根據郭店簡《唐虞之道》、上博簡《子告》和上博簡《容成氏》對戰國時代禪讓概念與歷史背景做全面論述。因爲下面還會提到他在

戴卡琳
(Carine DEFOORT)

尤鋭
(Yuri PINES)

[1]　顧頡剛,《禪讓傳説起於墨家考》,《古史辨》7 下,第 107 頁。

2010 年對《容成氏》發表的專文(《〈容成氏〉寫本裏的政治神話與王朝的合法性》[405420]),所以於此就不多做介紹。

《忠信之道》

《忠信之道》像上面介紹的《窮達以時》那樣,在西方學術界研究中只有一篇文章討論,是麥笛在 2005 年發表的《傳達意義的工具:郭店一號墓寫本〈忠信之道〉的結構》(404050)。這一篇文章之後也收入麥笛著《竹簡上的哲學:中國古代文本與意義的產生》,因此於這裏也不重複論述。

《成之聞之》

西方學術界對郭店簡《成之聞之》也只有一篇專文,即金安平(Annping CHIN)在 2000 年出版的、武漢大學中國文化研究院所編的《郭店楚簡國際學術研討會論文集》裏的《據〈尚書〉談〈成之聞之〉》(402790)。金安平是美國耶魯大學歷史系教授,對《論語》和儒家思想特別有興趣。郭店楚簡問世以後,她的注意力也轉到出土文獻領域。這一篇文章原來在武漢大學召開的研討會上宣讀,在中國國內發表,是中國學術界頗熟知的。

《性自命出》

除了《老子》以外,《性自命出》應該算是最引起西方學者討論的郭店簡,至少有下列十一篇專文,還有不少其他研究成果間接地討論到《性自命出》和它的思想背景。

　　金鵬程(Paul R. GOLDIN),《據郭店寫本看荀子》(402830,2000 年)
　　普　明(Michael PUETT),《適當回應的準則:中國早期思想中"情"
　　　　的概念》(403790,2004 年)
　　顏鍾祐(YAN Zhonghu),《最近發現的郭店儒家文獻〈性自命出〉裏
　　　　性的研究》(404210,2005 年)
　　艾　帝(Attilio ANDREINI),《郭店一號墓文獻裏所見"情"的意義》

(404260,2006 年)

錢德梁(Erica F. BRINDLEY),《〈性自命出〉裏的音樂與"求其心"》(404270,2006 年)

錢德梁(Erica F. BRINDLEY),《中國的音樂、宇宙與心理學的發展》(404280,2006 年)

Sándor P. SZABÓ,《從最近發現的寫本看荀子人性理論》(404460,2006 年)

劉千美(Johanna LIU),《經典儒家的音樂:關於最近發現的〈性自命出〉》(404800,2008 年)

梅道芬(Ulrike MIDDENDORF),《再論情:兼譯郭店〈性自命出〉》(404830,2008 年)

陳 慧(Shirley CHAN),《郭店〈性自命出〉所見人性與道德修養》(404930,2009 年)

方嵐生(Franklin PERKINS),《〈性自命出〉裏的動機與心》(405130,2009 年)

方嵐生(Franklin PERKINS),《"性"的新情景:郭店文獻裏的自我修養與人性》(405410,2010 年)

金鵬程(Paul R. GOLDIN)是美國賓州大學東亞語文系教授,博士論文題目是荀子的思想,以後在 1999 年出版爲《道的禮儀:荀子的哲學》[1]。郭店簡一問世,人們初步以爲其中會有很多篇章反映思孟學派。金鵬程不以爲然,他在 2000 年發表於《古代中國》上的《據郭店寫本看荀子》指出《性自命出》很多内容與《荀子》思想一致。譬如,金鵬程説孟子和荀子對"性"的理解含有基本差別:對荀子來説,"性"是某一群衆共有的特點,而對孟子來説"性"就是區分各種群衆的特點。據金鵬程説,郭店簡對"性"字的用法與荀子的用法一致。據他説,《性自命出》還認爲人之性本來無善惡,而取自環境。這也和荀子的道德思想基本一致。金鵬程説他原來

---

[1] Paul Rakita GOLDIN (金鵬程), *Rituals of the Way: The Philosophy of Xunzi* (道的禮儀:荀子的哲學) (Chicago: Open Court, 1999).

以爲荀子發明了新的學說，然而，現在看來，這些學說在郭店簡寫成時代已經存在了。他還說《荀子》裏面有相當多的片斷似乎要麽是引自郭店簡，要麽是荀子和郭店簡共同引自另外一個來源。金鵬程這種判斷似乎後來被許多西方學者接受，中國國內思想史學界似乎也有相同的趨勢。於此也應該指出，金鵬程在 2005 年出版了一本題作《孔子之後：中國早期哲學研究》(403940)的論文集，內容與出土文獻都多少有一點關係。

錢德梁(Erica F. BRINDLEY)是美國賓州州立大學中國古代思想史教授，與顧史考相似，對音樂特別感興趣，特別強調音樂與儒家養身法。她最獨到的做法是將三個不同的領域都融合起來：音樂、宇宙、心靈。在上列第一篇文章裏，錢德梁專門討論《性自命出》所載音樂的修養作用。在第二篇文章裏，她采取比較宏觀的觀點，把《性自命出》與《荀子·樂論》和《禮記·樂記》做比較。像金鵬程一樣，她也以爲《性自命出》和《荀子》有非常密切的思想關係。

方嵐生(Franklin PERKINS)長期以來是美國芝加哥帝博(Depaul)大學哲學系教授，後來到新加坡南洋科技大學哲學系，專長是中國古代思想史與歐洲十七至十八世紀思想，特別是萊布尼茨(Gottfried Wilhelm LEIBNIZ, 1646—1716)和中國的關係，這方面著有兩本書①。在中國思想史方面，除了上面所提《性自命出》兩篇文章以外，他在 2010 年與成中英(Chung-ying CHENG)合編了《中國哲學學報》(*Journal of Chinese Philosophy*)的《出土早期文獻裏的中國哲學》這一專號(405271)，此後對上海博物館所藏幾種文獻也發表專論，諸如 2013 年的《〈恒先〉裏人的自然生成》(406110)和 2015 年的《〈凡物流形〉與〈老子〉的"一"》(406481)，在西方哲學界頗有影響。

---

① Franklin PERKINS（方嵐生），*Leibniz and China: A Commerce of Light*（互照：萊布尼茨與中國）(Cambridge: Cambridge University Press, 2004)；Franklin PERKINS（方嵐生），*Leibniz: A Guide for the Perplexed*（萊布尼茨：猶豫者的導論）(London: Bloomsbury, 2007). *Leibniz and China: A Commerce of Light* 有中文譯文，即方嵐生，《互照：萊布尼茨與中國》(北京：北京大學出版社，2013)。

金鵬程
(Paul R. GOLDIN)

錢德梁
(Erica F. BRINDLEY)

方嵐生
(Franklin PERKINS)

《語叢》

《郭店楚簡》編者把最後三篇文獻稱作《語叢甲、乙、丙》，三篇文獻都有相同的形式，即收集了一些話語。這意味着這三篇文獻的形式似乎還需要再進一步考察。不幸，西方學術界沒有做過多少研究。以現在爲止，只有四篇英文文章，一篇又是日本東京大學教授池田知久（IKEDA Tomohisa）寫的。

尤　銳（Yuri PINES），《是友還是敵：變化的君臣關係概念與先秦忠誠觀念》（403380,2002 年）

池田知久（IKEDA Tomohisa），《在〈老子〉、〈莊子〉和郭店楚簡〈語叢〉裏"孝"概念的演變》（403750,2004 年）

何莫邪（Christoph HARBSMEIER），《閱讀作爲早期中國分析哲學和概念分析的杰作：郭店寫本〈語叢一〉》（405650,2011 年）

武致知（Rens KRIJGSMAN），《游動的言辭作爲哲學辯論的載體：由〈語叢〉的文本交互到早期中國文化記憶和著作權的動態》（406240,2014 年）

按照尤鋭説，郭店簡總的來説代表着臣的政治立場。他還説《語叢甲、乙、丙》都反映臣的極端觀點。尤鋭根據這樣的話語考察春秋到戰國時代的政治思想演變。儘管這篇文章的開端是郭店簡《語叢》，可是他很快牽涉到更廣的問題，對《語叢》似乎沒有具體看法。

何莫邪（Christoph HARBSMEIER）是挪威奧斯陸大學東亞語文系教授，曾經撰李約瑟《中國科學與文明》的《語言與邏輯》卷①。他對出土文獻從來沒有做過研究，因此這篇關於郭店簡《語叢》比較引起學術界的注意。雖然如此，何莫邪的研究方法頗難理解。他說《郭店楚簡》編者指定的標題有問題。"語叢"應該是爲了模仿《説苑・談叢》，即收集了一些"談"（也就是話語）。然而，據何莫邪説，《語叢》既不是"語"，又不是"叢"，而像《墨子》"經"篇是非常有邏輯性的論述。問題是，這個邏輯看起來完全是何莫邪的邏輯。他自己重新排序竹簡，可是也没有説出他憑什麽邏輯來做。

郭店簡綜合研究

西方學術界還做出過不少研究，無非是對郭店簡綜合研究或是利用郭店簡的證據討論其他問題。因爲這些文章針對的問題比較分散，很多對戰國時代思想史采取宏觀看法，所以很難籠統地介紹，也無法一一介紹。有的作者已經在上面專題討論中介紹了，毋庸再説。下面只能將作者和標題列下來以備全面分類。

柯鶴立（Constance A. COOK），《先王之道：郭店注解》（404290，2006年）

黄君良（WONG Kwan Leung），《早期儒家：郭店儒家文獻研究》（404490，2006年）

金安平（Annping CHIN），《理解"言公"的兩種方式：〈荀子〉和郭店竹簡的啓示》（404550，2007年）

郝樂爲（Kenneth W. HOLLOWAY），《試論郭店楚簡與傳世文本中"仁"、"義"使用的差異性》（404720，2008年）

---

① Christoph HARBSMEIER（何莫邪），*Science and Civilisation in China*，Volume 7，Part 1；*Language and Logic*（中國科學與文明，卷7第1部分：語言與邏輯）(Cambridge: Cambridge University Press，1998).

麥　笛（Dirk MEYER），《戰國哲學論述中的意義建構：郭店一號墓古文字資料的討論》（404810，2008年）

森舸瀾（Edward SLINGERLAND），《郭店文本中的道德自發性問題》（404870，2008年）

麥　笛（Dirk MEYER），《文本、文本團體和意義：戰國楚國郭店一號墓的地祇》（405050，2009年）

方嵐生（Franklin PERKINS），《"性"的新情景：郭店文獻裏的自我修養與人性》（405410，2010年）

陳　慧（Shirley CHAN），《宇宙、社會與人類：郭店文獻裏的天（一）》（405550，2011年）

陳　慧（Shirley CHAN），《宇宙、社會與人類：郭店文獻裏的天（二）》（405840，2012年）

1994 上海博物館藏戰國楚竹書

在1993年8月某些盜墓賊在郭店墓地（以後稱作一號墓）打開了一個盜洞，荆州博物館考古學專家得到消息以後馬上到墓地去觀察，發現盜墓賊没有到達墓室，考古學家決定回填，没有做其他發掘。同年10月盜墓賊又打開盜墓洞，此次被發現之前已經到達墓室，對墓的文物與環境造成了某種程度的破壞。荆州市博物館考古學家又到墓地去，此次將那座墓完全發掘，結果就是上面所介紹的郭店1號墓及其700多條竹簡。這是比較積極的結果。然而，有另外一個盜墓事件没有這樣積極的結果。和郭店墓的發掘大概同一個時候，可能也在同一個墓地或相近的另外一個墓地，盜墓賊又打開了一個楚墓，没有被發現，就把墓盗空了。然後，在1994年年初，報告香港古董市場出現一批竹簡。通過幾個月的審查和判斷，上海博物館買了竹簡，當年送到上海，之後博物館有關館員開始整理工作。這個結果也許不算太壞，可是也并不理想。不但原來墓的考古信息都不清楚（其實，一直到現在，荆州市博物館考古學家没有確認是哪一座墓被盗了），并且竹簡在盜墓和運到香港過程中也受到一定的破壞和損

第一章　西方漢學簡帛研究概要　417

失。雖然如此，結果也不無好的方面。上海博物館組織了整理工作，到現在已經進行了二十多年，已經出版了九册既漂亮又寶貴的圖書，將很多戰國時代楚國文獻拯救了，即《上海博物館藏戰國楚竹書》①。每一册的出版都受到中國國内學術界的熱烈歡迎，在西方學術界也有一定的影響。下面按照每一册所載文獻對西方學術界的研究成果做簡單的介紹。

《孔子詩論》

《上海博物館藏戰國楚竹書》第一册第一篇文獻是由二十七枚竹簡組成的，題目顯然是《詩經》，包括孔子對詩的解釋，上海博物館編者將之指名爲《孔子詩論》。這個名稱是博物館編者故意采取，對文獻的内容和性質含有一定的意義，在中國國内引起了不少討論，於此我們可以不管。在西方學術界，《孔子詩論》引起的注意遠不如在中國國内那樣多，只有兩三篇專論，還有柯馬丁的兩篇，還有姜廣輝（JIANG Guanghui）白話文翻譯的英文翻譯。下面先將發表的論文按照發表年代早晚列出：

　　柯馬丁（Martin KERN），《從最近發現的寫本看中國早期詩論》
　　　　（403490，2003 年）
　　沈清松（Vincent SHEN），《詩裏的智慧：有關新發現的〈孔子詩論〉》
　　　　（403810，2004 年）
　　柯馬丁（Martin KERN），《出土寫本及其蘇格拉底樂趣：新發現的閱
　　　　讀國風的挑戰》（404600，2007 年）
　　姜廣輝（JIANG Guanghui），《〈孔子詩論〉今譯》（404740，2008 年）
　　史　達（Thies STAACK），《重構〈孔子詩論〉：從竹簡的排列到初步
　　　　翻譯》（405460，2010 年）
　　柯馬丁（Martin KERN）《説詩：〈孔子詩論〉的形式與論據》（406440，2015 年）

上面論述郭店簡《緇衣》的時候已經介紹了柯馬丁對中國古代文獻的研究觀點，説《緇衣》是在口述文化當中産生和流傳的。據柯馬丁説，《詩

---

①　馬承源主編，《上海博物館藏戰國楚竹書》（上海：上海古籍出版社，2001—2012）。

經》更是如此。上面已經做介紹,沒有必要再重複。

西方學者對《孔子詩論》最深入的研究肯定是史達(Thies STAACK) 2010年發表的文章,這篇文章對《孔子詩論》的排序問題做了全面而客觀的討論,并且提出了一個英文翻譯,史達雖然説這才是"初步"的翻譯,可是它是經過相當深入的研究。史達是德國海德堡(Heidelberg)大學教授,於2015年在漢堡大學寫本文化研究中心提交了題作《復原早期中國竹簡文本:爲了做出一個系統的方法,包括簡背分析》(406520)博士論文。在關於《孔子詩論》這一篇文章裏,史達不但根據文獻的内容去對照《詩經》的詩歌,并且也利用了竹簡的物質條件(包括背面劃的綫條)討論竹簡的排列。因爲《孔子詩論》缺乏某些簡,所以很難做出有説服力的最後排列,可是史達的結論看起來相當客觀。

《子羔》

上博楚竹書《子羔》原來和《孔子詩論》一起編連,兩篇文獻是連續抄寫的,《子羔》在前,《孔子詩論》在後。在西方學術界,只有一篇文章專門討論《子羔》,即艾蘭在2009年發表的《不是〈論語〉:楚簡〈子羔〉和早期儒學的性質》(404900),然後又收入她2015年出版的《被埋葬的思想:早期中國竹簡寫本裏關於禪讓與理想政體的傳説》(406380)專著裏。早在艾蘭在1974年提交的博士論文裏她一直關心禪讓問題①,上面已經提到,下面介紹上博簡《容成氏》研究的時候還會説明。這一篇關於《子羔》的研究也采取這種觀點進行討論,説出土文獻上所見儒家思想與根據《論語》的儒家思想傳統説法有一定的差别,頗有參考價值。

《恒先》

《恒先》是《上海博物館藏戰國楚竹書》第二册上的一篇文獻,像《郭店楚

---

① Sarah ALLAN (艾蘭), "The Heir and the Sage: Dynastic Legend in Early China" (胤與聖:早期中國的朝廷傳説)(博士論文:加州大學伯克利分校,1974)。此文後來出版爲同名的 *The Heir and the Sage: Dynastic Legend in Early China*(胤與聖:早期中國的朝廷傳説)(San Francisco: Chinese Materials Center, 1981)。

簡》的《太一生水》一樣也提出一種宇宙創造論,引起了思想史學家和神話學家的興趣。在西方學術界特別值得介紹的是題作《道》(Dao)的學術刊物在2013年出了一個專號,專門發表與《恒先》有關的文章,包括錢德梁、金鵬程和朴仙鏡(Esther S. KLEIN)合作的"哲學"翻譯。這些文章原來是錢德梁在賓州州立大學(Pennsylvania State University)召開的一次小型討論會上宣讀的,通過與編者和參與者共同討論,又重新修改以後才發表。除了這個翻譯以外,《道》的專號一共還有六篇文章,多半都討論《恒先》的宇宙論。

  錢德梁(ERICA F. BRINDLEY)、金鵬程(PAUL R. GOLDIN)和朴仙鏡(Esther S. KLEIN),《恒先的哲學翻譯》(405990,2013年)

  錢德梁(ERICA F. BRINDLEY),《作爲創造之神的宇宙:〈恒先〉裏的自然興起、生長和創造》(405980,2013年)

  柯鶴立(Constance A. COOK),《文本、生育與本性的模糊性》(406040,2013年)

  金鵬程(PAUL R. GOLDIN)《〈恒先〉與研究被盜文物的問題》(406050,2013年)

  虢安德(Andrei GOMOULINE),《恒、或、有:〈恒先〉的宇宙生長論》(406060,2013年)

  朴仙鏡(Esther S. KLEIN),《永恒與〈易〉:對〈恒先〉的比較閱讀》(406070,2013年)

  方嵐生(Franklin PERKINS),《〈恒先〉裏人的自然生成》(406110,2013年)

除了在《道》的專號發表的多篇文章以外,西方學術界上只有另外一篇文章,即夏德安早在2009年發表的《早期中國的宇宙生成論與文獻學——讀上海博物館藏楚簡〈恒先〉》(404990),還有兩篇文章原來是在中國發表的,然後有英文翻譯。

  强 昱(QIANG Yu),《老莊哲學與竹簡〈恒先〉》(405170,2009年)
  王中江(WANG Zhongjiang),《〈恒先〉中宇宙和人間觀念的建構》(405190,2009年)

《民之父母》

《上海博物館藏戰國楚竹書》第二册還載有一篇編者根據內容題作《民之父母》的文獻。其實，這篇文獻與傳世本《禮記・孔子閑居》和《孔子家語・論禮》篇都非常相似。雖然不無異文和不同的循序，可是完全可以指定爲一篇文獻。到現在爲止，只有一個西方學者對《民之父母》發表研究，可是這個研究非常重要。在 2013 年，李孟濤（Matthias L. RICHTER）出版了專著《具象化文本：中國早期寫本中文本特性的確立》（406120），對《民之父母》做專門討論。李孟濤的研究態度非常謹慎，不但參考每一個文字的構造，并且也注意它的書法和文獻的所有符號。他所說的"具象化文本"就是强調我們閱讀習慣應該包括文本的所有書寫和物質方面。這是李孟濤很多年以來一直關心的問題，已經發表了一系列論文進行深入討論，至少可以提到下列研究成果作爲典型的例子：

《異文的概況：關於馬王堆〈老子〉寫本裏異文的分布》（404130，2005 年）

《辨别郭店寫本的不同抄手的初步標準》（404410*，2006 年）

《忠誠的傳遞抑或創造性的改變：從物質證據尋找寫本創造的模式》（405180*，2009 年）；

《中國早期文學作品傳播中的文本特性與讀寫能力的作用》（405740，2011 年）

《具象化文本：中國早期寫本中文本特性的確立》

李孟濤
（Matthias L. RICHTER）

《周易》

《上海博物館藏戰國楚竹書》第三册主要載有《周易》文本,在《易學》史上當然是極其重要的發現。夏含夷對《周易》早期文本三十多年以來一直都很關心。因此,上博《周易》在 2004 年公布以後,夏氏就在 2005 年的《古代中國》上發表題作《初讀上海博物館竹簡〈周易〉寫本》(404170)。此後,在他 2014 年出版的《出土之易》(406340)裏,還設有兩章專門介紹上博《周易》。

除了夏含夷以外,朴慧莉(Haeree PARK)2009 年在美國華盛頓大學提交了關於上博《周易》的博士論文,即《閱讀出土寫本的語言學方法》(405110)。朴慧莉是鮑則岳的學生,專門研究文字學和語言學,對《易》學本身没有多少興趣。在博士論文裏,她特别注意上博《周易》和傳世本《周易》的異文,説這些異文多半來自中國古代不同地區的不同書寫習慣而已,并對楚國文字做了深入考察。

《容成氏》

《上海博物館藏戰國楚竹書》第三册還載有題作《容成氏》的文獻,對中國早期神話與歷史做系統的叙述。因爲《容成氏》不但與早期歷史有關係,并且也反映戰國時代思想家有關歷史的觀點,以及他們怎樣利用早期歷史發揮自己的政治思想,所以引起了不少關心戰國時代思想史研究的西方學者的注意。

  魏德理(Vera V. DOROFEEVA-LICHTMANN),《九州的早期記載的比較梳理》(404330,2006 年)

  艾　蘭(Sarah ALLAN),《竹簡寫本〈容成氏〉裏的禪讓與烏托邦願景》(405230,2010 年)

  魏德理(Vera V. DOROFEEVA-LICHTMANN),《〈容成氏〉所見"九州":與傳世文獻的對應》(405290,2010 年)

  尤　鋭(Yuri PINES),《〈容成氏〉寫本裏的政治神話與王朝的合法性》(405420,2010 年)

艾　蘭(Sarah ALLAN),《被埋葬的思想：早期中國竹簡寫本裏關於禪讓與理想政體的傳說》(406380,2015 年)

尤鋭 2010 年發表的文章提供了《容成氏》的完整英文翻譯。據尤鋭説,《容成氏》没有關於楚國早期歷史的記載這一現象非常有意思,説明早在戰國時代中國各國的上層社會都已經接受了一種政治統一的觀點。他説這個觀點和地方性的風俗習慣不一樣。譬如,新蔡葛陵楚簡和包山楚簡都顯示濃厚的地方性特點,與《容成氏》有本質不同。尤鋭對禪讓的興趣早在至少另外三篇文章裏已經有了深入的研究:

《是友還是敵：變化的君臣關係概念與先秦忠誠觀念》(403380,2002 年)
《禪讓之辯論者：戰國平等主義與君主之權威》(404090,2005 年)
《出土的顛覆：新發現寫本中對世襲繼承的批評》(404100,2005—2006 年)

這三篇文章都發表在權威刊物上,第一篇在《華裔學報》、第二篇在《通報》、第三篇在《遠東》(Oriens Extremus)上,都引起了讀者的廣泛注意。

艾蘭 2010 年發表的文章也是她很多年以來對禪讓問題研究的成果。她説《容成氏》的著作目的原來并不是爲了做歷史記録,而是爲了發揮政治思想。據她説,主要論點是尚賢和禪讓政治説。

有關《容成氏》發表兩篇文章的魏德理(Vera V. DOROFEEVA-LICHTMANN),原籍是俄國,然後移民到法國,現任法國科學研究中心(Centre National de la Recherche Scientifique)研究員。她對《容成氏》的興趣與尤鋭和艾蘭的興趣很不一樣。後者基本上關心戰國時代思想史,前者的專長是中國古代地理學,主要研究方法偏向於人類學,對象徵性的地理學與地圖學最有興趣。譬如,從 1995 以來,她發表了很多關於《山海經》的文章[1],對《容成氏》的研究也利用了同樣的研究方法。

---

[1] Vera V. DOROFEEVA-LICHTMANN (魏德理), "Conception of Terrestrial Organization in the Shan hai jing" (《山海經》中的地理組織概念), Bulletin de l'École française d'Extrême-Orient 82 (1995): 57 - 110; "Mapping a 'Spiritual' Landscape: (轉下頁)

《簡大王泊旱》

上博竹書中有幾篇牽涉到占卜的事情,題作《簡大王泊旱》是其中之一,載於《上海博物館藏戰國楚竹書》第四册,叙述楚柬(簡)王遇到大旱,想利用占卜手段解決問題。西方學術界對這篇文獻没有做出專門研究,可是馬克在2009年發表的一篇篇幅很長的文章提到,即《東周時代的貞人和占星人》(405010)。馬克是數術專家,對戰國秦漢時代,甚至六朝隋唐時代,各種占卜手段與理論都做了非常深入的研究。這篇文章先從《左傳》所載占卜記録開始,然後討論包山占卜記録和九店《日書》證據,最後就載有《簡大王泊旱》不完整的英文翻譯。

《曹蔑之陳》

《上海博物館藏戰國楚竹書》第四册還有一篇題作《曹蔑之陳》,表面上是一種軍事理論文獻。康佩理(Ernest CALDWELL)在2014年的《古

(接上頁) Representing Terrestrial Space in the *Shan hai jing*"(做出一種"神話"的地形:《山海經》中的地域象徵),載於 Nicola Di COSMO(狄宇宙)和 Don WYATT(韋棟)合編,*Political Frontiers, Ethnic Boundaries, and Human Geographies in Chinese History*(政治邊界:中國歷史上的民族界限和人類地理)(London: Curzon-Routledge, 2003),第35—79頁;"Text as a Device for Mapping a Sacred Space: A Case of the *Wu zang shan jing* (Five Treasuries: The Itineraries of Mountains)"(利用文本來劃出神秘空間:五藏的《山經》),載於 Michael DICKHARDT 和 Vera DOROFEEVA-LICHTMANN(魏德理)合編,*Creating and Representing Sacred Spaces*(創造與象徵神秘的空間)。Göttinger Beiträge zur Asien-forschung 2-3 (2003): 147-210; "Formation and Evolution of the Conception of the 'Nine Provinces' (*Jiu zhou*): A Critical Evaluation of the Early Sources"(九州概念的形成和演變:早期證據的考察),載於 GAO Xuan、Hans-Ulrich VOGEL(傅漢思)和 Christine Moll-Murata(莫克莉)合編,*Studies on Ancient Chinese Scientific and Technical Texts*(鄭州:大象出版社,2006),第1—23頁;"Mappless Mapping: Did the Maps of the *Shanhai jing* Ever Exist?"(無地圖的地圖:《山海經》的地圖有没有存在?),載於 Francesca BRAY(白馥蘭)、Vera DOROFEEVA-LICHTMANN(魏德理)和 Georges MÉTAILIÉ 合編,*Graphics and Text in the Production of Technical Knowledge in China: The Warp and the Weft*(經緯:中國科技知識創造中的圖表和文字)(Leiden: Brill, 2007),第217—294頁;"Ritual Practices for Constructing Terrestrial Space(Warring States-Early Han)"(造出地域空間的禮儀習慣[戰國至西漢]), in John LAGERWEY(勞格文)和 Marc KALINOWSKI(馬克)編,*Early Chinese Religion. Part One: Shang through Han (1250 BC—220 AD)*(早期中國宗教,第一:商到漢)(Leiden: Brill, 2009),pp. 595-644.

代中國》上發表了《戰國政治思想裏的推動作用：楚竹書〈曹蔑之陳〉初探》(406200)，在 2015 年還發表《中國早期軍事思想中的時機：戰國楚簡〈曹蔑之陳〉中的"機"》(406401)，認爲這篇文獻提供了一種政治思想理論。文章不但包括完整的英文翻譯，并且對文獻的物質性質和書寫特徵都做詳盡的考察。

《鬼神之明》

《上海博物館藏戰國楚竹書》第五册載有編者命名爲《鬼神之明》的文獻，錢德梁在 2009 年的《美國東方學會學報》上發表專門研究：《〈鬼神之明〉與早期中國學派歸屬的問題》(404920)。錢氏先做完整翻譯，然後也討論文獻的思想背景。中國國内不少論文提出這篇文獻可以視爲墨家的代表作品。據錢德梁認爲，這不一定能夠説明文獻的背景和目的。其實，她對先秦時代是不是有"家"這樣的概念也提出懷疑。

《天子建州》

《上海博物館藏戰國楚竹書》第六册載有兩篇《天子建州》的文獻。在有兩篇文獻可以對比的條件下，李孟濤的謹慎研究態度特別起作用。他在 2009 年發表的《忠誠的傳遞抑或創造性的改變：從物質證據尋找寫本創造的模式》(405180)對兩篇《天子建州》進行詳盡的對比，證明上博第二本《天子建州》乃是第一本的抄本。換句話説，第一本就是第二本的底本。兩個本子不但是内容幾乎完全一樣，并且所利用的標點符號也一樣。比這個更重要，個別文字有特殊寫法，兩本也都一樣。雖然如此，兩篇文獻肯定不是一個人抄寫的，是兩個不同的抄手的書法。這可以證明，至少在這一場所，文獻的抄寫和流傳是從一個文本到另一個文本。這對口述文學學説似乎是比較有利的反證。

《武王踐阼》

《上海博物館藏戰國楚竹書》第七册所載《武王踐阼》像上述《民之父母》相似，也是與《禮記》篇章有相對的文本，在西方學術界沒有引起多少注意，唯有尤鋭 2009 年發表的《儒家的諷刺？重新思考〈武王踐阼〉》(405140)一篇文章討論。像尤鋭所有的研究成果那樣，這篇文章結合小心的閲讀能力和廣泛的思想史眼光。

《凡物流形》

《上海博物館藏戰國楚竹書》第七册還載有《凡物流形》的兩個文本，也引起李孟濤的注意，在上面介紹《天子建州》兩個文本時所提《忠誠的傳遞抑或創造性的改變：從物質證據尋找寫本創造的模式》裏，李孟濤還討論《凡物流形》。除此之外，方嵐生 2015 年發表的《〈凡物流形〉與〈老子〉的"一"》(406481)對《凡物流形》以及戰國時代其他文獻的宇宙論創造論作比較。

1996 湖南長沙走馬樓

在 1996 年在長沙走馬樓古代水井裏，考古學家發現三國時代的竹簡，多是孫吴政府的官僚文件。不幸，《長沙走馬樓三國吴簡·嘉禾吏民田家莂》雖然在 1999 年已經出版，可是一直到今天没有引起西方學術界任何注意。不但没有一篇專論，幾乎也没有人提到了。

2000 年湖北隨州孔家坡

孔家坡墓地位於湖北隨州東北，從 1998 年到 2000 年隨州市考古隊先後發掘了十六座墓葬，2000 年發掘的 M8 保存得比較好，在槨室發現了兩大堆簡牘，簡可分爲《日書》和《曆表》。《曆表》提供墓葬確切的年代，即漢景帝後元二年，亦即公元前 142 年。竹簡發表在 2006 年出版的《隨州孔家坡漢墓簡牘》①。在西方學術界没有引起多大的注意，唯有芝加哥大學研究生郝益森(Ethan HARKNESS)2011 年的博士論文，《宇宙論與日常事務：中國古代日書》(405660)，對孔家坡《日書》做深入研究，并且對其他墓葬所出日書也做綜合比較。

---

① 湖北省文物考古研究所和隨州市考古隊編，《隨州孔家坡漢墓簡牘》(北京：文物出版社，2006)。

郝益森
(Ethan HARKNESS)

馬碩
(Maxim KOROLKOV)

2002 年湖南里耶

在 2002 年於湖南里耶古城一號井裏,考古學家曾發掘了 37400 多枚秦代竹簡和木牘,是二十一世紀初最重要的考古發現之一。竹簡大多數與里耶郡府的行政制度有關,對中國古代實際政治制度提供極其寶貴資料。里耶秦簡發現的消息引起了中國國內外專家的興趣。然而,由於種種原因秦簡的整理工作進行了多年,到 2012 年《里耶秦簡》第一卷才公布。西方學者還沒有來得及做深入研究,但是已經發表了下列幾種文章:

風儀誠(Olivier VENTURE),《秦代的諱字和官僚詞彙:里耶行政文件的聯繫》(405770,2011 年)

馬　碩(Maxim KOROLKOV),《關於法律的辯論:秦和西漢時代的審訊程序》(405700,2011 年)

馬　碩(Maxim KOROLKOV),《中國早期的"名謁":由新出銘文看官場交際禮儀的一些特徵》(405910,2012 年)

葉　山(Robin D.S. YATES),《湖南里耶一號井出土的秦代簡牘:秦代遷陵縣檔案簡介》(405950,2012 年)

陳力强(Charles SANFT),《里耶與周家臺簡牘中的秦朝宗教活動的新信息》(406320, 2014 年)

馬　碩(Maxim KOROLKOV),《秦代帝國的罪犯勞動:里耶〈作徒簿〉的初步研究》(406450,2015 年)

在 2011 年法國學術刊物《中國研究》(*Études chinoises*)已經刊用了與里耶秦簡有關的兩篇文章，即風儀誠（Olivier VENTURE）與馬碩（Maxim KOROLKOV）的文章。第二年，即 2012 年馬碩又在權威學刊《通報》上發表了專題研究，探討秦簡"名謁"習慣。同年，葉山在《古代中國》上發表了綜合介紹。兩年以後，陳力強（Charles SANFT）又在《古代中國》上探討了里耶秦簡對宗教的意義。2015 年，馬碩又發表了一篇文章，討論秦代法律制度。馬碩是俄國學者，原來在北京大學歷史系留學，獲得碩士學位以後，到美國哥倫比亞大學讀博士學位。雖然馬碩現在還是一個博士班研究生，可是他已經發表多篇研究報告，算是非常有前途的年輕學者。關於里耶的研究成果儘管數量不多，可是將來一定會引起西方學術界的更多注意。

岳麓書院藏秦簡

2007 年 12 月，湖南大學岳麓書院從香港購藏了一批秦簡，一共有編號 2098 個，其中相對比較完整的有 1300 餘枚。此外，2008 年 8 月，某香港收藏家還捐給岳麓書院另外 76 個殘簡，岳麓書院現在一共藏有 2174 個簡，內容特別豐富。以 2015 年為止，岳麓書院整理者已經公布了三本《岳麓書院藏秦簡》，第一本載有《質日》、《為吏治官及黔首》和《占夢書》三種文獻、第二本載有多種《數》書、第三本載有《奏讞書》、《秦律雜抄》和《秦令雜抄》。

岳麓書院的一個特點是竹簡整理過程對外非常開放，吸收了許多國外學者的意見。據第二本《前言》，三位西方學者參加了《數》書的整理工作，即上面介紹的古克禮和道本周以及法國國家科研中心的林力娜（Karine Chemla）。第三本基本整理工作和釋文都由陶安（Arnd Helmut Hafner）執筆。陶安雖然原籍是德國，可是他的學術背景和教學經驗全都在日本，現任東京外國語大學教授，學術成果都是用日文和中文寫的。他從來都沒有用西文發表研究成果，因此本書目錄沒有收錄。

以現在為止，西方學者中只有一篇正式發表的西文研究成果，即史達（Thies STAACK）2014 年發表的《岳麓書院藏秦簡〈為吏治官及黔首〉的新編聯——以簡背劃綫與反印字迹為依據》（406350）。如副題所述，此文利用了簡背劃綫和反印字迹對岳麓書院藏《為吏治官及黔首》提出新的次序,頗有研究價值。

清華戰國竹書

2008年一位不願意指名的清華大學校友將一大批戰國時代的竹簡捐給學校,此後學校建立了"清華大學出土文獻研究與保護中心",由著名學者李學勤來領導。中心立即開始竹簡的整理工作,在2010年年底出版了《清華大學藏戰國竹簡》第一輯,在2015年年初已經出版了第五輯,第一、三和五輯都載有六七八篇文獻不等,第二和四輯基本上載有一篇文獻(第四輯載有三篇,可是兩篇特短,第一篇占全輯的十分之八九)。清華簡全部出版以後,肯定會起像郭店簡和上海博物館藏簡同樣的學術作用,其實很可能會視爲更重要。然而,因爲清華簡頭五輯出版不久,學術界仍未有機會消化,更不用說西方學術界的出版速度不如中國快,所以到現在還没有出現多少篇文章討論這些文獻。據筆者所見到的正式發表品,只有下列幾種:

艾　蘭(Sarah ALLAN),《"書"是什麽?》(405500,2011年)

艾　蘭(Sarah ALLAN),《從最近發現的竹簡寫本看書和〈尚書〉的來源》(405810,2012年)

陳　慧(Shirley CHAN),《清華所藏竹簡寫本〈保訓〉所見"中"與理想的統治》(405850,2012年)

麥　笛(Dirk MEYER),《竹子與哲學的産生:關於早期中國寫作與思想上的轉變的一個假設》(406270,2014年)

艾　蘭(Sarah ALLAN),《被埋葬的思想:早期中國竹簡寫本裏關於禪讓與理想政體的傳説》(406380,2015年)

艾　蘭(Sarah ALLAN),《〈赤鵠之集湯之屋〉:戰國時代有關夏商之際的巫師神靈附體和築造建築群的故事》(406390,2015年)

劉國忠(LIU Guozhong),《介紹清華竹簡文獻》(406470,2015年)

羅新慧(LUO Xinhui),《預兆和政治:從〈程寤〉寫本看周代的天命概念》(406480,2015年)

夏含夷(Edward L. SHAUGHNESSY),《出土文獻與〈詩經〉口述和

第一章　西方漢學簡帛研究概要　429

書寫性質的問題》(406500,2015 年)

艾蘭很多年以來與清華大學李學勤先生有了特別親密的友誼關係，所以她特別看重清華簡。她在 2011 年和 2012 年發表的文章都討論《清華大學藏戰國竹書》第一輯的文獻，有幾篇與《尚書》和《逸周書》有相應文本，李學勤自己在許多文章裏已經論述了，艾蘭的論點和李先生的相似。她在 2015 年還發表關於《清華大學藏戰國竹簡》第三輯裏的《赤鵠之集湯之屋》的文章，同年也出版了論文集，與清華簡相關的篇章是針對《清華大學藏戰國竹書》第一輯的《保訓》篇。

陳慧(Shirley CHAN)也對《保訓》做過研究。她是澳大利亞麥考瑞(Maquarrie)大學中國古代思想史教授，近幾年發表與出土文獻相關的多篇論文，多半是從思想史立場來看文獻，討論哲學問題諸如道德修養、君臣關係和"天"的概念①。這些論文按照發表年代早晚列出：

《郭店〈性自命出〉所見人性與道德修養》(404930,2009 年)
《新發現的郭店楚簡〈緇衣〉裏的君臣關係》(404940,2009 年)
《宇宙、社會與人類：郭店文獻裏的天(一)》(405550,2011 年)
《宇宙、社會與人類：郭店文獻裏的天(二)》(405840,2012 年)

上面介紹郭店簡的時候已經對麥笛的研究成果有所介紹，特別是他 2012 年出版的《竹簡上的哲學：中國古代文本與意義的產生》(405930)。麥笛出版這本書以後，他將主要研究興趣轉到《尚書》研究，在牛津大學召開了幾次《尚書》方面的學術研討會，也培訓了一批研究生，多半都在做《尚書》和《逸周書》相關的博士論文。麥笛在這方面自己發表的第一篇文章是針對清華簡《金縢》，即相當於《尚書·金縢》篇。

陳慧
(Shirley CHAN)

---

① 陳慧於 2014 年與廖名春、李鋭合編了《天、人、性：讀郭店楚簡與上博竹簡》(上海：上海古籍出版社,2014)。

夏含夷針對清華簡《耆夜》和《周公之琴舞》的詩歌做初步研究，并且另外利用了各種其他出土文字資料來探討《詩經》的創造和傳授問題。自從二十世紀初時，口頭文學學說一直是西方學術界對古代文學的有力觀點，有關中國文學史也不例外，特別是有關《詩經》的創造和傳授。夏氏以爲這個觀點有可商之餘地，指出在春秋到秦漢時代有不少證據説明《詩經》的傳授是從一個文本到一個文本抄寫的。他也利用西周銅器銘文證據説早在西周時代有《詩經》似的詩詞文本。儘管因爲没有出現西周時代的《詩經》文本，并不能證明那個時候就没有文本。

四、綜合研究

上面介紹了與單獨考古遺址或出土文獻有關的研究成果，可是還有許多研究成果采取宏觀學術觀點，不可限制到某一遺址或某一文獻，甚至也不可限制到一個時代的文獻。這些研究成果當然也值得介紹。然而，有的很難歸類到一定的類别，有的利用相當複雜的論證方法，不容易在幾句話裏説明白。并且，由於篇幅的限制和我自己知識的限制，不可能一一都討論。下面只能分成幾個比較概括的題目，諸如歷史、地理、法律、思想史、宗教等進行闡述，也基本上利用標題陳列方法。只有特别有影響的或是與中國傳統説法迥然不同的觀點才做特别介紹，請讀者原諒。

歷史

西方漢學界對中國古代歷史學注意得很不够，特别是對春秋和戰國時代的歷史。有關漢代歷史當然應該提出魯惟一先生五十多年的研究成果。魯惟一充分地利用出土文獻，上面已經幾次介紹，於此就不贅述。在魯惟一之後下一代有三個學者在中國古代歷史學科上有最突出的研究成果：

- 魯惟一的學生戴梅可（Michael NYLAN），像魯惟一一樣她也專攻漢代史，可是戴梅可很少利用出土文獻資料做研究。

第一章 西方漢學簡帛研究概要 431

- 陸威儀(Mark Edward LEWIS)寫了《劍橋中國古代史》戰國史的一章，對秦漢史也寫了一本書①，然而陸威儀像戴梅可一樣極少利用出土文獻做研究。
- 除了魯惟一以外，幾十年以來唯有葉山(Robin D.S. YATES)一直利用出土文獻研究戰國秦漢歷史，研究成果非常可觀，上面在很多專題題目中已經做了介紹。帶有比較廣泛的歷史研究價值的文章可以提到葉山在 1995 年的《古代中國》刊物上發表的《秦國對官員的管理：技術與程序》(402210)，利用睡虎地各種文獻證據討論秦國政府行政構造與作用。另外值得一提是葉山與尤銳、羅泰和吉迪合編的《帝國之誕生：重新思考秦國》(406280)，在 2014 年由加州大學出版社出版。

與葉山編《帝國之誕生：重新思考秦國》的合編者之一有尤銳，上面已經介紹了他對郭店和上博文獻做的幾篇專題研究報告。近來十幾年以來，尤銳是西方學術界非常活躍的歷史學家，發表了一系列論文和專著，特別針對秦國歷史，然而也牽涉到中國古代歷史的各個方面。下面僅僅是本書目錄中所錄尤銳的一些概括的著作②，多半的都在權威學刊，諸如《華裔學報》、《通報》、《古代中國》等發表的：

《是友還是敵：變化的君臣關係概念與先秦忠誠觀念》(403380，2002 年)

《詮釋的問題：從新出土文獻看秦史》(302730，2004 年)

《禪讓之辯論者：戰國平等主義與君主之權威》(404090，2005 年)

---

① Mark Edward LEWIS, *The Early Chinese Empires: Qin and Han* (Cambridge, Mass.: The Belknap Press of Harvard University Press, 2007).

② 除了這些發表品以外，尤銳還有兩本專著，分別是對春秋時代與中國傳統政治思想做概括的論述，即 *Foundations of Confucian Thought: Intellectual Life in the Chunqiu Period, 722 - 453 B.C.E.* [儒家思想的基礎：春秋時代(公元前 722—前 453 年)的知識生活] (Honolulu: University of Hawai'i Press, 2002); *The Everlasting Empire: Traditional Chinese Political Culture and Its Enduring Legacy* (永恒帝國：中國傳統政治文化及其永久的遺產) (Princeton, N.J.: Princeton University Press, 2012).

《出土的顛覆：新發現寫本中對世襲繼承的批評》（404100，2005—2006 年）

　　《想象永恒的帝國：戰國時代的中國政治思想》（405150，2009 年）

這些著作之中，最後一個是一本專著，對戰國時代政治思想採取宏觀研究態度，提出秦國建立了中國兩千年的帝國制度，説中國歷來學者對秦的理解都受到漢代激烈的偏見影響，幾乎無法客觀地對待秦國所起作用。這個學術態度也可見於尤鋭在 2004 年發表的《詮釋的問題：從新出土文獻看秦史》一文。因爲此文針對《秦駰玉板》的歷史背景，所以本書列於第三部分《鏤於金石》的目録，然而文章的研究方法和基本論點與上述文章一致。尤鋭説秦國的君主是周王的繼承者，不但不是没有文化的西戎，而應該視作非常保守的歷史力量。

　　上面也已經介紹紀安諾對西域文件的研究成果。除了這些專題研究以外，紀安諾還提供了幾篇文章探討怎樣利用竹簡和木牘作爲歷史證據，按照發表年代早晚列出：

　　《早期中國寫本：對〈早期中國歷史的新史料：銘文與寫本的導讀〉的補充與修正》（402520，1998—1999 年）

　　《運用早期中國寫本作爲史料》（403450，2003 年）

　　《出土寫本：語境和方法》（405300，2010 年）

第一篇文章表面上是對夏含夷在 1997 年編的《早期中國歷史的新史料：銘文與寫本的導讀》（100970）的書評，但更是對到當時爲止所有戰國秦漢簡帛資料的綜覽，對每一遺址出土多少簡牘，初步報告什麼時候發表等等問題都做非常詳細的記録。紀安諾也一直强調史學方法論，大概與他在臺灣留學的經歷有關係。

　　在歷史學方面還值得一提是陳力强 2014 年出版的《中國早期帝國的交流與合作：宣傳秦朝》（406310），對秦朝政治制度提出一些新的觀點，像另外一些西方學者諸如葉山、尤鋭和柯馬丁那樣，陳力强也以爲中國歷代政治思想對秦始皇的態度受到漢代的偏見影響。據陳力强説，秦朝政

第一章　西方漢學簡帛研究概要　433

府很官僚,但是并不邪惡。

另外一個中年學者對中國秦漢歷史做過出色研究的是李安敦。上面已經介紹了他與葉山合作的《中國早期帝國的法律、國家與社會：張家山247號墓法律文獻的校訂、翻譯和研究》(406400)一本巨著,2015年由荷蘭布里爾學術出版社出版。李安敦在2007年出版了《中國早期帝國的工匠》①,對秦漢工坊制度做全面研究,獲得學術界好評。李安敦原來學術專業是中國藝術學,對出土文獻沒有專門訓練。雖然如此,除了與葉山合作的專書和幾篇文章以外,他在2011年還發表了兩篇文章,對秦漢時代書寫能力和方法提出新的意見,都非常有啓發性。

《"工"之讀寫能力：中國秦漢的男女工匠對書寫的運用》(405520,2011年)

《秦漢和唐的典範法律和行政格式及其對行政與認字能力所起之作用》(405530,2011年)

在第二篇文章裏,李安敦對睡虎地《封珍式》以及居延《病卒名籍》類的文件做研究,指出一般的兵卒和工匠都至少有基本認字能力。

地理學

西方學術界長期以來對地理學没有給予足够的注意,特別是對中國古代地理學大概只有一位研究者專門從事這一專業,即上面已經介紹的魏德理。2010年她發表了《〈容成氏〉所見"九州"：與傳世文獻的對應》(405290),這篇文章的前身是2006年發表的《九州的早期記載的比較梳理》(404330)。上面還提出她發表的另外多篇文章,於此就不多贅述。

李安敦
(Anthony J. BARBIERI-LOW)

除了魏德理以外,在2010年和2011年陳力强

---

① Anthony J. BARBIERI-LOW (李安敦), *Artisans in Early Imperial China* (中國早期帝國的工匠)(Seattle, Wash.：University of Washington Press, 2007).

也發表了幾篇文章，與地理學有直接關係：

《中國早期帝國時代的自然環境與法律：有關自然資源的秦漢律令》（405440，2010 年）

《中國秦和西漢時代的法律與交通》（405450，2010 年）

《辯論秦之直道的路綫：文本與發掘》（405750，2011 年）

三篇文章既有地理學意義，又有歷史學意義。

另外一篇值得提出的地理學研究成果是谷口滿（TANIGUCHI Mitsuru）2001 年發表的《戰國時代的楚簡和楚國的歷史地理》（403210）。谷口氏指出過去歷史地理學都根據秦漢時代的傳世文獻，他以爲這犯了一個基本方法論的錯誤，不如利用戰國時代出土文字資料。在這篇文章裏，他利用包山楚簡來研究楚國的地理。根據他所謂"受期簡"，他認爲"䣄"又不是傳統説法南陽地區的"西䣄"，也不是在武漢東南的"東䣄"，而應該是在湖北漢水中流的地區，指出過去對楚國的地理概念大有誤解。

法律

自從何四維在二十世紀五十年代對漢代法律殘片做研究以後，法律一直是西方漢學界重視的一個題目。上面對馬王堆黃老書、睡虎地秦簡、張家山漢簡和包山楚簡都介紹了何四維、葉山、勞武利、高道蘊、裴文睿和羅鳳鳴的專論，於此就不重複論述。并且，於此打算針對比較廣泛的研究，專題研究的文章在綜合目錄中都有。論文基本上按照發表年代早晚列出，可是有一個人發表兩個或兩個以上相關的文獻，就一起列下，一起討論。和上面羅列方法不一樣，於此一個一個討論。

祁泰履（Terry KLEEMAN），《土地契約和相關文件》（401260，1984 年）

祁泰履一般從事宋代道教研究，但是對中國傳統文化史有廣博的知識。這篇文章是他早年的學術成果，對墓葬裏面發現的土地契約做了綜覽，不但有法律意義,并且也有宗教意義。不幸,這篇文章發表在日本的一本專著裏,爲人少知。

何四維(A.F.P. HULSEWÉ),《秦漢法律》(401340,1986 年)

何四維(A.F.P. HULSEWÉ),《法律——中國早期帝國國家權力的基礎之一》(401410,1987 年)

上面已經對何四維的研究貢獻做過幾次介紹,毋庸於此再重複,可是至少有兩篇文章有比較廣泛的意義:1986 年在《劍橋中國史,第一卷:秦漢帝國》上的《秦漢法律》做了綜合的介紹;1987 年發表的《法律——中國早期帝國國家權力的基礎之一》的文章與何四維的大多數專題學術成果很不一樣,對中國法律的用處采取了一種宏觀的、理論的觀點。

J.L. KROLL,《秦漢法律筆記》(401660,1990 年)

KROLL 氏是蘇聯時代的漢學家,對漢代歷史做了廣大貢獻,特別是對《史記》、《漢書》和《鹽鐵論》做了深入研究。這一篇文獻是爲了慶祝何四維先生八十歲高壽而寫的,也是兩個著名的學者的接觸,很難得。

裴文睿(Randall P. PEERENBOOM),《儒家的法律:超出自然法律》(401740,1990 年)

裴文睿(Randall P. PEERENBOOM),《早期中國的法律與宗教》(403360,2002 年)

裴文睿對馬王堆帛書黄老書的研究上面已經介紹了。這兩篇的論點比較廣,第一個采取哲學觀點,第二個采取宗教觀點。裴文睿讀完博士學位以後,又讀了法律學位,以後作爲律師,與學術界沒有多少接觸,後來的貢獻只有 2002 年這篇文章。

Hugh T. SCOGGIN, Jr. ,《天和人之間:中國漢代的契約與國家》(401770,1990 年)

SCOGGIN 氏原來是芝加哥大學歷史系博士,何炳棣(1917—2012)先生的學生，後來轉到法律，任南加州大學法律學院教授，專長是契約法律。這是他唯一一篇漢學著作，發表於1990年，對當時公布中國古代出土文獻有關的契約做綜覽，諸如居延和江陵出土地契約，包括許多石頭和鉛盤上的例子。他的討論相當實在。

  司馬安（Anne Behnke KINNEY），《早期中國的棄嬰》（401950，1993年）

司馬安是美國弗吉尼亞（Virginia）大學中國古代文學教授，特別關心婦女和小孩子的歷史。在這篇文章裏，她利用睡虎地的秦律和張家山漢律討論嬰兒放棄習慣和不合法性。

  勞武利（Ulrich LAU），《自廌到法律：中國早期法律詞彙的禮儀背景》（402390，1997年）

  勞武利（Ulrich LAU），《中國早期皇朝私人司法權的範圍：新出土法律文件的證據》（404030，2005年）

上面已經介紹了勞武利和呂德凱對張家山《奏讞書》合作的德文翻譯。勞武利做的學問通常都很細，可是這兩篇文章利用比較宏觀的觀點去討論中國古代法律。第一篇提出法律的來源可以追溯到古代禮儀制度。第二篇乃對出土文獻做比較全面的綜覽。

  韓獻博（Bret HINSCH），《一份漢代遺囑（先令券書）裏所見婦女、親屬和財產》（402540，1998年）

韓獻博是臺灣佛光大學歷史系教授，長期從事中國婦女史和同性戀史研究。這一篇文章對江蘇儀徵胥浦101號西漢墓出土的先令券書做翻譯和討論，論證漢代婦女的經濟權力。

  羅鳳鳴（Susan WELD），《郭店與包山：法律理論與實踐》（403030，2000年）

  羅鳳鳴（Susan WELD），《墓葬之事：戰國法律和哲學》（403590，2003年）

第一章　西方漢學簡帛研究概要　437

上面也已經介紹了羅鳳鳴不少研究成果，諸如對侯馬盟書和包山法律檔案的研究。這兩篇文章采取比較宏觀的方法去討論中國古代法律問題。第一篇原來是在 1999 年在武漢大學召開的國際研討會上宣讀的論文，後來在中國發表。第二篇針對諸子百家思想裏的法律概念。

　　馬若斐（Geoffrey MacCORMACK），《早期中國思想裏的神話與法律的起源》（403180，2001 年）

　　馬若斐（Geoffrey MacCORMACK），《從漢至唐律的流傳：對中國法典彙編早期歷史研究的貢獻》（403780，2004 年）

　　馬若斐（Geoffrey MacCORMACK），《中國秦漢朝代的苦役刑罰》（404610，2007 年）

　　馬若斐（Geoffrey MacCORMACK），《從賊到故殺：傳統中國法律裏變化的責任概念》（404620，2007 年）

　　馬若斐（Geoffrey MacCORMACK），《有關古代中國法律和宗教的關係：幾點問題》（404630，2007 年）

馬若斐（Geoffrey MacCORMACK）氏是阿伯丁（Aberdeen）大學法律學院教授，從 2001 年開始發表一系列與中國古代法律史有關的文章，特別是在新創刊的《亞洲法律史學報》（*Journal of Asian Law*）上發表的。這幾篇文章多討論中國法律的神話與宗教起源。所有的參考資料都是第二手的外文資料，因此不知道馬若斐是不是會利用中文資料。然而，對世界法律史研究有一定影響。

　　葉　山（Robin D.S. YATES），《早期中國的法律和軍隊》（405200，2009 年）

上面已經介紹了葉山各方面的研究成就，在這裏沒有必要再重複介紹。然而，這一篇文章非常值得一提，將葉山幾十年以來對軍事史和法律史從事的研究結合起來，觀點非常獨特，很值得參考。

　　董慕達（Miranda BROWN）和陳力強（Charles SANFT），《中國早期帝國時代的類別與法律推理：出土文獻裏法的意義》

(405260,2010 年)

董慕達(Miranda BROWN)和陳力强都是美國漢學界青中年學者中非常活躍的領軍人物。董慕達有關漢代墓志銘的研究在上面第三部分裏有所論述。陳力强對秦漢歷史與歷史地理各個問題做了不少研究,上面也已經介紹了。這一篇文章與他們通常做的研究相當不同,主題比較廣,頗引起大衆讀者的注意。

思想史

上面已經介紹不少文章討論某一篇出土文獻的思想史意義,於此無法做綜述,只能提出幾篇相當概括、難以歸類的研究。譬如,上面介紹郭店楚簡研究的時候,已經詳細介紹了顧史考著《郭店楚簡:研究和完整翻譯》。在郭店簡首次公布不久之後,顧史考在 2004 年的《哈佛亞洲學學報》上發表一篇題作《從最近出土之戰國文獻看關於專制與"人道"的辯論》(403650)的文章,討論郭店文獻對德政和刑政的態度,并且也針對《管子》、《荀子》、《吕氏春秋》等傳世文獻中同樣問題的資料,論證郭店簡反映比較早的政治思想,傳世文獻都或多或少反映秦國的權威地位。顧史考年輕時代的研究多集中於政治思想問題,以後通過翻譯工作逐漸轉到與古文字學與出土文獻學相關的問題。

金鵬程是美國賓州大學漢學教授,從二十世紀九十年代起在中國古代思想史領域一直很活躍,寫了很多單行本書和學術文章①。他多半根據傳世文獻研究很大的問題,因此於此毋庸特别介紹,然而也有個别作品針對出土文獻。金鵬程的一個學術特點是糾正過去和當代西方學者的某些誤解。譬如,在 2008 年發表的《"中國没有創世神話"就是一種神話》

---

① 除了上面提到的《孔子之後:中國早期哲學研究》(403940)以外,金鵬程還著有 *Rituals of the Way: The Philosophy of Xunzi*(道之禮:荀子的哲學)(Chicago: Open Court Press, 1999);*The Culture of Sex in Ancient China* (中國古代色文化)(Honlulu: University of Hawai'i Press, 2002)等,最近與尤鋭和柯馬丁合編了 *Ideology of Power and Power of Ideology in Early China* (中國古代主義的權威與權威的主義)(Leiden: Brill, 2015)。

(404700),他根據郭店簡《太一生水》和上博簡《恒先》反對西方學術界一個普遍說法,即中國沒有創造神話。這方面最重要的研究是他在 2005 年出版的《孔子之後:中國早期哲學研究》(403940)的單行本書,載有好幾篇相關的文章。

司馬儒(Maurizio SCARPARI)和艾帝(Attilio ANDREINI)都是意大利威尼斯大學漢學教授,都從事中國古代思想史研究,也都注意了出土文獻的重要性,都對出土文獻做了綜合性介紹,諸如司馬儒 2000 年發表的《重寫中國古代文化史:從最近考古發現看宗教信仰、思想潮流和社會》和艾帝 2004 年發表的《從竹書寫本重新觀察中國古代思想》。艾帝還對馬王堆和郭店《老子》做了深入研究,上面已經提到了。SCARPARI 氏的發表品都用意大利語書寫,艾帝兼用意大利語和英語。他們的研究成果如下:

司馬儒(Maurizio SCARPARI),《重寫中國古代文化史:從最近考古發現看宗教信仰、思想潮流和社會》(403000,2000 年)

司馬儒(Maurizio SCARPARI),《有關中國書寫的起源:理論與方法》(101160,2001—2002 年)

司馬儒(Maurizio SCARPARI),《中國古代寫本的形式特點與復原方法》(404140,2005 年)

司馬儒(Maurizio SCARPARI),《在寫本和傳統之間:中國古代的寫本創造》(404430,2006 年)

艾　帝(Attilio ANDREINI),《中國古代自我理論的演變:黃老文獻和〈呂氏春秋〉裏所見楊朱的遺產》(402340,1997 年)

艾　帝(Attilio ANDREINI),《著作、抄寫、創造:中國古代的文獻傳授》(403630,2004 年)

艾　帝(Attilio ANDREINI),《中國古代寫本所見異體字和"難讀文字"理論》(403860,2005 年)

艾　帝(Attilio ANDREINI),《從竹書寫本重新觀察中國古代思想》(403880,2005 年)

司馬儒
(Maurizio SCARPARI)

艾 帝
(Attilio ANDREINI)

宗教

思想史當然包括宗教學,所以在西方學術界,宗教學也是相當發達的專門學科,有不少研究成果都可以歸類到宗教學。馬克和夏德安一直是這個領域的權威,也有其他重要學術成果值得提出。最早的成果是索安(Anna SEIDEL,1938—1991)的三篇文章:

  索 安(Anna SEIDEL),《漢墓裏的不死之符》(401180,1982 年)
  索 安(Anna SEIDEL),《給地獄之護送信:在後漢時代墓葬證書裏的九泉表象》(401310,1985 年)
  索 安(Anna SEIDEL),《墓葬出土的喪葬文書裏的漢代宗教之踪迹》(401450,1987 年)

索安原籍是德國,可是長期住在日本京都從事道教研究,對道教的起源特別有興趣,因此研究了漢代各種宗教習俗。在《給地獄之護送信》,她將某些鎮墓文翻譯成德文,然後討論鎮墓文與漢代法律的背景及道教的關係。在《墓葬出土的喪葬文書裏的漢代宗教之踪迹》一文裏,她又一次研究鎮墓文,可是在這篇文章裏她還對地券、衣物券和符都做了綜述,最後還論證漢代的"公共宗教"("common religion"),説明社會的上層和下層的各個階級都共有的一些習俗和信仰,這個概念對以後西方宗教學研究相當有影響。

有關中國上古和中古時代的宗教,馬克發表了很多篇文章,特别是對占卜和星占做了多次深入研究,針對馬王堆《刑德》和睡虎地《日書》的文章,前文已經介紹,不再贅述。還有不少文章有比較概括的内容,多半是用法文寫的,可是有幾篇文章是用英文寫的或翻譯的,按照年代早晚可以列出來,如下:

  馬　克(Marc KALINOWSKI),《中國古代曆法占星術和位置推算術:公元前四至公元前二世紀干支日占的演變》(402270,1996 年)

  馬　克(Marc KALINOWSKI),《中國古代神話、宇宙創造與神仙創造》(402280,1996 年)

  馬　克(Marc KALINOWSKI),《早期中國二十八宿作爲計日法的運用》(402290,1996 年)

  馬　克(Marc KALINOWSKI),《中國古代宇宙創造論裏的曆法作用》(403760,2004 年)

  馬　克(Marc KALINOWSKI),《中國古代科技傳統與中國宗教的術數文化》(403770,2004 年)

  馬　克(Marc KALINOWSKI),《時間、空間與方向:中國上古和中古時代干支的圖形表現》(404590,2007 年)

  馬　克(Marc KALINOWSKI),《東周(公元前 770—前 256 年)的占卜:傳世文獻與最近考古發現》(404770,2008 年)

  馬　克(Marc KALINOWSKI),《貞卜與占星:傳世文獻與出土寫本》(405330,2010 年)

夏德安也是中國古代宗教的權威學者,對中國古代術數特別感興趣,上面也已經介紹了他的很多文章。於此,我只想介紹三篇綜合性的文章:

  夏德安(Donald HARPER),《與自然科學和神秘技術有關的戰國秦漢寫本》(402370*,1997 年)

  夏德安(Donald HARPER),《戰國時代的自然科學和術數思想》(402630,1999 年)

  夏德安(Donald HARPER),《漢代民間宗教的神域契約:公元 79 年的序寧禱告和祭祀文件》(403730,2004 年)

1997年發表的文章收在夏含夷編的《早期中國歷史的新史料：銘文與寫本的導讀》論文集裏,現在有中文譯文,以便中國讀者參考。1999年的文章載於魯惟一和夏含夷合編的《劍橋中國古代史：從文明起源到公元前221年》裏,對當時可見的所有術數文獻都做了綜合論述,影響頗大。雖然現在有新的文獻出土了,但是這篇文章仍然有參考價值。2004年發表的《漢代民間宗教的神域契約》針對香港中文大學藏東漢時代《序寧禱神簡》做概括的討論。

除了馬克和夏德安以外,蒲慕州(POO Mu-chou)也發表了多篇與宗教有關的文章,按照年代早晚可以列如下：

蒲慕州(POO Mu-chou),《中國先秦時代的民間宗教：關於睡虎地日書的看法》(402010*,1993年)

蒲慕州(POO Mu-chou),《追尋一己之福：中國古代的信仰世界》(402590*,1998年)

蒲慕州(POO Mu-chou),《怎樣過生活：日書裏的算命》(404110,2005年)

蒲慕州(POO Mu-chou),《早期中國的禮儀與禮儀文獻》(405160,2009年)

蒲慕州(POO Mu-chou),《中國古代為死後生活的準備》(405730,2011年)

蒲慕州出生於臺灣,在美國留學讀博士學位,博士論文和古代埃及的宗教有關。他畢業以後回到臺灣,長期在中研院歷史語言研究所工作,現任香港中文大學歷史系教授。蒲慕州在1993年寫的《中國先秦時代的民間宗教：關於睡虎地日書的看法》在西方權威學刊《通報》上發表,基本上是他在《中研院歷史語言研究所集刊》上發表的《睡虎地秦簡日書的世界》的英文譯文[1]。在這篇文章裏,他提出一個詞彙,即"普遍宗教"("popular religion"),與索安所稱"公共宗教"有一點相似。然而,兩個人的用意有

---

[1] 蒲慕州,《睡虎地秦簡日書的世界》,《中研院歷史語言研究所集刊》62.4(1991)：1—53。

所不同。索安所稱"公共宗教"指明中國古代社會上層和下層共有的宗教習俗,可是蒲慕州的"普遍宗教"僅只指下層的宗教,説是中國古代各個地域普遍有的現象。據蒲慕州説,楚國和燕國的下層人民的習俗和信仰基本相似。與此不同,楚國下層人民與上層貴族生活迥然不同。按照蒲慕州説,這個"普遍宗教"的習俗儘管相當機械式,可是它的態度很樂觀。有許多鬼神,然而老百姓也有很多手段可以控制鬼神的壞影響。蒲慕州最重要的英文學術成果是他 1998 年出版《追尋一己之福:中國古代的信仰世界》的單行本書。這本書是紐約州立大學出版社(SUNY Press)出版的,十分暢銷,也得到很高評價的書評。

上面介紹與包山楚墓有關的研究時已經提到來國龍和郭珏的博士論文以及來國龍新出版的書,對包山楚墓中與宗教有關的寶貴資料做了綜合研究。來國龍早在 2005 年在權威學刊《泰東》(Asia Major)上發表了題作《從墓葬文獻、旅行設備和路途禮儀看中國早期之死亡和冥界旅行》(404020)的文章,對中國古代人

蒲慕州
(POO Mu-chou)

民對"死"的概念做了深入論述。他首先討論九店武夷的禱告,然後又牽涉到日書以及中山王墓、放馬灘和馬王堆的地圖,論證埋在墓葬裏頭的許多陪葬品是爲了死者的實用。郭珏對漢代"死"的概念也做了專門研究,即 2011 年發表的《漢代新發現的墓葬文物與文獻所反映的關於死亡和死後生活的概念》(405640)。她的研究特點是兼用文物和文獻資料,經常也牽涉到西方宗教學的理論,成果相當可觀。

醫學

自從馬王堆三號墓發掘以後,醫學占了中國出土文獻學的重要地位,也引起不少西方學者做專門研究,其中貢獻最多應該算是夏德安。上面介紹馬王堆醫學文獻時候已經提到夏德安的博士論文,其對《五十二病

方》做了深入研究。然後，在 1998 年，夏氏出版了《中國早期醫學文學：馬王堆醫學寫本》(402530)，對所有馬王堆醫學文獻都做翻譯和研究，這一本書是西方漢學家研究中國醫學必讀之書。除了他的博士論文和《中國早期醫學文學：馬王堆醫學寫本》以外，夏德安還發表很多有關中國醫學的論文，有的比較概括，有的相當專門，有的完全針對出土文獻，有的還牽涉傳世文獻，都有詳細文獻的基礎。按照年代早晚可以列出如下：

夏德安(Donald HARPER)，《新發現的公元前三世紀和公元前二世紀寫本所反映的中國古代醫學的疾病概念》(401600，1990 年)

夏德安(Donald HARPER)，《醫生和貞人：貞卜和黃帝內經醫學的關係》(402620，1999 年)

夏德安(Donald HARPER)，《中國早期醫學中的疾病、診斷與預後》(403100，2001 年)

夏德安(Donald HARPER)，《病占》(403470，2003 年)

夏德安(Donald HARPER)，《中國上古和中古時代的春藥處方》(403950，2005 年)

夏德安在 1990 年發表的《新發現的公元前三世紀和公元前二世紀寫本所反映的中國古代醫學的疾病概念》不但對馬王堆醫學文獻做論述，并且還介紹了放馬灘、阜陽雙古堆和張家山的醫學文獻。夏氏對醫學研究的一個特點是他強調疾病的社會背景，特別是某種宗教因素諸如鬼神等。儘管《黃帝內經·素問·五臟別論》謂"拘於鬼神者，不可與言至德"，可是馬王堆醫學文獻説明其他漢代醫生仍然重視鬼神的作用，利用了某種禮儀和魔法來控制他們。如此，漢代醫學與當代"公共宗教"有了密切關係。據夏德安説，科學和宗教是分不開的，兩邊是互相影響的。

除了夏德安以外，西方漢學家當中文樹德(Paul U. UNSCHULD)和羅維前(Vivienne LO)對中國醫學史有重要貢獻。文樹德是德國慕尼黑大學醫學史教授。在馬王堆醫學文獻公布不久，他就已經發表了兩篇長篇文章，即 1982 年發表的《馬王堆藥物學論著：早期中國藥物知識比較分析》(401190)和 1983 年發表的《馬王堆發現的寫本對中國醫學史和本草學的意義》(401230)。這兩篇文章都有關本草學的發展。羅維前是英國倫敦大學醫學史教授，自己也是中國傳統醫學醫生，對中國醫學的理論和實用都有經驗。她第一篇發表品是 1996 年在權威刊物《古代中國》上與何志國(HE Zhiguo)合寫的《脉：西漢髹漆人像的初步考查》(402250)，然後在戴梅可和魯惟一合編的《中國早期帝國：一種重估》中發表《寫本、傳世文獻與醫療技術》(405340)，對秦漢時代醫學出土文獻做了綜合介紹。

文樹德
(Paul U. UNSCHULD)

羅維前
(Vivienne LO)

與這樣綜合性的研究不同，葉山發表了一篇相當專門的醫學研究，即 2005 年發表的《早期中國的婦女醫學：初步綜覽》(404240)，對從戰國時代到唐末的婦女醫學做了綜覽。葉山像夏德安一樣，一邊考察醫學的科學方面，特別是本草的實用，一邊強調醫學的社會背景，特別是禮儀習俗。譬如說，有關婦女懷孕和生產諸問題，葉山說很多辦法都引自佛教、道教和普遍傳統。這篇文章雖然多半針對六朝和隋唐的資料，但是對戰國秦漢出土文獻也做了介紹。

科學

上面介紹馬王堆天文文獻、阜陽式盤和張家山《算數書》時候已經提到西方漢學家的不少科學史研究成果，於此就不贅述。譬如，有關阜陽雙古堆式盤的論述已經介紹了夏德安和古克禮的辯論。簡而言之，夏德安強調式盤的占卜作用，而古克禮采取了科學觀點討論它的天文學背景和作用。這個辯論引起廣泛的興趣，兩個人的不同觀點正好代表西方學術界對科技史的兩個不同的做法，一個強調文化背景，一個強調科學方面。

中國科學史最重要發現之一是張家山出土的《算數書》，也引起兩個西方學者對其進行研究，古克禮也是其中之一，他做了翻譯和研究。此後道本周又重新翻譯了這本書，也發表了幾篇專題論文，上面也已經介紹。古克禮在 2010 年又寫了題作《數字、計算能力和宇宙》（405280）的綜合論述，載於戴梅可和魯惟一合編的《中國早期帝國：一種重估》裏，特別針對《算數書》和《九章算術》的關係展開論術。

方法論

西方漢學家非常關心出土文獻學與古文字學方法論，提出了一系列方法論的原則和做法。譬如，在 1998 年郭店楚簡剛剛發表以後，在達慕思學院召開的國際會議上有幾位西方漢學家提交有關方法論的文章，包括鮑則岳、羅浩(Harold ROTH)和譚樸森(P.M. THOMPSON)。在第一部分和本部分有關馬王堆《老子》研究的叙述中已經介紹了鮑則岳的幾點看法。因爲他多次公布了這種方法論，并且獲得西方漢學家的廣泛認可，所以於此再做詳細介紹。在這次會議的論文集，即《郭店〈老子〉：1998 年 5 月達慕思學院國際研討會論文集》裏，鮑則岳發表了一篇題作《中國古代寫本的研究：初步方法論》（402780*）的論文，開頭就提出了這樣的原則：

> 基本原則是：寫本的釋文應該確切無疑地反映所寫的形式，不應該提供釋者的任何推測、先知或主觀的增減、改變或注解。總的來説，釋文應該完全反映寫本所寫的而已。

鮑則岳説這樣的釋文是第一步，然後學者才可以開始"閱讀"文獻。閱讀的關鍵問題是假借字。鮑則岳提出有兩種不同的異文，即"形式異文"("graphic variation")和"詞意異文"("lexical variation")的不同。他利用

了莎士比亞的兩個戲劇的版本來表明這兩種假借字的不同。在《哈姆雷特》(Hamlet)第一場,不同的版本載有下列的異文:

"too, too solid flesh"
"too, too sullied flesh" (I, 2, 129)

"Solid"（堅實）和"sullied"（髒）儘管聲音相近,可是意義完全不一樣,所以可以代表鮑則岳第二種假借字,即詞意異文。與此不同,在《理查三世》(Richard III)第一場雖然不同版本載有不同拼音的詞,即"sour"和"sowre",可是因爲"sowre"只是"sour"（"酸"）的古代拼音法而已,近現代英語没有不同的詞意,所以所有的讀者都會同意這只是形式上的異文而已:

"that sour ferry-man"
"that sowre Ferry-man"

然而,因爲漢字理論上都會有詞意,所以任何異文都可能是詞意式的異文。在鮑則岳對劉殿爵所寫馬王堆《老子》譯文的書評裏,他利用《老子》第41章的一個異文來説明漢字異文的這種特點。河上公本《老子》讀作"上士聞道勤而行之"。與此不同,馬王堆本《老子》讀作"上……道堇能行之",異文是"勤"和"堇"與"而"和"能"。儘管劉殿爵承認兩個異文可能很簡單,可是最後他給馬王堆本提出完全不同的讀法:即把"堇"讀作"僅","能"讀作"能力"的"能"。鮑則岳指出這兩個異文可以供給四種不同的讀法,即"勤而行之"、"勤能行之"、"僅而行之"和"僅能行之"。按照鮑則岳判斷,劉殿爵的讀法雖然完全是一種推測,但是很可能是正確的。

羅浩《郭店〈老子〉異文研究的幾點方法論問題》(402980*)利用了西方古典學、《聖經》學和宗教學的文獻學方法研究郭店《老子》,提出了四種不同的方法,即"文獻方法"、"文學方法"、"哲學方法"和"宗教方法"。有關郭店《老子》和81章傳世本《老子》的關係,他還提出三種可能:

郭店本是81章《老子》的摘要
　　郭店本是81章傳世本《老子》的本源
　　郭店本和81章傳世本《老子》僅只是兩個完全不同的本子

通過各種方法，羅浩認爲第一種推測幾乎不可能，郭店《老子》似乎只能反映公元前四世紀末年的時候，那時81章《老子》還不存在，只有某些"言語"流傳，以後才集中在一起編輯成爲傳世本《老子》。

　　譚樸森《文本證據的規範處理》(403010*)對《老子》第66章提出一個表格式的比較，許多西方漢學家也采取類似的方法，現在中國國內也開始有人利用該方法，下面就是它的一部分。

A Collation of *Zhang* 2 of Series 1 of the "A" Bamboo Manuscript of the Laozi from a Chu Tomb at Guodian, Hubei
郭店楚墓竹簡《老子》甲篇第一系列第二章的校讎

Guodian Laozi A1.2 (*zhang* 2), *Ju* 1: Sample Collation.　P.M. Thompson

　　在介紹《郭店〈老子〉：1998年5月達慕思學院國際研討會論文集》所載鮑則岳、羅浩和譚樸森的文章以後，我們還應該指出顧史考對該書做的書評(403280)。有關出土文獻與傳世文獻的比較，顧史考采取了相當保守的態度，說如果利用出土文獻的某一個異文，我們就會把文獻的意思完全顛倒。因爲傳世本的編者大概比現代學者有更多的資料，更接近於原文。因此，除非原文實在讀不通，我們不應該輕易地采取出土文獻的異文。顧史考還對羅浩的結論表示質疑，說郭店《老子》很可能就是81章

《老子》的摘要本。

雖然顧史考對鮑則岳、羅浩和譚樸森的方法提出了某些質疑，可是大多數西方漢學家認同他們的觀點，至少在下列許多篇文章裏可以看到類似的做法：

高思曼（Robert H. GASSMANN），《校訂還是不校訂：關於確定中國古代文獻的完整性》（403290,2002年）

李孟濤（Matthias RICHTER），《給中國寫本做釋文的幾點建議：研究札記一則》（403560,2003年）

艾　帝（Attilio ANDREINI），《著作、抄寫、創造：中國古代的文獻傳授》（403630,2004年）

艾　帝（Attilio ANDREINI），《中國古代寫本所見異體字和"難讀文字"理論》（403860,2005年）

鮑則岳（William G. BOLTZ），《中國古代文獻的複合性質》（403890,2005年）

司馬儒（Maurizio SCARPARI），《中國古代寫本的形式特點與復原方法》（404140,2005年）

邢　文（XING Wen），《向着一個明了的釋文》（404200,2005年）

司馬儒（Maurizio SCARPARI），《在寫本和傳統之間：中國古代的寫本創造》（404430,2006年）

多數這些文章采取的方法和鮑則岳所提倡的方法相同或相近，唯有邢文（XING Wen）《向着一個明了的釋文》稍微不一樣。邢文把鮑則岳提倡的方法稱作"直接釋文"（"Direct Transcription"）。然而，邢文自己還提出一種"明了的釋文"（"Transparent Transcription"），基本上是一種詮釋性的釋文。邢文説之所以需要修改鮑則岳的方法，是因爲有的時候"直接釋文"會造成誤解。他指出出土文獻中的文字有的時候和現代漢語的文字字形一樣可是意義不一樣，像楚國文字經常把"三"寫作"晶"。如果把楚國文獻的"晶"直接隸定爲"晶"，讀者就會有誤解。因此，邢文提出，當"直接釋文"引起誤解的時候而他所提出的"明了的釋文"可以更妥當地代表原文,我們是不是一定要用"直接釋文"?這樣的問題當然有道理。然而,鮑則岳雖然説"釋文應該完全反映寫本所寫的而已",這樣的釋文只是文獻批評的第一步工作,第二步工作當然是編者自己的理解。另外,邢文没有説清楚,"明了的釋文"到底是根據什麽原則而做的。如果僅只指明一個合適的釋文,這恐怕是學者都要做的,但不一定都承認同一個標準。

鮑則岳在 2005 年發表的《閲讀早期〈老子〉》(403900)中,自己做了一些反思,自己也提出很多問題:

> 學者和學生的基本趨勢是對所有極端的方法都表示質疑,要找出與文獻本身合適的理解。問題是什麽叫做合適的理解,在不同的理解當中怎樣判斷哪一種最合適。對我們很多西方漢學家來説,爲了指出異文的不同形式,爲了説明異文的影響,爲了判斷哪一種異文重要、哪一種不重要,更不用説什麽叫做"重要",都是新的問題。不但我們對傳統文獻批評的理論和做法都没有經過訓練,并且在過去的西方漢學裏,這種文獻批評根本没有達到很發達的水平。總的來説,與西方古典學和古代中東文獻的文獻批評比較,有關中國文獻從來没有一個公認的文獻批評方法。
>
> 新出土文獻學發展了以後,我們才開始提問這些寫本到底有什麽意義。出土文獻的價值在於改正傳世文獻,給這些文獻提供一種新的讀法和新的意義,還是在於證實傳統的理解?也許在這兩種不同的極端有一個"中庸之道",一邊可以認可傳統理解的大半,但是也可以提出個別的新讀法。異文是怎樣做出來的?是反映不同學派的不同選擇,還是抄手的不小心或者缺乏基本文學知識而造成的?或者兩個都是?編者的責任是什麽?僅只是改正傳世本的細節,還是利用傳世本表明出土文獻的錯誤?這樣異文就不起作用。還是要通過文本的比較尋找原來作者的"原文"?其實,到什麽程度我們可以説到了一個"作者"和一個"原文"?關於出土文獻最有意思的問題是,這些詞彙和概念,可能會被當作障礙。

第一章　西方漢學簡帛研究概要　451

　　最後一個問題：説某一個異文是一個"錯誤"有什麽用處？我們遇到異文的時候，我們想要説明文本甲的某一個字怎樣變成文本乙的某一個字。這種更改當然可能來自一個錯誤，可是也很可能反映宗教、文學、知識或者社會背景的不同理解。如果郭店本采取軍事技術詞彙，而河上公本采取治國的理解，我們怎麽能説一個對一個錯？如果理解知識和宗教的信仰和做法經過了什麽樣的演變，我們是不是更可以理解這些文獻在中國早期社會上所起之作用？如此，異文提供了重要信息。①

這些問題儘管没有確定的回答，但是仍然值得提問。

　　最重視文獻的物質特性的學者恐怕是李孟濤，在一系列的文章裏，他對傳世文獻和出土文獻都進行了非常詳細的考察。

　　李孟濤（Matthias RICHTER），《閲讀中國古代寫本的抄寫問題》（404120，2005 年）

　　李孟濤（Matthias RICHTER），《異文的概况：關於馬王堆〈老子〉寫本裏異文的分布》（404130，2005 年）

　　李孟濤（Matthias RICHTER），《辨别郭店寫本的不同抄手的初步標準》（404410*，2006 年）

　　李孟濤（Matthias RICHTER），《易變之筆——寫本時代的漢語正字法：評高奕睿的〈中國早期文字的正字法：新出土寫本的證據〉》（101450，2007 年）

　　李孟濤（Matthias RICHTER），《忠誠的傳遞抑或創造性的改變：從物質證據尋找寫本創造的模式》（405180*，2009 年）

　　李孟濤（Matthias RICHTER），《中國早期文學作品傳播中的文本特性與讀寫能力的作用》（405740，2011 年）

　　李孟濤（Matthias RICHTER），《具象化文本：中國早期寫本中文本特性的確立》（406120，2013 年）

---

①　William G. BOLTZ（鮑則岳），"Reading the Early *Laotzyy*"（閲讀早期《老子》），*Asiatische Studien / Études Asiatiques* 59.1 (2005): 213 - 214.

在2005年發表的兩篇文章裏,李孟濤考察馬王堆《老子》的兩個寫本所載異文,説從異文中我們可以知道寫本是怎樣造成的,也可以説明不同抄手的不同抄寫特點。譬如,他指出馬王堆《老子》乙本"主"字有兩種不同的寫法,一個上面有一點(即"![]"),一個上面有一個横(即"![]")。李孟濤説在寫本的開端,這兩個寫法都分得很清楚,然後到寫本的後段只有横的"主"出現。在2009年發表的《忠誠的傳遞抑或創造性的改變:從物質證據尋找寫本創造的模式》,李氏針對上博《天子建州》的兩個寫本,説從"也"、"凡"、"友"、"語"、"辟"、"兄"、"臨"等字的特殊寫法可以知道《天子建州》甲本是抄自《天子建州》乙本,説《天子建州》乙本的抄手雖然不能説完全没有經驗,他大概也明白文獻的内容,可是他的書法并不很好,有的時候也根本不知道怎樣寫某些字。與此不同,李孟濤説《天子建州》甲本的抄手的書法很好,但是不一定知道某些異文的意思,不一定懂得内容。李孟濤説我們不應該低估《天子建州》甲本的抄手。對一個抄手來説,美術能力可能比知識更爲重要。其實,字的書寫也不一定很重要。李孟濤説讀者不一定依靠所寫的文字閲讀文獻的内容。讀者大概已經利用不同的辦法知道文獻的内容(譬如,老師的介紹),内容可能已經存在於他的記憶中,文本只能提醒他怎麽讀。因爲寫本的用處不在於傳播信息,所以文本的具象非常重要。

　　李孟濤最重要的學術貢獻應該是他在2013年出版的《具象化文本:中國早期寫本中文本特性的確立》,對上博楚簡《民之父母》做了詳細研究。如此書標題所示那樣,李孟濤又一次强調文本的具象。他指出上博《民之父母》與《禮記》本《孔子閑居》和《孔子家語》的《論禮》篇所載相對應的段落含有某些異文,可以反映兩個(或三個)文本的不同歷史背景。這樣的不同歷史背景關係着《詩經》的地位和作用。據李孟濤説,到了兩漢時代《詩經》的地位才上升了很多,變成儒家學者的教科書。《民之父母》儘管引用不少《詩》的詩句,可是在簡本裏"詩"字本身只出現兩次。并且,這兩個"詩"字各有不同的寫法。子夏問孔子《詩》的一句詩句:"詩曰:幾弟君子,民之父母。"然後,載有子夏和孔子三次反復問答以後,孔子就説:

"善哉,商也,將可教詩矣。"在第一句話裏,"詩"寫作"言+之+曰",在第二句話裏却寫作"之+口+又"。

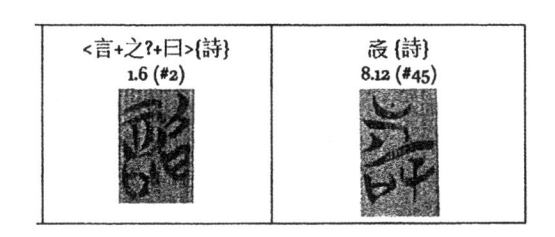

<言+之?+曰>{詩} 1.6 (#2)	㦒{詩} 8.12 (#45)

李孟濤認爲,這兩個字肯定都是"詩"字,可是兩個不同的寫法應該反映不同的意義,"言+之+曰"作爲詩集的名稱,也就是指《詩》,而"之+口+又"指詩字的一般意義①。這個説法没有引起很多注意,也不一定可以視爲定論,但是李氏這樣詳細考察文字的寫法仍然很值得重視②。

李孟濤的很多觀點與柯馬丁的看法相似,特别是關於抄手的社會背景和寫本的作用。柯馬丁在 2002 年發表的《方法論反思:早期中國文本異文之分析和寫本文獻之産生模式》(403310*)做了最爲系統的論述。因爲他的觀察與中國國内一般的觀察不太一樣,所以值得於此詳細介紹③。按照柯馬丁的看法,出土文獻可以分爲兩大類,即"具有歷史的文本"和"非有歷史的文本"。"非有歷史的文本"是指那些限定於某一時代和某一地點的文件,諸如墓葬遺册、行政命令或占卜記録。與此不同,"具有歷史的文本"是指那些傳授的文獻(不一定相當於傳世文獻)。柯馬丁

---

① Matthias L. RICHTER(李孟濤), *The Embodied Text: Establishing Textual Identity in Early Chinese Manuscripts*(具象化文本:中國早期寫本中文本特性的確立)(Leiden: Brill, 2013),第 119 頁。

② 相同的做法也可以見於高思曼(Robert H. GASSMANN)2005 年發表的《關於郭店文本裏詞彙與文字的關係之初步思考》(403920),指出在郭店楚簡裏"欲"字有三種不同的寫法:"谷"、"欲"和"雒"。根據高思曼的語法分析,三個不同的寫法反映三種不同的語法用法:"谷"是名詞、"欲"是動詞、"雒"是動作的發出者。

③ 此文有中文譯文,見《方法論反思:早期中國文本異文之分析和寫本文獻之産生模式》,載於陳致主編,《當代西方漢學研究集萃:上古史卷》(上海:上海古籍出版社,2012),第 349—385 頁。

说"具有歷史的文本"的傳授可能采用書寫形式,可是也不一定,也可能采用口述形式,更可能是書寫形式和口述形式并用。他説,"具有傳承歷史的文本文獻的措詞和字形很不穩定,其上下文邊界也不固定,它們常常以殘本的形態進行傳播,内部秩序彼此不同,有時候被編入其他文本之中;文字或有增損,或者選擇不同的風格、詞彙或語法"①。譬如説,柯馬丁認爲郭店楚簡《太一生水》和郭店《老子丙》應該視爲一個文獻,説明在當時《老子》還在構造過程中,還没有達到定本的階段。

柯馬丁對鮑則岳利用樂克曼(LACHMANN)式的文本族譜(*stemma codicum*)提出懷疑,説這樣的分析具有兩個基本問題:它只基於一個原本,而認爲傳授的過程不斷地進行。與此不同,柯馬丁提出同時流傳的好幾種文本,這些文本不一定采用書寫形式流傳,很可能是由某種口述方法傳下來的。因爲文本族譜只能針對書寫文本,而不能包括口述文本,所以它的用處——至少在早期時代非常有限。文本族譜所指定的原本只能算是最早書寫文本,而不一定包括口述的前身。

在這篇文章裏,柯馬丁對《詩經》出土文本或者載有《詩經》引文的六種文本,即馬王堆帛書本《五行》、郭店楚簡《五行》、郭店楚簡《緇衣》、上博楚簡《緇衣》、上博楚簡《孔子詩論》以及阜陽雙古堆漢簡《詩經》寫本做分析。他的結論是用詞雖然基本穩定,可是所用的文字往往不同。與傳世本《詩經》對比,馬王堆帛書本《五行》的《詩經》引文所含有的 158 個字中有 50 個異文、郭店楚簡《五行》的 50 個字有 18 個異文、郭店楚簡《緇衣》的 193 個字有 70 個異文、上博楚簡《緇衣》的 157 個字有 67 個異文、上博楚簡《孔子詩論》的 64 個字有 26 個異文,以及阜陽雙古堆漢簡《詩經》寫本的 820 個字有 329 個異文。他説"儘管這些版本都從一個不可能重新恢復的原本衍生而來,但它們多樣的書寫形態并非來自一個單一的原型。嚴格説來,在這些不同版本的背後,并不存在唯一的原始書寫文本。……因此,我不同意以下這樣一個觀點,即在早期中國,一部作品的文本鏈條

---

① 柯馬丁,《方法論反思》,第 351 頁。

主要是作爲寫本而獲得地位,并且主要是通過抄寫而流傳"①。

柯馬丁還指出載有《詩經》文字的六種文本含有幾乎三分之一的異文,而且異文大多數是音同或音近假借字,異文中只有十分之一没有音同或音近的關係。由於這樣的書寫形態,柯氏推測文本只能在"固定的社會背景"中傳授,也就是説在老師和弟子面對面的環境之内傳授。因爲馬王堆帛書本《五行》的抄手肯定没有看到郭店楚簡《五行》的樣本(因爲那個樣本早已經埋入郭店墳墓裏),同樣原因,傳世本《禮記》的編者也没有見到郭店或上博簡本《緇衣》,所以柯氏提到另外一個傳授可能性,就是這些"具有歷史的文本"的複製不僅依靠抄寫過程,而應該依靠口述傳承。"最終産生的文本雖然受傳統慣例所支配,但書寫形式却被地方習俗、書寫者的個人經驗和偏好所左右"②。

對西方學術界來説,李孟濤和柯馬丁所提出的口述文學問題非常重要。與這個問題相關的問題是中國早期的認字能力。在 2011 年,李峰(LI Feng)和林德威(David Prager BRANNER)合編了題作《早期中國的書寫與讀寫能力:哥倫比亞古代中國論壇的文章》(101530)的論文集。像副題所示,這些論文原來都在哥倫比亞大學的早期中國論壇上宣讀,然後經過長期的編輯過程才出版。有關甲骨文和銅器銘文的論文在本書第二和第三部分已經介紹了,有關簡帛學的研究有李孟濤《中國早期文學作品傳播中的文本特性與讀寫能力的作用》(405740)、葉山《士兵、書吏和婦女:早期中國社會下層的讀寫能力》(405790)和李安敦《"工"之讀寫能力:中國秦漢的男女工匠對書寫的運用》(405520)三篇文章。李孟濤的文章和上面介紹的觀點基本一致,認爲戰國時代的社會讀寫能力相當有限。與此不同,葉山論證在戰國時代的軍隊裏一般的軍人必須要有基本認字能力。他還説在《墨子》的戰争篇章裏,我們經常看到一個城市的所有人民都需要認字。同樣,李安敦説秦漢時代的工匠也至少要寫自己的名字,很多也要利用文字提供政府所需要的信息。我們期待將來會出土

---

① 柯馬丁,《方法論反思》,第 356 頁。
② 柯馬丁,《方法論反思》,第 375 頁。

更多資料説明中國古代閲讀和書寫能力的比例和水平。

在很多文章裏,夏德安也提出與葉山和李安敦同樣的看法。譬如,在2010年發表的《知識的文本形態:公元前四世紀至公元十世紀中國上古與中古寫本裏的數術雜錄》(405310),他説從戰國時代一直到唐代專門知識常常是通過文本流傳的。這個看法和很多人説知識的傳播是通過老師和弟子的口述問答根本不同。因爲我們仍然缺乏足夠的證據,所以人人站在不同的學術立場提倡不同的觀點是很自然的。然而,夏德安所考察的文獻證據相當客觀,對説明這個問題頗有説服力。

最後,爲了求備,還有一些與方法論有關的著作值得一提,如下:

戴　仁(Jean-Pierre DRÈGE),《中國的閲讀和寫作及其與木板印刷的關係》(401800,1991年)

戴　仁(Jean-Pierre DRÈGE),《中國文獻的物質性:中國造書設計的初步研究》(402360,1997年)

馬　克(Marc KALINOWSKI),《中國古代圖書館與墓葬檔案》(403480,2003年)

馬　克(Marc KALINOWSKI),《中國古代寫本之創造:馬王堆墓葬圖書的卷書方法》(403990,2005年)

風儀誠(Olivier VENTURE),《戰國時代的"中國文字"的問題》(404480,2006年)

風儀誠(Olivier VENTURE),《探索楚人的書寫習慣》(405220,2009年)

高思曼(Robert H. GASSMANN),《中國寫本研究:探索地方守護神》(404970,2009年)

朴慧莉(Haeree PARK),《閲讀出土寫本的語言學方法》(405110,2009年)

邢　文(XING Wen),《研究戰國竹簡寫本的古文字學、歷史學和思想史方法:一個評論》(405480,2010年)

戴仁(Jean-Pierre DRÈGE)是法國高等學術實用學校教授,長期以來

第一章　西方漢學簡帛研究概要　457

從事中國中古時代的圖書與圖書館研究,對中國早期出土文獻沒有做研究,可是像夏德安所論證那樣,唐代的證據也可以說明中國古代的某些問題。上面已經介紹了馬克對睡虎地和馬王堆數術文獻的研究,於此不必再贅述。然而,上述兩篇文章都提到一個新的詞彙"codicology",也許可以翻譯爲"卷書學",強調文獻的物質和可視形式。現在也有不少西方漢學家開始利用這個詞彙。風儀誠是馬克的學生,現在也任法國高等學術實用學校教授,原來從事商周甲骨文和銅器銘文研究,最近轉戰到戰國時代的簡帛學。風儀誠的中文水平很高,他已經發表了幾篇中文文章,以便中國讀者直接閱讀。高思曼(Robert H. GASSMANN)過去是蘇黎世大學漢學教授,現在已經退休。他在 2009 年發表的《中國寫本研究：探索地方守護神》提出了另外一個新的詞彙,即 "Genius Loci",可以翻譯爲"地方守護神",強調文獻的地方性。朴慧莉是美國華盛頓大學的博士,博士論文題目是《上海博物館的〈周易〉》,上面已經介紹了。她是鮑則岳的學生,所以對出土文獻的語言學綫索非常感興趣。邢文在 2010 發表的《研究戰國竹簡寫本的古文字學、歷史學和思想史方法：一個評論》,對戰國時代的出土文獻做綜合介紹。

鮑則岳在發表上述文章的三年以前(2005)也發表了一篇題作《〈史記〉的神話與結構》(403260)的文章。這篇文章雖然與簡帛學只有間接關係,但是也能説明鮑則岳很多年以來所強調的一個問題。在這篇文章裏,鮑氏分析了《史記》的前幾章,對他的著作過程提出一個新的説法。他的大前提是根據《漢書·藝文志》説漢代竹簡有兩個形式,一個是二十二漢寸長,載有二十二個字,一個是二十四漢寸長,載有二十四個字。根據這個大前提,他説《史記·秦本紀》的開端可以分析爲兩個不同的段落,第一個段落關係着顓頊和大費,第二個段落關係着舜,如下：

> 秦之先,帝顓頊之苗裔孫曰女脩。女脩織,玄鳥隕卵,女脩吞之,生子大業。大業取少典之子,曰女華。女華生大費,與禹平水土。已成,帝錫玄圭。禹受曰："非予能成,亦大費爲輔。"//66

> 帝舜曰："咨爾費，贊禹功，其賜爾皁游。爾後嗣將大出。"乃妻之姚姓之玉女。大費拜受，佐舜調馴鳥獸，鳥獸多馴服，是爲柏翳。舜賜姓嬴氏。

鮑氏説第一個段落含有六十六個字，應該反映司馬遷所引用的某一底本的三條竹簡上的文字。第二個段落的字數不是 22 的倍數，應該反映司馬遷的另外一個底本。鮑氏同樣分析《殷本紀》的開端，説這一章也可以分成三個段落，第一個關係着帝嚳，第二個也關係着舜，第三個叙述成唐以前的殷先王，如下：

> 殷契母曰簡狄，有娀氏之女，爲帝嚳次妃。三人行浴，見玄鳥墮其卵，簡狄取吞之，因孕生契。契長而佐禹治水有功。//44
> 帝舜乃命契曰："百姓不親，五品不訓，汝爲司徒而敬敷五教，五教在寬。"封于商，賜姓子氏。契興於唐、虞、大禹之際，功業著於百姓，百姓以平。
> 契卒，子昭明立。昭明卒，子相土立。相土卒，子昌若立。昌若卒，子曹圉立。曹圉卒，子冥立。冥卒，子振立。振卒，子微立。微卒，子報丁立。報丁卒，子報乙立。報乙卒，子報丙立。報丙卒，子主壬立。主壬卒，子主癸立。主癸卒，子天乙立，是爲成湯。//88

按照鮑則岳的分析，第一個段落含有四十四個文字，應該又是與《秦本紀》第一個底本有相同的來源。與此不同，與舜有關的段落的字數不是 22 的倍數，應該又是與《秦本紀》關係着舜的部分的底本有相同的來源。這個段落結束以後，第三個段落含有八十八個文字，據鮑氏説應該又是第一個底本的四條竹簡上的文字。

這篇文章還有不少細節，於此毋庸一一舉出，對《秦本紀》和《殷本紀》的分析已經足以説明鮑則岳的分析方法。這種分析當然僅只是一種推測，但是至少有兩個貢獻，對《史記》的著作過程提出一些綫索，而提醒我們傳世文獻原來也是寫在竹簡上，這個物質特性也會反映在它的内容中。這兩個綫索都值得我們重視。

第二章　西方漢學簡帛研究小傳

一、馬伯樂(Henri MASPERO, 1882—1945)

馬伯樂(Henri MASPERO)1882年12月15日生於法國巴黎,是著名埃及學家 Gaston MASPERO (1846—1916)的兒子,在大學學習歷史與文學,1905年畢業,畢業以後在埃及隨父親一起留學。此時寫了《埃及拉基德時代的財政》①。1907年他回到巴黎,拿到法律文憑,同時開始師從沙畹(Edouard CHAVANNES, 1865—1918)學習中國語文。1908年馬伯樂到越南河內的法國遠東學院,開始是做研究員,1911年起升任教授。此時他訪

---

① Henri MASPERO (馬伯樂), *Les Finances de l'Egypte sous les Lagides*(埃及拉基德時代的財政)(Paris, Nogent-le Rotrou, impr. Daupeley-Gouverneur, 1905).

問了東南亞的法國殖民地做學術調查,對後來的學問有一定影響。1918年沙畹逝世以後,馬伯樂回到法國,在法國大學繼任沙畹爲中國歷史語文教授。在二十世紀二三十年代,馬伯樂在中國文明各個方面諸如歷史、語言、宗教和文學上都發表了精彩的學術成果,被選爲法國"銘文與文學學院"(等於中國的中研院)的院士。1940年德國軍隊占領法國以後,法國學術界大大萎縮。此時馬伯樂除了法國大學的講授以外,同時又在索邦大學繼承葛蘭言(Marcel GRANET,1884—1940)成爲中國文明教授、在法國高等學院(École Pratique de Hautes Études)任中國宗教教授。1944年,美英聯軍登陸法國以後,法國地下抵抗軍開始抵抗德國軍隊。因爲馬伯樂的19歲兒子Jean MASPERO(1925—1944)參加地下抵抗軍,所以德國軍隊逮捕了馬伯樂本人,把他關押在聲名狼藉的布痕瓦爾德(Buchenwald)集中營。1945年3月17日馬伯樂在布痕瓦爾德集中營逝世,享年62歲。

馬伯樂一生被稱爲"古代中國的人物"(l'homme de Chine antique),這個稱謂取自他最有名的書的書題,即1927年出版的《古代中國》①。寫作《古代中國》前後,他對中國先秦秦漢文化史各個方面都有所研究,諸如《尚書》裏的神話②、蘇秦的生命及其在司馬遷《史記》中的反映③、墨子及墨家的邏輯④、年代學⑤、天文學⑥、《左傳》的著作年代⑦、先秦宗

---

① Henri MASPERO(馬伯樂),*La Chine antique*(古代中國)(Paris:Histoire du monde,1927)。英文譯文:Frank A. KIERMAN, Jr.譯,*China in Antiquity*(Amherst:University of Massachusetts Press,1978)。

② Henri MASPERO(馬伯樂),"Légendes mythologiques dans le *Chou king*"(《書經》裏的神話傳説),*Journal Asiatique* 204(1924):1-100。

③ Henri MASPERO(馬伯樂),"Le roman de Sou Ts'in"(蘇秦的小説),*Études Asiatiques* 2(1925):127-141。

④ Henri MASPERO(馬伯樂),"Notes sur la logique de Mo-tseu et de son école"(墨子及墨家邏輯札記),*Toung Pao* 25(1928):1-64。

⑤ Henri MASPERO(馬伯樂),"La chronologie des rois de Ts'i au IVe siècle avant notre ère"(公元前四世紀齊國諸王年代考),*Toung Pao* 25(1928):367-386。

⑥ Henri MASPERO(馬伯樂),"L'astronomie Chinoise avant les Han"(漢代以前的中國天文學),*Toung Pao* 26(1929):267-356。

⑦ Henri MASPERO(馬伯樂),"La composition et la date du Tso tchouan"(《左傳》的著作年代),*Melanges Chinois et Bouddhiques* 1(1931-1932):137-215。

教等等①。除了研究歷史各方面以外,馬伯樂還在語言學方面也發表了深入研究的成果,在某些方面修改了高本漢(Bernhard KARLGREN,1889—1978)構擬的某些音韵學問題②。到 1930 年以後,他的學術興趣轉到宗教研究,特别是中國道教研究,在這方面他的學術成果真可以説創造了一個新的學術領域,即使多數成果是他逝世後才發表的③。

馬伯樂没有專門研究中國古文字抑或出土文獻,但是他對中國所有新發現都非常感興趣。他第一個漢學作品是給方法斂(Frank H. CHALFANT,1862—1914)的《中國早期書寫》(100050*)寫的書評(100070),此文介紹了剛剛發現的甲骨刻辭。此後他又寫了不少書評介紹甲骨和金文研究,包括郭沫若的出土文獻研究,諸如《張鳳〈河南甲骨研究以及古代書寫的文字〉書評》(200190)、《郭沫若著〈中國古代社會研究〉書評》(100260*)以及《高田忠周著〈古籀篇〉書評》(300160)等書評。二十世紀三十年代初,他又繼承了先師沙畹整理了斯坦因(Aurel STEIN,1862—1943)在新疆和甘肅發現的中文文件。這個工作雖然在 1936 年已經做完了,可是由於第二次世界大戰及其他因素,一直到 1953 年才公布爲《斯坦因在中亞第三次探險所

---

① Henri MASPERO(馬伯樂),"Le Ming-T'ang et la crise religieuse chinoise avant les Han"(明堂和漢代以前的中國宗教危機),*Melanges Chinois et Bouddhiques* 9(1948-1951): 1-71. 馬伯樂成果的所有目録可見 Paul DEMIÉVILLE,"Nécrologie: Henri Maspero (1883-1945)",*Journal Asiatique* 234 (1943-1945, 1947): 245-280,以及 "Complements à la bibliographie des oeuvres d'Henri Maspero",*Hommage à Henri Maspero 1883-1945* (Paris: Fondation Singer-Polignac, 1983),p.69. 馬伯樂部分學術成果譯爲《馬伯樂漢學論著選譯》(佘曉笛、盛豐等譯,北京:中華書局,2014)。

② Henri MASPERO(馬伯樂),*Le dialecte de Tch'ang-ngan sous les T'ang*(唐代長安的方言)(Hanoi: Ecole française d'Extrême-Orient, 1920); *Préfixes et dérivation en chinois archaïque*(古代漢語的前置詞及音義)(Paris: Librairie Ancienne Honoré Champion, 1930); "La langue chinoise"(中國語言),*Conférences de l'Institut de Linguistique de l'Université de Paris* (1933): 33-70.

③ Henri MASPERO(馬伯樂),*Le Taoïsme et les religions chinoises*(道教與中國宗教)(Paris: Gallimard, 1971). 此書翻譯成英文: Frank A. Kierman, Jr.譯,*Taoism and Chinese Religion* (Amherst: University of Massachusetts Press, 1981)。

獲中文文件》(400250)①。此後,馬伯樂關於敦煌寫本的遺著也被發表,諸如《敦煌地區流出的文件》(400290)。馬伯樂雖然不是古文字學家,也沒有專門研究出土文獻,但是在二十世紀前半葉的條件之下對這個學術領域的發展實在起到很大的促進作用。可惜他生命最後幾年受到專制的壓迫,很多學術工作未能完成。

二、何四維(A.F.P. HULSEWÉ, 1910—1995)

何四維(Anthony François Paulus HULSEWÉ)在 1910 年元月 31 日生於德國柏林。他小時候被送到荷蘭阿姆斯特丹以躲避第一次世界大戰。1919 年,全家移民到荷蘭,何四維變成荷蘭人。1928 年進入萊頓大學漢學院,師從戴聞達(J.J.L. DUYVENDAK, 1889—1954),專業是中國法律史,1931 年畢業。畢業以後,他受聘爲荷蘭外交部官員,在外交部工作了十五年,經驗非常豐富。1932 年年初他前往中國,在華北語言學院學習語言,文言文課程是向梁啓雄(1900—1965)學習的,當時翻譯了《新唐書》和《舊唐書》的《刑法志》。在北京居留近二年以後,1933 年年底轉移到日本京都,在荷蘭駐日本辦事處任職,在日本居留一年多。此後他又轉移到當時爲荷蘭殖民地的印尼,管理荷蘭東亞外交處。從 1939 年起

---

① 關於馬伯樂巨著,另見 Bruno SCHINDLER,《初論馬伯樂對斯坦因中亞第三次探險所發現中文木紙文獻所做的工作》(400240)和 YANG Lien-sheng(楊聯陞),《關於馬伯樂著〈斯坦因在中亞第三次探險所獲中文文件〉的注解》(400350)。

第二章　西方漢學簡帛研究小傳　463

　　他擔任印尼日本居留民的審查員,自己説當時看了兩萬五千封日文信,説明他日文水平甚高。1942年荷蘭的殖民地印尼投降於日本,何四維作爲投降談判的翻譯,後來成了戰俘,1944年到1945年八月被拘留在聲名狼藉的新加坡樟宜戰俘營。有一個説法,何四維在戰俘營和英國軍隊一起被拘留,就學習了英語。他英語能力當時肯定加强了不少,但是此前作爲荷蘭外交部官員,他的英語一定已經很好了。第二次世界大戰結束以後,何四維又被印尼革命家抓住,最後終於被英國軍隊解救了。1946年何四維回到荷蘭,因病退休。

　　1947年,何四維接受了戴聞達教授的邀請,成爲萊頓大學漢學院的助理教授。因爲戴聞達教授的學生多半都研究漢代文化史,所以何四維的研究主題也轉到《漢書·刑法志》,他在1955年拿到博士學位,以《漢代法律的殘迹》爲題寫成博士論文(也翻譯爲《漢律遺文》)。1956年他被聘爲教授,兼任漢學院院長。此時,何四維繼續了萊頓大學和法國大學傳統做法,兼爲《通報》學刊的合編者,幾乎每年都發表有關漢代法律與社會機構史的學術研究。他的一個特點是很早就注意出土文獻,諸如1957年在《通報》發表的《漢代文書:中亞所發現漢代文書研究之概述》(400300)以及1965年發表的《墓葬文書》(400440)。此後,何四維與友人魯惟一(Michael LOEWE)共同研讀了漢代史,1975年兩位學者合著了《中國在中亞,最早階段,公元前125年至公元23年》,是《漢書·張騫李廣利傳》、《漢書·西域傳》的譯注①。在1975年,何四維以六十五歲的年齡退休了,并搬家到瑞士。何四維雖然住在瑞士,但是萊頓大學的同仁仍然非常尊敬他,在1990年編輯了《中國秦漢思想與法律:慶祝何四維八十歲生日論文集》的巨著獻給他②。何四維於1995年於瑞士家庭逝世,享年八

---

　　①　A.F.P. HULSEWÉ(何四維)和Michael Loewe(魯惟一),*China in Central Asia: The Early Stage, 125 B.C.-A.D. 23: An Annotated Translation of Chapters 61 and 96 of The History of the Former Han Dynasty*(中國在中亞,最早階段,公元前125年至公元23年:《漢書·張騫李廣利傳》、《漢書·西域傳》的譯注)(Leiden: E.J. Brill, 1975).

　　②　W.L. IDEMA(伊維德)和E. ZÜRCHER(許理和)編,*Thought and Law in Qin and Han China: Studies Dedicated to Anthony Hulsewé on the Occasion of His Eightieth Birthday*(中國秦漢思想與法律:慶祝何四維八十歲生日論文集)(Leiden: E.J. Brill, 1990).

十五歲。

何四維退休那一年，他的學問進入了一個新的階段。正好當年湖北雲夢睡虎地秦簡被發現，其中包括許多秦代的法律文件。何四維立刻注意到了，在《通報》上發表西方漢學界第一個報告，即《1975年湖北出土秦代文書》(400760)。此後年年都有秦律方面的文章，諸如《公元28年的訴訟》(400870)、《法家和秦律》(401030)、《秦代法律中的度量衡》(401050)、《關於秦漢時代的强制勞役考察》(401250)、《雲夢縣發現的文件所反映的秦"法家"政府對經濟的影響》(401290)、《秦漢法律》(401340)、《法律——中國早期帝國國家權力的基礎之一》(401410)、《秦漢律令中"盜"的寬泛範圍》(401480)、《漢律的碎片》(401620)、《天網恢恢：公元前52年逮捕臣妾的搜查令》(401820)，最重要爲1985年出版的《秦律之殘餘：1975年湖北雲夢縣發現的公元前三世紀的秦代法律和行政規章之注譯》(401300)。在去世後，何四維還遺留了一篇文章，即1997年發表的《秦漢法律寫本》(402380*)，可見他一輩子專心研究中國秦漢時代法律史。

三、魯惟一（Michael A.N. LOEWE）

魯惟一（Michael A.N. Loewe）在1922年11月2日生於英國劍橋。他父親是劍橋大學希伯來語文教授。魯惟一在1941年秋天進入牛津大學，以古典語言（希臘和拉丁語）爲專業。但是，1941年12月日本軍隊在

珠珠港攻擊了美國海軍以後,英國作爲美國聯邦對日本宣戰,魯惟一離開學校參軍,被派到英國軍隊情報部,在布萊切利園(Bletchley Park)的密碼解讀中心,解讀日本軍隊的密碼交通。第二次世界大戰結束以後,魯惟一在1947年作爲軍人第一次訪問中國。回到英國以後,魯惟一留在軍隊情報部,但同時在倫敦大學亞非學院讀研究生(魯惟一雖然沒有回到牛津大學,但是在1951年倫敦大學認可他在戰爭時期的服務發給他學士學位),師從中國語言學與漢藏語言學家西門華德(Walter SIMON,1893—1981)。魯惟一表示願意學習漢代政治史時,喜歡上古時代的西門華德認爲過於現代化,對魯惟一說研究漢代就像看昨天的報紙一樣。雖然如此,魯惟一一輩子決心研究漢代。他的博士論文於1963年寫完,題目是居延漢簡,特別是漢代軍隊的行政制度。畢業前後,他先爲倫敦大學亞非學院講師,後來轉到劍橋大學東方學系,在該系一直任教到1990年,直到六十八歲的退休年齡。退休以後,魯惟一研究工作不但沒有停止,反而更快了。從1990年到2012年他出版了十種書,發表了幾十篇學術論文(更不用說他退休之前出版的九本巨著)①,其中有幾本是西方漢學家必備的書,諸如《中國早期文獻:目錄學導讀》(1993)、《劍橋中國古代史》(1999)、《秦漢新代的人名字典》(2000年)以及《中國早期的帝國:重新思

---

① 魯惟一這個時期發表的十本書是: *The Pride that Was China*(中國之自豪)(London: Sidgwick and Jackson, 1990); *Early Chinese Texts: A Bibliographical Guide*(中國早期文獻:目錄學導讀)(Berkeley: Society for the Study of Early China and the Institute of East Asian Studies, University of California, 1993); *Divination, Mythology and Monarchy in Han China*(漢代的占卜、神話與政權)(Cambridge: Cambridge University Press, 1994); 與 Edward L. SHAUGHNESSY(夏含夷)合編, *The Cambridge History of Ancient China*(劍橋中國古代史)(Cambridge: Cambridge University Press, 1999); *A Biographical Dictionary of the Qin, Han and Xin Dynasties*(秦漢新代的人名字典)(Leiden: E.J.Brill, 2000); *The Men Who Governed China in Han Times*(漢代的政治家)(Leiden: E.J.Brill, 2004); *The Government of the Qin and Han Empires 221 BCE-220 CE*(公元前221年至公元220年秦與漢帝國的政府)(Indianapolis: Hackett Publishing Co., 2006); 與 Michael NYLAN(戴梅可)合編, *China's Early Empires: A Re-appraisal*(中國早期的帝國:重新思考)(Cambridge: Cambridge University Press, 2010); *Bing: From Farmer's Son to Magistrate in Han China*(丙:從農民兒子到漢朝治安官)(Indianapolis: Hackett Publishing Co., 2011); *Dong Zhongshu, A "Confucian" Heritage and the Chunqiu fanlu*(董仲舒:《春秋繁露》和"儒家"的遺產)(Leiden: E.J. Brill, 2011)。

考》(405400,2010年)。魯惟一的幾種書已經被翻譯成中文,這也是中國古文字學術界所熟知的①。

　　魯惟一從開始就非常關心中國出土文獻,第一篇學術論文是1959年在《通報》上發表的《居延漢簡的某些注解》(400340),以後幾乎每年都發表專篇文章,利用出土文字資料討論漢代行政問題,諸如《中國漢代貴族爵位的等級》(400370,1960年)、《漢代穀物之度量》(400390,1961年)、《敦煌所出漢代文書的某些注解》(400420,1963年)、《漢代軍隊的檄文》(400430,1964年)、《甘肅磨嘴子發現的木簡和竹簡》(400450,1965年)。1967年魯惟一的博士論文由劍橋大學出版社出版爲兩大册的《漢代行政記録》(400470)以後,西方學術界公認他爲研究中國古代史的專家中最優秀的出土文字資料專家。在二十世紀七八十年代,中國陸續出土了不少秦漢時代的文字資料,魯惟一每次都在《通報》以及其他學術刊物上做介紹,諸如《中國新近發現寫本初覽》(400720,1977)、《中國和日本的木簡:最近發現及其價值》(401000,1980)、《馬王堆三號墓的寫本》(401080,1981)、《西北新近發現的漢代行政文書》(401360,1986)、《睡虎地日書初覽》(401490,1988)、《漢代木簡研究的新進展》(401960,1993)、《漢代木簡和竹簡行政文書》(402400,1977)。

　　魯惟一的學術眼光既深又廣,他的學術態度非常認真,是真正的實事求是的讀書人。儘管如此,他做人的方式非常輕鬆,特別對年輕學者很和氣。研究生只要向他請教秦漢文化史某一個問題,一定會收到詳盡的答覆。魯惟一現在已經九十多歲高壽,不但仍然天天工作,并且在2013年他一個人從英國飛往中國,到陝西去調查考古遺址,可反映他無窮的求學精神。

----

　　①　魯惟一1967年出版的 Records of Han Administration 被譯爲《漢代行政記録》(于振波、車今花譯,貴州:廣西師範大學出版社,2005);1993年出版的 Early Chinese Texts: A Bibliographical Guide 被譯爲《中國古代典籍導讀》(李學勤等譯,瀋陽:遼寧教育出版社,1997);魯惟一與崔瑞德(Denis TWITCHETT)1987年合編的 The Cambridge History of China, Volume Ⅰ: The Ch'in and Han Empires, 221 B.C.-A.D. 220 被譯爲《劍橋中國秦漢史》(楊品泉等譯,北京:中國社會科學出版社,1992)。

四、艾蘭(Sarah ALLAN)

艾蘭(Sarah Meyers Allan),1945 年生於美國加州,高等教育先後在加州州立大學的洛杉磯分校(學士學位)和伯克利分校(碩士和博士學位)完成,在研究所師從中國人類學專家艾伯華(Wolfram EBERHARD, 1909—1989)。艾蘭於 1974 獲得博士學位,博士論文後來出版爲《後嗣與聖人:中國早期朝代的繼承》①。在她還没有畢業之前,已經受聘爲倫敦大學亞非學院教授,在該校與著名漢學家葛瑞漢(A.C. GRAHAM, 1919—1991)、劉殿爵(D. C. LAU, 1921—2010)和譚樸森(Paul THOMPSON, 1931—2007)等一起擔任中國古代文獻學教授。由於這四位教授的聲望,在二十世紀七十年代和八十年代亞非學院便成爲西方漢學中國古代思想史的重要中心。艾蘭於 1995 年離開亞非學院回到美國,受聘爲達慕思大學教授。到了達慕思大學三年以後,艾蘭召開大型國際研討會討論剛剛出版的郭店《老子》,會議論文集英文版和中文版都出版以後,達慕思大學便成爲美國漢學的重要中心。艾蘭於 2016 年從達慕思大學退休,可是仍然從事學術研究,現在仍然任《古代中國》學刊的主編。

艾蘭在八十年代對中國出土文字學已經有顯著貢獻,與李學勤和齊

---

① Sarah Allan(艾蘭),*The Heir and the Sage: Dynastic Legend in Early China*(後嗣與聖人:中國早期朝代的繼承)(San Francisco: Chinese Materials Center, 1981)。

文心一起編輯《英國所藏甲骨集》，對英國收藏的 2 674 片甲骨做了綜合整理①。因爲之前這些甲骨只是以摹本發表的，所以此書由中華書局出版對甲骨學有一定的價值。三位學者結束此次研究工作以後，又對瑞典遠東文物博物館所藏甲骨做了同樣的工作，即《瑞典斯德哥爾摩遠東古物博物館藏甲骨文字》(203120)，又由中華書局出版②。艾蘭也和李學勤先生一起發表了歐洲所藏最重要的青銅器，即《歐洲所藏中國青銅器遺珠》③。在該書裏，艾蘭對西方銅器學的歷史和現況做了綜覽。除了編輯工作以外，艾蘭還發表了自己對商周甲骨文和銅器的研究。在中國最爲人所知的是 1991 年出版的《龜之形：早期中國的神話、藝術與宇宙》(202530*)，中文譯文出版的時候帶有李學勤先生的序言，李先生贊美此書説："我確信，所有對中國古代歷史文化抱有興趣的讀者，都可以從艾蘭博士這部著作中得到啓發和借鑒。"

　　艾蘭召開達慕思大學郭店《老子》會議以後，她的學術專業變爲戰國楚簡學，先後編輯了兩本論文集，促進了這個學科的新發展。第一本是《郭店〈老子〉：1998 年 5 月達慕思學院國際研討會論文集》(402760*)，中文版由邢文翻譯，以《郭店老子：東西方學者的對話》爲題(北京：學苑出版社，2002)，第二本是和邢文合編的《新出簡帛國際學術研討會文集》(北京：文物出版社，2004)。此時她自己也發表了幾篇研究文章，諸如《太一、水與老子：來自郭店的新曙光》(403420*，2003 年)、《唐堯和虞舜之道：一篇戰國竹簡文獻裏所見的因功受禪作爲繼承理論》(404250*，2006 年)、《不是〈論語〉：楚簡〈子羔〉和早期儒學的性質》(404900*，2009 年)等，在中國影響極大，2015 年她將其中兩篇文章(404250、404900)和另外兩篇釋讀，即針對上海博物館楚簡《容成氏》和清華簡《保訓》的研究，再加上兩章概括的討論，即《歷史與歷史傳説》和《楚文字的竹書寫本》，編爲《被埋葬的思想：早期中國竹簡寫本裏關於禪讓與理想政體的傳説》

---

① 李學勤、齊文心、艾蘭合編，《英國所藏甲骨集》(北京：中華書局，1985、1991)。
② 李學勤、齊文心、艾蘭合編，《瑞典斯德哥爾摩遠東古物博物館藏甲骨文字》(北京：中華書局，1999)。
③ 李學勤、艾蘭合編，《歐洲所藏中國青銅器遺珠》(北京：文物出版社，1995)。

(406380),在西方學術界已經引起廣泛注意。

艾蘭在中國學術界也一直引起了廣泛注意,她許多學術作品都已經翻譯成中文,在中國國内發表和出版。百度百科網站也有詳細介紹可供參考(http://baike.baidu.com/view/975108.htm)。

第三章　西方漢學簡帛研究書目

1841

400010　BIOT, Édouard（畢甌）. "Tchou-chou-ki-nien: Pt. 1"（竹書紀年: 上）. *Journal Asiatique*, December 1841, pp. 537 – 578.

1842

400020　BIOT, Édouard（畢甌）. "Tchou-chou-ki-nien: Pt. 2"（竹書紀年: 下）. *Journal Asiatique*, May 1842, pp. 381 – 431.

1865

400030　LEGGE, James（理雅格）. *The Annals of the Bamboo Books*（竹書紀年）. 載於 *The Chinese Classics*, III: *The Shoo King, or Book of Historical Documents*（中國經典, 三: 書經）. London: Henry Froude, 1865. Pp. 105 – 183.

1895

400040　CHAVANNES, Édouard（沙畹）. "De L'Authenticité des 'Annales Écrites sur Bambou'（*Tchou chou ki nien* 竹書紀年）"（有關《竹書紀年》的真僞）. 載於 *Les Mémoires Historiques de Se-ma Ts'ien*（司馬遷的史記）. Paris: Ernest Leroux, 1895 – 1905. Vol. V, pp. 446 – 479.

1888

400050　　EITEL, E.J.（艾德）. *Mu T'ien-tzu chuan*（穆天子傳）. *China Review* 27（1888）: 223-240, 247-258.

1903

400060　　STEIN, Marc Aurel（斯坦因）. *Sand-Buried Ruins of Khotan: Personal Narrative of a Journey of Archaeological and Geographical Exploration in Chinese Turkestan*（和田沙埋的廢墟：中國土耳其斯坦考古旅行與地理探索的私人叙述）. London: T.F. Unwin, 1903.

1904

400070　　FORKE, Alfred（佛爾克）. "Mu Wang und die Königin von Saba"（穆王與薩巴后）. *Mitteilungen des Seminars für Orientalische Sprachen* 7（1904）: 117-172.

1907

400080　　STEIN, Marc Aurel（斯坦因）. *Ancient Khotan: Detailed Report of Archaeological Explorations in Chinese Turkestan*（古代和田：中國土耳其斯坦考古調查的詳細報告）. Oxford: Clarendon Press, 1907.

400090　　CHAVANNES, Édouard（沙畹）. "Appendix A: Chinese Documents from the Sites Dandân-Uiliq, Niya and Endere Translated and Annotated by Eduard Chavannes"（附錄甲：丹丹烏里克、尼雅和安德悦諸遺址所出中文文件，沙畹譯注）. 載於 Marc Aurel STEIN（斯坦因）. *Ancient Khotan: Detailed Report of Archaeological Explorations in Chinese Turkestan*（古代和田：中國土耳其斯坦考古調查的詳細報告）. Oxford: Clarendon Press, 1907. Pp. 521-547.

1909

400100 CHAVANNES, Édouard（沙畹）. *Mission archéologique dans la Chine septentrionale*（中國西部的考古行程）. 2 vols. Paris：Ernest Leroux，1909.

1912

400110 STEIN, Marc Aurel（斯坦因）. *Ruins of Desert Cathay: Personal Narrative of Explorations in Central Asia and Westernmost China*（中國沙漠遺迹：中亞和中國西極探索的個人敘述）. London：Macmillan and Co.，1912.

1913

400120 CHAVANNES, Édouard（沙畹）. *Les Documents chinois découverts par Aurel Stein dans les sables du Turkestan Oriental*（斯坦因在土耳其斯坦東部所發現中國文獻）. Oxford：Impr. de l'Université，1913.

1920

400130 CONRADY, August（孔好古）. *Die Chinesischen Handschriften und sonstigen Kleinfunde Sven Hedins in Loulan*（赫定在樓蘭發現的中國寫本和文物）. Stockholm：Generalstabens litografiska anstalt，1920.

400140 DE SAUSURE, Léopold（索緒爾）. "The Calendar of the Muh T'ien Tsz Chuen"（穆天子傳的日曆）. *The New China Review* 2.6（1920）：513-516.

400150 DE SAUSURE, Léopold（索緒爾）. "Le Voyage de roi Mou et le hypothese d'É. Chavannes"（穆王游行與沙畹的推測）. *T'oung Pao* 20（1920-1921）：19-31.

1921

400160 DE SAUSURE, Léopold（索緒爾）. "La Relation des

voyages du Roi Mou (au Xe siècle avant J.-C.)"（穆王游行的關聯[在公元前十世紀]）. *Journal Asiatique* 1921：247 - 280.

400170　　STEIN，Marc Aurel（斯坦因）. *Serindia: Detailed Report of Explorations in Central Asia and Westernmost China*（中印：中亞和中國西極探索的詳細報告）. Oxford：Clarendon Press，1921.

400180　　STEIN，Marc Aurel（斯坦因）. "Notes on Ancient Chinese Documents"（古代漢文文獻的注解）. *The New China Review* 3 (1921)：243 - 253.

1922

400190　　PELLIOT，Paul（伯希和）. "L'Étude du *Mou t'ien tseu tchouan*"（《穆天子傳》研究）. *T'oung Pao* 21 (1922)：98 - 102.

1928

400200　　STEIN，Marc Aurel（斯坦因）. *Innermost Asia: Detailed Report of Explorations in Central Asia, Kan-su, and Eastern Īrān Carried Out and Described under the Orders of H.M. Indian Government*（最中之亞洲：駐印度大英政府命令之下所行中亞、甘肅和伊朗東部探索的詳細報告）. Oxford：Clarendon Press，1928.

1933

400210　　CHENG Te-k'un（鄭德坤）. "The Travels of Emperor Mu"（穆王的游行）. *Journal of the North China Branch of the Royal Asiatic Society* 63 (1933)：125 - 149.

400220　　STEIN，Marc Aurel（斯坦因）. *On Ancient Central-Asian Tracks: Brief Narrative of Three Expeditions in Innermost Asia and Northwestern China*（尋找古代中亞之遺迹：在中亞和中國西北地區三次探險之簡要叙述）. London：Macmillan and Co., 1933.

1939

400230　　MASPERO, Henri（馬伯樂）. "Les Instruments Astronomiques des Chinois au Temps des Han"（漢代的中國天文式盤）. *Melanges Chinois et Bouddhiques* 6 (1939): 281-293.

1949

400240　　SCHINDLER, Bruno. "Preliminary Account of the Work of Henri Maspero Concerning the Chinese Documents on Wood and Paper Discovered by Sir Aurel Stein on His Third Expedition to Central Asia"（初論馬伯樂對斯坦因中亞第三次探險所發現中文木紙文獻所做的工作）. *Asia Major* (new series) 1.2 (1949): 216-264.

1953

400250　　MASPERO, Henri（馬伯樂）. *Les documents chinois de la troisième expedition de Sir Aurel Stein en Asie Centrale*（斯坦因在中亞第三次探險所獲中文文件）. London: Trustees of the British Museum, 1953.

1954

400260　　NAKAMURA Seiji（中村静治）. "On Recording Wooden Pegs Unearthed at Tuen-houang by Aurel Stein"（斯坦因在敦煌發掘的記錄用的小木釘）.《日本學士院紀要》30.10 (1954): 907-911.

1955

400270　　EBERHARD, Wolfram（艾伯華）. "The Origin of Commoners in Ancient Tun-huang"（古代敦煌平民的來源）. *Sinologica* 4.3 (1955): 141-155.

1956

400280　DEBNICKI, Aleksy. *The Chu-Shu-Chi-Nien as a Source to the Social History of Ancient China*（《竹書紀年》作爲中國古代社會史資料）. Warszawa: Panswowe Wydawnictwo Naukowe, 1956.

400290　MASPERO, Henri（馬伯樂）. "Documents Issuing from the Region of Tun-huang"（敦煌地區流出的文件）. L.C. GOODRICH 譯.《中研院歷史語言研究所集刊》28.1（1956）: 197–218.

1957

400300　HULSEWÉ, A.F.P.（何四維）. "Han-Time Documents: A Survey of Recent Studies Occasioned by the Findings of Han Time Documents in Central Asia"（漢代文書: 中亞所發現漢代文書研究之概述）. *T'oung Pao* 45.1–45.3（1957）: 1–50.

1958

400310　BARNARD, Noel（巴納）. "A Preliminary Study of the Ch'u Silk Manuscript—A New Reconstruction of the Text"（楚帛書的初步考察: 文獻的新重構）. *Monumenta Serica* 17（1958）: 1–11.

400320　TÖKEI, Ferenc. "A propos du genre du *Mou t'ien-tseu tchouan*"（有關《穆天子傳》的類型）. *Acta Orientalia* 9（1958）: 45–49.

1959

400330　FUJIEDA, Akira（藤枝晃）. "L'aspect graphique des tablettes sur bois des Han"（漢簡的文字方面）. *Bokubi* (Kyoto) 92（1959）.

400340　LOEWE, Michael（魯惟一）. "Some Notes on Han-Time Documents from Chüyen"（居延漢簡的某些注解）. *T'oung*

Pao 47.3 – 47.5 (1959): 294 – 322.

400350   YANG, Lien-sheng (楊聯陞). "Notes on Maspero's *Les Documents Chinois de la troisième expedition de Sir Aurel Stein en Asie Centrale*" (關於馬伯樂著《斯坦因在中亞第三次探險所獲中文文件》的注解). *Harvard Journal of Asiatic Studies* 18 (1955): 142 – 158.

1960

400360   CHANG, Chun-shu (張春樹). "The Han Colonists and their Settlements on the Chü-yen Frontier" (居延邊界的漢殖民者及其定居地). *Tsing Hua Journal of Chinese Studies* (new series) 5.2 (1960): 154 – 266.

400370   LOEWE, Michael (魯惟一). "The Orders of Aristocratic Rank of Han China" (中國漢代貴族爵位的等級). *T'oung Pao* 48.1 – 48.3 (1960): 97 – 174.

1961

400380   LOEWE, Michael (魯惟一). *Military Operations in the Han Period* (漢代的軍事行動). London: The China Society, 1961.

400390   LOEWE, Michael (魯惟一). "The Measurement of Grain during the Han Period" (漢代穀物之度量). *T'oung Pao* 49.1 – 49.3 (1961): 64 – 95.

1962

400400   MORI Shikazô (森鹿三). "Han-Time Documents from Chü Yen with Particular Reference to Those Discovered at Ulan-Durbeljin" (居延漢簡,特別是地灣之處發現的那些). *Acta Asiatica* 3 (1962): 1 – 15.

1963

400410　　ENOKI Kazuo（榎一雄）. "The Location of the Capital of Lou-lan and the Date of Kharoshthi Inscriptions"（樓蘭首都的位置及佉盧文銘文的時代）. *Memoirs of the Research Department of the Toyo Bunko*（東西文化研究所紀要）22 (1963): 125–171.

400420　　LOEWE, Michael（魯惟一）. "Some Notes on Han Time Documents from Tun-huang"（敦煌所出漢代文書的某些注解）. *T'oung Pao* 50 (1963): 150–189.

1964

400430　　LOEWE, Michael（魯惟一）. "Some Military Despatches of the Han Period"（漢代軍隊的檄文）. *T'oung Pao* 51.4–51.5 (1964): 335–354.

1965

400440　　HULSEWÉ, A.F.P.（何四維）. "Texts in Tombs"（墓葬文書）. *Asiatische Studien / Études Asiatiques* 18/19 (1965): 78–89.

400450　　LOEWE, Michael（魯惟一）. "The Wooden and Bamboo Strips Found at Mo-chü-tzu (Kansu)"（甘肅磨嘴子發現的木簡和竹簡）. *Journal of the Royal Asiatic Society* (April 1965): 13–26.

1967

400460　　LAO Kan（勞榦）. "From Wooden Slips to Paper"（從木簡到紙）. *Chinese Culture* 8 (1967): 80–94.

400470*　　LOEWE, Michael（魯惟一）. *Records of Han Administration*（漢代行政記錄）. 2 vols. Cambridge: Cambridge University Press, 1967–1968.

1969

400480 LAO Kan（勞榦）."The Division of Time in the Han Dynasty as Seen in the Wooden Slips"（木簡裏所見漢代時間劃分）.《中研院歷史語言研究所集刊》39（1969）：351–368.

1970

400490 LOEWE, Michael（魯惟一)."Records of Han Administration: Supplementary Notes"（漢代行政記錄補論）. *T'oung Pao* 56.4–56.5（1970）：225–228.

400500 PRŮŠEK, Jaroslav（普實克)."The Authenticity of the Chu-Shu-Chi-Nien"（竹書紀年的真偽）. Jaroslav PRŮŠEK, *Chinese History and Literature: Collection of Studies*（中國歷史與文學：論文集）. Dordrecht: Reidel, 1970. Pp. 35–48.

1971

400510 BARNARD, Noel（巴納)."Rhyme and Metre in the Ch'u Silk Manuscript Text"（楚帛書的韵文和節拍）. *Papers on Far Eastern History* 4. Canberra: Department of Far Eastern History, ANU, 1971.

400520 LOEWE, Michael（魯惟一)."Wooden Documents"（木簡）. 載於 Donald D. LESLIE 等編. *Essays on the Sources for Chinese History*（中國史料研究）. Columbia: University of South Carolina Press, 1971. Pp. 36–41.

1972

400530 BARNARD, Noel（巴納)."The Ch'u Silk Manuscript and Other Archaeological Documents of Ancient China"（楚帛書和古代中國其他考古文字資料）. 載於 Noel BARNARD（巴納）編. *Early Chinese Art and Its Possible Influence in the Pacific Basin*（中國早期藝術及其在太平洋盆地的可能影響）. 3 vols. New York: Intercultural Arts Press, 1972. Vol. I, pp.

77－101．

400540　　BARNARD, Noel（巴納）. *Scientific Examination of an Ancient Chinese Document as a Prelude to Decipherment, Translation, and Historical Assessment — The Ch'u Silk Manuscript. Studies on the Ch'u Silk Manuscript, Part 1*（一個中國古代文獻的考釋、翻譯和歷史論衡之前的科學考察——楚帛書，楚帛書研究：一）. Monographs on Far Eastern History 4. Canberra：Australian National University, 1972.

400550　　HAYASHI Minao（林巳奈夫）. "The Twelve Gods of the Chan-kuo Period Silk Manuscript Excavated at Ch'ang-sha"（長沙出土的戰國時代帛書的十二神）. Noel Barnard（巴納）譯. 載於 Noel BARNARD（巴納）ed. *Early Chinese Art and Its Possible Influence in the Pacific Basin*（中國早期藝術及其在太平洋盆地的可能影響）. 3 vols. New York：Intercultural Arts Press, 1972. Vol. I, pp. 123－186.

400560　　JAO Tsung-i（饒宗頤）. "Some Aspects of the Calendar, Astrology, and Religious Concepts of the Ch'u People as Revealed in the Ch'u Silk Manuscript"（楚帛書所反映的楚人的曆法、占星和宗教概念的幾個方面）. 載於 Noel BARNARD（巴納）編. *Early Chinese Art and Its Possible Influence in the Pacific Basin*（中國早期藝術及其在太平洋盆地的可能影響）. 3 vols. New York：Intercultural Arts Press, 1972. Vol. I, pp. 113－122.

1973

400570　　BARNARD, Noel（巴納）. *The Ch'u Silk Manuscript: Translation and Commentary*（楚帛書：翻譯和注釋）. (Monographs on Far Eastern History 5). Canberra：Australian National University, 1973.

400580 HERVOUET, Yves（吳德明）. "Découvertes récentes de manuscrits anciens en Chine"（中國最近發現的古代寫本）. *Comptes rendus des séances*, Académie des Inscriptions et Belles-Lettres (Paris). May 1973, pp. 379 – 393.

1974

400590 BARNARD, Noel（巴納）. *The Origin and Nature of the Art of Ancient Ch'u*（古代楚國藝術的起源和性質）. Australian National University Monographs on Far Eastern History 6. Canberra, 1974.

400600 BUCK, David D.（鮑德威）. "Discovery of Pre-Han Texts at Lin-I (Shantung)"（山東臨沂所發現的先漢文獻）. *Newsletter of the Study of Pre-Han China* 4 (1974): 2 – 6.

400610 LOEWE, Michael（魯惟一）. "The Campaigns of Han Wu-ti"（漢武帝的戰役）. 載於 Frank A. KIERMAN and John K. FAIRBANK（費正清）編. *Chinese Ways in Warfare*（中國戰爭法）. Cambridge, Mass.: Harvard University Press, 1974. Pp. 67 – 122.

1975

400620 AKIO Funakoshi（船越昭生）. "Some New Lights on the History of Chinese Cartography"（有關中國地圖學的新發現）. *Annual Report of Studies in Humanities and Social Sciences* (Faculty of Letters, Nara Women's University) 19 (1975): 147 – 170.

400630 CHANG, Chun-shu（張春樹）. "The Chinese Family in Han Times: Some Review Notes"（漢代的中國家庭：評論筆記）. *Early China* 1 (1975): 65 – 70.

400640 LAO Kan（勞榦）. "Corruption under the Bureaucratic Administration in Han Times"（漢代官僚制度的腐敗）. 載於

Laurence G. THOMPSON（湯普森）編. *Studia Asiatica: Essays in Asian Studies in Felicitation of the 75th Anniversary of Professor Ch'en Shou-yi*（亞洲研究：慶祝陳綬頤教授七十五歲亞洲學術論文集）. San Francisco: Chinese Materials Center, 1975. Pp. 67-73.

400650　　LO Fu-I（羅福頤）. "A Contribution Regarding the Han Medical Strips from Wu-wei"（關於武威漢簡中醫簡的貢獻）. *Chinese Sociology and Anthropology* 8.1 (Fall, 1975): 82-90.

400660　　RIEGEL, Jeffrey K.（王安國）. "A Summary of Some Recent *Wenwu* and *Kaogu* Articles On Mawangdui Tombs Two and Three"（《文物》和《考古》最近發表的關於馬王堆二號和三號墓的文章概要）. *Early China* 1 (1975): 10-15.

1976

400670　　HARPER, Donald J.（夏德安）和 Jeffrey K. RIEGEL（王安國）. "Mawangdui Tomb Three: Documents"（馬王堆三號墓：文獻）. *Early China* 2 (1976): 68-72.

400680　　JAN Yün-hua（冉雲華）. "A Short Bibliography of the Silk Manuscripts (*Po-shu*)"（帛書的簡單目錄）. *Society for the Study of Chinese Religions Newsletter* 1 (1976): 4-7.

1977

400690　　HERVOUET, Yves（吳德明）. "Découvertes récentes de manuscrits anciens en Chine"（中國古代寫本的新發現）. *Comptes rendus des séances de l'Académie des Inscriptions et Belles-Lettres* 2 (121): 379-393.

400700　　JAN Yün-hua（冉雲華）. "The Silk Manuscripts on Taoism"（道家的帛書）. *T'oung Pao* 63 (1977): 65-84.

400710　　JENNER, W.J.F.（詹納爾）. "The Ch'in Legal Texts from

Yunmeng: A First Reading"（雲夢秦簡法律文獻：初讀）. *Early China* 3 (1977): 124.

400720 LOEWE, Michael（魯惟一）. "Manuscripts Found Recently in China: A Preliminary Survey"（中國新近發現寫本初覽）. *T'oung Pao* 63.2 – 63.3 (1977): 99 – 136.

1978

400730 HARPER, Donald（夏德安）. "The Han Cosmic Board (*Shih* 式)"（漢代式盤）. *Early China* 4 (1978 – 1979): 1 – 10.

400740 HSU, Mei-Ling（徐美苓）. "The Han Maps and Early Chinese Cartography"（漢地圖與中國早期地圖學）. *Annals of the Association of American Geographers* 68.1 (1978): 45 – 60.

400750 HULSEWÉ, A.F.P.（何四維）. "Contracts of the Han Period"（漢代的契約）. 載於 L. LANCIOTTI（蘭喬蒂）編. *Il diritto in Cina: Teoria e applicazioni durante le dinastie imperiali e problematica del diritto cinese contemporaneo*（中國的人權：帝國時代的理論和應用與中國現代人權的問題）. Firenze: Olschki, 1978. Pp. 11 – 38.

400760 HULSEWÉ, A.F.P.（何四維）. "The Ch'in Documents Discovered in Hupei in 1975"（1975 年湖北出土秦代文書）. *T'oung Pao* 64 (1978): 175 – 217, 338.

400770 KEIGHTLEY, David N.（吉德煒）. "The *Bamboo Annals* and Shang-Chou Chronology"（《竹書紀年》與商周年代）. *Harvard Journal of Asiatic Studies* 38.2 (1978): 423 – 438.

400780 LAO Kan（勞榦）. "The Early Use of the Tally in China"（中國早期使用的契符）. 載於 David T. ROY（芮效衛）and Tsuen-hsuin TSIEN（錢存訓）編. *Ancient China: Studies in*

Early Chinese Civilization（古代中國：中國早期文明研究）. Hong Kong: Chinese University Press, 1978. Pp. 91–98.

400790　MATHIEU, Rémi（馬迪由）. *Le Mu tianzi zhuan, Traduction annotée, etude critique*（《穆天子傳》譯注評論）. Paris: Collège de France, 1978.

400800　VANDERMEERSCH, Léon（汪德邁）. "Le statut des terres en Chine à l'époque des Han"（漢代有關土地的律令）. 載於 L. LANCIOTTI（蘭喬蒂）編. *Il diritto in Cina: Teoria e applicazioni durante le dinastie imperiali e problematica del diritto cinese contemporaneo*（中國的人權：帝國時代的理論和應用與中國現代人權的問題）. Firenze: Olschki, 1978. Pp. 39–56.

1979

400810　AKAHORI, Akira（赤堀昭）. "Medical Manuscripts Found in Han-Tomb No. 3 at Ma-wang-tui"（馬王堆三號漢墓所發現的醫學寫本）. *Sudhofs Archiv* 63 (1979): 297–301.

400820　CHANG, Kuei-sheng. "The Han Maps: New Light on Cartography in Classical China"（漢代地圖：中國傳統地圖學的新證據）. *Imago Mundi* 31 (1979): 9–17.

400830　HARPER, Donald J.（夏德安）. "A Summary of the Contents of the Ma-wang-tui Silk-scroll Book 'Assorted Astronomical and Meteorological Prognostications'"（馬王堆帛書《天文氣象雜占》內容概要）. *Chinese Studies in Archaeology* 1.1 (1979): 56–74.

400840　HENRICKS, Robert G.（韓祿伯）. "Examining the Ma-wang-tui Silk Texts of the *Lao-tzu*: With Special Note of their Differences from the Wang Pi Text"（馬王堆帛書《老子》的考察：着重關注它們與王弼本之不同）. *T'oung Pao* 65.4–

65.5 (1979): 166–179.

400850 　　HENRICKS, Robert G. (韓禄伯). "The Ma-wang-tui Manuscripts of the *Lao-tzu* and the Problem of Dating the Text"（馬王堆帛書《老子》和文本年代的問題）. *Chinese Culture* 20 (1979.2): 1–15.

400860* 　　HENRICKS, Robert G. (韓禄伯). "A Note on the Question of Chapter Divisions in the Ma-wang-tui Manuscripts of the *Lao-tzu*"（關於馬王堆帛書《老子》分章問題的筆記）. *Early China* 4 (1979): 49–51.

400870 　　HULSEWÉ, A.F.P. (何四維). "A Lawsuit of A.D. 28"（公元28年的訴訟）. 載於 Wolfgang BAUER (鮑吾剛) 編. *Studia Sino-Mongolica: Festschrift für Herbert Franke*（中蒙研究：獻給傅海波論文集）. Wiesbaden: Franz Steiner, 1979. Pp. 23–34.

400880 　　HULSEWÉ, A.F.P. (何四維). "The Recently Discovered Ch'in Laws: A Brief Report"（簡介新發現的秦代法律）. 載於 L. LANCIOTTI (蘭喬蒂) and P. CORRADINI (科拉迪尼) 合編. *Understanding Modern China: Problems and methods: Proceedings of the 26th Conference of Chinese Studies*（理解現代中國：問題與方法，中國學第26屆會議紀要）. Rome: ISMEO, 1979. Pp. 247–254.

400890 　　KU T'ien-fu. "A Summary of the Contents of the Ma-wang-tui Silk-Scroll Book 'Assorted Astronomical and Meterological Prognostications'"（馬王堆帛書《天文氣象雜占》內容概要）. *Chinese Studies in Archaeology* 1 (1979): 56–74.

400900 　　LOEWE, Michael (魯惟一). *Ways to Paradise: The Chinese Quest for Immortality*（通向天堂之路：中國人對長生的追尋）. London: George Allen & Unwin, 1979.

400910　　　TU Wei-ming（杜維明）."The 'Thought of Huang-Lao': A Reflection on the Lao Tzu and Huang Ti Texts in the Silk Manuscripts of Ma-wang-tui"（黄老思想：對馬王堆帛書《老子》和黄帝文獻的思考）. *Journal of Asian Studies* 39.1 (1979): 95 – 110.

400920　　　UNGER, Ulrich（翁有理)."Die Fragmente des *So-Yü*"（《瑣語》殘片）. 載於 Wolfgang Bauer（鮑吾剛）編. *Studia Sino-Mongolica: Festscrift für Herbert Franke*（漢蒙研究：獻給傅海波論文集）. Wiesbaden: Franz Steiner, 1979. Pp. 373 – 400.

400930　　　YAMADA, Keiji（山田慶兒)."The Formation of the *Huang-ti Nei-ching*"（《黄帝内經》的形成）. *Acta Asiatica* 36 (1979): 67 – 89.

1980

400940　　　CULLEN, Christopher（古克禮)."Some Further Points on the *Shih*"（再論"式"）. *Early China* 6 (1980 – 1981): 31 – 46.

400950　　　CRESPIGNY, Rafe de. "Two Maps from Mawangdui"（馬王堆的兩份地圖）. *Cartography* 11.4 (1980): 211 – 222.

400960　　　HARPER, Donald（夏德安)."The Han Cosmic Board: A Response to Christopher Cullen"（漢代式盤：回答古克禮）. *Early China* 6 (1980 – 1981): 47 – 56.

400970　　　JAN Yün-hua（冉雲華)."Tao Yuan or Tao the Origin"（道原還是道其原）. *Journal of Chinese Philosophy* 7 (1980): 195 – 204.

400980　　　JAN Yün-hua（冉雲華)."Tao, Principle, and Law: Three Key Concepts in the Yellow Emperor Taoism"（道、理和法：黄老道家的三個基本概念）. *Journal of Chinese Philosophy* 7 (1980): 205 – 228.

400990   LOEWE, Michael（魯惟一）. "The Han View of Comets"（漢代對慧星的認識）. *Bulletin of the Museum of Far Eastern Antiquity* 52 (1980): 1-31.

401000   LOEWE, Michael（魯惟一）. "Wooden Documents from China and Japan: Recent Finds and Their Value"（中國和日本的木簡：最近發現及其價值）. *Modern Asian Studies* 14.1 (1980): 159-162.

1981

401010   CULLEN, Christopher（古克禮）. "The Han Cosmic Model: A Rejoinder to Donald Harper"（漢代的宇宙模型：對夏德安的回答）. *Early China* 7 (1981-1982): 130-133.

401020   HENRICKS, Robert G.（韓禄伯）. "A Complete List of the Character Variants in the Ma-wang-tui Texts of *Lao-tzu*"（馬王堆《老子》異文的完備列表）. *Journal of Chinese Linguistics* 10 (1981): 207-274.

401030   HULSEWÉ, A.F.P.（何四維）. "The Legalists and the Laws of Ch'in"（法家和秦律）. 載於 W.L. IDEMA（伊維德）編. *Leyden Studies in Sinology: Papers Presented at the Conference Held in Celebration of the Fiftieth Anniversary of the Sinological Institute of Leyden University*（萊頓的漢學研究：慶祝萊頓大學漢學研究所成立五十周年會議論文集）. Leiden: E.J. Brill, 1981. Pp. 1-22.

401040   HULSEWÉ, A.F.P.（何四維）. "Supplementary Note on *li ch'en ch'ieh* 隸臣妾"（隸臣妾拾遺）. *T'oung Pao* 67 (1981): 361.

401050   HULSEWÉ, A.F.P.（何四維）. "Weights and Measures in Ch'in Law"（秦代法律中的度量衡）. In Dieter EIKEMEIER and Herbert FRANKE（傅海波）編. *State and Law in East*

Asia: Festschrift Karl Bünger（東亞的國家和法律：獻給 Bünger 氏論文集）. Wiesbaden：Otto Harrassowitz，1981. Pp. 25–39.

401060　　JAN Yün-hua（冉雲華）. "The Change of Images：The Yellow Emperor in Ancient Chinese Literature"（形象之改變：中國古代文學裏的黃帝）. *Journal of Oriental Studies* 19.2 (1981)：117–137.

401070　　LANCIOTTI，Lionello（蘭喬蒂）. *Libro della Virtù e della Via. Il Te-tao-ching secondo il manoscritto di Ma-wang-tui*（《德道經》：根據馬王堆寫本）. Milano：Editoriale Nuova，1981.

401080　　LOEWE，Michael（魯惟一）. "The Manuscripts from Tomb Number Three Ma-wang-tui"（馬王堆三號墓的寫本）. *Proceedings of the International Conference on Sinology: Section on History and Archaeology*（漢學國際研討會論文集：歷史考古部）. 臺北：中研院，1981. Pp. 181–198.

401090　　McLEOD，Katrina C.D.，and Robin D.S. YATES（葉山）. "Forms of Ch'in Law：An Annotated Translation of the *Feng-chen shih*"（秦律之格式：《封診式》譯注）. *Harvard Journal of Asiatic Studies* 41.1 (1981)：111–163.

401100　　VANDERMEERSCH，Léon（汪德邁）. "La development de la procedure écrite dan l'administration chinoise et l'époque ancienne"（中國古代行政中的書寫演變）. 載於 D. EIKEMEIER 和 H. FRANKE（傅海波）合編. *State and Law in East Asia*（東亞的國家和法律）. Wiesbaden：Harrassowitz，1981. Pp. 1–24.

1982

401110　　BODDE，Derk（卜德）. "Forensic Medicine in Pre-Imperial

China"（帝制時代之前中國的法醫學）. *Journal of the American Oriental Society* 102.1 (1982)：1 - 15.

401120　BOLTZ, William G.（鮑則岳）. "The Religious and Philosophical Significance of the 'Hsiang erh' *Lao Tzu* 想爾老子 in the Light of the *Ma-wang-tui* Silk Manuscripts"（從馬王堆帛書看《想爾老子》的宗教和哲學意義）. *Bulletin of the School of Oriental and African Studies* 45.1 (1982)：95 -117.

401130　HARPER, Donald（夏德安）. "The 'Wu-shih-erh ping fang': Translation and Prolegomena"（五十二病方：翻譯與序論）. 博士論文：University of California, Berkeley, 1982.

401140　HENRICKS, Robert G.（韓禄伯）. "On the Chapter Divisions in the *Lao-tzu*"（關於《老子》之分章）. *Bulletin of the School of Oriental and African Studies* 45.3 (1982)：501 - 524.

401150　LAU, D.C.（劉殿爵）. *Chinese Classics: Tao Te Ching*（中國經典：道德經）. 香港：香港中文大學出版社, 1982.

401160　LOEWE, Michael（魯惟一）. *Chinese Ideas of Life and Death: Faith, Myth and Reason in the Han Period*（*206 BC-AD 220*）（中國人的生死觀：漢代信仰、神話與理性）. London: George Allen & Unwin, 1982；再版爲 *Faith, Myth and Reason in Han China*. Indianapolis and Cambridge, Mass.: Hackett, 2005.

401170　NIENHAUSER, William H. Jr.（倪豪士）. "Review of *Le Mu tianzi zhuan, Traduction annotée, etude critique* by Rémi Mathieu"（評 Rémi Mathieu 著《〈穆天子傳〉譯注評論》）. *Chinese Literature: Essays, Articles, Reviews (CLEAR)* 4.2 (1982)：247 - 252.

401180　SEIDEL, Anna [K.]（索安）. "Tokens of Immortality in Han Graves"（漢墓裏的不死之符）. *Numen* 29.1 (1982)：

79–122.

401190　　UNSCHULD, Paul U.（文樹德）. "Ma-wang-tui *Materia Medica*—A Comparative Analysis of Early Chinese Pharmaceutical Knowledge"（馬王堆藥物學論著：早期中國藥物知識比較分析）. *Zinbun* 18 (1982): 11–63.

1983

401200　　JAN Yün-hua（冉雲華）. "Political Philosophy of the *Shih-liu ching* attributed to the Yellow Emperor Taoism"（所謂黃老《十六經》的政治思想）. *Journal of Chinese Philosophy* 10 (1983): 205–228.

401210　　KALINOWSKI, Marc（馬克）. "Les instruments astro-calendériques des Han et la méthode *liujen*"（漢代曆法工具和六壬方法）. *Bulletin de l'Ecole Française d'Extrême-Orient* 72 (1983): 309–419.

401220　　LOEWE, Michael（魯惟一）. "The Han View of Comets"（漢代對彗星的認識）. *Early China* 9–10 (1983–1985): 1–31.

401230　　UNSCHULD, Paul U.（文樹德）. "Die Bedeutung der Ma-wang-tui-Funde für Chinesiche Medizin- und Pharmaziegeschichte"（馬王堆發現的寫本對中國醫學史和本草學的意義）. 載於 P. Dilg 編. *Perspektivender Pharmaziegeschichte: Festschrift für Rudolf Schmitz zum 65 Geburtstag*（本草學的觀點：慶祝 Rudolf Schmitz 六十五歲生日論文集）. Graz: Akademische Druck- und Verlags-anstalt, 1983. Pp. 389–417.

1984

401240　　BOLTZ, William G.（鮑則岳）. "Textual Criticism and the Ma Wang Tui *Lao tzu*"（文獻批評與馬王堆《老子》）. *Harvard Journal of Asiatic Studies* 44 (1984): 185–224.

401250　　HULSEWÉ，A.F.P.（何四維）. "Some Remarks on Statute Labour in the Ch'in and Han Period"（關於秦漢時代的強制勞役考察）. 載於 Mario SABATTINI（薩巴蒂尼）編. *Orientalia Venetiana I*（威尼斯東洋學）. Florence：Leo S. Olschki，1984. Pp. 195－204.

401260　　KLEEMAN，Terry（祁泰履）. "Land Contracts and Related Documents"（土地契約和相關文件）. 載於《牧尾良海博士頌壽紀念論集——中國の宗教、思想と科學》. 東京：國書刊行會，1984. Pp. 1－34。

1985

401270　　BOLTZ，William G.（鮑則岳）. "The *Lao tzu* Text That Wang Pi and Ho-shang Kung Never Saw"（王弼和河上公所未見的《老子》）. *Bulletin of the School of Oriental and African Studies* 48.3（1985）：493－501.

401280　　HARPER，Donald（夏德安）. "A Chinese Demonology of the Third Century B.C."（公元前三世紀的中國鬼神譜）. *Harvard Journal of Asiatic Studies* 45.2（1985）：459－498.

401290　　HULSEWÉ，A.F.P.（何四維）. "The Influence of the 'Legalist' Government of Qin on the Economy as Reflected in the Texts Discovered in Yunmeng County"（雲夢縣發現的文件所反映的秦"法家"政府對經濟的影響）. 載於 S.R. SCHRAM（施拉姆）編. *The Scope of State Power in China*（中國國家權力的範圍）. New York：St. Martin's，1985. Pp. 211－235.

401300　　HULSEWÉ，A.F.P.（何四維）. *Remnants of Ch'in Law: An Annotated Translation of the Ch'in Legal and Administrative Rules of the 3rd century B.C. Discovered in Yün-meng Prefecture, Hu-pei Province, in 1975*（秦律之殘

餘：1975 年湖北雲夢縣發現的公元前三世紀的秦代法律和行政規章之注譯). Leiden：E.J. Brill，1985.

401310　　SEIDEL，Anna [K.]（索安）."Geleitbrief an die Unterwelt：Jenseitsvorstellungen in de Graburkunden der späteren Han Zeit"（給地獄之護送信：在後漢時代墓葬證書裏的九泉表象）. 載於 Gert NAUNDORF 等編. *Religion und Philosophie in Ostasien: Festschrift für Hans Steininger zum 65. Geburtstag*（東亞的宗教和哲學：慶祝 *Hans Steininger* 氏六十五歲論文集）. Würzburg：Königshausen ＋ Neumann，1985. Pp. 161 - 183.

401320*　　SHAUGHNESSY，Edward L.（夏含夷）."The 'Current' *Bamboo Annals* and the Date of the Zhou Conquest of Shang"（"今本"《竹書紀年》及武王伐紂之年）. *Early China* 11 - 12 (1985 - 1987)：33 - 60.

401330　　YATES，Robin D.S.（葉山）."Some Notes on Ch'in Law：A Review Article of *Remnants of Ch'in Law* by A.F.P. Hulsewé"（關於秦律的幾點注解：何四維著《秦律之殘餘》評論文章）. *Early China* 11 - 12 (1985 - 1987)：243 - 275.

1986

401340　　HULSEWÉ，A.F.P.（何四維）."Ch'in and Han Law"（秦漢法律）. 載於 Denis TWITCHETT（杜希德）和 Michael LOEWE（魯惟一）編. *The Cambridge History of China*，vol. I：*The Ch'in and Han Empires*，*221 B.C.-A.D. 220*.（劍橋中國史，一：秦漢帝國）. Cambridge：Cambridge University Press，1986. Pp. 520 - 544.

401350　　KALINOWSKI，Marc（馬克）."Les traités de Shuihudi et l'hémérologie chinoise à la fin des Royaumes-Combattants"（睡虎地文件和戰國末期的中國日占）. *T'oung Pao* 72.4 - 72.5

(1986): 175–228.

401360　　LOEWE, Michael (魯惟一). "Han Administrative Documents: Recent Finds from the North-West"（西北新近發現的漢代行政文書）. *T'oung Pao* 72 (1986): 291–314.

401370*　　SHAUGHNESSY, Edward L. (夏含夷). "On the Authenticity of the *Bamboo Annals*"（有關《竹書紀年》的真偽）. *Harvard Journal of Asiatic Studies* 46, no. 1 (1986): 149–180.

1987

401380　　HARPER, Donald (夏德安). "Wang Yen-shou's Nightmare Poem"（王延壽的惡夢賦）. *Harvard Journal of Asiatic Studies* 47.1 (1987): 239–283.

401390　　HARPER, Donald (夏德安). "The Sexual Arts of Ancient China as Described in a Manuscript of the Second Century B.C."（公元前二世紀寫本所描述的中國古代房中術）. *Harvard Journal of Asiatic Studies* 47.2 (1987): 539–593.

401400　　HULSEWÉ, A.F.P. (何四維). "Han China—A Proto 'Welfare State'? Fragments of Han Law Discovered in North-West China"（漢代的中國：原始福利國家？中國西北地區發現的漢律之殘片）. *T'oung Pao* 73.4–73.5 (1987): 265–285.

401410　　HULSEWÉ, A.F.P. (何四維). "Law as One of the Foundations of State Power in Early Imperial China"（法律——中國早期帝國國家權力的基礎之一）. 載於 S.R. SCHRAM (施拉姆) 編. *Foundations and Limits of State Power in China*（中國國家權力的基礎及局限）. Hong Kong: Chinese University Press, 1987. Pp. 11–32.

401420　　JAO Tsung-i (饒宗頤). "The Calligraphic Art of the Chu

Silk Manuscript"（楚帛書的書法）. *Orientations* 18.9 (1987)：79-84.

401430　　MANSVELT BECK，B.J.（貝克）. "The First Emperor's Taboo Character and the Three Day Reign of King Xiaowen：Two Moot Points Raised by the Qin Chronicle Unearthed in Shuihudi in 1975"（始皇帝的諱字和孝文王在位之三天：1975年出土的睡虎地秦《編年記》所提出的兩個有爭議的問題）. *T'oung Pao* 73.1-73.3 (1987)：68-85.

401440　　RICKETT，W. Allyn（李克）. "Kuan-tzu and the Newly Discovered Texts on Bamboo and Silk"（管子與新發現的竹帛文獻）. 載於 C. LE BLANC（白光華）和 S. BLADER（白素貞）合編. *Chinese Ideas about Nature and Society: Studies in Honour of Derk Bodde*（中國自然和社會的概念：獻給卜德的論文）. Hong Kong：Hong Kong University Press，1987. Pp. 237-248.

401450　　SEIDEL，Anna [K.]（索安）. "Traces of Han Religion in Funeral Texts Found in Tombs"（墓葬出土的喪葬文書裏的漢代宗教之踪迹）. 載於 AKITSUKI Kan'ei（秋月觀英）編. *Dôkyô to shûkyô bunka*《道教と宗教文化》. 東京：平河出版社，1987. Pp. 21-57.

401460　　YATES，Robin D.S.（葉山）. "Social Status in the Ch'in：Evidence from the Yün-meng Legal Documents. Part One：Commoners"（在秦代的社會地位：雲夢秦簡法律文件的證據，第一：平民）. *Harvard Journal of Asiatic Studies* 47.1 (1987)：211-248.

1988

401470　　*Hedin Collection: Pictures of Chinese Documents on Papers and Wooden Tablets Discovered by Sven Hedin in*

Loulan（赫定收藏：赫定在樓蘭所發現的中文紙書和木牘的照片）. Tokyo：1988.

401480　　HULSEWÉ, A.F.P.（何四維）. "The Wide Scope of Tao 盜, 'Theft,' in Ch'in-Han Law"（秦漢律令中"盜"的寬泛範圍）. Early China 13 (1988)：166 - 200.

401490　　LOEWE, Michael（魯惟一）. "The Almanacs (jih-shu) from Shui-hu-ti：A Preliminary Survey"（睡虎地日書初覽）. Asia Major (3rd series) 1.2 (1988)：1 - 27.

401500　　LOEWE, Michael（魯惟一）. "Oracles of the Clouds and of the Winds"（風雲之占）. Bulletin of the School of Oriental and African Studies 51.3 (1988)：502 - 509.

401510　　OMMERBORN, Wolfgang, 等. "Exemplarische Bearbeitung der Lao Zi-Seidenmanuskripte (Version A und B) von Mawangdui anhand des tradierten Kapitels 39"（馬王堆帛書《老子》研究，以傳世本第 39 章爲例）. Bochumer Jahrbuch zur Ostasienforschung 11 (1988)：213 - 267.

401520　　YATES, Robin D.S.（葉山）. "New Light on Ancient Chinese Military Texts：Notes on Their Nature and Evolution, and the Development of Military Specialization in Warring States China"（中國古代兵書的新綫索：試論其性質和演變，兼論中國戰國時代軍事專業化的發展）. T'oung Pao 74.4 - 74.5 (1988)：211 - 248.

1989

401530　　BLANFORD, Yumiko Fukushima（福島由美子）. "Studies of the 'Zhanguo Zonghengjia Shu' Silk Manuscript"（帛書寫本《戰國縱橫家書》研究）. 博士論文：University of Washington, 1989.

401540　　DECAUX, Jacques. Les quatre livres de l'empereur jaune：

le canon taoïque retrouvé（黃帝四經：重新發現的道教經典）．Taipei：Ouyu chubanshe，1989．

401550　FIELDS，Lanny B. "The Ch'in Dynasty: Legalism and Confucianism"（秦朝：法家與儒家）．*Journal of Asian History* 23.1（1989）：1-25．

401560　GRAHAM，A.C.（葛瑞漢）．"A Neglected Pre-Han Philosophical Text: Ho-kuan-tzu"（鶡冠子：一個被忽視的先秦哲學文本）．*Bulletin of the School of Oriental and African Studies* 52.3（1989）：497-509．

401570*　HENRICKS，Robert G.（韓祿伯）．*Te-Tao Ching: A New Translation Based on the Recently Discovered Ma-wang-tui Texts*（德道經：根據最近發現的馬王堆文本的新翻譯）．New York：Ballantine Books，1989．

401580　HU Pingsheng（胡平生）．"Some Notes on the Organization of the Han Dynasty Bamboo 'Annals' Found at Fuyang"（關於阜陽發現的漢簡"紀年"的注解）．Deborah PORTER（裴碧蘭）譯．*Early China* 14（1989）：1-25．

401590　TURNER，Karen（高道蘊）．"The Theory of Law in the Ching-fa"（《經法》的法律理論）．*Early China* 14（1989）：55-76．

1990

401600　HARPER，Donald（夏德安）．"The Conception of Illness in Early Chinese Medicine as Documented in Newly Discovered 3rd and 2nd Century B.C. Manuscripts"（新發現的公元前三世紀和公元前二世紀寫本所反映的中國古代醫學的疾病概念）．*Südhoffs Archiv für Geschichte der Medizin und der Naturwissenschaften* 74（1990）：210-235．

401610　HARPER，Donald（夏德安）．"Tekhnê in Han Natural

Philosophy: Evidence from Ma-wang-tui Medical Manuscripts"（漢代自然哲學的術數：馬王堆醫學寫本的證據）. 載於 Kidder SMITH, Jr.（蘇德愷）編. *Sagehood and Systematizing Thought in Warring States and Han China*（中國戰國和漢代的聖賢和系統化思想）. Brunswick, Maine: Bowdoin College, Asian Studies Program, 1990. Pp. 33-45.

401620　HULSEWÉ, A.F.P.（何四維）. "Fragments of Han Law"（漢律的碎片）. *T'oung Pao* 76 (1990): 208-233.

401630　IDEMA, Wilt L.（伊維德）, and E. ZÜRCHER（許理和）, eds. *Thought and Law in Qin and Han China: Studies Dedicated to Anthony Hulsewé on the Occasion of His Eightieth Birthday*（中國秦漢思想與法律：慶祝何四維八十歲生日論文集）. Sinica Leidensia 24. Leiden: E.J. Brill, 1990.

401640　JAN Yün-hua（冉雲華）. "Human Nature and Its Cosmic Roots in Huang-Lao Taoism"（人性及其在黃老道家中的宇宙根源）. *Journal of Chinese Philosophy* 17.2 (1990): 215-234.

401660　KROLL, J.L. "Notes on Ch'in and Han Law"（秦漢法律筆記）. 載於 Wilt L. IDEMA（伊維德）and E. ZÜRCHER（許理和）編. *Thought and Law in Qin and Han China: Studies Dedicated to Anthony Hulsewé on the Occasion of His Eightieth Birthday*（中國秦漢思想與法律：慶祝何四維八十歲生日論文集）. Sinica Leidensia 24. Leiden: E.J. Brill, 1990. 63-78.

401670　KUDÔ Motoo（佐藤武敏）. "The Ch'in Bamboo Strip *Book of Divination* (*Jih-shu*) and Ch'in Legalism"（秦簡《日書》與秦的條文主義）. *Acta Asiatica* 58 (1990): 24-37.

401680　LI Ling（李零）. "Formulaic Structure of Chu Divinatory Bamboo Slips"（楚占卜竹簡的格式化結構）. William G.

BOLTZ（鮑則岳）譯. *Early China* 15（1990）：71 - 86.

401690　　MAIR，Victor（梅維恒）. *Tao Te Ching: The Classic Book of Integrity and the Way*（道德經）. New York：Bantam Books，1990.

401700　　MAIR，Victor（梅維恒）. "[The] File [on the Cosmic] Track [and Individual] Dough[tiness]：Introduction and Notes for a Translation of the Ma-wang-tui Manuscripts of the *Lao-tzu*"（道德經：馬王堆《老子》翻譯的序論和注解）. *Sino-Platonic Papers* 20（1990）.

401710　　MAKEHAM，John（梅約翰）. "The Legalist Concept of *hsing-ming*：An Example of the Contribution of Archaeological Evidence to the Re-Interpretation of Transmitted Texts"（法家的刑名概念：考古證據對重新思考傳世文獻的貢獻的例子）. *Monumenta Serica* 39（1990 - 1991）：87 - 114.

401720　　NAGATA Hidemasa（永田英正）. "A Diplomatic Study of the Chü-yen Han Wooden Strips"（居延漢簡外交關係研究）. *Acta Asiatica* 58（1990）：38 - 58.

401730　　NIVISON，David S.（倪德衛）和 Kevin D. Pang（彭瓞鈞）. "Astronomical Evidence for the *Bamboo Annals* Chronicle of Early Xia"（《竹書紀年》中夏紀的天文學證據）. *Early China* 15（1990）：87 - 95.

401740　　PEERENBOOM，Randall P.（裴文睿）. "Confucian Jurisprudence：Beyond Natural Law"（儒家的法律：超出自然法）. *Asian Culture Quarterly* 18（1990）：12 - 38.

401750　　PEERENBOOM，Randall P.（裴文睿）. "Law and Morality in Ancient China：The Silk Manuscripts of Huang-Lao"（中國古代的法律與道德：黃老帛書）. 博士論文：University of Hawai'i，1990.

401760　　PEERENBOOM, Randall P.（裴文睿）. "Natural Law in the *Huang-Lao Boshu*"（黃老帛書裏的自然法）. *Philosophy East & West* 40.3（1990）: 309－330.

401770　　SCOGGIN, Hugh T. Jr. "Between Heaven and Man: Contract and State in Han Dynasty China"（天和人之間: 中國漢代的契約與國家）. *Southern California Law Review* 63（1990）: 1325－1404.

401780　　YAMADA Katsuyoshi（山田勝芳）. "Offices and Officials of Works, Markets and Lands in the Ch'in Dynasty"（秦朝工程、市場和土地的官署與官員）. *Acta Asiatica* 58（1990）: 1－23.

1991

401790　　BLANFORD, Yumiko Fukushima（福島由美子）. "Textual Approach to 'Zhanguo zonghengjia shu': Methods of Determining the Proximate Original Word Among Variants"（《戰國縱橫家書》的文獻批評: 判斷異文中可能本字之方法）. *Early China* 16（1991）: 187－207.

401800　　DRÈGE, Jean-Pierre（戴仁）. "La lecture et l'écriture en Chine et la xylographie"（中國的閱讀和寫作及其與木板印刷的關係）. *Études chinoises* 10.1－10.2（1991）: 77－111.

401810　　HUANG, Chün-chieh（黃俊杰）. "On *Five Activities* from Ma-wang-tui: The Mind-Body Unity and Its Manifold Signficance"（馬王堆《五行》: 心身合一及其多種意義）. *Proceedings of the National Science Council, Part C: Humanities and Social Sciences* 1.1（1991）: 87－100.

401820　　HULSEWÉ, A.F.P.（何四維）. "The Long Arm of Justice in Ancient China: A Warrant for the Arrest of a Slave Dated 52 B.C."（天網恢恢: 公元前 52 年逮捕臣妾的搜查令）. *Rocznik Orientalistyczny* 47.2（1991）: 85－98.

401830　　JAN Yün-hua（冉雲華）. "Taoist Silk Manuscripts and Early Legalist Thought"（道家帛書和早期法家思想）. 載於 Julia CHING（秦家懿）and R.W.L. GUISSO（桂雨時）編. *Sages and Filial Sons: Mythology and Archaeology in Ancient China*（聖人與孝子：中國古代的神話和考古）. Hong Kong：Chinese University Press，1991. Pp. 65–79.

401840　　PEERENBOOM，Rondoll P.（裴文睿）. "*Heguanzi* and Huang-Lao Thought"（《鶡冠子》與黃老思想）. *Early China* 16（1991）：169–186.

1992

401850　　LI Ling（李零）and Keith McMAHON（馬克夢）. "The Content and Terminology of the Mawangdui Texts on the Arts of the Bedchamber"（馬王堆房中術的內容和術語）. *Early China* 17（1992）：145–185.

401860　　PANKENIER，David W.（班大爲）. "The *Bamboo Annals* Revisited: Problems of Method in Using the Chronicle as a Source for the Chronology of Early Zhou"（再論《竹書紀年》：利用紀年作爲西周早期年代學史料的方法論問題）. *Bulletin of the School of Oriental and African Studies* 55.2（1992）：272–297；55.3（1992）：498–510.

401870　　PETERSEN，Jens Østergård. "What's in a Name? On the Sources Concerning Sun Wu"（名字之中有什麼？關於孫武的史料）. *Asia Major*（3rd series）5.1（1992）：1–31.

401880　　TURNER，Karen（高道蘊）. "Rule of Law in Early China?"（早期中國的法治？）. *Journal of Chinese Law* 6.1（1992）：1–44.

401890　　WILE，Douglas. *Art of the Bedchamber: The Chinese Sexual Yoga Classics，Including Women's Solo Meditation*

Texts（房中術：中國性瑜伽經典，包括婦女單獨冥想文獻）. Albany, NY: SUNY Press, 1992.

1993

401900　　AMES, Roger T.（安樂哲），譯. *Sun-tzu: The Art of Warfare. The First English Translation Incorporating the Recently Discovered Yin-ch'üeh-shan Texts*（孫子兵法：第一個包含銀雀山文獻的英文翻譯）. New York: Ballantine, 1993.

401910　　CHEN Li（陳力）. "Fresh Evidence for the Authenticity of *Jinben Zhushu Jinian*"（今本竹書紀年真實性的新證據）. *Social Sciences in China* 14.3 (1993): 97–114.

401920　　GRAHAM, A.C.（葛瑞漢）. "The Way and the One in *Ho-kuan-tzu*"（《鶡冠子》裏的道和一）. 載於 Hans LENK and Gregor PAUL 編. *Epistemological Issues in Classical Chinese Philosophy*（中國古典哲學裏的認識論問題）. Albany: SUNY Press, 1993. 31–43.

401930　　HARBSMEIER, Christoph（何莫邪）. "Fú in the Mawangdui Manuscripts of the Laozi and in the Remnants of Qin Law"（馬王堆老子寫本和秦律殘片裏的賦）. 載於 J.C.P. LIANG and R.P.E. SYBESMA 編. *From Classical Fú to "Three Inches High": Studies in Honor of Erik Zürcher*. Leuven: Garant, 1993. Pp. 1–59.

401940　　HSU, Mei-Ling（徐美苓）. "The Qin Maps: A Clue to Later Chinese Cartographic Development"（秦地圖：後代中國地圖學發展的綫索）. *Imago Mundi* 45 (1993): 90–100.

401950　　KINNEY, Anne Behnke（司馬安）. "Infant Abandonment in Early China"（早期中國的棄嬰）. *Early China* 18 (1993): 107–138.

401960　　LOEWE, Michael（魯惟一）. "The Study of Han Wooden

Documents: Recent Developments"（漢代木簡研究的新進展）. *T'oung Pao* 79.1 (1993): 154-159.

401970　　MATHIEU, Rémi. "*Mu t'ien tzu chuan* 穆天子傳"（穆天子傳）. 載於 Michael LOEWE（魯惟一）編. *Early Chinese Texts: A Bibliographical Guide*（中國古代典籍導讀）. Berkeley: The Society for the Study of Early China and the Institute of East Asian Studies, University of California, Berkeley, 1993. Pp. 342-346.

401980　　NIVISON, David S.（倪德衛）. "Chu shu chi nien"（竹書紀年）. 載於 Michael LOEWE（魯惟一）編. *Early Chinese Texts: A Bibliographical Guide*（中國古代典籍導讀）. Berkeley: The Society for the Study of Early China and the Institute of East Asian Studies, University of California, Berkeley, 1993. Pp. 39-47.

401990　　PEERENBOOM, Randall P.（裴文睿）. "The Victim in Chinese Criminal Theory and Practice: A Survey"（中國刑法理論與實踐中的受害者：一個總覽）. *Journal of Chinese Law* 7.1 (1993): 63-110.

402000　　PEERENBOOM, Randall P.（裴文睿）. *Law and Morality in Ancient China: The Silk Manuscripts of Huang-Lao*（中國古代的法律與道德：黃老帛書）. Albany: State University of New York Press, 1993.

402010*　　POO, Mu-chou（蒲慕州）. "Popular Religion in Pre-Imperial China: Observations on the Almanacs of Shui-hu-ti"（中國先秦時代的民間宗教：關於睡虎地日書的看法）. *T'oung Pao* 79.4-79.5 (1993): 225-248.

402020　　PORTER, Deborah Lynn（裴碧蘭）. "The Literary Significance of K'un-lun Mountain in the *Mu T'ien-tzu chuan*"（《穆天子傳》裏崑崙山的文學意義）. *Early China* 18

(1993): 233 - 253.

402030　　TURNER, Karen (高道蘊). "The Law of Nature in Early China" (早期中國的自然法則). *Harvard Journal of Asiatic Studies* 53.2 (1993): 285 - 324.

402040　　TURNER, Karen (高道蘊). "Rule of Law Ideals in Early China?" (中國早期的理想法治?). *Journal of Chinese Law* 6 (1993): 1 - 44.

1994

402050　　BLANFORD, Yumiko Fukushima (福島由美子). "Discovery of Lost Eloquence: New Insight from the Mawangdui 'Zhanguo zonghengjia shu'" (失去的修辭之發現：馬王堆《戰國縱橫家書》所得新看法). *Journal of the American Oriental Society* 114.1 (1994): 77 - 82.

402060　　CSIKSZENTMIHALYI, Mark (齊思敏). "Emulating the Yellow Emperor. The Theory and Practice of Huanglao, 180 - 141 B.C.E." (模仿黄帝：公元前 180—前 141 年黃老的理論和實踐). 博士論文, Stanford University, 1994.

402070　　GREATREX, Roger (羅杰). "An Early Western Han Synonymicon: The Fuyang Copy of *Cang Jie pian*" (西漢早期的同義詞典：阜陽的《倉頡篇》). 載於 Joakim ENWALL 編. *Outstretched Leaves on His Bamboo Staff: Studies in Honour of Göran Malmqvist on His 70th Birthday* (慶祝馬悅然七十歲生日論文集). Stockholm: Association of Oriental Studies, 1994. Pp. 97 - 113.

402080　　HARPER, Donald (夏德安). "Resurrection in Warring States Popular Religion" (戰國民間宗教裏的復活). *Taoist Resources* 5.2 (1994): 13 - 28.

402090　　LOEWE, Michael (魯惟一). *Divination, Mythology and*

Monarchy in Han China（漢代的占卜、神話和君主政體）. Canbridge: Cambridge University Press, 1994.

402100　LOEWE, Michael（魯惟一）. "Huang-Lao Thought and the *Huainanzi*: A Review Article"（評黃老思想與《淮南子》）. *Journal of the Royal Asiatic Society* 4.3 (1994): 377-395.

402110　SHAUGHNESSY, Edward L.（夏含夷）. "A First Reading of the Mawangdui *Yijing* Manuscript"（初讀馬王堆《易經》寫本）. *Early China* 19 (1994): 47-73.

402120　YATES, Robin D.S.（葉山）. "The Yin Yang Texts from Yinqueshan: An Introduction and Partial Reconstruction, with Notes on their Significance in Relation to Huang-Lao Daoism"（銀雀山的陰陽文獻：一個序論和部分重構,并論其與黃老道家的關係）. *Early China* 19 (1994): 74-144.

1995

402130　BOLTZ, William G.（鮑則岳）. "Textual Criticism *More Sinico*"（中國式的文獻學）. *Early China* 20 (1995): 393-405.

402140　GOEPPER, Roger（郭樂知）. "Bambustäfelchen und Schriebutensilen"（竹簡和書寫工具）. 載於 *Das alte China: Menschen und Götter im Reich der Mitte*（古代中國：中國人與神）. München: Hirmer Verlag, 1995. Pp. 384-386.

402150　LI Ling（李零）. "An Archaeological Study of Taiyi (Grand One) Worship"（太一崇拜的考古研究）. *Early Medieval China* 2 (1995-1996): 1-39.

402160　LI Xueqin（李學勤）. "Basic Considerations on the Commentaries of the Silk Manuscript *Book of Changes*"（馬王堆帛書《易經》注釋的基本思考）. *Early China* 20 (1995): 367-380.

402170　　MÖLLER, Hans-Georg（梅勒）. "Speech and Permanence in the *Laozi*: A Reading of the Twenty-third Chapter as it is Found in the Mawangdui Manuscript"（《老子》裏的語言和永久性：讀馬王堆寫本第 23 章）. *Taoist Resources* 6.1（1995）: 31–40.

402180　　MÖLLER, Hans-Georg（梅勒）. *Laotse, Tao Te King: Die Seidentexte von Mawangdui*（《老子，道德經》：馬王堆帛書）. Frankfurt a.M.: Fischer, 1995.

402190　　SAWYER, Ralph D.（蘇煬悟）, 譯. *Military Methods of the Art of War: Sun Pin*（兵法的戰術：孫臏）. Boulder, Colo.: Westview Press, 1995.

402200　　WONG Ching-chih Yi-ling. "Chinese Scripts in the Warring States Period: Comments on Ch'in's Standardization"（戰國時代的中國文字：關於秦文字統一之觀點）. 博士論文：University of California, Los Angeles, 1995.

402210　　YATES, Robin D.S.（葉山）. "State Control of Bureaucrats under the Qin: Techniques and Procedures"（秦國對官員的管理：技術與程序）. *Early China* 20（1995）: 331–365.

1996

402220　　AMES, Roger T.（安樂哲）, 譯. *Sun Pin: The Art of Warfare: A Translation of the Classic Chinese Work of Philosophy and Strategy*（孫臏兵法：中國古典哲學與戰略經典的翻譯）. New York: Ballantine, 1996.

402230　　FRIEDRICH, Michael（傅敏怡）. "Zur Datierung zweier Handschriften des *Daode jing*"（關於兩個《道德經》寫本的年代）. *TextKritische Beiträge* 2（1996）: 105–117.

402240　　HARPER, Donald（夏德安）. "Spellbinding"（符咒）. 載於 Donald S. LOPEZ Jr. 編. *Religions of China in Practice*（實

践中的中國宗教). Princeton Readings in Religions. Princeton, 1996. Pp. 241 – 250.

402250　　HE Zhiguo（何志國）和 Vivienne LO（羅維前）. "The Channels: A Preliminary Examination of a Laqquered Figurine from the Western Han Period"（脉: 西漢髹漆人像的初步考查）. *Early China* 21 (1996): 81 – 123.

402260　　HERTZER, Dominique, 譯. *Das Mawangdui-Yijing: Text und Deutung*（馬王堆易經: 文本與意義）. Diederichs Gelbe Reihe 122. Munich: Dao.works, 1996.

402270　　KALINOWSKI, Marc（馬克）. "Astrologie calendaire et calcul de position dans la Chine ancienne: Les mutations de l'hémérologie sexagésimale entre le IVe et le IIe siècles avant notre ère"（中國古代曆法占星術和位置推算術: 公元前四至公元前二世紀干支日占的演變）. *Extrême-Orient, Extrême-Occident* 18 (1996): 71 – 113.

402280　　KALINOWSKI, Marc（馬克）. "Mythe, cosmogénèse et théogonie dans la Chine ancienne"（中國古代神話、宇宙創造與神仙創造）. *L'Homme* 137 (1996): 41 – 60.

402290　　KALINOWSKI, Marc（馬克）. "The Use of the Twenty-Eight *Xiu* as a Day-Count in Early China"（早期中國二十八宿作爲計日法的運用）. *Chinese Science* 13 (1996): 55 – 81.

402300　　PORTER, Deborah Lynn（裴碧蘭）. *From Deluge to Discourse: Myth, History, and the Generation of Chinese Fiction*（從洪水到論述: 神話、歷史與中國小說的産生）. Albany, N.Y.: SUNY Press, 1996.

402310　　SHAUGHNESSY, Edward L.（夏含夷）. *I Ching: The Classic of Changes. The First English Translation of the Newly Discovered Second-Century B.C. Mawangdui Texts*（易經: 最近發現的公元前二世紀馬王堆寫本的第一個英文翻

譯). New York: Ballantine Books, 1996.

402320　STERCKX, Roel (胡司德). "An Ancient Chinese Horse Ritual" (中國古代的馬儀). *Early China* 21 (1996): 47–79.

402330　YATES, Robin D.S. (葉山). "Some Characteristics of Yin-Yang Thought at the Beginnning of the Chinese Empire" (秦漢陰陽思想的特色).《華夏文明與傳世藏書：中國國際漢學研討會論文集》.北京：中國社會科學出版社，1996. Pp. 410–440.

1997

402340　ANDREINI, Attilio (艾帝). "Evoluzione delle teorie individualiste nella Cina classica: L'eredità di Yang Zhu nei testi Huang-Lao e nel *Lüshi chunqiu*" (中國古代自我理論的演變：黃老文獻和《呂氏春秋》裏所見楊朱的遺產). 載於 Piero CORRADINI 編. *Conoscenza e interpretazioni della civiltà cinese* (中國文明的認識和理解). Venice: Cafoscarina, 1997. Pp. 49–83.

402350*　BOLTZ, William G. (鮑則岳). "Manuscripts with Transmitted Counterparts" (有傳世對應本的寫本). 載於 Edward L. SHAUGHNESSY (夏含夷) 編. *New Sources of Early Chinese History: An Introduction to the Reading of Inscriptions and Manuscripts* (早期中國歷史的新史料：銘文與寫本的導讀). Early China Special Monograph Series 3. Berkeley, Cal., 1997. Pp. 253–283.

402360　DRÈGE, Jean-Pierre (戴仁). "La matérialité du texte: Préliminaires à une étude de la mise en page du livre chinois" (中國文獻的物質性：中國造書設計的初步研究). 載於 Viviane ALLETON 編. *Paroles à dire, Paroles à écrire* (説話之言，寫字之言). Paris: Éditions de l'EHESS, 1997. Pp. 241–252.

402370*　HARPER, Donald (夏德安). "Warring States, Qin, and

Han Manuscripts Related to Natural Philosophy and the Occult"（與自然科學和神秘技術有關的戰國秦漢寫本）. 載於 Edward L. SHAUGHNESSY（夏含夷）編. *New Sources of Early Chinese History: An Introduction to the Reading of Inscriptions and Manuscripts*（早期中國歷史的新史料：銘文與寫本的導讀）. Early China Special Monograph Series 3. Berkeley, Cal., 1997. Pp. 223–252.

402380*　　HULSEWÉ, A.F.P.（何四維）. "Qin and Han Legal Manuscripts"（秦漢法律寫本）. 載於 Edward L. SHAUGHNESSY（夏含夷）編. *New Sources of Early Chinese History: An Introduction to the Reading of Inscriptions and Manuscripts*（早期中國歷史的新史料：銘文與寫本的導讀）. Early China Special Monograph Series 3. Berkeley, Cal., 1997. Pp. 193–221.

402390　　LAU, Ulrich（勞武利）. "Vom Schaf zur Gerechtigkeit—Der sakrale Hintergrund einiger frühchinesischer Rechtstermini"（自鷹到法律：中國早期法律詞彙的禮儀背景）. 載於 Christiane HAMMER and Bernhard FÜHRER（傅熊）編. *Tradition und Moderne: Religion, Philosophie und Literatur in China*（傳統與現代：在中國的宗教、哲學與文學）. Bochum, Germany: Projekt, 1997. Pp. 37–47.

402400*　　LOEWE, Michael（魯惟一）. "Wood and Bamboo Administrative Documents of the Han Period"（漢代木簡和竹簡行政文書）. 載於 Edward L. SHAUGHNESSY（夏含夷）編. *New Sources of Early Chinese History: An Introduction to the Reading of Inscriptions and Manuscripts*（早期中國歷史的新史料：銘文與寫本的導讀）. Early China Special Monograph Series 3. Berkeley, Cal., 1997. Pp. 161–192.

402410　　PFISTER, Rudolf. "Sexuelle Körpertechniken in den

medizinischen Manuskripten aus Mawangdui"（馬王堆醫學寫本的房中養生技術）. *Asiatische Studien/Études asiatiques* 51. 4 (1997): 1039-1046.

402420 RIEGEL, Jeffrey K.（王安國）. "Eros, Introversion, and the Beginnings of *Shijing* Commentary"（性欲、内觀與《詩經》詮釋的起源）. *Harvard Journal of Asiatic Studies* 57.1 (1997): 143-177.

402430 RYDEN, Edmund（雷敦龢）. *The Yellow Emperor's Four Canons: A Literary Study and Edition of the Text from Mawangdui*（黄帝四經：馬王堆文本的文學研究與校訂本）. Taibei: Guangqi, 1997.

402440 YATES, Robin D.S.（葉山）. *Five Lost Classics: Tao, Huang-Lao, and Yin-yang in Han China*（五部遺失的經典：漢代的道、黃老和陰陽）. New York: Ballantine, 1997.

402450 YATES, Robin D.S.（葉山）. "Purity and Pollution in Early China"（中國古代的清潔與污染）. 載於《中國考古學與歷史學之整合研究》. 臺北: 中研院歷史語言研究所, 1997. Pp. 479-536.

1998

402460 AMES, Roger T.（安樂哲）和 Henry ROSEMONT（羅思文）. *The Analects of Confucius, A Philosophical Translation: A New Translation Based on the Dingzhou Fragments and Other Recent Archaeological Finds*（孔子的論語，一個哲學翻譯：根據定州殘簡和其他考古發現的新譯文）. New York: Ballantine, 1998.

402470 BUMBACHER, Stephan Peter. "The Earliest Manuscripts of the *Laozi* Discovered to Date"（迄今爲止發現的最早《老子》寫本）. *Asiatische Studien / Études Asiatiques* 52.4

(1998): 1175-1185.

402480　CHANG, Leo S. (張純)和 Yu FENG (馮禺). *The Four Political Treatises of the Yellow Emperor*（黃帝四經）. Monographs of the Society for Asian and Comparative Philosophy 15. Honolulu: University of Hawai'i Press, 1998.

402490　COOK, Constance A. (柯鶴立). "Myth and Fragments of a Qin *Yi* Text: A Research Note and Translation"（秦代易學文獻的殘篇與神話：研究筆記和翻譯）. *Journal of Chinese Religion* 26 (1998): 135-143.

402500　CSIKSZENTMIHALYI, Mark (齊思敏). "Fivefold Virtue: Reformulating Mencian Moral Psychology in Han Dynasty China"（五行：中國漢代對孟子道德心理學的再論述）. *Religion* 28 (1998): 77-89.

402510　FRÜHAUF, Manfred (傅熳德). "Einige Überlegungen zur Frage der Datierung und Authentizität des *Mu tianzi zhuan*"（有關《穆天子傳》的年代和真偽問題）. *Oriens Extremus* 41.1-41.2 (1998-1999): 45-71.

402520　GIELE, Enno (紀安諾). "Early Chinese Manuscripts: Including Addenda and Corrigenda to *New Sources of Early Chinese History: An Introduction to the Reading of Inscriptions and Manuscripts*"（早期中國寫本：對《早期中國歷史的新史料：銘文與寫本的導讀》的補充與修正）. *Early China* 23-24 (1998/99): 247-337.

402530　HARPER, Donald (夏德安). *Early Chinese Medical Literature: The Mawangdui Medical Manuscripts*（中國早期醫學文學：馬王堆醫學寫本）. The Sir Henry Wellcome Asian Series. London: Kegan Paul International, 1998.

402540　HINSCH, Bret (韓獻博). "Women, Kinship, and Property as Seen in a Han Dynasty Will"（一份漢代遺囑[先令券書]裏

所見婦女、親屬和財產). *T'oung Pao* 84.1-84.3 (1998): 1-20.

402550　　　HUANG, Paulos（黃占竹）編. *Wangshan No. 1 and 2 Chu Tombs: Bamboo Slip Manuscripts*（望山楚墓竹簡）. Department of East Asian Studies, University of Helsinki; Institute of Oriental Culture, University of Tokyo. Helsinki: Songzhumei Press, 1998.

402560*　　KALINOWSKI, Marc（馬克）. "The *Xingde* 刑德 Texts from Mawangdui"（馬王堆刑德文獻）. Tr. Phyllis Brooks. *Early China* 23-24 (1998-1999): 125-202.

402570　　　LAU, D.C.（劉殿爵）和 Roger T. AMES（安樂哲）譯. *Yuan Dao: Tracing Dao to Its Source*（原道：追踪道至其根源）. New York: Ballantine, 1998.

402580　　　LIU Yongping（劉永平）. *Origins of Chinese Law: Penal and Administrative Law in Its Early Development*（中國法律的起源：刑法與行政法律的早期發展）. Oxford: Oxford University Press, 1998.

402590*　　POO, Mu-chou（蒲慕州）. *In Search of Personal Welfare: A View of Ancient Chinese Religion*（追尋一己之福：中國古代的信仰世界）. Albany, N.Y.: SUNY Press, 1998.

1999

402600　　　BOLTZ, William G.（鮑則岳）. "The Fourth-Century B.C. Guodiann Manuscripts from Chuu and the Composition of the *Laotzyy*"（公元前四世紀的郭店楚簡寫本與《老子》的編纂）. *Journal of the American Oriental Society* 119.4 (1999): 590-608.

402610　　　COOK, Constance A.（柯鶴立）and John S. MAJOR（梅杰）, eds. *Defining Chu: Image and Reality in Ancient*

China（定義楚：中國古代的意象與現實）. Honolulu：University of Hawaii Press, 1999.

402620　　HARPER, Donald（夏德安）. "Physicians and Diviners: The Relation of Divination to the Medicine of the *Huangdi neijing* (*Inner Canon of the Yellow Thearch*)"（醫生和貞人：貞卜和黃帝內經醫學的關係）. *Extrême-Orient, Extrême-Occident* 21 (1999): 91–110.

402630　　HARPER, Donald（夏德安）. "Warring States Natural Philosophy and Occult Thought"（戰國時代的自然科學和術數思想）. 載於 Michael LOEWE（魯惟一）和 Edward L. SHAUGHNESSY（夏含夷）編. *The Cambridge History of Ancient China: From the Origins of Civilization to 221 B.C.*（劍橋中國古代史：從文明起源到公元前 221 年）. New York：Cambridge University Press, 1999. Pp. 813–884.

402640　　HENRICKS, Robert G.（韓禄伯）. "Chapter 50 in the Laozi: Is it 'Three out of Ten' or 'Thirteen'?"（老子第 50 章：是"十之三"還是"十三"?）. *Monumenta Serica* 47 (1999): 303–313.

402650　　HUANG, Paulos（黃占竹）. "The Guodian Bamboo Slip Texts and the *Laozi*"（郭店楚簡文獻和《老子》）.《中國出土資料研究》3 (1999): 1–45.

402660　　HUANG, Paulos（黃占竹）. *Guodian No. 1 Chu Tomb and the Earliest Bamboo Slip Manuscript Versions of the Laozi & the Tai yi sheng shui*（郭店一號楚墓與《老子》和《太一生水》的最早竹簡寫本）. Tokyo：SZM Press, 1999.

402670　　IKEDA Tomohisa（池田知久）. "Symposium I: Aspects of Pre-Qin Culture Seen from Chu Slips"（楚簡所反映的先秦文化各方面）. *Kokusai tōhō gakusha kaigi kiyō*《國際東方學者會議紀要》44 (1999): 98–105.

402680   JAO Tsung-yi (饒宗頤). "Note sur les 'Principes' du *Yijing* de Mawangdui" (關於馬王堆《易經》"義"之注). *Mélanges de Sinologie offerts à Monsieur Jean-Pierre Diény* (I) (獻給桀溺先生的漢學研究). *Études chinoises* 18.1 - 18.2 (1999): 137 - 142.

402690   LAU, Ulrich (勞武利). "Han-zeitliche Rechtsentscheidungen als Auskunftsquellen zur Stellung der Frau" (利用漢代法律作爲判斷婦人地位的信息來源). 載於 Monika ÜBELHÖR 編. *Frauenleben im traditionellen China: Grenzen und Möglichkeiten einer Rekonstruktion* (傳統中國的婦女生活：重構的限制與可能性). Marburg: Phillipps-Universität Marburg, 1999. Pp. 37 - 59.

402700   MÖLLER, Hans-Georg (梅勒). "Verschiedene Versionen des *Laozi*. Ein Vergleich mit besonderer Berücksichtigung des 19. Kapitels" (不同的《老子》文本：一個比較，特別注重第 19 章). *Monumenta Serica* 47 (1999): 285 - 302.

402710   NIVISON, David S. (倪德衛). "The Key to the Chronology of the Three Dynasties: The 'Modern Text' *Bamboo Annals*" (三代年代的鑰匙：今本《竹書紀年》). *Sino-Platonic Papers* 93 (January 1999): 1 - 68.

402720   VENTURE, Olivier (風儀誠). "Nouvelles sources pour l'histoire de la Chine ancienne: Les publications de manuscrits depuis 1972" (中國古代歷史的新史料：1972 年以後發表的寫本). *Revue bibliographique de sinologie* 17 (1999): 285 - 298.

402730   WAGNER, Rudolf G. (瓦格納). "The Impact of Conceptions of Rhetoric and Style upon the Formation of Early *Laozi* Editions: Evidence from Guodian, Mawangdui and the Wang Bi *Laozi*" (修辭學和形式學概念對早期《老子》文本形成的影響：郭店、馬王堆和王弼《老子》的證據).《國際東

方學者會議紀要》44（1999）：32–56.

402740　　WEGMANN, Konrad. "*Laozi*-Textversionen im Vergleich. Das Problem der historischen und inhaltsbezogenen, computergestützten strukturellen Darstellung"（《老子》文本之比較：利用電腦化的表象看歷史和內容的問題）. *Monumenta Serica* 47（1999）：315–347.

402750　　WELD, Susan [Roosevelt]（羅鳳鳴）. "Chu Law in Action: Legal Documents from Tomb 2 at Baoshan"（實行中的楚國法律：包山二號墓的法律文件）. 載於 Constance A. COOK（柯鶴立）和 John S. Major（梅杰）合編. *Defining Chu: Image and Reality in Ancient China*（給楚定義：中國古代的意象與現實）. Honululu: University of Hawai'i Press, 1999. Pp. 77–97.

2000

402760*　　ALLAN, Sarah（艾蘭）和 Crispin WILLIAMS（魏克彬）編. *The Guodian* Laozi: *Proceedings of the International Conference, Dartmouth College, May 1998*（郭店《老子》：1998年5月達慕思學院國際研討會論文集）. Early China Special Monograph Series 5. Berkeley, 2000.

402770　　ANDREINI, Attilio（艾帝）. "Analisi preliminare del *Laozi* rinvenuto a Guodian"（試論郭店《老子》）. *Cina* 28（2000）：9–26.

402780*　　BOLTZ, William G.（鮑則岳）. "The Study of Early Chinese Manuscripts: Methodological Preliminaries"（中國古代寫本的研究：初步方法論）. 載於 Sarah ALLAN（艾蘭）和 Crispin WILLIAMS（魏克彬）編. *The Guodian* Laozi: *Proceedings of the International Conference, Dartmouth College, May 1998*（郭店《老子》：1998年5月達慕思學院國際研討會論文集）. Early China Special Monograph Series 5.

Berkeley, 2000. Pp. 39 – 52.

402790　　CHIN, Annping (金安平). "*Chengzhiwenzhi* in Light of the *Shangshu*"（據《尚書》談《成之聞之》）. 載於武漢大學中國文化研究院編,《郭店楚簡國際學術研討會論文集》. 武漢：湖北人民出版社, 2000. Pp. 283 – 293.

402800　　COOK, Scott (顧史考). "Consummate Artistry and Moral Virtuosity: The 'Wu xing' 五行 Essay and Its Aesthetic"（至上的藝術技巧和道德修養：《五行》及其美學）. *Chinese Literature: Essays, Articles, Reviews* 22 (2000): 113 – 146.

402810　　FALKENHAUSEN, Lothar von (羅泰). "Die Seiden mit chinesischen Inschriften"（帶中國文字的絲綢）. 載於 Andreas SCHMIDT-COLINET 等編. *Die Textilien aus Palmyra: Neue und alte Funde*（帕爾米拉的絲綢：新的和舊的發現）. Mainz: Philipp von Zabern, 2000.

402820*　　GAO Ming (高明). "Some Observations Concerning the Transcription and Punctuation of the Guodian *Laozi*"（郭店《老子》釋文和標點的觀點）. 載於 Sarah ALLAN (艾蘭)和 Crispin WILLIAMS (魏克彬)編. *The Guodian* Laozi: *Proceedings of the International Conference, Dartmouth College, May 1998*（郭店《老子》：1998年5月達慕思學院國際研討會論文集）. Early China Special Monograph Series 5. Berkeley, 2000. Pp. 65 – 70.

402830　　GOLDIN, Paul R. (金鵬程). "Xunzi in the Light of the Guodian Manuscripts"（據郭店寫本看荀子）. *Early China* 25 (2000): 112 – 146.

402840　　GUO Shuchun (郭書春). "Theoretical Research Tendency of Mathematics in Pre-Qin Times Viewed from *Suan shu shu*"（由《算數書》看先秦時代數學的理論趨勢）. 載於 Horng Wann-Sheng (洪萬生)和 Lin Fou-Lai 合編. *Proceedings of the HPM 2000 Conference: History of Mathematics Education*, *Challenges for a New Millennium. A Satellite Meeting of ICME-9*（HPM2000 會議論文集：對新千年的挑戰，數學教育史）. 臺北：臺灣師範大學數學系，2000. Vol. I, pp. 35–40.

402850*　　HENRICKS，Robert G.（韓禄伯）. *Lao Tzu's* Tao Te Ching：*A Translation of the Startling New Documents Found at Guodian*（老子《道德經》：郭店發現的驚人的新文本之翻譯）. New York：Columbia University Press，2000.

402860　　JIANG Guanghui（姜廣輝）. "The Guodian Chu Slips and Early Confucianism"（郭店楚簡和早期儒學）. *Contemporary Chinese Thought* 32.2（2000–2001）：6–38.

402870　　LE BLANC，Charles（白光華）. *Le Wen zi à la lumière de l'histoire et de l'archéologie*（從歷史和考古看《文子》）. Montreal：Presses de l'Université de Montréal，2000.

402880　　LI Cunshan（李存山）. "Early Daoist and Confucian Relations as Seen from the Guodian Chu Slips"（郭店楚簡所見早期道家和儒家的關係）. *Contemporary Chinese Thought* 32.2（2000–2001）：68–90.

402890*　　LI Xueqin（李學勤）. "The Confucian Texts from Guodian Tomb Number One：Their Date and Significance"（郭店一號墓的儒家文獻：其年代與意義）. 載於 Sarah ALLAN（艾蘭）and Crispin WILLIAMS（魏克彬）編. *The Guodian* Laozi：*Proceedings of the International Conference*，*Dartmouth College*，*May 1998*（郭店《老子》：1998 年 5 月達慕思學院國際研討會論文集）. Early China Special Monograph Series 5. Berkeley，2000. Pp. 107–111.

402900　　LI Xueqin（李學勤）. "The Important Discovery of Pre-Qin Confucian Texts"（先秦儒家文獻的重要發現）. *Contemporary*

Chinese Thought 32.1（2000）：58－62.

402910　LI Xueqin（李學勤）. "Lost Doctrines of Guan Yin as Seen in the Jingmen Guodian Chu Slips"（荊門郭店楚簡所見關尹遺說）. *Contemporary Chinese Thought* 32.2（2000－2001）：55－60.

402920　LI Xueqin（李學勤）. "The *Zisizi* in the Jingmen Guodian Chu Slips"（荊門郭店楚簡的《子思子》）. *Contemporary Chinese Thought* 32.2（2000－2001）：61－67.

402930*　PENG Hao（彭浩）. "Post-Excavation Work on the Guodian Bamboo-Slip *Laozi*：A Few Points of Explanation"（郭店竹簡《老子》出土後的整理工作：幾點解釋）. 載於 Sarah ALLAN（艾蘭）和 Crispin WILLIAMS（魏克彬）編. *The Guodian* Laozi：*Proceedings of the International Conference, Dartmouth College, May 1998*（郭店《老子》：1998年5月達慕思學院國際研討會論文集）. Early China Special Monograph Series 5. Berkeley，2000. Pp. 33－38.

402940　PANG Pu（龐樸）. "New Information from an Old Tomb：Reading the Guodian Bamboo Strips"（老墓葬的新信息：閱讀郭店竹簡）. *Contemporary Chinese Thought* 32.1（2000）：43－49.

402950　PANG Pu（龐樸）. "A Comparison of the Bamboo Slip and the Silk Manuscript Wu Xing"（對比竹簡和帛書《五行》）. *Contemporary Chinese Thought* 32.1（2000）：50－57.

402960　PANG Pu（龐樸）. "From Confucius to Mencius：The Confucian Theory of Mind and Nature in the Guodian Chu Slips"（從孔子到孟子：郭店楚簡所見儒家心性理論）. *Contemporary Chinese Thought* 32.2（2000－2001）：39－54.

402970*　QIU Xigui（裘錫圭）. "On the Analysis and Transcription of Early Chinese Characters：Examples from the Guodian

Laozi"（關於中國早期文字的分析和釋讀：以郭店《老子》爲例）. 載於 Sarah ALLAN（艾蘭）和 Crispin WILLIAMS（魏克彬）編. *The Guodian* Laozi：*Proceedings of the International Conference, Dartmouth College, May 1998*（郭店《老子》：1998 年 5 月達慕思學院國際研討會論文集）. Early China Special Monograph Series 5. Berkeley，2000. Pp. 53–64.

402980*　　ROTH, Harold D.（羅浩）. "Some Methodological Issues in the Study of the Guodian *Laozi* Parallels"（郭店《老子》異文研究的幾點方法論問題）. 載於 Sarah ALLAN（艾蘭）和 Crispin WILLIAMS（魏克彬）編. *The Guodian* Laozi：*Proceedings of the International Conference, Dartmouth College, May 1998*（郭店《老子》：1998 年 5 月達慕思學院國際研討會論文集）. Early China Special Monograph Series 5. Berkeley，2000. Pp. 71–88.

402990*　　RYDEN, Edmund（雷敦龢）. "Edition of the Bamboo-Slip *Laozi* A, B, and C, and *Tai Yi Sheng Shui* from Guodian Tomb Number One"（郭店一號墓的《老子》甲、乙、丙本與《太一生水》）. 載於 Sarah ALLAN（艾蘭）和 Crispin WILLIAMS（魏克彬）編. *The Guodian* Laozi：*Proceedings of the International Conference, Dartmouth College, May 1998*（郭店《老子》：1998 年 5 月達慕思學院國際研討會論文集）. Early China Special Monograph Series 5. Berkeley，2000. Pp. 185–232.

403000　　SCARPARI, Maurizio（司馬儒）. "Riscrivere la storia e la cultura della Cina antica：Credenze religiose, correnti di pensiero e società alla luce delle recenti scoperte archeologiche"（重寫中國古代文化史：從最近考古發現看宗教信仰、思想潮流和社會）. 載於 Lionello LANCIOTTI（蘭喬蒂）編. *Conoscere la Cina*（認識中國）. Torino：Fondazione

Giovanni Agnelli, 2000. Pp. 113–126.

403010* THOMPSON, P.M. (譚樸森). "On the Formal Treatment of Textual Testimony"(文本證據的規範處理). 載於 Sarah ALLAN (艾蘭) 和 Crispin WILLIAMS (魏克彬) 編. *The Guodian* Laozi: *Proceedings of the International Conference, Dartmouth College, May 1998* (郭店《老子》：1998 年 5 月達慕思學院國際研討會論文集). Early China Special Monograph Series 5. Berkeley, 2000. Pp. 89–106.

403020 WANG Baoxuan (王葆炫). "A Discussion of the Composition Dates of the Various Guodian Chu Slip Texts and Their Background, With a Discussion on the Dating of the Guodian and Baoshan Tombs"(試論郭店楚簡各篇的寫作年代和背景，兼論郭店和包山墓葬的年代). *Contemporary Chinese Thought* 32.1 (2000): 18–42.

403030 WELD, Susan [Roosevelt] (羅鳳鳴). "Guodian and Baoshan: Legal Theories and Practices"(郭店與包山：法律理論與實踐). 載於武漢大學中國文化研究院編，《郭店楚簡國際學術研討會論文集》.武漢：湖北人民出版社，2000. Pp. 406–422.

403040 XING, Wen (邢文). "The Guodian Chu Slips: The Paleographical Issues and Their Significances"(郭店楚簡：古文字學問題及其意義). *Contemporary Chinese Thought* 32.1 (2000): 7–17.

403050 XING, Wen (邢文). "The 'Wanzhang' Chapter in the *Mencius* and the Bamboo Slip *Wu Xing*"(《孟子·萬章》篇和竹簡《五行》). *Contemporary Chinese Thought* 32.1 (2000): 63–78.

403060 XING, Wen (邢文). "Scholarship on the Guodian Texts in China: A Review Article"(中國的郭店文獻研究). 載於 Sarah

ALLAN（艾蘭）和 Crispin WILLIAMS（魏克彬）編. *The Guodian Laozi: Proceedings of the International Conference, Dartmouth College, May 1998*（郭店《老子》：1998年5月達慕思學院國際研討會論文集）. Early China Special Monograph Series 5. Berkeley, 2000. Pp. 243-257.

403070　ZHANG Liwen（張立文）. "The Text Titles of the Guodian Bamboo Strips (*Guodian Chu mu zhujian*)"（郭店楚墓竹簡的篇題）. *Contemporary Chinese Thought* 32.1 (2000): 79-83.

2001

403080　ENGELHARDT, Ute.（英悟德）. "*Daoyin tu* und *Yinshu*: Neue Erkenntnisse über die Übungen zur Lebenspflege in der frühen Han-Zeit"（《導引圖》和《引書》：漢代早期養生習慣的新知識）. *Monumenta Serica* 49 (2001): 213-226.

403090　ERSTNER, Ansgar（安思格）. "Eine Synopse und kommentierte Übersetzung des Buches Laozi sowie eine Auswertung seiner kritischen Grundhaltung auf der Grundlage der Textausgabe Wang Bis, der beiden Mawangdui-Seidentexte und unter Berücksichtigung der drei Guodian-Bambustexte"（從王弼注、兩個馬王堆帛書和三個郭店竹簡的《老子》提要和注譯作爲基礎評估它的社會批評的主義）. 博士論文：Trier, 2001.

403100　HARPER, Donald（夏德安）. "Iatromancy, Diagnosis, and Prognosis in Early Chinese Medicine"（中國早期醫學中的疾病、診斷與預後）. 載於 Elisabeth HSU（許小麗）編. *Innovation in Chinese Medicine*（中國醫學中的創新）. Cambridge: Cambridge University Press, 2001. Pp. 99-120.

403110　HARPER, Donald（夏德安）. "The Nature of Taiyi in the

Guodian Manuscript *Taiyi sheng shui*: Abstract Cosmic Principle or Supreme Cosmic Deity?"（郭店寫本《太一生水》裏的太一之性質：抽象宇宙原則還是至上宇宙神）.《中國出土資料研究》5（2001）：1–23.

403120 HIRASE Takao（平勢隆郎）. "The Ch'u Bamboo-Slip *T'ai-i sheng shui* from Kuo-tien Considered in Light of the Emerging Debate about T'ai-sui"（從最近對太歲的辯論看郭店楚簡《太一生水》）. *Acta Asiatica* 80（2001）：17–26.

403130 IKEDA Tomohisa（池田知久）. "Aspects of Pre-Ch'in Culture Seen From Ch'u Slips: Introduction"（楚簡所見先秦文明的各方面：序論）. *Acta Asiatica* 80（2001）：1–15.

403140 IKEDA Tomohisa（池田知久）等編. "Bibliography of Books and Articles on the Ch'u Bamboo Strips from Kuo-tien"（郭店楚簡論著目錄）. *Acta Asiatica* 80（2001）：72–88.

403150 JACOBS, Jörn. *Textstudium des Laozi: Daodejing -- Eine komfortable Referenzausgabe mit Anmerkungen sowie Anhängen für die praktische Arbeit*（《老子》的文獻學：一種方便參考書，兼有實際工作的建議）. Frankfurt: Peter Lang, 2001.

403160 KONDÔ, Hiroyuki（近藤浩之）. "The Silk-Manuscript *Chou-i* from Ma-wang-tui and Divination and Prayer Records in Ch'u Bamboo Slips from Pao-shan: A Tentative Study of the Formation of the *Chou-i* as Seen from the Pao-shan Ch'u Bamboo Strips"（馬王堆帛書《周易》和包山楚簡貞卜與禱告記錄：從包山楚簡試論《周易》的形成）. *Acta Asiatica* 80（2001）：41–51.

403170 LI Xueqin（李學勤）and Wen XING（邢文）. "New Light on the Early-Han Code: A Reappraisal of the Zhangjiashan Bamboo-slip Legal Texts"（漢代初期法律的新曙光：張家山竹

簡法律文獻的重新評價）. *Asia Major* 14.1 (2001)：125–146.

403180　　MacCORMACK，Geoffrey（馬若斐）. "Mythology and the Origin of Law in Early Chinese Thought"（早期中國思想裏的神話與法律的起源）. *Journal of Asian Legal History* 1 (2001)：1–23.

403190　　ÒBA，Osamu（大庭脩），Tr. David SPAFFORD，Robin D.S. YATES（葉山），Enno GIELE（紀安諾），with Michael NYLAN（戴梅可）. "The Ordinances on Fords and Passes Excavated from Han Tomb Number 247, Zhangjiashan"（張家山 247 號漢墓出土的津關令）. *Asia Major* (3rd series) 14.2 (2001)：119–142.

403200　　SHAUGHNESSY，Edward L.（夏含夷）. "The Fuyang *Zhou Yi* and the Making of a Divination Manual"（阜陽《周易》和貞卜手册的創造）. *Asia Major* 14.1 (2001)：7–18.

403210　　TANIGUCHI Mitsuru（谷口滿）. "Ch'u Bamboo Slips from the Warring States Period and the Historical Geography of the Ch'u State"（戰國時代的楚簡和楚國的歷史地理）. *Acta Asiatica* 80 (2001)：27–40.

403220　　YI，Sŭng-ryul（李承律）. "The View of Loyal Ministers in the Ch'u Bamboo-Slip *Lu Mu-kung wen Tzu-ssu* from Kuo-tien"（郭店楚簡《魯穆公問子思》裏的忠臣概念）. *Acta Asiatica* 80 (2001)：52–71.

2002

403230　　ANDREINI，Attilio（艾帝）. "Aporie di un classico taoista：L'esempio del *Laozi* di Guodian"（關於一個道家的經典：以郭店《老子》爲例）. 載於 Clara BULFONI 編. *Tradizione e innovazione nella civiltà cinese*（中國文明中的傳統與創新）. Milan：F. Angeli, 2002. Pp. 141–152.

403240　　　　ARRAULT, Alain（華瀾）. "Les premiers calendriers chinois du IIe siècle avant notre ère au Xe siècle"（公元前二世紀至公元十世紀的中國最早年表）. 載於 J. LE GOFF, J. LEFORT 和 P. MAME 合編. *Les calendriers, leurs enjeux dans l'espace et le temps*（*Colloque de Cerisy*）（年表的時間和空間用處）. Paris: SOMOGY édition d'art, 2002. Pp. 169–191.

403250　　　　BOLTZ, William G.（鮑則岳）. "*Liijih* 'Tzy i' and the Guodiann Manuscript Matches"（《禮記・緇衣》與其郭店寫本之副本）. 載於 Reinhard EMMERICH（艾默力）等編. *Und folge nun dem, was mein Herz begehrt: Festschrift für Ulrich Unger zum 70. Geburtstag*（我心所樂：慶祝翁有理七十歲論文集）. Hamburg: Hamburger Sinologische Gesellschaft, 2002. Vol. I, pp. 209–221.

403260　　　　BOLTZ, William G.（鮑則岳）. "Myth and Structure of the *Shyy Jih*"（《史記》的神話與結構）. *Asiatische Studien / Études Asiatiques* 56.3（2002）: 573–585.

403270　　　　CARROZZA, Paola（賈寶蘭）. "A Critical Review of the Principal Studies on the Four Manuscripts Preceding the B Version of the Mawangdui *Laozi*"（對馬王堆《老子》乙本卷前四篇文獻的主要研究的評論）. *Asian Review* 13（2002）: 49–69.

403280　　　　COOK, Scott（顧史考）. Review of Allan and Williams. *The Guodian* Laozi: *Proceedings of the International Conference, Dartmouth College, May 1998*（艾蘭和魏克彬編《郭店〈老子〉：1998 年 5 月達慕思學院國際研討會論文集》書評）. *China Review International* 9.1（2002）: 53–65.

403290　　　　GASSMANN, Robert H.（高思曼）. "To Emend or Not to Emend? On Determining the Integrity of Some Ancient

Chinese Texts"（校訂還是不校訂：關於確定中國古代文獻的完整性）. *Asiatische Studien / Études Asiatiques* 56.3 (2002)：533–548.

403300　　HOLLOWAY, Kenneth W.（郝樂爲）. "The Recently Discovered Confucian Classic 'The Five Aspects of Conduct'"（最近發現的儒家經典《五行》）. 博士論文：University of Pennsylvania, 2002.

403310*　　KERN, Martin（柯馬丁）. "Methodological Reflections on the Analysis of Textual Variants and the Modes of Manuscript Production in Early China"（方法論反思：早期中國文本異文之分析和寫本文獻之產生模式）. *Journal of East Asian Archaeology* 4 (2002)：143–181.

403320　　LAI, Guolong（來國龍）. "The Baoshan Tomb: Religious Transitions in Art, Ritual, and Text During the Warring States Period (480–221 BCE)"（包山墓葬：戰國時代藝術、禮儀與文獻的宗教演變）. 博士論文：University of California, Los Angeles, 2002.

403330　　LAU, Ulrich（勞武利）. "Die Rekonstruktion des Strafprozesses und die Prinzipien der Strafzumessung zu Beginn der Han-Zeit im Lichte des *Zouyanshu*"（從《奏讞書》重構漢代初期的法律制度及刑制實現的原則）. 載於 Reinhard EMMERICH（艾默力）等編. *Und folge nun dem, was mein Herz begehrt: Festschrift für Ulrich Unger zum 70. Geburtstag*（我心所樂：慶祝翁有理七十歲論文集）. Hamburg: Hamburger Sinologische Gesellschaft, 2002. Pp. 343–395.

403340　　LI Ling（李零）. "Archaeological Discoveries and a Renewed Understanding of the Chronology of Ancient Books"（考古發現與中國古書年代的重新理解）. *Contemporary Chinese*

Thought 34.2（2002－2003）：19－25.

403350 LI Xueqin（李學勤）. "Walking out of the 'Doubting of Antiquity' Era"（走出疑古時代）. *Contemporary Chinese Thought* 34.2（2002－2003）：26－49.

403360 PEERENBOOM, Randall P.（裴文睿）. "Law and Religion in Early China"（早期中國的法律與宗教）. 載於 Andrew HUXLEY 編. *Religion, Law, and Tradition: Comparative Studies in Religious Law*（宗教、法律與傳統：宗教法律的比較研究）. London: Routledge Curzon, 2002. Pp. 91－116.

403370 PFISTER, Rudolf. "Some Preliminary Remarks on Notational Systems in Two Medical Manuscripts from Mawangdui"（試論兩個馬王堆醫學寫本裏的符號系統）. *Asiatische Studien / Études asiatiques* 56.3（2002）：609－634.

403380 PINES, Yuri（尤銳）. "Friends or Foes: Changing Concepts of Ruler-Minister Relations and the Notion of Loyalty in Pre-Imperial China"（是友還是敵：變化的君臣關係概念與先秦忠誠觀念）. *Monumenta Serica* 50（2002）：35－74.

403390 PINES, Yuri（尤銳）. "Lexical Changes in Zhanguo Texts"（戰國文獻的詞彙變化）. *Journal of the American Oriental Society* 122.4（2002）：691－705.

403400 SHAUGHNESSY, Edward L.（夏含夷）. "The Wangjiatai *Gui cang*: An Alternative to *Yijing* Divination"（王家臺《歸藏》：《易經》貞卜的替代物）. 載於 Alfredo CADONNA（卡鐸納）和 Ester BIANCHI（黄曉星）合編. *Facets of Tibetan Religious Tradition and Contacts with Neighbouring Cultural Areas*（西藏宗教傳統的各方面以及其與鄰近文化區域的聯繫）. Florence: Leo S. Olschki, 2002. Pp. 95－126.

403410 TSENG, Lillian Lan-ying（曾藍瑩）. "Divining from the

Game Liubo: An Explanation of a Han Wooden Slip Excavated at Yinwan"（六博之占：尹灣出土的漢簡之解釋）. *China Archaeology and Art Digest* 4.4 (2002): 55 – 62.

2003

403420*   ALLAN, Sarah（艾蘭）. "The Great One, Water, and the *Laozi*: New Light from Guodian"（太一、水與老子：來自郭店的新曙光）. *T'oung Pao* 89.4 – 89.5 (2003): 237 – 285.

403430   AMES, Roger T.（安樂哲）和 David L. HALL（郝大爲）譯. *Dao De Jing: "Making This Life Significant." A Philosophical Translation, Featuring the Recently Discovered Bamboo Texts*（道德經：讓今生有意義；以新近發現竹簡爲特徵的哲學翻譯）. New York: Ballantine, 2003.

403440   GALVANY, Albert. "Estudio preliminar de un manuscrito taoísta hallado en China: *Tai yi sheng shui* 太一生水"（初論中國發現的道家寫本：《太一生水》）. *Boletín de la Asociación Española de Orientalistas* 39 (2003): 348 – 359.

403450   GIELE, Enno（紀安諾）. "Using Early Chinese Manuscripts as Historical Source Materials"（運用早期中國寫本作爲史料）. *Monumenta Serica* 51 (2003): 409 – 438.

403460   GOLDIN, Paul R.（金鵬程）. "The Old Chinese Particles *yan* 焉 and *an* 安"（古漢語的虛詞焉和安）. *Journal of the American Oriental Society* 123.1 (2003): 169 – 173.

403470   HARPER, Donald（夏德安）. "Iatromancie"（病占）. 載於 Marc KALINOWSKI（馬克）編. *Divination et société dans la Chine médiévale: Étude des manuscrits de Dunhuang de la Bibliothèque nationale de France et de la British Library*（中國中古時代的貞卜與社會：法國國家圖書館和大英圖書館收藏的敦煌寫本研究）. Paris: Bibliothèque nationale de France,

2003. Pp. 471–512.

403480　　KALINOWSKI, Marc (馬克). "Bibliothèques et archives funéraires de la Chine ancienne"（中國古代圖書館與墓葬檔案）. *Comptes rendus de l'Académie des Inscriptions et des Belles-Lettres* (séances de avril–juin 2003): 889–927.

403490　　KERN, Martin (柯馬丁). "Early Chinese Poetics in the Light of Recently Excavated Manuscripts"（從最近發現的寫本看中國早期詩論）. 載於 Olga LOMOVÁ（羅然）編. *Recarving the Dragon: Understanding Chinese Poetics*（重新雕龍：理解中國詩論）. Prague: Karolinum, 2003. Pp. 27–72.

403500　　LAI, Guolong (來國龍). "The Diagram of the Mourning System from Mawangdui"（馬王堆喪服圖考）. *Early China* 28 (2003): 43–99.

403510　　LIU, Xiaogan (劉笑敢). "From Bamboo Slips to Received Versions: Common Features in the Transformation of the *Laozi*"（從竹簡到傳世版本：《老子》變化中的共同特徵）. *Harvard Journal of Asiatic Studies* 63.2 (2003): 337–382.

403520　　MITTAG, Achim (案跛). "Historische Aufzeichnungen als Grabbeigabe—Das Beispiel der *Qin-Bambusannalen*"（對墓葬出土文物的歷史思考：秦《編年記》之例）. 載於 Angela SCHOTTENHAMMER（蘇婷）編. *Auf den Spuren des Jenseits: Chinesische Grabkultur in den Facetten von Wirklichkeit, Geschichte und Totenkult*（從過去的印迹：從現實、歷史和祖先禮儀看中國埋葬文化）. Frankfurt: Peter Lang, 2003. Pp. 119–140.

403530　　MITTAG, Achim (案跛). "The *Qin Bamboo Annals* of Shuihudi: A Random Note from the Perspective of Chinese Historiography"（睡虎地秦《編年記》：中國史學角度的隨札）. *Monumenta Serica* 51 (2003): 543–570.

403540　　PFISTER, Rudolf. *Der Beste Weg Unter dem Himmel: Sexuelle Körpertechniken aus dem Alten China, zwei Bambustexte aus Mawangdui*（天下最好道：中國古代房中技術,兩個馬王堆竹簡文獻）. Zürich: Museum Rietberg, 2003.

403550　　PINES, Yuri（尤銳）. "History as a Guide to the Netherworld: Rethinking the *Chunqiu shiyu*"（歷史作爲去陰間的向導：重新思考《春秋事語》）. *Journal of Chinese Religion* 31（2003）：101-126.

403560　　RICHTER, Matthias（李孟濤）. "Suggestions Concerning the Transcription of Chinese Manuscript Texts—A Research Note"（給中國寫本做釋文的幾點建議：研究札記一則）.《國際簡帛研究通訊》3.1（2003）：1-12.

403570　　SZABÓ, Sándor P.（貝山）. "The Term *shenming*—Its Meaning in the Ancient Chinese Thought and in a Recently Discovered Manuscript"（神明在中國古代思想和最近發現的一份寫本中的意義）. *Acta Orientalia* 56.2-56.4（2003）：251-274.

403580　　VAN ESS, Hans（葉翰）. "An Interpretation of the *Shenwu fu* of Tomb No. 6, Yinwan"（尹灣六號漢墓出土《神烏賦》的一個解釋）. *Monumenta Serica* 51（2003）：605-628.

403590　　WELD, Susan Roosevelt（羅鳳鳴）. "Grave Matters: Warring States Law and Philosophy"（墓葬之事：戰國法律和哲學）. 載於 C. Stephen HSU 編. *Understanding China's Legal System: Essays in Honor of Jerome A. Cohen*（理解中國法律制度：獻給孔杰榮的論文）. New York: New York University Press, 2003. Pp. 122-179.

403600　　XING, Wen（邢文）. "Hexagram Pictures and Early *Yi* Schools: Reconsidering the *Book of Changes* in Light of Excavated *Yi* Texts"（卦畫與早期易學學派：據出土易學文獻

再考慮《周易》). *Monumenta Serica* 51 (2003)：571-604.

403610　ZHANG Guohua. "Une nouvelle interpretation du philosophie du Lao Zi a la lumiere des textes sur des tiges de bambou decouverts dans le tombeau ♯1 de Guodian"（從郭店一號墓發現的竹簡提出老子哲學的新理解）. 博士論文，University of Montreal，2003.

2004

403620　ANDREINI，Attilio（艾帝）譯. *Laozi: Genesi del《Daodejing》*（老子：《道德經》的根源）. Turin：Biblioteca Einaudi，2004.

403630　ANDREINI，Attilio（艾帝）. "Scrivere, copiare, inventare: La trasmissione testuale nella Cina antica"（著作、抄寫、創造：中國古代的文獻傳授）. *Annali di Ca Foscari* 63（2004）：271-292.

403640　COOK，Constance A.（柯鶴立）. "Omens and Myth: Thoughts on the *Guicang* Manuscript"（兆象與神話：對《歸藏》寫本的思考）. 載於艾蘭（Sarah ALLAN）和邢文（XING Wen）編.《新出簡帛研究——新出簡帛國際學術研討會文集》（*Studies on Recently Discovered Chinese Manuscripts: Proceedings of International Conference on Recently Discovered Chinese Manuscripts*，August 2000，Beijing）. 北京：文物出版社，2004. Pp. 158-162.

403650*　COOK，Scott（顧史考）. "The Debate over Coercive Rulership and the 'Human Way' in Light of Recently Excavated Warring States Texts"（從最近出土之戰國文獻看關於專制與"人道"的辯論）. *Harvard Journal of Asiatic Studies* 64.2（2004）：399-440.

403660　CSIKSZENTMIHALYI，Mark（齊思敏）. *Material Virtue:*

Ethics and the Body in Early China（物質道德：早期中國的道德和身體）. Sinica Leidensia 66. Leiden：Brill，2004.

403670　CULLEN, Christopher（古克禮）. *The Suan shu shu "Writings on Reckoning"*：A Translation of a Chinese Mathematical Collection of the Second Century BC, with an Explanatory Commentary（《算數書》：公元前二世紀的中國數學彙編的譯文，含解釋性的注疏）. Needham Research Institute Working Papers 1. Cambridge, 2004.

403680　DAUBEN, Joseph W.（道本周）. "The *Suan shu shu*（A Book on Numbers and Computations）. Preliminary Investigation"（算數書：初步調查）. 載於 Rudi Seising, Menso Folkerts, and Ulf Hashagen 合編. *Form, Zahl, Ordnung. Studien zur Wissenschafts- und Technikgeschichte. Ivo Schneider zum 65. Geburtstag*（形式、數目、次序：慶祝 Ivo Schneider 六十五歲生日的科學與科技史研究）. Stuttgart：Fritz Steiner Verlag, 2004. Pp. 151–168.

403690　DEFOORT, Carine（戴卡琳）. "Mohist and Yangist Blood in Confucian Flesh：The Middle Position of the Guodian Text 'Tang Yu zhi Dao'"（"墨子和楊朱的血液在儒家的筋肉裏"：《唐虞之道》的"中道觀"）. *Bulletin of the Museum of Far Eastern Antiquities* 76 (2004). Pp. 44–70.

403700　DESPEUX, Catherine（戴思博）. "La gymnastique *daoyin* 導引 dans la Chine ancienne"（中國古代的導引）. *Études chinoises* 23 (2004)：45–85.

403710　FRÜHAUF, Manfred（傅熳德）. "Tribut und Geschenke im *Mu tianzi zhuan*（《穆天子傳》所見貢舉和禮品）. *Zeitschrift der deutschen morgenländischen Gesellschaft* 154. 1 (2004)：173–200.

403720　GOLDIN, Paul R.（金鵬程）. "A Further Note on *yan* 焉

and *an* 安"(再論焉和安). *Journal of the American Oriental Society* 124.1 (2004): 101-102.

403730*   HARPER, Donald (夏德安). "Contracts with the Spirit World in Han Common Religion: The Xuning Prayer and Sacrifice Documents of A.D. 79"(漢代民間宗教的神域契約:公元79年的序寧禱告和祭祀文件). *Cahiers d'Extrême-Asie* 14 (2004): 227-267.

403740   HARPER, Donald (夏德安). "The Cookbook and Gastronomy in Ancient China: The Evidence from Huxishan and Mawangdui"(中國古代的食譜和烹飪法:虎溪山和馬王堆的證據).《湖南省博物館館刊》2004.1: 164-177.

403750   IKEDA Tomohisa (池田知久). "The Evolution of the Concept of Filial Piety (*xiao*) in the *Laozi*, the *Zhuangzi*, and the Guodian Bamboo Text *Yucong*"(在《老子》、《莊子》和郭店楚簡《語叢》裏"孝"概念的演變). 載於 Alan K.L. CHAN (陳金梁)和 Sor-Hoon TAN 編. *Filial Piety in Chinese Thought and History* (中國思想與歷史上的孝). London: Routledge Curzon, 2004. Pp. 12-28.

403760*   KALINOWSKI, Marc (馬克). "Fonctionnalité calendaire dans les cosmogonies anciennes de la Chine"(中國古代宇宙創造論裏的曆法作用). *Études chinoises* 23 (2004): 87-122.

403770   KALINOWSKI, Marc (馬克). "Technical Traditions in Ancient China and *Shushu* Culture in Chinese Religion"(中國古代科技傳統與中國宗教的術數文化). 載於 John LAGERWEY (勞格文) 編. *Religion and Chinese Society: A Centennial Conference of the École française d'Extrême-Orient* (宗教與中國社會:法國遠東學院百年紀念會議). 2 vols. Paris: École française d'Extrême-Orient, 2004. Vol. I, pp. 223-248.

403780   MacCORMACK, Geoffrey（馬若斐）. "The Transmission of Penal Law (*lü*) from the Han to the T'ang: A Contribution to the Study of the Early History of Codification in China"（從漢至唐律的流傳：對中國法典彙編早期歷史研究的貢獻）. *Revue Internationale des droits de l'Antiquité* 51（2004）：47－83.

403790   PUETT, Michael（普鳴）. "The Ethics of Responding Properly: The Notion of *Qing* 情 in Early Chinese Thought"（適當回應的準則：中國早期思想中"情"的概念）. 載於 Halvor Eifring（艾皓德）編. *Love and Emotions in Traditional Chinese Literature*（中國傳統文學裏的愛與情）. Leiden: E.J. Brill, 2004. Pp. 37－68.

403800   RAPHALS, Lisa [A.]（瑞麗）. "Notes on the Baoshan Medical Divinations"（對包山醫學貞卜的注解）. 載於艾蘭（Sarah ALLAN）和邢文（XING Wen）編.《新出簡帛研究——新出簡帛國際學術研討會文集》(*Studies on Recently Discovered Chinese Manuscripts: Proceedings of International Conference on Recently Discovered Chinese Manuscripts, August 2000, Beijing*). 北京：文物出版社，2004. Pp. 388－408.

403810   SHEN, Vincent（沈清松）. "Wisdom in Poetry: On the Newly Discovered *Confucius on the Book of Odes*"（詩裏的智慧：有關新發現的《孔子詩論》）. 載於 Vincent SHEN（沈清松）和 Willard OXTOBY 編. *Wisdom in China and the West*（中國與西方的智慧）. Washington, D.C.: Council for Research in Values and Philosophy, 2004. Pp. 119－141.

403820   SYPNIEWSKI, Bernard Paul. "The Use of Variables in the *Remnants of Qin Law*"（《秦律之殘餘》對異文的使用）. *Monumenta Serica* 52（2004）：345－361.

403830 WINTER, Marc [D.] "Suggestions for a Re-Interpretation of the Concept of *Wu Xing* in the *Sunzi bingfa*"（對《孫子兵法》裏五行概念的重新理解之提議）. *Bulletin of the Museum of Far Eastern Antiquities* 76（2004）：147–180.

403840 XING, Wen（邢文）. "Pictorial Arrangements of Excavated Early Chinese Manuscripts". 載於艾蘭（Sarah ALLAN）和邢文（XING Wen）編.《新出簡帛研究——新出簡帛國際學術研討會文集》（*Studies on Recently Discovered Chinese Manuscripts: Proceedings of International Conference on Recently Discovered Chinese Manuscripts*, *August 2000*, *Beijing*）.北京：文物出版社, 2004. Pp. 420–431.

403850 YATES, Robin D.S.（葉山）. "Texts on the Military and Government from Yinqueshan: Introductions and Preliminary Translations"（銀雀山的軍事和政府文件：序論與初步翻譯）. 載於艾蘭（Sarah ALLAN）和邢文（XING Wen）編.《新出簡帛研究——新出簡帛國際學術研討會文集》（*Studies on Recently Discovered Chinese Manuscripts: Proceedings of International Conference on Recently Discovered Chinese Manuscripts*, *August 2000*, *Beijing*）. 北京：文物出版社, 2004. Pp. 334–387.

2005

403860 ANDREINI, Attilio（艾帝）. "Cases of 'Diffraction' and *lectio difficilior* in Early Chinese Manuscripts"（中國古代寫本所見異體字和"難讀文字"理論）. *Asiatische Studien/Etudes Asiatiques* 59.1（2005）：261–291.

403870 ANDREINI, Attilio（艾帝）. "Il Dao 道 'si congeda' o ... cosa? Marginalia sulla stanza 25 del *Laozi* 老子"（道導也, 還是什麼？《老子》第25章的隨筆）. 載於 Maurizio Scarpari（司

馬儒）和 Tiziana Lippiello（李集雅）. *Cher Maître ... Scritti in onore de Lionello Lanciotti per l'ottantesimo compleanno*（親愛的先生：慶祝蘭喬蒂八十歲生日論文集）. Venezia：Cafoscarina, 2005. Pp. 85 – 95.

403880　ANDREINI, Attilio（艾帝）. "Nuove prospettive di studio del pensiero cinese antico alla luce dei codici manoscritti"（從竹書寫本重新觀察中國古代思想）. *Litterae caelestes* 1 (2005)：131 – 157.

403890　BOLTZ, William G.（鮑則岳）. "The Composite Nature of Early Chinese Texts"（中國古代文獻的複合性質）. 載於 Martin KERN（柯馬丁）編. *Text and Ritual in Early China*（中國古代的文獻與禮儀）. Seattle：University of Washington Press, 2005. Pp. 50 – 78.

403900　BOLTZ, William G.（鮑則岳）. "Reading the Early *Laotzyy*"（閱讀早期《老子》）. *Asiatische Studien / Études Asiatiques* 59.1 (2005)：209 – 232.

403910　DAUBEN, Joseph W.（道本周）. "Three Multi-Tasking Problems in the *Suan shu shu*, the Oldest Yet-Known Mathematical Work from Ancient China"（已知最古老的中國數學著作《算數書》裏的三個多任務問題）. *Acta Historica Leopoldina* 45 (2005)：25 – 34.

403920　GASSMANN, Robert H.（高思曼）. "Preliminary Thoughts on the Relationship between Lexicon and Writing in the Guodian Texts"（關於郭店文本裏詞彙與文字的關係之初步思考）. *Asiatische Studien / Études Asiatiques* 59.1 (2005)：233 – 260.

403930　GIELE, Enno（紀安諾）. "Signatures of 'Scribes' in Early Imperial China"（中國早期帝國時代"史"的簽名）. *Asiatische Studien / Études Asiatiques* 59.1 (2005)：353 – 387.

403940   GOLDIN, Paul R.（金鵬程）. *After Confucius: Studies in Early Chinese Philosophy*（孔子之後：中國早期哲學研究）. Honolulu：University of Hawaii Press，2005.

403950   HARPER, Donald（夏德安）. "Ancient and Medieval Chinese Recipes for Aphrodisiacs"（中國上古和中古時代的春藥處方）. *Asian Medicine* 1.1（2005）：91-100.

403960   HOLLOWAY, Kenneth W.（郝樂爲）. "'The Five Aspects of Conduct' 五行：Introduction and Translation"（五行：序論與翻譯）. *Journal of the Royal Asiatic Society* 15.2（2005）：179-198.

403970   JIANG Guanghui（姜廣輝）. "The Interpretation of Tradition and the Tradition of Interpretation：The Trajectory of the Evolution of Thought in the Confucian Classics and the Direction of Its Interpretations"（傳統的解釋和解釋的傳統：儒家經典的思想演變軌迹及其解讀的方向）. Jonathan KRAUSE 譯. *Contemporary Chinese Thought* 36.4（2005）：11-35.

403980   JIANG Guanghui（姜廣輝）. "Reconsidering the Confucian Classics：The Intrinsic Grounds for the Creation of the Confucian Classics"（重新思考儒家經典：儒家經典創造的内在根源）. Jonathan KRAUSE 譯. *Contemporary Chinese Thought* 36.4（2005）：82-93.

403990   KALINOWSKI, Marc（馬克）. "La production des manuscrits dans la chine ancienne：Une approche codicologique de la bibliothèque funéraire de Mawangdui"（中國古代寫本之創造：馬王堆墓葬圖書的卷書方法）. *Asiatische Studien/Études Asiatiques* 59.1（2005）：131-168.

404000*   KERN, Martin（柯馬丁）. "The *Odes* in Excavated Manuscripts"（出土寫本裏的《詩》）. 載於 Martin KERN（柯馬

丁）編. *Text and Ritual in Early China*（中國古代的文獻與禮儀）. Seattle：University of Washington Press，2005. Pp. 149–193.

404010*   KERN，Martin（柯馬丁）. "Quotation and the Confucian Canon in Early Chinese Manuscripts：The Case of 'Zi yi' (Black Robes)"（引據與中國古代寫本文獻中的儒家經典：《緇衣》的個案）. *Asiatische Studien/Études Asiatiques* 59.1 (2005)：293–332.

404020   LAI, Guolong（來國龍）. "Death and the Otherwordly Journey in Early China as Seen through Tomb Texts, Travel Paraphernalia, and Road Rituals"（從墓葬文獻、旅行設備和路途禮儀看中國早期之死亡和冥界旅行）. *Asia Major* (3rd series) 18.1 (2005)：1–44.

404030   LAU，Ulrich（勞武利）. "The Scope of Private Jurisdiction in Early Imperial China：The Evidence of Newly Excavated Legal Documents"（中國早期皇朝私人司法權的範圍：新出土法律文件的證據）. *Asiatische Studien/Études asiatiques* 59.1 (2005)：333–352.

404040   LEWIS, Mark Edward（陸威儀）. "Writings on Warfare Found in Ancient Chinese Tombs"（中國古代墓葬裏發現的戰爭文獻）. *Sino-Platonic Papers* 158 (2005).

404050   MEYER，Dirk（麥笛）. "A Device for Conveying Meaning：The Structure of the Guodian Tomb One Manuscript 'Zhong xin zhi dao'"（傳達意義的工具：郭店一號墓寫本《忠信之道》的結構）. *Bochumer Jahrbuch zur Ostasienforschung* 29 (2005)：57–78.

404060   MEYER，Dirk（麥笛）. "Structure as a Means of Persuasion as Seen in the Manuscript *Qiong da yi shi* 窮達以時 from Tomb One, Guodian"（從郭店一號墓寫本《窮達以

時》的結構看它的説服方法). *Oriens Extremus* 45（2005–2006）：179–210.

404070 NYLAN, Michael（戴梅可）. "Notes on a Case of Illicit Sex from Zhangjiashan: A Translation and Commentary"（張家山所見不正當性交案例的注解：譯注）. *Early China* 30（2005–2006）：25–45.

404080 PFISTER, Rudolf. *Sexuelle Körpertechniken im alten China: Seimbedürftige Männer im Umgang mit Lebensspenderinnen: Drei Manuskripte aus Mawangdui: Eine Lektüre*（中國古代房中養生方法：向女生求精的男生，三種馬王堆寫本的導讀）. Norderstedt: Books on Demand, 2005.

404090* PINES, Yuri（尤鋭）. "Disputers of Abdication: Zhanguo Egalitarianism and the Sovereign's Power"（禪讓之辯論者：戰國平等主義與君主之權威）. *T'oung Pao* 91.4–91.5（2005）：243–300.

404100 PINES, Yuri（尤鋭）. "Subversion Unearthed: Criticism of Hereditary Succession in the Newly Discovered Manuscripts"（出土的顛覆：新發現寫本中對世襲繼承的批評）. *Oriens Extremus* 45（2005–2006）：159–178.

404110 POO, Mu-chou（蒲慕州）. "How to Steer through Life: Negotiating Fate in the *Daybook*"（怎樣過生活：日書裏的算命）. 載於 Christopher LUPKE（陸敬思）編. *The Magnitude of Ming: Command, Allotment, and Fate in Chinese Culture*（命之重要性：中國文化中的命、分與緣）. Honolulu: University of Hawaii Press, 2005. Pp. 107–25.

404120 RICHTER, Matthias（李孟濤）. "Handschriftenkundliche Probleme beim Lesen altchinesischer Manuskripte"（閱讀中國古代寫本的抄寫問題）. 載於 Bernhard FÜHRER（傅熊）編. *Aspekte des Lesens in China in Vergangenheit und*

Gegenwart: Referate der Jahrestagung 2001 der Deutschen Vereinigung für Chinastudien (DVCS)（中國過去與將來的閱讀之方面：德國中國學會 2001 年年會彙報）. Bochum：Projekt，2005. Pp. 88–121.

404130　　RICHTER, Matthias（李孟濤）. "Towards a Profile of Graphic Variation: On the Distribution of Graphic Variants within the Mawangdui *Laozi* Manuscripts"（異文的概況：關於馬王堆《老子》寫本裏異文的分布）. *Asiatische Studien / Études Asiatiques* 59.1（2005）：169–207.

404140　　SCARPARI, Maurizio（司馬儒）. "Aspetti formali e tecniche di recupero dei codici manoscritti cinesi antichi"（中國古代寫本的形式特點與復原方法）. *Litterae caelestes* 1（2005）：105–130.

404150　　SCARPARI, Maurizio（司馬儒）. "'*Laozi*' 64 e dintorni"（《老子》第 64 章和上下文）. 載於 Maurizio Scarpari（司馬儒）和 Tiziana Lippiello（李集雅）. *Cher Maître ... Scritti in onore de Lionello Lanciotti per l'ottantesimo compleanno*（親愛的先生：慶祝蘭喬蒂八十歲生日論文集）.Venezia：Cafoscarina，2005. Pp. 1055–1068.

404160*　　SHAUGHNESSY, Edward L.（夏含夷）. "The Guodian Manuscripts and Their Place in Twentieth-Century Historiography on the *Laozi*"（郭店寫本及其在二十世紀《老子》學術史上的地位）. *Harvard Journal of Asiatic Studies* 65.2（2005）：417–457.

404170　　SHAUGHNESSY, Edward L.（夏含夷）. "A First Reading of the Shanghai Museum Bamboo-Strip Manuscript of the *Zhou Yi*"（初讀上海博物館竹簡《周易》寫本）. *Early China* 30（2005–2006）：1–24.

404180　　XIE Guihua（謝桂華）. "Han Bamboo and Wooden Medical

Records Discovered in Military Sites from the Northwestern Frontier Region"（西北邊界地區的軍事遺迹中所發現的漢代竹木簡醫學記錄）. 載於 Vivienne LO（羅維前）和 Christopher CULLEN（古克禮）合編. *Medieval Chinese Medicine: The Dunhuang Medical Manuscripts*（中國中古醫學：敦煌醫學寫本）. London：Routledge Curzon，2005. Pp. 78－106.

404190　　XING，Wen（邢文）. "The Origins of *Zhouyi* (Book of Changes) Studies: A Perspective on Allogram Order"（《周易》研究的起源：卦畫序列的觀點）. Jonathan KRAUSE 譯. *Contemporary Chinese Thought* 36.4（2005）：36－57.

404200　　XING，Wen（邢文）. "Towards a Transparent Transcription"（向着一個明了的釋文）. *Asiatische Studien/Études Asiatiques* 59.1（2005）：51－60.

404210　　YAN Zhonghu（顏鍾祜）. "A Study of *Xing* (Human Nature) in *Nature Comes from the Decreed*, A Recently Discovered Confucian Text at Guodian"（最近發現的郭店儒家文獻《性自命出》裏性的研究）. *East Asia Forum* 10（2005）：1－16.

404220　　YATES，Robin D.S.（葉山）. "Early Modes of Interpretation of the Military Canons: The Case of the *Sunzi bingfa*"（兵書經典詮釋的早期模式：以《孫子兵法》爲例）. 載於 Ching-i TU（涂經詒）編. *Interpretation and Intellectual Change: Chinese Hermeneutics in Historical Perspective*（理解與知識改變：歷史角度的中國詮釋學）. New Brunswick, N.J.：Transaction，2005. Pp. 65－79.

404230　　YATES，Robin D.S.（葉山）. "The History of Military Divination in China"（中國軍事占卜史）. *East Asian Science, Technology, and Medicine* 24（2005）：15－43.

404240　　YATES，Robin D.S.（葉山）. "Medicine for Women in

Early China: A Preliminary Survey"（早期中國的婦女醫學：初步綜覽）. *Nan Nü: Men, Women and Gender in Early and Imperial China* 7.2（2005）: 127–181.

2006

404250*   ALLAN, Sarah（艾蘭）. "The Way of Tang Yao and Yu Shun: Appointment by Merit as a Theory of Succession in a Warring States Bamboo-Slip Text"（唐堯和虞舜之道：一篇戰國竹簡文獻裏所見的因功受禪作爲繼承理論）. 載於 Wen XING（邢文）編. *Rethinking Confucianism: Selected Papers from the Third International Conference on Excavated Chinese Manuscripts, Mount Holyoke College, April 2004*（儒家的再思考：第三屆國際簡帛研討會論文集）. San Antonio: Trinity University, 2006. Pp. 22–46.

404260   ANDREINI, Attilio（艾帝）. "The Meaning of *qing* 情 in Texts from Guodian Tomb No. 1"（郭店一號墓文獻裏所見"情"的意義）. 載於 Paolo SANTANGELO（史華羅）和 Donatella GUIDA 合編. *Love, Hatred, and Other Passions: Questions and Themes on Emotions in Chinese Civilization*（愛、恨和其他情感：中國文明裏關於感情的問題和主題）. Leiden: Brill, 2006. Pp. 149–165.

404270   BRINDLEY, Erica F.（錢德梁）. "Music and 'Seeking One's Heart-Mind' in the 'Xing Zi Ming Chu'"（《性自命出》裏的音樂與"求其心"）. *Dao* 5.2（2006）: 247–255.

404280   BRINDLEY, Erica F.（錢德梁）. "Music, Cosmos, and the Development of Psychology in China"（中國的音樂、宇宙與心理學的發展）. *T'oung Pao* 92.1–92.3（2006）: 1–49.

404290   COOK, Constance A.（柯鶴立）. "The Way(s) of the Former Kings: Guodian Notes"（先王之道：郭店注解）. 載於

XING Wen（邢文）編. *Rethinking Confucianism: Selected Papers from the Third International Conference on Excavated Chinese Manuscripts*, *Mount Holyoke College*, *April 2004*（儒家的再思考：第三屆國際簡帛研討會論文集）. San Antonio：Trinity University，2006. Pp. 47–54.

404300　COOK，Constance A.（柯鶴立）. "From Bone to Bamboo：Number Sets and Mortuary Ritual"（從骨至竹：數字集合和喪葬禮儀）. *Journal of Oriental Studies* 41.1（2006）：1–40.

404310　COOK，Constance A.（柯鶴立）. *Death in Ancient China: The Tale of One Man's Journey*（中國古代之死：一個人的行程之故事）. Leiden：Brill，2006.

404320　DAUBEN，Joseph W.（道本周）. "*Suan Shu Shu* (A Book on Numbers and Computation)：Two Problems in Collating，Interpreting and Translating the *Suan Shu Shu*"（《算數書：校勘、解釋和翻譯的兩種問題》）. *Actas del IX Congreso de la Sociedad Española de Historia de las Ciencias y de las Técnicas*（西班牙科學與科技史學會第九屆會議論文集）. Cádiz：Sociedad Española de Historia de las Ciencias y de las Técnicas，2006. Vol. 1，pp. 199–218.

404330　DOROFEEVA-LICHTMANN，Vera V.（魏德理）. "Comparative Analysis of Early Accounts of the 'Nine Provinces' (*Jiu zhou*)"（九州的早期記載的比較梳理）. 載於 Hans Ulrich VOGEL（傅漢思）等編. *Studies on Ancient Chinese Scientific and Technical Texts: Proceedings of the 3rd ISACBRST*，*March 31–April 3*，*2003*，*Tübingen*，*Germany*（中國科技典籍研究：第三屆中國科技典籍國際會議論文集[proceedings of the 3rd ISACBRST]）. 鄭州：大象出版社，2006. Pp. 5–23.

404340　FRÜHAUF，Manfred（傅熠德）. "Die acht edlen Rosee des

Zhou-Königs Mu im *Mu tianzi zhuan* (Mu wang ba jun)"
(《穆天子傳》的穆王八駿). *Asiatische Studien/Études Asiatiques* 60.1 (2006): 5-61.

404350　　GENTZ, Joachim (根茨博). "Zur Deutung früher Grabbefunde: Das *Renzi pian* aus Shuihudi"(關於早期墓葬發現的意義：睡虎地的《任子篇》). 載於 Michael FRIEDRICH (傅敏怡) 等編. *Han-Zeit: Festschrift für Hans Stumpfeldt aus Anlaß seines 65. Geburtstages*（漢代：慶祝司徒漢六十五歲生日的論文集）. Wiesbaden: Harrassowitz, 2006. Pp. 535-553.

404360　　LINCK, Gudula (林可). "Der poetische Körper von Mawangdui: Texte zur Lebenspflege aus dem 2. Jahrhundert v. Chr."（馬王堆詩意的身體：公元前二世紀養生文獻）. 載於 Michael FRIEDRICH (傅敏怡) 等編. *Han-Zeit: Festschrift für Hans Stumpfeldt aus Anlaß seines 65. Geburtstages*（漢代：慶祝司徒漢六十五歲生日的論文集）. Wiesbaden: Harrassowitz, 2006. Pp. 11-25.

404370　　LOEWE, Michael (魯惟一). *The Government of the Qin and Han Empires: 221 B.C.E.-220 C.E.*（秦漢帝國的政府：公元前221年至公元220年）. Indianapolis and Cambridge, Mass.: Hackett, 2006.

404380　　PFISTER, Rudolf. "The Jade Spring as a Source of Pleasure and Pain: The Prostatic Experience in Ancient and Medieval Medical and Daoist Texts"（以玉泉爲快樂與痛苦之來源：上古、中古醫學和道教文獻中的前列腺的經驗）. 載於 Hans Ulrich VOGEL (傅漢思) 等編. *Studies on Ancient Chinese Scientific and Technical Texts: Proceedings of the 3rd ISACBRST, March 31-April 3, 2003, Tübingen, Germany*（中國科技典籍研究：第三届中國科技典籍國際會議

論文集[proceeding of the 3rd ISACBRST]). 鄭州：大象出版社，2006. Pp. 88–106.

404390　　PFISTER, Rudolf. "The Production of Special Mental States within the Framework of Sexual Body Techiques—As Seen in the Mawangdui Medical Corpus"（房中養生技術裏的特殊精神狀態之創造：馬王堆醫學文獻所見）. 載於 Paolo SANTANGELO（史華羅）和 Donatella GUIDA 編. *Love, Hatred, and Other Passions: Questions and Themes on Emotions in Chinese Civilization*（愛、恨和其他情感：中國文明裏關於感情的問題和主題）. Leiden：Brill, 2006. Pp. 180–194.

404400　　RAPHALS, Lisa [A.]（瑞麗）. "Divination and Medicine in China and Greece: A Comparative Perspective on the Baoshan Illness Divinations"（中國和希臘的貞卜與醫學：對包山疾病貞卜的比較觀點）. *East Asian Science, Technology, and Medicine* 24 (2006)：78–103.

404410*　　RICHTER, Matthias（李孟濤）. "Tentative Criteria for Discerning Individual Hands in the Guodian Manuscripts"（辨別郭店寫本的不同抄手的初步標準）. 載於 Wen XING（邢文）編. *Rethinking Confucianism: Selected Papers from the Third International Conference on Excavated Chinese Manuscripts, Mount Holyoke College, April 2004*（儒家的再思考：第三屆國際簡帛研討會論文集）. San Antonio：Trinity University, 2006. Pp. 132–147.

404420*　　RICHTER, Matthias（李孟濤）. "Der Alte und das Wasser: Lesarten von *Laozi* 8 im überlieferten Text und in den Manuskripten von Mawangdui"（老與水：傳世本與馬王堆寫本裏的《老子》第 8 章）. 載於 Michael FRIEDRICH（傅敏怡）等編. *Han-Zeit: Festschrift für Hans Stumpfeldt aus*

Anlaß seines 65. Geburtstages（漢代：慶祝司徒漢六十五歲生日的論文集）. Wiesbaden：Harrassowitz, 2006. Pp. 253–273.

404430　　SCARPARI, Maurizio（司馬儒）. "Tra manoscritti e tradizione: La produzione del testo scritto nella Cina antica"（在寫本和傳統之間：中國古代的寫本創造）. 載於 G. BOCCALI 和 M. SCARPARI（司馬儒）合編. *Scritture e codici nelle culture dell'Asia: Giappone, Cina, Tibet, India: Prospettive di studio*（亞洲文化中的寫作與文本：日本、中國、西藏和印度，研究觀點）. Venice：Cafoscarina, 2006. Pp. 183–202.

404440*　　SHAUGHNESSY, Edward L.（夏含夷）. *Rewriting Early Chinese Texts*（重寫中國古代文獻）. Albany：State University of New York Press, 2006.

404450　　SIMSON, Wojciech Jan. *Die Geschichte der Aussprüche des Konfuzius* (Lunyu)（孔子論語史）. Bern：Peter Lang, 2006.

404460　　SZABÓ, Sándor P. "Xunzi's Theories on Human Nature in the Light of a Recently Discovered Manuscript"（從最近發現的寫本看荀子人性理論）. 載於 Wen XING（邢文）編. *Rethinking Confucianism: Selected Papers from the Third International Conference on Excavated Chinese Manuscripts, Mount Holyoke College, April 2004*（儒家的再思考：第三屆國際簡帛研討會論文集）. San Antonio：Trinity University, 2006. Pp. 127–131.

404470　　VAN ELS, Paul（葉波）. "The *Wenzi*: Creation and Manipulation of a Chinese Philosophical Text"（《文子》：一份中國哲學文獻的創造和篡改）. 博士論文：Leiden University, 2006.

404480　　VENTURE, Olivier（風儀誠）. "La question des 'écritures

chinoises' à l'époque des Royaumes combattants"（戰國時代的"中國文字"的問題）. *Arts asiatiques* 61（2006）：30–44.

404490　WONG, Kwan Leung（黃君良）. "Early Confucianism: A Study of the Guodian Confucian Texts"（早期儒家：郭店儒家文獻研究）. 博士論文：The University of Arizona, 2006.

404500　XING, Wen（邢文）編. *Rethinking Confucianism: Selected Papers from the Third International Conference on Excavated Chinese Manuscripts, Mount Holyoke College, April 2004*（儒家的再思考：第三屆國際簡帛研討會論文集）. San Antonio: Trinity University, 2006.

404510　ZHENG Wangeng（鄭萬耕）. "A Brief Explanation of the Chu Bamboo Slips *Hengxian*"（簡釋楚簡《恒先》）. Yan Xin 譯. *Contemporary Chinese Thought* 1.3（2006）：418–431.

2007

404520　BOLTZ, William G.（鮑則岳）. "Reading Early Chinese Manuscripts" 閱讀中國早期寫本.《中國文化研究所學報》47（2007）：459–480.

404530　BRINDLEY, Erica F.（錢德梁）. "The Cosmic Power of Sound in the Late Warring States and Han Periods"（戰國晚期到漢代聲音的宇宙力量）. *Journal of Chinese Religions* 35（2007）：1–35.

404540　CHANG, Chun-shu（張春樹）. *The Rise of the Chinese Empire*（中華帝國的興起）. 2 vols. Ann Arbor: University of Michigan Press, 2007.

404550　CHIN, Annping（金安平）. "Understanding *yangong*（言公）in Two Ways: Lessons from the *Xunzi* and Guodian Bamboo Texts"（理解"言公"的兩種方式：《荀子》和郭店竹簡的啟示）. 載於李學勤和林慶彰編.《新出土文獻與先秦思想重

構》.出土思想文物與文獻研究叢書 25. 臺北：臺灣古籍出版公司，2007. Pp. 189-204.

404560　　CULLEN, Christopher（古克禮）. "The *Suàn shù shu* 算數書, 'Writings on Reckoning': Rewriting the History of Early Chinese Mathematics in the Light of an Excavated Manuscript"（《算數書》：據一份出土寫本重寫早期中國數學史）. *Historia Mathematica* 34 (2007): 10-44.

404570　　HARPER, Donald（夏德安）. "Communication by Design: Two Silk Manuscripts of Diagrams (*tu*) from Mawangdui Tomb Three"（圖像之溝通：馬王堆三號墓的兩幅帛畫）. 載於 Francesca BRAY（白馥蘭）等編. *Graphics and Text in the Production of Technical Knowledge in China: The Warp and the Weft*（圖表和文本在創造中國科技知識中的作用：經和緯）. Leiden: Brill, 2007. Pp. 169-189.

404580　　HSU, Hsin-mei Agnes（徐心眉）and Anne MARTIN-MONTGOMERY. "An Emic Perspective on the Mapmaker's Art in Western Han China"（中國西漢地圖製作技術的主位的角度）. *Journal of the Royal Asiatic Society* 17.4 (2007): 443-457.

404590　　KALINOWSKI, Marc（馬克）. "Time, Space and Orientation: Figurative Representations of the Sexagenary Cycle in Ancient and Medieval China"（時間、空間與方向：中國上古和中古時代干支的圖形表現）. 載於 Francesca BRAY（白馥蘭）等編. *Graphics and Text in the Production of Technical Knowledge in China: The Warp and the Weft*（圖表和文本在創造中國科技知識中的作用：經和緯）. Leiden: Brill, 2007. Pp. 137-168.

404600　　KERN, Martin（柯馬丁）. "Excavated Manuscripts and Their Socratic Pleasures: Newly Discovered Challenges in

Reading the 'Airs of the States'"（出土寫本及其蘇格拉底樂趣：新發現的閱讀國風的挑戰）. *Asiatische Studien/Études Asiatiques* 61.3 (2007)：775‐793.

404610　MacCORMACK, Geoffrey（馬若斐）. "The Hard Labour Punishments in Ch'in and Han Dynasties of China"（中國秦漢朝代的苦役刑罰）. 載於 Cosimo CASCIONE 和 Carla Masi DORIA 合編. *Fides Humanitas Ius: Studi in Onore di Luigi Labruna*（信仰人權：獻給 Luigi Labruna 的研究）. Napoli：Editoriale Scientifica, 2007. Pp. 3065‐3079.

404620　MacCORMACK, Geoffrey（馬若斐）. "From *Zei* 賊 to *Gu Sha* 故殺：A Changing Concept of Liability in Traditional Chinese Law"（從賊到故殺：傳統中國法律裏變化的責任概念）. *Journal of Asian Legal History* 7 (2007)：1‐22.

404630　MacCORMACK, Geoffrey（馬若斐）. "On the Relationship between Law and Religion in Early China：Some Issues"（有關古代中國法律和宗教的關係：幾點問題）.《興大歷史學報》18 (2007)：1‐20.

404640　PFISTER, Rudolf. "Der Milchbaum und die Physiologie der weiblichen Ejakulation：Bemerkungen über Papiermaulbeer- und Feigenbäume im Süden Altchinas"（奶樹與婦女射精的生理：關於古代中國南方桑葚與無花果樹的看法）. *Asiatische Studien / Études Asiatiques* 61.3 (2007)：813‐844.

404650　WANG, Helen. "Official Salaries and Local Wages at Juyan, North-West China, First Century BCE to First Century CE"（公元前一世紀至公元一世紀中國西北居延地區的官員薪水和當地工資）. 載於 Jan LUCASSEN 編. *Wages and Currency: Global Comparisons from Antiquity to the Twentieth Century*（工資與貨幣：從古代到二十世紀的全球比

較). International and Comparative Social History. Bern: Peter Lang, 2007. Pp. 59-76.

404660　ZOU Dahai (鄒大海). "Shuihudi Bamboo Strips of the Qin Dynasty and Mathematics in Pre-Qin Period"（睡虎地秦簡與先秦時代數學）. *Frontiers of History in China* 2.4 (2007): 632-654.

2008

404670　CHEN Jing. "Interpretation of *Hengxian*: An Explanation from a Point of View of Intellectual History"（恒先的理解：從思想史角度的解釋）. HUANG Deyuan (黃德元)譯. *Frontiers of Philosophy in China* 3.3 (2008): 366-388.

404680　DAUBEN, Joseph W. (道本周). "算數書 *Suan Shu Shu: A Book on Numbers and Computations:* English Translation with Commentary"（算數書：一本關於數字和算法的書，英文翻譯和注解）. *Archive for History of Exact Sciences* 62 (2008): 91-178.

404690　FRIEDRICH, Michael (傅敏怡). "The 'Announcement to the World Below' of Ma-wang-tui 馬王堆 3"（馬王堆三號墓的告地書）. *Manuscript Cultures* 1 (2008): 7-15.

404700　GOLDIN, Paul R. (金鵬程). "The Myth That China Has No Creation Myth"（"中國沒有創世神話"就是一種神話）. *Monumenta Serica* 56 (2008): 1-22.

404710　GUO, Jue (郭珏). "Reconstructing Fourth Century B.C.E. Chu Religious Practices in China: Divination, Sacrifice, and Healing in the Newly Excavated Baoshan Manuscripts"（重構公元前四世紀楚國的宗教實踐：新出土的包山寫本所見貞卜、祭祀與治療）. 博士論文：The University of Wisconsin, Madison, 2008.

404720　　HOLLOWAY, Kenneth W. (郝樂爲). "How Guodian and Received Texts Use Humanity and Righteousness Differently" (試論郭店楚簡與傳世文本中"仁"、"義"使用的差異性). 載於張光裕和黃德寬編.《古文字學論稿》.合肥：安徽大學出版社，2008. Pp. 354–370.

404730　　HU Zhihong (胡治洪). "The Obscuration and Rediscovery of the Original Confucian Thought of Moral Politics: Deciphering Work on the Guodian, Shangbo and the Transmitted Versions of *Ziyi*" (儒家原始道德政治思想的隱晦和重新發現：郭店、上博和傳世本《緇衣》的釋讀工作). HUANG Deyuan (黃德元)譯. *Frontiers of Philosophy in China* 3.4 (2008): 535–557.

404740　　JIANG Guanghui (姜廣輝). "A Modern Translation of *Confucius's Comments on the* Poetry (Kongzi Shilun)" (《孔子詩論》今譯). Jonathan KRAUSE 譯. *Contemporary Chinese Thought* 39.4 (2008): 49–60.

404750　　JIANG Guanghui (姜廣輝). "Problems Concerning the Rearrangement, Interpretation, and Orientation of the Ancient *Preface to* the Poetry (Shixu)" (古代《詩序》的重新排列、理解和定位諸問題). Jonathan KRAUSE 譯. *Contemporary Chinese Thought* 39.4 (2008): 30–48.

404760　　JIANG Linchang (江林昌). "The Chu Bamboo Slip *Comments on the* Poetry (Shilun): A Perspective of the Early History of the Study of Chinese Classics" (楚簡《詩論》：中國經典研究的早期歷史的觀點). Haijing HUANG 等譯. *Contemporary Chinese Thought* 39.4 (2008): 70–77.

404770　　KALINOWSKI, Marc (馬克). "La divination sous les Zhou Orientaux (770–256 avant notre ère). Textes transmis et découvertes archéologiques récentes" (東周[公元前770—前

256 年]的占卜：傳世文獻與最近考古發現）. 載於 *Religion et société en Chine ancienne et médiévale*（中國上古和中古時代的宗教與社會）. Paris: Editions Le Cerf, 2008.

404780　KALINOWSKI, Marc（馬克）. "Les livres des jours (*rishu*) des Qin et des Han: La logique éditoriale du recueil A de Shuihudi (217 avant notre ère)"（秦和漢的日書：睡虎地甲本的編輯邏輯）. *T'oung Pao* 94 (2008): 1–48.

404790　LI Xueqin（李學勤）. "*Comments on the* Poetry (Shilun) *and the* Poetry (Shi)"（《詩論》和《詩》）. Jonathan KRAUSE 譯. *Contemporary Chinese Thought* 39.4 (2008): 18–29.

404800　LIU, Johanna（劉千美）. "Music [yue] in Classical Confucianism: On the Recently Discovered *Xing zi ming chu*"（經典儒家的音樂：關於最近發現的《性自命出》）. 載於 Vincent SHEN（沈清松）and Kwong-loi SHUN（信廣來）編. *Confucian Ethics in Retrospect and Prospect*（儒家倫理的回顧與展望）. Washington, D.C.: Council for Research in Values and Philosophy, 2008. Pp. 61–77.

404810　MEYER, Dirk（麥笛）. "Meaning-Construction in Warring States Philosophical Discourse: A Discussion of the Palaeographic Materials from Tomb Guodiàn One"（戰國哲學論述中的意義建構：郭店一號墓古文字資料的討論）. 博士論文: Leiden University, 2008.

404820　MEYER, Dirk（麥笛）. "Writing Meaning: Strategies of Meaning-Construction in Early Chinese Philosophical Discourse"（書寫意義：早期中國哲學論述中的意義建構方法）. *Monumenta Serica* 56 (2008): 55–95.

404830　MIDDENDORF, Ulrike（梅道芬）. "Again on *qing* 情: With a Translation of the Guodian *Xing zi ming chu*"（再論情：兼譯郭店《性自命出》）. *Oriens Extremus* 47 (2008):

97–159.

404840　　RIEGEL, Jeffrey K.（王安國）. "A Passion for the Worthy"（對聖賢的強烈愛好）. *Journal of the American Oriental Society* 128.4（2008）：709–721.

404850*　　SANFT, Charles（陳力強）. "Notes on Penal Ritual and Subjective Truth under the Qin"（關於秦治下的刑罰慣例與主觀真實的札記）. *Asia Major*（third series）21.2（2008）：35–57.

404860　　SANFT, Charles（陳力強）. "Edict of Monthly Ordinances for the Four Seasons in Fifty Articles from 5 C.E.：Introduction to the Wall Inscription Discovered at Xuanquanzhi, with Annotated Translation"（公元 5 年的五十章的四季月令詔條：懸泉置發現的壁銘的介紹及譯注）. *Early China* 32（2008–2009）：125–208.

404870　　SLINGERLAND, Edward（森舸瀾）. "The Problem of Moral Spontaneity in the Guodian Corpus"（郭店文本中的道德自發性問題）. *Dao* 7.3（2008）：237–256.

404880　　XING, Wen（邢文）. "Between the Excavated and Transmitted Hermeneutic Traditions：Interpretations of 'The Cry of the Osprey'（*Guanju*）and Related Methodological Issues"（在出土和傳世的詮釋傳統之間：《關雎》的解釋以及相關方法問題）. Yan Ming and XING Wen 譯. *Contemporary Chinese Thought* 39.4（2008）：78–93.

404890　　ZHANG, Zhaoyang（張朝陽）. "A Note on Civil Cases in Early China"（有關中國古代民事案件）. *Journal of the American Oriental Society* 128.1（2008）：121–130.

2009

404900*　　ALLAN, Sarah（艾蘭）. "Not the *Lun yu*：The Chu

Script Bamboo Slip Manuscript, *Zigao*, and the Nature of Early Confucianism"(不是《論語》：楚簡《子羔》和早期儒學的性質). *Bulletin of the School of Oriental and African Studies* 72.1 (2009)：115-151.

404910　　BOLTZ, William G.（鮑則岳）. "Is the Chuu Silk Manuscript a Chu Manuscript?"（楚帛書是一份楚寫本嗎？）. *Asiatische Studien / Études asiatiques* 63.4 (2009)：789-807.

404920　　BRINDLEY, Erica F.（錢德梁）. "'The Perspicuity of Ghosts and Spirits' and the Problem of Intellectual Affiliations in Early China"（《鬼神之明》與早期中國學派歸屬的問題）. *Journal of the American Oriental Society* 129.2 (2009)：215-236.

404930*　CHAN, Shirley（陳慧）. "Human Nature and Moral Cultivation in the Guodian 郭店 Text of the *Xing Zi Ming Chu* 性自命出（Nature Derives from Mandate）"（郭店《性自命出》所見人性與道德修養）. *Dao* 8.4 (2009)：361-382.

404940*　CHAN, Shirley（陳慧）. "The Ruler/Ruled Relationship in the *Ziyi*（Black Robe）Contained in the Newly Excavated Guodian Chu Slip-Texts"（新發現的郭店楚簡《緇衣》裏的君臣關係）. *Journal of Asian History* 43 (2009)：19-30.

404950　　ELS, Paul van（葉波）. "Dingzhou：The Story of an Unfortunate Tomb"（定州：一座不幸的墓葬的故事）. *Asiatische Studien / Études Asiatiques* 63.4 (2009)：909-941.

404960　　FRIEDRICH, Michael（傅敏怡）. "Wer war der Grabherr von Ma-wang-tui 3?"（誰是馬王堆三號墓的墓主？）. 載於 Roland ALTENBURGER（安如巒）等編. *Dem Text ein Freund: Erkundungen des chinesischen Altertums: Robert H.*

Gassmann gewidmet（文友：中國古代之考察，獻給高思曼）. Bern：Peter Lang，2009. Pp. 125–143.

404970　　GASSMANN, Robert H.（高思曼）. "The Study of Chinese Manuscripts: Searching for the Genius Loci"（中國寫本研究：探索地方守護神）. *Asiatische Studien / Études Asiatiques* 63. 4（2009）：781–787.

404980　　GENTZ, Joachim（根茨博）. "Ein Augenblick Unsterblichkeit: Das Bildprogramm von Mawangdui-Banner und *Xiuzhen tu*"（一個暫時的永久不死：馬王堆帛畫和修真圖的畫圖）. 載於 Roland ALTENBURGER（安如巒）等編. *Dem Text ein Freund: Erkundungen des chinesischen Altertums: Robert H. Gassmann gewidmet*（文友：中國古代之考察，獻給高思曼）. Bern：Peter Lang，2009. Pp. 145–171.

404990　　HARPER, Donald（夏德安）. "Philology and Cosmological Discourse in Early China: Reading the *Heng Xian* from the Shanghai Museum Bamboo Slips from Chu"（早期中國的宇宙生成論與文獻學——讀上海博物館藏楚簡《恒先》）. 載於馮天瑜編.《人文論叢》.武漢：武漢大學中國傳統文化研究中心，2009 年. Pp. 141–150.

405000　　HOLLOWAY, Kenneth W.（郝樂爲）. *Guodian: The Newly Discovered Seeds of Chinese Religious and Political Philosophy*（郭店：新發現的中國宗教與政治思想的種子）. Oxford：Oxford University Press，2009.

405010*　　KALINOWSKI, Marc（馬克）. "Diviners and Astrologers under the Eastern Zhou: Transmitted Texts and Recent Archaeological Discoveries"（東周時代的貞人和占星人）. Tr. Margaret McIntosh. 載於 John LAGERWEY（勞格文）和 Marc KALINOWSKI（馬克）編. *Early Chinese Religion, Part One: Shang through Han*（1250 BC—220 AD）（中國

早期宗教，一：商至漢，公元前 1250 年至公元 220 年）. 2 vols. Leiden: Brill, 2009. Vol. I, pp. 341–396.

405020　　KOLB, Raimund Th.（科爾博）. "Von Grabräubern und Grabfrevlern und wie man sich ihrer zu erwehren suchte: Ein kleiner Beitrag zur Kriminalitätsgeschichte der Han-Zeit"（盜墓和墓葬歹徒以及人家怎樣抵抗：漢代罪犯史的小文）. 載於 Roland ALTENBURGER（安如巒）等編. *Dem Text ein Freund: Erkundungen des chinesischen Altertums: Robert H. Gassmann gewidmet*（文友：中國古代之考察，獻給高思曼）. Bern: Peter Lang, 2009. Pp. 91–124.

405030　　LÉVI, Jean Levi（樂唯）. *Le Lao-Tseu suivi des Quatres Canons de l'Empereur Jaune*（由黃帝四經看老子）. Paris: Albin Michel, 2009.

405040　　LIU Lexian（劉樂賢）. "Comparison of the Chu and Qín Art of Selection: A Study Based on Excavated Documents"（對比楚和秦的選擇術：以出土文獻爲根據的研究）. Xiaobing WANG-RIESE（王霄冰）和 Hannah REHLE 譯. 載於 Xiaobing WANG-RIESE（王霄冰）和 Thomas O. HÖLLMANN（何爾曼）編. *Time and Ritual in Early China*（早期中國的時間與禮儀）. Wiesbaden: Harrassowitz, 2009. Pp. 153–168.

405050　　MEYER, Dirk（麥笛）. "Texts, Textual Communities, and Meaning: The Genius Loci of the Warring States Chu Tomb Guodian One"（文本、文本團體和意義：戰國楚國郭店一號墓的地祇）. *Asiatische Studien/Études Asiatiques* 63.4 (2009): 827–856.

405060*　　NIVISON, David S.（倪德衛）. *The Riddle of the Bamboo Annals*（《竹書紀年》解謎）. Taipei: Airiti, Inc., 2009.

405070   PANG Pu（龐樸）. "'*Bing wu*（丙午）in the Fifth Month' and '*ding hai*（丁亥）in the First Month'"（"五月丙午"與"正月丁亥"）. William CRAWFORD 譯. *Contemporary Chinese Thought* 40.4（2009）：30－40.

405080   PANG Pu（龐樸）. "A Discussion of the Character *wu*"（試論"無"字）. William CRAWFORD 譯. *Contemporary Chinese Thought* 40.4（2009）：67－82.

405090   PANG Pu（龐樸）. "The *Doctrine of the Mean*（Zhongyong）and Division into Three"（《中庸》和一分爲三）. William CRAWFORD 譯. *Contemporary Chinese Thought* 40.4（2009）：10－23.

405100   PANG Pu（龐樸）. "Some Conjectures Concerning the Character *ren*"（關於"仁"字的某些推測）. William CRAWFORD 譯. *Contemporary Chinese Thought* 40.4（2009）：59－66.

405110   PARK，Haeree（朴慧莉）. "Linguistic Approaches to Reading Excavated Manuscripts"（閱讀出土寫本的語言學方法）. *Asiatische Studien/Études Asiatiques* 63.4（2009）：857－887.

405120   PARK，Haeree（朴慧莉）. "The Shanghai Museum *Zhouyi* Manuscript and the Warring States Writing System"（上海博物館《周易》寫本與戰國書寫系統）. 博士論文：University of Washington，2009.

405130   PERKINS，Franklin（方嵐生）. "Motivation and the Heart in the *Xing zi ming chu*"（《性自命出》裏的動機與心）. *Dao* 8.2（2009）：117－131.

405140   PINES，Yuri（尤鋭）. "Confucian Irony? 'King Wu's Enthronement' Reconsidered"（儒家的諷刺？重新思考《武王踐阼》）. 載於 Raoul David FINDEISEN（馮鐵）等編. *At*

Home in Many Worlds: Reading, Writing and Translating from Chinese and Jewish Cultures（在許多世界的家：中國和猶太文化的閱讀、書寫和翻譯）. Wiesbaden: Harrassowitz, 2009. Pp. 55-68.

405150　　PINES, Yuri（尤銳）. *Envisioning Eternal Empire: Chinese Political Thought of the Warring States Era*（想象永恒的帝國：戰國時代的中國政治思想）. Honolulu: University of Hawaii Press, 2009.

405160　　POO, Mu-chou（蒲慕州）. "Ritual and Ritual Texts in Early China"（早期中國的禮儀與禮儀文獻）. 載於 John LAGERWEY（勞格文）和 Marc KALINOWSKI（馬克）編. *Early Chinese Religion, Part One: Shang through Han (1250 BC-220 AD)*（中國早期宗教，一：商至漢，公元前1250年至公元220年）. 2 vols. Leiden: Brill, 2009. Vol. 1, pp. 281-313.

405170　　QIANG Yu（強昱）. "The Philosophies of Laozi and Zhuangzi and the Bamboo-Slip Essay *Hengxian*"（老莊哲學與竹簡《恒先》）. HUANG Deyuan（黃德元）譯. *Frontiers of Philosophy in China* 4.1 (2009): 88-115.

405180*　　RICHTER, Matthias（李孟濤）. "Faithful Transmission or Creative Change: Tracing Modes of Manuscript Production from the Material Evidence"（忠誠的傳遞抑或創造性的改變：從物質證據尋找寫本創造的模式）. *Asiatische Studien / Études Asiatiques* 63.4 (2009): 889-908.

405190　　WANG Zhongjiang（王中江）. "The Construction of the View of the Cosmos and the Human World in *Hengxian*"（《恒先》中宇宙和人間觀念的建構）. Kuang Zhao 譯. *Frontiers of Philosophy in China* 4.4 (2009): 493-510.

405200　　YATES, Robin D.S.（葉山）. "Law and the Military in

Early China"（早期中國的法律和軍隊）. 載於 Nicola DI COSMO（狄宇宙）編. *Military Culture in Imperial China*（中國皇朝時代的軍事文化）. Cambridge, Mass: Harvard University Press, 2009. Pp. 23-44.

405210　YATES, Robin D.S.（葉山）和 Anthony BARBIERI-LOW（李安敦）. "Translating the Zhangjiashan Legal Texts into English: Methodologies and Challenges"（張家山法律文獻的英文翻譯：方法和挑戰）. *Chūgoku shigaku* 中國史學 19 (2009): 1-23.

405220　VENTURE, Olivier（風儀誠）. "Looking for Chu People's Writing Habits"（探索楚人的書寫習慣）. *Asiatische Studien / Études Asiatique* 63.4 (2009): 943-957.

2010

405230　ALLAN, Sarah（艾蘭）. "Abdication and Utopian Vision in the Bamboo Slip Manuscript, *Rongchengshi*"（竹簡寫本《容成氏》裏的禪讓與烏托邦願景）. *Journal of Chinese Philosophy* 37 (2010): 67-84.

405240　BRINDLEY, Erica F.（錢德梁）. *Individualism in Early China: Human Agency and the Self in Thought and Politics*（早期中國的個人主義：思想和政治中的人類能動性與自我）. Honolulu: University of Hawaii Press, 2010.

405250　BROOKS, E. Bruce（白牧之）. "Probability and the Gwōdyèn Daù/Dv Jīng"（可能性和郭店《道德經》）. *Warring States Papers: Studies in Chinese and Comparative Philology* 1 (2010): 59-61.

405260　BROWN, Miranda（董慕達）和 Charles SANFT（陳力強）. "Categories and Legal Reasoning in Early Imperial China: The Meaning of *Fa* in Recovered Texts"（中國早期帝國時代

的類別與法律推理：出土文獻裏法的意義）. *Oriens Extremus* 49（2010）：283–306.

405270　　CHENG, Chung-ying（成中英）. "On Internal Onto-Genesis of Virtuous Actions in the *Wu Xing Pian*"（關於《五行篇》裏道德行爲的個體内在發生）. 載於 Chung-ying CHENG（成中英）和 Franklin PERKINS（方嵐生）合編.*Chinese Philosophy in Excavated Early Texts*（出土早期文獻裏的中國哲學）. *Journal of Chinese Philosophy*, Supplement to v. 37 (2010)：142–158.

405271　　Chung-ying CHENG（成中英）和 Franklin PERKINS（方嵐生）合編.*Chinese Philosophy in Excavated Early Texts*（出土早期文獻裏的中國哲學）. *Journal of Chinese Philosophy* 37（2010）補編.

405280　　CULLEN, Christopher（古克禮）. "Numbers, Numeracy and the Cosmos"（數字、計算能力和宇宙）. 載於 Michael NYLAN（戴梅可）和 Michael LOEWE（魯惟一）合編. *China's Early Empires: A Re-appraisal*（中國早期帝國：一種重估）. Cambridge：Cambridge University Press, 2010. Pp. 323–337.

405290　　DOROFEEVA-LICHTMANN, Vera V.（魏德理）. "The *Rong Cheng shi* 容成氏 Version of the 'Nine Provinces': Some Parallels with Transmitted Texts"（《容成氏》所見"九州"：與傳世文獻的對應）. *East Asian Science, Technology, and Medicine* 32（2010）：13–58.

405300　　GIELE, Enno（紀安諾）. "Excavated Manuscripts: Context and Methodology"（出土寫本：語境和方法）. 載於 Michael NYLAN（戴梅可）和 Michael LOEWE（魯惟一）合編. *China's Early Empires: A Re-appraisal*（中國早期帝國：一種重估）. Cambridge：Cambridge University Press, 2010. Pp.

114–134.

405310　　HARPER, Donald (夏德安). "The Textual Form of Knowledge: Occult Miscellanies in Ancient and Medieval Chinese Manuscripts, Fourth Century B.C. to Tenth Century A.D."（知識的文本形態：公元前四世紀至公元十世紀中國上古與中古寫本裏的數術雜錄）. 載於 Robert S. Cohen, Jürgen Renn, Kostas Gavroglo 編. *Looking at It from Asia: The Processes that Shaped the Sources of History of Science*（從亞洲觀之：形成科學史資料的過程）. Dordrecht: Springer, 2010. Pp. 37–80.

405320　　HENRY, Eric (武文和). "A Note on Chūn/Chyōu Shr-yw 春秋事語 Item 5"（《春秋事語》第 5 章的一個注解）. *Warring States Papers* 1 (2010): 55–58.

405330　　KALINOWSKI, Marc (馬克). "Divination and Astrology: Received Texts and Excavated Manuscripts"（貞卜與占星：傳世文獻與出土寫本）. 載於 Michael NYLAN（戴梅可）和 Michael LOEWE（魯惟一）合編. *China's Early Empires: A Re-appraisal*（中國早期帝國：一種重估）. Cambridge: Cambridge University Press, 2010. Pp. 339–366.

405340　　LO, Vivienne (羅維前). "Manuscripts, Received Texts and the Healing Arts"（寫本、傳世文獻與醫療技術）. 載於 Michael NYLAN（戴梅可）和 Michael LOEWE（魯惟一）合編. *China's Early Empires: A Re-appraisal*（中國早期帝國：一種重估）. Cambridge: Cambridge University Press, 2010. Pp. 367–397.

405350　　LOEWE, Michael (魯惟一). "Social Distinctions, Groups and Priviliges"（社會階級、族群和特權）. 載於 Michael NYLAN（戴梅可）和 Michael LOEWE（魯惟一）合編. *China's Early Empires: A Re-appraisal*（中國早期帝國：一

種重估). Cambridge：Cambridge University Press，2010. Pp. 296-307.

405360　LOEWE，Michael（魯惟一）."The Laws of 186 BCE"（公元前186年的律令）. 載於 Michael NYLAN（戴梅可）和 Michael LOEWE（魯惟一）合編. *China's Early Empires: A Re-appraisal*（中國早期帝國：一種重估）. Cambridge：Cambridge University Press，2010. Pp. 253-265.

405370　LOEWE，Michael（魯惟一）."The Operation of the Government"（政府的運作）. 載於 Michael NYLAN（戴梅可）和 Michael LOEWE（魯惟一）合編. *China's Early Empires: A Re-appraisal*（中國早期帝國：一種重估）. Cambridge：Cambridge University Press，2010. Pp. 308-320.

405380　MILBURN，Olivia（米歐敏）."*Gai Lu*：A Translation and Commentary on a Yin-Yang Military Text Excavated from Tomb M247, Zhangjiashan"（蓋廬：張家山247號墓所出陰陽兵書的譯注）. *Early China* 33-34（2010-2011）：101-140.

405390　NYLAN，Michael（戴梅可）."Administration of the Family (*Qihuai bisi*)"（齊懷必死：家庭管理）. 載於 Michael NYLAN（戴梅可）和 Michael LOEWE（魯惟一）合編. *China's Early Empires: A Re-appraisal*（中國早期帝國：一種重估）. Cambridge：Cambridge University Press，2010. Pp. 266-295.

405400　NYLAN，Michael（戴梅可）和 Michael LOEWE（魯惟一）合編. *China's Early Empires: A Re-appraisal*（中國早期帝國：重新思考）. Cambridge：Cambridge University Press，2010.

405410　PERKINS，Franklin（方嵐生）."Recontextualizing *xing*：Self-Cultivation and Human Nature in the Guodian Texts"（"性"的新情景：郭店文獻裏的自我修養與人性）. *Journal of*

Chinese Philosophy 37.s1 (2010)：16‑32.

405420　　PINES, Yuri（尤銳）. "Political Mythology and Dynastic Legitimacy in the Rong Cheng shi Manuscript"（《容成氏》寫本裏的政治神話與王朝的合法性）. Bulletin of the School of Oriental and African Studies 73.3 (2010)：503‑529.

405430　　SANFT, Charles（陳力強）. "Dong Zhongshu's Chunqiu Jueyu Reconsidered: On the Legal Interest in Subjective States and the Privilige of Hiding Family Members' Crimes as Developments from Earlier Practice"（重新思考董仲舒的《春秋決獄》：關於從早期實踐發展而來的朝貢國家的法律權益與隱蔽家人犯罪的特權）. Early China 33‑34 (2010‑2011)：141‑169.

405440　　SANFT, Charles（陳力強）. "Environment and Law in Early Imperial China (Third Century BCE‑First Century CE): Qin and Han Statutes Concerning Natural Resources"（中國早期帝國時代的自然環境與法律：有關自然資源的秦漢律令）. Environmental History 15.4 (2010)：701‑721.

405450　　SANFT, Charles（陳力強）. "Law and Communication in Qin and Western Han China"（中國秦和西漢時代的法律與交通）. Journal of the Economic and Social History of the Orient 53.5 (2010)：679‑711.

405460　　STAACK, Thies. "Reconstructing the Kongzi shilun: From the Arrangement of the Bamboo Slips to a Tentative Translation"（重構《孔子詩論》：從竹簡的排列到初步翻譯）. Asiatische Studien/Études asiatiques 64.4 (2010)：857‑906.

405470　　STERCKX, Roel（胡司德）. "Religious Practices in Qin and Han"（秦漢的宗教實踐）. 載於 Michael NYLAN（戴梅可）和 Michael LOEWE（魯惟一）合編. China's Early Empires: A Re-appraisal（中國早期帝國：一種重估）. Cambridge：

Cambridge University Press, 2010. Pp. 415 – 429.

405480　　XING, Wen（邢文）. "Paleographic, Historical, and Intellectual History Approaches to Warring States Manuscripts Written on Bamboo Slips: A Review Article"（研究戰國竹簡寫本的古文字學、歷史學和思想史方法：一個評論）. *Early China* 33 – 34 (2010 – 2011): 233 – 262.

405490　　ZHANG, Zhaoyang（張朝陽）. "Civil Laws and Civil Justice in Early China"（中國古代的民事法律與民事審判）. 博士論文：University of California, Berkeley, 2010.

2011

405500*　　ALLAN, Sarah（艾蘭）. "What Is a *Shu* 書?"（"書"是什麽）. *European Association for the Study of Chinese Manuscripts Newsletter* 4 (2011): 1 – 5.

405510　　AMES, Roger T.（安樂哲）. "Human 'Beings' or Human 'Becomings'? Another Look at the *Wuxingpian*"（作爲人還是成爲人？再看《五行篇》）. 載於何志華等編.《先秦兩漢古籍國際學術研討會論文集》.北京：社會科學文獻出版社, 2011. Pp. 74 – 104.

405520　　BARBIERI-LOW, Anthony J.（李安敦）. "Craftsman's Literacy: Uses of Writing by Male and Female Artisans in Qin and Han China"（"工"之讀寫能力：中國秦漢的男女工匠對書寫的運用）. 載於 LI Feng（李峰）和 David Prager BRANNER（林德威）合編. *Writing and Literacy in Early China: Studies from the Columbia Early China Seminar*（早期中國的文字與讀寫能力：哥倫比亞早期中國論壇的論文）. Seattle and London: University of Washington Press, 2011. Pp. 370 – 399.

405530　　BARBIERI-LOW, Anthony J.（李安敦）. "Model Legal and

Administrative Forms from the Qin, Han, and Tang and Their Role in the Facilitation of Bureaucracy and Literacy" (秦漢和唐的典範法律和行政格式及其對行政與認字能力所起之作用). *Oriens Extremus* 50 (2011): 125–156.

405540 　BROWN, Miranda (董慕達) 和 Charles SANFT (陳力強). "Categories and Legal Reasoning in Early Imperial China: The Meaning of *Fa* in Recovered Texts" (早期中國帝國的法律理論與類型: 出土文獻裏的"法"). *Oriens Extremus* 50 (2011): 1–28.

405550 　CHAN, Shirley (陳慧). "Cosmology, Society, and Humanity: Tian in the Guodian Texts (Part 1)" (宇宙、社會與人類: 郭店文獻裏的天[一]). *Journal of Chinese Philosophy* 38.S1 (2011): 64–77.

405560 　CHEMLA, Karine (林力娜) 和 MA Biao (馬彪). "Interpreting a newly discovered mathematical document written at the beginning of the Han dynasty in China (before 157 B.C.E.) and excavated from tomb M77 at Shuihudi (睡虎地)" (解釋睡虎地 77 號漢墓新出土的漢代早期數學文獻). *Sciamvs* 12 (2011): 159–191.

405570 　CHEN Lai (陳來). "A Study of the Bamboo 'Wuxing' Text and Zisi's Thought" (竹簡《五行》文本與子思思想研究). *Contemporary Chinese Thought* 43.2 (2011–2012): 34–69.

405580 　CHEN Lai (陳來). "A Study of the Philosophy of the Silk 'Wuxing' Text Commentary Section and a Discussion of the Silk 'Wuxing' Text and Mencius's Philosophy" (帛書《五行》傳文部分的哲學研究: 兼論帛書《五行》與孟子哲學). *Contemporary Chinese Thought* 43.2 (2011–2012): 70–107.

405590 　CHEN Lai (陳來). "Arguing for Zisi and Mencius as the Respective Authors of the 'Wuxing' Canon and Commentary

Sections, and the Historical Significance of the Discovery of the Guodian 'Wuxing' Text"（論證子思和孟子爲帛書《五行》經傳的作者，并論郭店《五行》發現的歷史意義）. *Contemporary Chinese Thought* 43.2（2011-2012）：14-25.

405600　　CHEN Lai（陳來）. "Brief Notes on the Bamboo 'Wuxing' Sections and Sentences"（簡論竹簡《五行》的章句）. *Contemporary Chinese Thought* 43.2（2011-2012）：26-33.

405610　　CULLEN, Christopher（古克禮）. "Understanding the Planets in Ancient China：Prediction and Divination in the *Wu Xing Zhan*"（理解中國古代的行星：《五星占》裏的預言和占卜）. *Early Science and Medicine* 16（2011）：218-251.

405620　　CULLEN, Christopher（古克禮）. "*Wu Xing Zhan* 五星占 'Prognostics of the Five Planets'"（五星占）. *SCIAMVS* 12（2011）：193-249.

405630　　GIELE, Enno（紀安諾）. "Evidence for the Xiongnu in Chinese Wooden Documents from the Han Period"（漢代木簡牘文獻裏關於匈奴的證據）. 載於 Ursula BROSSEDER 和 Bryan K. MILLER 合編. *Xiongnu Archaeology：Multidisciplinary Perspectives of the First Steppe Empire in Inner Asia*（匈奴考古：關於中亞的第一個草原帝國之跨學科觀點）. Ed. Bonn Contributions to Asian Archaeology 5. Bonn：Vor- und Frühgeschichtliche Archäologie, Rheinische Friedrich-Wilhelms-Universität, 2011.

405640　　GUO, Jue（郭珏）. "Concepts of Death and the Afterlife Reflected in Newly Discovered Tomb Objects and Texts from Han China"（漢代新發現的墓葬文物與文獻所反映的關於死亡和死後生活的概念）. 載於 Amy OLBERDING and Philip J. IVANHOE（艾文賀）編. *Mortality in Traditional Chinese Thought*（中國傳統思想裏的死亡）. Albany, N.Y.：SUNY

Press，2011. 85–115.

405650　　HARBSMEIER，Christoph（何莫邪）. "A Reading of the Guodian 郭店 Manuscript *Yucong* 語叢 1 as a Masterpiece of Early Chinese Analytic Philosophy and Conceptual Analysis"（閱讀作爲早期中國分析哲學和概念分析的杰作：郭店寫本《語叢一》）. *Studies in Logic* 4.3（2011）：3–56.

405660　　HARKNESS，Ethan Richard（郝益森）."Cosmology and the Quotidian：Day Books in Early China"（宇宙論與日常事務：中國古代日書）. 博士論文：The University of Chicago，2011.

405670*　　KALINOWSKI，Marc（馬克）. "Theorie musique et harmonie calendaire à la fin des Royaumes Combattants：Les livres des jours de Fangmatan (239 avant J.-C.)"（戰國末葉的音樂理論和曆法協調：公元前239年放馬灘日書）. *Études chinoises* 30（2011）：99–138.

405680　　KAO Lifeng（高莉芬）. "Sacred Order：Cosmogonic Myth in the Chu Silk Manuscript"（神聖秩序：楚帛書中的天體演化神話）. 載於 *China's Creation and Origin Myths: Cross-Cultural Explorations in Oral and Written Traditions*（中國的創造與起源神話：有關口頭與書寫傳統的比較文化探索）. Religion in Chinese Societies 2. Leiden：Brill，2011.

405690　　KIM，Kyung-ho（金慶浩）. "A Study of Excavated Bamboo and Wooden-strip *Analects*：The Spread of Confucianism and Chinese Script"（出土竹木簡《論語》研究：儒家思想和中國文字的傳播）. *Sungkyun Journal of East Asian Studies* 11.1（2011）：59–88.

405700　　KOROLKOV，Maxim（馬碩）. "Arguing about Law：Interrogation Procedure under the Qin and Former Han Dynasties"（關於法律的辯論：秦和西漢時代的審訊程序）. *Études chinoises* 30（2011）：37–71.

405720　　　NIVISON, David S.（倪德衛）."Epilogue to *The Riddle of the Bamboo Annals*"（《〈竹書紀年〉解謎》後記）.《中國文化研究所學報》53（2011）：1－32.

405730　　　POO, Mu-chou（蒲慕州)."Preparation for the Afterlife in Ancient China"（中國古代爲死後生活的準備）. 載於 Amy OLBERDING and Philip J. IVANHOE（艾文賀）編. *Mortality in Traditional Chinese Thought*（中國傳統思想裏的死亡）. Albany, N.Y.：SUNY Press, 2011. Pp. 13－36.

405740　　　RICHTER, Matthias（李孟濤）."Textual Identity and the Role of Literacy in the Transmission of Early Chinese Literature"（中國早期文學作品傳播中的文本特性與讀寫能力的作用）. 載於 LI Feng（李峰）和 David Prager BRANNER（林德威）合編. *Writing and Literacy in Early China: Studies from the Columbia Early China Seminar*（早期中國的書寫與讀寫能力：哥倫比亞早期中國論壇的論文）. Seattle and London：University of Washington Press, 2011. Pp. 206－236.

405750　　　SANFT, Charles（陳力強）."Debating the Route of the Qin Direct Road (Zhidao): Text and Excavation"（辯論秦直道的路綫：文本與發掘）. *Frontiers of History in China* 6.3 (2011)：323－346.

405760*　　SHAUGHNESSY, Edward L.（夏含夷）."Of Riddles and Recoveries: The *Bamboo Annals*, Ancient Chronology, and the Work of David S. Nivison"（有關謎語和復原：《竹書紀年、古代年代學與倪德衛的研究工作》）.《中國文化研究所學報》52（2011）：269－290.

405770*　　VENTURE, Olivier（風儀誠）."Caractères interdits et vocabulaire officiel sous les Qin: L'apport des documents administratifs de Liye"（秦代的諱字和官僚詞彙：里耶行政文

件的聯繫). *Études chinoises* 30 (2011): 73–98.

405780　　XING Wen (邢文). "The Title and Structure of the *Wuxing*"(《五行》的標題和結構). Jian WANG 譯. *Contemporary Chinese Thought* 43.2 (2011–2012): 6–13.

405790　　YATES, Robin D.S. (葉山). "Soldiers, Scribes, and Women: Literacy among the Lower Orders in Early China"(士兵、書吏和婦女：早期中國社會下層的讀寫能力). 載於 LI Feng (李峰) 和 David Prager BRANNER (林德威) 合編. *Writing and Literacy in Early China: Studies from the Columbia Early China Seminar*(早期中國的書寫與讀寫能力：哥倫比亞早期中國論壇的論文). Seattle: University of Washington Press, 2011. Pp. 339–369.

405800　　ZHANG, Zhaoyang (張朝陽). "The Legal Concept of *zhi* 直: The Emphasis of Verification in Early China"(法律概念的"直"：中國古代對實證的重視). *Monumenta Serica* 59 (2011): 1–16.

2012

405810*　　ALLAN, Sarah (艾蘭). "On *Shu* (Documents) and the Origin of the *Shang Shu* (Ancient Documents) in Light of Recently Discovered Bamboo Slip Manuscripts"(從最近發現的竹簡寫本看書和《尚書》的來源). *Bulletin of the School of Oriental and African Studies* 75.3 (2012): 547–557.

405820　　BOLTZ, William G. (鮑則岳). "Hand-Writing Styles in Early Chinese Manuscripts"(早期中國寫本的書法類型). *Manuscript cultures* 5 (2012–2013): 11–19.

405830　　BOLTZ, William G. (鮑則岳). "Character Variation in Early Chinese Manuscripts"(早期中國寫本的異體字). *Manuscript cultures* 5 (2012–2013): 76–83.

405840　　CHAN, Shirley (陳慧). "Cosmology, Society, and Humanity: *Tian* in the Guodian Texts (Part 2)" (宇宙、社會與人類：郭店文獻裏的天[二]). *Journal of Chinese Philosophy* 39.1 (2012): 106-120.

405850*　　CHAN, Shirley (陳慧). "*Zhong* 中 and Ideal Rulership in the *Baoxun* 保訓 (Instructions for Preservation) Text of the Tsinghua Collection of Bamboo Slip Manuscripts" (清華所藏竹簡寫本《保訓》所見"中"與理想的統治). *Dao* 11.2 (2012): 129-145.

405860　　COOK, Scott (顧史考). *The Bamboo Texts of Guodian: A Study and Complete Translation* (郭店楚簡：研究和完整翻譯). Ithaca, N.Y.: East Asia Program, Cornell University, 2012.

405870　　FECH, Andrej (費安德). *Das Bambus-Wenzi: Versuch der Rekonstruktion des philosophischen Standpunktes eines daoistischen Textes der Frühen Han-Zeit* (竹書《文子》：重構一本漢代早期道家文獻的哲學理論). Frankfurt am Main: Peter Lang, 2012.

405880　　HUANG, Kuan-yun (黃冠雲). "A Research Note on the Textual Formation of the 'Ziyi'" (有關《緇衣》文本形成的研究筆記). *Journal of the American Oriental Society* 132.1 (2012): 61-71.

405890　　KALINOWSKI, Marc (馬克). "The Notion of 'Shi 式' and Some Related Terms in Qin-Han Calendrical Astrology" (秦漢星曆學中"式"之概念及相關術語). *Early China* 35-36 (2012-2013): 331-360.

405900　　KIM, Hongkyung (崔珍晳). *The Old Master: A Syncretic Reading of the* Laozi *from the Mawangdui Text A Onward* (老子：《老子》的綜合閱讀,從馬王堆甲本開始). Albany:

SUNY Press，2012.

405910　KOROLKOV, Maxim（馬碩）."'Greeting Tablets' in Early China: Some Traits of the Communicative Etiquette of Officialdom in Light of Newly Excavated Inscriptions"（中國早期的"名謁"：由新出銘文看官場交際禮儀的一些特徵）. *T'oung Pao* 98.4-98.5（2012）：295-348.

405920　LAU, Ulrich（勞武利）和 Michael LÜDKE（呂德凱）譯. *Exemplarische Rechtsfälle vom Beginn der Han Dynastie: Eine kommentierte Übersetzung des Zouyanshu aus Zhangjiashan/Provinz Hubei*（漢代初期的理想法律方案：湖北張家山《奏讞書》注譯）. Tokyo: Research Institute for Languages and Cultures of Asia and Africa, Tokyo University of Foreign Studies, 2012.

405930　MEYER, Dirk（麥笛）. *Philosophy on Bamboo: Text and the Production of Meaning in Early China*（竹簡上的哲學：中國古代文本與意義的產生）. Leiden: Brill, 2012.

405940　RITCHIE, Jennifer Lundin. "The Guodian *Laozi* and *Taiyi shengshui*: A Cognitive Science Reading"（郭店《老子》和《太一生水》：一個認知科學的閱讀）. *Journal of Daoist Studies* 5（2012）：1-30.

405950　YATES, Robin D.S.（葉山）. "The Qin Slips and Boards from Well No. 1, Liye, Hunan: A Brief Introduction to the Qin Qianling County Archives"（湖南里耶一號井出土的秦代簡牘：秦代遷陵縣檔案簡介）. *Early China* 35-36（2012）：291-330.

405960　YAU Shun-chiu（游順釗）. "The Political Implications of Minority Policy in Qin Law"（秦律中所見的民族政策的政治內涵）. *Early China* 35-36（2012-2013）：277-289.

2013

405970　BOLTZ, William G.（鮑則岳）. "Why So Many *Laozi*-s?"（爲什麼有這麽多的《老子》?）. 載於 Imre GALAMBOS（高奕睿）編. *Studies in Chinese Manuscripts: From the Warring States to the 20th Century*（中國寫本研究：從戰國時代到二十世紀）. Budapest Monographs in East Asian Studies 4. Budapest: Institute of East Asian Studies, Eötvös Loránd University, 2013.

405980　BRINDLEY, ERICA F.（錢德梁）. "The Cosmos as Creative Mind: Spontaneous Arising, Generating, and Creating in the *Heng xian*"（作爲創造之神的宇宙：《恒先》裏的自然興起、生長和創造）. *Dao* 12.2（2013）: 189 - 206.

405990　BRINDLEY, ERICA F.（錢德梁）, Paul R. GOLDIN（金鵬程）和 Esther S. KLEIN（朴仙鏡）. "A Philosophical Translation of the *Heng Xian*"（恒先的哲學翻譯）. *Dao* 12（2013）: 145 - 151.

406000　CAO, Feng（曹峰）. "Huang-Lao Thought and Folk Techniques and Calculations: Using Clues from excavated Texts"（黄老思想與民間術數——以出土文獻爲綫索）. *Contemporary Chinese Thought* 44.4（2013）: 46 - 71.

406010　CAO, Feng（曹峰）. "A Review of the Issues Related to 'Names' in Lao Zi's First Stanza: Brought on by the Discovery of the Peking University Han Bamboo Slip Laozi"（《老子》首章"名"相關問題的重新審視——以北大漢簡〈老子〉的問世爲契機）. *Contemporary Chinese Thought* 44.4（2013）: 72 - 91.

406020　CAO, Feng（曹峰）. "Value and Limitation: Significance and Value of Excavated Texts for Intellectual History"（價值與局限：出土文獻對思想史的意義和價值）. *Contemporary*

Chinese Thought 44.4 (2013): 10–45.

406030　　DEFOORT, Carine (戴卡琳). "Excavated Manuscripts and Political Thought: Cao Feng on Early Chinese Texts"(出土文獻與政治思想：曹峰對早期中國文獻的研究).
Contemporary Chinese Thought 44.4 (2013): 3–9.

406040　　COOK, Constance A. (柯鶴立). "The Ambiguity of Text, Birth, and Nature"(文本、生育與本性的模糊性). Dao 12.2 (2013): 161–178.

406050　　GOLDIN, Paul R. (金鵬程). "*Heng xian* and the Problem of Studying Looted Artifacts"(《恒先》與研究被盜文物的問題). Dao 12.2 (2013): 153–160.

406060　　GOMOULINE, Andrei (虢安德). "Permanence, Something, Being: The Cosmogonic Argument of the *Heng xian*"(恒、或、有：《恒先》的宇宙生成演化論). Dao 12.2 (2013): 179–188.

406070　　KLEIN, Esther S. (朴仙鏡). "Constancy and the *Changes*: A Comparative Reading of *Heng xian*"(永恒與《易》：《恒先》的比較閱讀). Dao 12.2 (2013): 207–224.

406080　　LI, Jiahao (李家浩). "Identifying the Wangjiatai Qin (221 B.C.E.-206 B.C.E.) Bamboo Slip 'Yi Divinations' (Yi Zhan) as the *Guicang*"(王家臺秦簡"易占"爲《歸藏》考).
Contemporary Chinese Thought 44.4 (2013): 42–59.

406090　　LI, Xueqin (李學勤). "Hexagram Drawings on Warring States (475 B.C.E.-221 B.C.E.) Bamboo Slips"(戰國竹簡上的卦畫). Contemporary Chinese Thought 44.4 (2013): 34–41.

406100　　MORGAN, Daniel (墨子涵). "Knowing Heaven: Astronomy, the Calendar, and the Sagecraft of Science in Early Imperial China"(了解昊天：中國古代天文曆法的科學聖

術). 博士論文：The University of Chicago, 2013.

406110　PERKINS, Franklin（方嵐生）. "The Spontaneous Generation of the Human in the *Heng xian*"（《恒先》裏人的自然生成）. *Dao* 12.2 (2013): 225-240.

406120　RICHTER, Matthias L.（李孟濤）. *The Embodied Text: Establishing Textual Identity in Early Chinese Manuscripts*（具象化文本：中國早期寫本中文本特性的確立）. Leiden: Brill, 2013.

406130　SOU, Daniel S.（徐誠彬）. "In the Government's Service: A Study of the Role and Practice Of Early China's Officials Based on Excavated Manuscripts"（爲政府服務：據出土文獻研究古代中國官員的角色與實踐）. 博士論文：University of Pennsylvania, 2013.

406140　SOU, Daniel S.（徐誠彬）. "Shaping Qin Local Officials: Exploring the System of Values and Responsibilities Presented in the Excavated Qin Tomb Bamboo Strips"（塑造秦代的地方官員：探索出土秦簡所反映的價值與責任系統）. *Monumenta Serica* 61 (2013): 1-34.

406150*　TAKASHIMA, Ken-ichi（高島謙一）. "Incorrect Arrangement of the Bamboo Tablets in the *Shangshu*: A Falsifiable Hypothesis?"（《尚書》中的錯簡——一個可以被檢驗的假設?）.《中國語言學集刊》7.2 (2013): 29-44.

406160　YATES, Robin D.S.（葉山）. "Reflections on the Foundation of the Chinese Empire in the Light of Newly Discovered Legal and Related Manuscripts"（從新發現法律與相關寫本思考中國帝國的基礎）. 載於陳光祖編.《東亞考古學的再思——張光直先生逝世十周年紀念論文集》. 臺北：中研院歷史語言研究所, 2013 年. Pp. 473-506.

406170　ZHANG, Zhaoyang（張朝陽）. "Revisiting the A.D. 28

Case from Juyan 居延: How Was Civil Justice Different from Criminal Justice in Han China?"（重新考慮公元 28 年居延的案件：中國漢代民事審判與刑事審判如何不同？）. *Journal of Asian History* 47.1（2013）：51–80.

2014

406180　AMES, Roger T.（安樂哲）. "Collaterality in Early Chinese Cosmology: An Argument for Confucian Harmony (*he* 和) as *Creatio In Situ*"（中國早期宇宙論的"協同"：論儒家之"和"乃"境生"）. *Early China* 37（2014）：445–470.

406190　BIN, Dongchoel（賓東哲）. "Calligraphy and Scribal Training in Early China"（早期中國的書法與抄手的訓練）. 博士論文：Indiana University, 2014.

406200　CALDWELL, Ernest（康佩理）. "Promoting Action in Warring States Political Philosophy: A First Look at the Chu Manuscript *Cao Mie's Battle Arrays*"（戰國政治思想裏的推動作用：楚竹書《曹蔑之陳》初探）. *Early China* 14（2014）：221–258.

406210　CALDWELL, Ernest（康佩理）. "Social Change and Written Law in Early Chinese Legal Thought"（中國早期法律思想中的社會演變與成文法）. *Law and History Review* 32.1（2014）：1–30.

406220　CALDWELL, Perry Ernest IV（康佩理）. "Writing Chinese Laws: The Form and Function of Statutes in Qin Legal Culture"（寫作中國法律：秦代法制文化中律令的形式和功能）. 博士論文：The University of Chicago, 2014.

406230　HSING I-tien（邢義田）. "Qin-Han Census and Tax and Corvee Administration: Notes on Newly Discovered Materials"（秦漢戶籍、稅收與勞役管理：新出土材料的筆記）.

載於 Yuri PINES（尤鋭）等編. *Birth of an Empire: The State of Qin Revisited*（一個帝國的誕生：重新思考秦國）. Berkeley：University of California Press，2014. Pp. 155－186.

406240　　KRIJGSMAN，Rens（武致知）. "Traveling Sayings as Carriers of Philosophical Debate: From the Intertextuality of the Yucong 語叢 to the Dynamics of Cultural Memory and Authorship in Early China"（游動的言辭作爲哲學辯論的載體：由《語叢》的文本交互到早期中國文化記憶和著作權的動態）. *Asiatische Studien/Études Asiatiques* 68.1 (2014)：83－115.

406250　　MEYER，Andrew（麥安迪）."'Only the Human Way May Be Followed': Reading the Guodian Manuscripts against the *Mozi*"（唯人道爲可道也：以《墨子》爲背景讀郭店楚簡）. *Early China* 37（2014）：471－518.

406260　　MEYER，Dirk（麥笛）. "The Art of Narrative and the Rhetoric of Persuasion in the Jinteng (Metal Bound Casket) from the Tsinghua Collection of Manuscripts"（清華竹簡《金縢》所見敘述的藝術與説服的修辭）. *Asiatische Studien / Etudes Asiatiques* 68.4（2014）：937－968.

406270　　MEYER，Dirk（麥笛）. "Bamboo and the Production of Philosophy: A Hypothesis about a Shift in Writing and Thought in Early China"（竹子與哲學的産生：關於早期中國寫作與思想上的轉變的一個假設）. 載於 Benjamin J. FLEMING 和 Richard MANN 編. *History and Material Culture in Asian Religions*（亞洲宗教裏的歷史與物質文化）. London：Routledge，2014. Pp. 21－38.

406280　　PINES，Yuri（尤鋭）、羅泰（Lothar von FALKENHAUSEN）、Gideon SHELACH（吉迪）和 Robin D.S. YATES（葉山）合編. *Birth of an Empire: The State of Qin*

Revisited（帝國之誕生：重新思考秦國）. Berkeley：University of California Press，2014.

406290* 　　PINES，Yuri（尤銳）. "The Messianic Emperor：A New Look at Qin's Place in China's History"（有"救世主"特色的秦始皇——重新審視秦朝在中國歷史上的地位）. 載於 Yuri PINES（尤銳）等編. Birth of an Empire: The State of Qin Revisited（帝國之誕生：重新思考秦國）. Berkeley：University of California Press，2014. Pp. 258–279.

406300 　　PINES，Yuri（尤銳）. "Zhou History and Historiography：Introducing the Bamboo Manuscript Xinian"（周代歷史與史學：竹書《繫年》介紹）. T'oung Pao 100.4–100.5（2014）：287–324.

406310 　　SANFT，Charles（陳力強）. Communication and Cooperation in Early Imperial China: Publicizing the Qin Dynasty（中國早期帝國的交流與合作：宣傳秦朝）. Albany，N.Y.：SUNY Press，2014.

406320 　　SANFT，Charles（陳力強）. "New Information on Qin Religious Practice from Liye and Zhoujiatai"（里耶與周家臺簡牘中的秦朝宗教活動的新信息）. Early China 37（2014）：327–358.

406330* 　　SHAUGHNESSY，Edward L.（夏含夷）. "Philosophy or Bamboo：The Reading and Writing of Warring States Manuscripts"（哲學還是竹子：戰國寫本的寫作和閱讀）. China Reviews International 19.2（2014）：199–208.

406340 　　SHAUGHNESSY，Edward L.（夏含夷）. Unearthing the Changes: Recently Discovered Manuscripts of the Yijing (I Ching) and Related Texts（出土之易：最近發現的易經寫本與相關文獻）. New York：Columbia University Press，2014.

406350* 　　STAACK，Thies（史達）. "The Wei li zhi guan ji

qianshou Manuscript from the Yuelu Academy Collection: A New Reconstruction based on Verso Lines and Verso Imprints of Writing"（岳麓書院藏秦簡《爲吏治官及黔首》的新編聯——以簡背劃綫與反印字迹爲依據）. 載於 Tomoyuki Nagata（永田知之）編. *Documents and Writing Materials in East Asia*（東亞的文獻與書寫材料）. 京都：京都大學人文科學研究所，2014. Pp. 1–27.

406360　TSUCHIGUCHI, Fuminori（土口史記）. "Relaying and Copying Documents in the Warring States, Qin, and Han periods"（戰國秦漢時代文獻的傳送與謄寫）. 載於 Tomoyuki Nagata（永田知之）編. *Documents and Writing Materials in East Asia*（東亞的文獻與書寫材料）. 京都：京都大學人文科學研究所，2014. Pp. 29–52.

406370　XING, Wen（邢文）. "New Light on the *Li ji* 禮記: The *Li ji* and the Related Warring States Period Guodian Bamboo Manuscripts"（《禮記》的新曙光：《禮記》及相關的戰國郭店竹書）. *Early China* 37 (2014): 519–550.

2015

406380　ALLAN, Sarah（艾蘭）. *Buried Ideas: Legends of Abdication and Ideal Government in Early Chinese Bamboo-slip Manuscripts*（被埋葬的思想：早期中國竹簡寫本裏關於禪讓與理想政體的傳說）. Albany, N.Y.: SUNY Press, 2015.

406390　ALLAN, Sarah（艾蘭）. "'When Red Pigeons Gathered on Tang's House': A Warring States Tale of Shamanic Possession and Building Construction Set at the Turn of the Xia and Shang Dynasties"（《赤鵠之集湯之屋》：戰國時代有關夏商之際的巫師神靈附體和築造建築群的故事）. *Journal of the Royal Asiatic Society* 25.3 (2015): 419–438.

406400　　　BARBIERI-LOW，Anthony J. Robin（李安敦）、D.S. YATES（葉山）. *Law, State, and Society in Early Imperial China: A Study with Critical Edition and Translation of the Legal Texts from Zhangjiashan Tomb No. 247*（中國早期帝國的法律、國家與社會：張家山 247 號墓法律文獻的校訂、翻譯和研究）. Leiden：Brill，2015.

406401　　　CALDWELL, Perry Ernest IV（康佩理）. "Opportune Moments in Early Chinese Military Thought：The Concept of ji 機 in the Warring States Period Manuscript *Cao Mie's Battle Array*"（中國早期軍事思想中的時機：戰國楚簡《曹蔑之陳》中的"機"）. 載於 Kaushik ROY and Peter LORGE 編. *Chinese and Indian Warfare—From the Classical Age to 1870*（中國和印度的戰爭：從古典時代到公元 1870 年）. New York：Routledge，2015. Pp. 17–31.

406410　　　CHAN, Shirley（陳慧）. "*Shendu* and *Qingdu*: Reading the Recovered Bamboo and Silk Manuscripts"（慎獨和情獨：閱讀出土之簡帛文獻）. *Frontiers of Philosophy in China* 10.1（2015）：4–20.

406411　　　CHEN Wei（陳偉）. "A Few Issues Regarding the *Statutes on Corvée Labor* in the Yuelu Academy Qin Dynasty Bamboo Slip Manuscripts"（有關岳麓秦簡《徭律》裏的幾點問題）. Christopher J. FOSTER（傅希明）譯. *Chinese Cultural Relics* 2.1–2.2 (2015)：275–282.

406420　　　FRÜHAUF, Manfred（傅熳德）. "Mythologie und Astronomie im *Mu tianzi zhuan* 穆天子傳"（《穆天子傳》裏的神話和天文）. *Bochumer Jahrbuch zur Ostasienforschung* 38 (2015)：245–259.

406421　　　GENTZ, Joachim（根茨博）和 Dirk MEYER（麥笛）合編. *Literary Forms of Argument in Early China*（早期中國辯論

的文學形式). Leiden：Brill，2015.

406422　GUAN Yuzhen（關瑜楨）. "Excavated Documents Dealing with Chinese Astronomy"（中國天文學的出土文獻）. 載於 Clive L.N. RUGGLES 編. *Handbook of Archaeoastronomy and Ethnoastronomy*（考古天文學與人類天文學導讀）. New York：Springer，2015. Pp. 2079–2084.

406430　HARBSMEIER, Christoph（何莫邪）. "The Philosophy of the Analytic *Aperçu*"（分析性概觀的哲學）. 載於 Joachim GENTZ（根茨博）和 Dirk MEYER（麥笛）合編. *Literary Forms of Argument in Early China*（早期中國辯論的文學形式）. Leiden：Brill，2015. Pp. 158–174.

406440　KERN, Martin（柯馬丁）. "Speaking of Poetry：Pattern and Argument in the 'Kongzi Shilun'"（說詩：《孔子詩論》的形式與論據）. 載於 Joachim Gentz（根茨博）和 Dirk Meyer（麥笛）合編. *Literary Forms of Argument in Early China*（早期中國辯論的文學形式）. Leiden：Brill，2015. Pp. 175–200.

406450　KOROLKOV, Maxim（馬碩）. "Convict Labor in the Qin Empire：A Preliminary Study of the 'Registers of Convict Laborers' from Liye"（秦代帝國的罪犯勞動：里耶《作徒簿》的初步研究）. 載於復旦大學歷史系與復旦大學出土文獻與古文字研究中心編.《簡帛文獻與古代史：第二屆出土文獻青年學者國際論壇論文集》. 上海：中西書局，2015年. Pp. 132–156.

406460　LAI, Guolong（來國龍）. *Excavating the Afterlife: The Archaeology of Early Chinese Religion*（發掘死後生活：中國古代宗教的考古學）. Seattle：University of Washington Press，2015.

406461　LI, Junming（李均明）. "An Overview of the *Emperor Gaozong of the Yin (Shang) Dynasty Asking San Shou* from the Tsinghua Bamboo Slips"（清華竹簡《殷高宗問於三壽》的

概略). Paul Nicholas VOGT（侯昱文）譯. *Chinese Cultural Relics* 2.1–2.2 (2015)：255–265.

406470　　LIU Guozhong（劉國忠）. *Introduction to the Tsinghua Bamboo-Strip Manuscripts*（介紹清華竹簡文獻）. Christopher J. Foster（傅希明）和 William N. French（傅筆立）譯. Beijing：Higher Education Press，2015.

406480　　LUO, Xinhui（羅新慧）. "Omens and Politics：The Zhou Concept of the Mandate of Heaven as Seen in the *Chengwu* Manuscript"（預兆和政治：從《程寤》寫本看周代的天命概念）. 載於 Yuri Pines（尤銳），Paul R. Goldin（金鵬程）和 Martin Kern（柯馬丁）編，*Ideology of Power and Power of Ideology in Early China*（早期中國權力的意識形態和意識形態的權力）. Leiden：Brill，2015. Pp. 49–68.

406481　　PERKINS, Franklin（方嵐生）. "*Fanwu liuxing* 凡物流形 ('All Things Flow into Form') and the 'One' in the Laozi"（《凡物流形》與《老子》的"一"）. *Early China* 38 (2015)：195–232.

406490*　　SHAUGHNESSY, Edward L.（夏含夷）. "The Qin *Bian Nian Ji* 編年記 and the Beginnings of Historical Writing in China"（秦《編年記》與中國歷史書寫的起源）. 載於 *Beyond the First Emperor's Mausoleum: New Perspectives on Qin Art*（在秦始皇陵以外：秦代藝術的新看法）. Ed. Liu Yang（柳揚）. Minneapolis：Minneapolis Institute of Arts，2015. Pp. 114–136.

406500　　SHAUGHNESSY, Edward L.（夏含夷）. "Unearthed Documents and the Question of the Oral Versus Written Nature of the *Classic of Poetry*"（出土文獻與《詩經》口述和書寫性質的問題）. *Harvard Journal of Asiatic Studies* 75.2 (2015)：331–375.

406510　　SOU, Daniel（徐誠彬）. "Living with Ghosts and Deities in the Qin 秦 State: Methods of Exorcism from Jie 詰 'in the Shuihudi 睡虎地 Manuscript'"（秦國與鬼神共處：睡虎地秦簡的《詰咎》所載驅邪術）. 載於 Justin Thomas McDANIEL 和 Lynn RANSOM 合編. *From Mulberry Leaves to Silk Scrolls: New Approaches to the Study of Asian Manuscript Traditions*（從桑葉到帛書：研究亞洲寫本傳統的新方法）. Philadelphia: University of Pennsylvania Press, 2015. Pp. 151–178.

406520　　STAACK, Thies（史達）. "Reconstructing Early Chinese Bamboo Manuscripts: Towards a Systematic Approach Including Verso Analysis"（復原早期中國竹簡文本：爲了做出一個系統的方法，包括簡背分析）. 博士論文：Hamburg University, 2015.

406530　　TAVOR, Ori. "Shifting Modes of Religiosity: Remapping Early Chinese Religion in Light of Recently Excavated Manuscripts"（變換的宗教虔誠模式：根據最近出土文獻重新繪製早期中國宗教地圖）. 載於 Justin Thomas McDANIEL 和 Lynn RANSOM 合編. *From Mulberry Leaves to Silk Scrolls: New Approaches to the Study of Asian Manuscript Traditions*（從桑葉到帛書：研究亞洲寫本傳統的新方法）. Philadelphia: University of Pennsylvania Press, 2015. Pp. 131–150.

406540　　WANG Zhongjiang（王中江）. *Daoism Excavated: Cosmos and Humanity in Early Manuscripts*（出土的道家思想：早期寫本裏的宇宙和人類）. Livia Kohn（柯恩）譯. St. Petersburg, Fla.: Three Pines, 2015.

406550　　WANG Zhongjiang（王中江）. *Order in Early Chinese Excavated Texts: Natural, Supernatural, and Legal*

Approaches（早期中國出土文獻中的秩序：自然、超自然和法律途徑）. New York: Palgrave Macmillan, 2015.

406560　YANG Jidong（楊繼東）. "Transportation, Boarding, Lodging, and Trade along the Early Silk Road: A Preliminary Study of the Xuanquan Manuscripts"（早期絲綢之路上的交通、住宿與貿易：懸泉寫本的初步考察）. *Journal of the American Oriental Society* 135.3 (2015): 421–432.

附錄一　西方漢學出土文獻研究中文譯文

100050　方法斂(F.H. CHALFANT)，《中國古代文字考》，郅曉娜摘譯。載於宋鎮豪主編，《甲骨文與殷商史》新三輯，2013年，第238—256頁。

100170　高本漢(Bernhard KARLGREN)，《中國語與中國文》，張世祿譯。上海：商務印書館，1933年。

100200　高本漢(Bernhard KARLGREN)，《語言學與古中國》，潘尊行譯。載於《國立中山大學文史研究所集刊》第1卷第1册，1931年。

100260　馬伯樂(Henri MASPERO)，《評郭沫若近著兩種》，陸侃如譯。載於《燕京大學文學年報》1936年第2期。

100280　高本漢(Bernhard KARLGREN)，《漢語詞族》，張世祿譯。上海：商務印書館，1937年。

100360　高本漢(Bernhard KARLGREN)，《漢文典(修訂本)》，潘悟雲、楊劍橋、陳重業、張洪明等編譯。上海：上海辭書出版社，1997年。

100380　高本漢(Bernhard KARLGREN)，《高本漢詩經注釋》，董同龢譯。臺北：中華叢書編審委員會，1960年。

100400　高本漢(Bernhard KARLGREN)，《高本漢詩經注釋》，董同龢譯。臺北：中華叢書編審委員會，1960年。

100410 高本漢(Bernhard KARLGREN),《高本漢詩經注釋》,董同龢譯。臺北:中華叢書編審委員會,1960年。

100420 高本漢(Bernhard KARLGREN),《高本漢書經注釋》,陳舜政譯。臺北:中華叢書編審委員會,1970年。

100430 高本漢(Bernhard KARLGREN),《中國語之性質及其歷史》,杜其容譯。臺北:中華叢書編審委員會,1963年。

100460 高本漢(Bernhard KARLGREN),《漢文典(修訂本)》,潘悟雲、楊劍橋、陳重業、張洪明等編譯。上海:上海辭書出版社,1997年。

100490 錢存訓(TSIEN Tsuen-hsuin),《中國古代書史》。香港:香港中文大學出版社,1975年;《印刷發明前的中國書和文字記錄》。北京:印刷工業出版社,1987年;《書於竹帛》。臺北:漢美圖書有限公司,1996年。

100550 張光裕(CHEUNG Kwong-yue),《從新出土材料重新探索中國文字的起源及其相關問題》。載於《雪齋學術論文集》。臺北:藝文印書館,1989年,第267—326頁。

100570 蒲立本(Edwin G. PULLEYBLANK),《上古時代的華夏人和鄰族》,游汝杰譯。載於游汝杰著《中國文化語言學引論(修訂版)》。上海:上海辭書出版社,2003年,第269—334頁。

100600 裘錫圭(QIU Xigui),《談談學習古文字的方法》。載於《語文導報》1985年第10期。又收入裘錫圭,《古文字論集》。北京:中華書局,1992年,第652—660頁。又收入《裘錫圭學術文集》第三冊。上海:復旦大學出版社,2012年,第467—474頁。

100820 蒲立本(Edwin G. PULLEYBLANK),《漢語的歷史和史前關係》,李葆嘉譯。載於王士元主編、李葆嘉主譯,《漢語的祖先》。北京:中華書局,2005年,第288—344頁。

100830 沙加爾(Laurent SAGART),《關於漢語祖先的若干評論》,溫秀杰譯、李葆嘉校改。載於王士元主編、李葆嘉主譯,《漢語的祖先》。北京:中華書局,2005年,第345—371頁。

100840　斯塔羅斯金(Sergei STAROSTIN),《上古漢語詞彙：歷史的透視》。載於王士元主編、李葆嘉主譯,《漢語的祖先》。北京：中華書局,2005年,第372—418頁。

100850　王士元(William S-Y. WANG)主編,《漢語的祖先》,李葆嘉主譯。北京：中華書局,2005年。

100890　張光遠(CHANG Kuang-yuan),《商代金文爲正體字甲骨文爲簡體字説》。載於羅世烈等主編,《先秦史與巴蜀文化論集》。臺北：歷史教學社,1995年,第44—47頁。

100960　夏含夷(Edward L. SHAUGHNESSY),《前言》,陳劍譯,載於夏含夷主編,《中國古文字學導論》,本書翻譯組譯,李學勤審定。上海：中西書局,2013年,第1—16頁。

100970　夏含夷(Edward L. SHAUGHNESSY)主編,《中國古文字學導論》,本書翻譯組譯,李學勤審定。上海：中西書局,2013年。

101030　沙加爾著,《上古漢語詞根》,龔群虎譯。上海：上海教育出版社,2004年。

101130　裘錫圭(QIU Xigui),《文字學概要》。北京：商務印書館,1988年。又裘錫圭著、許錟輝校訂,《文字學概要》。臺北：萬卷樓圖書有限公司,1994年。又裘錫圭,《文字學概要》。北京：商務印書館,2007年。又裘錫圭著：《文字學概要(修訂本)》。北京：商務印書館,2013年。

101140　蒲芳莎(Françoise BOTTÉRO),《文字統一和辭書編纂》,方德義譯。載於《法國漢學》2002年第6輯,第51—67頁。

101270　夏含夷(Edward L. SHAUGHNESSY),《1960年以來中國古文字學的發展》,王正義譯,《中華民國圖書館學會會報》2005年第74輯,第51—68頁;《文獻》2005年第4期,第13—27頁;2006年第1期,第23—29頁。

101280　錢存訓(TSIEN Tsuen-hsuin),《書於竹帛：中國古代的文字記錄》。上海：上海書店出版社,2006年。

101310　柯馬丁(Martin KERN),《秦始皇石刻早期中國的文本與儀式》,

劉倩譯,楊治宜、梅麗校。上海:上海古籍出版社,2015年。

101320　麥里筱(Chrystelle MARÉCHAL),《中國文字系統的外、内穩定因素》。《亞洲文明》第四輯。西安:三秦出版社,2008年,第74—82頁。

101430　麥里筱(Chrystelle MARÉCHAL),《漢文字體系的形態變换機制》。載於王宇信,宋鎮豪,孟憲武編,《2004年安陽殷商文明國際學術研討會論文集》。北京:社會科學文獻出版社,2004年,第95—99頁。

101470　蒲芳莎(Françoise BOTTÉRO),《説文解字與中國傳統人文科學》,李國强、蒲芳莎譯。載於《民俗典籍文字研究》2014年第十四輯,第95—111頁。

101550　夏含夷(Edward L. SHAUGHNESSY),《中國歷史與銘刻》,張淑一譯。載於夏含夷《海外夷堅志》。上海:上海古籍出版社,2016年,第3—25頁。

101590　高島謙一(Kenichi TAKASHIMA),《"河"的詞源學及古文字學闡釋》,吴可穎、何家興譯。載於《安徽大學漢語言文字研究叢書 高島謙一卷》。合肥:安徽大學出版社,2013年,第223—251頁。

101610　麥里筱(Chrystelle MARÉCHAL),《古漢字的第一個難産的標點:商周甲金文的重文符號"＝"》,《古文字研究》2008年第27輯,第171—177頁。

200200　金璋(Lionel C. HOPKINS),《古文字中之人形》,王師韞譯。載於《國立中山大學語言歷史學研究所周刊》1930年第十一集。

200260　馬伯樂(Henri MASPERO),《評郭沫若近著兩種》,陸侃如譯。載於《燕京大學文學年報》1936年第2期。

200820　葉兹(W. Percival YETTS),《金璋在中國收購甲骨的概况》,肖琴摘譯。載於《殷都學刊》1991年第2期。

200830　吴世昌(WU Shih-ch'ang),《卜辭旁注考》。載於《羅音室學術論著》第一卷《文史雜著》。臺北:中國文藝聯合出版公司,1984

年,第 114—156 頁。

200870 李濟(LI Chi),《中國文明的開始》,萬家保譯。臺北:臺灣商務印書館,1970 年。第一次再版:李濟,《中國文明的開始》。南京:江蘇教育出版社,2005 年。第二次再版:李濟,《中國文明的開始》。北京:外語教學與研究出版社,2011 年,中英文對照本。

200950 董作賓(TUNG Tso-pin),《甲骨學五十年》。臺北:藝文印書館,1955 年。

200960 周法高(CHOU Fa-kao),《論商代月蝕的記日法》,趙林譯。載於大陸雜志編輯委員會主編,《史學‧先秦史研究論集》。臺北:大陸雜志社,1970 年,第 227—229 頁。

201140 周鴻翔(CHOU Hung-hsiang),《甲骨文破片的電腦拼對法》,陳仲玉譯。《大陸雜志》1973 年第 47 卷 6 期。

201180 許進雄(HSÜ Chin-hsiung),《甲骨上鑽鑿形態的研究》。臺北:藝文印書館,1979 年。

201190 米凱樂(Stanley L. MICKEL),《〈前編〉和〈後編〉中甲骨重文和綴合片之索引》,葉保民譯。載於《古文字》1984 年第 5 期。

201540 艾蘭(Sarah ALLAN),《現代中國民間宗教的商代基礎》。載於艾蘭,《早期中國歷史、思想與文化》,楊民等譯。北京:商務印書館,2011 年,第 1—22 頁。

201690 艾蘭(Sarah ALLAN),《太陽之子:古代中國的神話和圖騰主義》。載於艾蘭,《早期中國歷史、思想與文化》,楊民等譯。北京:商務印書館,2011 年,第 23—72 頁。

201900 張光遠(CHANG Kuang-yuan),《從實驗中探索晚商甲骨材料整治與卜刻方法(上)》。載於《漢學研究》1984 年第 6 期。張光遠,《從實驗中探索晚商甲骨材料整治與卜刻方法(下)》。載於《漢學研究》1984 年第 12 期。

201960 裘錫圭(QIU Xigui),《說卜辭的焚巫尪與作土龍》。收入胡厚宣編,《甲骨文與殷商史》。上海:上海古籍出版社,1983 年,第

21—35 頁。又收入裘錫圭,《古文字論集》。北京:中華書局, 1992 年,第 216—226 頁。

201990 高島謙一(Kenichi TAKASHIMA),《甲骨文中的并聯名詞仂語》,周國正譯。《古文字研究》1989 年第 17 輯,第 338—356 頁。又收入宋鎮豪、段志宏主編,《甲骨文獻集成》第十八册。成都:四川大學出版社,2001 年。

202000 高島謙一(Kenichi TAKASHIMA),《數量補語》。載於《安徽大學漢語言文字研究叢書:高島謙一卷》。合肥:安徽大學出版社,2013 年,第 108—117 頁。

202080 夏含夷(Edward L. SHAUGHNESSY),《西周甲骨文:進入了研究階段嗎?》,張淑一譯。載於夏含夷《海外夷堅志》。上海:上海古籍出版社,2016 年,第 139—154 頁。

202090 夏含夷(Edward L. SHAUGHNESSY),《西周甲骨文:進入了研究階段嗎?》,張淑一譯。載於夏含夷,《海外夷堅志》。上海:上海古籍出版社,2016 年,第 154—161 頁。

202220 吉德煒(David N. KEIGHTLEY),《考古學與思想狀態——中國的創建》,陳星燦譯。《華夏考古》1993 年第 1 期,第 97—108 頁。

202230 高島謙一(Kenichi TAKASHIMA),《問鼎》,周國正譯。《古文字研究》1984 年第 9 輯,第 75—95 頁。又收入宋鎮豪、段志宏主編,《甲骨文獻集成》第十八册。成都:四川大學出版社,2001 年。

202300 夏含夷(Edward L. SHAUGHNESSY),《中國馬車的起源及其歷史意義》。《漢學研究》1989 年第 7.1 輯,第 131—162 頁。

202310 高島謙一(Kenichi TAKASHIMA),《强調動詞短語》。載於《安徽大學漢語言文字研究叢書:高島謙一卷》。合肥:安徽大學出版社,2013 年,第 85—107 頁。

202320 高島謙一(Kenichi TAKASHIMA),《否定詞的詞法》。載於《安徽大學漢語言文字研究叢書:高島謙一卷》。合肥:安徽大學出版社,2013 年,第 146—163 頁。

202360 吉德煒(David N. KEIGHTLEY),評《英國所藏甲骨集》,馬力威譯。《中國史研究動態》1991 年第 7 期,第 20—24 頁。又《複印報刊資料·先秦、秦漢史月刊》1991 年第 10 期。原文與譯文又收入宋鎮豪、段志宏主編,《甲骨文獻集成》第四十册。成都:四川大學出版社,2001 年。又收入夏含夷編,《遠方的時習:〈古代中國〉精選集》。上海:上海古籍出版社,2008 年,第 284—293 頁。

202370 吉德煒(David N. KEIGHTLEY),《法國所藏甲骨錄》。《中國史研究動態》1990 年第 11 期,第 16—18 頁。

202420 夏含夷(Edward L. SHAUGHNESSY),《芝加哥大學所藏商代甲骨》。載於馬泰來編,《中國圖書文史論文集》。臺北:正中書局,1991 年,第 197—207 頁;北京:現代出版社,1992 年,第 231—243 頁。

202470 吉德煒(David N. KEIGHTLEY),《反思早期中國文化之成因》。載於羅溥洛、包偉民和陳曉燕編,《美國學者論中國文化》。北京:中國廣播電視出版社,1994 年,第 17—52 頁。

202500 高島謙一(KENICHI TAKASHIMA),《系動詞研究》。載於《安徽大學漢語言文字研究叢書:高島謙一卷》。合肥:安徽大學出版社,2013 年,第 261—311 頁。

202530 艾蘭(Sarah ALLAN),《龜之謎:商代神話、祭祀、藝術和宇宙觀研究》,汪濤譯。成都:四川人民出版社,1992 年。北京:商務印書館,2010 年 。

202580 艾蘭(Sarah ALLAN),《論甲骨文的契刻》,李學勤譯。收入李學勤、齊文心、艾蘭,《英國所藏甲骨集》。北京:中華書局,1992 年,第 203—216 頁;又載於艾蘭,《早期中國歷史、思想與文化》,楊民等譯。北京:商務印書館,2011 年,第 134—172 頁。

202600 汪德邁(Léon VANDERMEERSCH),《中國傳統史學思維内涵的占卜想象》,許明龍譯。載於《法國漢學》第 2 輯。北京:清華大學出版社,1997年,第278—286頁。

202620 汪濤(WANG Tao),《顏色與祭祀——中國古代文化中顏色涵義探幽》,郅曉娜譯。上海：上海古籍出版社,2013年。

202880 夏含夷(Edward L. SHAUGHNESSY),《殷墟卜辭的微細斷代法：以武丁時代的一次戰役爲例》。載於《甲骨文發現一百周年學術研討會論文集》。臺北：文史哲出版社,1999年,第31—44頁。

202920 汪濤(WANG Tao),《甲骨文中的顏色詞及其分類》。收入《第二屆國際中國古文字學研討會論文集續編》。香港：香港中文大學,1995年。又收入宋鎮豪、段志宏主編,《甲骨文獻集成》第十八輯。成都：四川大學出版社,2001年。

202970 吉德煒(David N. KEIGHTLEY),《文字、詞彙、意義：商代甲骨研究的三部參考著作》,劉義峰譯。《殷都學刊》2007年第3期,第15—23頁。

202980 吉德煒(David N. KEIGHTLEY),《商代甲骨文》,沈培譯。載於夏含夷主編,本書翻譯組譯,李學勤審定,《中國古文字學導論》。上海：中西書局,2013年,第17—63頁。

203060 陳致(CHEN Zhi),《殷人鳥崇拜研究》,尚飛譯。載於陸曉光主編,《人文東方：旅外中國學者研究論集》。上海：上海文藝出版社,2002年,第214—238頁。

203120 艾蘭(Sarah ALLAN)、李學勤與齊文心,《瑞典斯德哥爾摩遠東古物博物館藏甲骨文字》。北京：中華書局,1999年。

203170 高島謙一(Kenichi TAKASHIMA),《有關甲骨文的時代區分和筆迹》。載於《胡厚宣先生紀念文集》。北京：科學出版社,1998年,第64—86頁。

203180 高島謙一(Kenichi TAKASHIMA),《更爲縝密的甲骨文考釋方法論》,牛清波、王曉雲合譯。載於《安徽大學漢語言文字研究叢書：高島謙一卷》。合肥：安徽大學出版社,2013年,第3—32頁。

203190	王愛和(WANG Aihe),《中國古代宇宙觀與政治文化》。上海：上海古籍出版社,2011年。
203270	吉德煒(David N. KEIGHTLEY),《貞人筆記：論商代甲骨刻辭屬於二次性資料》,林歡譯。收入中國文物學會等編,《商承祚教授百年誕辰紀念文集》。北京：文物出版社,2003年,第239—252頁。
203350	汪濤(WANG Tao),《甲骨學在歐美——1900—1950》。收入《甲骨文發現一百周年學術研討會論文集》。臺北：文史哲出版社,1999年。
203380	高島謙一(Kenichi TAKASHIMA),《甲骨文中的幾個禮儀動詞》。載於《安徽大學漢語言文字研究叢書：高島謙一卷》。合肥：安徽大學出版社,2013年,第312—347頁。
203440	班大爲(David W. PANKENIER),《北極簡史：附帝字的起源》,徐鳳仙譯。收入班大爲,《中國上古史實揭秘——天文考古學研究》,徐鳳仙譯。上海：上海古籍出版社,2008年,第328—359頁。
203460	高島謙一(Kenichi TAKASHIMA),《如何釋讀甲骨文——對現行方法的反思》,嚴志斌譯。載於《安徽大學漢語言文字研究叢書：高島謙一卷》。合肥：安徽大學出版社,2013年,第33—48頁。
203490	高島謙一(Kenichi TAKASHIMA),《以甲骨卜辭的布局解讀甲骨文》,陳夢兮、徐尚巧合譯。載於《安徽大學漢語言文字研究叢書：高島謙一卷》。合肥：安徽大學出版社,2013年,第49—65頁。
203500	高島謙一(Kenichi TAKASHIMA),《共時證據法之應用：商代配祀之擬構》,李方方、田文静合譯。載於《安徽大學漢語言文字研究叢書：高島謙一卷》。合肥：安徽大學出版社,2013年,第66—81頁。
203550	高島謙一(Kenichi TAKASHIMA),《論甲骨文和金文中之"日"

字》,郅曉娜等譯。載於《安徽大學漢語言文字研究叢書：高島謙一卷》。合肥：安徽大學出版社,2013年,第348—362頁。

203560 艾蘭（Sarah ALLAN）,《商周時期的上帝、天和天命觀念的起源》,汪濤譯。載於艾蘭,《龜之謎：商代神話、祭祀、藝術和宇宙觀研究》,汪濤譯。北京,商務印書館,2010年。

203570 陳致（CHEN Zhi）,《從禮儀化到世俗化：〈詩經〉的形成》。上海：上海古籍出版社,2009年。

203680 劉源（LIU Yuan）,《商周祭祖禮研究》。北京：商務印書館,2004年。部分摘譯。

203690 高島謙一（Kenichi TAKASHIMA）,《祭祀：中國古代"祭"和"祀"新辨》,劉學順譯。載於《安徽大學漢語言文字研究叢書：高島謙一卷》。合肥：安徽大學出版社,2013年,第184—222頁。

203770 高島謙一（Kenichi TAKASHIMA）,《鄭州、大辛莊卜骨：殷商時期安陽南部、東部的文字》,何家興譯。載於《殷墟與商文化——殷墟科學發掘80周年紀念文集》。北京：科學出版社,2011年,第337—362頁。又收入高島謙一,《安徽大學漢語言文字研究叢書：高島謙一卷》。合肥：安徽大學出版社,2013年,第372—401頁。

203800 高島謙一（Kenichi TAKASHIMA）,《"河"的詞源學及古文字學闡釋》。載於《安徽大學漢語言文字研究叢書：高島謙一卷》。合肥：安徽大學出版社,2013年,第223—251頁。

203830 夏含夷（Edward L. SHAUGHNESSY）,《試論鄉字在何組卜辭裏一種特殊用法》。載於夏含夷,《興與象：中國古代文化史論文集》。上海：上海古籍出版社,2012年,第47—56頁。

203850 高島謙一（Kenichi TAKASHIMA）,《商代漢語後綴 *-s 之三種功能》,朱永平譯。載於《安徽大學漢語言文字研究叢書：高島謙一卷》。合肥：安徽大學出版社,2013年,第167—183頁。

203910 高島謙一（Kenichi TAKASHIMA）,《釋比、从》,李方方、馬曉穩

合譯。載於《安徽大學漢語言文字研究叢書：高島謙一卷》。合肥：安徽大學出版社，2013年，第252—257頁。

300200　福開森(John C. FERGUSON)，《齊侯四器考釋》。北京，1928年。

300250　高本漢(Bernhard KARLGREN)，《鳳羌鐘之年代》，劉叔揚譯。《考古》(燕京大學考古學社社刊)1936年第4輯，第281—307頁。

300430　高本漢(Bernhard KARLGREN)，《殷代的兵器與工具》，徐鳳先譯，載於《武王克商之年研究》。北京：北京師範大學出版社，1997年，第607—612頁。

300460　陳夢家(CH'EN Meng-chia)與Charles Fabens KELLEY合編，《白金漢所藏中國銅器圖錄》，田率譯，嚴志斌校。北京：金城出版社，2015年。

300710　巴納(Noel BARNARD)，《評鄭德坤著中國考古學卷三：周代之中國》，《書目季刊》1971年第5.4輯，第3—38頁；《書目季刊》1971年第6.2輯，第11—66頁。

301080　巴納(Noel BARNARD)與張光裕合編，《中日歐美澳紐所見所拓所摹金文彙編》。臺北：藝文印書館，1978年。

301150　夏含夷(Edward L. SHAUGHNESSY)，《武王克商的新證據》，黃聖松、周博群譯。載於夏含夷，《孔子之前：中國經典誕生的研究》。臺北：萬卷樓，2013年，第31—65頁。

301230　倪德衛(David S. NIVISON)，《武王克商之日期》。載於《武王克商之年研究》。北京：北京師範大學出版社，1997年，第513—532頁。

301280　倪德衛(David S. NIVISON)，《西周之年曆(摘要)》，王克文譯。載於《武王克商之年研究》。北京：北京師範大學出版社，1997年，第431—444頁。

301300　夏含夷(Edward L. SHAUGHNESSY)，《測定多友鼎的年代》。《考古與文物》1985年第6期，第58—60頁。

301370　羅森(Jessica RAWSON),《西周青銅器年代學》,馮林、羅亞萍譯。《四川文物》1995 年第 6 期,第 69—72 頁。

301390　巴納(Noel BARNARD)《研究金文族徽的一種新方法及其重要成果》。《古文字研究》1984 年第 9 輯,第 421—438 頁。

301600　夏含夷(Edward L. SHAUGHNESSY),《評許倬雲著〈西周文明〉》,張淑一譯。載於夏含夷《海外夷堅志》。上海:上海古籍出版社,2016 年,第 162—170 頁。

301620　羅泰(Lothar von FALKENHAUSEN),《楚禮樂》,顧久幸譯。《江漢考古》2001 年第 3 期,第 71—82 頁。《楚禮樂(續)》,顧久幸譯,《江漢考古》2001 年第 4 期,第 84—90 頁。

301670　夏含夷(Edward L. SHAUGHNESSY),《西周諸王年代》,劉源譯,張榮明校。載於朱鳳瀚、張榮明編,《西周諸王年代研究》。貴陽:貴州人民出版社,1998 年,第 268—292 頁。

301700　羅泰(Lothar von FALKENHAUSEN),《曾侯乙以前的中國古代樂論——從南宮乎鐘的甬部銘文說起》。《考古》1992 年第 9 期,第 854—858 頁。

301760　柯鶴立(Constance COOK),《試論晉侯邦父墓中的楚公逆編鐘》,劉大衛譯。載於《晉侯墓地出土青銅器國際學術研討會論文集》。上海:上海書畫出版社,2002 年,第 355—365 頁。

301770　柯鶴立(Constance COOK),《古代中國的齋戒儀式與神聖空間概念》。載於《第四屆國際中國古文字學研討會論文集》。香港:香港中文大學中國語言及文學系,2003 年,第 653—662 頁。

301790　羅泰(Lothar von FALKENHAUSEN),《西周銅器銘文的性質》,來國龍譯。載於《考古學研究(六):慶祝高明先生八十壽辰暨從事考古研究五十年論文集》。北京:科學出版社,2006 年,第 343—374 頁。

301890　蘇芳淑(Jenny F. SO),《介紹美國華盛頓沙克樂美術館所藏的嬴𦥑鎛》。載於《第二屆國際中國古文字學研討會論文集續編》。香港:香港中文大學中國語言及文學系,1995 年,第 279—

284 頁。

302120 馬幾道(Gilbert L. MATTOS),《東周青銅器銘文》,陳劍譯。載於夏含夷主編,本書翻譯組譯,李學勤審定,《中國古文字學導論》。上海:中西書局,2013 年,第 89—123 頁。

302140 夏含夷(Edward L. SHAUGHNESSY),《西周青銅器銘文》,陳雙新譯。載於夏含夷主編,本書翻譯組譯,李學勤審定,《中國古文字學導論》。上海:中西書局,2013 年,第 57—88 頁。

302160 羅鳳鳴(Susan R. WELD),《侯馬和溫縣盟書》,李天虹譯。載於夏含夷主編,本書翻譯組譯,李學勤審定,《中國古文字學導論》。上海:中西書局,2013 年,第 124—160 頁。

302280 夏含夷(Edward L. SHAUGHNESSY),《西周歷史》,張淑一譯。載於夏含夷《海外夷堅志》。上海:上海古籍出版社,2016 年,第 26—83 頁。

302290 高島謙一(Kenichi TAKASHIMA),《金文和尚書中的指示詞㠯/厥字研究》。載於羅端主編,《古漢語語法論文集》。巴黎:法國高等社會科學院東亞語言研究所,2001 年,第 129—160 頁。

302340 柯馬丁(Martin KERN),《秦始皇石刻:早期中國的文本與儀式》,劉倩譯,楊治宜、梅麗校。上海:上海古籍出版社,2015 年。

302360 倪德衛(David S. NIVISON)與夏含夷(Edward L. SHAUGHNESSY)合著,《晉侯的世系及其對中國古代紀年的意義》,夏含夷譯。《中國史研究》2001 年第 1 期,第 3—10 頁。

302370 楊曉能(YANG Xiaoneng),《另一種古史:青銅器紋飾、圖形文字與圖像銘文的解讀》,唐曉峰、孫亞冰譯。北京:三聯書店,2008 年。

302390 羅泰(Lothar von FALKENHAUSEN),《中國嶺南地區出土的早期禮樂青銅器》,周志聰初譯,作者重寫,朱捷校。載於馬承源編,《吳越地區青銅器研究論文集》。香港:兩木出版社,1997 年,第 167—176 頁。羅泰(Lothar von FALKENHAUSEN),

《東周時期嶺南地區青銅禮器的價值和意義》,奚國勝譯,彭勁松校。《南方文物》2006年第2期,第98—104頁。

302410 麥里筱（Chrystelle MARÉCHAL）,《寶字演變過程中所啓示其結構成分的選擇原則》,游順釗譯。《古文字研究》第26輯（2006年）,第479—484頁。

302520 倪德衛（David S. NIVISON）,《夏、商、周斷代工程：確定年代的兩種途徑》,徐鳳先譯。載於《中國文哲研究通訊》2003年第13卷第4輯,第119—123頁。

302720 麥里筱（Chrystelle MARÉCHAL）,《彜鼎套語程式與春秋銅器銘文釋讀舉隅》。載於中國文物學會等編,《商承祚教授百年誕辰紀念文集》。北京：文物出版社,2003年,第355—362頁。

302940 李峰（LI Feng）,《西周的滅亡——中國早期國家的地理和政治危機》,徐峰譯,湯惠生校。上海：上海古籍出版社,2007年。

303030 夏含夷（Edward L. SHAUGHNESSY）,《試論西周銅器銘文的寫作過程：以眉縣單氏家族銅器爲例》。載於郭梨花編,《新出土文獻與先秦思想重構論文集》。臺北：臺灣古籍出版有限公司,2007年,第119—130頁。

303050 高島謙一（Kenichi TAKASHIMA）,《周代青銅器銘文中表示"時"的"日"字》。載於《安徽大學漢語言文字研究叢書：高島謙一卷》。合肥：安徽大學出版社,2013年,第363—371頁。

303130 李峰（LI Feng）,《西周的政體——中國早期的官僚制度和國家》,吳敏娜等譯。北京：三聯書店,2010年。

400470 魯惟一（MICHAEL LOEWE）,《漢代行政記録》,於振波、車今花譯。貴州：廣西師範大學出版社,2005年。

400860 韓祿伯（Robert G. HENRICKS）,《論〈老子〉的分章》。《簡帛研究譯叢》1998年第2輯,第43—72頁。

401320 夏含夷（Edward L. SHAUGHNESSY）,《竹書紀年與武王克商的年代》。《文史》1994年第38輯,第7—18頁。再版於宋健編,《武王克商之年研究》,北京：北京師範大學出版社,1997年,第 445—453 頁。

401370　夏含夷（Edward L. SHAUGHNESSY），《也談周武王的卒年——兼論今本竹書紀年的真偽》。《文史》1988 年第 29 輯，第 7—16 頁。

401570　韓禄伯（Robert G. HENRICKS），《簡帛老子研究》，邢文改編，余瑾翻譯。北京：學苑出版社，2002 年。

402010　蒲慕州，《睡虎地秦簡〈日書〉的世界》，《中研院歷史語言研究所集刊》1993 年第 62 本第 4 分，第 1—53 頁。

402350　鮑則岳（William G. BOLTZ），《馬王堆帛書及其傳世本之比較》，祖生利譯。載於夏含夷主編，本書翻譯組譯，李學勤審定，《中國古文字學導論》。上海：中西書局，2013 年，第 244—274 頁。

402370　夏德安（Donald HARPER），《同自然哲學和神秘技術有關的戰國秦漢寫本》，劉樂賢譯。載於夏含夷主編，本書翻譯組譯，李學勤審定，《中國古文字學導論》。上海：中西書局，2013 年，第 216—243 頁。

402380　何四維（A.F.P. HULSEWÉ），《秦漢法律寫本》，汪桂海譯。載於夏含夷主編，本書翻譯組譯，李學勤審定，《中國古文字學導論》。上海：中西書局，2013 年，第 189—215 頁。

402400　魯惟一（Michael LOEWE），《漢代簡牘行政文書》，汪桂海譯。載於夏含夷主編，本書翻譯組譯，李學勤審定，《中國古文字學導論》。上海：中西書局，2013 年，第 158—188 頁。

402560　馬克（Marc KALINOWSKI），《馬王堆帛書"刑德"試探》。《華學研究》1995 年第 1 輯，第 82—110 頁。

402590　蒲慕州（POO Mu-chou），《追尋一己之福：中國古代的信仰世界》。臺北：麥田出版社，2004 年。

402760　艾蘭（Sarah ALLAN）和魏克彬（Crispin WILLIAMS）編，《郭店老子：東西方學者的對話》，邢文編譯。北京：學苑出版社，2002 年。

402780　鮑則岳（William G. BOLTZ），《古代文獻整理的若干基本原則》。載於艾蘭（Sarah ALLAN）和魏克彬（Crispin WILLIAMS）編，《郭店老子：東西方學者的對話》，邢文編譯。北京：學苑出版社，2002年。第44—58頁。

402820　高明（GAO Ming），《讀郭店〈老子〉》。載於艾蘭（Sarah ALLAN）和魏克彬（Crispin WILLIAMS）編，《郭店老子：東西方學者的對話》，邢文編譯。北京：學苑出版社，2002年。第39—43頁。

402850　韓禄伯（Robert G. HENRICKS），《簡帛老子研究》，邢文改編，余瑾翻譯。北京：學苑出版社，2002年。

402890　李學勤（LI Xueqin），《郭店楚墓文獻的性質與年代》。載於艾蘭（Sarah ALLAN）和魏克彬（Crispin WILLIAMS）編，《郭店老子：東西方學者的對話》，邢文編譯。北京：學苑出版社，2002年，第3—11頁。

402930　彭浩（PENG Hao），《郭店〈老子〉整理的幾個問題》。載於艾蘭（Sarah ALLAN）和魏克彬（Crispin WILLIAMS）編，《郭店老子：東西方學者的對話》，邢文編譯。北京：學苑出版社，2002年，第36—38頁。

402970　裘錫圭（QIU Xigui），《以郭店〈老子〉簡爲例談談古文字的考釋》。載於艾蘭（Sarah ALLAN）和魏克彬（Crispin WILLIAMS）編，《郭店老子：東西方學者的對話》，邢文編譯。北京：學苑出版社，2002年，第26—35頁。

402980　羅浩（Harold D. ROTH），《郭店〈老子〉對文研究的方法論問題》。載於艾蘭（Sarah ALLAN）和魏克彬（Crispin WILLIAMS）編，《郭店老子：東西方學者的對話》，邢文編譯。北京：學苑出版社，2002年，第59—80頁。

402990　雷敦龢（Edmund RYDEN），《郭店〈老子〉甲、乙、丙組校箋》、《郭店本〈太一生水〉校箋》。載於艾蘭（Sarah ALLAN）和魏克彬（Crispin WILLIAMS）編，《郭店老子：東西方學者的對話》，邢文編譯。北京：學苑出版社，2002年，第197—269頁、第270—277頁。

403010 譚樸森(P.M. THOMPSON)，《論文獻證據的形式處理》。載於艾蘭(Sarah ALLAN)和魏克彬(Crispin WILLIAMS)編，《郭店老子：東西方學者的對話》，邢文編譯。北京：學苑出版社，2002年，第81—106頁。

403310 柯馬丁(Martin KERN)，《方法論反思：早期中國文本異文之分析和寫本文獻之產生模式》。載於陳致編，《當代西方漢學研究集萃：上古史卷》。上海：上海古籍出版社，2012年，第349—385頁。

403420 艾蘭(Sarah ALLAN)，《太一、水、郭店老子》，張海燕譯。載於武漢大學中國文化研究院編，《郭店楚簡國際學術研討會論文集》。武漢：武漢大學出版社，2000年，第524—533頁。又載於邢文編，《郭店老子與太一生水》。北京：學苑出版社，2005年，第231—248頁。又載於艾蘭，《水之道與德之端：中國早期哲學思想的本喻》(增訂版)，張海宴譯。又載於艾蘭，《龜之謎：商代神話、祭祀、藝術和宇宙觀研究》(增訂版)，汪濤譯。北京，商務印書館，2010年。

403650 顧史考(Scott COOK)，《從楚國簡書看強制與"人道"之辯》。載於伊沛霞、姚平和陳致編，《當代西方漢學研究集萃：上古史卷》。上海：上海古籍出版社，2012年，第239—268頁。

403730 夏德安(Donald HARPER)，《漢代共同宗教中現世與冥界的契約：公元79年序寧禱祠簡》，葉娃譯。載於姚平編，《當代西方漢學研究集萃：宗教史卷》。上海：上海古籍出版社，2012年，第29—63頁。

403760 馬克(Marc KALINOWSKI)，《先秦歲曆文化及其在早期宇宙生成論中的功用》。《文史》2006年第75輯，第5—22頁。

404000 柯馬丁(Martin KERN)，《從出土文獻談〈國風〉的詮釋問題：以〈關雎〉爲例》。《中華文史論叢》2008年第1期，第253—

271 頁。

404010 柯馬丁(Martin KERN),《引據與中國古代寫本文獻中的儒家經典〈緇衣〉研究》。載於《簡帛研究二〇〇五》,桂林:廣西師範大學出版社,2008 年,第 7—29 頁。又載於《國際簡帛研究通訊》2005 年第 5.2 輯,第 76—95 頁。

404090 尤鋭(Yuri PINES),《禪讓:戰國時期關於平等主義與君主權力的論爭》,林鵠譯。載於陳致編,《當代西方漢學研究集萃:中國上古史卷》。上海:上海古籍出版社,2011 年,第 350—395 頁。

404160 夏含夷(Edward L. SHAUGHNESSY),《論郭店楚簡及其在二十世紀〈老子〉學史上的地位》,莫福權譯。載於夏含夷,《海外夷堅志》。上海:上海古籍出版社,2016 年,第 98—135 頁。

404250 艾蘭(Sarah ALLAN),《世襲與禪讓》,余佳譯。載於艾蘭,《龜之謎:商代神話、祭祀、藝術和宇宙觀研究》(增訂版),汪濤譯。北京,商務印書館,2010 年。

404410 李孟濤(Matthias RICHTER),《試談郭店楚簡中不同手迹的辨別》。載於卜憲群和楊振紅編,《簡帛研究二〇〇六》。桂林:廣西師範大學出版社,2008 年,第 10—29 頁。

404420 李孟濤(Matthias RICHTER),《古代文獻的演變:馬王堆帛書甲本〈老子〉第八章爲例》。《簡帛》2008 年第 3 輯,第 421—431 頁。

404440 夏含夷(Edward L. SHAUGHNESSY),《重寫中國古代文獻》,周博群譯。上海:上海古籍出版社,2012 年。

404850 陳力强(Charles SANFT),《秦代的刑法儀式與主觀真實》,鄔文玲譯。載於卜憲群和楊振紅編,《簡帛研究二〇一〇》,桂林:廣西師範大學出版社,2012 年,第 43—58 頁。

404900 艾蘭(Sarah ALLAN),《楚竹書〈子羔〉與早期儒家思想的性質》,余佳譯。載於復旦大學出土文獻與古文字研究中心編,《出土文獻與傳世典籍的詮釋:紀念譚樸森先生逝世兩周年國際學術研討會論文集》。上海:上海古籍出版社,2010 年,第 229—

264頁。

404930　陳慧(SHIRLEY CHAN),《郭店簡〈性自命出〉的人性論與道德教化》。《國學學刊》2011年第4期,第46—58頁。

404940　陳慧(SHIRLEY CHAN),《郭店楚簡的天人關係及"命"的涵義》。載於丁四新和夏志華編,《楚地簡帛思想研究》第四輯。武漢:崇文書局,2010年,第52—71頁。

405010　馬克(Marc KALINOWSKI),《〈左傳〉占卜故事與楚占卜簡比較》。《簡帛》2008年第3輯,第163—180頁。

405060　倪德衛(David S. NIVISON),《〈竹書紀年〉解謎》,魏可欽、解芳等譯,邵東方校。上海:上海古籍出版社,2015年。

405180　李孟濤(Matthias RICHTER),《試探書寫者的識字能力及其對流傳文本的影響》。《簡帛》2009年第4輯,第395—402頁。

405500　艾蘭(Sarah ALLAN),《何爲"書"》。《光明日報》2010年12月20日。

405670　馬克(Marc KALINOWSKI),《從放馬灘秦簡十二律占看戰國晚期到西漢初的律學制度》,待刊。

405760　夏含夷(Edward L. SHAUGHNESSY),《解謎與新收穫:評〈竹書紀年〉、上古年代和倪德衛著作》,張淑一譯。載於夏含夷,《海外夷堅志》。上海:上海古籍出版社,2016年,第201—225頁。

405770　風儀誠(Olivier VENTURE),《秦代諱字、官方詞語以及秦代用字習慣——從里耶秦簡說起》。《簡帛》2012年第7輯,第147—158頁。

405810　艾蘭(Sarah ALLAN),《論"書"與〈尚書〉的起源——基於新近出土竹簡的視角》,袁青譯。載於復旦大學出土文獻與古文字研究中心編,《出土文獻與古文字研究》第六輯《復旦大學出土文獻與古文字研究中心成立十周年紀念文集》。上海:上海古籍出版社,2015年,第643—652頁。

405850　陳慧(SHIRLEY CHAN),《保君德訓向"中"求:讀清華簡〈保訓〉》。載於陳致編,《簡帛・經典・古史》。上海:上海古籍出版社，2013年，第209—216頁。

406150 高島謙一（Kenichi TAKASHIMA），《一個有待於驗證的假設》——〈尚書〉中是否有錯簡？》。載於何志華和馮勝利合編，《承繼與拓新：漢語語言文字學研究》。香港：香港商務印書館，2014年，117—133頁。

406290 尤鋭（Yuri PINES），《有"救世主"特色的秦始皇——兼論秦朝在中國歷史上的地位》。載於葛荃等編，《反思中的思想世界——劉澤華先生80壽辰紀念文集》。天津：天津人民出版社，2014年，第167—184頁。

406330 夏含夷（Edward L. SHAUGHNESSY），《哲學還是竹子：戰國寫本的寫作和閲讀》，蔣文譯。載於夏含夷，《海外夷堅志》。上海：上海古籍出版社，2016年，第230—240頁。

406350 史達（Thies STAACK），《〈岳麓書院藏秦簡·爲吏治官及黔首〉的編聯修訂——以簡背劃綫與反印字迹爲依據》，黃海譯。載於王沛編，《出土文獻與法律史研究》（第三輯）。上海：上海人民出版社，2014年，第73—99頁。

406490 夏含夷（Edward L. SHAUGHNESSY），《紀年形式與史書之起源》。載於陳致編，《簡帛·經典·古史》。上海：上海古籍出版社，2013年，第39—46頁。

附錄二　西文期刊刊名和中文譯文

Acta Asiatica 亞洲學志
Acta Historica Leopoldina 利奧波第那歷史學志
Acta Orientalia 東洋學志
Acta Universitatis Carolinae – Philologica 1: Orientalia Pragensia 卡羅來納大學學志：布拉格東方研究
Adversaria Sinica 華學雜錄
American Journal of Archaeology 美國考古學學報
Annali di Ca Foscari 威尼斯大學年鑒
Annals of the Association of American Geographers 美國地理學學會年鑒
Annual Report of Studies in Humanities and Social Sciences 人文社會科學研究年鑒
Antiquity 古代
Archaeoastronomy 考古天文學
Archaeology 考古學
Archaeology of Asia 亞洲考古學
Archiv Orientalni 東洋檔案
Archive for History of Exact Sciences 精確科學史檔案
Archives of Asian Art 亞洲藝術檔案
Ars Asiatique 亞洲藝術

Ars Orientalis 東洋藝術

Art Institute of Chicago Museum Studies 芝加哥藝術博物館博物館學研究

Artibus Asiae 亞洲藝術學報

Arts Asiatiques 亞洲藝術

Asia 亞洲

Asia Major 泰東

Asian Art 亞洲藝術

Asian Culture Quarterly 亞洲文化季刊

Asian Medicine 亞洲醫學

Asian Perspectives 亞洲觀點

Asiatica Venetiana 威尼斯亞洲學志

Asiatische Studien/Études Asiatiques 亞洲研究

B.C. Asian Review 大英哥倫比亞亞洲年鑒

Beiträge zur Allgemeinen und Vergleichenden Archaeologie 綜合與比較考古學研究

Berliner China-Hefte 柏林中國筆記

Bessler-Archiv 貝思樂檔案

Bochumer Jahrbuch zur Ostasienforschung 波鴻東亞研究年鑒

Bokubi 墨美

Boletín de la Asociación Española de Orientalistas 西班牙東洋學會學刊

Bulletin de l'Ecole Française d'Extrême-Orient 法國遠東學院院刊

Bulletin of Chinese Linguistics 中國語言學學刊

Bulletin of the Jao Tsung-I Academy of Sinology 饒宗頤學院院刊

Bulletin of the Museum of Far Eastern Antiquities 遠東文物博物館館刊

Bulletin of the School of Oriental and African Studies 亞非學院院刊

Burlington Magazine for Connoisseurs 伯靈頓藝術雜志

Cahiers d'Extrême-Asie 遠東年鑒
Cahiers de Linguistique: Asie Orientale 語言學年鑒：東亞
Cahiers de Mariemont 瑪里山年鑒
Cambridge Archaeological Journal 劍橋考古學學報
Cartography 地圖學
China Archaeology and Art Digest 中國考古與藝術文摘
China Reviews International 國際中國書評
Chinese Archaeology 中國考古學
Chinese Cultural Relics 中國文物
Chinese Culture 中國文化
Chinese Literature: Essays, Articles and Reviews. CLEAR 中國文學：論文、文章、評論
Chinese Science 中國科學
Chinese Sociology and Anthropology 中國社會學與人類學
Chinese Studies in Archaeology 中國考古學研究
Chinese Studies in History 中國歷史研究
Chūgoku shigaku 中國史學
Cina 中國
Collection des Cahiers de linguistique: Asie orientale 語言學筆記記錄：東亞
Colloquies on Art & Archaeology in Asia 亞洲藝術與考古論文
Columbia Library Columns 哥倫比亞圖書館專欄
Comptes rendus des séances de l'Académie des Inscriptions et Belles-Lettres 銘刻與文藝學院年鑒
Computational Analyses of Asian and African Languages 亞非語言統計學分析
Contemporary Chinese Thought 當代中國思想
Cosmos 宇宙
Current Anthropology 當代人類學

Current Issues in Linguistic Theory 語言學理論的當代問題
Dao: a Journal of Comparative Philosophy 道：比較哲學學報
Dresdner Tagungsberichte 德累斯頓日報
Early China 古代中國
Early China Special Monograph Series 古代中國特刊
Early China Supplement 古代中國附錄
Early Medieval China 中國中古研究
Early Science and Medicine 早期科學與醫學
East Asia Forum 東亞論壇
East Asia Journal 東亞學報
East Asian Civilizations: New Attempts at Understanding Traditions 東亞文明：理解傳統新嘗試
East Asian History 東亞歷史
East Asian Science, Technology, and Medicine 東亞科學、科技與醫學
Eastern Art 東方藝術
Environmental History 自然環境史
Equinoxe: Revue Internationale des Etudes Françaises 平分點：法國研究國際學志
Études Chinoises 中國學
Etudes Françaises: Numéro Spécial: Sinologie 法國研究：漢學特刊
Études thématiques 專題學
European Association for the Study of Chinese Manuscripts Newsletter 歐洲中國書寫研究學會通訊
Extrême-Orient, Extrême-Occident 遠東、遠西
Faits de Langue 語言事實
Frontiers of History in China 中國史前沿
Frontiers of Philosophy in China 中國哲學前沿
Göttinger Beiträge zur Asienforschung 哥廷根亞洲研究學志
Harvard Journal of Asiatic Studies 哈佛亞洲研究學報

Historia Mathematica 數學史
History of Religions 宗教歷史
History of Science 科學歷史
Imago Mundi: International Journal for the History of Cartography 世界形象：國際地圖史雜志
Imperial and Asiatic Quarterly Review and Oriental and Colonial Record 皇家東洋季刊與東方殖民地志
Industrial and Engineering Chemistry 產業與工程化學
International Review of Chinese Linguistics 中國語言學國際學志
International Research on Bamboo and Silk Documents Newsletter 簡帛文獻國籍研究通訊
Jahrbuch der Deutschen Vereinigung für Chinastudien 德國漢學學會年報
Jerusalem Studies in Religion and Culture 耶路撒冷宗教與文化研究
Journal Asiatique 東洋學報
Journal of Archaeological Science 考古學科學學報
Journal of Asian History 亞洲歷史學報
Journal of Asian Legal History 亞洲法律史學報
Journal of Asian Studies 亞洲學學報
Journal of Chinese Law 中國法律學報
Journal of Chinese Linguistics 中國語言學學報
Journal of Chinese Philosophy 中國哲學學報
Journal of Chinese Religion 中國宗教學報
Journal of Chinese Studies 中國學學報
Journal of Daoist Studies 道家研究學報
Journal of East Asian Archaeology 東亞考古學學報
Journal of Oriental Studies 東方學學報
Journal of the American Academy of Religion Studies 美國宗教學學院學報

Journal of the American Oriental Society 美國東方學會學報

Journal of the Economic and Social History of the Orient 東方經濟與社會史學報

Journal of the Hong Kong Archaeological Society 香港考古學學會學報

Journal of the North China Branch of the Royal Asiatic Society 皇家亞洲學會華北分會學報

Journal of the Royal Asiatic Society 皇家亞洲學會學報

Journal of the Royal Asiatic Society of Great Britain and Ireland 英國與愛爾蘭皇家亞洲學會學報

L'Homme 人類

Language & Communication 語言與交通

Language and Linguistics Monograph Series 語言與語言學學刊

Law and History Review 法律與歷史學報

Le Bulletin de l'Institut National des Langues et Civilisations Orientales 國立東方語言與文明學院院刊

LINCOM Studies in Asian Linguistics 林肯亞洲語言學研究

Linguistics of the Tibeto-Burman Area 藏緬地區語言學

Litterae caelestes 天文文學

Man 人

Manuscript Cultures 書寫文化

Melanges Chinois et Bouddhiques 中國與佛教雜志

Memoirs of the Institute of Oriental Culture 東西文化學院學志

minima sinica 華學小志

Mitteilungen des Seminars für Orientalische Sprachen 東方語言研究會通報

Modern Asian Studies 現代亞洲研究

Monumenta Serica 華裔學志

Nan Nü: Men, Women and Gender in Early and Imperial China 男

女：中國早期帝國的男女和性別
National Palace Museum Bulletin "國立"故宮博物院院刊
New China Review 新中國學志
Newsletter of the Study of Pre-Han China 中國先漢研究通訊
Notes on Far Eastern Studies in America 美國遠東研究筆記
Numen: International Review for the History of Religions 神：宗教史國際評論
Oriens Extremus 遠東
Oriental Art 東方藝術
Orientations 方向
Orientierungen 方向
Ostasiatische Zeitschrift 東亞報紙
Papers in East Asian Languages 東亞語言論文
Papers on Far Eastern History 遠東歷史論文
Philosophy East & West 東西哲學
Proceedings of the British Academy 英國學院通訊
Proceedings of the National Science Council, Part C: Humanities and Social Sciences 國家科學會通訊，丙：人文科學與社會科學
Publications de l'École francaise d'extrême-orient 法國高等研究應用學院發表
Religion 宗教
Religion in Chinese Societies 中國社會的宗教
Report of Smithsonian Institution 史密森學會報告
Representations 表現
Res 人類學與美學
Revue bibliographique de sinology 漢學目錄學年鑑
Revue des Arts Asiatiques 亞洲藝術年鑑
Revue Internationale des droits de l'Antiquité 古代權利國際年鑑
Rocznik Orientalistyczny 波蘭東方學院院刊

SCIAMVS 精確科學資料與評論

Sciences de l'homme et de la société，*Lettre du department* 人類與社會科學部通訊

Scientific American 美國科學家

Sinica Leidensia 萊頓漢學

Sinologica 漢學

Sinologische Arbeiten 漢學工作

Sino-Platonic Papers 漢柏文章

Social Sciences in China 中國社會科學

Society for the Study of Chinese Religions Newsletter 中國宗教研究學會通訊

Southern California Law Review 南加州法律評論

Studies in Logic 邏輯研究

Südhoffs Archiv für Geschichte der Medizin und der Naturwissenschaften 南庭醫學與自然科學史檔案

Sudhofs Archiv 南庭檔案

Sungkyun Journal of East Asian Studies 成均東亞研究學報

The American Historical Review 美國歷史評論

The China Journal of Science and Arts 中國科學與文藝學報

The China Quarterly 中國季刊

The Geographical Review 地理學評論

The History Teacher 歷史講師

The International Journal of Chinese Character Studies 中國文字研究國際學報

The Journal of Arts 文藝學報

The Journal of Intercultural Studies 跨文化研究學報

The New China Review 新中國評論

The Skeptical Inquirer 懷疑探索者

T'oung Pao 通報

Taoist Resources 道家資料

TextKritische Beiträge 文獻批評論文

Toyōshi kenkyū 東洋史研究

Tsing Hua Journal of Chinese Studies 清華漢學學報

Unicorn 獨角獸

Visible Language 可見語言

Warring States Papers: Studies in Chinese and Comparative Philology 戰國文章：中國與比較語文學研究

World Archaeology 世界考古學

Zeitschrift der deutschen morgenländischen Gesellschaft 德國東方學會季刊

Zeitschrift für Ethnologie 人類學季刊

Zeitschrift fur Missionswissenschaft und Religionwissenschaft 傳教學與宗教學季刊

Zinbun 京都大學人文科學研究所歐文紀要

索引一　作者西文姓名索引

A

ADAMSKI，Susanne Jenny（蘇雪楠），303540

AKAHORI，Akira（赤堀昭），400810

AKIO，Funakoshi（船越昭生），400620

ALLAN，Sarah（艾蘭），201540*，201690*，201700，202440，202530*，202580*，202930，203120*，203560*，301680，402760*，403420*，404250*，404900*，405230，405500*，405810*，406380，406390

AMES，Roger T.（安樂哲），401900，402220，402460，402570，403430，405510，406180

ANDERSON，Matthew（安馬修），203740，203911

ANDREINI，Attilio（艾帝），402340，402770，403230，403620，403630，403860，403870，403880，404260

ARRAULT，Alain（華瀾），403240

ASSELIN，Mark Laurent（安民輝），303290

B

BAGLEY，Robert W.（貝格立），101230，301430

BARBIERI-LOW，Anthony J. Robin（李安敦），203140，405520，405530，406400

BARNARD, Noel（巴納），100520，200900，200910，300600，300620，300630，300640，300650，300710*，300760，300770，300830，300840，300880，300900，300910，300920，300940，300950，300960，301060，301070，301080*，301250，301260，301390*，301530，301740，301750，301990，302560，400310，400510，400530，400540，400570，400590

BAXTER, William H, III（白一平），100700，100740，101600

BEHR, Wolfgang（畢鶚），302000，302800，302900，303000，303190

BENEDETTI PICHLER, A. A.（皮其萊），200490

BERGER, Patricia（白瑞霞），301450

BERNHARDI, Anna（勃漢），200040，200050

BIELENSTEIN, Hans（畢漢思），301110

BILSKY, Lester（畢士基），201550

BIN, Dongchoel（賓東哲），406190

BIOT, Édouard（畢甌），400010，400020

BISHOP, Carl W.（畢士博），300170，300180

BLANFORD, Yumiko Fukushima（福島由美子），401530，401790，402050

BODDE, Derk（卜德），401110

BOLTZ, William G.（鮑則岳），100620，100780，100870，101000，101040，101330，101340，101480，101510，201710，202450，203200，401120，401240，401270，402130，402350*，402600，402780*，403250，403260，403890，403900，404520，404910，405820，405830，405970

BONNER, Joey（波娜），201880

BOODBERG, Peter A.（卜弼德），100320，100340，100450，100530

BOTTÉRO, Françoise（蒲芳莎），100880，100990，101050，101060，101140*，101170，101210，101240，101350，101360，101370，101470*，101520，202750，203210，203400

BOUNACOFF, George W.（勇義），200400，200500
BRANNER, David Prager（林德威），101530
BRASHIER, K. E.（白瑞旭），301900，302070，302380，302810，302820，303200，303360，303370，303550
BRINDLEY, Erica F.（錢德梁），404270，404280，404530，404920，405240，405980，405990
BRITTON, Roswell S.（白瑞華），200300，200410，200510，200520，200600，200630，200660，200690，200720
BROOKS, Bruce E.（白牧之），405250
BROWN, Miranda（董慕達），302470，302570，303010，303080，405260，405540
BUCK, David D.（鮑德威），400600
BUJARD, Marianne（呂敏），302330
BUMBACHER, Stephan Peter，402470
BUSHELL, S. W.（卜士禮），300010

C

CAHILL, James（高居翰），300760
CAI, Fangpei（蔡芳沛），202240
CALDWELL, Perry Ernest, IV（康佩理），406200，406210，406220，406401
CAMPBELL, Roderick（江雨德），203150，203410
CAO, Feng（曹峰），406000，406010，406020
CARROZZA, Paola（賈寶蘭），403270
CARSON, Michael F，301090
CHALFANT, F. H.（方法斂），100050*，200310，200600，200630
CHALMERS, John（湛約翰），100080
CHAN, Shirley（陳慧），404930*，404940*，405550，405840，405850*，406410

CHANG, Cheng-lang（張政烺；另見 ZHANG, Zhenglang），202130

CHANG, Kuang-yüan（張光遠），100890*，201900*，300970，301160

CHANG, Kwang-chih（張光直），201410，201610，201720，201890，202140，202150，202640，202760

CHANG, Ping-ch'üan（張秉權），202160

CHANG, Chun-shu（張春樹），400360，400630，404540

CHANG, Kuei-sheng，400820

CHANG, Leo S.（張純），402480

CHANG, Taiping（張太平），201420，201430

CHANG, Tsung-tung（張聰東），201050，202170

CHAO, Lin（趙林），201060，201110，201780

CHAO, Y. R.（趙元任），100350

CHAVANNES, Édouard（沙畹），100040，200010，300020，400040，400090，400100，400120

CHEMLA, Karine（林力娜），405560

CHEN, Jing，404670

CHEN, Jinzhong（陳盡忠），303610

CHEN, Kuang Yu（陳光宇），202650

CHEN, Lai（陳來），405570，405580，405590，405600

CHEN, Li（陳力），401910

CH'EN, Meng-chia（陳夢家；另見 CHEN, Mengjia），300420，300440，300460*，300480

CHEN, Mengjia（陳夢家；另見 CH'EN, Meng-chia），101380

CHEN, Shu（陳舒），303430

CHEN, Wei（陳偉），406411

CHEN, Zhi（陳致），203050，203060*，203570*，303320

CHENG, Chen-hsiang（鄭振香），301420

CHENG, Te-k'un（鄭德坤），200920，400210

CHENG, Chung-ying（成中英），405270

CHEUNG, Kwong-yue（張光裕），100550*，300980，301080*，301260，301990，302010，303560

CHIANG, William, 203510

CHILDS-JOHNSON, Elizabeth（江伊莉），202770，203620

CHIN, Annping（金安平），402790，404550

CHOU, Fa-kao（周法高），200960*，300820，301400

CHOU, Ch'uan-ju（周傳儒），200760

CHOU, Hung-hsiang（周鴻翔），201010，201070，201140*，201250，201560

CHOW, Kwok-ching（周國正），201790

CHOW, Tse-tsung（周策縱），201020，201440

COHEN, Alvin P.（柯恩），201450

CONRADY, August（孔好古），400130

COOK, Constance A.（柯鶴立），301540，301760*，301770*，301910，302080，302190，302200，302580，303320，303210，303380，303440，402490，402610，403640，404290，404300，404310，406040

COOK, Richard S.（曲理查），202780

COOK, Scott（顧史考），402800，403280，403650*，405860

COULING, Samuel（庫壽齡），200080

CREEL, Herrlee Glessner（顧立雅），100290，100330，200320，200330，200420，200530，300280，300290，300800

CRESPIGNY, Rafe de, 400950

CRONE, Thomas（杜馬斯），303561

CRUMP, James（柯迂儒），200940

CRUMP, Irving, 200940

CSIKSZENTMIHALYI, Mark（齊思敏），302830，402060，402500，403660

CULLEN, Christopher（古克禮），400940，401010，403670，404560，405280，405610，405620

D

DAUBEN, Joseph W.（道本周），403680，403910，404320，404680

DE SAUSURE, Léopold（索緒爾），400140，400150，400160

DEBNICKI, Aleksy，400280

DECAUX, Jacques，401540

DEFOORT, Carine（戴卡琳），403690，406030

DeFRANCIS, John（德範克），100580，100680

DEMATTÈ, Paola，100790

DESPEUX, Catherine（戴思博），403700

DEYDIER, Christian（戴迪耶），201170，201260

DJAMOURI, Redouane（羅瑞），101390，202200，202590，202660，202670，202940，202950，203030，203040，203220，203230，203240，203250，301690

DOBSON, W. A. C. H.（杜百勝），300660，300690，300740

DONG, Linfu（董林夫），203470

DONG, Shan（董珊），303570

DOROFEEVA-LICHTMANN, Vera V.（魏德理），404330，405290

DOTY, Darrel Paul（杜德倫），301200

DRAKE, Frederick Sequier（林仰山），300380

DRÈGE, Jean-Pierre（戴仁），100710，100950，401800，402360

DRIEM, George van，101010，101300

DU, Jinpeng（杜金鵬），202790

DUBS, Homer H.（德效騫），200770，200800，200810，200890

E

EBERHARD, Wolfram（艾伯華），200240，400270

EBREY, Patricia Buckley（伊沛霞），301120，301780

EITEL, E. J.（艾德），400050

ENGELHARDT, Ute（英悟德），403080

ENO, Robert（伊若泊），202460，202850，203670

ENOKI, Kazuo（榎一雄），400410

ERBAUGH, Mary, 101180

ERSTNER, Ansgar（安思格），403090

F

FALKENHAUSEN, Lothar von（羅泰），202180，301460，301510，301550，301560，301620*，301700*，301790*，301800，302210，302220，302230，302390*，302840，302910，302920，303300，303390，303631，402810，406280

FAN, Yuzhou（范毓周），202020

FECH, Andrej（費安德），405870

FEIFEL, Eugen, 100370

FENG, Yu（馮禺），402480

FERGUSON, John C.（福開森），200540，300100，300130，300190，300200*，300270

FIELDS, Lanny B., 401550

FISKESJÖ, Magnus（馬思中），203260，203870

FLAD, Rowan K.（傅羅文），203630

FONG, Wen C.（方聞），301130

FORKE, Alfred（佛爾克），400070

FOWLER, Vernon K., 202340

FRACASSO, Riccardo（里卡爾多·弗拉卡索），202250

FRIEDRICH, Michael（傅敏怡），402230，404690，404960

FRÜHAUF, Manfred（傅熠德），402510，403710，404340，406420

FUJIEDA, Akira（藤枝晃），400330

G

GALAMBOS，Imre（高奕睿），101190，101250，101400，302850

GALVANY，Albert，403440

GAO，Ming（高明），402820*

GASSMANN，Robert H.（高思曼），403290，403920，404970

GENTZ，Joachim（根茨博），404350，404980，406421

GETTENS，Rutherford John，300760，300790

GIBSON，Harry E.（吉卜生），200290，200340，200350，200360，200430，200550，200560，200570，200580，200610，200640

GIELE，Enno（紀安諾），402520，403450，403930，405300，405630

GILES，Herbert A.（翟理思），300050，300070

GIPPERICH，H.，300080

GOEPPER，Roger（郭樂知），402140

GOLDIN，Paul R.（金鵬程），303090，402830，403460，403720，403940，404700，405990，406050

GOMOULINE，Andrei（虢安德），406060

GOODRICH，Carrington L.（傅路德），200911

GRAHAM，A. C.（葛瑞漢），401560，401920

GREATREX，Roger（羅杰），402070

GU，Baotong，101070

GUAN，Yuzhen，406422

GUO，Shuchun（郭書春），402840

GUO，Jue（郭珏），404710，405640

H

HALL，David L.（郝大爲），403430

HANDEL，Zev J.（韓哲夫），101220，203420

HANKE，Martin（杭曼青），301470

HANSEN，Chad（陳漢生），100750，100760

HARBSMEIER，Christoph（何莫邪），401930，405650，406430

HARKNESS，Ethan Richard（郝益森），405660

HARPER，Donald J.（夏德安），400670，400730，400830，400960，401130，401280，401380，401390，401600，401610，402080，402240，402370*，402530，402620，402630，403100，403110，403470，403730*，403740，403950，404570，404990，405310

HAYASHI，Minao（林巳奈夫），301810，400550

HE，Zhiguo（何志國），402250

HENRICKS，Robert G.（韓禄伯），400840，400850，400860*，401020，401140，401570*，402640，402850*

HENRY，Eric（武文和），405320

HENTZE，Carl G.（和茲），300580

HERTZER，Dominique，402260

HERVOUET，Yves（吳德明），400580，400690

HESSLER，Peter（何偉），203530

HINSCH，Bret（韓獻博），402540

HIRASE，Takao（平勢隆郎），403120

HO，Ping-ti（何炳棣），201230

HOLLOWAY，Kenneth W.（郝樂爲），403300，403960，404720，405000

HOPKINS，Lionel C.（金璋），100010，100090，100110，100120，100130，100140，100150，100180，100190，100210，100220，200020，200030，200060，200090，200100，200120，200140，200150，200160，200200*，200210，200230，200370，200440，200590，200620，200650，200670，200700，200730，200780，300060，300090

HSING，I-tien（邢義田），406230

HSÜ，Chin-hsiung（許進雄），201120，201180*，201320，201570，202550

HSU, Cho-yun（許倬雲），300730，301480
HSU, Hsin-mei Agnes（徐心眉），404580
HSÜ, James C. H.，202550
HSU, Mei-Ling（徐美苓），400740，401940
HU, Pingsheng（胡平生），401580
HU, Zhihong（胡治洪），404730
HUANG, Chün-chieh（黃俊傑），401810
HUANG, Kuan-yun（黃冠雲），101650，405880
HUANG, Paulos（黃占竹），402550，402650，402660
HUBER, Maria，301630
HULSEWÉ, A. F. P.（何四維），400300，400440，400750，400760，400870，400880，401030，401040，401050，401250，401290，401300，401340，401400，401410，401480，401620，401820，402380*
HUNG, Yueh-nu，101080

I

IDEMA, Wilt L.（伊維德），401630
IKEDA, Tomohisa（池田知久），402670，403130，403140，403750
INGRAM, J. H.，200170
ITŌ, Michiharu（伊藤道治），202860

J

JACOBS, Jörn，403150
JAN, Yün-hua（冉雲華），400680，400700，400970，400980，401060，401200，401640，401830
JAO, Tsung-i（饒宗頤），100720，200850，200860，300990，400560，401420，402680
JENNER, W. J. F.（詹納爾），400710
JIANG, Guanghui（姜廣輝），402860，403970，403980，404740，404750

JIANG，Linchang（江林昌），404760

K

KALINOWSKI，Marc（馬克），401210，401350，402270，402280，402290，402560*，403480，403760*，403770，403990，404590，404770，404780，405010*，405330，405670*，405890

KALTENMARK，Maxime（戴密微），300890

KANE，Virginia C.，300810，300850，301210

KAO，Lifeng（高莉芬），405680

KARLGREN，Bernhard（高本漢），100160，100170*，100200*，100230，100240，100280*，100300，100360*，100380*，100400*，100410*，100420*，100430*，100440，100460*，300230，300240，300250*，300300，300310，300340，300350，300390，300430*，300450，300490，300510，300550，300560，300610

KEIGHTLEY，David N.（吉德煒），100690，100900，101410，201030，201040，201150，201340，201350，201460，201470，201480，201490，201580，201620，201800，201810，201820，201910，201920，201930，201970，202190，202210，202220*，202260，202270，202350，202360*，202370*，202470*，202480，202610，202680，202800，202810，202960，202970*，202980*，203070，203080，203090，203100，203110，203160，203270*，203280，203370，203430，203540，203780，203790，203890，400770

KELLEY，Charles Fabens，300460

KERN，Martin（柯馬丁），101090，101310*，302340*，303020，303100，303220，403310*，403490，404000*，404010*，404600，406440

KHAYUTINA，Maria（夏玉婷），302480，302490，302590，302600，302930，303110，303230，303310，303320，303580，303640

KIM，Hongkyung（崔珍晳），405900

KIM, Kyung-ho（金慶浩），405690

KINNEY, Anne Behnke（司馬安），401950

KLEEMAN, Terry F.（祁泰履），202690，401260

KLEIN, Esther S.（朴仙鏡），405990，406070

KOLB, Raimund Theodor（科爾博），100660，202560，405020

KONDÔ, Hiroyuki（近藤浩之），403160

KOOP, Albert，300140

KOROLKOV, Maxim（馬碩），405700，405910，406450

KRIJGSMAN, Rens（武致知），406240

KROLL, J. L.，401660

KRYUKOV, M. V.（劉克甫），200980，201630

KU, T'ien-fu，400890

KUDÔ, Motoo（佐藤武敏），401670

KURIYAMA, Shigehisa（栗山茂久），202700

KUWAYAMA, George（喬治・秋山），301270

L

LAI, Guolong（來國龍），403320，403500，404020，405710，406460

LANCIOTTI, Lionello（蘭喬蒂），401070

LAO, Kan（勞榦），400460，400480，400640，400780

LAU, D. C.（劉殿爵），401150，402570

LAU, Ulrich（勞武利），301710，301820，302240，402390，402690，403330，404030，405920

LAWTON, Thomas（羅覃），300930，301220，301440，301640，301920，302170

LE BLANC, Charles（白光華），402870

LEE, Daniel（李世強），406410

LEE, Orient（黎東方），300750

LEFEUVRE, Jean A.（雷煥章），201240，201270，201330，201730，

202030，202490，202990，203000，203290，203640

LEGGE，James（理雅格），400030

LÉVI，Jean Levi（樂唯），405030

LEWIS，Mark Edward（陸威儀），101020，302090，404040

LI，Cunshan（李存山），402880

LI，Feng（李峰），101530，302100，302350，302400，302500，302610，302690，302700，302940*，303120，303130*，303330，303400

LI，Ling（李零），301650，401680，401850，402150，403340

LI，Xueqin（李學勤），202040，203120，203810，301140，301330，301340，301660，301930，302110，302510，302710，402160，402890*，402900，402910，402920，403170，403350，404790，406090

LI，Chi（李濟），200870*

LI，Fang Kuei（李方桂），100560

LI，Jiahao（李家浩），406080

LI，Junming（李均明），406461

LI，Min，203650

LI，Xiuzhen Janice（李秀珍），303410

LINCK，Gudula（林可），404360

LINDUFF，Katheryn M.（林嘉琳），301480，303320

LIPPIELLO，Tiziana（李集雅），301940

LIU，Lexian（劉樂賢），405040

LIU，Yongping（劉永平），402580

LIU，Yu（劉雨），201770

LIU，Yuan（劉源），203680*

LIU，Johanna（劉千美），404800

LIU，Xiaogan（劉笑敢），403510

LIU，Xueshun（劉學順），203480，203880

LIU，Zhiji（劉志基），101670

LO，Fu-I（羅福頤），400650

LO，Vivienne（羅維前），402250，405340

LOEHR，Max（羅越），200740，300320，300400，300410，300470，300520，300780

LOEWE，Michael（魯惟一），400340，400370，400380，400390，400420，400430，400470*，400490，400520，400610，400720，400900，400990，401000，401080，401160，401220，401360，401490，401500，401960，402090，402100，402400*，404370，405350，405360，405370，405400

LORD，Christopher，100980

LÜDKE，Michael（呂德凱），405920

LUNDBAEK，Knud（龍伯格），100650

LUO，Xinhui（羅新慧），406470

LURIE，David B.，101420

M

MA，Biao，405560

MA，Chengyuan（馬承源），301410

MacCORMACK，Geoffrey（馬若斐），403180，403780，404610，404620，404630

MAIR，Victor（梅維恒），401690，401700

MAJOR，John S.（梅杰），402610

MAKEHAM，John（梅約翰），401710

MANSVELT BECK，B. J.（貝克），401430

MARÉCHAL，Chrystelle（麥里筱），101320*，101430*，101610*，101620，203300，203360，302410*，302420，302720*，302950

MARŠÁLEK，Jakub（馬三禮），302430

MASPERO，Henri（馬伯樂），100070，100250，100260*，100270，200190，200250，200260*，300160，400230，400250，400290

MATHIEU，Rémi（馬迪由），201740，400790，401970

MATSUI，Yoshinori（松井嘉德），303140

MATSUMARU，Michio（松丸道雄），201090

MATTOS，Gilbert L.（馬幾道），300860，301000，301020，301030，301350，301360，301490，302120*，302440，303340

McLEOD，Katrina C. D.，401090

McMAHON，Keith（馬克夢），401850

MENZIES，James M.（明義士），200110，200220，200270，200380，200450，200460，200470

MEYER，Andrew（麥安迪），406250

MEYER，Dirk（麥笛），404050，404060，404810，404820，405050，405930，406260，406270

MICKEL，Stanley（米凱樂），201290，201830，202280，201190*，201200，201280，201300，201360，201370，201500，201510，201640，201940，201980，202050，202060

MIDDENDORF，Ulrike（梅道芬），404830

MILBURN，Olivia（米歐敏），405380

MITTAG，Achim（案跋），301630，403520，403530

MÖLLER，Hans-Georg（梅勒），402170，402180，402700

MOORE，Oliver，101100

MORGAN，Daniel（墨子涵），406100

MORI，Shikazô（森鹿三），400400

MÜELLER，H.（穆勒），200070

N

NAGATA，Hidemasa（永田英正），401720

NAKAMURA，Seiji（中村静治），400260

NELSON，Sarah（南莎娜），303150

NIENHAUSER，William H., Jr.（倪豪士），401170

NIVISON, David Shepherd（倪德衛），201380，201520，202380，202870，301230*，301280*，301290，302020，302250，302360*，302520*，401730，401980，402710，405060*，405720

NORMAN, Jerry（羅杰瑞），100670，100800

NYLAN, Michael（戴梅可），101110，302860，404070，405390，405400

O

ÔBA, Osamu（大庭脩），403190

OMMERBORN, Wolfgang，401510

P

P'AN, Wu-su，201310

PANG, Kevin D.（彭馱鈞），401730

PANG, Pu（龐樸），402940，402950，402960，405070，405080，405090，405100

PANG, Sunjoo（方善柱），300870，301040，301050

PANKENIER, David W.（班大爲），101540，201750，201950，202820，203440*，301170，301720，401860

PARK, Haeree（朴慧莉），405110，405120

PARKER, Edward H.（莊延齡），300030，300040

PAUL, W.，202950

PEARCE, Nicholas，303450

PEARSON, G. W.，100060

PEERENBOOM, Randall P.（裴文睿），401740，401840，401750，401760，401990，402000，403360

PELLIOT, Paul（伯希和），100310，300150，300220，400190

PENG, Hao（彭浩），402930*

P'ENG, Shu-ch'i（彭樹杞），200970

PERKINS, Franklin（方嵐生），405130，405410，406110，406481

PETERSEN, Jens Østergård, 401870

PETRUCCI, M. R., 300110

PEYRAUBE, Alain（貝羅貝），101260，202710，202720

PFISTER, Rudolf, 402410, 403370, 403540, 404080, 404380, 404390, 404640

PHAM, Lee-moi（范麗梅），101650

PINES, Yuri（尤銳），302730，303320，403380，403390，403550，404090*，404100，405140，405150，405420，406280，406290*，406300

POO, Mu-chou（蒲慕州），402010*，402590*，404110，405160，405730

POOR, Robert（浦爾），301500，301570

POPE, John Alexander, 300760

PORTER, Deborah Lynn（裴碧蘭），402020，402300

POSTGATE, Nicholas, 100810

PREISWERK-SARASIN, S.（薩拉辛），200130

PRŮŠEK, Jaroslav（普實克），400500

PUETT, Michael（普冥），403790

PULLEYBLANK, Edwin G.（蒲立本），100500，100510，100540，100570*，100730，100820*，100910，101120，101150，201760，203310

Q

QI, Wenxin（齊文心），202570，203010，203120

QIANG, Yu（强昱），405170

QIU, Xigui（裘錫圭），100600*，101130*，201960*，202390，402970*

R

RAPHALS, Lisa A.（瑞麗），403800，404400

RAWSON, Jessica（羅森），301370*，301520，301580，301830，

301860，302260

RICHTER, Matthias L.（李孟濤），101450，403560，404120，404130，404410*，404420*，405180*，405740，406120

RICKETT, Allyn W.（李克），401440

RIEGEL, Jeffrey K.（王安國），400660，400670，402420，404840

RITCHIE, Jennifer Lundin，405940

ROSEMONT, Henry, Jr.（羅思文），201650，402460

ROTH, Harold D.（羅浩），402980*

RUDOLF, Richard C.（魯道夫），201080

RYDEN, Edmund（雷敦龢），402430，402990*

S

SAGART, Laurent（沙加爾），100830*，100920，101030*，101600，202290，203450

SAMPSON, Geoffrey（散復生），100610

SANFT, Charles（陳力強），303240，404850*，404860，405260，405430，405440，405450，405540，405750，406310，406320

SATÔ, Tamotsu（佐藤保），300920

SAWYER, Ralph D.（蘇煬悟），402190

SCARPARI, Maurizio（司馬儒），101160，301950，403000，404140，404150，404430

SCHINDLER, Bruno，400240

SCHIPPER, Kristofer（施舟人），302130

SCHUESSLER, Axel（許思萊），100630，101490，301870

SCHUNK, Lutz，301880

SCHWARTZ, Adam Craig（石亞當），203820，203920

SCHWERMANN, Christian（史克禮），203930，303590

SCOGGIN, Hugh T., Jr.，401770

SEIDEL, Anna K.（索安），401180，401310，401450

SEIWERT, Hubert（蘇爲德），201660

SENA, David M.（孫大偉），302450，302870，303460

SERRUYS, Paul L-M（司禮義），100390，100470，100480，100590，201130，201210，201590，201840，201850，202070，203730

SHAO, Dongfang（邵東方），302530

SHAUGHNESSY, Edward L.（夏含夷），100960*，100970*，101270*，101500，101550*，201860，202080*，202090*，202240，202300*，202400，202410，202420*，202880*，203580，203830*，301150*，301300*，301590，301600*，301670*，302140*，302270，302280*，302460，302620，302740，303030*，303040，303250，303260，303600，401320*，401370*，402110，402310，403200，403400，404160*，404170，404440*，405760*，406330*，406340，406480，406490*

SHAUGHNESSY, James F., Jr.（夏含理），202240

SHELACH, Gideon（吉迪），202890，303160，406280

SHEN, Vincent（沈清松），403810

SHIM, Jae-hoon（沈嘉熏），302150，302180

SIMSON, Wojciech Jan，404450

SKOSEY, Laura A.（郭錦），302030

SLINGERLAND, Edward（森舸瀾），404870

SMITH, Adam Daniel（亞當·史密斯），203660，203750，203760，203840

SMITH, Howard D.，200880，200930

SMITH, Jonathan M.（趙納川），203710

SO, Jenny F.（蘇芳淑），301240，301310，301890*，301960

SOU, Daniel S.（徐誠彬），406130，4061404，406500

STAACK, Thies（史達），405460，406350*，406510

STAROSTIN, Sergei（斯塔羅斯金），100840*

STARR, Kenneth，301100，303170

STEIN，Marc Aurel（斯坦因），400060，400080，400110，400170，400180，400200，400220

STEINKE，Kyle（史可安），101580

STERCKX，Roel（胡司德），402320，405470

SUN，Yan（孫巖），302630，302960，303470

SYPNIEWSKI，Bernard Paul，403820

SZABÓ，Sándor P.（貝山），403570，404460

T

TAKASHIMA，Ken'ichi（高島謙一），101590*，101630，201160，201390，201530，201600，201670，201870，201990*，202000*，202100，202110，202230*，202310*，202320*，202330，202500*，202730，202900，202910，203020，203170*，203180*，203320，203380*，203460*，203490*，203500*，203550*，203690*，203720，203730，203770*，203800*，203850*，203900，203910*，203940，302040，302290*，302970，303050*，406150*

TANG，Wei（湯威），303610

TANIGUCHI，Mitsuru（谷口滿），403210

TAVOR，Ori，406520

TCHANG，Fong（張鳳），200180

TERRIEN de LACOUPERIE，A.（拉克伯里），100020，100030

THOMPSON，P. M.（譚樸森），403010*

THOTE，Alain（杜德蘭），302320，302640

TING，William S.（丁驌），200990

TÖKEI，Ferenc，400320

TOMIYA，Itaru（富谷至），303620

TONG，Te-kong（唐德剛），201000

TSENG，Lillian Lan-ying（曾藍瑩），302750，403410

TSIEN，Tsuen-hsuin（錢存訓），100490*，101280*

TSUCHIGUCHI, Fuminori（土口史記），406360

TU, Wei-ming（杜維明），400910

TUNG, Tso-pin（董作賓），200790, 200840, 200950*

TURNER, Karen（高道蘊），401590, 401880, 402030, 402040

U

UNGER, J. Marshall（安戈），100770

UNGER, Jonathan M., 101290

UNGER, Ulrich（翁有理），300680, 300700, 300720, 301010, 301970, 301980, 400920

UNSCHULD, Paul U.（文樹德），401190, 401230

V

VAN ELS, Paul（葉波），404470, 404950

VAN ESS, Hans（葉翰），403580

VANDERMEERSCH, Léon（汪德邁），101640, 201220, 201400, 201680, 202600*, 203130, 203330, 400800, 401100

VEIT, Willibald（魏志強），301380

VENTURE, Olivier（風儀誠），101200, 101560, 202830, 203340, 203590, 203700, 302300, 302540, 302760, 303180, 402720, 404480, 405220, 405770*

VOGELSANG, Kai（馮凱），101570, 302550, 303060

VOGT, Paul Nicholas（侯昱文），303480

VOIRET, Jean-Pierre, 100930

W

WAGNER, Rudolf G.（瓦格納），402730

WALRAVENS, Hartmut（德漢茂），301180

WAN, Jiabao（萬家保），300960

WANG, Baoxuan（王葆炫），403020

WANG, Haicheng（王海城），101460，101660，303530

WANG, Ping（王平），203930，302980

WANG, Tao（汪濤），100810，202620*，202920*，203350*，203600，302650

WANG, Yuxin（王宇信），202120

WANG, Zhongjiang（王中江），405190，406530，406540

WANG, Aihe（王愛和），203190*

WANG, Helen，404650

WANG, Ming-ke（王明珂），302310

WANG, William S-Y（王士元），100850*，100940

WANG-RIESE, Xiaobing（王霄冰），303270

WATSON, William，300670

WEGMANN, Konrad，402740

WELD, Susan Roosevelt（羅鳳鳴），301610，302160*，402750，403030，403590

WHEATLEY, Paul（惠特勒），201100

WHITE, William Charles（懷履光，懷特），200750，300590

WHITFIELD, Roderick（衛陀），301840

WHITTIKER, Gordon（黃戈登），202510，202520

WIEGER, Léon S. J.（戴遂量），100100

WILE, Douglas，401890

WILKINSON, Toby，100810

WILHELM, Hellmut（衛德明），300500

WILLIAMS, Crispin（魏克彬），302880，302890，303280，303420，303490，303630，402760

WILSON, J. Keith（衛其志），301850

WINTER, Marc D.，403830

WITTFOGEL, Karl A.（魏復古），200680

WONG，Ching-chih Yi-ling，100860，402200

WONG，Dorothy（王静芬），302770

WONG，Kwan Leung（黄君良），404490

WOON，Wee Lee（雲惟利），100640

WU，Hung（巫鴻），302660

WU，Keying（吳可穎），203390，203610

WU，Shih-ch'ang（吳世昌），200830*

WU，Xiaolong（吳霄龍），302780

X

XIE，Guihua（謝桂華），404180

XING，Wen（邢文），302670，303500，403040，403050，403060，403600，403840，404190，404200，404500，404880，405480，405780，406370

XU，Fengxian（徐風先），303350

XU，Zhentao（許鎮濤），202430

XU，Jay（許杰），302050，302990

Y

YAMADA，Katsuyoshi（山田勝芳），401780

YAMADA，Keiji（山田慶兒），400930

YAN，Zhonghu（顏鍾祜），404210

YANG，Hua，302440

YANG，Jidong（楊繼東），406550

YANG，Lien-sheng（楊聯陞），300570，400350

YANG，Xiaoneng（楊曉能），301730，302370*

YAO，Ping（姚平），303510

YATES，Robin D. S.（葉山），401330，401460，401520，402120，402210，402330，402440，402450，403850，404220，404230，404240，

405200，405210，405790，405950，406160，406280，406400

YAU, Shun-chiu（游順釗），202010，202630，202740，202840，203360，405960

YETTS, Perceval W.（葉茲），200280，200390，200710，200820*，300120，300210，300330，300360，300370，300530，300540

YEUNG, Ching-kong（楊靜剛），301320，302060

YI, Sŭng-ryul（李承律），403220

YUE, Anne O.（余靄芹），203170，203771，203860，302790

Z

ZHANG, Changping（張昌平），303520

ZHANG, Guohua，403610

ZHANG, Liwen（張立文），403070

ZHANG, Zhenglang（張政烺；另見 CHANG, Cheng-lang），301190

ZHANG, Changshou（張長壽），302680

ZHANG, Yachu（張亞初），201770

ZHANG, Zhaoyang（張朝陽），404890，405490，405800，406170

ZHENG, Wangeng（鄭萬耕），404510

ZOU, Dahai（鄒大海），404660

索引二　作者中文姓名索引[①]

A

艾伯華（EBERHARD, Wolfram），200240，400270

艾德（EITEL, E. J.），400050

艾帝（ANDREINI, Attilio），402340，402770，403230，403620，403630，403860，403870，403880，404260

艾蘭（AI, Lan），203120

艾蘭（ALLAN, Sarah），201540*，201690*，201700，202440，202530*，202580*，202930，203120*，203560*，301680，402760*，403420*，404250*，404900*，405230，405500*，405810*，406380，406390

安戈（UNGER, J. Marshall），100770

安樂哲（AMES, Roger T.），401900，402220，402460，402570，403430，405510，406180

安馬修（ANDERSON, Matthew），203740，203911

安民輝（ASSELIN, Mark Laurent），303290

安思格（ERSTNER, Ansgar），403090

[①] 本索引按照中文姓名的拼音字母列出,部分學者無中文姓名,爲了索引的完整性,也收入索引,列在每一個字母中文姓名的後頭。

案跋（MITTAG, Achim），301630，403520，403530

B

巴納（BARNARD, Noel），100520，200900，200910，300600，300620，300630，300640，300650，300710*，300760，300770，300830，300840，300880，300900，300910，300920，300940，300950，300960，301060，301070，301080*，301250，301260，301390*，301530，301740，301750，301990，302560，400310，400510，400530，400540，400570，400590

白光華（LE BLANC, Charles），402870

白牧之（BROOKS, Bruce E.），405250

白瑞華（BRITTON, Roswell S.），200300，200410，200510，200520，200600，200630，200660，200690，200720

白瑞霞（BERGER, Patricia），301450

白瑞旭（BRASHIER, K. E.），301900，302070，302380，302810，302820，303200，303360，303370，303550

白一平（BAXTER, William H., III），100700，100740，101600

班大爲（PANKENIER, David W.），101540，201750，201950，202820，203440*，301170，301720，401860

鮑德威（BUCK, David D.），400600

鮑則岳（BOLTZ, William G.），100620，100780，100870，101000，101040，101330，101340，101480，101510，201710，202450，203200，401120，401240，401270，402130，402350*，402600，402780*，403250，403260，403890，403900，404520，404910，405820，405830，405970

貝格立（BAGLEY, Robert W.），101230，301430

貝克（MANSVELT BECK, B. J.），401430

貝羅貝（PEYRAUBE, Alain），101260，202710，202720

貝山（SZABÓ, Sándor P.），403570，404460

畢鶚（BEHR, Wolfgang），302000，302800，302900，303000，303190

畢漢思（BIELENSTEIN, Hans），301110

畢甌（BIOT, Édouard），400010，400020

畢士博（BISHOP, Carl W.），300170，300180

畢士基（BILSKY, Lester），201550

賓東哲（BIN, Dongchoel），406190

波娜（BONNER, Joey），201880

伯希和（PELLIOT, Paul），100310，300150，300220，400190

勃漢（BERNHARDI, Anna），200040，200050

卜弼德（BOODBERG, Peter A.），100320，100340，100450，100530

卜德（BODDE, Derk），401110

卜士禮（BUSHELL, S. W.），300010

BUMBACHER, Stephan Peter，402470

C

蔡芳沛（CAI, Fangpei），202240

曹峰（CAO, Feng），406000，406010，406020

陳光宇（CHEN, Kuang Yu），202650

陳漢生（HANSEN, Chad），100750，100760

陳慧（CHAN, Shirley），404930*，404940*，405550，405840，405850*，406410

陳盡忠（CHEN, Jinzhong），303610

陳來（CHEN, Lai），405570，405580，405590，405600

陳力（CHEN, Li），401910

陳力強（SANFT, Charles），303240，404850*，404860，405260，405430，405440，405450，405540，405750，406310，406320

陳夢家（CH'EN, Meng-chia；CHEN, Mengjia），101380，300420，300440，300460*，300480

陳舒（CHEN, Shu），303430

陳偉（CHEN，Wei），406411
陳致（CHEN，Zhi），203050，203060*，203570*，303320
成中英（CHENG，Chung-ying），405270
池田知久（IKEDA，Tomohisa），402670，403130，403140，403750
赤堀昭（AKAHORI，Akira），400810
崔珍晳（KIM，Hongkyung），405900
船越昭生（AKIO，Funakoshi），400620
CARSON，Michael F.，301090
CHANG，Kuei-sheng，400820
CHEN，Jing，404670
CHIANG，William，203510
CRESPIGNY，Rafe de，400950
CRUMP，Irving，200940

D

大庭脩（ŌBA，Osamu），403190
戴迪耶（DEYDIER，Christian），201170，201260
戴卡琳（DEFOORT，Carine），403690，406030
戴梅可（NYLAN，Michael），101110，302860，404070，405390，405400
戴密微（KALTENMARK，Maxime），300890
戴仁（DRÈGE，Jean-Pierre），100710，100950，401800，402360
戴思博（DESPEUX，Catherine），403700
戴遂量（WIEGER，Léon S. J.），100100
道本周（DAUBEN，Joseph W.），403680，403910，404320，404680
德範克（DeFRANCIS，John），100580，100680
德漢茂（WALRAVENS，Hartmut），301180
德效騫（DUBS，Homer H.），200770，200800，200810，200890
丁騙（TING，William S.），200990
董林夫（DONG，Linfu），203470

董慕達（BROWN, Miranda），302470，302570，303010，303080，405260，405540

董珊（DONG, Shan），303570

董作賓（TUNG, Tso-pin），200790，200840，200950*

杜百勝（DOBSON, W. A. C. H.），300660，300690，300740

杜德蘭（THOTE, Alain），302320，302640

杜德倫（DOTY, Darrel Paul），301200

杜金鵬（DU, Jinpeng），202790

杜馬斯（Thomas, CRONE），303561

杜維明（TU, Wei-ming），400910

DEBNICKI, Aleksy, 400280

DECAUX, Jacques, 401540

DEMATTÈ, Paola, 100790

DRIEM, George van, 101010, 101300

E

ERBAUGH, Mary, 101180

F

范麗梅（PHAM, Lee-moi），101650

范毓周（FAN, Yuzhou），202020

方法斂（CHALFANT, F. H.），100050*，200310，200600，200630

方嵐生（PERKINS, Franklin），405130，405410，406110，406481

方善柱（PANG, Sunjoo），300870，301040，301050

方聞（FONG, Wen C.），301130

費安德（FECH, Andrej），405870

風儀誠（VENTURE, Olivier），101200，101560，202830，203340，203590，203700，302300，302540，302760，303180，402720，404480，405220，405770*

馮凱（VOGELSANG，Kai），101570，302550，303060

馮禹（FENG，Yu），402480

佛爾克（FORKE，Alfred），400070

福島由美子（BLANFORD，Yumiko Fukushima），401530，401790，402050

福開森（FERGUSON，John C.），200540，300100，300130，300190，300200*，300270

富谷至（TOMIYA，Itaru），303620

傅路德（GOODRICH，Carrington L.），200911

傅熳德（FRÜHAUF，Manfred），402510，403710，404340，406420

傅敏怡（FRIEDRICH，Michael），402230，404690，404960

傅羅文（FLAD，Rowan K.），203630

FEIFEL，Eugen，100370

FIELDS，Lanny B.，401550

FOWLER，Vernon K.，202340

G

高本漢（KARLGREN，Bernhard），100160，100170*，100200*，100230，100240，100280*，100300，100360*，100380*，100400*，100410*，100420*，100430*，100440，100460*，300230，300240，300250*，300300，300310，300340，300350，300390，300430*，300450，300490，300510，300550，300560，300610

高島謙一（TAKASHIMA，Ken'ichi），101590*，101630，201160，201390，201530，201600，201670，201870，201990*，202000*，202100，202110，202230*，202310*，202320*，202330，202500*，202730，202900，202910，203020，203170*，203180*，203320，203380*，203460*，203490*，203500*，203550*，203690*，203720，203730，203770*，203800*，203850*，203900，203910*，203940，302040，302290*，302970，303050*，406150*

高道蘊（TURNER, Karen）, 401590, 401880, 402030, 402040
高居翰（CAHILL, James）, 300760
高莉芬（KAO, Lifeng）, 405680
高明（GAO, Ming）, 402820*
高思曼（GASSMANN, Robert H.）, 403290, 403920, 404970
高奕睿（GALAMBOS, Imre）, 101190, 101250, 101400, 302850
葛瑞漢（GRAHAM, A. C.）, 401560, 401920
根茨博（GENTZ, Joachim）, 404350, 404980, 406421
古克禮（CULLEN, Christopher）, 400940, 401010, 403670, 404560, 405280, 405610, 405620
谷口滿（TANIGUCHI, Mitsuru）, 403210
顧立雅（CREEL, Herrlee Glessner）, 100290, 100330, 200320, 200330, 200420, 200530, 300280, 300290, 300800
顧史考（COOK, Scott）, 402800, 403280, 403650*, 405860
郭錦（SKOSEY, Laura A.）, 302030
郭樂知（GOEPPER, Roger）, 402140
郭珏（GUO, Jue）, 404710, 405640
郭書春（GUO, Shuchun）, 402840
虢安德（GOMOULINE, Andrei）, 406060
GALVANY, Albert, 403440
GETTENS, Rutherford John, 300760, 300790
GIPPERICH, H., 300080
GU, Baotong, 101070
關瑜楨（GUAN, Yuzhen）, 406422

H

韓祿伯（HENRICKS, Robert G.）, 400840, 400850, 400860*, 401020, 401140, 401570*, 402640, 402850*
韓獻博（HINSCH, Bret）, 402540

韓哲夫（HANDEL, Zev J.），101220，203420
杭曼青（HANKE, Martin），301470
郝大爲（HALL, David L.），403430
郝樂爲（HOLLOWAY, Kenneth W.），403300，403960，404720，405000
郝益森（HARKNESS, Ethan Richard），405660
何炳棣（HO, Ping-ti），201230
何莫邪（HARBSMEIER, Christoph），401930，405650，406430
何四維（HULSEWÉ, A. F. P.），400300，400440，400750，400760，400870，400880，401030，401040，401050，401250，401290，401300，401340，401400，401410，401480，401620，401820，402380*
何偉（HESSLER, Peter），203530
何志國（HE, Zhiguo），402250
和兹（HENTZE, Carl G.），300580
侯昱文（VOGT, Paul Nicholas），303480
胡平生（HU, Pingsheng），401580
胡司德（STERCKX, Roel），402320，405470
胡治洪（HU, Zhihong），404730
華瀾（ARRAULT, Alain），403240
懷履光，懷特（WHITE, William Charles），200750，300590
黃戈登（WHITTIKER, Gordon），202510，202520
黃冠雲（HUANG, Kuan-yun），101650，405880
黃君良（WONG, Kwan Leung），404490
黃俊杰（HUANG, Chün-chieh），401810
黃占竹（HUANG, Paulos），402550，402650，402660
惠特勒（WHEATLEY, Paul），201100
HERTZER, Dominique，402260
HSÜ, James C. H.，202550
HUBER, Maria，301630

HUNG, Yueh-nu, 101080

I

INGRAM, J. H., 200170

J

吉卜生（GIBSON, Harry E.），200290，200340，200350，200360，200430，200550，200560，200570，200580，200610，200640

吉德煒（KEIGHTLEY, David N.），100690，100900，101410，201030，201040，201150，201340，201350，201460，201470，201480，201490，201580，201620，201800，201810，201820，201910，201920，201930，201970，202190，202210，202220*，202260，202270，202350，202360*，202370*，202470*，202480，202610，202680，202800，202810，202960，202970*，202980*，203070，203080，203090，203100，203110，203160，203270*，203280，203370，203430，203540，203780，203790，203890，400770

吉迪（SHELACH, Gideon），202890，303160，406280

紀安諾（GIELE, Enno），402520，403450，403930，405300，405630

賈寶蘭（CARROZZA, Paola），403270

榎一雄（ENOKI, Kazuo），400410

江林昌（JIANG, Linchang），404760

江伊莉（CHILDS-JOHNSON, Elizabeth），202770，203620

江雨德（CAMPBELL, Roderick），203150，203410

姜廣輝（JIANG, Guanghui），402860，403970，403980，404740，404750

金安平（CHIN, Annping），402790，404550

金鵬程（GOLDIN, Paul R.），303090，402830，403460，403720，403940，404700，405990，406050

金慶浩（KIM, Kyung-ho），405690

金璋（HOPKINS, Lionel C.），100010，100090，100110，100120，

100130，100140，100150，100180，100190，100210，100220，200020，200030，200060，200090，200100，200120，200140，200150，200160，200200*，200210，200230，200370，200440，200590，200620，200650，200670，200700，200730，200780，300060，300090

近藤浩之（KONDÔ, Hiroyuki），403160

JACOBS, Jörn, 403150

K

康佩理（CALDWELL, Perry Ernest, IV），406200，406210，406220，406401

柯恩（COHEN, Alvin P.），201450

柯鶴立（COOK, Constance A.），301540，301760*，301770*，301910，302080，302190，302200，302580，303320，303210，303380，303440，402490，402610，403640，404290，404300，404310，406040

柯馬丁（KERN, Martin），101090，101310*，302340*，303020，303100，303220，403310*，403490，404000*，404010*，404600，406440

柯迂儒（CRUMP, James），200940

科爾博（KOLB, Raimund Theodor），100660，202560，405020

孔好古（CONRADY, August），400130

庫壽齡（COULING, Samuel），200080

KANE, Virginia C., 300810, 300850, 301210

KELLEY, Charles Fabens, 300460

KOOP, Albert, 300140

KROLL, J. L., 401660

KU, T'ien-fu, 400890

L

拉克伯里（TERRIEN de LACOUPERIE, A.），100020，100030

來國龍（LAI, Guolong），403320，403500，404020，405710，406460

蘭喬蒂（LANCIOTTI, Lionello），401070

勞榦（LAO, Kan），400460，400480，400640，400780

勞武利（LAU, Ulrich），301710，301820，302240，402390，402690，403330，404030，405920

雷敦龢（RYDEN, Edmund），402430，402990*

雷煥章（LEFEUVRE, Jean A.），201240，201270，201330，201730，202030，202490，202990，203000，203290，203640

黎東方（LEE, Orient），300750

李安敦（BARBIERI-LOW, Anthony J. Robin），203140，405520，405530，406400

李承律（YI, Sŭng-ryul），403220

李存山（LI, Cunshan），402880

李方桂（LI, Fang Kuei），100560

李峰（LI, Feng），101530，302100，302350，302400，302500，302610，302690，302700，302940*，303120，303130*，303330，303400

李集雅（LIPPIELLO, Tiziana），301940

李濟（LI, Chi），200870*

李家浩（LI, Jiahao），406080

李均明（LI, Junming），406461

李克（RICKETT, Allyn W.），401440

李零（LI, Ling），301650，401680，401850，402150，403340

李孟濤（RICHTER, Matthias L.），101450，403560，404120，404130，404410*，404420*，405180*，405740，406120

李世強（LEE, Daniel），406410

李秀珍（LI, Xiuzhen Janice），303410

李學勤（LI, Xueqin），202040，203120，203810，301140，301330，301340，301660，301930，302110，302510，302710，402160，402890*，402900，402910，402920，403170，403350，404790，

406090

里卡爾多·弗拉卡索（FRACASSO，Riccardo），202250

理雅格（LEGGE，James），400030

栗山茂久（KURIYAMA，Shigehisa），202700

林德威（BRANNER，David Prager），101530

林嘉琳（LINDUFF，Katheryn M.），301480，303320

林可（LINCK，Gudula），404360

林力娜（CHEMLA，Karine），405560

林巳奈夫（HAYASHI，Minao），301810，400550

林仰山（DRAKE，Frederick Sequier），300380

劉殿爵（LAU，D. C.），401150，402570

劉克甫（KRYUKOV，M. V.），200980，201630

劉樂賢（LIU，Lexian），405040

劉千美（LIU，Johanna），404800

劉笑敢（LIU，Xiaogan），403510

劉學順（LIU，Xueshun），203480，203880

劉永平（LIU，Yongping），402580

劉雨（LIU，Yu），201770

劉源（LIU，Yuan），203680*

劉志基（LIU，Zhiji），101670

龍伯格（LUNDBAEK，Knud），100650

魯道夫（RUDOLF，Richard C.），201080

魯惟一（LOEWE，Michael），400340，400370，400380，400390，400420，400430，400470*，400490，400520，400610，400720，400900，400990，401000，401080，401160，401220，401360，401490，401500，401960，402090，402100，402400*，404370，405350，405360，405370，405400

陸威儀（LEWIS，Mark Edward），101020，302090，404040

羅鳳鳴（WELD，Susan Roosevelt），301610，302160*，402750，

403030，403590

羅福頤（LO，Fu-I），400650

羅浩（ROTH，Harold D.），402980*

羅杰（GREATREX，Roger），402070

羅杰瑞（NORMAN，Jerry），100670，100800

羅瑞（DJAMOURI，Redouane），101390，202200，202590，202660，202670，202940，202950，203030，203040，203220，203230，203240，203250，301690

羅森（RAWSON，Jessica），301370*，301520，301580，301830，301860，302260

羅思文（ROSEMONT，Henry，Jr.），201650，402460

羅泰（FALKENHAUSEN，Lothar von），202180，301460，301510，301550，301560，301620*，301700*，301790*，301800，302210，302220，302230，302390*，302840，302910，302920，303300，303390，303631，402810，406280

羅覃（LAWTON，Thomas），300930，301220，301440，301640，301920，302170

羅維前（LO，Vivienne），402250，405340

羅新慧（LUO，Xinhui），406470

羅越（LOEHR，Max），200740，300320，300400，300410，300470，300520，300780

呂德凱（LÜDKE，Michael），405920

呂敏（BUJARD，Marianne），302330

LI，Min，203650

LORD，Christopher，100980

LURIE，David B.，101420

M

馬伯樂（MASPERO，Henri），100070，100250，100260*，100270，

200190，200250，200260*，300160，400230 400250，400290

馬承源（MA，Chengyuan），301410

馬迪由（MATHIEU，Rémi），201740，400790，401970

馬幾道（MATTOS，Gilbert L.），300860，301000，301020，301030，301350，301360，301490，302120*，302440，303340

馬克（KALINOWSKI，Marc），401210，401350，402270，402280，402290，402560*，403480，403760*，403770，403990，404590，404770，404780，405010*，405330，405670*，405890

馬克夢（McMAHON，Keith），401850

馬若斐（MacCORMACK，Geoffrey），403180，403780，404610，404620，404630

馬三禮（MARŠÁLEK，Jakub），302430

馬碩（KOROLKOV，Maxim），405700，405910，406450

馬思中（FISKESJÖ，Magnus），203260，203870

麥安迪（MEYER，Andrew），406250

麥笛（MEYER，Dirk），404050，404060，404810，404820，405050，405930，406260，406270

麥里筱（MARÉCHAL，Chrystelle），101320*，101430*，101610*，101620，203300，203360，302410*，302420，302720*，302950

梅道芬（MIDDENDORF，Ulrike），404830

梅杰（MAJOR，John S.），402610

梅勒（MÖLLER，Hans-Georg），402170，402180，402700

梅維恒（MAIR，Victor），401690，401700

梅約翰（MAKEHAM，John），401710

米凱樂（MICKEL，Stanley），201290，201830，202280，201190*，201200，201280，201300，201360，201370，201500，201510，201640，201940，201980，202050，202060

米歐敏（MILBURN，Olivia），405380

明義士（MENZIES，James M.），200110，200220，200270，200380，

200450，200460，200470
墨子涵（MORGAN, Daniel），406100
穆勒（MÜELLER, H.），200070
馬彪（MA, Biao），405560
McLEOD, Katrina C. D., 401090
MOORE, Oliver, 101100

N

南莎娜（NELSON, Sarah），303150
倪德衛（NIVISON, David Shepherd），201380，201520，202380，202870，301230*，301280*，301290，302020，302250，302360*，302520*，401730，401980，402710，405060*，405720
倪豪士（NIENHAUSER, William H., Jr.），401170

O

OMMERBORN, Wolfgang, 401510

P

龐樸（PANG, Pu），402940，402950，402960，405070，405080，405090，405100
裴碧蘭（PORTER, Deborah Lynn），402020，402300
裴文睿（PEERENBOOM, Randall P.），401740，401840，401750，401760，401990，402000，403360
彭飑鈞（PANG, Kevin D.），401730
彭浩（PENG, Hao），402930*
彭樹杞（P'ENG, Shu-ch'i），200970
皮其萊（BENEDETTI PICHLER, A. A.），200490
朴慧莉（PARK, Haeree），405110，405120
朴仙鏡（KLEIN, Esther S.），405990，406070

平勢隆郎（HIRASE，Takao），403120

蒲芳莎（BOTTÉRO，Françoise），100880，100990，101050，101060，101140*，101170，101210，101240，101350，101360，101370，101470*，101520，202750，203210，203400

蒲立本（PULLEYBLANK，Edwin G.），100500，100510，100540，100570*，100730，100820*，100910，101120，101150，201760，203310

蒲慕州（POO，Mu-chou），402010*，402590*，404110，405160，405730

浦爾（POOR，Robert），301500，301570

普冥（PUETT，Michael），403790

普實克（PRŮŠEK，Jaroslav），400500

P'AN，Wu-su，201310

PAUL，W.，202950

PEARCE，Nicholas，303450

PEARSON，G. W.，100060

PETERSEN，Jens Østergård，401870

PETRUCCI，M. R.，300110

PFISTER，Rudolf，402410，403370，403540，404080，404380，404390，404640

POPE，John Alexander，300760

POSTGATE，Nicholas，100810

Q

祁泰履（KLEEMAN，Terry F.），202690，401260

齊思敏（CSIKSZENTMIHALYI，Mark），302830，402060，402500，403660

齊文心（QI，Wenxin），202570，203010，203120

錢存訓（TSIEN，Tsuen-hsuin），100490*，101280*

錢德梁（BRINDLEY, Erica F.），404270，404280，404530，404920，405240，405980，405990

強昱（QIANG, Yu），405170

喬治・秋山（KUWAYAMA, George），301270

裘錫圭（QIU, Xigui），100600*，101130*，201960*，202390，402970*

曲理查（COOK, Richard S.），202780

R

冉雲華（JAN, Yün-hua），400680，400700，400970，400980，401060，401200，401640，401830

饒宗頤（JAO, Tsung-i），100720，200850，200860，300990，400560，401420，402680

瑞麗（RAPHALS, Lisa A.），403800，404400

RITCHIE, Jennifer Lundin，405940

S

薩拉辛（PREISWERK-SARASIN, S.），200130

散復生（SAMPSON, Geoffrey），100610

森舸瀾（SLINGERLAND, Edward），404870

森鹿三（MORI, Shikazô），400400

沙加爾（SAGART, Laurent），100830*，100920，101030*，101600，202290，203450

沙畹（CHAVANNES, Édouard），100040，200010，300020，400040，400090，400100，400120

山田慶兒（YAMADA, Keiji），400930

山田勝芳（YAMADA, Katsuyoshi），401780

邵東方（SHAO, Dongfang），302530

沈嘉熏（SHIM, Jae-hoon），302150，302180

沈清松(SHEN, Vincent), 403810

施舟人(SCHIPPER, Kristofer), 302130

石亞當(SCHWARTZ, Adam Craig), 203820, 203920

史達(STAACK, Thies), 405460, 406350*, 406510

史可安(STEINKE, Kyle), 101580

史克禮(SCHWERMANN, Christian), 203930, 303590

司禮義(SERRUYS, Paul L-M), 100390, 100470, 100480, 100590, 201130, 201210, 201590, 201840, 201850, 202070, 203730

司馬安(KINNEY, Anne Behnke), 401950

司馬儒(SCARPARI, Maurizio), 101160, 301950, 403000, 404140, 404150, 404430

斯塔羅斯金(STAROSTIN, Sergei), 100840*

斯坦因(STEIN, Marc Aurel), 400060, 400080, 400110, 400170, 400180, 400200, 400220

松井嘉德(MATSUI, Yoshinori), 303140

松丸道雄(MATSUMARU, Michio), 201090

蘇芳淑(SO, Jenny F.), 301240, 301310, 301890*, 301960

蘇爲德(SEIWERT, Hubert), 201660

蘇雪楠(ADAMSKI, Susanne Jenny), 303540

蘇煬悟(SAWYER, Ralph D.), 402190

孫大偉(SENA, David M.), 302450, 302870, 303460

孫巖(SUN, Yan), 302630, 302960, 303470

索安(SEIDEL, Anna K.), 401180, 401310, 401450

索緒爾(DE SAUSURE, Léopold), 400140, 400150, 400160

SCHINDLER, Bruno, 400240

SCHUNK, Lutz, 301880

SCOGGIN, Hugh T., Jr., 401770

SIMSON, Wojciech Jan, 404450

SMITH, Howard D., 200880, 200930

STARR, Kenneth, 301100, 303170
SYPNIEWSKI, Bernard Paul, 403820

T

譚樸森（THOMPSON, P. M.），403010*
湯威（TANG, Wei），303610
唐德剛（TONG, Te-kong），201000
藤枝晃（FUJIEDA, Akira），400330
土口史記（TSUCHIGUCHI, Fuminori），406360
TAVOR, Ori, 406520
TÖKEI, Ferenc, 400320

U

UNGER, Jonathan M., 101290

V

VOIRET, Jean-Pierre, 100930

W

瓦格納（WAGNER, Rudolf G.），402730
萬家保（WAN, Jiabao），300960
汪德邁 （VANDERMEERSCH, Léon），101640, 201220, 201400, 201680, 202600*, 203130, 203330, 400800, 401100
汪濤 （WANG, Tao），100810, 202620*, 202920*, 203350*, 203600, 302650
王愛和（WANG, Aihe），203190*
王安國（RIEGEL, Jeffrey K.），400660, 400670, 402420, 404840
王葆炫（WANG, Baoxuan），403020
王海城（WANG, Haicheng），101460, 101660, 303530

王静芬（WONG, Dorothy），302770

王明珂（WANG, Ming-ke），302310

王平（WANG, Ping），203930，302980

王士元（WANG, William S-Y），100850*，100940

王霄冰（WANG-RIESE, Xiaobing），303270

王宇信（WANG, Yuxin），202120

王中江（WANG, Zhongjiang），405190，406530，406540

衛德明（WILHELM, Hellmut），300500

衛其志（WILSON, J. Keith），301850

衛陀（WHITFIELD, Roderick），301840

魏德理（DOROFEEVA-LICHTMANN, Vera V.），404330，405290

魏復古（WITTFOGEL, Karl A.），200680

魏克彬（WILLIAMS, Crispin），302880，302890，303280，303420，303490，303630，402760

魏志强（VEIT, Willibald），301380

文樹德（UNSCHULD, Paul U.），401190，401230

翁有理（UNGER, Ulrich），300680，300700，300720，301010，301970，301980，400920

巫鴻（WU, Hung），302660

吳德明（HERVOUET, Yves），400580，400690

吳可穎（WU, Keying），203390，203610

吳世昌（WU, Shih-ch'ang），200830*

吳霄龍（WU, Xiaolong），302780

武文和（HENRY, Eric），405320

武致知（KRIJGSMAN, Rens），406240

WANG, Helen，404650

WATSON, William，300670

WEGMANN, Konrad，402740

WILE, Douglas，401890

WILKINSON，Toby，100810

WINTER，Marc D.，403830

WONG，Ching-chih Yi-ling，100860，402200

X

夏德安（HARPER, Donald J.），400670，400730，400830，400960，401130，401280，401380，401390，401600，401610，402080，402240，402370*，402530，402620，402630，403100，403110，403470，403730*，403740，403950，404570，404990，405310

夏含理（SHAUGHNESSY, James F., Jr.），202240

夏含夷 （SHAUGHNESSY, Edward L.），100960*，100970*，101270*，101500，101550*，201860，202080*，202090*，202240，202300*，202400，202410，202420*，202880*，203580，203830*，301150*，301300*，301590，301600*，301670*，302140*，302270，302280*，302460，302620，302740，303030*，303040，303250，303260，303600，401320*，401370*，402110，402310，403200，403400，404160*，404170，404440*，405760*，406330*，406340，406480，406490*

夏玉婷（KHAYUTINA, Maria），302480，302490，302590，302600，302930，303110，303230，303310，303320，303580，303640

謝桂華（XIE, Guihua），404180

邢文（XING, Wen），302670，303500，403040，403050，403060，403600，403840，404190，404200，404500，404880，405480，405780，406370

邢義田（HSING, I-tien），406230

徐誠彬（SOU, Daniel S.），406130，4061404，406500

徐風先（XU, Fengxian），303350

徐美苓（HSU, Mei-Ling），400740，401940

徐心眉（HSU, Hsin-mei Agnes），404580

許杰（XU, Jay），302050，302990
許進雄（HSÜ, Chin-hsiung），201120，201180*，201320，201570，202550
許思萊（SCHUESSLER, Axel），100630，101490，301870
許鎮濤（XU, Zhentao），202430
許倬雲（HSU, Cho-yun），300730，301480

Y

亞當・史密斯（SMITH, Adam Daniel），203660，203750，203760，203840
顏鍾祜（YAN, Zhonghu），404210
楊繼東（YANG, Jidong），406550
楊静剛（YEUNG, Ching-kong），301320，302060
楊聯陞（YANG, Lien-sheng），300570，400350
楊曉能（YANG, Xiaoneng），301730，302370*
姚平（YAO, Ping），303510
葉波（VAN ELS, Paul），404470，404950
葉翰（VAN ESS, Hans），403580
葉山（YATES, Robin D. S.），401330，401460，401520，402120，402210，402330，402440，402450，403850，404220，404230，404240，405200，405210，405790，405950，406160，406280，406400
葉茲（YETTS, Perceval W.），200280，200390，200710，200820*，300120，300210，300330，300360，300370，300530，300540
伊沛霞（EBREY, Patricia Buckley），301120，301780
伊若泊（ENO, Robert），202460，202850，203670
伊藤道治（ITŌ, Michiharu），202860
伊維德（IDEMA, Wilt L.），401630
英悟德（ENGELHARDT, Ute），403080
永田英正（NAGATA, Hidemasa），401720

勇義（BOUNACOFF, George W.），200400，200500

尤銳（PINES, Yuri），302730，303320，403380，403390，403550，404090*，404100，405140，405150，405420，406280，406290*，406300

游順釗（YAU, Shun-chiu），202010，202630，202740，202840，203360，405960

余靄芹（YUE, Anne O.），203170，203771，203860，302790

樂唯（LÉVI, Jean Levi），405030

雲惟利（WOON, Wee Lee），100640

YANG, Hua，302440

Z

曾藍瑩（TSENG, Lillian Lan-ying），302750，403410

翟理思（GILES, Herbert A.），300050，300070

詹納爾（JENNER, W. J. F.），400710

湛約翰（CHALMERS, John），100080

張秉權（CHANG, Ping-ch'üan），202160

張昌平（ZHANG, Changping），303520

張長壽（ZHANG, Changshou），302680

張朝陽（ZHANG, Zhaoyang），404890，405490，405800，406170

張春樹（CHANG, Chun-shu），400360，400630，404540

張純（CHANG, Leo S.），402480

張聰東（CHANG, Tsung-tung），201050，202170

張鳳（TCHANG, Fong），200180

張光裕（CHEUNG, Kwong-yue），100550*，300980，301080*，301260，301990，302010，303560

張光遠（CHANG, Kuang-yüan），100890*，201900*，300970，301160

張光直（CHANG, Kwang-chih），201410，201610，201720，201890，202140，202150，202640，202760

張立文（ZHANG, Liwen），403070
張太平（CHANG, Taiping），201420，201430
張亞初（ZHANG, Yachu），201770
張政烺（CHANG, Cheng-lang；ZHANG, Zhenglang），202130，301190
趙林（CHAO, Lin），201060，201110，201780
趙納川（SMITH, Jonathan M.），203710
趙元任（CHAO, Y. R.），100350
鄭德坤（CHENG, Te-k'un），200920，400210
鄭萬耕（ZHENG, Wangeng），404510
鄭振香（CHENG, Chen-hsiang），301420
中村靜治（NAKAMURA, Seiji），400260
周策縱（CHOW, Tse-tsung），201020，201440
周傳儒（CHOU, Ch'uan-ju），200760
周法高（CHOU, Fa-kao），200960*，300820，301400
周國正（CHOW, Kwok-ching），201790
周鴻翔（CHOU, Hung-hsiang），201010，201070，201140*，201250，201560
莊延齡（PARKER, Edward H.），300030，300040
鄒大海（ZOU, Dahai），404660
佐藤保（SATÔ, Tamotsu），300920
佐藤武敏（KUDÔ, Motoo），401670
ZHANG, Guohua，403610

後　　記

　　本書緣起於 2009 年 12 月，復旦大學出土文獻與古文字研究中心主任劉釗教授邀請我在該中心做三個演講，其中兩個演講的題目由我自己決定，但是劉教授特別要求要有一個演講介紹西方漢學的出土文獻研究成果。我原來很不願意做這樣的演講，寧願發表我自己的研究。然而，劉教授很固執，到最後我也沒有辦法，只好做了一個題作《西方金文學史》(2009.12.15)的發言，基本上以展示 ppt 爲主。在座聽衆的反響意外地熱烈，之後劉教授和裘錫圭先生都勸我把 ppt 寫成文章正式發表，當時我還是不願意。後來又在武漢大學和清華大學做了同樣的演講，也收到了同樣的反響，同樣得到了陳偉和李學勤兩位先生的鼓勵。在那之後，我只好決定寫一本書，全面介紹西方漢學的出土文獻研究成果。

　　我原來只打算介紹二十世紀的研究成果，但是寫作時間拖長以後，已經進入了二十一世紀第二個十年的中葉，而這十幾年中，西方漢學出土文獻研究特別活躍，只好決定介紹當代的研究成果。學問不斷地發展，但是本書必須要劃一個終點綫，因此所收材料只好截止於 2015 年年底。之後的研究成果只好等待下一代學者去取得，再由下一代中的某一位學者來介紹了。

　　在本書寫成過程中，受到許多朋友的支持和幫助：西方學者當中，芝加哥大學東亞語文系同師蔡芳沛修改了本書的《序言》，并且三十年以來一直修正我的中文；許多西方同仁提供了他們自己發表品的中文翻譯的信息，特別是美國達慕思學院教授艾蘭(Sarah ALLAN)和加拿大英國哥倫比亞大學教授高島謙一(Ken-ichi TAKASHIMA)提供了他們自己學術論文的中文譯文的目錄;另外特別想感謝美國賓州大學教授金鵬程(Paul R. GOLDIN),他所公布的兩種學術目錄是本書所載目錄的基礎。中國學者提供了更多的幫助:武漢大學簡帛研究中心主任陳偉、北京大學歷史系副教授韓巍、清華大學出土文獻研究與保護中心教授李學勤、復旦大學出土文獻與古文字研究中心主任劉釗、復旦大學出土文獻與古文字研究中心教授裘錫圭、清華大學出土文獻研究與保護中心研究員沈建華以及北京大學歷史系教授朱鳳瀚都給予各種鼓舞。武漢大學簡帛研究中心教授李天虹編了第一部分《古文字與出土文獻學》,并發表在《簡帛》上;中國社會科學院歷史研究所宋鎮豪編了第二部分《契於甲骨》,并發表在《甲骨文與殷商史》上;華東師範大學中國文字研究與應用中心教授白於藍對第三部分《鏤於金石》做了特別多的修改;上海大學歷史系教授朱淵清對第四部分《書於竹帛》做了最後修訂。特別值得感謝的是五位年輕學者,在他們自己百忙之中抽了時間幫忙:中國社會科學院歷史研究所郅曉娜對本書所載《西方漢學出土文獻研究中文譯文》提供了很多幫助,特別是甲骨文部分;武漢大學簡帛研究中心博士黃杰對本書目錄的譯文做了全面修改;復旦大學出土文獻與古文字研究中心博士蔣文與芝加哥大學博士周博群都修改了本書許多的地方;最後,特別感謝芝加哥大學碩士孫夏夏對全書的修訂提供了各種幫助,并且做了《作者西文姓名索引》、《作者中文姓名索引》和《西文期刊刊名和中文譯文》。對所有友人的支持,謹此表示深刻的感謝。

　　最後要感謝上海古籍出版社編輯張亞莉老師和吳長青老師,他們對編輯工作采取非常謹慎的態度,改正了本書各種各樣的問題。當然,剩下來的問題是我自己的責任。